P9-DJU-453

UNIVERSAL
DICTIONARY

LANGENSCHEIDT

ÜNİVERSAL
SÖZLÜĞÜ

LANGENSCHEIDT'S
UNIVERSAL DICTIONARY

TURKISH-ENGLISH
ENGLISH-TURKISH

by
Prof. Dr. H.-J. Kornrumpf

New edition
revised and updated
by
Resuhi Akdikmen

LANGENSCHEIDT
ALTIN KİTAPLAR

LANGENSCHEIDT ÜNİVERSAL SÖZLÜĞÜ

TÜRKÇE-İNGİLİZCE İNGİLİZCE-TÜRKÇE

Hazırlayan
Prof. Dr. H.-J. Kornrumpf

Yeni baskıya hazırlayan
Resuhi Akdikmen

LANGENSCHEIDT
ALTIN KİTAPLAR

31. Basım

Contents
İçindekiler

Abbreviations Used in this Dictionary –
Bu Sözlükte Kullanılan Kısaltmalar 5

American Spelling –
Amerikan İngilizcesinin Yazımı 7

Pronunciation of the Turkish Alphabet –
İngilizce Alfabesinin Söylenişi 9

Guide to English Pronunciation –
İngilizce Söylenişinin Temelleri 11

Turkish-English Vocabulary –
Türkçe-İngilizce Sözlük 15

English-Turkish Vocabulary –
İngilizce-Türkçe Sözlük 197

Irregular Verbs –
İngilizcedeki Kuralsız Filler 459

Published in Turkey by Altın Kitaplar, Istanbul
in cooperation with Langenscheidt-Verlag, München
© 1979, 1989, 1998 Langenscheidt KG, Berlin und München
Printed in Turkey

Milli Eğitim Bakanlığı'nın 18.3.1981 gün, 660 - 02939 sayılı kararı ile kabul edilmiş ve 2082 sayılı tebliğler dergisinde yayınlanmıştır.

Abbreviations Used in this Dictionary

Bu Sözlükte Kullanılan Kısaltmalar

The tilde (~, when the initial letter changes: ⁀) stands for the catchword at the beginning of the entry or the part of it preceding the vertical bar (|). Examples: **birth ... ~day = birthday; approv|al ... ~e = approve; Bibl|e ... ⁀iography = bibliography.**

(~) işareti – yazım değişiklikleri varsa: (⁀) – ya esas sözcüğün tümünü veya onun çizgiye (|) kadar olan kısmını gösterir; örneğin: **birth ... ~day = birthday; approv|al... ~e = approve; Bibl|e ... ⁀iography = bibliography.**

a. also dahi
adj. adjective sıfat
adv. adverb zarf, belirteç
Am. American English Amerikan İngilizcesi
an. anatomy anatomi
arch. architecture mimarlık
astr. astronomy astronomi, gök- bilim
av. aviation havacılık

b. bir(i) someone
bot. botany botanik

chem. chemistry kimya
coll. colloquial konuşma dili
conj. conjunction bağlaç

-de ismin - de hali locative
-den ismin - den hali ablative

-e ismin -e hali dative

ec. economy iktisat, ekonomi

el. electricity, electrical engineering elektrik, elektroteknik

fig. figuratively mecazi

geo. geography, geology coğrafya, jeoloji
gr. grammar gramer, dilbilgisi

-i ismin -i hali accusative
-in ismin - in hali genitive
inf. infinitive mastar, eylemlik
intj. interjection ünlem

jur. jurisprudence hukuk, türe

math. mathematics matematik

med. medicine tıp
mil. military terminology askerlikle ilgili
mus. music müzik

n. noun isim, ad
naut. nautical terminology denizcilik
neg. negative sense olumsuz anlam

phot. photography fotoğrafçılık
phys. physics fizik
pl. plural çoğul
pol. politics siyaset, politika
prp. preposition ön edat, ilgeç

rel. religion din

ş. şey(i) something
sg. singular tekil
sl. slang argo
so. someone biri
sth. something bir şey(i)

tech. technology teknik
tel. telephone, telegraph telefon, telgraf
thea. theatre tiyatro

v/i verb intransitive geçişsiz fiil
v.s. ve saire and so on
v/t verb transitive geçişli fiil
vulg. vulgar kaba, bayağı

zo. zoology zooloji

American Spelling
Amerikan İngilizcesinin Yazımı

İngiltere'de konuşulan İngilizcenin yazımından farklı olarak Amerikan İngilizcesinin *(Am.'nin)* yazımında başlıca şu özellikler vardır:

1. İki sözcüğü birbirine bağlayan çizgi çoğu kez kaldırılır, örneğin co-operate yerine cooperate.

2. **...our** ekindeki u harfi kaldırılır, örneğin: color, humor.

3. **...re** yerine **...er** yazılır, örneğin: center, theater; fakat **...cre** eki değişmez.

4. **...l** ve **...p** ile biten fiillerin türetmelerinde son ünsüz harf ikilenmez, örneğin: travel – traveled – traveling – traveler, worship – worshiped – worshiping – worshiper. Diğer bazı sözcüklerde dahi iki ünsüz harfin birisi kaldırılır, örneğin: waggon yerine wagon, woollen yerine woolen.

5. **...ence** eki yerine **...ense** yazılır, örneğin: defense, offense.

6. Fransızcadan gelen ekler çoğu kez kaldırılır veya kısaltılır, örneğin: dialog(ue), program(me), envelop(e).

7. **ae** ve **oe** yerine çoğu kez yalnız **e** yazılır, örneğin: an(a)emia, man(o)euvers.

8. **...xion** yerine **...ction** kullanılır, örneğin: connection.

9. Söylenmeyen **e**, abridg(e)ment, judg(e)ment v.s. gibi sözcüklerde kaldırılır.

10. **en...** öneki yerine **in...** daha çok kullanılır, örneğin: inclose.

11. *Am.*'de diğer özel yazım biçimleri: staunch yerine stanch, mould yerine mold, moult yerine molt, plough yerine plow, moustache yerine mustache, cheque yerine check, grey yerine gray, gypsy yerine gipsy, sceptic yerine skeptic, skilful yerine skillful, tyre yerine tire.

12. although, all right, through yerine altho, alright, thru biçimleri de kullanılabilir.

Pronunciation of the Turkish Alphabet
Türkçe Alfabesinin Söylenişi

A. Vowels and Diphtongs

The vowels are usually short or of medium length though, however, there is still a number of foreign, mostly Arabic, words with long vowels.

a as **u** in but, sometims long as **a** in far.
e as **e** in bed.
ı similar to the **a** in along.
i as in hit.
o as in doll or god.
ö as French **œu** in œuvre.
u as in bull.
ü as French **u** in plume.

The diphthongs are as fllows:

ay as **uy** in buy.
ey as **a** in make.
oy as **oi** in boil.
uy as French **oui** in Louis.

B. Consonants

The consonants are as in English, except:
c as **j** in jam.
ç as **ch** in chalk.
g as in English, but when followed by **â** or **û** it is palatalized; thus **g**â is very nearly **g**ya, **g**û like **g**yoo.
ğ with soft vowels **(e,i,ö,ü)** is a consonantal **y**; with hard vowels **(a,ı,o,u)** it is a very guttural but hardly perceptible **g** and very little more tha a lengthening of the preceding vowel.
h is always pronounced.
j as French **j** in journal.

k with soft vowels is frontal like the **k** in kill; with hard vowels it is backward like the **c** and **ck** in cu**ck**oo; when followed by **â** or **û** it is highly palatalized; thus **kâ** is almost like **ky**a.

l is much like the English **l**, but before soft vowels and **â** and **û** it is frontal and similar to the German **l**.

r is much like a slight Scottish **r**, but at the end of a word it is practically unvoiced.

ş as **sh** in she.

v as in vile; after a vowel it may change to the English **w** in we; e.g. levha, lavta.

C. Circumflew and Apostrophe

The circumflex (düzeltme işareti) denotes:

1. on **a** and **u** the frontal pronunciation of the preceding consonants **g**, **k** and **l** (ikametgâh, kâtip; lûtfen, lûgat are often replaced by lütfen, lügat).
2. the lengthening of a vowel when two words are spelled in the same way: alem (flag), âlem (world).

The apostrophe (kesme işareti) denotes:

1. the separate pronunciation of two syllables: kat'etmek, san'at; in modern spelling, however, it is mostly dispensed with.
2. the separation of suffixes from a proper name or a number: İngiltere'de, 1978'de.

D. Stress

The stress is usually on the final syllable; important exceptions to this rule are:

1. The stress lies always on the final syllable before the interrogative and neative particles mı, mi, mu, mü and ma, me: geldi mi? Yápma!
2. The suffix -le (from ile) is never stressed: bu surétle.
3. The syllables denoting the tense of the verb (like -yor-, -ir- etc.) are usually stressed: geliyorum, gidérsin, etc.

Guide to English Pronunciation

İngilizce Söylenişin Temelleri

İnglizcede 45 ses (fonem) vardır. Bunlardan 12 tanesi ünlü 9'u iki ünlü ve 24'ü ünsüzdür. Halbuki bunları yazıya çevirmek için alfabede yalnız 26 harf vardır. Bundan dolayı bir harf, bazı durumlarda birden fazla ses için kullanılır; örneğin: far, match, warm, watch, make arrive gibi sözcüklerde a harfi, birbirlerinden ayrı altı biçimde söylenir. öte yanda bir ses, birbirlerinden ayrı harflerle gösterilebilir; örneğin: her, girl, fur, learn, worse, colonel sözcüklerindeki ünlü harf aynı biçimde yani uzun ö (ō) gibi söylenir.

Bu sözlüğü kullananlara İngilizce söylenişini kolaylaştırmak için sözlüğün İngilizce-Türkçe bölümünde her maddenin başında olan sözcüğün söylenişi, fonetik bir yönteme göre köşeli ayraçlar içinde gösterilir. Bu yöntemin işaretleri çoğunlukla Türkçe alfabesi harflerinin aynıdır ve Türkçede olduğu gibi söylenir.

Bu sözcükte kullanılan fonetik işaretler şunlardır:

Ses	Türkçesi	İngilizce örnekler
	Ünlüler:	
â, aa	lâle, kaabil	f*a*r, f*a*ther
a	a	n*u*t, m*u*ch
ä	çok açık a'ya benzer yayık bir e	m*a*n, m*a*d
e	e	p*e*n, *e*gg
î	î	m*e*, f*ee*l
i	i	sh*i*p, h*i*nt
ı	ı	th*e*, *a*bove
ô	uzun o gibi söylenir	*a*ll, f*o*rm
o	o	n*o*t, s*o*ng
ō	uzun ö gibi söylenir	h*er*, g*ir*l
û, uu	tufan'daki u'ya benzer	d*o*, sh*oe*

u	u	put, pull

İki ünlüler:

ay	ay	by life
au	au	out, how
äı	a'ya benzer ile ı	care, chair
ey	ey	late, may
iı	iı	cheer, fear
ıu	ıu; ou da söylenir	go, foam
oy	oy	boy, voice
uı	uı	sure, poor
yû	yû	new, beauty

Ünsüzler:

b	b	born, rubber
p	p	path, happy
d	d	die, sad
t	t	tie, matter
g	g	gold, dig
k	k	cold; kill
v	v	very, brave
f	f	fine, safe
z	z	zero, maze
s	s	so, gas
j	j	pleasure, occasion
ş	ş	shine, fish
c	c	joke, bridge
ç	ç	church, each
dh	dili üst kesicidişlere dokundurarak söylenen d	that, with
th	dili üst kesicidişlere dokundurarak söylenen t	thank „nothing

h	h	*h*appy, ad*h*ere
m	m	*m*ake, swi*m*
n	n	*n*ame, fi*n*ish
ŋ	dili damağa dokundurarak genizden söylenen n	si*ng*, E*n*glish
r	r (dil ağızda yuvarlanarak damağa hafifçe dokundurulur)	*r*ed, ve*r*y

Ses	Türkçesi	İngilizce Örnekler
l	sözcüğün başında ince, ortasında veya sonunda ise art damaktan çıkarılarak kalın söylenen l	*l*eave; fu*ll*
w	dudakları yuvarlayarak söylenen v	*w*ill, a*w*ay
y	y	*y*ellow, *y*ear

Vurgulanan heceden önce (') işareti vardır.

Fazla yer harcamamak için İngilizcede en çok kullanılan eklerin söylenişleri aşağıdaki listede gösterilmiştir. Bir farklılık olmadığı sürece söylenişler, sözlükte bir daha tekrarlanmamıştır.

-ability [-ıbiliti]
-able [-ıbl]
-age [-ic]
-al [-ıl]
-ally [-ıli]
-an [-ın]
-ance [-ıns]
-ancy [-ıns]
-ant [-ınt]
-ar [-ı]
-ary [-ıri]
-ation [-eyşın]
-cious [-şıs]
-cy [-si]
-dom [-dım]
-ed [-d, -t, -id]
-edness [-dnis; -tnis; -idnis]
-ee [-î]
-en [-ŋ]
-ence [-ıns]
-ent [-ınt]
-er [-ı]
-ery [-ıri]
-ess [is]
- fication [-fikeyşın]
-ful [-fûl]
-fy [-fay]
-hood [-hud]

-ial [-ıl]
-ian [-iın; yın]
-ible [-ıbl]
-ic(s) [-ik(s)]
-ical [-ikıl]
-ily [-ili]
-iness [-inis]
-ing [-iŋ]
-ish [-iş]
-ism [-ızım]
-ist [-ist]
-istic [-istik]
-ite [-ayt]
-ity [-iti]
-ive [-iv]
-ization [-ayzeyşın]
-ize [-ayz]
-izing [-ayziŋ]
-less [-lis]
-ly [-li]
-ment(s) [-mınt(s)]
-ness [-nis]
-oid [-oyd]
-or [-ı]
ory [-ıri]
-our [-ı]
-ous [-ıs]
-ry [-ri]
-ship [-şip]
-(s)sion [-şın]
-sive [-siv]
-some [-sım]
-ties [-tiz]
-tion [-şın]
-tious [-şıs]
-trous [-trıs]
-try [-tri]
-y [-i]

L

Turkish-English Vocabulary

A

-a *(son ek)* to, towards
aba *(coarse woollen cloth)*
abajur lampshade
abanmak *-e* lean against
abanoz ebony
abart|ılı exagerated; **~mak** exaggerate
abdest *rel.* ablution; **~ almak** perform ablution; **~hane** toilet, WC, *Am.* rest room
abes useless; nonsense
abıhayat elixir
abide monument
abla older sister
ablak: ~ yüzlü chubby-faced
abluka blockade; **~ etm., ~ya almak** *v/t* blockade
abone subscriber; subscription; **~ olm.** *-e* subscribe to; *-in* **~liğinden vazgeçmek** discontinue the subscription of
abonman subscription; season ticket
abstre abstract
abuk: ~ sabuk nonsensical, meaningless
acaba I wonder if ... ?
acar clever; cunning; enterprising; fearless
acayip strange, peculiar
acele haste, hurry; hasty; urgent; **~ etm.** *v/i* haste; hurry; be in a hurry; **~ci** impatient (person)
acemi inexperienced, raw; **~lik** inexperience
acente agent; agency
acı bitter; sharp; hot; sharp pain
acıklı tragic, touching; sentimental
acıkmak feel hungry
acı|lık bitterness; **~mak** feel pain, hurt; *-e* take pity on; **~ndırmak** *-e* make oneself feel sorry for; **~tmak** hurt, cause pain
âciz incapable, impotent; **~ kalmak** (*veya* **olm.**) *-den* be incapable of, be unable to
acuze shrew, fishwife
aç hungry; **~ gözlü** greedy, avaricious
açacak opener
açı *math.* angle
açık open; uncovered; clear; light *(colour)*; deficit; **açığa vurmak** *v/t* reveal, disclose; **~ fikirli** broad-minded, open-minded; **~ hava** open air; **~ kalpli** open-hearted, candid; **~ oturum** panel discussion; **~ öğretim** open university; **~ça** *adv.* openly, clearly; **~göz** alert, cunning; **~lama** explanation, statement;

~lamak *v/t* make public; explain; **~lık** open space; interval
açıl|ış opening, inauguration; **~mak** be opened; *-e* open out to
açlık hunger
açmak *v/t* open; begin; unfurl; turn on, switch on, start
ad name; reputation; *gr.* noun; **~ı geçen** previously mentioned; **~ına** in the name of, for
ada island; city block
adak vow; votive offering
adale muscle
adalet justice; **~siz** unjust; **~sizlik** injustice
adam man,human being
adamak *v/t* promise, vow
adaş of the same name, namesake
aday candidate
ad çekme designation by lot, draw lots
addetmek count, assume, presume
Âdem Adam
adet number
âdet custom, habit; *med.* menstruation; **~a** *adv.* nearly, almost; simply, merely
adıl pronoun
adım step; pace; **~ ~** step by step
adî common; vulgar, base
adil just
adîlik commonness; vulgarity, baseness
adlandırmak *v/t* name, call
adlı named
adl|î judicial; **~iye** court system; law court
adres address; **~ rehberi** address book
Adriyatik (Denizi) Adriatic (Sea)
af pardon; **~ dilemek** apologise
afacan unruly, undisciplined, handful (child)
afallamak be amazed, be taken aback
aferin *intj.* bravo!, well done!
afet disaster, calamity; *fig.* woman of bewitching beauty
aff|etmek *v/t* pardon, forgive; **~edersiniz!** I beg your pardon!
afiş poster, bill,placard
afiyet good health; **~ olsun!** I hope you enjoy(ed) it!
aforoz *rel.* excommunication
Afrika Africa; **~lı** African
afyon opium
agrandisman *phot.* enlargement
ağ net; web
ağa master, lord, village landowner; **~bey** older brother
ağaç tree; timber; **~landırma** afforestation, tree planting; **~lık** wooded; wood
ağar|mak become white *veya* pale; get bleached; **~tmak** *v/t* whiten, bleach
ağda semisolid sticky syrup; epilating wax
ağıl sheepfold

ağır heavy; weighty; serious; strong; ~ ***sanayi*** heavy industry; ~ ***yağ,*** ~ ***yakıt*** heavy oil, Diesel oil; **~başlı** dignified, serious; **~laşmak** become heavier *veya* more serious *veya* more mature; **~lık** weight, heaviness; *fig.* lethargy
ağıt lament, mourning
ağız mouth; opening; dialect, manner of speaking; **~lık** mouthpiece; cigarette holder
ağla|mak cry (*-e veya* **için** over, for); **~maklı** tearful, ready to cry; **~şmak** cry continuously
ağrı pain, ache; pains of childbirth
Ağrı Dağı Mount Ararat
ağrı|mak *v/i* ache, hurt; **~sız** without pain
ağustos August
ah *intj.* ah!, oh!
ahali *pl.* inhabitants, people
ahbap friend, acquaintance
ahçı *bak* **aşçı**
ahdetmek *-e* promise solemnly, take an oath on
ahenk accord, harmony; **~li** harmonious, in accord; **~siz** inharmonious
ahır stable
ahize *tel.* receiver
ahlâk *pl.* morals; character; **~î** connected to morals; moral; **~lı** of good conduct, decent; **~sız** immoral, amoral
ahlamak sigh, moan
ahlat *bot.* wild pear
ahmak silly, idiotic
ahret *rel.* next world, future life
ahşap wood; wooden
ahu gazelle; **~dudu** raspberry
aidat *pl.* contribution *sg.*, membership fee; allowance
aile family; wife; **~vî** regarding the family, domestic
ait *-e* concerning, belonging to
ajan agent; **~da** diary; **~s** news agency
ak white; clean
akademi academy
akan yıldız *astr.* meteor
akarsu running water; stream, river
akaryakıt fuel oil.
akasya acacia
ak|baba vulture; **~ciğer** lung(s)
akça whitish, pale
akçe money; small silver coin
Akdeniz the Mediterranean
akdetmek *v/t* make (an agreement *veya* a contract); conclude
akıbet end, outcome, result; fate
akıcı liquid; fluent
akıl reason, intelligence; mind; sense; ***aklı başına gelmek*** come to one's senses; ***aklına gelmek*** remember, come to one's mind; **~lı** clever, intelligent, wise; **~sız** stupid, foolish
akı|m flowing; current; *fig.* movement, trend; **~ntı**

current, stream; **~tmak** *v/t* make flow, let flow; pour
akide (şekeri) hard sweets
akis reflection; echo
akit contract, treaty; marriage agreement
aklamak clear one's honour
aklıselim common sense
akmak *v/i* flow; run *(tap, water)*; leak
akort etmek *v/t* tune
akraba relavite(s), relation(s)
akreditif *ec.* letter of credit
akrep scorpion; hour-hand *of the clock*
aksa|k limping; **~mak** *v/i* limp; *fig.* develop a hitch
akset|mek *-e* be reflected to; come to the hearing of; **~tirmek** *v/t* reflect, echo
aksır|ık sneeze; **~mak** *v/i* sneeze
aksi contrary, opposite; adverse; **~ takdirde** otherwise, or else; **~lik** misfortune; obstinacy, stubbornness; **~ne** *adv.* on the contrary; *-in* contrary to
aksiyon *ec.* share, stock
akşam evening; **~leyin** in the evening; **~üstü** towards evening
aktarma transhipment; change *of train etc.*; **~ yapmak** change *the train etc.*; **~k** *v/t* move, transfer; **~lı** connecting *(bus, train)*; **~sız** direct
akt|ör actor; **~ris** actress; **~üalite** current events; *film:* newsreel
akümülâtör *tech.* accumulator, storage battery
aküpunktür acupuncture
al red, crimson
âlâ very good, excellent; **pek ~!** very good!, all right!
alaca of various colours, mixed; **~ karànlık** twilight
alacak *ec.* money owing, credit, claims; **~lı** creditor
alafranga European style
alâka connection, relationship; interest; **~dar ile** connected with; interested in; **~ olm.** be interested (**ile** in); **~lı ile** interested in, concerned with
alâmet sign, mark, symbol
alan open space; (public) square
alârm alarm
alaşım *chem.* alloy
alaturka in the Turkish way
alay[1] crowd, procession; *mil.* regiment
alay[2] mockery, derision; **~ etm.** make fun (**ile** of)
alaz flame
albay *mil.* colonel
albüm album
albümin albumen
alçak low; vile, base; **~ gönüllü** humble, modest; **~lık** lowness; baseness
alçal|mak become low; degrade oneself; **~tmak** *v/t* lower, reduce; abase
alçı gypsum, plaster of Paris

alda|nmak be deceived; be mistaken; **-tılmak** be cheated, be deceived; **-tmak** *v/t* deceive, cheat
aldırmak *-e* take notice of, pay attention to, mind
alelâde *adj.* ordinary, usual
alem flag; peak *of a minaret*
âlem world, universe; realm; revelry
alenî public, open
alerji *med.* allergy
alet tool, instrument
alev flame; **-lenmek** flare (up); **-li** flaming
aleyh against; *-in* ***-inde bulunmak*** be against *so. veya sth.*; **-tar** opponent
alfabe alphabet
algı perception; **-lamak** perceive, understand
alıcı buyer, customer; *tech.* receiver
alık stupid, dumb, imbecile
alıkoymak *v/t* keep back, detain
alım taking; purchase; charm; ~ ***satım*** purchase and sale; **-lı** charming
alın forehead
alın|dı *ec.* receipt; **-gan** touchy, easily offended; **-mak** be taken; take offense (*-den* at); **-tı** quotation
alın yazısı *fig.* destiny, fate
alış|kan, -kın accustomed (*-e* to), used (*-e* to); ~ ***veriş*** shopping, buying and selling, trade; **-mak** *-e* be accustomed to, become familiar with; **-tırmak** *v/t* accustom, train
âlim scholar
alkış applause; **-lamak** *v/t* clap, acclaim; **-lanmak** be greeted with applause
alkol alcohol; **-ik** alcoholic; **-lü** containing alcohol, spirits; **-süz** non-alcoholic, soft
Allah God; ~ ~ ! good Lord!; ~ ***aşkına!*** for God's sake!; ***-a ısmarladık!*** goodbye!
almaç *tel.* receiver
almak *v/t* take, get, obtain; receive; buy
Alman German; **-ca** German (*language*); **-ya** Germany
alo! *tel.* Hello!
Alp Dağları, Alpler *pl.* the Alps
alt *n.* lower part, underside; *adj.* lower, inferior; *-in* ***-ına, -ında*** under; ~ ***geçit*** underpass; ~ ***kat*** ground floor; ~ ***taraf*** underpart, underside; ~ ***üst etm.*** *v/t* turn topsy-turvy; ~ ***yapı*** substructure; ~ ***yazı*** *sinema:* subtitle
alternatif alternative
altı six
altın gold; golden
altmış sixty
alüminyum aluminium
alyans wedding ring
ama but
amaç target, object, aim; **-lamak** aim (*-i* at, for)

aman pardon, mercy; ~ ~ ! for goodness sake!; **~sız** pitiless, without mercy
amatör amateur
ambalâj packing, wrapping
ambar granary, storehouse
ambülâns ambulance
amca paternal uncle; **~zade** cousin
amel/e worker(s); **~iyat** *med.* surgical operation; ***~iyat olm.*** have an operation
Amerika America; ~ **Birleşik Devletleri** the United States of America, USA; **~lı, ~n** American
amir commander; superior
amiral admiral
amortis|man *ec.* amortization; **~ör** *tech.* shock absorber
amper *el.* ampere
ampul *el.* light bulb
an moment, instant; ***bir ~ evvel*** as soon as possible
ana mother; ~ ***baba*** parents *pl.*; ~ ***cadde*** main street ~ ***dil*** mother tongue, native language; ~ ***yurt*** homeland
Anadolu Anatolia, Asia Minor
anafor eddy, back current; *fig.* illicit gain
anahtar key; switch
analiz analysis
anamal *ec.* capital
ananas pineapple
an'ane tradition; **~vî** traditional
anaokulu nursery school
anapara capital
anarşi anarchy
anason *bot.* aniseed
anatomi anatomy
anayasa constitution
ancak only; but, however
ançüez anchovy
and|aç memento, souvenir; **~ırmak** *v/t* bring to mind
angaj|e: ~ ***etm.*** *v/t* engage, employ; **~man** engagement, undertaking
angarya forced labour
Anglikan Anglican; **~izm** Anglicanism
anı memory
anımsamak remember, recall
anırmak bray
anıt monument, memorial; **~kabir** mausoleum
ani sudden, unexpected
anket survey, poll
anla|m meaning; **~mak** *v/t* understand; perceive; **~mlı** meaningful
anlaş|ılır comprehensible, clear, intelligible; **~ma** agreement; pact, treaty; **~mak** *-in* ***hususunda*** (*veya* ***hakkında***) come to an agreement on; **~mazlık** disagreement; misunderstanding
anla|tmak *v/t* explain; tell; **~yış** understanding; intelligence
anmak *v/t* call to mind, remember, mention

anne mother; **~anne** grandmother, mother's mother
anonim anonymous; **~ *ortaklık*, ~ *şirket*** *ec.* joint-stock company
anorak anorak
anormal abnormal
ansızın *adv.* suddenly, without warning
ansiklopedi encyclopedia
ant oath, vow; **~ *içmek*** take an oath
anten *zo., tech.* antenna
antep fıstığı *bot.* pistachio
antifriz *tech.* antifreeze
antika antique
antlaşma pact, treaty
antre entrance; vestibule
antren|man training; **~ör** trainer
antrepo bonded warehouse
apandisit *an.* appendicitis
apartman apartment building; **~ *(dairesi)*** apartment, flat
apse *med.* abcess
aptal silly, stupid, fool
ara interval; relation, understanding; **~ *sıra*** *adv.* sometimes, now and then; **~ *vermek*** pause; stop, cease; ***bu ~da*** in the meantime; ***~da bir*** once in a while, sometimes; ***~sına, ~sında*** between, among; ***~ya girmek*** meddle, intervene
araba carriage, cart; car; **~ *vapuru*** ferry-boat; **~cı** coachman; driver
arabesk arabesque
aracı mediator, go-between; **~lık** mediation
araç means; vehicle
aralık[1] space, interval
aralık[2] December
aramak *v/t* seek, look for
Arap Arab; Negro; **~ça** Arabic
araştırma research; investigation; **~k** *v/t* search; investigate
arazi *pl.* estates; land *sg.*
arbede riot, uproar
ardıç *bot.* juniper
ardınca *adv.* shortly afterwards
ardiye warehouse; warehouse fee
arena arena
argo slang; technical jargon
arı[1] clean; pure
arı[2] bee; **~ *kovanı*** beehive; **~cılık** apiculture
arınmak be purified
arıtım evi refinery
arıtmak clean, purify; refine
arıza defect, fault; **~lanmak** break down; **~lı** defective, faulty, out of order
arızî accidental, casual
arife the day before
aritmetik arithmetic
arka *n.* back, back part; *-in* ***~sına, ~sında*** behind; **~ *~ya*** one after the other; **~daş** friend; **~daşlık** friendship; **~lık** back *of a chair, etc.*
arkeoloji archaeology; **~ müzesi** archaeological museum

arma *naut.* rigging; coat of arms
armağan present, gift; ~ **etm.** present *(-e* to*)*
armut pear
Arnavut Albanian; **~ça** Albanian *(language)*; **~luk** Albania
arpa barley; **~cık** sty; foresight *of a gun*
arsa plot, building site
arsız impudent, insolent; **~lık etm.** behave shamelessly
arşiv archives
art *n.* back, back part; ~ ***arda*** one after another; **~an** remaining, leftover; **~çı** *mil.* rear-guard; **~ı** *math.* plus
artık *n.* rest, remnant, leftovers; *adj.* remaining, leftover; *adv.* finally; anymore; ~ **yıl** leap year
artır|ım economy, saving; **~ma** saving; *ec.* sale by auction; **~mak** *v/t* increase; save
art|ış increase, augmentation; **~mak** *v/i* increase, rise
artist artist
arz presentation, demonstration; ~ ***etm.*** *v/t* present, submit; express
arzu wish; desire; ~ ***etm.*** *v/t* wish; desire
asa scepter, staff
asab|î nervous; **~iye** neurology; **~iyet** nervousness
asal : ~ ***sayı*** *math.* prime number
asalet nobility, nobleness
asansör lift, elevator
asayiş public order
aseton *chem.* acetone
asfalt asphalt; asphalt highway
asgarî least, minimum; ~ **ücret** minimum wage
asıl *n.* foundation, base; source, origin; *adj.* essential, real, main
asıl|ı hanging, suspended; **~mak** *-e* be hung on, be suspended to
asılsız unfounded, groundless
asır century; age, time, epoch
asi rebellious; rebel
asil noble; **~zade** nobleman, aristocrat
asistan assistant
asit *chem.* acid
asker soldier; ~ ***olm.*** join the army; **~î** military; **~lik** military service
askı hanger; braces
asla *(with negation)* never, by no means
aslan lion
aslî fundamental, essential
asma hanging, suspending; vine; ~ ***kilit*** padlock; ~ ***köprü*** suspension bridge; **~k** *v/t* hang (*-e* upon), suspend; hang *a person*
asrî modern, up-to-date
astar lining; **~lamak** *v/t* line
asteğmen *mil.* second lieutenant
astronomi astronomy
astronot astronaut

astsubay *mil.* noncommissioned officer
Asya Asia
aş cooked food
aşağı *adv.* down, below; *adj.* low, inferior; ~ ***yukarı*** more or less, about; **~*da*** below; down-stairs; **~*ya*** down(wards); **~lamak** *v/t* lower, degrade
aşama rank, degree
aşçı cook; **~başı** chef
aşı inoculation; graft; vaccine
âşık in love (*-e* with); lover
aşılamak *v/t* inoculate, vaccinate; graft
aşın|dırmak *v/t* wear out, corrode; **~mak** wear away, be corroded
aşır|ı excessive, extreme; beyond; ~ ***derecede*** excessively; **~mak** *v/t -den* pass over; steal, rob from
aşi|kâr clear, evident, obvious; **~na** familiar
aşk love; ***Allah ~ına!*** for God's sake!
aşmak *v/t* pass over *veya* go beyond; exceed, surpass
aşure *(sweet dish of cereals, sugar, etc.)*
at horse; ~ ***yarışı*** horse race; **~*a binmek*** ride a horse
ata father; forefather
atak reckless, rash
atamak *v/t* appoint
atardamar *an.* artery
atasözü proverb
ataşe attaché
ateş fire; heat, fever; ~ ***almak*** catch fire; ~ ***böceği*** firefly, glowworm; ~ ***etm.*** *v/t* fire; **~*e vermek*** *v/t* set on fire; **~leme** *el.* ignition; **~lemek** *el.* ignite; set fire (*-i* to); **~lenmek** catch fire; run a temperature; **~li** *med.* feverish; *fig.* fiery
atık waste; ~ **su** dirty water
atıl|gan dashing, bold; **~ım** enterprising; **~ımcı** enterprising (person); **~mak** be thrown (*-e* at); be discharged; attack (*-e so.*)
atı|m discharge, shot; range *of a gun;* **~ş** firing; beating *of the heart*
Atina Athens
atkı scarf
atlamak *v/i* jump (*-den* over); *v/t* skip, omit
atlas atlas; satin
atlatmak overcome *illness, danger*
atlet athlete; vest; **~izm** athletics
atlı horseman, rider
atmak *v/t* throw, throw away; drop; fire, discharge
atmosfer atmosphere
atom atom; ~ ***bombası*** atomic bomb
atölye studio; workshop
av hunting, shooting, fishing; game, prey
avadanlık set of tools, tool kit
avam *pl.* the common people; **♀ Kamarası** the House of

Commons
avan|s *ec.* advance *of money;* **~taj** profit, gain, advantage
avare good-for-nothing
avarya *naut.* average
avcı hunter; *mil.* rifleman; **~lık** hunting
avize chandelier
avlamak *v/t* hunt, shoot
avlu courtyard
Avrupa Europe; **~lı** *n., adj.* European; **~lılaşmak** become Europeanized
avuç hollow of the hand; handful; **~ içi** palm
avukat advocate, lawyer, solicitor
avunmak be consoled (***ile*** with)
Avustralya Australia; **~lı** *n., adj.* Australian
Avusturya Austria; **~lı** *n., adj.* Austrian
avutmak *v/t* console, comfort; distract, divert; quieten
ay moon; crescent; month; **~ *tutulması*** lunar eclipse
ayak foot, leg; **~ *parmağı*** toe; **~ *takımı*** hooligans; **~ *topu*** soccer; **~ *ucu*** foot *of a bed;* **~ta** on foot, standing; **~kabı** footwear; shoe; **~landırmak** *v/t* stir up, incite to rebellion; **~lanmak** rise in rebellion
ayar standard *of fineness*, accuracy; regulating, adjusting; **~ *etm.*, ~lamak** *v/t* set, regulate, adjust
ayartmak *v/t* lead astray, entice
ayaz dry cold, nip *in the air*
ayazma *rel.* sacred spring
aybaşı *an.* menstruation
aydın luminous, light; intellectual; **~lanmak** brighten up, become clear; **~latmak** *v/t* illuminate; explain; **~lık** light; clearness, brightness
ayet *rel.* verse of the Koran
aygır stallion
aygıt apparatus, equipment
ayı *zo.* bear
ayık sober; **~lamak** *v/t* clean off; select
ayılmak sober up, come round; come to
ayıp shame, disgrace; **~lamak** *v/t* find fault with, blame
ayır|mak *v/t* separate, part; divide; set aside; **~t etm.** *v/t* distinguish, discern (*-den* from); **~tman** examiner
ayin *rel.* rite, ceremony
aykırı *-e* contrary to, not in accordance with
aylak unemployed, idle
aylık monthly; *n.* monthly salary
ayna mirror; **~ *gibi*** mirror-like, clean, bright
ayn|en *adv.* without any change, exactly; **~ı** identical, the same
ayraç *gr.* bracket
ayran *(drink made of yoghurt and water)*

ayrı apart, separate; different; **~ca** *adv.* besides, in addition; **~calık** privilege; **~k** separated; **~lmak** *-den* separate oneself from, part; depart from, leave; **~m** difference; unequal treatment
ayrıntı detail; **~lı** in details, detailed
aysberg iceberg
ayva *bot.* quince
ayyaş drunkard; **~lık** drunkenness
az little; few; seldom; **~ *gelişmiş*** underdeveloped; **~ *kaldı*** almost, nearly
azal|mak get less, be reduced; **~tmak** *v/t* diminish, reduce
azamet greatness, grandeur; **~li** magnificent, imposing
azamî greatest, maximum; **~ *hız*** maximum speed
azar reproach, reprimand; **~lamak** *v/t* scold, reproach
Azerî belonging to Azerbaijan; Turk of Azerbaijan
azgın furious, wild
azı (dişi) molar tooth
azımsamak consider as too little
azınlık minority
azıtmak get out of control
azim determination; **~li** determined
aziz dear, beloved; saint
azletmek *v/t* dismiss, fire, sack
azmak *v/i* be in flood; be unmanageable
azmetmek *-e* resolve to, decide firmly
azot *chem.* nitrogen

B

baba father; **~anne** grandmother, father's mother; **~lık** paternity; **~yiğit** brave (man)
Babıâli *the publisher's section of İstanbul*
baca chimney, *naut.* funnel
bacak *an.* leg, shank
bacanak brother-in-law *(husband of one's wife's sister)*
bacı negro nurse; sister
badana whitewash; **~ *etm.*, ~lamak** *v/t* whitewash
badem almond; **~ *ezmesi*** almond paste, marzipan; **~ *şekeri*** sugared almonds; **~cik** *an.* tonsil
bagaj luggage, baggage
bağ[1] tie, bond; bandage; *gr.* conjunction
bağ[2] vineyard; **~ bozumu** vintage; **~cılık** viniculture
bağdaş sitting cross-legged; **~mak *ile*** agree, get along with
bağım dependence; **~lı** *-e* dependent on; **~sız** independent; **~sızlık** independence
bağıntı relation(ship) (*-e* to)

bağır breast, chest
bağırmak shout, yell
bağırsak intestine
bağış gift, donation; **~lamak** *v/t* donate; forgive
bağlaç *gr.* conjunction
bağlam context
bağla|ma connecting, coupling; **~mak** *v/t* tie, bind, connect, fasten; **~nmak** *-e* be tied to; be obliged to; **~ntı** connection; tie
bağlı *-e* bound to, tied to; dependent on
bahane pretext, excuse
bahar[1] spring
bahar[2] spice; **~at** *pl.* spices; **~lı** spiced, aromatic
bahçe garden; **~li** with a garden
bahçıvan gardener
bahis subject, topic; bet; **~ konusu** theme, subject of discussion
bahriye navy; **~li** sailor
bahsetmek *-den* discuss, speak of, talk about, mention
bahş|etmek *v/t* give, grant; **~iş** tip
baht|iyar lucky, happy; **~sız** unfortunate, unlucky
bakan minister; **~lar kurulu** cabinet, council of ministers; **~lık** ministry
bakı|cı attendant; **~lmak** *-e* be attended to, be looked after
bakım attention, upkeep; point of view; ***bu ~dan*** from this point of view; **~ evi** home *(for people in need)*; **~sız** neglected
bakınmak *v/i* look around
bakır copper
bakış look; view
bakir virgin, untouched; **~e** virgin
bakiye remainder; *ec.* arrears, balance
bakkal grocer; **~iye** grocery shop; groceries
bakla broad bean
baklava *(sweet pastry made of sheets of pastry, nuts, and sugar)*
bakmak *-e* look at; examine; look after, see to; face *(-e towards)*
bakteri bacterium; **~yoloji** bacteriology
bal honey; **~ arısı** bee; **~ayı** honeymoon
balçık wet clay, mud
baldır *an.* calf
baldız sister-in-law *(sister of the wife)*
bale ballet; **~rin** ballerina
balgam *med.* mucus, phlegm
balık fish; **~ *adam*** skin diver; **~ *ağı*** fishing net; **~ *tutmak*** *v/i* fish; **~ *yağı*** fish oil; **~çı** fisherman; fishmonger
balina whale
Balkanlar the Balkans
balkon balcony
ballı honeyed
balo ball, dance
balon balloon

balta axe; **~lamak** *v/t fig.* sabotage, block
Baltık: ~ ***Denizi*** the Baltic Sea.
balya *ec.* bale
balyoz sledge-hammer
bambaşka totally different
bambu bamboo
bamya okra; *bot.* gumbo
bana me, to me; ~ ***bak(sana)!*** Look here!; ~ ***gelince*** as for me; ~ ***kalırsa*** as far as I am concerned
bandıra flag, colours
bando *mus.* band
bandrol revenue stamp
bank *ec.* bank; bench; **~a** *ec.* bank; ~ ***cüzdanı*** bankbook; **~acılık** banking; **~er** banker; **~not** banknote
banliyö suburb; ~ **treni** commuter train
bant *el., med.* band, tape
banyo bath; ~ ***yapmak*** have a bath
bar bar; night club
baraj barrage, dam
baraka hut, shed
barbunya *zo.* red mullet; *bot.* red bean
bardak glass
barem *pol.* classification of salaries
barfiks *spor:* horizontal bar
barın|ak shelter; **~mak** *-e* take refuge in, take shelter in
barış peace; reconciliation; **~çı** peace-loving; **~mak** make peace; **~sever** peace-loving; **~tırmak** *v/t* reconcile
barikat barricade
barmen bartender, barman, barmaid
baro *jur.* bar
barometre barometer
barut gunpowder
bas|amak step, stair; degree; **~ı** *tech.* printing; **~ıcı** printer; **~ık** low; **~ılı** printed
basım printing, impression; ~ **evi** printing house
basın press; newspapers; ~ ***toplantısı*** press conference; **~ç** *phys.* pressure
basit simple, plain, elementary; **~leştirmek** simplify
basketbol basketball
bas|kı press; printing; edition; oppression; **~kın** sudden attack, raid; **~ma** printed cotton material; printed goods; **~mak** *-e* press on, tread on; *v/t* print; **~tırmak** *v/t* have printed; suppress, put down
baston stick, cane
basur *med.* hemorrhoids
baş head; top; beginning; main; chief, leader; ~ ***ağrısı*** headache; ~ ***aşağı*** upside down; ~ ***göstermek*** appear, arise; ***tek ~ına*** *adv.* alone; ***~tan ~a*** entirely, completely; ***~tan çıkarmak*** lead astray, corrupt
başak *bot.* ear
başar|ı success; **~ılı** successful; **~mak** *-i* succeed in, ac-

complish
başbakan Prime Minister; **~lık** Prime Ministry
başıboş untied, free
başka other, another, different (*-den* from); ***bundan ~*** besides this
başkalaşmak change; metamorphose
başkan president, chief; **~lık** presidency
baş|kent capital; **~komutan** commander-in-chief; **~konsolosluk** Consulate General; **~lamak** *-e* start, begin; **~langıç** beginning, start; **~lıca** main, principal; **~lık** headgear; headline; *arch.* capital; **~öğretmen** (school) principal; **~örtü** head scarf; **~parmak** thumb; **~piskopos** archbishop
başvur|mak *-e* apply to, apply for; **~u** application, referring (*-e* to)
başyaz|ar editor, editorial writer; **~ı** editorial
batak *n.* bog, marsh; *adj.* marshy; **~hane** gambling den; **~lık** bog, marsh, swamp
batarya *mil., el.* battery
batı west
batıl false, groundless; **~ inanç** superstition
batılı *pol. adj., n.* Western(er); **~laşmak** westernize
bat|ırmak *v/t* sink, submerge; **~mak** *v/i* sink (*-e* into), go to the bottom; *(güneş, ay, yıldız)* set
battaniye woollen blanket
bavul suitcase, trunk
bay gentleman; Mr.
bayağı common, ordinary; mean
bayan lady; Mrs., Miss., Ms
bayat stale, not fresh
baygın faint; unconscious; **~lık** faintness
bayılmak faint, swoon; like greatly, love
bayındır prosperous, developed; **~lık** prosperity; **2 lık Bakanlığı** Ministry of Public Works
bayır slope; hill
bayi vendor
baykuş *zo.* owl
bayrak flag, standard; **~ çekmek** hoist the flag; **~ indirmek** lower the flag; **~ töreni** flag ceremony
bayram religious festival; national holiday; **~lık** *adj.* fit for a festival; *n.* holiday present
baytar veterinary surgeon
baz *chem.* base
baz|en sometimes; **~ı** some, certain; some of
bebe baby; **~k** baby; doll; *an.* pupil *of the eye*
becerik|li capable, clever; **~siz** incapable, clumsy
becermek *v/t* carry out successfully
bedava free, for nothing
beddua curse, malediction; **~ etm.** *-e* curse

bedel substitute, equivalent (*-e* for); price; **~siz** free
beden body; trunk; **~ eğitimi** physical training; **~î** bodily
beğen|i taste, esthetic sense; **~mek** like, admire; approve (*-i* of)
bek *futbol:* back
bekâr bachelor; single, unmarried
bek|çi watchman, sentry; night-watchman; **~lemek** *v/t* wait (*-i* for), await; watch; hope for; **~lenmedik** unexpected; **~lenti** expected event; **~letmek** *v/t* cause to wait
bel[1] waist; loins
bel[2] spade
belâ trouble, misfortune, calamity; **~lı** troublesome
Belçika Belgium; **~lı** *adj., n.* Belgian
belde city, town
belediye municipality; **~ başkanı** mayor.
belge document, certificate; **~lemek** *v/t* confirm, prove; **~sel** documentary
belir|lemek *v/t* determine; **~li** determined; **~mek** *v/i* appear, become visible; **~siz** indefinite, undetermined; **~ti** sign, symptom; **~tmek** *v/t* state, make clear
belki perhaps, maybe
bel|lek memory; **~lemek** *v/t* **1.** commit to memory, learn by heart; **2.** dig with a spade; **~li** evident; clear; **~ başlı** main, chief
ben[1] *an.* mole
ben[2] I; **~cil** selfish; **~cillik** selfishness, ego(t)ism
benek spot, speck; **~li** spotted
benim my; mine; **~semek** *v/t* accept; identify oneself with.
benlik egotism; personality
bent paragraph; *arch.* dam, aqueduct
benze|mek *-e* resemble, look like; **~şmek** resemble each other; **~tmek** *v/t* compare (*-e* with); mistake (for); **~yiş** resemblance
benzin petrol, gasoline, benzine; **~ *istasyonu,* ~ci** petrol station, filling station
beraat acquittal; **~ *etm.*** be acquitted
beraber together; **~lik** draw, tie; unity
berbat very bad, terrible; filthy
berber barber, hairdresser
bere[1] beret
bere[2] bruise, dent
bereket blessing; abundance; **~li** fertile; fruitful; **~siz** infertile; bringing no good luck
berelemek *-i* cause bruises on, bruise
beri the near side, this side; **~ *-den*** since; **~*de*** on this side
berrak clear, limpid
besbelli obvious; evidently

besi nourishing, nutrition; fattening; **~n** food, nutriment
besle|me feeding, nourishing; girl servant; **~mek** *v/t* feed, nourish; **~yici** nutritious, nourishing
beste (musical) composition; melody; **~ci** composer
beş five
beşik cradle
beşiz quintuplets
betimlemek *v/t* describe
beton concrete; **~arme** *tech.* reinforced concrete
bey gentleman; Mr. *(used after the first name);* husband
beyan declaration, expression; **~ etm.** *v/t* declare, express; **~name** manifesto, declaration
beyaz white; **~ *eşya*** electrical kitchen equipment; **~ *perde*** movie screen; the cinema; **~ *peynir*** white cheese; **~latmak** *v/t* whiten, bleach
beyefendi sir *(used after the first name)*
beygir horse; **~ *gücü*** *tech.* horsepower
beyin brain; intelligence; **~ kanaması** *med.* cerebral hemorrhage; **~siz** stupid
beyit verse, couplet
bez[1] cloth; duster
bez[2] *an.* gland
bezelye *bot.* pea(s)
bezmek *-den* get tired of, become sick of
bıçak knife; **~lamak** *v/t* stab, knife
bıçkı two-handed saw
bık|kın bored, fed up with; **~mak** *-den* tire of, get bored with
bırakmak *v/t* leave, quit, abandon; give up
bıyık moustache; *zo.* whiskers
biber pepper; **~ dolması** stuffed peppers; **~li** peppered, hot
biberon feeding bottle
biçare poor, wretched
biçim cut, form, shape; **~sel** formal; **~siz** ill-shaped
biç|ki *n.* cutting-out; **~mek** *v/t* cut, cut out; reap
bidon drum, metal barrel
biftek beefsteak
bikini bikini
bilânço *ec.* balance sheet
bilârdo billiards
bildik acquaintance; familiar
bildir|i announcement, communiqué; **~im** declaration; **~mek** *v/t* inform; make known (*-e* to)
bile even, actually
bileği (taşı) whetstone
bilek wrist
bilemek *v/t* sharpen, whet
bileş|ik composed; **~ik faiz** *math.* compound interest; **~mek** *chem.* be compounded (***ile*** with)
bilet ticket; **~ *gişesi*** ticket window; **~çi** conductor, ticket collector
bilezik bracelet

bilgi knowledge; ~ **işlem** data processing; **~n** scientist, scholar; **~sayar** computor; **~siz** ignorant
bili|m knowledge, learning; science; **~m kurgu** science fiction; **~nç** the conscience; **~nçaltı** the subconscious; **~nçlenmek** become conscious; gain and absorb knowledge; **~rkişi** *jur.* expert
billûr crystal, cut-glass; ~ ***gibi*** crystal clear
bilme|ce riddle, puzzle; **~k** *v/t* know; recognise; be able to *inf.*
bin thousand; ~ ***bir gece*** the Arabian Nights
bina building
binbaşı *mil.* major; commander
bin|dirmek *v/t* cause to mount; load; *-e* collide with, run into; **~ici** rider, horseman; **~mek** *-e* mount, ride; go on, get on, board
bir one; ~ ***avuç*** a handful; ~ ***daha*** once more; ~ ***de*** also, in addition
bira beer; **~hane** beer-house, pub
bir|az a little; ***~azdan*** a little later; **~birine, ~birini** one another; **~çok** many, a lot; **~den(bire)** *adv.* suddenly; **~er** one each; **~ey** *n.* individual
birik|inti accumulation, heap; **~mek** *v/i* collect; **~tirmek** *v/t* collect, amass; save up
birim unit
birinci the first, first-class
birkaç a few, some
birleş|ik united; **~mek** *v/i* unite; meet (***ile*** with); **~tirmek** *v/t* unite, connect
birlik unity; union, association; **~te** *adv.* together, in company
birtakım a quantity, some
bisiklet bicycle; **~e binmek** ride a bicycle, ~ **yolu** cycle lane
bisküvi biscuit
bit louse
bit|ik exhausted; **~im** ending, end; **~irmek** *v/t* finish, complete, terminate; eat up; **~işik** next door; neighbouring; **~iştirmek** *v/t* join, unite, attach; **~ki** plant; **~kin** exhausted, dead tired; **~kisel** *adj.* vegetable, vegetal
bitlenmek be infested with lice, get lice
bitmek come to an end; be completed; be exhausted
bitpazarı flea market
biyoloji biology
biz we; ***~im*** our
Bizans Byzantium
bizzat in person, personally
blok block; *pol.* bloc
blöf bluff
blûcin jeans
blûz blouse

bobin *phys., el.* reel, spool; coil
bocalamak *v/i* falter
bodrum cellar
bodur dumpy, squat, dwarf
boğa bull; ~ **güreşi** bullfight
boğaz throat; mountain pass; strait; ♀ **içi** the Bosphorus; **~lamak** *-i* cut the throat of; ♀**lar** the Straits *(Bosphorus and Dardanelles)*
boğma|ca *med.* whooping cough; **~k 1.** *n.* knot, joint; **2.** *v/t* choke, strangle
boğu|k hoarse; **~lmak** be choked; be drowned; **~m** *bot.* node; knot; **~şmak** fight, wrestle, struggle
bohça wrapping cloth; bundle
bok excrement; ordure
boks boxing; ~ **maçı** boxing match; **~ör** boxer
bol wide, loose; ample; ~ ~ abundantly; **~laşmak** become wide *veya* loose; be abundant; **~luk** wideness, looseness; abundance
bomba bomb; **~lamak** *v/t* bomb; **~rdıman** bombardment, bombing
bomboş completely empty
bonbon bonbon, sweet(s)
boncuk bead
bon|file sirloin steak; **~o** bond; cheque; **~servis** certificate of good service, written character
bora tempest, hurricane
borazan trumpeter; trumpet
borç debt; obligation; ~ ***almak*** *-den* borrow from; ~ ***vermek*** lend *(-e -i so. sth.)*; **~lu** debtor; *-e* indebted to, under obligation (to)
borda ship's side, board
bordro payroll
borsa *ec.* stock exchange; **~cı** *ec.* stockbroker
boru tube, pipe; trumpet
bostan vegetable garden
boş empty; unoccupied; unemployed; ***~ta*** unemployed; ***~una*** *adv.* in vain; ~ ***vakit***, ~ ***zaman*** free time; **~almak** be emptied; become free; **~altmak** *v/t* empty, pour out; unload
boşa|mak *v/t* divorce; **~nmak** be divorced *(-den* from)
boşboğaz garrulous, indiscreet; **~lık** idle talk
boşluk emptiness; vacuum
botanik *n.* botany; *adj.* botanic(al)
boy height; length; stature; size; ***~unca*** along; during
boya paint, die; colour; **~cı** shoe-shine boy; dyer; **~hane** dye-house; **~lı** dyed; painted; **~mak** *v/t* paint; dye
boykot boycott; ~ ***etm.*** *v/t* boycott
boy|lam *geo.* longitude; **~lu** tall, high
boynuz *zo.* horn
boyun neck; *geo.* pass; ~ **bağı** tie; **~duruk** yoke
boyut *math.* dimension
boz grey

boza *(drink made of fermented millet)*
boz|durmak *v/t para:* change, get change for; defeat, rout; **~guncu** troublemaker
bozkır steppe
bozmak *v/t* spoil; ruin, destroy; *para:* change
bozuk destroyed, spoilt, broken; out of order; **~ para** small change
boz|ulmak spoil, be destroyed; break down; **~uşmak** break up *with one another*
böbrek *an.* kidney
böbürlenmek be arrogant, boast, put on airs
böcek insect; bug
böğür side, flank *of the body*
böğürmek bellow
böğürtlen *bot.* blackberry
bölge zone, district; **~sel** regional
bölme *math.* division; partition; dividing wall; **~k** *v/t* separate; divide (*-e* into)
bölü *math.* divided by; **~cü** separationist, plotter; **~k** *mil.* company, squadron; **~k pörçük** in bits; **~m** section, part, chapter; **~nmek** *-e* be divided into
bön silly; naive, imbecile
börek flacky pastry, pie
böyle so; thus; such; in this way; **~ce, ~likle** thus, in this way
branş branch, department, field of work
bravo *int.* Bravo! Well done!
briket briquette
bronşit *med.* bronchitis
broş brooch; **~ür** brochure
bu this; **~ *kadar*** that much; that's all; **~*nlar*** *pl.* these; all this; **~*nun için*** for this reason, therefore; **~*nunla birlikte*** however, in spite of this
bucak corner, nook; *pol.* sub-district
buçuk half *(after numerals)*; ***bir*** **~** one and a half
budak twig, knot *in timber*
budala silly, imbecile; **~lık** stupidity, foolishness
budamak *v/t* lop, trim, prune
bugün today; **~kü** of today; **~lük** for today
buğday wheat
buğu steam, vapour; **~lanmak** mist over
buhar steam, vapour; **~ *makinesi*** steam-engine; **~laşmak** *v/i* evaporate **~lı** run by steam; **~lı ütü** steam iron
buhran crisis; **~lı** stressful
buhur incense
buji *tech.* spark plug
buket bouquet
bukle lock, curl
bulan|dırmak *v/t* render turbid *veya* muddy; turn *the stomach;* **~ık** turbid; cloudy, overcast; **~mak** become cloudy; ***midesi*** **~** become

nauseated, feel sick; **~tı** nausea, sickness
bulaş|ıcı infectious, contagious *disease;* **~ık** smeared over, soiled; *med.* contagious; *n.* dirty kitchen utensils; **~ık deterjanı** washing-up liquid; **~ık makinesi** dishwasher; **~mak** become dirty; *-e* become involved in; **~tırmak** *v/t* smear; infect
Bulgar Bulgarian; **~istan** Bulgaria
bulgu finding, discovery
bulgur boiled and pounded wheat
bul|maca crossword puzzle; **~mak** *v/t* find; invent; **~undurmak** *v/t* make available; **~unmak** be found; be present; be; **~uş** finding; invention; idea; **~uşmak** meet
bulut cloud; **~lanmak** become cloudy; **~lu** cloudy, overcast.
bulvar boulevard
bunak senile
bunal|ım crisis; **~mak** be depressed *(-den* with, by*)*; **~tıcı** depressing
bunun *bak* **bu**
bura|da here; **~dan** from here; **~sı** this place, here; **~ya** to this spot, here
burç[1] tower
burç[2] *astr.* sign *of the Zodiac*
burgu auger, gimlet; corkscrew; **~lamak** *v/t* drill, bore
burjuvazi *pol.* bourgeoisie
burkmak *v/t* sprain, twist
burmak *v/t* twist, wring; castrate
burs scholarship
burun nose; *geo.* promontory, cape; **~ kıvırmak** turn one's nose up *(-e* at*)*
buruş|mak be wrinkled, creased; **~turmak** *v/t* crease, wrinkle; **~uk** puckered, wrinkled
buse kiss
but the buttocks, rump
buy|ruk order, command; **~urmak** *v/t* order; enter; take; **~urun(uz)!** please!
buz ice; frozen; **~ *dağı*** iceberg; **~ *gibi*** icy, ice-cold; **~dolabı** fridge, refrigerator; **~kıran** ice-breaker; **~lu** iced; **~ul** glacier
büfe buffet, bar; sideboard
bük|lüm *n.* twist, curl; fold **~mek** *v/t* twist, curl; spin **~ülü** bent, twisted
bülbül nightingale
bünye structure; constitution
büro office, bureau; **~krasi** bureaucracy; red tape
bürü|mcük raw silk gauze; **~mek** *v/t* wrap, cover up
bürünmek *-e* be filled with; wrap oneself up in
büsbütün altogether, completely
büst bust
bütçe *ec.* budget
bütün *adj.* whole, entire; all; *n.* whole; **~leme** make-up examination

büyü spell, sorcery; **~cü** sorcerer, magician, witch, wizard
büyük great; large; high; elder; **~ *abdest*** feces; **~ *anne*** grandmother; **~ *baba*** grandfather; **~ *elçi*** *pol.* ambassador; **♀ *Millet Meclisi*** *pol.* Grand National Assembly; **~lük** greatness; largeness; size
büyülemek *v/t* bewitch *(a. fig.)*
büyü|mek *v/i* grow, grow up; **~tmek** *v/t* bring up; enlarge
büzülmek contract, shrink

C

cadde main road, street
cadı witch
cahil ignorant
caiz lawful, permitted
cam glass; pane; **~baz** acrobat; tight-rope walker; **~cı** glazier
camekân shop window; showcase
cami mosque
cam|lamak *v/t* cover with glass; **~lı** glass-covered
can soul; life; individual; **~ *atmak*** want badly; **~*ı sıkılmak*** be bored (*-e* by); be annoyed
canavar monster
can|kurtaran ambulance; life-saver; **~landırmak** refresh; personify, perform; **~lanmak** come to life; become active; **~lı** alive; lively; **~sız** lifeless; dull
cari *adj. ec.* current
casus spy; **~luk** espionage
cay|dırmak *v/t* cause to renounce, make *so.* change his purpose; **~mak** change one's mind; renounce *(-den sth.)*
caz jazz; jazz band
cazip attractive; alluring
cebir *math.* algebra
cefa ill-treatment, cruelty
cehalet ignorance
cehennem *rel.* hell
ceket jacket, sports coat
celse *jur.* sitting; session
cem|aat community, group, congregation *(a. rel.)*; **~iyet** meeting; association; society
cenaze corpse; funeral; **~ alayı** funeral procession
cendere press, roller press
cengâver warlike; brave
cengel jungle
cennet *rel.* paradise
centilmen gentleman; **~ce** gentleman like
cep pocket; **~ *harçlığı*** pocket money; **~ *kitabı*** pocket book; **~ *sözlüğü*** pocket dictionary
cephane *mil.* ammunition
cephe front, side *(a. fig)*

cerahat *med.* pus; **~lanmak** *v/i* suppurate
cereyan current, draft; *el.* current; trend; **~ etm.** happen
cerrah surgeon; **~lık** surgery
cesaret courage, daring; **~ etm.** *-e* dare
ceset corpse, body
cesur bold, daring, courageous
cetvel list, schedule; ruler
cevap answer, reply; **~ vermek** *-e* answer, reply; **~landırmak** *v/t* answer *sth.*
cevher essence, substance; ore
ceviz *bot.* walnut
ceylân *zo.* gazelle, antelope
ceza punishment, fine; **~ çekmek** serve a sentence *(-den* for*)*; **~ evi** prison; **~ kesmek** *-e* fine; **~landırmak** *v/t* punish
cezp: ~ etm. *v/t* attract, draw
cezir *geo.* ebb
cezve Turkish coffee pot
cılız thin, puny, delicate
cılk rotten; inflamed
cımbız tweezers
cırlamak creak, screech
cıva mercury
cıvata bolt, screw
cıvık wet, sticky; **~laşmak** become wet *veya* sticky
cıvıldamak twitter, chirp
cızırdamak sizzle
cibinlik mosquito-net
cici good, pretty, nice; **~li bicili** over-ornamented
ciddî serious, earnest; **~ye almak** take seriously
ciğer *an.* liver; lung(s)
cihan world, universe
cilâ polish; varnish; **~lamak** *v/t* polish
cildiye dermatology
cilt skin, hide; volume; **~çi** bookbinder; **~lemek** *v/t* bind *a book;* **~li** bound *(book)*; in ... volumes; **~siz** unbound
cilve coquetry, charm; **~li** graceful; coquettish
cimri mean, miser
cin genie, demon, spirit; **~ gibi** agile
cinas play upon words, pun
cinayet murder; **~ işlemek** commit murder
cins species; class; kind; sex; **~el, ~î** generic, sexual; **~iyet** sex; sexuality
cirit javelin
ciro *ec.* endorsement **~ etm.** endorse
cisim body, substance, object; **~cik** particle
civar neighbourhood, environment
civciv chicken; **~li** noisy, lively, busy
coğrafya geography
conta *tech.* joint, washer
cop truncheon; **~lamak** *v/t* bludgeon
coşku enthusiasm; **~n** lively, enthusiastic; boiling over; exuberant; excited; **~nluk** overflowing; enthusiasm

coş|mak become violent; be enthusiastic; **~turmak** *v/t* inspire, fill with enthusiasm
cömert generous; **~lik** generosity
cuma Friday; **~rtesi** Saturday
cumhur|başkanı president (of a republic); **~iyet** republic; **~iyetçi** republican
cunta *pol.* junta
curcuna noisy confusion
cübbe gown
cüce dwarf
cümle *gr.* phrase, sentence, clause; **~cik** clause
cür'et boldness, daring; **~kâr, ~lı** bold, daring
cürüm crime, felony
cüsse human body; **~li** big body, large frame *of a person*
cüzam *med.* leprosy; **~lı** leprous
cüzdan wallet, portfolio

Ç

çabalamak strive, struggle
çabucak quickly
çabuk quick, agile; **~laştırmak** *v/t* speed up; accelerate; **~luk** speed, haste
çadır tent; **~ kurmak** pitch a tent
çağ time; epoch, age; **~ *dışı*** anachronistic, out of date, dated; **~daş** contemporary
çağıldamak burble, murmur
çağırmak *v/t* call, invite *(-e* to*)*
çağla|mak burble, murmur; **~yan** cascade
çağrı invitation; **~ belgesi** *jur.* summons; **~lı** invited; **~lmak** *-e* be invited to
çakal *zo.* jackal
çakı pocket-knife
çakıl pebble; **~ döşemek** pave with pebbles
çakır greyish blue; **~keyf** half tipsy
çakmak¹ *v/t* drive in with blows; light; *fig.* understand, know (*-den* about *sth.*); fail *(in an examination etc.)*; ***şimşek*** **~** flash *(lightning)*
çakmak² *n.* pocket-lighter; **~taşı** flint
çal|ar: **~ *saat*** alarm clock; **~dırmak** *v/t* cause to play *veya* steal; loose by theft; **~gı** musical instrument
çalı bush, shrub; **~ kuşu** *zo.* wren; **~lık** thicket
çalım swagger, strut; **~lı** pompous
çalıntı stolen goods
çalış|kan industrious, hard-working; ***~ma izni*** working permit; ***~ma odası*** study; **~mak** work; strive; study (*-e sth.*); **~tırıcı** trainer, coach; **~tırmak** *v/t* make work; train

çalka(la)mak *v/t* shake; rinse, wash out; churn; stir
çalmak *v/t* ring, strike; *v/t* knock *(at the door)*; steal; *enstrüman*: play; ***zili*** ~ ring the bell
çam *bot.* fir; pine; ~ ***fıstığı*** pine nut; ~***lık*** pine grove
çamaşır underclothing; laundry, washing; ~ ***makinesi*** washing machine; ~**hane** laundry room, launderette
çamur mud; clay; ~**lanmak** get muddy; ~**lu** muddy; ~**luk** muddy place; *oto:* mudguard
çan bell; ~ ***kulesi*** bell tower
çanak earthenware pot; ~ ***anten*** satellite antenna
Çanakkale: ~ ***Boğazı*** the Dardanelles
çangırdamak clang, jangle
çanta bag, case; ***el*** ~***sı*** handbag
çap diameter; bore, caliber
çapa hoe, mattock; anchor; ~**lamak** *v/t* hoe
çapkın womanizer, womanchaser; ~**lık** womanising; debauchery
çapraşık involved, confused
çapraz crosswise; diagonally
çapul booty, spoil; raid, sack; ~**cu** looter, pillager
çardak bower, pergola
çare remedy; means; ~ **bulmak** find a remedy
çark wheel *of a machine*
çarmıh cross *for crucifying*; ~**a germek** *v/t* crucify
çarp|ı *math.* ... times; multiplied by; ~**ık** crooked, bent; slanting; ~**ım** *math.* product; ~**ım tablosu** multiplication table; ~**ıntı** palpitation; ~**ışma** collision, clash; ~**ışmak** collide; fight; ~**ma** blow, stroke; *math.* multiplication; ~**mak** *-e* strike, knock against; collide with; *math.* multiply (*-i* ***ile*** *sth.* with)
çarşaf bed sheet; veiled dress
çarşamba Wednesday
çarşı bazaar, shopping precinct, market area
çatal fork; forked; ~**lanmak** fork, divide into two
çatana *naut.* small steamboat
çatı framework; roof; ~ **arası**, ~ **katı** attic
çatır|damak *v/i* chatter, clatter; ~**datmak** *v/t* make a noise, chatter; ~**tı** clattering; chattering
çatışma dispute; fight; ~**k** clash, collide (***ile*** with)
çatla|k split, cracked; ~**mak** *v/i* crack, split; ~**tmak** *v/t* split, crack
çatmak *v/t* fit together; sew coarsely; *hayvan*: load; *-e* scold, rebuke
çavdar *bot.* rye
çavuş *mil.* sergeant
çay[1] stream, brook
çay[2] tea; ~ ***evi*** teahouse; ~**cı** tea boy *(veya* man *veya* lady*)*; ~**danlık** teapot

çayır meadow, pasture; **~lık** meadowland, pasture
çaylak *zo.* kite; *fig.* green, inexperienced
çehre face; aspect
çek *ec.* cheque
çek|ecek shoehorn; **~ici** attractive, charming; **~ici araç** tow vehicle, recovery vehicle
çekiç hammer; ~ **atma** *spor:* hammer throw
çeki|liş drawing *of lots, etc.;* **~lmek** withdraw, retire (*-den* from); **~lmez** unbearable; **~m** gr. inflection, conjugation; *cinema:* shot, take; **~mser** abstention; **~ngen** shy, timid; **~nmek** *-den* beware of; refrain from
çekirdek stone, pip, seed
çekirge *zo.* grasshopper, locust
çekişmek *v/i* quarrel; dispute
çekme *phys.* attraction; ~ ***halatı*** tow rope; ~ ***kat*** penthouse, terrace flat; **~(ce)** drawer, till; **~k** *v/t* pull; drag, draw; suffer; send *a telegram;* take *a photograph*
çekyat sofa bed
çelebi *adj.* educated; gentleman
çelenk wreath
çelik steel; ~ **kapı** security door
çelim form, shape; **~siz** puny
çeliş|ki contradiction; **~mek** be in contradiction
çelmelemek trip *s.o.* with one's foot
çeltik *bot.* rice in the husk
çember *math.* circle; hoop; rim; **~lemek** *v/t* hoop; *mil.* encircle
çene *an.* jaw; chin; ~ **çalmak** chat
çengel hook
çent|ik notch; **~mek** *v/t* notch; nick
çepeçevre all around
çerçeve frame; **~lemek** *v/t* frame, put in a frame
çerez tidbits, snack, nuts
Çerkez Circassian; ~ **tavuğu** (*chicken with walnut*)
çeşit sort, variety, kind; **~li** various, assorted
çeşme fountain
çeşni taste, flavour
çete band; ~ **savaşı** guerrilla warfare
çetin difficult; perverse
çetrefil confused; bad (*language*)
çevik nimble, agile
çevir|i translation; **~mek** *v/t* turn; change, translate (*-e* into); return; **~men** translator
çevre circumference; surroundings; ~ ***kirlenmesi*** pollution of the environment; ~ ***yolu*** motorway; **~lemek** *v/t* surround, encircle
çevriyazı *gr.* transcription
çeyiz bride's trousseau

çeyrek quarter *of an hour*, one fourth
çıban boil, abscess
çığ avalanche; **~ır** track left by an avalanche; *fig.* path, way, epoch
çığlık cry, scream; **~ atmak** shriek, scream
çıkagelmek appear unexpectedly, happen to come
çık|ar profit, interest; **~ar yol** way out; **~armak** *v/t* take out; extract; remove; take off; drive; deduce; **~artmak** *v/t* have removed; have extracted; **~ıntı** projection; **~ış** exit, sortie; leaving; **~ış vizesi** *pol.* exit visa; **~ma** marginal note; **~mak** come out; appear; get about; be dislocated; move out *of a house;* depart (*-den* from); date; **~maz** blind alley, dead end
çıl|dırmak *v/i* go mad; **~gın** mad, insane
çınar plane tree
çın|gırak small bell; **~gıraklı yılan** rattlesnake; **~lamak** ring; give out a tinkling sound
çıplak naked; bare
çırak apprentice; **~lık** apprenticeship
çırılçıplak stark naked
çırp|ınmak flutter, struggle; **~mak** *v/t* beat; clap *hands*
çıt|çıt snap fastener; **~ırdamak, ~lamak** *v/i* crackle; **~latmak** *fig.* drop a hint (about)
çiçek flower, blossom; *med.* smallpox; **~çi** florist; **~lenmek** bloom, blossom
çift pair; couple; **~ priz** *el.* two-pin plug; **~ sayı** *math.* even number; **~ sürmek** plow; **~çi** farmer; **~e** paired, doubled; **~leşmek** *v/i* mate; **~lik** farm
çiğ raw, unripe
çiğdem *bot.* crocus
çiğnemek *v/t* crush; run over; chew
çiklet chewing gum
çikolata chocolate
çil spot, freckle; speckled
çile[1] trial, sufferance
çile[2] hank, skein
çilek strawberry
çilingir locksmith
çim garden grass; lawn
çimdik pinch; **~lemek** *v/t* pinch
çimen turf, grass plot; **~lik** lawn, meadow
çimento cement
Çingene gypsy
çini tile; tiled
çinko *chem.* zinc
çiriş paste, size; **~lemek** *v/t* smear with paste
çirkin ugly; unseemly
çiselemek drizzle
çiş urine; **~ etm.** urinate, pee; **~i gelmek** want to pee, need to pee
çit fence; hedge

çitilemek *çamaşır:* rub together
çivi nail; **~lemek** *v/t* nail
çiy dew
çizgi line; mark; scratch; **~ film** cartoon; **~li** marked with lines; striped
çizme boots; **~k** *v/t* draw; sketch; cross out
çoban shepherd
çocuk infant, child; **~ *bezi*** nappy; **~ *doğurmak*** give birth to a child; **~ *yuvası*** nursery school; **~luk** childhood; childishness
çoğal|mak *v/i* increase, multiply; **~tmak** *v/t* increase, augment
çoğu: **~ *kez*** mosty, usually
çoğu|l *gr.* plural; **~nluk** majority
çok much, many; very; **~ *geçmeden*** soon, before long; **~ *uluslu*** multi national; **~ça** a good many; **~luk** abundance; crowd
çolak crippled in one hand *veya* arm
çoluk: **~ *çocuk*** household, family; wife and children
çorak arid, barren
çorap stocking(s), sock(s); ~çı hosier
çorba soup; **~ kaşığı** soup spoon
çök|ertmek *v/t* make kneel; cause to collapse; **~mek** collapse, fall down; ***diz* ~** kneel; **~üntü** debris; sediment, deposit
çöl desert
çömlek earthen pot
çöp waste, rubbish; **~ *tenekesi*** waste bin, dustbin; **~ *torbası*** garbage bag; **~çü** dustbinman, garbage collector
çörek *(a kind of sweetened cake);* doughnut, donut
çöz|mek *v/t* untie; unbutton; solve; **~ülmek** be untied; thaw
çözüm solution; **~lemek** *v/t* analyse, find a solution
çubuk shoot, twig; pipe stem; rod
çukur hole, hollow, ditch, cavity *(also an.)*
çul haircloth; **~luk** *zo.* woodcock; **~suz** *fig.* penniless, skint
çuval sack
çünkü because
çürük rotten, spoilt; bad; bruise; **~ çarık** rotten, useless
çürü|mek rot, decay; **~tmek** *v/t* cause to rot, let decay

D

da, de also, too; and
dadı nurse, nanny
dağ mountain; ~ **başı** mountain top; wilds; **~cı** mountaineer
dağı|lmak scatter, be dispersed; be distrubuted; **~tım** distribution; **~tmak** *v/t* scatter, disperse, distribute
dağlamak *v/t* brand, cauterize
dağlı highlander; **~k** mountainous
daha more (*-den* than); further; yet; ***bir*** ~ once more
dahi also, too
dâhi genius
dâhil inside; included
dâhili internal, inner
daim|a always, perpetually; **~î** constant, permanent
dair *-e* concerning, about; **~e** circle; department, office; apartment, flat
dakika minute
daktilo typist; typewriting; ~ ***(makinesi)*** typewriter
dal branch *(a. fig.)*, bough
dalamak *v/t* bite; prick
dalavere trick, intrigue
daldırmak *v/t* plunge *(-e* into*)*
dalga wave; undulation; ~ ~ in waves; wavy *(hair)*; ~ **kıran** breakwater; **~lanmak** become rough; wave; **~lı** covered with waves; rough; wavy *(hair)*
dalgı|ç diver; **~n** plunged in thought, absent-minded
dalkavuk toady, bootlicker
dallanmak branch out; spread
dalmak *-e* plunge, dive into
dalyan fishing weir
dam roof
dama game *of draughts*
damacana demijohn
damak palate
damar *an.* blood vessel, vein
damat son-in-law; bridegroom
damga stamp, mark; ~ ***pulu*** revenue stamp; **~lamak** *v/t* stamp; **~lı** stamped, marked
damıtmak *v/t* distill
damla drop; **~lık** dropper; **~mak** *v/i* drip; **~tmak** *v/t* pour out drop by drop; let drip
damper tip-up; **~li kamyon** tip-up lorry
-dan, -den from; than
dana *zo.* calf; ~ **eti** veal
danış|ma information **~mak** consult *(-e -i so.* about *sth)*, ask for; **~man** adviser; **≗tay** Council of State
Danimarka Denmark; **~lı** *n., adj.* Danish
dans dance; ~ ***etm.*** dance; **~ör** man dancer; **~öz** woman dancer
dantel(â) lace, lacework

dar narrow; tight; with difficulty; ~ ***boğaz*** bottleneck
dara *ec.* tare
darağacı gallows
daral|mak become narrow; shrink; **~tmak** *v/t* make narrower
darbe blow, stroke
dargın angry, cross
darı *bot.* millet
darıl|gan easily hurt; **~mak** be offended (*-e* with); get cross
darlaştırmak *v/t* make narrow; restrict
darlık narrowness; *fig.* poverty, need
darmadağın in utter confusion
darphane *n.* mint
dava *jur.* lawsuit; trial; claim; ~ **açmak** bring a suit of law (*-e* against); **~cı** claimant, plaintiff; **~lı** defendant
davar sheep *veya* goat(s)
davet invitation; summons; ~ ***etm.*** *v/t* invite; summon (*-e* to); **~iye** invitation card; **~li** guest
davran|ış behaviour, attitude; **~mak** behave; take action
davul drum; ~ **çalmak** beat the drum
dayak prop, support; beating; ~ **yemek** get a thrashing
dayamak *v/t* support, lean (*-e* against)
dayanık|lı lasting, enduring; **~sız** not lasting, weak
dayan|ışma solidarity; **~mak** *-e* resist, endure; lean on; rely on
dayı maternal uncle
dazlak bald
debdebe pomp, splendo(u)r
dede grandfather
dedikodu tittle-tattle, gossip; **~cu** gossip, backbiter
defa time, turn; ***birkaç*** ~ on several occasions; ***çok*** ~ often
defetmek *v/t* drive away, expel
defile fashion show
define buried treasure; treasure
defne *bot.* bay-tree, laurel
defolmak go away
defter notebook; register; book; **~dar** accountant
değer *n.* value, worth; price; *adj.* *-e* worthy of; **~lendirmek** *v/t* appraise; evaluate; utilize; **~li** valuable; **~siz** worthless
değil not; no
değin *-e* until, till; **~mek** touch (*-e* on), refer (*-e* to)
değirmen mill; **~ci** miller
değiş: ~ ***tokuş*** exchange
değişik changed, different; varied; **~lik** alteration; variation; change
değiş|mek *v/i* change, alter, vary; **~tirmek** *v/t* change, alter; exchange (***ile*** for)
değme every, any; **~k** be worth; reach, touch (*-e sth.*)

değnek stick, cane
dehşet terror; **~li** terrible
dek *-e bak* **değin**
dekan dean *of a faculty*
deklanşör *phot.* trigger
dekor *thea.* stage scenery; **~asyon** decoration; **~atör** decorator
delege delegate, representative; delegated
delgi drill, gimlet
deli mad, insane
delik hole, opening
delikanlı youth, young man
delil proof, evidence; **~ *göstermek*** produce proof
deli|lik madness; **~rmek** go mad, become insane
delmek *v/t* pierce, hole
dem steeping; **~li** well steeped *(tea)*
demeç statement, speech
demek say, tell; mean; **~ *ki*** this means to say that, so
demet sheaf; bunch; **~lemek** *v/t* tie in bunches
demir iron; anchor; **~ *almak*** weigh anchor; **~ *atmak*** cast anchor; **~ *yolu*** railway; **~baş** fixtures, inventory; **~ci** blacksmith; **~lemek** *v/i* anchor
dem|lenmek be steeped *(tea)*; **~lik** teapot
demode old-fashioned
demokra|si democracy; **~t** democrat; **~tik** democratic
-den *bak* **-dan**
denek subject *of an experiment*
deneme trial, test; **~k** *v/t* try, test, trial
denet/(im) control; **~çi** controller, inspector; **~leme** control, supervision; **~lemek** *v/t* control, inspect
deney *chem.* test, experiment; **~im** experience
denge balance, equilibrium; **~li** balanced; **~siz** out of balance, unbalanced
deniz sea; **~ *altı*** submarine; **~ *kızı*** mermaid; **~ kuvvetleri** navy; **~anası** *zo.* jellyfish; **~aşırı** overseas; **~ci** seaman, sailor, **~cilik** navigaiton; sailing, shipping; **~yıldızı** starfish
denk bale; equal; suitable; **~lem** *math.* equaiton; **~leştirmek** *v/t* bring into balance; put together *(money)*
densiz lacking in manners, tactless
deplâsman maçı away match
depo depot; warehouse; **~zito** *ec.* deposit, advance payment
deprem earthquake
depreşmek relieve an emotion, reappear
dere valley; stream; **~beyi** feudal lord
derece degree, grade; thermometer
dergi magazine, periodical
dereotu *bot.* dill
derhâl *adv.* at once, immediately

deri skin, hide; leather
derin deep; profound; **~leştirmek** *v/t* deepen *(a. fig.)*; **~lik** depth; profundity
derlemek *v/t* gather, collect
derman strength, energy; **~sız** weak, feeble
dernek association
ders lecture, lesson; **~ *çalışmak*** study; **~hane** classroom; specialized school
dert pain, suffering; grief, trouble; **~lenmek** be pained (by), be sorry; **~leşmek** have a heart-to-heart talk (***ile*** with)
derviş dervish
derya sea, ocean
desen design; drawing
desinatör stylist
destan story, legend, epic
deste bouquet, bunch; packet
destek beam; prop; support; **~lemek** *v/t* prop up; support
destroyer destroyer
deşelemek *v/t* scratch up
detaylı detailed, lengthy
detektif dedective
deterjan detergent
dev giant; giantic; enormous
deva medicine, remedy
devalüasyon devaluation
devam continuation, permanence; **~ etm.** last; *-e* continue; follow; **~lı** continuous; **~sız** inconstant, irregular *(in attendance)*
deve camel; **~ kuşu** ostrich
devingen mobile
devir rotation, cycle, circuit; period, epoch
devirmek *v/t* overturn, knock down, overthrow
devlet state, government; **~ adamı** statesman; **~çi** favouring state control; **~çilik** state control; **~ler arası** international; **~leştirmek** *v/t* nationalize
devr|e cycle; period, term; *el.* circuit; **~en** *adv.* by continuation of the present contract; **~etmek** *v/t* transfer (*-e* to), turn over
devri|k turned over; **~lmek** be overturned; **~m** revolution; transformation; **~mci** revolutionist
devriye beat, patrol; **~ gezmek** *v/i.* patrol
deyi|m phrase, expression; **~ş** way of speaking
dezenfekte: **~ *etm.*** *v/t* disinfect
dış outer; exterior, outside; foreign; **~ *alım*** importation; **~ *işleri*** *pl. pol.* foreign affairs; **≗ *İşleri Bakanlığı*** Ministry of Foreign Affairs; **~ *taraf*** outside
dışarı outside; exterior; out; **~da** outside; abroad; **~dan** from the outside; from abroad; **~ya** abroad; towards the outside
dışkı feces
Dicle *geo.* the Tigris
didiklemek *v/t* tear to pieces; search

didinmek wear oneself out, work hard
didişmek quarrel, bicker (***ile*** with)
diferansiyel *tech.* differential gear
difteri diphteria
diğer other, the other; different; next
dik upright, straight; steep; ~ ***kafalı*** obstinate; **~dörtgen** *math.* rectangle
diken thorn; **~li** thorny, prickly; **~li tel** barbed wire
dikey *math.* vertical
diki|li sewn, stitched; set up; planted; **~li taş** obelisk; **~ş** sewing, stitching; seam; **~ş makinesi** sewing machine
dikkat attention; care; ~ ***etm.*** *-e* pay attention to; be careful with; **~le** *adv.* with care; **~li** attentive, careful; **~siz** careless; **~sizlik** carelessness
dikmek *v/t* sew, stitch; set up; plant
diktatör dictator; **~lük** dictatorship
dikte dictation; ~ **et(tir)mek** *v/t* dictate
dil tongue; language; ~ **balığı** *zo.* sole; ~ **bilgisi** grammar; ~ **bilimi** linguistics
dilek wish, desire; request; **~çe** petition, formal request; **~çe vermek** petition (***için*** for)
dilemek *v/t* wish, desire; ***özür*** ~ ask pardon, apologise
dilen|ci beggar; **~mek** beg
dilim slice; strip
dilsiz dumb, mute
din religion, faith
dinç vigorous, robust; **~leştirmek** *v/t* strengthen, invigorate; **~lik** robustness, good health
din|dar pious; **~daş** coreligionist
dindirmek *v/t* cause to cease, stop
dingil axle
dinî religious, pertaining to religion
dinle|mek *v/t* listen to, hear, pay attention to; **~nce** vacation, holiday; **~nme**: ~ ***yurdu*** recreation home; **~nmek** rest, relax, **~yici** listener; **~yiciler** audience
dinmek cease, stop; die down
din/sel religious; **~siz** atheist(ic), without religion
dip bottom, lowest part; **~çik** butt *of a rifle*
diploma diploma, certificate; **~si** diplomacy; **~t** diplomat
dipnot footnote, postscript
dipsiz bottomless
direk pole, pillar, mast
direk|siyon steering-wheel; **~tör** director
diren|iş resistance; **~mek** insist (*-de* on), resist
diri alive; fresh; **~lmek** return to life; **~ltmek** *v/t* bring to life; **~m** life
dirsek elbow; bend, turn
disiplin discipline

disk *tech.* disk; discus; ~ ***atma*** disk throwing; ~ ***jokey*** diskjockey; **~et** diskette
disko(tek) discotheque
dıspanser *med.* dispensary
distribütör *el.* distributor
diş tooth; cog; clove, ~ ***ağrısı*** toothache; ~ ***fırçası*** toothbrush; ~ ***macunu*** toothpaste; **~çi** dentist; **~çilik** dentistry
dişi female; **~l** *gr.* feminine
dişli toothed; cogged; *tech.* cogwheel, gear
divan **1.** sofa, divan; **2.** collection of poems; **3.** *pol.* council of state
divane insane, crazy
diyafram *an., phys.* diaphragm
diyanet: ~ ***işleri*** religious affairs *pl.*
diye so that; by saying
diz *an.* knee; ~ ***çökmek*** kneel; ~ ***kapağı*** knee cap
dizanteri *med.* dysentery
dizel Diesel
dizgi *tech.* composition, typesetting; **~ci** typesetter
diz|i line, row; string; series; ~ ***film*** film in episodes; **~ilmek** *-e* be arranged in; be strung on; **~mek** *v/t* arrange in a row; string; (type)set
doçent associate professor
doğa nature; **~l** natural; **-l gaz** natural gas
doğan *zo.* falcon
doğma birth; born; **~k** be born; *astr.* rise
doğrama work of a carpenter; **~cı** carpenter; **~k** *v/t* cut into pieces
doğru straight; upright; right, true; honest; *math.* line; towards; ***~dan ~ya*** directly; **~ca** directly; straight; **~lamak** *v/t* confirm; **~lmak** become straight; **~ltmak** *v/t* put straight; correct; **~luk** straightness; honesty; truth
doğu east; eastern
doğum birth; ~ **evi** maternity hospital; ~ **günü** birthday; **~lu** *-de* born in
doğur|mak *v/t* give birth to; *fig.* bring forth; **~tmak** *v/t* assist delivery at birth
dok *naut.* dock
doksan ninety
doktor doctor; physician; **~a** doctorate
doku tissue
dokuma weaving; woven; **~cı** weaver; **~k** *v/t* weave
dokun|aklı touching, moving; **~mak** touch, feel; upset *(one's health)*; **~ulmazlık** *pol.* immunity
dokuz nine
dola|mak *v/t* twist, wind (*-e* on); **~mbaç(lı)** winding, meandering
dolandırıcı swindler; **~lık** swindle
dolandırmak *v/t* cheat; swindle, defraud
dolap cupboard; waterwheel
dolar dollar
dolaş|ık intricate, confused;

~**ım** circulation; ~**mak** go around, walk about; make a roundabout way; ~**tırmak** *v/t* make *so.* go around; *-i -e* show *so.* over *sth.*
dolayı *-den* on account of, due to; *conj.* as, because
dol|durmak *v/t* fill; complete; fill up; ~**gun** full; filled; high *(wages)*; ~**ma** stuffed, filled; ~**ma kalem** fountain pen; ~**mak** become full; be completed; ~**muş** filled, stuffed; shared-taxi; ~**u** *adj.* full, filled; plentiful, in abundance; *n.* hail; ~**unay** full moon
domates tomato(es)
domuz pig; ~ **eti** pork
don[1] frost
don[2] pair of pants
donanma fleet; navy; illumination, fireworks; ~**k** be illuminated
donat|ım *mil.* ordnance; equipment; ~**mak** *v/t* ornament, illuminate
dondurma ice cream; ~**cı** ice-cream vendor; ~**k** *v/t* freeze
don|durulmuş frozen; ~**mak** *v/i* freeze; harden; ~**uk** mat, dull
dopdolu chock-full
dost friend; lover; ~**ane,** ~**ça** friendly; ~**luk** friendship
dosya dossier, file
doy|mak be satisfied with, be satiated; ~**maz** insatiable; ~**urmak** *v/t* satiate; satisfy
~**urucu** satisfying
dök|me casting; cast; ~**mek** *v/t* pour; scatter; cast; ~**ülmek** be poured; be cast; fall out; disintegrate; drop off
döküm dropping; cast; enumeration *of an account;* ~**hane** *tech.* foundry
döküntü remains, leavings
döl generation; offspring, descendants; ~**lemek** *v/t* inseminate; fertilize
dön|dürmek *v/t* turn round, rotate; ~**em** period *of time;* ~**emeç** bend, curve; ~**er kebap** *meat roasted on a revolving vertical spit;* ~**me** turning; conversion; *rel.* converted to Islam; ~**me dolap** merry-go-round; ~**mek** *v/i* turn back; return; change; ~**ük** turned (*-e* to); ~**üm 1.** turn, revolution; **2.** *(surface measure: 0.23 acre veya 920 m^2)*; ~**üş** return(ing); ~**üştürmek** *v/t* change, transform (*-e* into)
dört four; ~ ***yol*** crossroads; ~**gen**, ~**kenar** quadrangle; ~**nala** at a gallop
döşe|k mattress; ~**me** floor covering, upholstery; ~**meci** upholsterer; ~**mek** *v/t* spread; pave; furnish
döviz motto, slogan, device; *ec.* foreign currency; ~ **bürosu** exchange bureau
döv|mek *v/t* beat; hammer; thrash; ~**üşmek** fight, strug-

gle with one another
dram *tiya.* drama
dua prayer, blessing; ~ ***etm.*** pray, bless
duba *naut.* barge, pontoon
dublâj dubbing; ~ **yapmak** dub
dubleks duplex *house*
dudak lip
dul widow(er); widowed
duman smoke; mist; **~lanmak** become smoky *veya* cloudy *(a. fig.)*; **~lı** smoky; misty
durak *n.* stop; break, halt; **~lamak** *v/i* stop, pause
dur|durmak *v/t* stop, cause to wait; **~gun** calm; stagnant; stationary; **~gunluk** calmness; stagnation, standstill; **~madan** continually; **~mak** *v/i* stop; cease; stand; remain; **~um** state, position; attitude; **~uş** rest, stop; attitude; **~uşma** *jur.* hearing *of a case*
duş shower; ~ **yapmak** have a shower
dut mulberry
duvar wall; **~cı** mason, bricklayer
duygu perception; feeling; sense; **~lu** sensitive; **~sal** emotional; **~suz** insensitive
duy|mak *v/t* feel; perceive; learn; hear; **~um** perception; sensation; **~urmak** *-e -i* let *so.* hear *veya* learn *sth.*; **~uru** announcement
düdük whistle, pipe; **~lü (tencere)** pressure cooker
düello duel
düğme button; switch; **~lemek** *v/t* button up
düğüm knot; bow; **~lemek** *v/t* knot
düğün feast *(wedding veya circumcision)*
dükkân shop; **~cı** shopkeeper
dülger carpenter
dümen *naut.* rudder; **~ci** helmsman
dün yesterday; **~den, ~kü** of yesterday
dünür father-in-law *veya* mother-in-law of one's child *(as a relation between the fathers or mothers of a married couple)*
dünya world; earth; everyone; ~ **güzeli** Miss world
dürbün binoculars, field glasses
dürmek *v/t* roll up
dürt|mek *v/t* prod, goad; **~üşmek** push *veya* prod one another
dürüst straightforward, honest; **~lük** honesty
düş dream
düş|ey perpendicular; **~kün** fallen on bad times; in love; addicted (*-e* to); **~künlük** poverty; being in love with; addiction
düşman enemy; **~lık** enmity; hostility

düş|mek fall down (*-e* upon); fall to one's lot; **~ük** fallen; low *(price); med.* miscarriage
düşünce thought; idea, opinion; reflection; anxiety; **~li** thoughtful; worried; **~siz** thoughtless, inconsiderate
düşün|mek *v/t* think of; remember, consider; **~ür** thinker, intellectual
düşürmek *v/t* cause to fall, drop; bring down
düz flat, level, smooth; **~elmek** improve, get better; **~eltmek** *v/t* make smooth; put in order; arrange; correct
düzen order, regularity; trick, lie; **~lemek** *v/t* put in order; **~li** orderly, tidy; **~siz** out of order, in disorder, untidy; irregular
düzgün smooth, level; regular
düzine dozen
düz|lem *math.* plane; **~lemek** *v/t* smooth, flatten; **~lük** flatness, plainness; **~mek** *v/t* arrange; invent; forge

E

e then; well, all right; oh!
ebe midwife
ebeveyn parents
ebleh imbecile,stupid
ebru(lu) marbled *(paper)*
ecel *rel.* appointed hour of death
ecnebi foreign; foreigner
eczacı chemist, druggist; **~lık** pharmacy *(profession)*
ecza(ha)ne pharmacy, chemist's shop
eda payment, execution; tone, manner; **~lı** charming
edat *gr.* particle, preposition
edeb|î literary; **~iyat** literature
edep|li well-behaved, with good manners; **~siz** ill-mannered, rude
eder price
edi|lgen *gr.* passive; **~nç** attainments; **~nmek** *v/t* get, procure; **~nti** acquisition
editör publisher; editor
efe elder brother; village hero
efektif cash, ready money
efendi master; Mr. *(after the first name)*; **~m** yes, sir!, pardon?
Efes Ephesus
efkâr thoughts, ideas; sadness
efsane legend; **~vî** legendary
Ege (Denizi) Aegean Sea
egemen sovereign; **~lik** sovereignty
egoi|st selfish, egoist; **~zm** selfishness, egoism
egzersiz exercise, practice
egzoz *tech.* exhaust

eğe file; **~lemek** *v/t* file
eğer if, whether; when
eğil|im inclination; tendency (*-e* towards); **~imli** *-e* inclined towards, fond of; **~mek** *v/i* bend, incline
eğirmek *v/t* spin
eğit|ici instructor, pedagogue; educational, instructive; **~im** education, training; **~imci** educator; **~mek** *v/i* educate; **~men** educator; **~sel** educational
eğlen|ce entertainment, amusement; **~celi** amusing, entertaining; **~dirmek** *v/t* amuse; entertain; **~mek** be amused, amuse oneself, enjoy oneself; **~ti** entertainment, party
eğmek *v/t* bend, incline
eğrelti, ~otu *bot.* bracken, fern
eğreti makeshift, temporary
eğri crooked, bent; **~ büğrü** bent and crooked; **~lmek** become bent, incline; **~ltmek** *v/t* make crooked, bend, twist
ehliyet capacity, competence; (driving) license; **~li** capable; licensed; **~name** certificate of competence; driving license; **~siz** incapable, incompetent
ehven cheap(est)
ejder(ha) dragon
ek joint; addition, supplement; *gr.* suffix, affix, prefix; extra, additional
eki|li planted, sown; **~m** sowing; October
ekin crops; **~ biçmek** reap, harvest
ekip team, crew, gang
ekle|m *an.* joint; **~mek** *v/t* join, add (*-e* to); **~nmek** *-e* be joined to, be added to; **~nti** annex
ekmek[1] *v/t* sow; scatter
ekmek[2] *n.* bread; **~çi** baker
ekonomi economy
ekran *tech.* screen
ekselâns Excellency
eksen axis; axle
ekseri most; **~ya** *adv.* generally, mostly; **~yet** majority
eksi *math.* minus
eksik deficient; missing; lack; lacking; **~ *olmayın!*** thank you very much!; **~lik** deficiency, defectiveness; **~siz** without defect; complete, perfect
eksil|mek *v/t* decrease; be absent; **~tmek** *v/t* diminish, reduce
eksper expert
ekspres express train *veya* steamer; express delivery
ekstra extra, first quality
ekşi sour, acid; **~mek** become sour, be upset *(stomach); sl.* be disconcerted; **~msi** sourish
ekvator *geo.* equator
el[1] stranger; others; country
el[2] hand; assistance, help handle; **~ *birliği*** cooperation; **~ *çantası*** handbag; ~

çırpmak clap one's hands; ~ ***değmemiş*** untouched, intact; ~ ***emeği*** handwork; ~ ***işi*** handicraft; handmade; ~ ***kitabı*** handbook, manual; ~ ***sanatları*** handicrafts; ~ ***sıkmak*** shake hands; ~ ***şakası*** horseplay; ~ ***yazısı*** handwriting; manuscript; ***~de etm.*** *v/t* get hold of, obtain; ***~den düşme*** secondhand; ***~e almak*** *v/t* take charge of; ***~e geçmek*** come into one's possession; ***~i açık*** generous; ***~ine bakmak*** depend on (*-in so.*)
elastik(î) elastic
elbet(te) certainly, decidedly
elbise *pl.* clothes; clothing; dress, suit; ~ **askısı** coat-hanger
elçi ambassador; envoy; **~lik** embassy
eldiven glove
elebaşı ringleader; captain
elek sieve
elektrik electricity; ~ **akımı** electric current; **~çi** electrician; **~li** electric
elektronik electronic(s); ~ **beyin** computer
elem pain, suffering, sorrow
eleman element; personnel
elemek *v/t* sift, sieve; *fig.* eliminate
eleştir|i criticism; **~ici** *n.* critic; *adj.* critical; **~mek** *v/t* criticize; **~men** critic
ellemek *v/t* feel with the hand, touch
elli fifty
elma apple; ~ ***ağacı*** apple tree; ~ ***şekeri*** toffee apple
elmas diamond
elti sister-in-law (*relationship between the wives of two brothers*)
elveda farewell, good-bye
elver|işli sufficient; useful; suitable, convenient, profitable; **~mek** suffice; be suitable
elzem indispensable
emanet deposit, anything entrusted *to so.*; left luggage office, checkroom; ~ ***etm.*** *v/t* entrust (*-e* to)
emare sign, mark; indication
emaye enameled
emek work, labour; effort; **~lemek** crawl on all fours; **~li** retired; pensioner; ~ ***aylığı*** retirement pay, pension; ***~ye ayrılmak*** retire, be pensioned off; **~lilik** retirement; **~siz** free from labour; easy; **~tar** old and faithful, veteran
emel longing, desire
emin safe, secure, sure; ~ ***olm.*** *-e* be sure of
emir order, command
emlâk *pl.* lands, possessions, real estates; ~ **komisyoncusu** estate agent; ~ **vergisi** property tax
emmek *v/t* suck
emniyet security, safety; police; ~ **kemeri** seat belt; **~li** safe, reliable; **~siz**

insecure, unsafe; **~sizlik** lack of confidence
emprime print fabric
emretmek *v/t* order, command
emsal *pl.* similar cases, equal, example; **~siz** peerless, unequalled, matchless
emtia *pl. ec.* goods
emzi|k dummy, pacifier; baby's bottle; **~rmek** *v/t* suckle, breast-feed
en[1] *n.* width, breadth
en[2] *adv.* most *(superlative)*; **~ az(ından)** at least; **~ güzel** the most beautiful
enayi *sl.* sucker, idiot, fool; **~lik** foolishness
endam body, shape, figure; **~lı** well-proportioned
ender very rare; rarely
endişe thought, anxiety; **~li** thoughtful, anxious
endüstri industry; **~leşmek** industrialize
enerji energy; **~k** energetic
enfes delightful, delicious
enflâsyon *ec.* inflation
engebe unevenness of ground; **~li** steep and broken, uneven
engel obstacle; difficulty; **~ olm.**·*-e* hinder, prevent; **~ sınavı** make-up examination; **~lemek** *v/t* hinder, hamper; **~li koşu** hurdle race
engerek *zo.* adder, viper
engin vast, boundless; **~ deniz** the open sea
enginar *bot.* artichoke
enikonu quite, thoroughly
enişte husband *of an aunt or sister*
enkaz *pl.* ruins, debris; wreck
enl|em *geo.* latitude, parallel; **~i** wide, broad
ense back of the neck, nape
ensiz narrow
enstantane snapshot
enstitü institute
enstrüman *mus.* instrument
entari loose robe
entegrasyon integration
entelektüel intellectual
enteresan interesting
enternasyonal international
entipüften *sl.* flimsy
entrika intrigue; **~cı** schemer, trickster
epey(ce) a good many; fairly
er[1] early; soon; **~ geç** sooner or later
er[2] man, male; *mil.* private; **~at** *pl.* non-commissioned officers and private soldiers
erbaş *mil.* non-commissioned officer
erdem virtue; **~li** virtuous
erg|en marriageable; unmarried; **~enlik** adolescence; acne; **~in** mature, adult; ripe
erguvan judas-tree; purple; **~î** purple
erik plum
eril *gr.* masculine
erimek *v/i* melt; pine away
erişkin adult, mature
erişmek *-e* arrive, attain, reach

eritmek *v/t* melt, dissolve; squander
eriyik *chem.* solution
erk power; authority
erkek man, male; husband; ~ **kardeş** brother; **~lik** masculinity; manliness
erken, erkenden early
erkin free, independent
ermek *-e* reach, attain
Ermeni Armenian; **~ce** Armenian *(language)*
ermiş saint, holy person
eroin heroin
ertelemek *v/t* postpone
ertesi the next, the following *day, etc.*, ~ **gün** the following day
erzak *pl.* provisions; food
esans *chem.* essence, perfume
esas *n.* foundation; principle; *adj.* basic; **~en** *adv.* fundamentally, in principle; **~lı** based, founded; fundamental; real, true; **~sız** baseless, groundless
esef regret; ~ **etm.** feel regret (for)
eseme logic
esen healthy, robust; **~lik** health, soundness
eser sign, trace; work *of art, etc.*
esin inspiration; **~lenmek** *-den* be inspired by; **~ti** breeze; **~tili** breezy
esir captive, prisoner of war
esirge|mek *v/t* protect, spare; begrudge; **Allah ~sin!** may God protect us!
esirlik captivity
eski old; ancient; out of date; ~ **püskü** old and tattered things; **~ci** rag and bone man; cobbler; **~mek** be worn out; **~tmek** *v/t* wear out, use up
eskrim *spor:* fencing; **~ci** fencer
esmek *v/i* blow; *fig.* come into the mind (*-e* of *so*).
esmer brunette, dark complexioned
esna|da: o ~ at that time; *-diği* **~da** *conj.* while; **~sında** in the course of, during
esnaf *pl.* tradesmen, artisans
esnek elastic; **~lik** elasticity
esnemek yawn
espri wit, witticism, joke; ~ **yapmak** *v/i* make a clever joke; **~li** witty
esrar hashish; secrets, mysteries; **~engiz**, **~lı** mysterious
esrimek go into an ecstasy; get drunk
estağfurullah! don't mention it!, not at all!
eş one *of a pair;* husband; wife; partner; ~ **amlamlı** synonymous; ~ **cinsel** homosexual, gay, lesbian; ~ **değer** equivalent (*-e* to), equivalence; ~ **değerli** equivalent; **~arp** scarf
eşek donkey; ~ **arısı** hornet
eşey sex; **~sel** sexsual

eşik threshold; bridge *of a violin, etc.*
eşit equal, equivalent; **~lik** equality
eşkıya *sg., pl.* outlaw(s)
eş|lemek pair, match; synchronize; **~lik** accompaniment; **~lik etm.** accompany; **~mek** scratch *the soil*
eşofman sweat suit, tracksuit
eşsiz matchless, peerless
eşya *pl.* things; objects; luggage; furniture; **~lı** furnished
et meat; flesh; **~ obur** *zo.* carnivorous; **~ suyu** gravy, meat stock
etek skirt; *geo.* foot *of a mountain*; **~lik** skirt *of a woman*
eter *chem.* ether
etiket label, ticket; etiquette; **~lemek** *v/t* label
Etiyopya Ethiopia; **~lı** Ethiopian
etken agent, factor; effective; *gr.* active
etki effect, influence; **~lemek** *v/t* affect, influence; **~li** effective, influential
etkin active; effective; **~lik** activity; efficiency
etmek do, make
et|men factor; **~nik** ethnic
etraf *pl.* sides, ends; surroundings; *-in* **~ında** around; **~lı** detailed
etsiz without meat; weak
ettir|gen *gr.* causative *(verb)*; **~mek** *v/i* cause to do
etüt study, essay
ev house, home, dwelling; **~ işi** housework; **~ kadını** housewife; **~ sahibi** host, hostess, landlord, landlady; **~ tutmak** rent a house; **~cil** domesticated
evet yes
evham delusions, hallucinations
evlât child(ren), descendant(s); **~ edinmek** adopt *(a child)*
evlen|dirmek *v/t* marry, give in marriage (*-e* to); **~me** marriage; **~mek** marry (**ile** *so.*)
evli married
evliya Muslim saint
evrak *pl.* documents, papers; **~ çantası** briefcase, portfolio
evren universe; **~sel** universal
evrim evolution; **~cilik** evolutionism
evvel ago; first; *-meden ~ conj.* before; **bir an ~** as soon as possible; **~â** firstly; **~ce** previously, formerly; **~ki, ~si** first, former; **~ki (~si) gün** the day before yesterday
eyalet province
eyer saddle
eylem action; operation; **~ci** activist
eylül September
eyvah Alas!

eyvallah thank you!; good -bye!; all right!
ezan *rel.* call to prayer
ezber by heart; **~lemek** *v/t* learn by heart
ezelî without beginning, eternal
ezgi *mus.* tune, melody; *fig.* style
ezici overwhelming
ezilmek be crushed, oppressed
eziyet injury, pain, torture; **~li** fatiguing, painful
ezme something crushed, paste, purée; **~k** *v/t* crush, pound, bruise; run over

F

faal active, industrious; **~iyet** activity, energy
fabrika factory, plant; **~tör** manufacturer, factory owner
facia tragedy, disaster
fahişe prostitute
fahrî honorary
fail agent; perpetrator
faiz *ec.* interest; ***birleşik ~*** compound interest; ***~e vermek*** *v/t* lend at interest; **~li** at interest; **~siz** interest-free
fakat but, only
fakir poor, pauper; **~lik** poverty
faks *n.* fax; **~ *çekmek*, ~lamak** *v/t* fax
fakülte faculty *of a university*
fal fortunetelling; ***~a bakmak*** tell fortunes
falaka bastinado
falan so and so, such and such; and so on
falcı fortune-teller
familya family *(a. bot.)*
fanatik fanatic
fanilâ flannel undershirt
fantezi fancy (goods)
fanus glass cover; lamp glass
fare mouse; rat; **~ kapanı** mousetrap
farfara windbag; braggart; **~cı** braggart
fark difference, distinction; *-in* ***~ına varmak*** become aware of, perceive; *-in* ***~ında olm.*** be aware of; ***~ etm.*** *v/t* distinguish; perceive; **~lı** different, changed; **~sız** indistinguishable, without difference
farmason *bak* ***mason***
farz *rel.* precept; supposition; ***~ etm.*** *v/t* suppose
Fas Morocco
fasıl chapter, section
fasıla separation; interval, interruption; ***~ vermek*** *-e* interrupt, break; **~sız** continuous, uninterrupted
fasikül fascicle, section *of a book*

fasulye *bot.* bean; **taze ~** string beans
faşi|st Fascist; **~zm** Fascism
fatih conqueror
fatura *ec.* invoice
favori whiskers; favorite
fayans tile
fayda use, profit, advantage; **~lanmak** *-den* profit by, make use of; **~lı** useful, profitable; **~sız** useless, in vain
fayton phaeton
fazilet virtue, goodness, merit, superiority; **~li** virtuous, excellent
fazla remainder; excessive, extra; a lot; more, too much; **~laşmak** *v/i* increase
feci painful, tragic
fecir dawn
feda ransom; sacrifice; **~ etm.** *v/t* sacrifice; **~kâr** self-sacrificing, devoted; **~kârlık** self-sacrifice, devotion
federa|l federal; **~syon** federation, association; **~tif** *bak* **~l**
felâket disaster, catastrophe; **~zede** victim *of a disaster*
felç *med.* paralysis; **çocuk felci** infantile paralysis, polio
felek firmament; destiny
felsef|e philosophy; **~î** philosophical
fen technics, art; science; branch of science
fena bad, unpleasant; awful; **~ hâlde** badly, extremely; **~laşmak** become worse, deteriorate; **~laştırmak** *v/t* make worse, worsen; **~lık** evil, bad action; fainting; **~ geçirmek** feel faint
fener lantern, streetlamp; lighthouse
fennî scientific, technical
feragat abandonment, renunciation; self-sacrifice; **~ etm.** *-den* renounce, give up
ferah spacious, open; joy, pleasure; **~lamak** become spacious; become cheerful; **~lık** spaciousness; cheerfulness
feribot *naut.* train *veya* car ferry, ferryboat
fermejüp snap-fastener
fermuar zip fastener
fert person, individual
feryat cry, scream; **~ etm.** lament, cry out
fes fez
fesat depravity, corruption; conspiracy; **~ çıkarmak** plot mischief; **~çı** mischief-maker, conspirator
feshetmek *v/t* annul, cancel
fesih abolition, cancellation
fethetmek conquer
fetih conquest
fetva *rel.* decision *on religious matter given by a mufti*
feveran flaring up; **~ etm.** flare up, boil over with anger
fevkalâde extraordinary; excellent, wonderful
fıçı cask, barrel; **~cı** cooper
fıkırdamak *v/i* bubble; giggle

fıkra paragraph; passage; anecdote, short column
fındık *bot.* hazelnut; ~ **faresi** *zo.* common house-mouse
Fırat Euphrates
fırça brush; paintbrush; ~**la-mak** *v/t* brush, dust
fırılda|k weathercock; spinning-top; ~**(n)mak** spin round
fırın oven; bakery; furnace; ~**cı** baker; ~**lamak** *v/t* kiln-dry
fırla|mak *v/i* fly off, fly out; ~**tmak** *v/t* hurl, throw
fırsat opportunity, chance; ~**çı** opportunist
fırtına gale, storm; ~**lı** stormy (*a. fig.*)
fısıl|damak *v/t* whisper; ~**tı** whisper
fıskiye water jet, fountain
fıstık *bot.* pistachio nut
fışırdamak gurgle, rustle
fışkır|mak *v/i* gush out, spurt out; ~**tmak** *v/t* spurt, splash
fıtık *an.* hernia, rupture
fidan *bot.* young plant, sapling; ~**lık** nursery
fide *bot.* seedling plant
fidye ransom
figüran *thea.* walk-on; *sinema:* extra
fihrist index; catalogue, list
fiil act, action, deed; *gr.* verb; ~**en** actually, really; ~**î** actual, real
fikir thought, idea; mind, opinion; ~ **almak** ask *so's* opinion; ~ **işçisi** white-collar worker; ~ **vermek** give an idea (about)
fil elephant; ~ ***dişi*** ivory
filân *bak* ***falan***
file net
fileto fillet
filika *naut.* ship's boat
filinta carbine, short gun
Filistin Palestine
filiz tendril, young shoot; ~**lenmek** sprout, send forth shoots
film film; movie; *-in* ~***ini almak*** film; X-ray; ~ **çekmek** *v/t* film; X-ray; ~ **makinesi** movie camera; ~ **yıldızı** film star
filo *naut.* fleet; squadron; ~**tillâ** flotilla
filozof philosopher
filtre filter, sieve; ~ ***etm.*** *v/t* filter; ~**li** filtered
final *n. spor:* final; *mus.* finale
finanse etm. *v/t* finance
fincan cup; *el.* porcelain insulator
fingirdemek behave coquettishly
firar flight, running away; *mil.* desertion
fire: ~ ***vermek*** suffer wastage
firkete hairpin
firma firm, company
fiske flip *with the fingers;* pinch; ~**lemek** *v/t* give a flip to
fistül fistula
fiş slip of paper, receipt; card; *el.* plug
fişek cartridge; rocket

fitil wick; fuse
fitlemek instigate, incite
fitne instigation; mischief -making; **~ci** intriguer; mischief-maker
fiyaka *sl.* showing off
fiyat price, value
fizik physics
flâma *naut.* pennant
flâş flashlight
flâvta flute
flört flirt
flüt flute
fok *zo.* seal
fokurdamak *v/i* boil up, bubble
folklor folklore
fon fund; *resim sanatı:* background colour
fonksiyon *math.* function
forma form; folio; uniform; colours; **~lite** formality; red tape
formül formula; formulary
forvet *spor:* forward
fosfor phosphorus
fosil fossil
foto photo; photographer
fotoğraf photograph; **~ *makinesi*** camera; **~ *çekmek*** *v/t* take a photograph; **~çı** photographer
fotokopi photocopy; **~ makinesi** pohotocopier
fotoroman photo-story
frak tailcoat
francala white bread; roll
Frans|a France; **~ız** French; **~ızca** French *(language)*
fren brake
frengi syphilis
Frenk (Western) European; **~ gömleği** shirt; **~ üzümü** *bot.* red currant
frenlemek *v/t* brake
frikik *futbol:* free kick
friksiyon friction
fuar *ec.* fair, exposition
fuhuş prostitution
fukara the poor; poor, destitute; **~lık** poverty
funda *bot.* heath
furgon luggage van
futbol football; soccer; **~ maçı** football match
fuzulî needless, superfluous
füme smoked; smoke-coloured
füze rocket, missile

G

gaddar cruel; **~lık** cruelty
gafil careless, inattentive; **~ avlamak** *v/t* catch unawares
gaflet carelessness, heedlessness
gaga beak; **~lamak** *v/t* peck
gaile anxiety, trouble; **~li** worried; **~siz** carefree
gala gala, festivity; gala night
galeri art gallery, gallery, showroom; mine tunnel
galeta bread stick, rusk

galeyan rage, agitation
galib|a probably, presumably; **~iyet** victory, win
galip victorious, superior
gam[1] *mus.* scale
gam[2] anxiety, grief
gammaz telltale, informer; **~lamak** *v/t* tell tales (about), inform (against); **~lık** spying
gamze dimple
gangster gangster
ganimet spoils, booty
gar railway station
garaj garage
garanti guarantee
garaz malice, grudge; **~ bağlamak** hold a grudge against *so*
gardırop wardrobe; cloakroom
gardiyan (prison) guard, warden
gargara gargling, gargle; **~ yapmak** gargle
garip strange; peculiar; destitute; **~semek** find strange
garnitür garnish, garniture
garnizon *mil.* garrison
garson waiter; **~iye** service charge; **~iyer** bachelor's establishment
gaspetmek *v/t* seize by force
gâvur *n.* non-Moslem, unbeliever; *adj.* obstinate, merciless; **~luk** unbelief; cruelty
gaye aim, object, end; **~t** very; extremely
gayret zeal; effort; energy; **~ etm.** endeavo(u)r; **~li** zealous, persevering
gayrı now; *neg.* no longer
gayri *(olumsuz ön ek)* un-, non-; **~ resmî** unofficial; informal
gaz gas; kerosene; **~ sobası** kerosene heater; **~ yağı** kerosene
gazete newspaper; **~ci** journalist; news-vendor; **~cilik** journalism
gazi ghazi, war veteran
gazino casino, café
gazlamak *v/t* smear with kerosene; accelerate
gazlı bez gauze
gazoz fizzy lemonade
gazölçer gas meter
gebe pregnant; **~lik** pregnancy
gebermek die, kick the bucket
gece night; **~ gündüz** day and night; **~ kulübü** night club; **~ yarısı** midnight; **~kondu** shanty, squatter's shack; **~ mahallesi** slum; **~leyin** by night; **~lik** pertaining to the night; nightdress
gecik|me delay; **~mek** be late; **~tirmek** *v/t* delay, be slow in doing *sth.*
geç late; **~ kalmak** be late
geçe *-i* past *(time)*; **üçü on ~** 10 minutes past three
geç|en past; last; **~en(ler)de** *adv.* recently; **~er** current *(money, etc.)*; **~erli** valid; **~erlik** validity; **~ersiz** inval-

id, null; **~ici** passing, temporary; **~ *olarak*** temporarily
geçim getting on with one another; living; livelihood; **~ düzeyi** the standard of living; **~li** easy to get along with; **~siz** unsociable, quarrelsome; **~sizlik** strife
geçin|dirmek *v/t* support, maintain; **~mek** live (***ile*** on); get on well, get along (***ile*** with)
geçirmek *v/t* infect (*-e* with); transport; spend, pass
geçiş passing, crossing; change, transfer; **~ *üstünlüğü*** right of way; **~li** *gr.* transitive; **~siz** *gr.* intransitive
geç|it pass; passage; **~ *töreni*** parade **~mek** *v/i* pass (*-den* along, over, *etc.*); expire, pass away; *v/t* skip, leave out; **~miş** past; *gr.* past tense; **~ *olsun!*** May you get well soon!
gedik breach, notch, gap; **~li** *mil.* regular non-commissioned officer
geğirmek belch, burp
gelecek future; **~ zaman** *gr.* future tense
gelenek tradition; **~sel** traditional
gelgit *geo.* the tides
gelin bride; daughter-in-law
gelince *-e* as for, regarding
gelincik *bot.* poppy
gelinlik wedding dress
gelir income, revenue; **~ vergisi** income tax
geliş coming, return; **~igüzel** *adv.* by chance, at random; **~me** development, progress; **~mek** *v/i* develop; grow up; **~te *olan ülke*** developing country; **~miş** developed; **~tirmek** *v/t* develop
gel|mek come; *-e* suit, fit; seem, appear; **~ip almak** *v/t* fetch, pick up
gem bit *of a horse;* **~ *vurmak*** *-e* curb
gemi ship; **~ci** sailor
genç young; youngster; **~leşmek** become youthful; **~leştirmek** *v/t* rejuvenate; **~lik** youth
gene again; still
genel general; **~ *af*** amnesty; **~ *ev*** brothel; **~ *kural*** principle; norm; **~ *olarak*** in general, generally; **~ *seçim*** general election; **~ge** circular; **~kurmay** General Staff; **~leşmek** become general; **~likle** *adv.* generally
general *mil.* general
geniş wide, vast, extensive; **~lemek** *v/i* widen, expand, become spacious; **~letmek** *v/t* expand, enlarge; **~lik** width; abundance
gensoru *pol.* interpellation
geometri geometry
gerçek true, real, genuine; reality; **~çilik** realism; **~leşmek** turn out to be true;

~leştirmek *v/t* certify, verify; make real; **~lik** truth, reality; **~ten** truly, in fact; **~üstü** surrealistic
gerçi *conj.* although
gerdan neck, throat; **~lık** necklace
gereç necessary thing, material
gereğince in accordance with
gerek necessary, needed; requisite; **~ ... ~** whether... or; **~çe** statement of reasons; **~li** necessary, required; **~lik** necessity; **~mek** be necessary; be suitable (*-e* for); **~sinim** necessity; **~tirmek** *v/t* necessitate, require
gergedan *zo.* rhinoceros
gergef embroidery frame
gergin stretched, strained; tense; **~lik** tension
geri behind, back, backward; **~ye** ***bırakmak*** *v/t* put off, postpone; **~ci** reactionary; **~lemek** recede, move backward
gerili stretched, taut
gerilik backwardness
geril|im *phys., el.* tension; **~mek** be tightened; be spread
gerinmek stretch oneself
germek *v/t* stretch, tighten
getir|mek *v/t* bring; ***meydana*** **~** *v/t* create; **~tmek** *v/t* send for; order; import (*-den* from)
geveze talkative, chattering; **~lik** babbling, gossip
gevrek brittle, crackly; dry toast
gevşe|k loose; slack; **~mek** become loose, become slack; **~tmek** *v/t* loosen, slacken
geyik *zo.* deer, stag; **~ muhabbeti** gossiping about women and past affairs
gez *mil.* back-sight *(of a gun)*
gez|dirmek *v/t* lead about, show around; **~egen** planet; **~gin** widely travelled; traveller; **~i** excursion; **~inmek** go about, stroll; **~inti** walk, stroll; **~mek** go about, travel; tour *(a place)*; **~men** tourist, traveller
gıcık tickling sensation in the throat
gıcırdamak *v/i* creak, squeak
gıda food, nourishment; **~lı** nutritious; **~sız** not nutritious
gıdıkla|mak *v/t* tickle; **~nmak** *v/t* tickle
gıpta longing; **~ *etm.*** envy
gırtlak throat
gibi similar, like; ***bunun*** **~** like this
gid|er *ec.* expenditure, expense; **~erek** gradually; **~erici** remover; **~ermek** *v/t* remove, cause to cease; **~iş** going, leaving; conduct, way of life; **~ *geliş*** round trip; traffic
gidon handlebar *of a bicycle*
girdap whirlpool

girgin sociable; bold
girift involved; intricate
girinti recess, indentation
giriş entry, entrance; ~ ***ücreti*** entrance fee; ~**im** enterprise; ~**imci** enterprising; ~**mek** *-e* set about, undertake, attempt
Girit (Adası) *geo.* Crete
girmek *-e* enter, go into; begin, join, participate
gişe ticket window, pay desk
git|gide *adv.* gradually; ~**mek** *-e* go to; suit, fit; ***hoşuna*** ~ like, be fond of; ~**tikçe** *adv.* by degrees, gradually
giy|dirmek *v/t* clothe, dress *so.;* ~**im** clothing, dress; ~**inmek** dress oneself; ~**mek** *v/t* wear, put on
giysi clothing, dress
giz secret; ~**em** mystery; ~**emli** mystical
giz|lemek *v/t* hide, conceal; ~**lenmek** hide oneself; ~**li** hidden; secret, ~**lice** secretly; ~**lilik** secrecy
gliserin glycerine
gofret wafer
gol goal; ~ **atmak** score a goal; ~ **yemek** let in a goal
gonca *bot.* bud
goril *zo.* gorilla
göbek navel; belly; ~**lenmek** become paunchy
göç migration; ~**ebe** nomad; ~**mek** migrate, move (*-e* to); fall down *(building);* ~**men** immigrant; refugee; ~**menlik** immigration; ~**ük** landslip; *madencilik:* cave -in, landslide
göğüs breast, chest
gök sky, heavens; ~ **bilimi** astronomy; ~ ***gürlemek*** *v/i* thunder; ~ ***gürlemesi,*** ~ ***gürültüsü*** *n.* thunder; ~ ***kuşağı*** rainbow; ~ ***küresi*** *astr.* celestial sphere; ~ ***taşı*** *astr.* meteor, meteorite; ~**delen** skyscraper; ~**yüzü** firmament, sky
göl lake; ~**et** pool, puddle
gölge *n.* shadow, shade; ~ ***etm.*** *v/t* shade; ~**li** shaded, shady; ~**lik** shady spot; arbour
gömlek shirt; skin *of a snake*
gömmek *v/t* bury, hide by burying, inter
gömülü buried, underground
gönder|en sender; ~**mek** *v/t* send (*-e* to)
gönenç comfort, prosperity
gönül heart; feelings; affection; ~ ***almak*** please; ~ ***vermek*** lose one's heart (*-e* to); ~**lü** willing; volunteer; ~**süz** unwilling
göre *-e* according to, in respect of, considering; ~**ce**, ~**celi** relative; ~**nek** custom, usage
görev duty, obligation; ~**lendirmek** *v/t* charge, entrust (***ile*** with)
gör|gü experience; good manners *pl.;* ~**gülü** well -mannered; ~**güsüz** ill

-mannered; **~kem** splendour, pomp; **~kemli** splendid; **~mek** *v/t* see; visit; **~sel** visual; **~sel-işitsel** audio-visual
görümce husband's sister, sister-in-law *(of the wife)*
görün|mek appear, be visible; **~tü** image; **~üm** outward appearance; **~ürde** *adv.* in appearance; in sight; **~üş** appearance, view; **~üşte** apparently
görüş sight; opinion, view
görüşmek ***ile*** meet, become acquainted with; discuss (*-i sth.*)
göster|ge *tech.* indicator; **~i** show; demonstration
gösteriş showing off; show, demonstration; **~li** stately, imposing; **~siz** plain, ordinary
göster|mek *v/t* show (*-e to so.*); ***Allah ~mesin!*** God forbid!
göt *vulg.* ass, arse
götür|mek *v/t* take away, carry off; **~ü** *adv.* as a job lot; **~ü iş** job work
gövde body, trunk; whole carcass
göz eye; hole, opening; drawer; ***~den düşmek*** fall into disfavour; ***~e almak*** *v/t* venture, risk; ***~e çarpmak*** strike the eye; ***~ akı*** the white of the eye; ***~ alıcı*** striking, dazzling; ***~ bebeği*** *an.* pupil *of the eye*; ***~ evi*** eye socket; ***~ etm.*** wink; ***~ kapağı*** eyelid; ***~ kararı*** judgement by the eye; ***~ taşı*** copper sulphate; **~altı** police supervision; **~cü** watchman, scout; **~dağı** intimidation; **~de** favourite, pet
gözenek pore
gözet|im watch, supervison; **~lemek** *v/t* observe, spy upon; peep (*-i* at)
göz|etmek *v/t* mind, look after; watch; **~lemek** *v/t* watch for, wait for
gözlük (eye)glasses, spectacles; ***~ camı*** spectacle lens; ***~ takmak*** wear glasses; **~çü** optician
göz|süz blind; **~ü pek** brave, bold, daring; **~yaşı** tear
gram gram(me)
gramer grammar
grev strike; ***~ yapmak*** strike, go on strike; **~ci** striker
greyfrut *bot.* grapefruit
gri grey
grip influenza, flu
grup group
gudde *an.* gland
guguk *zo.* cuckoo
gurbet absence from home; **~çi** stranger *from one's home*
gurul|damak *v/i* rumble; **~tu** rumbling
gurup sunset, sundown
gurur pride, vanity; **~lu** arrogant, vain
gübre dung, manure; **~lemek** *v/t* manure

gücenmek *-e* be offended by, hurt by
güç[1] strength; force
güç[2] difficult; **~leşmek** *v/i* become difficult; **~leştirmek** *v/t* make difficult, complicate, impede
güçlü strong, powerful
güçlük difficulty
güçsüz weak, feeble
güdü motive, incentive
güdümlü controlled
güherçile *chem.* saltpetre
gül rose; **~ *fidanı*** rosebush; **~ *yağı*** attar *of roses*
güldür|mek *v/t* make laugh; **~ücü** comic, funny
güleç smiling, merry
güllâç *(sweet made with wafers, cream, etc.)*
gül|mek laugh, smile; **~ümsemek** smile; **~ünç** ridiculous; **~üşmek** laugh together
gümbür|demek *v/i* boom, thunder; **~tü** booming noise, crash, thunder
gümeç cell of a honeycomb
gümrük customs; **~ *kontrolü*** customs control; **~ *memuru*,** **~çü** customs officer; **~süz** duty-free
gümüş silver; **~ *kaplama*** silver-plated; **~lemek** *v/t* silver-plate
gün day; daytime; **~ *ağarması*** dawn; **~ *batısı*** west; west wind; **~ *doğusu*** east; easterly wind; **~ *dönümü*** *astr.* equinox; **~*den* ~*e*** from day to day; **~*ü* ~*üne*** to the very day; **~*ün birinde*** one day
günah sin; fault; **~kâr** sinner, wrongdoer
gün|aşırı every other day; **~aydın!** good morning!; **~cel** current, up-to-date; **~delik** *adj.* daily; *n.* daily wage; **~dem** agenda
gündüz daytime; by day; **~ün** *adv.* by day
güneş sun; **~lenmek** *v/i* sunbathe; **~lik** sunny place; sunshade
gün|ey south; **~lük 1.** daily; ... days old; sufficient for ... days; **2.** *chem.* incense, myrrh
gür abundant; strong *(voice)*; rank; **~büz** sturdy, healthy
güreş wrestling; **~çi** wrestler; **~mek** wrestle (***ile*** with)
gürlemek *v/i* make a loud noise, thunder
güruh group, band, gang
gürüldemek thunder
gürültü loud noise, uproar; **~ *yapmak*** make a noise; **~lü** noisy, tumultuous; **~süz** noiseless, quiet
gütmek *v/t* drive *an animal*
güve clothes moth
güveç earthenware cooking pot; vegetables and meat *cooked in this pot*
güven trust, confidence, reliance; **~ce** guarantee; **~lik** security; **~ *görevlisi*** security guard; **~mek** *-e* trust in,

rely on; **~sizlik** lack of confidence
güvercin pigeon
güverte *naut.* deck
güvey bridegroom; son-in -law
güya as if, as though
güz autumn, fall
güzel beautiful, pretty, nice; **~leşmek** become beautiful, nice; **~leştirmek** *v/t* beautify; **~lik** beauty; goodness; **~ *salonu*** beauty parlor; **~ *yarışması*** beauty contest

H

haber news, message, information; **~ *almak*** *-den* receive information, learn from; **~ *vermek*** *-e* inform, give notice; **~ci** messenger; **~dar olm.** *-den* know, possess information about; **~leşme** communication; **~leşmek *ile*** correspond with; **~siz** not informed (*-den* about)
hac *rel.* pilgrimage to Mecca
hacı pilgrim, hadji; **~yatmaz** tumbler
hacim volume, capacity
hacir *jur.* putting under restraint
haciz *jur.* seizure
haczetmek *v/t jur.* seize
haç cross, crucifix; **≈*lı Seferleri*** the Crusades; **≈lılar** *pl.* the Crusaders
had limit, boundary; **~dini bilmek** know one's place
hademe servant *at an office, etc.*
hadım eunuch; **~ etm.** *v/t* castrate
hâdise event, incident
hadsiz: ~ *hesapsız* unbounded, unlimited
haf *spor:* half-back
hafıza memory
hafif light; easy; flighty; **~ ~** gently, slowly; **~ *müzik*** light music; **~lemek** become lighter, easier; **~leştirmek, ~letmek** *v/t* make lighter, easier; **~lik** lightness; ease of mind; **~meşrep** flighty, frivolous
hafta week; **~ *sonu*** weekend; **~larca** for weeks; **~lık** weekly, per week; *n.* weekly wages; **~lıkçı** wage earner *paid by the week*
haham *rel.* rabbi; **~başı** chief rabbi
hain traitor, treacherous; **~leşmek** become treacherous, act treacherously; **~lik** treachery, perfidy
hak[1] truth, right; justice; right, true; **≈** God; **~ etm.** deserve; **~ *kazanmak*** earn a right (*-e* to); **~ *yemek*** be unjust
hak[2] engraving; erasing

hakan khan, sultan
hakaret insult, comtempt; ~ ***etm.*** *-e* insult
hakem arbitrator; umpire, referee
hakikat truth, reality; truly, really; **~en** *adv.* in truth, really
hakikî true, real; sincere
hâkim judge; ruler; ruling, dominating; ~ ***olm.*** *-e* rule over; dominate; **~iyet** sovereignty, domination; **~lik** judgeship
hakir vile, worthless; ~ **görmek** despise
hakketmek *v/t* engrave, incise (*-e* on)
hakkı|nda about, concerning, with regard to; **~yla** *adv.* properly, rightfully
haklı right, just
haksız unjust, wrong; **~lık** injustice, wrongfulness
hâl[1] condition; state; quality, attribute; present time; *gr.* case; **o ~de, şu ~de** in this case, therefore, consequently; *-diği* **~de** *conj.* although
hal[2] melting; solution
hal[3] covered market-place
hala paternal aunt
hâlâ at the present time; now, just, yet, still
halat rope
halazade cousin
hâlbuki *conj.* however, nevertheless, whereas
halef successor
halel defect, injury, harm
hâlen *adv.* now, at present
halı carpet; **~cı** carpet maker; **~cılık** manufacturing of carpets
haliç *geo.* inlet, estuary; ♀ the Golden Horn
halife Caliph
halis pure, genuine
haliyle naturally, as a matter of fact
halk people; crowd; ~ ***müziği*** folk music; ~ ***oylaması*** referendum
halka ring, hoop, circle; link; **~lı** ringed, linked
halkçı *pol.* populist; **~lık** populism
halkoyu public opinion
hallaç wool *veya* cotton fluffer
halletmek *v/t* solve; dissolve, analyse
hâlsiz weak, exhausted
halt improper act; ~ ***karıştırmak*** make a great blunder
halter *spor:* dumbbell, barbell; **~ci** weight lifter
ham unripe; raw, crude; ~ ***madde*** raw material; ~ ***petrol*** crude oil
hamak hammock
hamal porter, carrier
hamam bath, Turkish bath; ~ **böceği** *zo.* cockroach
hamarat hard-working *woman*
hamburger hamburger; **~ci** hamburger's

hamile pregnant; **~lik** pregnancy
haminne *coll.* grandma
hamlaşmak get out of condition
hamle attack, assault; effort
hamur dough; quality *of paper;* **~ açmak** roll out dough; **~suz** unleavened *(bread)*
han[1] khan, sovereign
han[2] caravanserai; commercial building, office block; **~cı** innkeeper
hançer dagger
hane house; subdivision; square *of a chessboard*; **~dan** noble family, dynasty
hangar hangar
hangi which?; **~si** which of them?
hanım lady; Mrs., Miss., Ms.; **~efendi** madam; lady; **~eli** *bot.* honeysuckle
hani where?; you know!; well; in fact
hantal clumsy, coarse
hap pill; *sl.* dope; **~çı** *sl.* opium addict, dope addict
hapis imprisonment; prison; prisoner; **~ *yatmak*** be in prison; **~hane** prison
hapsetmek *v/t* imprison; confine
hapşırmak *v/i* sneeze
harabe ruin
haraç protection money; **~ yemek** *sl.* sponge on another
haram *rel.* forbidden by religion; wrong
harap ruined, devastated; **~ *etm.*** ruin, destroy; **~ *olm.*** be devastated, fall into ruin
hararet heat; fever; **~li** thirsty; heated, feverish
harc|amak *v/t* expend, spend, use; **~ırah** travelling expenses
harç[1] mortar, plaster
harç[2] expenditure; customs duty; **~lı** liable to duty; **~lık** pocket money; allowance
hardal mustard
hareket movement; act, behaviour; departure; **~ *etm.*** move; *-den* depart from; **~siz** motionless
harem women's apartments, harem
harf letter; **~*i* ~*ine*** *adv.* word for word
harıltı loud and continuous noise
harici external; foreign
hariciye foreign affairs; external diseases; **~ci** diplomat; *med.* specialist in external diseases
hariç *n.* outside, exterior; *adj.* excluded
harika wonder, miracle; *fig.* extraordinary
haris greedy (*-e karşı* for), avaricious
harita map, plan; **~cılık** surveying, cartography
harman threshing *of grains;* harvest time; threshing floor;

blend; ~ **dövmek** thresh; **~lamak** *v/t* blend
harp war; battle, fight; ~ **esiri** prisoner of war; ~ **gemisi** warship; ~ **malûlü** invalid, disabled soldier; ~ **okulu** military college
hartuç cartridge
has *-e* special, peculiar to
hasar damage, loss; **~a uğramak** suffer loss *veya* damage
hasat reaping; harvest
haset envy, jealousy; **~çi** envious, jealous
hâsılat products, produce; revenue
hasır rush mat; ~ **altı etm.** sweep *sth.* under the carpet; ~ **koltuk** wicker chair
hasis miser, tight-fisted, stingy; **~lik** stinginess
hasret longing, nostalgia; ~ **çekmek** long (*-e* for); ~ **kalmak** feel the absence (*-e* of)
hasretmek *v/t* devote (*-e* to), appropriate (*-e* for)
hassas sensitivie, delicate; **~iyet** sensibility; touchiness
hasta sick, ill; ~ **bakıcı** hospital attendant; ~ **düşmek** fall ill
hasta|hane hospital; **~lanmak** fall ill; **~lık** illness, sickness; disease; **~lıklı** ailing, in ill health
haşarat *pl.* insects, vermin
haşarı out of hand, naughty
haşhaş *bot.* poppy
haşin harsh, rough, rude
haşiş hashish
haşlama boiled *(meat)*; **~k** *v/t* boil; *coll.* scold
haşmet majesty, pomp; **~li** majestic
hat line, mark
hata mistake, fault; ~ **işlemek** do wrong; **~ya düşmek** fall into error, make a mistake
hatır thought, idea, memory, consideration, influence; sake; *-ın* **~ına gelmek** occur *to one's mind;* **~ından çıkmak** pass out of one's mind; **~ını kırmak** offend
hatıra memory; remembrance; souvenir; ~ **defteri** diary; **~t** *pl.* memories; memoirs
hatırla|mak *v/t* remember; **~tmak** *-e -i* remind *so.* of
hatırşinas considerate, obliging
hatip preacher; orator
hatta *adv.* even, to the extent that; moreover, besides
hattat calligrapher
hav down *(feather)*; nap
hava air, atmosphere; weather, climate; wind; the sky; melody; ~ ***alanı*** airport; ~ ***gazı*** coal gas; ~ ***geçirmez*** airtight; ~ ***kirliliği*** air pollution; ~ ***korsanı*** hijacker; ~ ***kuvvetleri*** *pl.* Air Force; ~ ***küre*** atmosphere; ~ ***raporu*** weather forecast; ~ ***yolu*** airline; ~ ***yolu ile*** by air; **~cı** aviator, airman; **~cılık** avi-

ation; **~dar** airy; **~î** aerial; fanciful; **~î fişek** fireworks; **~landırma** ventilation; **~lanmak** be aired, ventilated; *av.* take off
havale assignment; money order; ~ ***etm.*** *v/t* transfer, refer (*-e* to); ~ **göndermek** send a money order
havalı: ~ ***fren*** air brake
havali environs, neighbourhood
havan mortar; ~ **topu** mortar, howitzer
havarî *rel.* apostle
havasız airless, badly ventilated
havlamak bark
havlu towel
havra *rel.* synagogue
havuç *bot.* carrot
havuz artificial basin, pond; dock; **~lamak** *v/t* dock
havyar caviare
havza river-basin; region
haya testicle
hayâ shame, bashfulness
hayal spectre, phantom; fancy, imagination; ~ ***etm.*** imagine; ~ ***gücü*** imagination, fancy; ~ ***kurmak*** *v/i* daydream; **~et** ghost, apparition, spectre; **~î** fantastic, imaginary; **~perest** daydreamer
hayat[1] covered court; courtyard
hayat[2] life, living; ~ ***adamı*** man of the world; ~ ***arkadaşı*** life partner; ~ ***pahalılığı*** high cost of living; ~ ***sigortası*** life insurance; ~ ***sürmek*** live a life; **~î** vital
haydi! come on!; hurry up!
haydut brigand, bandit; ~ ***yatağı*** brigands' den; **~luk** brigandage
hayhay! certainly!; by all means!
hayır[1] no!
hayır[2] good, prosperity, excellence; charity; **~dua** blessing, benediction; **~lı** good; auspicious; ~ ***olsun!*** good luck to it!; **~sız** good-for-nothing; ill-omened
haykır|ış shout, cry; **~mak** shout, cry out
haylaz idle, lazy; **~lık** idleness, laziness
hayli much, many; fairly
hayran admirer, lover; perplexed; ~ ***olm.*** be perplexed; *-e* admire
hayret amazement, surprise, astonishment; ~ ***etm.*** be surprised (*-e* at), be astonished (*-e* at); **~te *bırakmak*** *v/t* astound
haysiyet honour, dignity; **~li** self-respecting; **~siz** without dignity
hayvan animal; ~ ***bilimi*** zoology; **~at *bahçesi*** zoological garden, zoo; **~ca** *adv.* bestially; stupidly; **~î** animal-like, bestial
Hazar: ~ ***Denizi*** Caspian Sea
hazım digestion; **~sızlık** *med.*

indigestion
hazır present; ready, prepared; ~ ***giyim*** ready-made clothing; ~ ***ol!*** *mil.* attention!; ~***dan yemek*** live on one's capital; ~**cevap** quick at reply; ~**lamak** *v/t* prepare; ~**lanmak** prepare oneself, be prepared; ~**lık** readiness; preparation; ~**lop** hard-boiled *(egg)*; *fig.* without trouble
hazin sad, sorrowful, tragic; pathetic
hazine treasure; treasury; public treasury, exchequer
haziran June
hazmetmek *v/t* digest; *fig.* stomach
hazret *rel.* Saint; ~***i Peygamber*** the Holy Prophet (Muhammed); ~**leri** *(bir ünvandan sonra)* His Excellency
hazzetmek like, enjoy
hece syllable; ~**lemek** *v/t* spell out by syllables; ~**li** having ... syllables
hedef mark, target; object, aim; ~ **almak** *-i* aim at
hediye present, gift; ~ ***etm.*** *v/t* give as a present (*-e* to); ~**lik** fit for a present, souvenir
hekim doctor, physician; ~**lik** profession of a doctor
helâ toilet, water closet, *Am.* rest room
helâl *rel.* permitted, lawful
hele above all, especially; at least
helezon spiral, helix
helikopter *av.* helicopter
helva halva(h) *(sweetmeat made of sesame oil and sugar)*
hem and also, too; ~ ... ~ ***(de)*** both ... and, as well as; ~**cins** of the same kind; ~**en** at once; just now; about, nearly; exactly; ~ ~ almost, very nearly; ~**şehri** fellow townsman; ~**şire** sister; hospital nurse
hendek ditch, moat, trench
hengâme uproar, tumult
henüz yet, still
hep all, the whole; ~**si** all of it *veya* them
her every, each; ~ ***an*** at any moment; ~ ***bir*** each, per; ~ ***biri*** each one; ~ ***gün*** every day; ~ ***hâlde*** in any case; for sure; ~ ***kim*** whoever; ~ ***nasılsa*** somehow or other; ~ ***ne*** whatever; ~ ***ne kadar*** however much; although; ~ ***nedense*** somehow; ~ ***şey*** everything; ~ ***yerde*** everywhere; ~ ***zaman*** every time, always
hercaî *fig.* fickle, inconstant; ~ **menekşe** *bot.* pansy
herhangi whichever, whatever; any
herif fellow; rascal
herkes everyone, everybody
hesap arithmetic; calculation; account; bill; ~ ***cüz-***

danı bankbook, passbook; ~ ***çıkarmak*** make out the accounts; ~ ***etm.*** *v/t* calculate; count; ~ ***görmek*** pay the bill; ~ ***makinesi*** calculator, adding machine; ~ ***tutmak*** keep accounts; ~ ***vermek*** *-e* give *so.* an account *(hakkında* of *sth.)*; ***hesaba katmak*** *-i* take into account; **~lamak** *v/t* reckon, estimate; **~laşmak** settle accounts; **~lı** well-calculated; **~sız** countless, uncertain
heves strong desire, inclination; **~li** *-e* desirous of, eager for
heybet awe, majesty
heyecan excitement; enthusiasm; **~lanmak** get excited; **~lı** excited; enthusiastic
heyet commission, committee
heyhat! alas!
heykel statue; **~tıraş** sculptor
hezimet utter defeat, rout
hıçkır|ık hiccough; sob; **~mak** have the hiccoughs; sob
hımbıl sluggish, indolent
hıncahınç jammed, packed
hınç hatred, grudge
hır *sl.* row, quarrel; **~çın** ill-tempered; **~laşmak** show a bad temper
hırdavat small wares, junk; **~çı** pedlar, iron-monger
hırıl|damak growl, purr; **~tı** growling, snarling
hırka cardigan
hırlamak growl, snarl
hırpalamak *v/t* ill-treat, misuse
hırpanî in tatters
hırs inordinate desire, greed, ambition
hırsız thief, burglar; **~lık** theft, burglary
hırs|lanmak *-den* get angry at; become furious; **~lı** angry; avaricious
hısım relative, kin
hışırdamak *v/i* rustle, grate
hıyanet treachery, perfidy
hıyar *bot.* cucumber
hız speed, velocity; ~ **almak** get up speed; **~landırmak** *v/t* accelerate; **~lanmak** gain speed; **~lı** quick, fast, swift
hibe *jur.* gift, donation; ~ ***etm.*** *v/t* donate
hicap shame; ~ **duymak** feel ashamed
hiciv satire
hicr|et emigration; *rel.* the Hegira; **~î** of the Hegira era
hiç no, nothing; never; *(without negation)* ever; ~ ***bir şey*** nothing at all; ~ ***bir yerde*** nowhere; ~ ***değilse*** at least; **~biri** nobody, none
hiddet violence; anger; **~lenmek** *-e* be angry with; **~li** angry
hidroelektrik hydroelectric; ~ **santralı** hydroelectric power plant
hidrojen *chem.* hydrogen

hikâye story, tale, narration; ~ ***etm.*** *v/t* narrate, tell
hikmet wisdom; inner meaning
hilâf contrary, opposite; *-in* **~ına** contrary to, against
hilâl crescent; new moon
hile trick; wile; fraud; ~ ***yapmak*** swindle, cheat, trick; **~ci, ~kâr** trickster, deceitful; **~li** fraudulent, impure
himaye protection, defence
himmet effort, zeal; benevolence
hindi *zo.* turkey
Hindistan India; **♀ cevizi** *bot.* coconut
Hint|li *n., adj.* Indian; ~ **yağı** *chem.* castor oil
hipodrom hippodrome
hippi hippy
his sense; feeling, sentiment
hisar castle, fortress
hisse share; allotted portion; **~dar** shareholder; **~li** having shares, divided into portions
hissetmek *v/t* feel, perceive
hitabe address, speech; **~n** addressing, speaking *(-e* to*)*
hitap addressing, address; ~ ***etm.*** *-e* address *so.*
hiyerarşi hierarchy; **~k** hierarchic(al)
hiza line, level
hizmet service; duty; employment; ~ ***etm.*** *-e* serve, give service; **~çi** servant; **~li** employee, caretaker
hobi hobby
hoca hodja; teacher; **~lık** teaching
hodbin selfish, egotistical
hokka inkpot; **~baz** conjurer, juggler; cheat; **~bazlık** cheating, trickery
holding *ec.* holding company
Hollânda the Netherlands, Holland; **~lı** Dutch
homoseksüel homosexual
homurdanmak grumble *(-e* at)
hoparlör loudspeaker
hoplamak jump about *(-den* for)
hoppa flighty, flippant; **~lık** levity, flightiness
hor contemptible; ~ **görmek** *-i* look down upon
horlamak[1] *v/t* treat with contempt
horlamak[2] snore
horoz *zo.* cock, rooster; ~ **ibiği** cockscomb *(a. bot.)*; **~lanmak** swagger, strut about
hortlak specter, ghost
hortum *zo.* trunk; *tech.* hose
horuldamak snore
hostes hostess
hoş pleasant, nice, lovely, agreeable; ~ ***bulduk*** *(cevaben)* thank you!; ~ ***geldiniz!*** welcome!; **~görü** tolerance; **~görülü** tolerant; **~lanmak** *-den* like, be pleased with; **~nut** contented, pleased; **~sohbet** conversable; good company

hovarda spendthrift; rich lover; womanizer; **~lık** dissoluteness; womanizing
hoyrat coarse and clumsy
hörgüç *zo.* hump
höyük hill, mound
Hristiyan Christian; **~lık** Christianity
hububat *pl.* cereals, grain
hudut border, frontier; limit; **~suz** unlimited
hukuk *jur.* law; ***Roma ~u*** Roman Law; ***ticaret ~u*** commercial law; **~ *devleti*** constitutional state; **♀ *Fakültesi*** law school; **~çu** jurist; **~î** legal, juridicial
hulâsa extract; summary; **~ *etm.*** sum up, summarize
hulya daydream
humma fever; **~lı** feverish (*a. fig.*)
huni funnel *for pouring liquids*
hurafe silly tale, superstition
hurda old iron, scrap metal; **~cı** scrap dealer
hurma *bot.* date; **~ *ağacı*** date palm
husumet enmity, hostility
husus particularity; matter; ***bu ~ta*** in this matter; ***~unda*** with reference to; **~î** special; private; **~iyet** peculiarity; intimacy
hutbe *rel.* Friday sermon *in the mosque*
huy disposition, temper, habit; **~suz** bad-tempered; **~suzlaşmak** become fretful
huzur presence; repose; **~ evi** old people's home; **~suzluk** uneasiness; *-in* **~unda** in the presence of
hücre cell
hücum attack, assault; **~ *etm.*** *-e* attack
hükmetmek *v/t* rule, dominate; decide on; believe, assume; judge
hükûmet government, state, administration; **~ darbesi** coup d'état, overthrow of government
hüküm rule; authority; command, edict; *jur.* sentence; decision; **~ *giymek*** be condemned; **~ *sürmek*** reign; prevail; **~dar** monarch, ruler; **~darlık** empire, kingdom
hükümranlık sovereignty
hükümsüz no longer in force, null, void
hüner skill, ability, talent; **~li** skilful, talented
hüngür hüngür: ~ *ağlamak* *v/i* sob, blubber
hür free; independent; **~ girişim** independent enterprise
hürmet respect, veneration; **~ *etm.*** *-e* respect, honour; **~li** venerable, respectable; **~sizlik** irreverence, disrespect
hürriyet freedom, liberty; independence
hüsnüniyet good intention, goodwill

hüviyet identity; ~ **cüzdanı** identity card

hüzün sorrow, grief; **~lenmek** feel sad, sadden

I

ıhlamur *bot.* lime-tree; linden tea

ıkınmak *v/i* grunt, moan

ılgın *bot.* tamarisk

ılı|ca hot spring; **~k** tepid; **~m** moderation, temperance; **~man** temperate, mild *climate;* **~mlı** moderate; **~nmak** grow lukewarm

ırak[1] distant (*-den* from)

Irak[2] Iraq

ırakgörür telescope

ırgat day labourer, workman

ırk race; lineage; **~çılık** racialism, racism

ırmak river

ırz honour, chastity; *-in* **~ına** ***geçmek*** violate, rape

ısı heat; warm; temperature; **~nmak** grow warm; warm oneself; **~ölçer** thermometer, calorimeter

ısır|gan *bot.* nettle; **~mak** *v/t* bite

ısıt|ıcı heater; **~ma** heating; **~mak** *v/t* heat, warm

ıskala *mus.* scale

ıskarta discard *(in card games)*

ıskat annulment; rejection

ıskonto *ec.* discount

ıslah improvement, reform; ~ ***etm.*** *v/t* improve, reform, correct; ~ **evi** reformatory

ısla|k wet; **~nmak** get wet, be wetted; **~tmak** *v/t* wet; *vulg.* flog, cudgel, thrash

ıslık whistle; ~ **çalmak** whistle; **~lamak** *v/t* boo

ısmarlama ordered; **~k** *v/t* order; ***Allaha ısmarladık!*** good-bye!

ıspanak *bot.* spinach

ısrar insistence; ~ ***etm.*** *-de* insist on

ıssız lonely, desolate; **~lık** desolation

ıstakoz *zo.* lobster

ıstampa inkpad; stamp

ıstırap distress, pain; ~ **çekmek** suffer

ışık light; source of lihgt; ~ ***tutmak*** *fig.* shed light (*-e* on); **~landırmak** *v/t* illuminate, light up; **~ölçer** photometer

ışılda|k searchlight; **~mak** shine, sparkle, twinkle

ışın *math., phys.* ray

ıtır perfume, aroma; ~ **çiçeği** *bot.* geranium

ıtriyat *pl.* perfumes, perfumery

ızbandut: ~ ***gibi*** burly, strapping *man*

ızgara *n.* grill; grate; *adj.* grilled; ~ **yapmak** grill

İ

iade return, restitution, giving back; ~ **etm.** *v/t* give back, return; **~li** reply-paid *letter*
iane help, subsidy, donation; ~ **toplamak** collect contributions
ibadet worship, prayer; ~ **etm.** *-e* worship
ibare passage, sentence, clause; **~t olm.** *-den* consist of
ibik *zo.* comb
iblis *rel.* Satan, devil
ibraz display, presensation; ~ **etm.** *v/t döküman:* present
ibre needle, pointer
ibret example, warning; ~ **almak** learn a lesson (*-den* from)
ibrik kettle, ewer
ibrişim silk thread
icap requirement, demand; ***icabında*** when required, in case of necessity; ~ **etm.** *v/i* be necessary
icar letting, leasing; ~ ***etm.***, ***~a vermek*** *v/t* let out, lease
icat invention; fabrication; ~ **etm.** *v/t* invent; fabricate
icra execution, performance; ~ **etm.** *v/t* carry out, execute; perform; **~at** *pl.* performances; actions
iç inside, interior; inner; ***~inde*** in, within; ***~ine*** into; ***♀ Anadolu*** Inner Anatolia; **~ çamaşırı** under-wear; ~ ***deniz*** inland sea; ~ ***hat*** domestic line; ~ **işleri** *pl. pol.* internal affairs; ***♀ İşleri Bakanlığı*** Ministry of Internal Affairs; ~ **savaş** civil war; ~ ***tüzük*** statutes; ~ ***yüz*** inner meaning, the inside story, nature; **~bükey** *math.* concave
içecek drink, beverage
içeri inside, interior; in; ***~de*** in; ***~den*** from the inside; ***~ye*** to the inside; ***~si*** inside, interior; ~ **girmek** *v/t* enter; **~k** contents
içerlemek resent
içermek contain, include
içgüdü instinct
içim mouthful; taste; **~li** pleasant to the taste
için for, on account of; in order to; ***bunun*** ~ for this reason
içindekiler *pl.* contents
içirmek *v/t* cause to drink
içki drink, liquor; **~li** licensed to serve alcoholic drinks; intoxicated
içlenmek *-den* be affected, overcome by
içli: ~ ***dışlı*** intimate
içmek *v/t* drink; smoke *tobacco*
içten *adv.* sincere, from the heart, friendly
idam capital punishment, execution; ~ **etm.** *v/t* execute, put to death

idare management, administration; economy; ~ **etm.** *v/t* administer, manage, handle; **~ci** manager, organizer; **~hane** office; **~li** economical; efficient; **~siz** wasteful
iddia claim; pretension; ~ **etm.** *v/t* claim; **~cı** obstinate; **~lı** pretentious, assertive
ideal ideal; **~izm** idealism
ideoloji ideology
idman training, physical exercise
idrak perception, intelligence; ~ **etm.** *v/t* perceive; reach, attain
idrar urine
ifa performance, fulfilment; ~ **etm.** *v/t* perform, carry out, fulfil
ifade explanation, expression; ~ **etm.** *v/t* express, explain
iffet chastity; **~li** chaste; honest, upright
iflâs bankruptcy; ~ **etm.** go bankrupt
ifraz separating; secretion
ifşa disclosure; ~ **etm.** *v/t* disclose, divulge, reveal
iftar *rel.* breaking one's fast
iftihar laudable pride; ~ **etm.** be proud (**ile** of), take pride (**ile** in)
iftira slander, calumny; ~ **etm.** *-e* slander, blacken
iğ spindle
iğde *bot.* wild olive, oleaster
iğfal rape, seduction; ~ **etm.** rape
iğilmek *bak* **eğilmek**
iğmek *bak* **eğmek**
iğne needle, pin; thorn; injection; **~lemek** *v/t* pin (*-e* to, on)
iğren|ç disgusting, loathsome, repulsive; **~mek** *-den* feel disgust, loathe
ihale *ec.* tender, bid
ihanet treachery; ~ **etm.** betray
ihbar notification; denunciation, tip-off; ~ **etm.** *v/t* denounce, tip off, inform; notify (of); **~name** warning, notice, notification
ihlâl infraction, violation; ~ **etm.** *v/t* violate, infringe
ihmal negligence; ~ **etm.** *v/t* neglect; **~ci** negligent, careless
ihracat *pl.* export, exportation; **~çı** exporter
ihraç *ec.* exportation; ~ **etm.** *v/t* export
ihsan kindness, favour
ihtar reminding, warning; ~ **etm.** *v/t* remind, warn; **~da bulunmak** *-e* warn, remind *so.*
ihtilâl rebellion, revolution, riot; **~ci** rebel, revolutionary
ihtimal probability, possibility
ihtiras passion, greed, ambition; **~lı** ambitious, passionate, greedy
ihtisas specialization; ~ **sahibi** specialist; ~ **yapmak**

specialize (*-de* in)
ihtişam pomp, splendour; **~lı** splendid, pompous
ihtiya|ç want, necessity; ***~cı olm.*** *-e* be in need of
ihtiyar old, aged; **~lamak** grow old; **~lık** old age; **~ *sigortası*** social security, old-age insurance
ihtiyat precaution; reserve; **~î** precautionary; **~sız** incautious, imprudent
ihya bringing to life; **~ *etm.*** *v/t* animate; enliven; *fig.* revive
ikamet residence, dwelling; **~ *etm.*** *-de* dwell, stay in; **~ *tezkeresi*** residence permit; **~gâh** place of residence, domicile
ikaz warning; **~ *etm.*** warn, caution
iken *conj.* while, during, when
iki two; **~ *büklüm*** bent double with age; **~ *dilli*** bilungual; **~ *eşeyli*** bisexual; **~ *misli*** twofold; ***~de bir*** one in two, every other; frequently; ***~si*** both of them; **~lem** dilemma; **~lemek** *v/t* make two, make a pair; **~lik** consisting of two; disunion; disagreement; **~nci** second; **~ncil** secondary
ikindi midafternoon; *rel.* the time of the afternoon prayer
iki|yüzlü two-faced, hypocrite; **~z** twins; a twin
iklim *geo.* climate; **~sel** climatic
ikna: **~ *etm.*** *v/t* convince, persuade
ikram showing honour, kindness; **~ *etm.*** *-e* show honour to; *v/t* offer *sth.* (*-e* to); **~iye** bonus, gratuity; prize *in a lottery*
ikrar declaration, confession
iktidar power, ability; *pol.* party in power, government; ***~da olm.*** be in power; **~sız** incompetent; impotent
iktisadî economic
iktisat economy, economics; **~çı** economist
il province
ilâç remedy; medicine; **~ *içmek*** take medicine; **~lamak** medicate, disinfect
ilâh god; **~e** goddess; **~î** divine; **~iyat** theology
ilâm *jur.* decree in writing
ilân declaration, notice; advertisement; **~ *etm.*** *v/t* declare, announce
ilâve addition; supplement; **~ *etm.*** *v/t* add. (*-e* to)
ilçe *pol.* district, county
ile with; by means of; and
ilelebet forever
ileri forward part, front; ahead, forward; fast *(clock)*; advanced; **~ *almak*** put forward *(clock)*; **~ *gelmek*** result (*-den* from); **~ *sürmek*** put forward *(idea)*; **~ci** progressive; reformer
iler(i)de in the future; ahead, further

ilerle|mek *v/i* advance, progress; **~tmek** *v/t* cause to advance; **~yiş** progress
ilet|işim communication; **~ken** *phys.* conductor; conductive; **~ki** *math.* protractor; **~mek** *v/t* carry off, send; *phys.* conduct
ilgi interest; relation, connection; **~ çekici** interesting; **~ çekmek** draw attention; **~ duymak** be interested (*-e* in); **~lendirmek** interest, concern; arouse one's interest; **~lenmek** be interested (***ile*** in); **~li *ile*** interested in, connected with; **~nç** interesting; **~siz** not interested, indifferent
ilhak annexation; **~ *etm.*** *v/t* annex
ilham inspiration
ilik[1] marrow
ilik[2] buttonhole; **~lemek** *v/t* button up
ilikli[1] buttoned
ilikli[2] containing marrow
ilim knowledge; science
ilinti relevance, connection; **~li** related, connected
iliş|ik *-e* connected with, related; attached to; enclosed; **~ki** relation, connection; **~ki kurmak** establish relations (***ile*** with); **~kin** *-e* concerning, regarding; **~mek** *-e* interfere with; be fastened to; sit on the edge, perch; **~tirmek** *v/t* fasten (*-e* to); attach
ilk first, initial; **⁓ Çağ** antiquity; **~ *defa*** (for) the first time; **~ *görüşte*** at first sight; **~ *önce*** first of all; **~ *yardım*** first aid; **~ *yarı*** first half; **~bahar** spring; **~e** principle; **~el** elementary; primitive; **~okul** primary school; **~öğretim** primary education
illâ, ille whatever happens; by all means; or else
illet disease; defect
ilmî scientific
ilmik loop; noose
iltica: ~ *etm.* *-e* take refuge in
iltifat courtesy; compliment; **~ *etm.*** compliment
iltihap *med.* inflammation; **~lanmak** become inflamed; **~lı** inflamed
iltimas preferential treatment; protection, patronage; **~lı** priviledged, favoured
im sign; symbol
ima allusion, hint; **~ *etm.*** *-e* allude to, hint at
imaj image
imal manufacture; **~ *etm.*** *v/t* make, produce, manufacture; **~ât** production; products; **~âtçı** manufacturer; **~âthane** factory, workshop
imam *rel.* leader of the ritual prayer, Imam; **~bayıldı** *(a dish of eggplants with oil and onions)*
iman belief, faith; **~sız** unbelieving; atheist

imar public works; improvement, cultivation; ~ **etm.** *v/t* improve, render prosperous
imaret soup kitchen *for the poor*
imbik retort, still
imdat help, assistance; ~ **freni** emergency brake; ~ **kapısı** emergency exit
imge image; ~**sel** imaginary
imha destruction; annihilation; ~ **etm.** *v/t* obliterate, destroy
imkân possibility, practicability; ~**sız** impossible
imlâ spelling, orthography
imparator emperor; ~**içe** empress; ~**luk** empire
imrenmek *-e* long for, desire, crave, covet
imsak temperance, diet; *rel.* hour at which the daily Ramazan fast begins
imtihan trial, test; examination; ~ **etm.** *v/t* examine; ~ ***olm.*** take an examination
imtiyaz privilege, concession; ~**lı** privileged
imza singnature; ~ ***atmak*** *v/t*, ~ **etm.** sign; ~**lamak** *v/t* sign; ~**lı** signed
in den, lair
inadına *adv.* out of obstinacy, contrarily
inak dogma
inan belief; trust; ~**ç** belief, confidence; ~**dırmak** *-i -e* cause *so.* to believe *sth.*; ~**ılır** credible; ~**ılmaz** unbelieveable, incredible; ~**mak** *-e* believe, trust
inat obstinacy; ~ **etm.** be obstinate; ~**çı** obstinate, pig-headed
ince slender, slim; thin, fine, slight; ~ ~ very finely; ~ **saz** *mus.* Turkish orchestra *of musicians who perform classical Turkish music;* ~**lemek** *v/t* examine; ~**ltmek** *v/t* make fine, slender, refine
inci pearl; ~ **çiçeği** *bot.* lily of the valley
incik[1] *an.* shin
incik[2] bruised; sprain
İncil *rel.* the Gospel, *the* New Testament
incinmek be sprained; be hurt, offended (*-den* by)
incir *bot.* fig; ~ **ağacı** fig-tree
incitmek *v/t* hurt, injure, sprain; offend
indirgemek *v/t* reduce
indir|im lowering, discount, reduction; ~**imli satış** sale; ~**mek** *v/t* cause to descend, lower; reduce *(price)*
inek cow; *sl.* swot
infaz execution, carrying out
infilâk explosion
İngiliz English(man); ~ ***anahtarı*** spanner; ~ ***lirası*** pound sterling; ~**ce** English *(language)*
İngiltere England
inik flat *(tyre)*
inil|demek echo, resound; groan, moan; ~**ti** echo; moan, groan

inisiyatif initiative
iniş slope, way down; landing; **~li çıkışlı** hilly *road*
inkâr denial, refusal; **~ *etm.*** *v/t* deny, refuse
inkılâp revolution; **~çı** revolutionary
inlemek moan, groan
inme descending; fall *of the tide; med.* apoplexy, stroke; **~k** *v/i* descend; land; fall *(price)*; get off *a bus etc.*
insaf justice, fairness; **~lı** fair, just, equitable; **~sız** unjust, unfair
insan human being, man; **~ *hakları*** human rights; **~ca** humanly; **~cıl** humanistic; **~iyet, ~lık** humanity; humankind; **~oğlu** man, human being; **~üstü** superhuman
inşa construction; **~ *etm.*** *v/t* construct; build; **~at** *pl.* construction; building *sg.*; works; **~atçı** builder
inşallah if God pleases; I hope that
intibak adaptation, adjustment; **~ *etm.*** adjust oneself (*-e* to)
intihar suicide; **~ *etm.*** commit suicide
intikal transition, transfer
intikam revenge; **~ almak** *-den* take revenge on
intizam tidiness, regularity, order; **~lı** tidy, regular; **~sız** untidy, irregular, disordered; **~sızlık** disorder, untidiness
inzibat disciplin; *mil.* military police
ip rope, cord, string; **~ atlamak** jump rope, skip
ipek silk; silken; **~ böceği** *zo.* silkworm; **~li** of silk
iplik thread, sewing-cotton
ipotek mortgage
iptal cancellation, annulment; **~ *etm.*** *v/t* annul; cancel
iptidaî primitive; primary, preliminary
ipucu clue, hint
irade will, determination; **~ *dışı*** involuntary; **~li** strong-willed, resolute; **~siz** irresolute, weak
İran Iran; **~lı** Iranian
irat income, revenue
irdelemek examine, scrutinize
irfan knowledge, culture
iri large, big, huge, voluminous; **~baş** *zo.* tadpole; **~leşmek** become large; **~lik** largeness, bigness; **~li ufaklı** big and little;
irin pus; **~lenmek** suppurate
irk|ilmek be startled; **~inti** stagnant pool
İrlanda Ireland; **~lı** Irish
irmik semolina
irsî hereditary
irtibat connection; communication; **~ kurmak** get in touch (***ile*** with)
irtica going back, reaction; **~î** reactionary
is soot, lampblack
İsa Jesus

isabet hitting the mark; thing done right; ~ **etm.** *-e* hit; fall to *one's share*
ise however, as for; if; ~ **de** although, even if
ishal diarrhoea, the runs
isilik *med.* prickly heat, heat rash
isim name; *gr.* noun; **~lendirmek** *v/t* name; call
iskambil card game; ~ **kâğıdı** playing cards; ~ **oynamak** play cards
iskân settling, inhabiting; ~ **etm.** *v/t* settle, inhabit
iskandil *naut.* sounding lead
İskandinavya Scandinavia
iskarpela carpenter's chisel
iskarpin low-cut shoe
iskele *naut.* landing place, wharf, pier; gangplank
iskelet skeleton; framework
iskemle chair, stool
İskoç Scotch; **~ya** Scotland; **~yalı** Scottish, Scotsman
iskonto *ec.* discount
iskorbüt scurvy
İslâm Islam; **~iyet** the Islamic religion
islenmek be blackened with soot
islim steam
ismen by name
isnat imputation; ~ **etm.** *v/t* **ile** accuse *so.* of, impute
İspanya Spain
İspanyol Spanish; Spaniard; **~ca** Spanish *(language)*
ispat proof, confirmation; ~ **etm.** *v/t* prove, confirm
ispinoz *zo.* chaffinch
ispirto alcohol, spirits
ispiyonlamak *-e* inform on *so.*, peach on *so.*
israf wasteful expenditure; ~ **etm.** *v/t* waste, squander
İsrail Israel
istasyon station
istatistik statistics
istavroz *rel.* cross, sign of the cross; ~ **çıkarmak** cross oneself
istek wish, desire, longing; **~li** interested; willing, desirous; candidate; **~siz** unwilling, reluctant
istem volition; *ec.* demand; **~ek** *v/t* wish for, desire, want
isteri *med.* hysteria
istibdat despotism, absolute rule
istif stowage, arrangement of goods; heap, pile; ~ **etm.** *v/t* pack, stow
istifa resignation; ~ **etm.** *-den* resign from
istifade profit, advantage; ~ **etm.** *-den* benefit, profit from
istif|çi packer, stevedore; hoarder; **~lemek** *v/t* stow, pack; hoard
istihbarat news, information; intelligence; ~ **bürosu** information office
istihdam employment; ~ **etm.** *v/t* take into service, employ
istihkâm fortification; military engineering

istihsal producing; production; ~ **etm.** *v/t* produce, obtain
istihza ridicule, mockery
istikamet direction
istikbal future
istiklâl independence; ≗ **Marşı** the Turkish National Anthem
istikrar stability
istilâ invasion; ~ **etm.** invade
istim steam
istimlâk *jur.* expropriation; ~ **etm.** *v/t* expropriate
istinaden *-e* based on
istirahat rest, repose; ~ **etm.** rest, take one's ease
istirham asking a favour; petition; ~ **etm.** *-den -i* petition, ask *so.* for *sth.*
istiridye *zo.* oyster
istismar: ~ **etm.** *v/t* exploit
istisna exception; ~ **etm.** *v/t* exclude; **~î** exceptional
istişare consultation; ~ **kurulu** advisory council
İsveç Sweden; **~li** Swedish
İsviçre Switzerland; **~li** Swiss
isyan rebellion; ~ **etm.** rebel
iş work, labour; employment, job; business, occupation; affair; **~e girmek** get a job; ~ **adamı** businessman; ~ **arkadaşı** colleague; ~ **başı** getting started; ~ **başı yapmak** begin work; ~ **başında** at one's work; ~ **bırakımı** strike; ~ **bıraktırımı** lockout; ~ **birliği** cooperation; ~ **bölümü** division of labour; ~ **gücü** *ec.* productive power; ~ **günü** weekday, workday; ~ **kolu** branch of work; ~ **yeri** place of employment; **~im var** I am busy
işaret sign; signal; mark; ~ **etm.** *-e* mark; make a sign; indicate; ~ **parmağı** index finger, forefinger; ~ **zamiri** *gr.* demonstrative pronoun; **~lemek** *v/t* mark, denote
işbu this, the said
işçi workman, labourer, worker; **~lik** occupation *veya* pay of a workman, workmanship
işemek *v/i* urinate, pee
işgal occupation; ~ **etm.** *v/t* keep busy; *mil.* occupy
işgüder *pol.* chargé d'affaires
işgüzar officious, obtrusive
işit|ilmek be heard; **~mek** *v/t* hear, listen to; **~sel** auditory
işkembe paunch, tripe
işkence torture; ~ **etm.** *-e* torture
işkil doubt, suspicion
işle|k good flowing; busy; **~m** *math.* operation; procedure, transaction; **~me** handwork; embroidery; **~mek** *v/t* work, manipulate, work up; carve, engrave; *-e* penetrate; **~meli** embroidered
işletme working, running; administraiton, management; **~ci** administrator, business executive, manager; **~k** *v/t* cause to work, run, operate

işlev function
işporta open basket; **~cı** peddler, street seller
işsiz unemployed; **~lik** unemployment
iştah appetite, desire; **~ açıcı** appetizing; **~sız** without appetite
işte look!; here!; now, thus
iştirak participation; **~ etm.** *-e* participate in, take part in
işveli coquettish
işveren employer
it dog
itaat obedience; **~ etm.** *-e* obey; **~li** obedient; **~siz** disobedient
İtalya Italy; **~n** Italian; **~nca** Italian *(language)*
itfaiye fire brigade
ithaf dedication; **~ etm.** *v/t* dedicate (*-e* to)
ithal importation; **~ etm.** *v/t* import; **~ gümrüğü** import duty; **~ât** *pl.* importation; **~atçı** importer
itham imputation, accusation; **~ etm.** *v/t* accuse (*ile* of)
itibar esteem, regard; credit; **~ etm.** *-e* esteem, show consideration; **~dan düşmek** be discredited; **~en** *-den* from, dating from; **~î** nominal, theoretical
itikat belief; creed
itilme repression
itimat confidence, reliance; **~ etm.** *-e* rely on, have confidence in; **~name** *pol.* letter of credence
itina care, attention; **~ etm.** take great care (*-e* in); **~sız** careless, inattentive
itiraf confession, admission; **~ etm.** *v/t* confess, admit
itiraz objection; **~ etm.** *-e* object to
itişmek push one another
itmek *v/t* push
ittifak agreement, alliance
iv|dirmek *v/t* hasten; **~edi(lik)** haste; **~me** *phys.* acceleration; **~mek** be in a hurry
iye possessor, owner; **~lik zamiri** *gr.* possessive pronoun
iyi good, well; in good health; **en ~si** the best of it; **~ce** well, pretty good; **~leşmek** get better, recover, improve; **~leştirmek** *v/t* improve; **~lik** goodness, kindness; favour; **~lik sever** benevolent, good, kind; **~mser** optimistic; **~mserlik** optimism
iyot *chem.* iodine
iz footprint, track, trace
izah explanation; **~ etm.** *v/t* manifest, explain; **~at** *pl.* explanations
izale removing; **~ etm.** remove
izci tracker; boy scout
izdiham crowd
izdivaç matrimony
izin permission; leave; **~ vermek** *-e* grant leave, give permission; **~li** on leave; with

permisson; **~siz** without permission
İzlanda Iceland; **~lı** Icelander
izlemek *v/t* follow, pursue; trace, track
izlence programme
izlenim impression
izleyici spectator, onlooker, viewer
izmarit cigarette butt *veya* end
izole: ~ ***bant*** insulating tape; ~ ***etm.*** *v/t el., phys.* insulate, isolate
izzetinefis self-respect

J

jaguar *zo.* jaguar
jalûzi Venetian blind
jambon ham
jandarma police soldier, gendarme
jant *tech.* rim *of a wheel*
Japon Japanese; **~ca** Japanese *(language)*; **~ya** Japan
jartiyer garter
jelâtin gelatine
jeolo|g geologist; **~ji** geology
jest gesture
jet jet, jet-plane
jeton token, slug
jilet safety razor; razor blade
jimnastik gymnastics
judo judo
jübile jubilee
jüri *jur.* jury

K

kaba large, coarse, rough; vulgar; **~dayı** rough fellow, bully, hooligan
kabahat fault; offence; **~li** guilty; **~siz** innocent
kabak 1. *bot.* pumpkin; marrow; **2.** *fig.* bald; worn out *veya* bald *(tyre)*
kaba|kulak *med.* mumps; **~laşmak** grow rude, become coarse *veya* vulgar; **~lık** impoliteness, coarseness, rudeness
kaban hooded jacket
kabar|cık bubble; *med.* pimple, pustule; **~ık** swollen, blistered, puffy; **~ma** flood tide, high-water; **~mak** swell, become fluffy, be raised; **~tı** swelling; **~tma** *adj.* embossed, in relief; *n.* relief; ~ ***tozu*** baking powder
kabataslak roughly sketched out
kabız *med.* constipation

kabil *-e* capable of, possible for
kabile tribe
kabiliyet capability, ability, talent; **~li** intelligent, able, talented, skilful; **~siz** incapable
kabine *pol.* cabinet; small room
kabir grave, tomb
kablo *el.* cable; **~lu televizyon** cable television
kabotaj *naut.* cabotage, coast navigaiton
kabristan cemetery
kabuk bark, rind, peel, skin, shell, crust; *-in* ***kabuğunu soymak*** peel, skin; **~lu** having a shell, *etc.*; barky
kabul acceptance; reception; consent; ~ ***etm.*** *v/t* accept, admit; receive, consent to; **~ salonu** reception room
kaburga *an.* thorax; rib; *naut.* frame *of a ship*
kâbus nightmare
kabz|a handle, hilt; **~ımal** *ec.* middleman
kaç how many?, how much?; ***saat*** **~?**what is the time?; **~a?** what is the price?
kaçak fugitive, deserter; contraband; **~çı** smuggler; **~çılık** smuggling
kaçamak neglect of duty, evasion, subterfuge; **~lı** evasive
kaçık crazy; ladder *in a stocking;* **~lık** craziness
kaç|ınılmaz inevitable; **~ınmak** *-den* abstain from, avoid; **~ırmak** *v/t* make *veya* let escape, drive away; miss; kidnap; hijack; smuggle; **~ışmak** *v/i* disperse, flee in confusion; **~mak** flee, run away (*-den* from), escape
kadar 1. as much as, as big as; like, about; ***beşyüz*** ~ about five hundred; **2.** *-e* up to, until; *-inceye ~ conj.* until; ***yarına*** ~ until tomorrow
kadastro land registry
kadavra corpse, carcass
kadayıf *(various kinds of sweet pastry)*
kadeh glass, goblet; wineglass
kademe step, stair; degree; **~li** stepped
kader destiny, fate, providence
kadı Moslem judge, cadi
kadın woman; matron; ~ ***terzisi*** dressmaker; **~budu** *(meat ball with eggs and rice)*; **~göbeği** *(sweet dish made with semolina and eggs)*
kadife velvet
kadran *tech.* face, dial
kadro staff, roll, cadre
kafa head, skull; intelligence; **~dar** intimate, like-minded; **~lı** having a head; intelligent; **~tası** *an.* skull
kafes cage; lattice, grating; **~li** latticed
kafeterya cafeteria
kâfi sufficient, enough (*-e* for)
kafile caravan, convoy

kâfir *rel.* misbeliever, infidel, non-Moslem
kafiye rhyme
Kafkas (dağları) Caucasus
kaftan robe, caftan
kâğıt paper; letter; playing card; ~ **kaplamak** paper; ~ **oynamak** play cards; ~ **para** paper money
kağnı two-wheeled ox-cart
kâhin soothsayer, seer
kahkaha loud laughter; ~ **atmak**, ~**yı basmak** burst into laughter
kahraman hero, gallant; ~**lık** heroism
kahr|etmek *v/t* overpower; *v/i* be distressed; ~**olmak** be depressed; ~***olsun!*** to hell with him!
kahvaltı breakfast
kahve coffee; Oriental coffee-house; ~ ***fincanı*** coffee cup; ~**ci** keeper of a coffee-house; ~**hane** coffee -house, café; ~**rengi** brown
kâhya steward, major-domo
kaide base, rule, principle
kâinat cosmos, the universe
kaka *(child's language)* dirty; child's excrement
kakao cocoa
kakırdamak rattle, rustle, crackle; *sl.* die
kakışmak keep nudging (***ile*** *so.)*
kakma repoussé work; ~**k** *v/t* push; nail; encrust
kaktüs *bot.* cactus
kala -*e* to *(time)*; ***saat ona beş*** ~ five minutes to ten
kalabalık crowd, throng; crowded, overpopulated
kalafatlamak *v/t* caulk, careen
kalas beam, plank
kalay tin; ~**cı** tinsmith; ~**la mak** *v/t* tin; ~**lı** tinned
kalben sincerely, whole -heartedly
kalbur sieve; ~***dan geçirmek***, ~***lamak*** *v/t* sieve, sift; ~**üstü** *fig.* select ,elite
kalça *an.* hip
kaldır|aç *tech.* lever; ~**ım** pavement, causeway; ~**mak** *v/t* raise, erect, lift; remove; abolish; wake
kale fortress, castle; goal; ~**ci** goalkeeper
kalem pencil, pen; chisel; office; ~ **açmak** *v/t* sharpen a pencil; ~**e almak** *v/t* write, draw up; ~**tıraş** pencil sharpener
kalender unconventional, unpretentious
kalfa assistant master; qualified workman
kalıcı permanent, lasting
kalım|lı everlasting, immortal; ~**sız** transient
kalın thick, stout, coarse; ~ **kafalı** thick-headed; ~**laşmak** become thick *veya* stout; ~**lık** thickness
kalınmak stay, stop
kalıntı remnant, remainder
kalıp mould, form, model;

peynir v.s.: bar; **~lamak** *v/t* form
kalıt inheritance; **~çı** heir, inheritor; **~ım** heritage; **~sal** hereditary
kalifiye qualified
kalite quality; **~li** high -quality, of good quality; **~siz** poor-quality
kalkan shield; *zo.* turbot
kalkın|dırmak *v/t* develop, improve; cause to recover; lead towards progress; **~ma** improvement, progress, development; **~mak** *v/i* develop, advance, make progress
kalkış rising; departure
kalkışmak *-e* try *to do sth.*
kalkmak rise; get up; depart
kalmak remain, be left, stay; fail *a class*
kalori calorie; **~fer** central heating
kalp[1] false, spurious, forged
kalp[2] *an.* heart; **~ *krizi*** heart attack
kalpak fur cap
kalpazan counterfeiter
kalsiyum calcium
kaltak *sl.* whore, slut
kalyon galleon
kama dagger, wedge
kamara ship's cabin; **♀** House *of Lords or Commons*
kamarot *naut.* steward
kamaş|mak be dazzled; **~tırmak** *v/t* dazzle
kambiyo *ec.* foreign exchange (office)
kambur *n., adj.* hunchback(ed)
kamçı whip; **~lamak** *v/t* whip; *fig.* stimulate
kamer *astr.* moon; **~*î yıl*** lunar year; **~iye** arbour
kamış reed, cane
kâmil perfect, complete
kamp camp; camping; **~ *yeri*** campsite, camping place; **~anya** campaign
kamu everybody; the public; **~ *hizmeti*** public service; **~ *sektörü*** the public sector; **~ *yararı*** public interest; **~laştırmak** *v/t* nationalize; **~oyu** public opinion; **♀tay** *pol.* National Assembly
kamyon lorry, truck; **~et** small truck, station-car
kan blood; **~ *akıtmak*** *fig.* shed blood; **~ *almak*** *-den* take blood from; **~ *bankası*** blood bank; **~ *davası*** blood feud; **~ *grubu*** blood group *veya* type; **~ *gütmek*** continue blood feud; *-in* **~*ına dokunmak*** make one's blood boil
kanaat contentment, satisfaction; conviction, opinion; **~ *etm.*** be satisfied *veya* contented (***ile*** with); **~ *getirmek*** come to the conclusion (*-e* that); **~kâr** contented
Kanada Canada; **~lı** Canadian
kanal canal; **~izasyon** canalization; sewer system, drains

kanama bleeding; **~k** bleed
kanarya *zo.* canary
kanat wing *(a. zo., tech.);* leaf of a door; **~lanmak** take wing and fly away; **~lı** winged
kanatmak *v/t* make bleed
kanca large hook; **~lamak** *v/t* put on a hook; grapple with a hook
kançılar *pol.* head of the registry office *of a consulate;* **~ya** consular office
kandırmak *v/t* satisfy, convince; take in, cheat
kandil oil-lamp; **~ gecesi** *rel.* the nights of four Moslem feasts when the minarets are illuminated
kanepe sofa, couch
kangal coil, skein
kanguru *zo.* kangaroo
kanı conviction, opinion
kanık content, satisfied; **~samak** *-e* be satiated by; become sick of, become indifferent
kanıt proof, evidence; **~lamak** *v/t* prove
kan|lanmak become soiled with blood; increase one's blood; **~lı** bloody
kanmak believe; be persuaded; be satisfied
kanser *med.* cancer
kansız *med.* anaemic; **~lık** anaemia
kantar scales, weighbridge
kantin canteen
kanun[1] *mus. (a zither-like instrument)*
kanun[2] rule, law; code of laws; **~î** legal, legislative; **~suz** illegal, unlawful; **~suzluk** lawlessness
kanyak brandy, cognac
kap receptacle; vessel; cover
kapak cover, lid; **~ kızı** cover girl; **~lanmak** *v/i* fall on one's face; capsize
kapa|lı shut, covered, closed; **♀ Çarşı** the Covered *veya* Grand Bazaar; **~mak** *v/t* shut, close, cover up; turn off *(radio, faucet etc.)*; **~n** trap; **~nış** closing; **~nmak** be shut, closed, covered up
kaparo *ec.* earnest money
kapatmak *v/t* shut, close; get very cheap
kapı door, gate; **~cı** doorkeeper, doorman
kapılmak *-e* be carried away by
kapışmak *v/t* snatch, scramble for; *v/i* get to grips (**ile** with)
kapital capital; **~ist** capitalist; **~izm** capitalism
kapitülâsyon *pol.* capitulation
kapkaççı purse-snatcher
kaplamak *v/t* cover (*-e* with); plate, coat
kaplan *zo.* tiger
kaplıca thermal spring, spa
kaplumbağa *zo.* tortoise
kapmak *v/t* snatch, seize; carry off

kaporta bonnet, hood *(auto)*; *naut.* skylight
kapris caprice, whim; **~li** capricious
kapsam contents *pl.*; **~ak** *v/t* include, comprise, contain; **~lı** extensive, comprehensive
kapsül capsule
kaptan captain
kaptıkaçtı minibus
kaput *mil.* cloak; bonnet, hood *(auto)*; condom, rubber
kar snow; **~*dan adam*** snowman; **~ *yağmak*** snow; **~*topu*** snowball
kâr gain, profit
kara[1] *n.* mainland, shore; **~*ya çıkmak*** go ashore, **~*ya oturmak*** *naut.* run aground, be stranded; **~ *kuvvetleri*** land forces
kara[2] black; gloomy; **~ *borsa*** black market; **~ *haber*** bad news; **~ *para*** black money; **~ *yolu*** overland route, highway; **~ağaç** *bot.* elm; **~basan** nightmare; **~biber** *bot.* black pepper; **~ca** *zo.* roe deer; **~ciğer** liver; **♀deniz** Black Sea; **~fatma** *zo.* cockroach; **♀göz** Turkish shadow play; Turkish Punch; **~kol** police station
karakter character; **~istik** characteristic
kara|kuş *zo.* eagle; **~lamak** *v/t* blacken, scribble, doodle; *fig.* slander, blacken
karamsar pessimistic; **~lık** pessimism
karanfil *bot.* pink, carnation
karanlık darkness; dark; **~ *basmak*** grow dark, *(darkness)* fall
karantina quarantine
karar decision, resolution, agreement; firmness; **~ *vermek*** decide (***hakkında*** upon); **~*a varmak*** reach a decision; **~gâh** headquarters
kararlaş|mak be agreed (***hakkında*** upon); **~tırmak** *v/t* decide, resolve on
kararlı settled, decided; decisive; **~lık** stability
kararmak become black, dark, darken
karar|name decree; **~sız** unstable, restless; **~sızlık** instability, indecision
karartmak *v/t* blacken, black out
kara|sal terrestrial, territorial; **~ *sevda*** melancholy; **~ *suları*** territorial waters; **~ *tahta*** blackboard; **~sinek** *zo.* housefly; **~te** karate
karavan caravan trailer; **~a** *mil.* messtin; meal
karbon *chem.* carbon; **~ kâğıdı** carbon paper
karbüratör *tech.* carburetor
kardeş brother; sister; **~çe** brotherly, sisterly, fraternal; **~lik** bortherhood; sisterhood
kare square; **~li** in squares, chequered

karga *zo.* crow; ~ **burun** who has a prominent nose
kargaşa(lık) disorder, tumult
kargı pike, javelin
kargo cargo
karı wife; woman; ~ ***koca*** wife and husband, couple
karın belly, stomach; ~ **ağrısı** stomach ache
karınca *zo.* ant; **~lanmak** feel pins and needles
karış span; ~ ~ every inch (of)
karışık mixed; complicated, confused; **~lık** confusion, disorder
karış|mak *-e* interfere, meddle with; **~tırmak** *v/t* mix; confuse
karides *zo.* shrimp
karikatür caricature; **~ist** caricaturist
karina bottom *of a ship*
kariyer career
karlı covered with snow
kârlı profitable, advantageous
karma mixed; ~ **eğitim** coeducation; ~ **ekonomi** mixed economy
karmak *v/t* knead; mix; thrust (*-e* into)
karmakarışık *adj.* in utter disorder
karmaşa confusion
karmaşık complicated, complex
karnabahar *bot.* cauliflower
karnaval carnival
karne report card; book of tickets
karpuz *bot.* watermelon
karşı *-e* opposed to, against; *-in* **~sına, ~sında** opposite to, in front of; ~ ***~ya*** face to face; ~ ***koymak*** resist, oppose; ~ ***olm.*** be against
karşıla|mak *v/t* go to meet, welcome; receive (with); cover, reimburse; **~şmak** meet face to face; be faced (***ile*** with); **~ştırmak** *v/t* confront; compare
karşılık reply, retort; equivalent; ~ ***vermek*** answer back, retort; **~lı** opposite, facing one another; mutual, reciprocal
karşın in spite (*-e* of)
karşıt *adj.* opposite, contrary (*-e* to)
kart[1] old, hard, dry
kart[2] card
kartal *zo.* eagle
kartlaşmak grow old, get past it
karton cardboard
kart|postal postcard; **~vizit** calling-card, personal card
karyola bedstead
kas muscle
kasa chest, safe, cashier's office
kasaba small town
kasadar cashier
kasap butcher
kâse bowl, basin
kasık *an.* groin
kasılmak contract; *fig.* put on airs, show off
kasım November

kasırga whirlwind, cyclone
kasıt intention, endeavour; **~lı** deliberate, intentional
kasket cap
kasmak *v/t* tighten, curtail; oppress
kasnak rim, hoop
kastarlamak *v/t* bleach
kast|en *adv.* intentionally, deliberately; **~etmek** *v/t* purpose, intend; mean; **~î** *adj.* deliberate, intentional
kasvet depression, gloom; **~li** oppressive; gloomy
kaş eyebrow; something curved; **~ çatmak** knit one's eyebrows
kaşar sheep cheese
kaşık spoon; spoonful
kaşı|mak *v/t* scratch; **~nmak** scratch oneself; itch
kâşif discoverer, explorer
kaşkaval soft cheep cheese
kaşkol scarf, neckerchief
kat fold, layer; coating; floor, story *of a bulding*; **~ *kalorife-ri*** individual heating system
katalog catalogue
katar file *of camels, etc.*, convoy; train
katedral cathedral
kategori category
katetmek *v/t* travel over, cover, traverse
katı hard, violent, strong; **~ *yağ*** solid oil, paraffin; **~ *yürekli*** hard-hearted
katılaş|mak harden, become hard *veya* heavy; **~tırmak** *v/t* make hard *veya* strong
katılık hardness, severity
katılmak *-e* be added to, join, participate (*-e* in); agree with *so.*
katır *zo.* mule
kat'î definite, decisive
katil[1] killing, murder
katil[2] murderer
kâtip clerk, secretary
kat'iye|n *adv.* definitely, absolutely; never, by no means; **~t** definiteness
katkı addition, supplement; help; ***~da bulunmak*** *-e* contribute (*-e* to), be of help
katla|mak *v/t* fold, pleat; **~nmak** *-e* be folded into; undergo, suffer, endure
katl|etmek *v/t* kill, murder; **~iam** massacre
katma addition; **~ değer vergisi** value-added tax, VAT; **~k** *v/t* add (*-e* to), join, mix (*-e* to, into)
katman layer, stratum
katmer *a kind of pastry;* multiplicity; **~li** manifold, multiplied
Katolik Catholic; **~lik** Catholicism
katran tar; **~lamak** *v/t* tar; **~lı** tarred
kauçuk rubber
kav tinder
kavak *bot.* poplar
kaval shepherd's pipe
kavalye a lady's escort; male partner *in a dance*
kavanoz jar, pot

kavas guard *veya* attendant *of an embassy or consulate*
kavga brawl, quarrel, fight; ~ **etm.** fight; **~cı** quarrelsome; **~lı** quarreling
kavis bow, arc, curve
kavra|m concept, idea; **~mak** *v/t* seize, grasp; **~yış** conception, understanding
kavşak junction, crossroads
kavuk quilted turban
kavun *bot.* melon
kavurmak *v/t* fry, roast
kavuş|mak *-e* reach, attain, come together, meet again; **~turmak** *v/t* bring together, unite, join; **~um** *astr.* conjunction
kaya rock
kayak ski; **~cı** skier
kayalık rocky place
kayb|etmek *v/t* lose; **~olmak** be lost, disappear
kayd|etmek *v/t* enrol, register; record; **~ol(un)mak** *-e* be registered in
kaygan slippery; polished
kaygana omelet
kaygı care, anxiety; **~lanmak** be worried; **~lı** worried, anxious
kaygısız carefree; **~lık** freedom from care
kayık boat; **~çı** boatman; **~hane** boathouse
kayın[1] beech
kayın[2] in-law; brother-in-law; ~ **baba** father-in-law; ~ **birader** brother-in-law; ~ **peder** *bak.* ~ **baba**; ~ **valide** mother-in-law
kayıp **1.** *n.* loss; **2.** *adj.* lost, missing; ~ **eşya bürosu** lost property office
kayırmak *v/t* protect, care for, support
kayısı *bot* apricot
kayış strap, belt
kayıt registration, enrolment; restriction; ~ ***sildirme*** cancellation, deletion of a record; **~lamak** *v/t* restrict, limit; **~lı** registered; restricted; **~sız** unrecorded, unregistered; carefree; **~sızlık** indifference, carelessness
kaymak[1] *v/i* slip, slide, glide
kaymak[2] *n.* cream
kaymakam head official *of a district*
kaynak **1.** spring, fountain; source; **2.** *tech.* weld, welding
kaynakça bibliography
kaynamak *v/i* boil; teem, swarm; *(mide)* sour
kaynana mother-in-law
kaynar boiling *water*
kaynaş|mak *v/i* unite, weld (**ile** with); *fig.* become good friends, go well together; **~tırmak** *v/t* weld together
kaynata father-in-law
kaynatmak *v/t* cause to boil; boil; weld
kaypak slippery, unreliable
kaytan cotton *veya* silk cord
kaytarmak evade, shirk
kaz goose; ~ ***kafalı*** stupid,

silly, doltish
kaza **1.** accident, mischance; ~ ***geçirmek*** have an accident; **2.** *pol. bak* **ilçe**; **~en** *adv.* by accident
Kazak[1] Cossack
kazak[2] pullover, jersey
kazak[3] *coll.* dominating, despotic *husband*
kazan cauldron; boiler
kazan|ç gain, profit; **~dırmak** *v/t* cause to win *sth.*; **~mak** *v/t* earn; win; gain
kazazede ruined, ship-wrecked; victim, casualty
kazı excavation; ~ ***bilim*** archeology, **~cı** excavator; engraver
kazık state, peg, pile; trick, swindle; **~çı** swindler, trickster; **~lamak** *v/t sl.* cheat, play a trick on
kazımak *v/t* scratch, scrape off; eradicate, erase
kazma digging; pickaxe, mattock; **~k** *v/t* dig, excavate; engrave
kebap roast meat, shish kebab
keçe felt; mat; **~li kalem** felt-tip pen
keçi goat; **~leri kaçırmak** *coll.* go nuts
keder care, grief, affliction; **~lenmek** be sorrowful, anxious; **~li** sorrowful, grieved
kedi *zo.* cat; **~gözü** taillight, rear light
kefalet *jur.* bail, security
kefaret *rel.* atonement
kefe scale *of a balance*
kefen shroud
kefil *jur.* bail, guarantor; ~ ***olm.*** stand as surety (*-e* for), sponsor, go bail; **~lik** bail, security
kehribar amber
kek cake
keke|lemek *v/i* stammer, stutter; **~me** stuttering, stammering
kekik *bot.* thyme
kekre acrid, sharp
kel *n. med.* ringworm; *adj.* bald, scabby
kelebek *zo.* butterfly
kelek *adj.* partly bald, immature; *n.* unripe melon
kelepçe handcuffs; *tech.* pipe clip
kelepir good bargain, very cheap
keler *zo.* lizard; reptile
kelime word; ~ **oyunu** pun
kelle head; loaf *of sugar*
kemal perfection, maturity
keman violin; *arch.* bow; **~cı** violinist; **~e** *mus.* bow *for a violin, etc.*
kemer belt, girdle; *arch.* arch, vault; aquaeduct; **~li** girdled; arched
kemik bone; **~li** having bones, bony
kemir|gen *zo.* rodent; **~mek** *v/t* gnaw, nibble
kenar edge, border; shore; ~ ***mahalle*** slums; **~lı** having an

edge *veya* margin; having a hem
kendi self; ~ **~ne** by himself, all alone; **~ne gelmek** come to; **~ni beğenmek** be arrogant, conceited; **~si** himself; **~liğinden** of one's own accord, spontaneous, by itself; **~lik** entity
kene *zo.* tick
kenet *tech.* metal clamp; **~lemek** *v/t* clamp together
kenevir *bot.* hemp
kent town, city; **~li** city -dweller
kep cap
kepaze vile, contemptible; **~lik** vileness, degradation
kepçe skimmer, ladle
kepek **1.** *bot.* bran; **2.** scurf, dandruff; **~li** scurfy *hair*
kepenk pull-down shutter, wooden cover
keramet *rel.* miracle
kere time, times; **üç** ~ three times
kerempe *naut.* rocky promontory
kereste timber, lumber
kerevet wooden bedstead
kereviz *bot.* celery
kerhane brothel
kerpeten pincers
kerpiç sun-dried brick
kerte notch, score; degree
kertenkele *zo.* lizard
kert|ik notch, gash; **~mek** *v/t* notch, scratch, gash
kervan caravan; **~saray** caravanserai
kesat slack, flat, stagnant
kese purse, small bag; coarse cloth bath glove; ~ **kâğıdı** paper bag; **~li** *zo.* marsupial
keser adze
kesif dense, thick
kesi|k cut, broken; curdled; off; **~lmek** be cut; cease, be exhausted; be cut off, **~m** cutting; section, sector; ~ **evi** slaughterhouse
kesin definite, certain; **~leşmek** become certain *veya* definite; **~lik** certainty; **~likle** definetely, certainly; **~ti** deduction; interruption
kesir *math.* fraction
kesişmek intersect, cut across
kesit *math.* crosscut
keski chisel
keskin sharp, keen; **~leşmek** become sharp, severe; **~leştirmek** *v/t* sharpen; **~lik** sharpness, keenness
kesme *adj.* cut, faceted; fixed *(price);* ~ **şeker** lump *veya* cube sugar; **~k** *v/t* cut; stop, interrupt; turn off *(electricity, water, gas);* take away, kill *(pain)*
kestane *bot.* chestnut; ~ **şekeri** candied chestnut
kestirme short cut; **~den gitmek** take a short cut; **~k** **1.** estimate, guess; **2.** take a nap, doze off
keşfetmek explore, discover
keşide drawing *in a lottery*
keşif discovery

keşiş *rel.* Christian priest, monk
keşke would that ...!, I wish, if only
keşkül sweetened milk *with pistachio nuts and almonds*
ketçap ketchup, catchup
keten flax; linen; ~ **helvası** candy floss
ketum discreet, keeping a secret
keyf|etmek amuse, enjoy oneself; **~î** arbitrary, capricious; **~iyet** condition; quality
keyif health; pleasure, delight, enjoyment; inclination, whim; tipsy; ~ **çatmak** enjoy oneself; **~li** merry, happy; **~siz** indisposed; **~sizlik** indisposition; depression
kez time; ***bu*** ~ this time
keza thus, too, also, likewise
kıble *rel.* direction of Mecca *to which a Moslem prays*
Kıbrıs Cyprus; **~lı** Cypriote
kıç hinder part, behind, buttocks, butt
kıdem priority, seniority; **~li** senior in service
kıkırda|k *an.* cartilage, gristle; **~mak** rustle, rattle, chuckle; *sl.* die.
kıl hair, bristle
kılavuz guide; *naut.* pilot; **~luk** profession of a guide; pilotage
kılçık fishbone; string *of a bean*; **~lı** bony *(fish)*
kılıbık henpecked *husband*
kılıç sword; ~ **balığı** *zo.* swordfish
kılıf case, cover; sheath
kılık shape, appearance; costume; **~sız** shabby
kılınmak be done, performed
kılmak *v/t* render, make; perform
kımılda|(n)mak *v/i* move slightly, stir; **~tmak** *v/t* move, shake
kın sheath
kına henna; ~ ***yakmak*** *v/t* henna; **~lı** dyed with henna
kınamak *v/t* blame, reproach
kıpır|da(n)mak move slightly, stir, quiver, vibrate; **~tı** slight quiver
kıp|kırmızı, ~kızıl bright red, crimson
kır **1.** *n.* the country, countryside; **2.** *adj.* grey
kıraathane reading room, coffee-house, café
kıraç arid, barren
kırağı hoarfrost, rime
kırat carat; value
kırbaç whip; **~lamak** *v/t* whip
kırçıl sprinkled with grey
kırgın offended, resentful, disappointed
Kırgız Kirghiz; **~istan** Kirghizia
kırıcı offensive, hurtful, heart-rending
kırık **1.** *adj.* broken, cracked; **2.** *n. med.* fracture; ~ **dökük** smashed, in pieces; **~lık** physical weariness, weakness

kırılmak break, be broken; be offended (*-e* by)
Kırım (yarımadası) the Crimea; **~lı** Crimean
kırıntı crumb, fragment
kırıştırmak **1.** wrinkle; pucker; **2.** *fig.* flirt (***ile*** with)
kırıtmak *-e* behave coquettish towards, strut
kırk forty
kırk|ım shearing, clipping; **~mak** *v/t* shear, clip
kırlangıç *zo.* swallow, martin; **~ balığı** gurnard
kırma *n.* pleat, fold; *adj.* folding (*gun, etc.*); **~k** *v/t* break; split, chop (*wood*); reduce (*price*); *fig.* offend, hurt; **~lı** pleated, folded
kırmızı red; **~biber** *bot.* red pepper; **~laşmak** grow red
kırp|ık clipped; **~ıntı** clippings; **~mak** *v/t* clip, trim, shear; wink (*eye*)
kırsal rural, rustic
kırtasiye stationery; **~ci** stationer; **~cilik** selling of stationery; *fig.* bureaucracy, red tape
kısa short; **~ *kollu*** short -sleeved; **~ca** *adv.* shortly, briefly; **~lık** shortness; **~lmak** become short, shrink; **~ltma** abbreviation; **~ltmak** *v/t* shorten, abbreviate
kısas *jur.* retaliation
kısık pinched; hoarse, choked; **~lık** hoarseness
kısılmak be pinched; become hoarse
kısım part, portion, piece, section
kısıntı restriction
kısır barren, sterile; **~laştırmak** *v/t* render sterile; **~lık** sterility
kısıt *jur.* putting under restraint; **~lamak** restrict
kıskaç pincers, pliers, forceps
kıskanç jealous, envious; **~lık** jealousy, envy
kıskanmak be jealous (*-i* of), envy
kısmak *v/t* lower (*voice*); turn down (*radio, lamp*); cut (*expenses*)
kısm|en *adv.* partly, partially; **~et** destiny, lot, fate; **~etli** lucky, fortunate; **~î** partial
kısrak *zo.* mare
kıstak *geo.* isthmus
kıstas criterion
kıstırmak *v/t* cause to be pinched, crush; corner
kış winter; **~ *günü*** wintery day; **~ uykusu** *zo.* hibernation; **~ın** *adv.* in the winter
kışkırt|ıcı inciter, provoker; **~mak** *v/t* incite, excite, provoke
kışla *mil.* barracks; **~k** winter quarters; **~mak** pass the winter
kışlık suitable for the winter, wintery
kıt scarce, little, few

kıt'a continent; *mil.* detachment; ~ **sahanlığı** continental shelf
kıtık *n.* tow
kıtır kıtır crunchy, crisp
kıtırdamak *v/i* crack(le)
kıt|laşmak become scarce; **~lık** scarcity, dearth, famine
kıvam thickness, consistency
kıvanç pleasure, joy; ~ **duymak** take pride (*-den* in); **~lı** proud
kıvılcım spark
kıvır|cık curly, crisp; **~mak** *v/t* curl, twist, coil
kıvr|ak brisk, alert; **~anmak** writhe (*-den* with); **~ılmak** *v/i* curl up, twist about; **~ım** twist; fold
kıyafet appearance; dress
kıyak *coll.* smart, super
kıyamet *rel.* doomsday, Resurrection of the Dead; tumult
kıyas comparison; **~lamak** compare
kıyı edge; shore, bank
kıy|ık, **~ımlı** minced, chopped up; **~ma** minced meat; **~mak** *-i* mince, chop up; *-e* sacrifice; do an injury to
kıymet value, price, esteem; **~li** valuable, precious; **~siz** worthless
kıymık splinter
kız girl; daughter; virgin; ~ ***gibi*** girlish; *coll.* brand-new; ~ ***kardeş*** sister
kızak sledge, sleigh
kızamık *med.* measles
kızar|mak turn red, blush; be roasted; **~tma** roasted, roast meat; fried food; **~tmak** *v/t* roast, grill, fry
kızdırmak *v/t* heat, make hot; anger, irritate
kızgın hot; angry, excited; **~lık** anger, fury, rage
kızıl red; ~ ***ötesi*** *phys.* infrared; **♀ ay** *pol.* Red Crescent; **~cık** *bot.* cornelian cherry; **♀ derili** Red *veya* American Indian; **♀ haç** Red Cross
kızışmak get angry, excited
kızlık maidenhood, virginity; ~ **adı** maiden name
kızmak get hot; *-e* be angry with
ki that, in order that; who
-ki (-kü) in; of; ***Türkiye'deki İngilizler*** the English in Turkey; ***bugünkü Türkiye*** Turkey of today
kibar noble, polite, courteous; **~ca** politely; **~lık** gentility, nobility, politeness, courtesy
kibir pride, haughtiness; **~lenmek** be proud *veya* haughty; **~li** proud, haugty
kibrit match; ~ ***çöpü*** matchstick; ~ ***kutusu*** matchbox
kifayet sufficiency; ~ ***etm.*** be contented (***ile*** with)
kil clay
kiler storeroom; pantry
kilim woven matting, kilim

kilise church
kilit lock; **~lemek** *v/t* lock; **~li** furnished with a lock; locked
kilo|(gram) kilogram(me); **~metre** kilometre; **~vat** kilowatt
kim who?; whoever; **~ *o?*** who is it?
kimlik identity; **~ kartı** identity card
kimse someone, anyone; **~siz** without relations *veya* friends
kimy|a chemistry; **~ager** chemist; **~asal** chemical
kimyon *bot.* cumin
kin malice, grudge, hatred; **~ *beslemek*** bear a grudge
kinaye allusion, hint
kinin *med.* quinine
kip *gr.* form, mood
kir dirt
kira hire, rent; **~*ya vermek*** *v/t* let; **~cı** tenant; **~lamak** *v/t* rent, hire; **~lık** for hire, for rent, to let
kiraz *bot.* cherry
kireç lime; **~li** limy, calcareous
kiremit tile
kiriş violin string; rafter
kirl|enmek become dirty, foul; become polluted; **~etmek** dirty, soil, foul; pollute; **~i** dirty, soiled, filthy
kirpi *zo.* hedgehog
kirpik eyelash
kişi person, human being; one; **~leştirmek** personify; **~lik** special to ... persons; personality; **~sel** personal
kişnemek neigh
kitap book; **~ *evi*** bookshop; **~çı** bookseller; **~lık** library; bookcase
kitle mass; **~ iletişimi** mass media
klâkson motor horn; **~ *çalmak*** hoot
klâsik classic, classical
klâsör file
klâvye keyboard
klima air conditioner
klinik clinical hospital
kliring *ec.* clearing
klişe cliché *(a. fig.)*
klor *chem.* chlorine
klozet closet
koalisyon *pol.* coalition
koca 1. husband; **2.** large, great; old; **~karı** hag, crone; **~ *ilâcı*** folk remedy; **~mak** grow old, age; **~man** huge, enormous
koç ram
koçan corncob; stump; heart of a vegetable
kodaman bigwig, big pot
kodes *sl.* clink, cooler, choky
kof hollow, rotten; stupid
koğuş dormitory
kok coke
kok|lamak *v/t* smell; **~mak** *v/i* smell; stink; **~muş** putrid, rotten; *fig.* lazy, dirty
kokoz *sl.* penniless, broke
kokteyl cocktail
koku smell, scent; perfume; *-in* **~*sunu almak*** perceive

the smell of; *fig.* get wind of; **~lu** having a special smell, perfumed; **~suz** having no smell; **~şmak** be spoiled, putrefy, whiff; **~tmak** give out a smell
kol arm; foreleg; sleeve; wing; branch; *tech.* handle, bar; **~ *saati*** wrist watch; **~ ~a** arm in arm
kola[1] starch; **~lamak** *v/t* starch and press; **~lı** starched
kola[2] cola
kolan band, belt, girth
kolay easy; **~ *gelsin*!** May it be easy; **~ca** easily; **~laştırmak** *v/t* make easy, facilitate; **~lık** easiness; means
kolej private high school *(teaching in a foreign language)*
koleksiyon collection, **~ *yapmak*** collect
kolektif collective, joint; **~ ortaklık** (*veya* **şirket**) joint-stock company
kolera *med.* cholera
kolesterol *med.* cholesterol
koli parcel
kol|lamak *v/t* search, keep under observation; **~luk** cuff; armband
kolonya eau de Cologne
kolordu army corps
koltuk armpit; arm-chair; **~ *değneği*** crutch; **~çu** maker or seller of arm-chairs; old-clothes man; **~lu** having arms *(chair)*
kolye necklace
koma *med.* coma; **~*ya girmek*** go into a coma
komando *mil.* commando
kombin|a *ec.* combine, factories *pl.*; **~e** combined
kombinezon 1. underskirt, slip; **2.** arrangement, way
komed|i comedy; **~yen** comedian
komi bus boy
komik comical, funny; ridiculous
komiser superintendent of police
komisyon commission; **~cu** commission agent
komit|a secret society; **~e** committee
komodin bed-side table, chest of drawers
kompartıman compartment
komple full; complete
komplike complicated, complex
komplo plot, conspiracy
komposto stewed fruit
kompozisyon composition
kompütür computer
komşu neighbour; **~luk** being a neighbour, neighbourhood
komut *mil.* order; **~a** command
komutan *mil.* commander, commandant; **~lık** command, authority
komüni|st communist; **~zm** communism

konak halting place, stage; mansion, government house; ***-lama yeri*** roadhouse; **-lamak** stay for the night
konç *leg of boot or stocking*
kondisyon physical fitness
kondüktör conductor
konfederasyon confederation
konfeksiyon ready-made clothes
konferans lecture; *pol.* conference; **~ salonu** lecture theatre; **~ vermek** give a lecture
konfor comfort; **-lu** comfortable
kongre congress
koni cone; **-k** conic
konmak *-e* be placed on; stop during night at; camp in; be added to
konser concert
konserv|atuvar *mus.* conservatory; **-e** canned food; can
konsey *pol.* council
konsolos consul; **-luk** consulate
konşimento *ec.* bill of lading
kont count, earl
kontak *el.* short circuit; **~ anahtarı** ignition key
kontenjan *ec.* quota
kontes countess
konteyner container
kontrat contract
kontrol control; **~ *etm.*** *v/t* control, check
konu subject, matter, theme; **-k** guest; **-ksever** hospitable; **-kseverlik** hospitality; **-m** location, position
konuş|ma lecture; talk; **-mak** talk (*-i **ile** about sth. with so.*); **-ulmak** be discussed (***ile*** with)
konut residence, house
kooperatif *ec.* cooperative, co-op; **-çilik** cooperative system
koparmak *v/t* pluck; break off
kopça hook and eye; **-lamak** *v/t* fasten with hook and eye
kopmak *v/i* break in two; break out
kopya copy; **~ *çekmek*** copy, cheat; **~ *etm.*** *v/t*, *-in* ***-sını çıkarmak*** copy
kor[1] *mil.* army corps
kor[2] ember; red-hot cinder
koramiral *naut.* vice-admiral
kordiplomatik diplomatic corps
kordon cord, cordon
korgeneral *mil.* corps general
koridor corridor
korkak timid; coward; **-lık** cowardice; timidity
korkmak *-den* be afraid of, fear
korku fear, dread, fright; alarm; **-lu** frightening, dangerous; **-luk** scare crow; banister; **-nç** terrible; **-suz** fearless; **-tmak** *v/t* frighten, threaten

korna horn *of a car, etc.*
korner corner *(football)*
koro *mus.* chorus
korsan pirate
korse corset
kort tennis court
koru small wood, grove, **~cu** forest watchman
koru|ma protection; **~ görevlisi** bodyguard; **~mak** *v/t* protect, guard, defend, watch over; **~nma** defence; **~nmak** *-den* defend oneself against, avoid; **~yucu** defender; protector; protective
koskoca enormous
kostüm costume
koş|mak *v/i* run; *v/t* harness, put to work; **~turmak** *v/t* cause to run, dispatch; **~u** race; **~ucu** runner
koşul condition, stipulation; **~landırmak** *v/t* condition
koşuşturmak run about
koşut parallel
kot blue jeans
kota *ec.* quota
kotra *naut.* cutter
kova bucket; **~lamak** *v/t* pursue, run after
kovan hive; cartridge case
kovboy cowboy
kovmak *v/t* dismiss, drive away; repel
kovuk hollow, cavity
kovuşturmak *v/t jur.* prosecute
koy *geo.* small bay
koymak *v/t* put, place (*-e* in), add (*-e* to); ***yoluna*** **~** *v/t* put right, set going
koyu thick; dense; dark; **~laşmak** become dense *veya* dark; **~laştırmak** thicken; **~luk** density; depth *of colour*
koyun[1] sheep; **~ *gibi*** stupid
koyun[2] bosom
koy(u)vermek *v/t* let go
koz *bot.* walnut
koza cocoon
kozalak cone *of a tree*
kozmetik cosmetic
kozmonot cosmonaut
köçek *zo.* camel foal; boy dancer
köfte meat balls
köhne old, worn, antiquated, ramshackle
kök root, base; origin; *-in* ***~ünden koparmak*** *v/t* eradicate; *-in* ***~ünü kurutmak*** exterminate; **~lemek** *v/t* uproot; **~lenmek, ~leşmek** take root; **~lü** having roots, rooted
köken origin, source
köle slave; **~lik** slavery
kömür charcoal; coal; **~ *ocağı*** coal mine; **~cü** charcoal burner; coal dealer; **~leşmek** *v/i* char, carbonize; **~lük** coal cellar; *naut.* bunker
köpek dog; **~ balığı** *zo.* shark; **~ dişi** canine tooth
köprü bridge

köpü|k froth, foam; **~klü** foamy; **~rmek** *v/i* froth, foam
kör blind; **~ *bağırsak*** *an.* appendix, caecum; **~ *olası!*** Damn!
körfez *geo.* gulf
kör|lenmek, ~leşmek become blind, blunt; **~leştirmek, ~letmek** *v/t* blind; blunt; **~lük** blindness; bluntness
körpe fresh, tender
körük bellows; **~lemek** *v/t* fan with bellows; *fig.* incite
köse with no beard
kösele stout leather
kösnü lust
köstebek *zo.* mole
köstek fetter, hobble
köşe corner, angle; **~ *başı*** street corner; **~ *yazarı*** columnist; **~bent** *tech.* angle iron; **~li** having corners *veya* angles; **~yi dönmek** *coll.* strike it rich
köşk pavilion, summerhouse
kötü bad; **~*ye kullanmak*** *v/t* misuse; take advantage of; **~leşmek** become bad; **~lük** badness; **~msemek** *v/t* think ill of; **~mser** pessimistic
kötürüm paralysed, crippled; **~lük** paralysis
köy village, **~lü** peasant, fellow villager
kral king; **~içe** queen; **~lık** kingdom
kramp *med.* cramp, convulsion
krank *tech.* crank; **~ mili** crankshaft
krater *geo.* crater
kravat tie
kredi credit
krem cosmetic cream; **~a** cream *of milk*; whipped cream; **~şanti(yi)** whipped cream
kreş day nursery, crèche
kriko *tech.* lifting jack
kristal crystal
kriz crisis
kroki sketch
krom *chem.* chromium
kruvazör *naut.* cruiser
kuaför hairdresser
kubbe dome, cupola
kucak breast, embrace; lap; **~lamak** *v/t* embrace, lap
kudret power, strength; **~li** powerful; **~siz** powerless, incapable
kudu|rmak become rabid; *fig.* go mad; **~z** *med.* hydrophobia, rabies
Kudüs Jerusalem
kuğu *zo.* swan
kukla doll; puppet
kukuleta hood, cowl
kul slave; human being, man, creature
kulaç fathom; **~ atmak** swim the crawl
kulak ear; **~ *kabartmak*** *fig.* prick up one's ears; **~ *memesi*** earlobe; **~ *vermek*** give *veya* land an ear (*-e* to); **~ *zarı*** eardrum; **~lık** earphone; headphone

kule tower, turret
kulis *thea.* backstage, wings
kullanım using, usage
kullanış method of using; **~lı** serviceable, handy
kullanmak *v/t* use; employ; drive *a car, etc.*
kulluk slavery, servitude
kulp handle
kuluçka broody hen; ***~ya oturmak*** sit on the eggs
kulunç stiff neck, colic, cramp
kulübe hut, shed; *mil.* sentry -box
kulüp club
kum sand; gravel *(a. med.)*
kumanda *mil.* command; **~n** commander
kumar gambling; **~baz** gambler; **~hane** gambling casino, gambling den
kumaş tissue, fabric; cloth, texture
kumbara moneybox
kumlu sandy, gravelly; **~k** sandy (place)
kumral light brown *(hair)*
kumru *zo.* turtledove
kumsal sand beach
kundak swaddling clothes; bundle of rags; **~çı** incendiary; **~lamak** *v/t* swaddle; set fire to
kundura shoe; **~cı** shoe -maker
kunduz *zo.* beaver
kupa[1] cup, wine-glass; ***~ finali*** cup final
kupa[2] heart *(cards)*
kupkuru bone-dry
kupon coupon
kur[1] *ec.* rate of exchange
kur[2] courtship, flirtation; ***~ yapmak*** *-e* pay court to, flirt with
kur'a lot; ***~ çekmek*** draw lots
kurabiye cookie, cooky
kurak dry, arid; **~lık** drought
kural *gr.* rule; ***~ dışı*** exceptional; **~lı** regular; **~sız** irregular
kuram theory
Kur'an *rel.* the Koran
kurbağa *zo.* frog
kurban sacrifice; victim; **♀ Bayramı** *rel.* the Greater Bairam, the Moslem sacrificial festival; ***~ kesmek*** *rel.* kill an animal for sacrifice; ***~ olayım!*** I beseech you!
kurcalamak *v/t* scratch, rub; meddle with
kurdele ribbon
kurgu bilim science fiction
kurmak *v/t* set up, establish; pitch *the tent;* lay *the table;* wind *clock*
kurmay *mil.* staff
kurna basin of a bath *under the tap*
kurnaz cunning, shrewd; **~lık** cunning, shrewdness
kurs[1] disk
kurs[2] course *of lessons, etc.*
kurşun lead; bullet; ***~ kalem*** pencil; **~î** lead coloured,

gray; **~lamak** *v/t* shoot; **~suz benzin** unleaded petrol
kurt[1] wolf
kurt[2] worm, maggot
kurtar|ılmak be saved, rescued; **~mak** *v/t* save, rescue
kurt|lanmak become maggoty; *fig.* become impatient; **~lu** wormy; *fig.* uneasy, fidgety
kurtul|mak *-den* escape from, be saved from, get out of; **~uş** liberation, escape; salvation
kuru dry, dried; bare; **~ *fasulye*** kidney beans; **~ *kalabalık*** useless crowd; **~ *soğuk*** dry cold; **~ *temizleme*** dry cleaning; **~ *üzüm*** raisin; **~ *yemiş*** dried fruit and nuts
kurucu founder
kurul commission, committee
kurula|mak *v/t* wipe dry, dry; **~nmak** be wiped dry, dried
kurul|mak be founded, established; *-e* settle oneself comfortably on; **~tay** assembly, congress
kurulu established; composed (*-den* of)
kuruluk dryness
kuruluş foundation
kurum[1] soot
kurum[2] institution, association, society
kurum[3] pose, conceit
kurumak *v/i* dry; wither up
kurum|lanmak be puffed-up, put on airs; **~lu** conceited, puffed-up
kuruntu strange fancy; illusion
kuruş piastre *(the 100th part of a lira)*; **~luk** being worth ... piastres
kurut|maç blotter; **~mak** *v/t* dry, cause to shrivel
kus|ma vomiting; **~mak** *v/t* vomit; **~turucu** emetic
kusur defect, fault; **~a *bakmayınız!*** I beg your pardon!; Excuse me!; **~lu** defective, faulty; incomplete; **~suz** without defect; complete
kuş bird; **~ *bakışı*** bird's-eye view; **~ *beyinli*** bird-brained; **~ *tüyü*** feather
kuşa|k sash, girdle, **~nmak** *v/t* put on, gird on; **~tma** siege; **~tmak** *v/t* surround; besiege
kuşbaşı *adj.* in small pieces *(meat, etc.)*
kuşet couchette, berth
kuşkonmaz *bot.* asparagus
kuşku suspicion, doubt; **~lanmak** feel nervous *veya* suspicious; **~lu** suspicious
kut|lamak *v/t* celebrate *sth.*; congratulate *so.*; **~lanmak** be celebrated; **~lu** lucky, happy
kutsa|l holy, sacred; **~mak** *v/t* bless, sanctify
kutu box, case

kutup *geo.* pole; ♀ **Yıldızı** *astr.* North Star, Polaris
kuvvet strength, force, power; **~ten düşmek** weaken, lose strength; **~lendirmek** *v/t* strengthen; **~lenmek** become strong; **~li** strong, powerful; **~siz** weak
kuyruk tail; queue; **~ta beklemek** stand in line
kuyruklu having a tail, tailed; **~ piyano** *mus.* grand piano; **~ yıldız** *astr.* comet
kuytu snug, hidden, remote
kuyu well, pit, borehole
kuyumcu jeweller,goldsmith
kuzen male cousin
kuzey north; **~li** northerner
kuzgun *zo.* raven
kuzin female cousin
kuzu lamb; **~m** my dear
kübik cubic
küçük small; young; **~ abdest** urination; **~ düşürmek** disgrace, humiliate; **~ görmek** belittle, underrate; **~ harf** minuscule; ♀ **ayı** *astr.* Ursa minor
küçül|mek become small, be reduced; **~tme** *gr.* diminutive; **~tmek** *v/t* diminish, reduce
küçümsemek *v/t* belittle; look down on
küf mould, mouldiness; **~ bağlamak, ~ tutmak** become mouldy
küfe large basket
küf|lenmek turn mouldy; *fig.* become out-of-date; **~lü** mouldy; out-of-date
küfretmek *-e* curse, swear
küfür swearword, curse, cuss; **~baz** foul-mouthed
kükremek roar *(lion);* foam with rage
kükürt *chem.* sulphur; **~lü** sulphurous
kül ashes; **~ etm.** *v/t* reduce to ashes; ruin; **~ rengi** ash coloured; **~ tablası** ashtray
külâh conical hat; anything conical; trick, deceit
külçe metal ingot, heap
külfet trouble, burden, inconvenience; **~li** troublesome, laborious; **~siz** easy
külhan stoke-hold of a bath; **~beyi** rowdy, bully, hooligan
küllü containing ashes; **~k** ash hole, ash heap; ashtray
külot underpants, briefs, knickers *pl.; ~***lu çorap** tights *pl.*
kültür culture; **~el** cultural; **~fizik** free exercise; **~lü** civilized, educated, cultured
kümbet *arch.* cupola, dome
küme heap, mound, pile; group; *spor:* league
kümes hen house, coop; **~ hayvanları** poultry
künk earthenware water pipe
künye personel data; identification tag
küp[1] large earthenware jar
küp[2] *math.* cube
küpe earring; *an.* dewlap
kür health cure
kürdan toothpick

küre globe, sphere
kürek shovel; oar; ~ **çekmek** row; ~ **kemiği** *an.* shoulder blade
küre(le)mek *v/t* clear away, shovel up
küresel spherical
kürk fur; fur-coat; **~lü** of fur, adorned with fur
kürsü lectern, dais, rostrum; professorship
Kürt Kurd; **~çe** Kurdish *(language)*
küskü *tech.* crow-bar; iron wedge
küskün disgruntled; **~lük** vexation
küsmek *-e* be offended with
küstah insolent; **~lık** insolence, impudence
küt *adj.* blunt, not pointed
kütle heap, block, mass
kütük tree-stump; baulk, trunk, log; ledger, register
kütüphane library
kütürdemek *v/i* crash, crunch
küvet basin, sink; bathtub

L

lâboratuvar laboratory
lâcivert navy blue, dark blue
lâçka *fig.* loose, lax
lâdes bet with a wishbone
lâf word, talk; empty words, boasting; ~ **atmak** *-e* make insinuating remarks to; ~ **ebesi** chatterbox
lâğım sewer; underground tunnel
lâhana *bot.* cabbage
lâhit tomb
lâhmacun *kind of meat pizza*
lâhza instant, moment
lâik secular; **~lik** secularity, secularism
lâkap cognomen; nickname
lâke lacquered
lâkırdı word; talk, gossip
lâkin but; nevertheless
lala male servant *put in charge of a boy,* tutor
lâle *bot.* tulip
lâma *zo.* llama
lâmba lamp
lânet curse, imprecation, damnation; ~ ***okumak*** swear and curse; **~lemek** *v/t* curse
lângırt pinball
lâpa porridge; poultice; ~ ~ *(snow)* in large flakes
lâstik *adj.* of rubber; *n.* rubber; galoshes; tyre; **~li** made of rubber; elastic
lâta lath
lâterna *mus.* barrel organ
lâtife joke, witticism; **~ci** fond of making jokes
Lâtin Latin; **~ce** Latin *(language)*
lâubali free-and-easy, careless, saucy
lâv *geo.* lava
lâvabo washbasin, sink

lâvanta lavender water
lâyık *-e* suitable for, worthy of, deserving; ~ ***olm.*** deserve, be worthy (*-e* of); **~ıyla** properly
lâzım *-e* necessary for; requisite, essential
leblebi roasted chickpeas
leğen washtub, washbowl
Leh Pole; Polish
leh- in favour of, for; *-in* ***~inde (~ine) olm.*** be in favour of
lehçe[1] dialect
Lehçe[2] Polish *(language)*
lehim solder, **~lemek** *v/t* solder; **~li** soldered
lehtar *jur.* beneficiary
leke stain, mark, spot *(a. fig.)*; ~ ***etm.*** *v/t* stain; **~lemek** *v/t* stain; try to dishonour; **~li** spotted, stained; dishonoured; **~siz** spotless, immaculate
lenf(a) lymph
lenger large deep dish; *naut.* anchor
leopar *zo.* leopard
leş carcass
letafet charm, grace
letarji lethargy
levazım *pl.* materials, supplies, provisions
levha signboard
levrek *zo.* sea bass
leylâk *bot.* lilac
leylek *zo.* stork
leziz delicious
lezzet taste, flavour; pleasure; **~li** pleasant to the taste; delightful; **~siz** tasteless
liberal liberal; **~izm** liberalism
libre pound *(454 gramme)*
lider *pol.* leader; **~lik** leadership
lif fibre; loofah
lig league, union
likör liqueur
liman harbour
limon lemon; ~ ***tuzu*** citric acid; **~ata** lemonade; **~lu** flavoured with lemon
linç lynching; ~ ***etm.*** *v/t* lynch
linyit lignite
lira *Turkish* lira; **~lık** of the value of ... liras
liret *Italian* lira
lisan language, tongue
lisans diploma; licence
lisansüstü postgraduate
lise high school, lycée
liste list
litre *(1.76 pint)*; **~lik** holding ... litres
liyakat merit, suitability; **~li** able, qualified; **~siz** unqualified
lobi lobby
lobut Indian club
loca box *at the theatre, etc.*; Masonic lodge
lodos southwest wind.
loğusa woman after child-birth; **~lık** childbed
lojman lodging *for workers and employees*
lokal clubroom, club

lokanta restaurant; **~cı** restaurant keeper
lokavt *ec.* lockout
lokma mouthful, morsel; kind of sweet fried dough
lokomotif locomotive, railway engine
lokum Turkish delight
lonca guild
Londra London
lop round and soft; **~ yumurta** hard-boiled egg
lor cheese *of goat's milk*
lort lord; **≈lar Kamarası** the House of Lords
lostra shoe polish
losyon lotion; eau-de-Cologne
loş dark, gloomy, dim
lök awkward, clumsy
lûnapark amusement park, fair
Lübnan Lebanon
lüfer *zo.* bluefish
lügat dictionary
lüks *n.* luxury; *adj.* luxurious
Lüksemburg Luxemburg
lüle curl, fold, paper-cone; **~ ~** curly *(hair)*; **~ taşı** meerschaum
lüp: ~e konmak get something gratis; **~çü** freeloader
lütf|en please!; **~etmek** deign, do a favour
lütuf favour, kindness; **~kâr** kind, gratious
lüzum necessity, need; **~lu** necessary, needed; **~suz** unnecessary, useless

M

maada *-den* besides, except; ***bundan*** **~** besides this, furthermore
maalesef unfortunately, with regret
maarif education, public instruction
maaş salary; allowance
mabet place of worship, temple
Macar Hungarian; **~ca** Hungarian *(language)*; **~istan** Hungary
macera adventure; **~cı, ~perest** adventurous, adventurer
macun putty, paste
maç match, game
maça spade *at cards*
maçuna *tech.* steam-crane
madalya medal
madalyon medallion, locket
madd|e matter, substance, material; paragraph; **~ecilik** materialism; **~î** *adj.* material
madem(ki) while, since, as
maden mine; mineral; metal; **~ *kömürü*** coal, pitcoal; **~ *suyu*** mineral water; **~î** metallic; metal, mineral
madrabaz swindler, cheat
mafsal joint

magazin magazine
magnezyum *chem.* magnesium
mağara cave, cavern
mağaza large store, shop
mağdur wronged, victim
mağlûbiyet defeat
mağlûp defeated; ~ **etm.** *v/t* defeat
mağrur proud (*-e* of); conceited
mahalle quarter *of a town*
mahallî local
maharet skill, proficiency
mahcubiyet bashfulness, modesty
mahcup ashamed; bashful, shy
mahfaza case, box
mahir skillful
mahkeme *jur.* law court, court of justice; **~ye vermek** go to law against *so.*
mahkûm sentenced, condemned, subject (*-e* to); ~ **etm.** *v/t* sentence, condemn; **~iyet** condemnation, sentence
mahlûk created; creature
mahmuz spur; *naut.* ram *of a ship;* **~lamak** *v/t* spur
mahpus imprisoned, prisoner
mahrem confidential, secret
mahrum deprived (*-den* of)
mahsul product, produce; crop
mahsur confined, shut up; ~ **kalmak** be stuck (*-den* in)
mahsus *-e* special, peculiar to, reserved for
mahv|edici destroying, crushing; **~etmek** *v/t* destroy, abolish; **~olmak** be destroyed, ruined
mahya *lights strung between minarets during Ramazan to form words or pictures*
mahzen underground storeroom, cellar
mahzur objection, inconvenience
majeste majesty
majör *mus.* major
makale aritcle *in a newspaper, etc.*
makam[1] place, abode; office, post; ~ **arabası** official car
makam[2] *mus.* mode
makara *tech.* pulley, reel, spool, bobbin
makarna macaroni, pasta
makas scissors, shears *pl.; tech.* switch, points; **~çı** pointsman; **~tar** cutter-out
makat anus
makbul accepted; liked
makbuz receipt *for payment etc.*
maket maquette, scale model
makine machine, engine; ~ **inşaatı,** ~ **yapımı** mechanical engineering; **~leştirmek** mechanize; **~li** fitted with a machine; ~ **tüfek** machine -gun
makinist engine-driver; mechanic
maksat aim, purpose

maksi maxi
maksimum maximum
makul reasonable, wise
makyaj make-up
mal property, possession; wealth; merchandise, goods; ~ ***sahibi*** owner
mala trowel
malak young buffalo calf
malarya *med.* malaria
malî financial; ~ ***yıl*** fiscal year
malik olm. *-e* possess, own
maliye finance; ♀ ***Bakanlığı (Bakanı)*** Ministry (Minister) of Finance; ~**ci** financier; ecomonist
maliyet cost
Malta Malta; ♀ **eriği** *bot.* loquat
maltız brazier
malûl ill; invalid, disabled
malûm known; ~***unuzdur ki*** you know that
malûmat information, knowledge; ~ ***vermek*** *-e* inform *so.* (***hakkında*** of *sth.*); ~**ı** ***olm.*** *-den* know about *sth.*; ~**lı** learned, informed
malzeme necessaries *pl.*, materials
mama baby food
mamafih nevertheless, yet
mamul made (*-den* of), manufactured; ~**ât** *pl.* products, manufactures, goods
mamur prosperous, flourishing
mana meaning, sense; ~**lı** meaningful, significant; allusive; ~**sız** meaningless, senseless, without singificance
manastır monastery
manav greengrocer; greengrocer's
manda[1] *zo.* water buffalo
manda[2] *zo.* mandate
mandal latch; cath; clothes -peg; tuning-peg *of a violin, etc.*
mandalina *bot.* tangerine
mandallamak *v/t* shut with a latch; hang up with a peg
mandıra small dairy
manevî moral, spiritual; ~ **evlât** adopted child
maneviyat morale
manevra manoeuvre(s); trick
manga *mil.* squad; *naut.* mess
mangal brazier; ~ **kömürü** charcoal
mangan(ez) *chem.* manganese
mâni obstacle, impediment; ~ ***olm.*** *-e* prevent, hinder
mânia obstacle, difficulty
manifatura drapery, textiles *pl.*; ~**cı** draper
manikür manicure
manivelâ *tech.* lever, crank
mankafa blockheaded, thickheaded
manken mannequin, model; tailor's dummy
manolya *bot.* magnolia
mansiyon honourable mention
Manş Denizi the English Channel

manşet newspaper headline; cuff
mantar *bot.* mushroom; cork
mantık logic; **~î** logical
manto woman's coat
manyak *med.* maniac; *coll.* crazy, nutty
manyeti|k magnetic; **~zma** magnetism
manzara view, panorama; **~lı** having a fine view
manzum written in rhyme and metric; **~e** poem
marangoz joiner, carpenter, cabinet-maker; **~luk** joinery, cabinet-making
mareşal *mil.* marshal
margarin margarine
marifet talent, skill; **~li** talented, skilled
marka mark, trademark; ***konulan* ~** trademark; **~lı** trademarked
Marksizm Marxism
marmelât marmalade
maroken Morocco leather
marş *mus.* march; starter *(auto)*
marşandiz goods *veya* freight train
mart March *(month)*
martaval *sl.* lie, humbug, bull, hot air; **~ atmak** talk nonsense
martı *zo.* gull
marul cos lettuce
maruz exposed (*-e* to); **~ kalmak** *-e* be exposed to
marya *zo.* female animal
masa table, desk; **~ *örtüsü*** tablecloth; **~ *saati*** clock; **~ *tenisi*** table tennis, ping-pong
masaj massage
masal story, tale
maskara *adj.* funny; ridiculous; *n.* buffoon; mask; **~lık** buffoonery; shame
maske mask; **~li** masked; **~ *balo*** fancy ball
maslahatgüzar *pol.* chargé d'affairs
mason Freemason; **~luk** Freemasonry
masraf expense; **~lı** expensive
mastar *gr.* infinitive
masum innocent
maşa tongs; pincers
maşallah wonderful!; Praise be!
mat[1] mat, dull
mat[2] checkmate
matara flask, canteen, water bottle
matbaa printing office; **~cı** printer
matbu printed; **~a(t)** printed matter
matem mourning
matematik mathematics
materyalizm materialism
matine *thea.* matinée
matkap drill
matrah tax evaluation
matrak *sl.* funny, amusing
matris *baskıcılık:* plate, matrix

maval *sl.* lie, cock-and-bull story
mavi blue; **~msı, ~mtırak** bluish
mavna barge, lighter
maya ferment, yeast; *fig.* essence, origin; **~lanmak** ferment; **~lı** fermented, leavened
maydanoz *bot.* parsley
mayhoş slightly acid, bitter -sweet
mayın *mil.* floating mine, mine; **~ tarlası** minefield
mayıs May *(month);* **~ böceği** *zo.* cockchafer
maymun *zo.* monkey; **~cuk** *tech.* picklock
mayo bathing suit
mayonez mayonnaise
mazbut well organized, orderly
mazeret excuse; apology
mazgal embrasure, loophole
mazı *bot.* gall-nut; arbor vitae
mazi past, bygones; the past
mazlum oppressed, wronged; inoffensive
mazot Diesel oil
mazur excused; excusable; **~ görmek, ~ tutmak** *v/t* excuse, pardon
meblağ sum, amount
mebus *pol.* deputy, member of parliament
mecal power, ability; **~siz** powerless, exhausted
mecaz metaphor, figurative expression; **~î** figurative, metaphorical
mecbur compelled, forced; **~ etm.** compel, force; **~ olm.** *-e* be compelled to; **~en** compulsorily; **~î** compulsory; **~ iniş** *av.* forced landing; **~ istikamet** one way; **~iyet** compulsion, obligation
meclis assembly, council; place of assembly; sitting, social gathering
mecmua magazine, review, periodical
mecnun mad, insane
mecra watercourse, channel
meçhul unknown
meddah story-teller
medenî civilised, cultured, civil; **~ cesaret** moral courage; **~ haklar** civil rights; **~ hal** marital status; **♀ Kanun** *jur.* civil law; **~ nikâh** civil marriage
medeniyet civilization; **~siz** uncivilized
medrese *rel.* Moslem theological school
mefruşat *pl.* furniture
megafon megaphone
meğer but, however, only; **~ki** unless, provided that
Mehmetçik the Turkish 'Tommy'
mehtap moonlight
mehter: ~ takımı Janissary band
mekani|k mechanics; **~zma** mechanism
mektep school
mektup letter; **~laşmak** correspond by letter (*ile*

with)
melânkoli *n.* melancholy; **~k** *adj.* melancholic
melek angel
melemek *v/i* bleat
melez cross-bred, half-bred; mixed; **~leme** *bot.* cross -breeding
melodi melody
memba spring; source, origin
meme teat, nipple, breast, udder; *tech.* burner, nozzle; **~ *vermek*** *-e* nurse; ***~den kesmek*** *v/t* wean; **~liler** *pl. zo.* mammals
memleket country; home district; **~li** inhabitant, fellow countryman
memnun pleased, glad (*-den* at); **~ *etm.*** *v/t* please, make happy
memnuniyet pleasure, gladness; **~le** *adv.* gladly, with pleasure
memur civil servant, official, employee; **~iyet** official post, duty, appointment; quality and duties of an official
mendil handkerchief
mendirek *naut.* artificial harbour; breakwater
menekşe *bot.* violet
menetmek *v/t* prevent, forbid
menfaat use, advantage, profit; **~perest** self-seeking
menfi negative
mengene press, clamp, vice
meni semen, sperm
mensucat *pl.* textiles
mensup *-e* related to, connected with; **~ *olm.*** *-e* belong to
menşe place of origin
menteşe hinge
menzil halting-place, stage; range *of a gun*
mera pasture
merak curiosity; whim, great interest; **~ *etm.*** *-i* be anxious about; be curious about; *-e* be interested in; **~lı** curious; interested (*-e* in); **~sız** uninterested, indifferent
meram desire, intention
merasim ceremony
mercan *zo.* coral; **~ adası** atoll
mercek *phot.* lens
merci reference, competent authority
mercimek *bot.* lentil
merdane *tech.* cylinder, roller
merdiven ladder, stairs, staircase
merhaba Good-day!, hello!
merhale stage, phase
merhamet mercy, pity; **~ *etm.*** *-e* pity; **~li** merciful, tenderhearted; **~siz** merciless, cruel; **~sizlik** cruelness
merhem ointment
merhum deceased, the late
meridyen *geo.* meridian
Merih *astr.* Mars
merkep donkey
merkez centre; **~cilik** centralization; **~î** central; **~kaç** centrifugal; **~lenmek** be

concentrated, centralized (*-e* in)
Merkür *astr.* Mercury
mermer marble
mermi projectile, missile
merserize *chem.* mercerized
mersi thank you!
mersin *bot.* myrtle
mert manly, brave
mertebe degree, rank, grade
mertlik manliness, courage
mesafe distance, space
mesai *pl.* efforts, work; ~ **saatleri** *pl.* working hours
mesaj message
mescit small mosque
meselâ *adv.* for instance, for example
mesele question, problem
Mesih *rel.* the Messiah
mesken dwelling, house, residence
meskûn inhabited
meslek career, profession; **~î** professional; **~siz** without a career; **~taş** colleague
mesnet support, basis
mest[1] drunk; enchanted
mest[2] light soleless boot
mes'ul responsible, answerable (*-den* for)
mes'uliyet responsibility; **~li** responsible
mes'ut happy
meşakkat hardship, trouble
meş'ale torch
meşe *bot.* oak
meşgale occupation, activity
meşgul busy; occupied; ~ **etm.** *v/t* keep busy, engage; **~iyet** occupation, work
meşhur famous, well-known
meşin leather
meşru *jur.* legal, legitimate
meşrubat *pl.* soft drinks, beverages
meşrutiyet *pol.* constitutional government
met *geo.* high tide
metal metal
metalürji metallurgy
metanet firmness, solidity
meteor *astr.* meteor; ~ ***taşı*** meteorite; **~oloji** meteorology
methetmek *v/t* praise
metin[1] text
metin[2] solid, firm
metot method, system
metre metre
metres mistress, kept woman
metris *mil.* entrenchment
metro underground, tube, subway; **~pol** metropolis; **~polit** *rel.* Orthodox Metropolitan
metrûk left, abandoned
mevcudiyet existence, presence
mevcut existing, present
mevduat *pl. ec.* deposits; ~ **hesabı** deposit account
mevki place, position; class *on a train, etc.*
mevlit *rel.* the birthday of the Prophet Mohammed; Islamic memorial service
mevsim season; **~lik** seasonal; **~siz** untimely, out of place

mevzi place, position
mevzu subject, topic; **~at** *pl.* the laws
mevzun shapely, good-looking
meyan: ~ ***kökü*** licorice
meydan open space, public square; arena, ring, ground; opportunity; ~ ***okumak*** *-e* challenge; **~a** ***çıkarmak*** *v/t* expose to view, publish, discover; **~a** ***çıkmak*** come forth, show oneself; **~a** ***getirmek*** *v/t* form, create, bring into view; **~a** ***koymak*** *v/t* produce, bring forward
meyhane wine-shop, tavern, bar; **~ci** publican, tavern keeper
meyil inclination, tendency; slope; **~li** inclined (*-e* towards)
meyletmek be inclined; *-e* have a liking for
meyve fruit; **~li** made of fruit; ~ **suyu** fruit juice
mezar grave, tomb; **~cı** grave-digger; **~lık** cemetery
mezat *ec.* auction
mezbaha slaughterhouse
meze snack, appetizer
mezhep *rel.* sect, creed; school of thought
meziyet excellence, merit, virtue; talent; value
mezun *-den* graduate of; excused from; on leave; authorized; ~ ***olm.*** *-den* be graudated from; **~iyet** graduation; leave; authorization
mezura tape measure
mıh nail; **~lamak** *v/t* nail (*-e* on)
mıknatıs magnet; **~lamak** *v/t* magnetize
mıntıka zone, district
mırıl|da(n)mak mutter, grumble; **~tı** muttering, grumbling
Mısır Egypt; ♀ *bot.* maize; **~lı** Egyptian
mısra line *of poetry*
mıymıntı sluggish, slow
mızıka *mus.* band; toy trumpet; mouth-organ
mızıkçı *coll.* spoilsport, bad loser
mızmız hesitant; querulous
mızrak lance, spear
mi, mı, mu, mü *interrogative particle, sometimes adding emphasis*
mide *an.* stomach
midye *zo.* mussel
miğfer helmet
mihrap niche in a mosque *indicating the direction of Mecca*
mika mica
mikro|fon microphone; **~p** germ, microbe, **~skop** microscope
miktar quantity, amount
mil[1] silt
mil[2] pin, peg, pivot
mil[3] *geo.* mile
milâdî pertaining to the birth of Christ, A.D.

milât *rel.* birth of Christ; **~tan önce** before Christ, B. C.; **~tan sonra** Anno Domini, A.D.
mili|gram milligram; **~metre** millimetre
militan activist, militant
millet nation; people; **~ meclisi** *pol.* national assembly; **~ler arası** international; **~vekili** *pol.* deputy, M.P.
millî national; **~ bayram** national holiday; **& Eğitim Bakanlığı** the Ministry of Education; **~ marş** national anthem
milliyet nationality; **~çi** nationalist; **~çilik** nationalism
milyar milliard; *Am.* billion, a thousand million; **~der** billionaire
milyon million; **~er** millionaire
mimar architect; **~lık** architecture
minare minaret
minber pulpit *in a mosque*
minder mattress
mine enamel; dial *of a clock;* **~lemek** *v/t* enamel
mineral mineral
mini mini; **~ etek** mini skirt; **~büs** minibus
mini|k small and sweet; **~mini** very small, tiny
minnet gratitude, obligation, taunt; **~tar** grateful, indebted (*-e* to)
minör *mus.* minor
minyatür miniature
minyon petite, dainty, tiny and delicate
miraç ascent to heaven; **& Gecesi** *rel.* night of Mohammad's ascent to heaven
miras inheritance; heritage; **~çı** heir(-ess), inheritor; **~yedi** one who has inherited a fortune; playboy
mis musk; **~ gibi** fragrant; delicious
misafir quest, visitor; **~ odası** drawing room, guest room; **~hane** guesthouse, public guesthouse *in villages*; **~perver** hospitable; **~perverlik** hospitality
misal model, example; precedent
misilleme *jur.* retortion; retaliation
misk musk
miskin poor, wretched; abject; *med.* leprous; **~ hastalığı** leprosy
misli ... times as much (*veya* many)
misyon mission; **~er** missionary
miting meeting
miyavlamak miaow
miyop *med.* shortsighted
mizah jest, joke, humour; **~çı** humorist
mobilya furniture; **~lı** furnished
moda fashion; **~sı geçmek** go out of fashion; **~ya uy-**

mak keep up with fashions; **~cı** stylist
model pattern, model
modern modern, **~leştirmek** modernize
mola rest, pause; **~ vermek** *v/i* rest, pause, take a break
molekül *phys.* molecule
moloz rough stone, rubble
monarşi monarchy
monoton monotonous
mont|aj *tech.* mounting, fitting; **~e etm.** assemble
mor violet, purple
moral morale; ***~i bozuk*** low-spirited
morarmak become bruised
morfin *med.* morphine
morg morgue
moruk *sl.* old man, dotard
Mosko|f Russian; **~va** Moscow
mostra pattern, sample
motel motel
motif *mus., etc.* pattern, motif
motor motor; motorboat; **~in** diesel *veya* fuel oil; **~lu** motor-driven, having a motor; **~lu tren** diesel train
motosiklet motorcycle
mozaik mosaic; floor made of concrete mixed with marble splinters
muaf *-den* excused from; exempt from; **~iyet** exemption, immunity
muamele dealing; transaction; procedure, formality; ***~ etm.*** *-e* treat
muamma mystery; riddle
muavin assistant
muayene inspection, examination; ***~ etm.*** *v/t* inspect, examine; **~hane** *med.* consulting room
muazzam great, huge, enormous
mubayaa purchase; ***~ etm.*** *v/t* purchase
mucibince according to requirements, as necessary
mucit inventor
mucize miracle, wonder
mudi *ec.* depositor, investor
muhabbet love, affection; ***~ etm.*** *v/i* chat; **~ kuşu** *zo.* lovebird
muhabere correspondence *by letters; mil.* signals *pl.*
muhabir correspondent
muhaceret emigration
muhacir emigrant, refugee
muhafaza protection, preservation; ***~ etm.*** *v/t* protect, take care of, conserve, preserve; **~kâr** conservative; **~kârlık** conservatism
muhafız guard, defender; commander *of a fort*
muhakeme *jur.* hearing of a case, trial; judgement
muhakkak certain, without doubt
muhalefet opposition; ***~ etm.*** *-e* oppose, disagree with; **~ partisi** *pol.* opposition party
muhalif *-e* opposing, contrary to, against
muhallebi pudding

muharebe battle, war
muhasebe bookkeeping, accountancy; **~ci** accountant, bookkeeper
muhatap: **~ olm.** be addressed in speech; be reproached (*-e* with)
muhbir informer, reporter
muhit surroundings, environment, milieu
muhrip *naut.* destroyer
muhtaç: **~ olm.** *-e* be in want, in need of
muhtar headman *of a village or quarter;* **~iyet** autonomy; **~lık** office of a headman
muhtelif diverse, various
muhtemel possible, probable, likely; **~en** probably
muhterem respected, honoured
muhteşem magnificient, majestic, great
muhtıra note; memorandum; **~ defteri** note-book
mukabele reward, retaliation; confronting; **~ etm.** reciprocate
mukabil opposite, facing; *-e* in return for; ***buna*** **~** on the other hand; **~inde** opposite, in return
mukadderat *pl.* destiny *sg.*
mukaddes sacred, holy
mukavemet resistance, endurance; **~ etm.** *-e* resist, endure
mukavva cardboard
mukayese comparison; **~ etm.** compare
muktedir capable, powerful; **~ olm.** *-e* be able to, capable of
mum candle; wax
mumya mummy; **~lamak** mummify, embalm
munis sociable; tame
muntazam regular; orderly; **~an** *adv.* orderly; regularly
murat wish, intention
musallat: **~ etm.** *-i -e* bring down *sth.* upon *so.;* **~ olm.** *-e* fall upon, infest
Musevî Jew; Jewish
musibet calamity, evil
musiki music
muska amulet, charm
musluk tap; spigot; **~çu** plumber
muson monsoon
muşamba tarpaulin; mackintosh, waterproof
muşmula medlar
muşta brass knuckles
muştu good news
mutaassıp fanatical, bigoted
mutabakat conformity, agreement
mutabık agreeing (*-e* with)
mutat customary, habitual
mutemet paymaster, fiduciary
mutfak kitchen; cuisine
mutlak absolute, unconditional; **~a** *adv.* absolutely, certainly; **~iyet** absolutism
mutlu happy, fortunate; **~luk** happiness
muvafakat agreement, consent; **~ etm.** *-e* agree, con-

sent to
muvaffak successful; ~ ***olm.*** succeed
muvazzaf *mil.* regular
muz *bot.* banana
muzaffer victorious
muzır harmful, detrimental
muzip teasing, mischievous; **~lik** teasing; practical joke
mübalağa exaggeration; ~ ***etm.*** exaggerate; **~lı** exaggerated
mübarek blessed, sacred, bountiful
mübaşir *jur.* process-server, usher *of a court*
mücadele struggle, strife; ~ ***etm.*** *v/i* struggle
mücahit *rel.* combatant, fighter
mücevher jewel; **~at** *pl.* jewels, jewellery
müdafaa defence, resistance; ~ ***etm.*** *v/t* defend
müdahale interferance, intervention; ~ ***etm.*** *-e* meddle with, interfere in
müddet space of time, period, interval; *-diği* **~çe** *conj.* as long as, while
müdür director, administrator; headmaster, principal; **~lük** directorate, head -office
müebbet perpetual, for life; ~ **hapis** *jur.* life sentence
müessese foundation, establishment, institution
müezzin *rel.* muezzin, who calls Moslems to prayer
müfettiş inspector; **~lik** inspectorship, inspectorate
müflis bankrupt, penniless
müfredat curriculum
müfreze *mil.* detachment
müftü *rel.* mufti, expounder of Islamic law; **~lük** office and rank of a mufti
mühendis engineer; **~lik** engineering
mühim important, urgent; **~mat** *pl.* ammunition *sg.*
mühür seal, signet-ring; **~lemek** *v/t* stamp with a seal; **~lü** sealed
müjde good news; **~lemek** give a piece of good news
mükâfat recompense, reward; prize; ~ ***vermek*** *-e* give *so.* a prize; **~landırmak** *v/t* reward, recompense
mükemmel complete, perfect, excellent
mülâkat meeting, interview
mülâyim suitable; gentle, mild, soft
mülk possession, property, landed property
mülkiyet ownership, possession, property; ~ **zamiri** *gr.* possessive pronoun
mülteci refugee
mümessil representative
mümkün possible; ~ ***olduğu kadar*** as far as possible
münakaşa argument, dispute; ~ ***etm.*** *v/t* argue, discuss, dispute
münasebet fitness; proportion; relation, connection;

opportunity; **~siz** unseemly, unsuitable; unreasonable
münasip suitable, proper; **~ görmek** *v/t* think proper, approve of
müneccim astrologer
münevver enlightened, educated, intellectual
müptelâ *-e* subject to, having a passion for, addicted to
müracaat application; reference; **~ etm.** *-e* refer to, apply to
mürebbiye governess
mürekkep **1.** *adj.* *-den* composed of; **2.** *n.* ink.; **~ balığı** cuttlefish; **~li** inky; filled with ink
mürettebat *pl. naut.* crew *sg.*
mürit disciple
müsaade permission, permit; **~ etm.** *v/t* permit, give permission to; **~ *ederseniz, ~nizle*** with your permission, if you don't mind
müsabaka competition; race; ***~ya girmek*** compete
müsadere confiscation; **~ etm.** *v/t* confiscate
müsait *-e* favourable to, convenient for
müsamaha indulgence, tolerance; **~ etm.** *-e* be indulgent towards, tolerate; **~kâr, ~lı** tolerant
müsamere entertainment, school show
müsekkin *med.* sedative
müshil *med.* purgative
Müslüman *rel.* Moslem; **~lık** Islam, the religion of Islam; the Moslem world
müsrif extravagant, wasteful
müstahdem *adj.* employed; *n.* employee
müstakbel future
müstakil independent; separate, apart
müstehcen obscene
müstemleke *pol.* colony
müsterih at ease; **~ *ol!*** Don't worry!
müstesna excluded (*-den* from); exceptional
müsteşar *pol.* counsellor; undersecretary
müsvedde draft, rough copy
müşavir counsellor, consultant, advisor
müşkül *adj.* difficult; *n.* difficulty; **~ât** *pl.* difficulties; ***~ çıkarmak*** raise difficulties
müştemilât *pl.* annexes, outhouses
müşterek common, joint
müşteri customer, purchaser, client
mütalâa studying, observation; opinion; **~ etm.** *v/t* read, study
mütareke *pol.* armistice
müteahhit contractor; purveyor
müteakip *-i* following after; subsequent
mütebessim smiling
müteessir *-den* sorry for, regretful of; influenced by
mütemadiyen *adv.* continuously, continually

mütercim translator
mütereddit hesitating, undecided
müteşebbis enterprising
müteşekkir thankful, grateful
mütevazi humble, modest
mütevelli administrator, trustee
müthiş terrible, fearful, enormous
müttefik agreeing; allied
müvekkil client
müzakere discussion, conference, negotiation; ~ **etm.** discuss, debate
müzayede *ec.* auction
müze museum
müzik music; **~al** musical; **~hol** music hall; **~sever** music lover
müzisyen musician
müzmin chronic; **~leşmek** become chronic

N

nabız pulse; *-in* ***nabzını ölçmek*** *veya* ***tutmak*** feel one's pulse
nacak short handled axe
nadide rare, scarce, precious
nadir rare, unusual; **~en** *adv.* rarely
nafaka livelihood; *jur.* alimony
nafile useless, in vain
nağme tune, song, melody
nahiye *pol.* subdistrict
nahoş unpleasant; unwell
nakarat refrain, repetition
nakd|en *adv.* in cash; **~î** cash, in ready money; **~î ceza** *jur.* fine
nakış embroidery, needlework
nakil transport, removal, transfer
nakit cash, ready money
naklen live; ~ **yayın** live broadcast
nakl|etmek *v/t* transport, transfer; narrate; **~iyat** *pl.* transport *sg.;* **~iye** transport, shipping; transport expenses *pl.*
nal horseshoe; **~bant** farrier; blacksmith; **~bur** hardware dealer
nalın pattens, clogs
nallamak *v/t* shoe
nam name, title; fame, reputation; **~ına** in the name of
namaz *rel.* the Moslem ritual prayer; ~ **kılmak** perform the ritual prayer; ~ **seccadesi** prayer rug
namlı famous, celebrated
namlu barrel *of a gun, etc.*
namus honour, good name; ~ ***sözü*** word of honour; **~lu** honourable, honest; **~suz**

without honour, dishonest; **~suzluk** hishonesty
namzet candidate; **~lik** candidacy
nane *bot.* mint; peppermint; **~ şekeri** peppermint drop
nankör ungrateful; **~lük** ingratitude
nar *bot.* pomegranate
nara loud cry. shout
narenciye *bot.* citrus fruits
nargile water pipe, narghile, hubble-bubble
narh *ec.* officially fixed price
narin slim, slender, delicate
narkotik narcotic drug
nasıl how?, what sort?; **~sa** in any case
nasır wart, corn
nasihat advice, counsel; **~ etm.** *-e* advise
nasip lot, share, portion; **~ olm.** *-e* fall to *one's* lot
natır female bath attendant
navlun *naut.* freight, chartering expenses
naylon nylon
naz reluctance, coyness
nazar look, glance, consideration; the evil eye; ***~ı itibara almak*** *v/t* take into consideration; ***~ boncuğu*** bead *worn to avert the evil eye*; ***~ değmesin!*** Touch wood!; **~an** *-e* according to, with regard to; seeing that; **~î** theoretical; **~iye** theory
nazım versification, verse
nazır *adj.* *-e* overlooking, facing
nazik delicate; polite, courteous; **~âne** *adv.* politely
naz|lanmak be coy; feign reluctance; **~lı** coquettish, coy; reluctant
ne[1] what?; What a ...!, How ...!; whatever; ***~ güzel!*** How nice!; ***~ ise*** anyway; ***~ kadar*** how much?; ***~ kadar zaman*** how long?; ***~ var ki*** but; in fact; ***~ zaman*** when?
ne[2] not; nor; **~ ... ~ ...** neither ... nor
nedamet regret, remorse
neden for what reason?, why?; *n.* reason; ***bu ~le*** for this reason; ***~ olm.*** cause; **~se** for some reason or other
nedensel causal
nefer individual, person; *mil.* private
nefes breath; ***~ almak*** breathe, take a breath; ***~ borusu*** *an.* windpipe; ***~ çekmek*** take a whiff; *sl.* smoke hashish; ***~ vermek*** breathe out; **~li çalgı** *mus.* wind-instrument
nefis[1] soul, life, self, essence
nefis[2] excellent, exquisite
nefret aversion (*-den* for), disgust, hatred; ***~ etm.*** hate, detest
nefrit *med.* nephritis
neft naphta
negatif negative (*a. phot.*)
nehir river
nekes mean, stingy
nem moisture; damp; **~len-**

dirmek *v/t* moisten; **~lenmek** become damp; **~li** damp, humid, moist
Neptün *astr.* Neptune
nere, ~si what place?; whatsoever place; ***~de*** where?; ***~den*** from where?; ***~ye*** where to, to what place?; **~li** from what place?, where ... from
nergis *bot.* narcissus
nesil generation
nesir prose
nesne thing; anything; *gr.* object
neşe gaiety, merriment, joy; **~lendirmek** *v/t* render merry; **~li** merry, in good humour; **~siz** sad, in bad humour
neşr|etmek *v/t* publish; **~iyat** *pl.* publications
net net *(weight)*; clear, distinct
netice consequence, effect, result; **~lenmek** come to a conclusion; close (***ile*** with); **~siz** without success, result
nevralji *med.* neuralgia
nevresim protective case
nevruz the Persian New Year's Day *(March 22nd)*
ney *mus.* reed, flute
nezaket courtesy, politeness; **~li** courteous, polite; **~siz** impolite
nezaret supervision, superintendence; ~ ***etm.*** *-e* superintend, direct, inspect
nezle cold in the head; ~ ***olm.*** catch a cold
nişadır *chem.* sal ammoniac; ammonia
nice how many?, many a ...; ~ ***yıllara!*** Many happy returns of the day!; **~l** quantitative; **~lik** state, quantity
niçin why?
nida cry, shout
nihayet *n.* end, extremity; *adv.* at last, finally; **~siz** endless, infinite
nikâh marriage, wedding; **~lanmak** get married; **~lı** married; **~sız** unmarried
nikel nickel
nikotin nicotine
nilüfer *bot.* water lily
nine grandmother
ninni lullaby
nirengi *geo.* triangulation
nisan April
nispet relation, proportion; spite; **~en** *adv.* relatively; spitefully
nispî comperative, relative
nişan sign, mark; indication; scar; target; engagement; *pol.* decoration, order; ~ ***almak*** *-i* take aim at; ~ ***yüzüğü*** engagement ring; **~gâh** backsight *of a gun;* butt, target; **~lanmak** get engaged; **~lı** engaged; fiancée
nişasta *chem.* starch
nite|kim just as; as a matter of fact; **~le(ndir)mek** *v/t* qualify; **~lik** quality, character
niye why?

niyet resolve, intention; ~ ***etm.*** *-e, -mek* **~inde olm.** intend
Noel Christmas; ~ **ağacı** Christmas tree; ~ **baba** Father Christmas, Santa Claus
nohut *bot.* chickpea
noksan *adj.* deficient, defective; *n.* deficiency, defect
nokta point, dot, period, full stop; spot, speck; *mil.* sentry, post; **~i nazar** point of view; **~lamak** *v/t* dot, mark, punctuate; **~lı virgül** *gr.* semicolon;
norm standard; **~al** normal
Norveç Norway; **~li** *n. adj.* Norwegian
nostalji nostalgia
not note; mark *in school;* ~ ***almak*** *-den* take a note of; ~ ***defteri*** notebook; ~ ***tutmak*** take notes; ~ ***vermek*** *-e* pass judgement on, think of; **~a** *pol., mus.* note
noter *jur.* notary; **~lik** office of a notary
nöbet turn *of duty, etc.*, watch; *med.* onset, fit; ~ ***beklemek*** (*veya* ***tutmak***) mount guard; **~çi** *adj.* on guard, on duty; *n.* watchman; ~ ***eczane*** pharmacy on night-duty; **~leşe** *adv.* in turn, by turns; **~leşme** alternation, turn
nötr *chem., gr.* neutral
numara number; note, mark; item, event; size; **~lamak** *v/t* number; **~lı** numbered
numune sample, pattern, model
nur light, brilliance; divine light
nutuk speech, address
nüans nuance
nüfus *pl.* population, people, souls; inhabitants; ~ ***cüzdanı*** identity card; ~ ***kütüğü*** register of births and deaths; ~ ***plânlaması*** birth control; ~ ***sayımı*** census; **~lu** having ... inhabitants
nüfuz penetration; influence; **~lu** influential
nükleer nuclear
nükte subtle point, wisecrack, witticism, witty remark; **~li** witty
nümayiş show, pomp; demonstration
nüsha specimen, copy

O

o he, she, it; that
oba large nomad tent; nomad family; nomad camp
objektif *phot.* lens, objective; *adj.* objective
obruk *phys.* concave; *n.* pit
observatuvar observatory
obur gluttonous, greedy
ocak[1] January
ocak[2] furnace, kiln, hearth,

fireplace; quarry, mine; family; club, local branch *of a party, etc.*; **~çı** stoker, chimney-sweep
oda room, office; chamber; **~cı** servant *at an office or public building*
odak *phys.* focus
oditoryum auditorium
odun firewood, log; **~cu** wood cutter; seller of firewood
ofis office
oflamak say 'ugh'
ofsayt offside *(football)*
ofset offset
Oğlak *astr.* Capricorn; **♀** *zo.* kid
oğlan boy; knave *at cards*; **~cı** pederast
oğul[1] son
oğul[2] *zo.* swarm of bees
ok arrow; beam, pole
okaliptüs *bot.* eucalyptus
okçu archer
oklava rolling pin
oksi|jen oxygen; **~t** *chem.* oxide
okşamak *v/t* caress, fondle
oku|l school; ***~ma* yazma** reading and writing; **~mak** *v/t* read; learn, study; **~mamış** illiterate; **~muş** educated, learned
okunak|lı legible; **~sız** difficult to read
oku|nmak be read or recited; **~r** reader; **~ryazar** literate; **~tmak** *-e* cause *so.* to read *sth.; instruct so.* in *sth.;* teach *so. sth.;* **~tman** lecturer; **~yucu** reader; singer
okyanus *geo.* ocean
olacak which will happen
olağan commonly happening, frequent, usual, ordinary; **~ dışı** unusual; **~üstü** extraordinary
olanak possibility; **~lı** possible
olanca utmost, all
olası probable; **~lık** probability
olay event, incident; **~ çıkarmak** cause trouble
oldukça *adv.* rather, pretty
olgu fact
olgun ripe, mature; **~laşmak** become ripe; mature; **~luk** ripeness, maturity
olimpiyat the Olympic Games *pl.*
olmadık unprecedented
olmak *v/i* be, become; happen; ripen, mature
olma|mış not ripe, immature; **~muş** ripe, mature; **~z** impossible
olta fishing line; **~ iğnesi** fishhook; **~ yemi** bait
oluk gutter-pipe; groove; **~lu** grooved
olum|lu proved; *gr.* positive; **~suz** *gr.* negative
olur all right; possible; **~una bırakmak** *-i* let *stg.* take its course
oluş nature, condition; genesis, formation; **~mak** take form, be formed; **~muş**

from middle class; ~ ***öğretim*** secondary education; ~ ***parmak*** middle finger; ~ ***yaşlı*** middle-aged
ortak partner, associate; ♎ ***Pazar*** Common Market; **~laşa** *adv.* in common, jointly; **~lık** partnership; *ec.* joint-stock company
ortalama average
orta|lamak *v/t* reach the middle of; divide in the middle; **~lık** surroundings, the area around; **~m** environment; **~nca 1.** middle, middling; **2.** *bot.* hydrangea; **~okul** secondary school
Ortodoks orthodox; **~luk** the Orthodox Church
oruç *rel.* fasting, fast; ~ ***tutmak*** fast; **~lu** fasting
Osmanlı Ottoman; **~ca** the Ottoman Turkish language
ot grass, herb; fodder; **~çul** *zo.* herbivorous
otel hotel; **~ci** hotel-keeper; **~cilik** hotel industry
otla|k pasture; **~mak** graze
oto auto, car; **~ban** high-way, autobahn; **~büs** bus, coach; **~gar** bus station; **~krasi** autocracy
otomat automaton; **~ik** automatic
oto|mobil *bak* ***oto;*** **~motiv sanayii** automotive industry; **~nomi** autonomy; **~park** car park; **~psi** autopsy; **~rite** authority; **~riter** bossy, authoritarian; **~stop** hitchhiking; ~ ***yapmak*** hitchhike; **~yol** high-way, motorway
otur|ak chamber pot; seat; foot, bottom; **~mak** *-e* sit down on, run aground on; *-de* sit on, dwell in; settle; **~tmak** *v/t* seat, place; **~um** sitting, session
otuz thirty
ova grassy plain, lowland
ovalamak massage, knead
ov|mak, ~uşturmak *bak.* **ovalamak**
oy opinion; vote; ~ ***birliğiyle*** unanimously; ~ ***vermek*** *-e* vote for
oya pinking, embroidery; **~lamak** *v/t* **1.** pink, embroider; **2.** *fig.* distract one's attention; **~lanmak** loiter, lag; amuse oneself
oydaş who has the same opinion, like-minded
oylama voting, poll; **~k** *v/t* vote on
oyma sculpture, carving, engraving; carved; engraved; **~cı** sculptor, engraver
oymak[1] *v/t* scoop out; engrave, carve
oymak[2] *n.* subdivision, tribe
oyna|k playful; unstable; *tech.* loose, having much play; **~mak** play; dance; be loose; **~şmak** play with one another; **~tmak** *v/t* cause to play, move, dance
oysa(ki) yet, however, whereas

oyuk *adj.* hollowed out; *n.* cave, cavity
oyun game, play; *fig.* trick, swindle; ~ ***etm.*** *-e* play a trick on *so.*; ~ ***kâğıdı*** playing card; ~ **bozan** spoilsport, killjoy; ~**cak** toy, plaything; ~**cu** player, gambler; actor; actress
ozan poet, bard

Ö

öbek heap; group
öbür the other; the next but one; ~ **gün** the day after tomorrow; ~**kü**, ~**ü** the other one
öç revenge; ~ **almak** get revenge
öde|mek *v/t* pay; indemnify; ~**meli** cash on delivery; ~**nek** appropration, allowance; ~**nmek** be paid; ~**nti** subscription, fee, dues
ödev duty; homework
ödlek cowardly, timid
ödül reward, prize; ~**lendirmek** *v/t* reward, award
ödün compensation, concession; ~ ***vermek*** make a concession
ödünç loan; ~ **almak** *-den* borrow from; ~ **vermek** lend (*-i -e sth.* to)
öfke anger, rage; ~**lendirmek** *v/t* anger, bring into a rage; ~**lenmek** *-e* grow angry at; ~**li** choleric, hot-headed, angry
öğe element
öğle noon; ~ ***yemeği*** lunch; ~***nde*** at noon, about midday; ~***(n)den önce*** in the morning; ~***(n)den sonra*** in the afternoon; ~**yin** *bak* ~**nde**
öğren|ci pupil, student; ~**im** study, education; ~**mek** *v/t* learn; become familiar with; hear
öğret|i doctrine; ~**ici** educational, didactic; ~**im** instruction; lessons; ~ ***yılı*** school year; ~**mek** *v/t* teach (*-e* to *so.*); ~**men** teacher
öğün portion *of a meal*
öğürmek *v/i* retch; bellow
öğüt advice; ~ ***vermek*** *-e*; ~**lemek** *v/t* advise; ~**mek** grind
ökçe heel *of a boot*
ökse birdlime; ~ **otu** *bot.* mistletoe
öksür|mek *v/i* cough; ~**ük** cough
öksüz motherless; orphan; without friends
öküz *zo.* ox; ~**gözü** *bot.* arnica
ölç|ek measure, scale; ~**mek** *v/t* measure
ölçü measure; dimensions; ~**lü** moderate, temperate; ~**süz** unmeasured; immoderate; ~**t** criterion
öldür|mek *v/t* kill; ~**tmek** *v/t*

order to be killed; **~ücü** mortal, fatal; **~ülen** killed, slain
öl|mek die; fade, wither; **~mez** undying, immortal; **~mezlik** immortality; **~ü** dead, corpse; **~ *mevsim*** dead season
ölüm death; **~ *cezası*** capital punishment; **~ *tehlikesi*** danger of life; **~lü** mortal; **~süz** immortal; **~süzlük** immortality
ömür life, existence; **~ boyu** all one's life
ön front; foremost; ***~de*** in the front; before; ***~ümüzde*** in front of us; *-in* ***~ünde,*** ***~üne*** in front of; ***~üne geçmek*** *v/t* prevent; **~ *ad*** *gr.* adjective; **~ *ek*** *gr.* prefix; **~ *söz*** preface; **~ *teker*** front wheel; **~ *yargı*** prejudice
önce first, at first; in front; previously, before; ago; ***ilk ~,*** ***~den*** at first, first of all; **~ki** previous, former; **~leri** formerly; **~lik** priority
öncü *mil.* vanguard
öndelik payment in advance
önder leader; **~lik** leadership
önem importance; **~li** important; **~siz** unimportant
önemsemek *v/t* consider important
öner|ge proposal, motion; **~i** suggestion, offer; **~mek** *v/t* propose, motion, suggest, offer
öngör|mek *v/t* provide for, foresee, keep in mind; **~ü** far-sightedness, foresight; **~ülü** foresighted
önlem precaution, measure, step
ön|lemek *v/t* resist, face, prevent; **~lük** apron; **~sezi** presentiment, foreboding
öp|mek *v/t* kiss; **~ücük** kiss; **~üşmek** kiss one another
ördek *zo.* duck; *med.* urinal *for use in bed*
örf custom, common law; sovereign right
örgen organ
ör|gü knitting; plaited *or* knitted thing; tress of hair; **~güt** organization; **~gütlenmek** be organised; **~mek** *v/t* plait, knit; darn
örne|ğin *adv.* for instance; **~k** specimen, sample, model, pattern; example
örs anvil
örselemek *v/t* handle roughly, spoil, rumple
örtbas: ~ *etm.* *v/t* suppress, hush up
örtmek *v/t* cover, wrap, veil
örtü cover, wrap; blanket; **~lmek** be covered, wrapped; **~lü** roofed; covered, wrapped up; conceiled; **~nmek** cover, veil oneself
örümcek *zo.* spider; **~ ağı** cobweb
öte the farther side; other, farther; **~beri** this and that, various things; **~denberi** at

all times, from of old; **-ki** the other, the farther
ötmek *v/i* sing; crow
ötücü: ~ ***kuş*** songbird
ötürü *-den* by reason of, on account of, because of
öv|gü praise; **~mek** *v/t* praise; **~ülmek** be praised; **~ünmek** boast (***ile*** with); feel proud (***ile*** with)
öykü story; **~cü** story writer; storyteller
öyle so, such, like that; ~ **ki** such as to *inf.*, so that; **~likle** *adv.* in such a manner; **~si** such, the like, that sort
öz *adj.* own, real, genuine, essential; *n.* marrow; essence; pith; cream; self; ~ ***ad*** Christian name; ~ ***eleştiri*** self-criticism; ~ ***geçmiş*** biography, cirriculum vitae; ~ ***kardeş*** full brother *veya* sister; **~dek** matter; **~deş** identical; **~deşlik** identity; **~deyiş** maxim, epigram
özel personal, private; special; ~ ***ad*** *gr.* proper name; ~ ***girişim*** private enterprise; ~ ***hayat*** private life; ~ ***okul*** private school; **~lik** special feature, peculiarity; **~likle** *adv.* particularly, especially
özen care, pains *pl.*; ~ ***göstermek*** take great care (*-e* over), take pains (*-e* to); **~mek** *-e* take pains about, desire ardently; **~siz** careless, superficial; **~ti** pretended, alleged
özerk *pol.* autonomous; **~lik** autonomy
özet extract; summary; **~lemek** *v/t* sum up, summarize
öz|gü *-e* peculiar to; **~gül** specific; **~gün** orijinal
özgür free, independent; **~lük** freedom, liberty
özle|m longing; inclination; **~mek** *v/t* wish for, long for, miss; **~tmek** *-e -i* make *so.* long for
özlü having kernel, pith, *etc.*; pulpy, substantial
özne *gr.* subject
özümlemek *v/t bot.* assimilate
özür defect; apology; ~ ***dilemek*** ask pardon, apologize; **~lü** defective; handicapped; having an excuse
özveri self-sacrifice, self-denial; **~li** self-denying

P

pabuç shoe; *arch.* basement); **~çu** shoemaker
paça lower part of the trouser leg; *zo.* trotters; **~ları**

sıvamak get down to the job
paçavra rag; **~cı** rag-picker
padavra shingle, thin board
padişah sovereign, sultan, ruler
pafta metal plate; large coloured spot; *geo.* section of a map
paha price; **~ biçilmez** invaluable, priceless
pahalı expensive, **~laşmak** become high-priced; **~lık** dearth, expensiveness
pak clean, pure
paket packet, parcel; package; **~ *program*** package holiday programme; **~ *yapmak*** *-den*, **~lemek** *v/t* pack up, make into a parcel
pakt *pol.* pact
pala scimitar; **~ bıyık** long and curved moustache
palamar *naut.* hawser, cable
palamut[1] *zo.* bonito
palamut[2] *bot.* valonia
palanga pulley, block and tackle
palaska cartridge belt
palavra idle talk, boast, humbug; **~ atmak** talk bunk, be full of bull
palaz *n. zo.* young
palet palette; caterpillar tread; flippers
palmiye *bot.* palm tree
palto overcoat
palyaço clown
pamuk cotton; **~lu** of cotton; wadded
panayır fair
pancar *bot.* beet
panda *zo.* panda
pandispanya sponge cake
pandomima pantomime
pandül pendulum
panik panic; ***paniğe kapılmak*** *v/i* panic
panjur shutter
pankart placard, poster
panorama panorama
pansiyon boarding house; **~er** boarder
pansuman *med.* dressing; **~ yapmak** dress a *wound*
pantolon trousers; **~ ceket** trouser suit
pantufla felt slippers
panzehir antidote
papa *rel.* the Pope
papağan *zo.* parrot
papalık *rel.* Papacy, the Holy See
papatya *bot.* camomile, daisy
papaz *rel.* priest; king *at cards*
papyekuşe surface-coated paper, art paper
papyon bow tie
para money; **~ *bozmak*** change money; **~ *cezası*** *jur.* fine; **~ *cüzdanı*** wallet; **~ *etm.*** be worth; **~ *kırmak*** earn a lot of money
parabol parabola
parafe etm. *v/t.* initial
paragraf paragraph
parakete *naut.* log; long fishing-line
parala|mak *v/t* tear, cut in pieces; **~nmak** be torn in pieces; become rich

paralel *adj.* parallel; *n. geo.* parallel; *spor:* parallel bars *pl.*
paralı rich; requiring payment; ~ **yol** toll road
parantez paranthesis; bracket
parapet *naut.* bulwarks; parapet
para|sal *ec.* monetary; ~**sız** free, without money; penniless
paraşüt parachute; ~**çü** parachutist
paratoner lightning conductor
paravana folding screen
parazit parasite; atmospherics *pl. (radio)*
parça piece, bit; segment; ~ ~ in pieces; ~**lamak** *v/t* break *veya* cut into pieces; ~**lanmak** be broken into pieces; *fig.* wear oneself out; ~**lı** in parts, pieced; patchworked
pardon pardon me, excuse me, I beg your pardon!
pardösü light overcoat
parfüm perfume
parıl|damak gleam, glitter; ~**tı** glitter, gleam, flash
park park; car park; ~ ***saati*** parking meter; ~ ***yapmak*** park *a car;* ~ ***yeri*** parking place, *Am.* parking lot
parke parquet; small paving stones *pl.*
parla|k bright, shining; successful; ~**mak** shine, flare; become distinguished
parlâmento parliament
parlatmak *v/t* cause to shine, polish
parmak finger, toe; spoke *of a wheel;* ~ **izi** fingerprint; ~**lık** railing, balustrade; grating
parola password
pars *zo.* leopard
parsa money collected from the crowd
parsel plot of land; ~**lemek** *v/t* divide into plots of land, subdivide
parşömen parchment
parti *pol.* political party; match, game; ~**li** party member; ~**zan** partisan
pas[1] rust, tarnish, dirt; ~ ***tutmak*** *v/i* rust
pas[2] stake *at cards; spor:* pass
pasaj passage; arcade
pasak dirt; ~**lı** dirty, filthy; slovenly
pasaport passport
pasif *adj.* passive; *n. ec.* liability, debt
paskalya *rel.* Easter; ~ **ekmeği** *a kind of* sweet bread
pas|lanmak become rusty; ~**lanmaz** stainless; ~**lı** rusty, dirty
paso pass *on a railway, etc.*
paspas doormat
pasta[1] fold, pleat
pasta[2] cake, pastry, tart; ~**cı** pastry-cook, confectioner; ~**hane** cofectioner's shop, pastry-shop

pastırma pressed meat, pastrami
pastörize pasteurized
paşa pasha *(former title of generals and governors of a province)*
patak whacking, beating; **~lamak** *v/t* give a whacking to, beat, thrash
patates *bot.* potato
patavatsız tactless
paten skate; roller skate
patent patent, license; *naut.* bill of health; *pol.* letters of naturalisation
patır|damak clatter, make the noise of footsteps; **~tı** noise; row, tumult
patik baby's shoe; **~a** footpath, track
patinaj skating, slipping, skidding
patla|k burst, torn open; puncture; **~ma** explosion; **~mak** *v/i* burst, explode; **~ngaç, ~ngıç** fire-cracker; toy torpedo; **~tmak** *v/t* blast, blow up; **~yıcı** explosive
patlıcan *bot.* aubergine, eggplant
patrik *rel.* Patriarch; **~hane** Patriarchate; **~lik** the office of a patriarch
patron head of a firm *veya* business, employer, boss
pavyon pavilion; night club
pay share; lot, portion; *math.* numerator; **~da** *math.* denominator; **~daş** participator, partner, shareholder
paydos cessation from work; break, rest
payla|mak *v/t* scold; **~şmak** *v/t* share, divide up
paytak *adj.* knock-kneed; *n.* pawn *at chess*
payton phaeton
pazar[1] Sunday
pazar[2] open market, marketplace; **~lama** marketing; **~lamacı** marketing expert; **~lamak** *v/t* market; **~laşmak** bargain (**ile** with); **~lık** bargaining; **~ etm.** bargain
pazartesi Monday
peçe veil
peçete napkin
pedagoji pedagogics
pedal pedal
peder father
pehlivan wrestler; *fig.* hero, champion
pehpeh! bravo!
pejmürde shabby, worn-out
pek hard, firm, violent; very much; **~âlâ!** very good!; all right!; **~i!** very good!; very well!
pek|işmek become firm; **~iştirmek** strengthen, stiffen, harden; **~mez** grape molasses
peksimet hard biscuit
pelerin cape, cloak
pelesenk *bot.* balm, balsam
pelikan *zo.* pelican
pelte jelly, gelatine
peltek lisping
pembe rose colour, pink; **~ dizi** soap (opera)

penaltı *futbol:* penalty kick
pencere window
pençe paw; strength, violence; sole *of a shoe;* **~lemek** *v/t* grasp, claw; **~leşmek** be at grips (**ile** with); struggle
penguen *zo.* penguin
penisilin *med.* penicillin
pens(e) *tech.* pliers, tweezers *pl.*
pepe stammering; **~lemek** stammer
perakende *ec.* retail; **~ci** retailer
perçin *tech.* rivet; **~lemek** *v/t* rivet, clench; **~li** riveted
perdah polish, gloss; **~ vurmak** *-e,* **~lamak** *v/t* polish, burnish; **~lı** polished, shining; **~sız** unpolished, dull; matt
perde curtain, screen, veil; membrane; *thea,* act; **~lemek** *v/t* screen, veil; **~li** veiled, curtained; having ... acts
perende somersault; **~ atmak** turn a somersault
pergel pair of compasses
perhiz diet; abstinence; **~ yapmak** diet
peri fairy; good genius; **~ bacası** Cappadocian cone, fairy chimney; earth pillar
perişan scattered, routed; wretched, ruined; **~ etm.** *v/t* scatter; rout; **~ olm.** be scattered, routed; **~lık** disorder, wretchedness
perma(nant) permanent wave, perm
permi pass *at the railway; ec.* permit
peron platform
persenk refrain, word continually repated in speech
personel personnel, staff
perşembe Thursday
pertavsız *phys.* magnifying glass
peruk(a) wig
pervane *zo.* moth; *tech.* propeller, screw
pervasız fearless, without restraint
pervaz cornice, fringe
pesek tartar *of the teeth*
pespaye common, vulgar
pestil pressed and dried fruit pulp; **~ini çıkarmak** *fig.* beat *so.* to a pulp, make *so.* work until totally exhausted
peş the space behind; *-in* **~inde dolaşmak (gezmek)** pursue *sth.; -in* **~inden koşmak** run after
peşin *adv.* in advance, formerly; *adj.* paid in advance, **~ para** cash, ready money; **~at** down payment
peşkir napkin
peştamal large bath towel
petek honeycomb
petrol petroleum, oil
pey money on account, deposit, earnest money; **~ vermek** pay a deposit
peydahlamak give birth to, sire

peygamber *rel.* prophet
peyk *astr. pol.* satellite
peylemek *v/t* reserve for oneself
peynir cheese
peyzaj landscape (picture)
pezevenk *vulg.* pimp, procurer
pıhtı clot, coagulated liquid; **~laşmak** clot, become coagulated
pılı pırtı belongings, bag and baggage
pınar spring, source
pırasa leek
pırıl|damak gleam, glitter; **~tı** gleam, flash
pırlanta *n.* brilliant
pırtı (worn-out) things *pl.*
pısırık faint-hearted, diffident, shy
pıtır|damak make a tapping sound; **~tı** tapping, crackling sound
piç bastard; offshoot, sucker
pide *a kind of* flat bread
pijama pyjamas *pl.*
pikap *mus.* record player; pickup, small truck
pike[1] piqué, quilting
pike[2] *av.* diving, nosedive
piknik picnic
pil *el.* battery
pilâki stew *of beans or fish with oil, oinons, etc.*
pilâv pilaf
piliç chick
pilot *av., naut.* pilot
pineklemek slumber, doze
pingpong ping-pong, table tennis
pinti stingy
pipo tobacco pipe
pir patron saint
piramit pyramid
pire flea; **~lenmek** become infested with fleas
pirinç[1] rice
pirinç[2] brass
piruhi stewed dough *with cheese or ground meat*
pirzola cutlet, chop
pis dirty; foul; obscene; **~ su** sewage; **~boğaz** greedy
pisi pussycat, kitty
piskopos *rel.* bishop
pis|lemek *-e* relieve oneself on, make a mess on; **~lenmek** become dirty; **~letmek** *-i* make dirty, soil; **~lik** dirtiness, dirt, mess
pist running track; *av.* runway
piston *tech.* piston; **~ kolu** connecting rod, piston-rod
pisuvar urinal
piş|irim(lik) amount to be cooked at one time; **~irmek** *v/t* cook, bake; learn very well; **~kin** well-cooked, well-baked; *fig.* self-assured, thick-skinned
pişman: ~ *olm.* *-e* be sorry for, regretful of; **~lık** regret; penitence
pişmek be cooked, baked; ripen, mature
piyade *mil.* foot soldier; infantry; pedestrian; pawn *at chess*

piyango lottery; ~ **çekmek** draw a lottery
piyano *mus.* piano; ~ **çalmak** play the piano
piyasa promenading; *ec.* market, market price
piyaz onions and parsley *added to a stew;* salad *of beans, onions, oil, etc.*
piyes *thea.* play.
pizza pizza
plaj beach
plâk phonograph record; **~a** number plate *of a car;* **~et** plaque
plân plan; **~lamak** *v/t* plan; **~lı** planned; **~ör** *av.* glider; **~ya** carpenter's plane
plâsman *ec.* investment
plâster adhesive tape, plaster
plâstik plastic
plâtform platform
plâtin platinum
plebisit *pol.* plebiscite
plise pleated
Plüton *astr.* Pluto
podyum podium, platform
poğaça flaky pastry
pohpohlamak *v/t* flatter
poker poker
polarmak *v/t phys.* polarize
polemik polemics
poliçe *ec.* bill of exchange; insurance policy
poligon *mil.* artillery range
poliklinik polyclinic
polis police; policeman; **~iye film** detective movie
politika politics; policy; **~cı** politician; who knows when to flatter
Polon|ez Pole, Polish; **~ya** Poland
pompa *tech.* pump; **~lamak** *v/t* pump
poplin poplin
pop (müzik) pop (music)
popo bottom, buttocks
popüler popular
porselen porcelain
porsiyon portion, plate
porsuk *zo.* badger
portakal *bot.* orange
portatif portable
Portekiz Portugal
portmanto coat-stand, coat -hanger
portre portrait
posa sediment; tartar
post skin, hide *with the fur on*
posta mail, post, postal service; passenger-train, mail train; ~ ***pulu*** postage stamp; **~cı** postman; **~hane** post office; **~lamak** post, mail
postal *mil.* combat boot
poşet pochette
pot pucker, wrinkle; ~ ***kırmak*** *fig.* drop a brick
potansiyel potential
potin boot
potur pleat, fold; pleated; baggy knickers
poyra *tech.* hub; axle end
poyraz *geo.* northeast wind
poz pose; *phot.* exposure; ~ ***vermek*** *-e phot.* expose.
pozitif positive
pörsük shrivelled up; withered

pösteki sheep *veya* goat skin; ~ **saydırmak** *-e* give tiresome but useless work to do
pratik *adj.* practical; *n.* practice; ~ **yapmak** *v/t* practise
prens prince; ~**es** princess
prensip principle
prestij prestige
prevantoryum sanatorium *for tuberculosis suspects*
prezervatif condom, rubber
prim premium
priz *el.* socket, wall plug
prizma prism
problem problem
prodüktör producer
profes|ör professor; ~**yonel** professional
program program(me)
proje project
projek|siyon projection; ~**tör** projector, searchlight, spotlight
prolet|arya proletariat; ~**er** proletarian
propaganda propaganda; ~**cı** propagator, propagandist
prospektüs prospectus
Protestan *rel.* Protestant; ~**lık** protestantism
protesto protest; ~ **etm.** *v/t* protest against
protokol protocol
prova trial, test, rehearsal; printer's proof
prüva *naut.* prow, bow
psik|analiz psychoanalysis; ~**iyatri** psychiatry; ~**oloji** pyschology
puan point, score; ~**lamak** *v/t* grade
puding *geo.* conglomerate; pudding
pudra powder; ~ **şeker** powdered sugar; ~**lamak** *v/t* powder
pul thin round disk; scale for fishing; stamp; ~**cu** vendor of stamps; stamp collector; ~**lamak** *v/t* stamp; ~**lu** bearing stamps; ~**suz** without stamps
punto size, point
pupa *naut.* stern
puro cigar
pus mist, haze; blight, mildew; ~**arık** hazy; mirage; ~**armak** become hazy
puset baby carriage
puslanmak be misty, hazy
pusu ambush; ~ ***kurmak*** lay an ambush; ~***ya yatmak*** lie in wait
pusula[1] *naut.* compass
pusula[2] short letter *veya* note
put idol; cross; ~**perest** idolator, pagan
püf puff *of wind, etc.*; ~**lemek** *v/t* blow out, puff
püre purée, mash
pürtük knob, protuberance
pürüz roughness, unevenness; ~**lü** rough, uneven; ~**süz** even, smooth
püskül tuft, tassel
püskür|mek *v/t* blow out, spray, splutter; *v/i (volkan)* erupt; ~**teç** *tech.* atomizer; ~**tmek** *v/t* spray; *mil.* repel, drive back

R

Rabbi: *Ya* ~! My God!
rabıta tie, bond, connection, conformity; **~lı** in good order, regular; **~sız** disordered, irregular
radar radar
radikal radical
radyasyon *phys.* radiation
radyatör *tech.* radiator
radyo radio, wireless; **~ *evi*** broadcasting station; **~aktif** radioactive
radyum radium
raf shelf
rafadan soft-boiled *(egg)*
rafineri refinery
rağbet demand, desire, inclination; **~li** desirous *(-e* for); in demand, sought after; **~siz** feeling no inclination
rağmen *-e* in spite of
rahat *n.* rest, ease, comfort; *adj.* at ease, comfortable; **~ *etm.*** rest, make oneself comfortable; **~sız** unquiet, uneasy; indisposed; ill; **~ *etm.*** bother, annoy, disturb; **~sızlanmak** feel unwell; **~sızlık** uneasiness; indisposition
rahibe *rel.* nun.
rahim *an.* womb
rahip *rel.* monk; priest
rahle low reading desk
rahmet mercy, compassion; *fig.* rain; **~li(k)** the deceased, the late
rakam figure, number
raket tennis racket
rakı raki, arrack
rakip rival; **~siz** unrivalled
rakkas pendulum; **~e** woman dancer
raks: ~ *etm.* dance, play
ramazan Ramazan *(the month of Moslem fasting)*; **♀ Bayramı** the Ramazan bairam
rampa 1. *naut.* boarding; **2.** ramp; loading platform
randevu appointment, rendezvous, meeting, date; **~ *evi*** secret brothel; **~cu** keeper of a secret brothel
randıman *ec.* yield, profit, output; **~lı** productive
rapor report; medical certificate; **~tör** reporter
raptiye paper clip
rasat *astr.* observation; **~hane** observatory, meteorological station
rastgele by chance, haphazardly, at random, casual
rast: ~ *gelmek* meet by chance, come across, encounter
rastla|mak *-e* meet by chance; **~ntı** chance, coincidence
raşiti|k *med.* rachitic, rickety; **~zm** rickets
raunt *spor:* round
ray rail *of the railway, etc.*
rayiç *ec.* market price, cur-

rent value
razı *-e* satisfied, contented with, agreeing to; ~ **etm.** *v/t -i* get *so.* to agree to *stg.* *veya* to do *stg.*, satisfy
realist realistic
realite reality
reçel fruit preserve, jam
reçete prescription; recipe
reçine *bot.* resin
reddetmek *v/t* reject, repel, refuse
redingot frock-coat
refah comfort, luxury, prosperity
refakat accompaniment; ~ **etm.** *-e* accompany
referandum *pol.* referendum
referans reference
refleks reflex
reform reform
rehber guide; guidebook; telephone directory; **~lik** guiding, guidance
rehin pawn, pledge, security
rehine hostage
reis head, chief, president
rejim *pol.* regime; *med.* diet
rejisör *thea.* stage-manager, director
rekabet rivalry, competition; ~ **etm.** compete (**ile** with)
reklâm advertisement; ~ **kuşağı** advertising slot
rekolte harvest, crop
rekor record; ~ **kırmak** break a record; **~tmen** record-breaker
rektör rector *of a university;* **~lük** rectorship
rencide: ~ **etm.** hurt *one's feelings*
rençper workman, farmhand
rende carpenter's plane; grater; **~lemek** *v/t* plane, grate
rengârenk multicoloured
ren geyiği *zo.* reindeer
renk colour; **~li** coloured; ~ **televizyon** colour television; **~siz** colourless, pale
repertuvar *thea.* repertoire, program(me)
resepsiyon reception
resif *geo.* reef
resim design, drawing, picture; photograph; illustration; ceremony; tax, toll; ~ **çekmek** take a photo; **~li** illustrated
resital *mus.* recital
resmî official, formal; ~ **elbise** evening dress; uniform; ~ **gazete** official gazette
ressam designer, artist; **~lık** the art of painting
rest: ~ **çekmek** give an ultimatum
restoran restaurant
reşit *jur.* adult
ret refusal, rejecting; repudiation
revaç *ec.* being in demand, being current
revani *a kind of sweet made with semolina*
reverans bow, courtesy
revir infirmary
rey opinion; vote; ~ **vermek**

-*e* vote for
rezalet vileness, baseness, scandal, disgrace
rezervasyon reservation
rezil vile, base
rıhtım *naut.* quay, wharf
rıza consent, approval; ~ **göstermek** -*e* consent to, resign oneself to
riayet observance; respect, consideration; ~ **etm.** -*e* obey, treat with respect, pay attention to; ~**sizlik** disrespect, disobedience
rica request; ~ **etm.** *v/t* request (-*den* from *so.*)
ringa *zo.* herring
risk risk
ritm *mus.* rhythm
rivayet rumour
riya hyhocrisy; ~**kâr** hypocritical
riziko risk
robot robot
roket rocket; ~**atar** bazooka
rol role, part
roman novel; ~**cı** novelist; ~**tik** romantic
Romanya R(o)umania
romatizma *med.* rheumatism
Romen Roman; ~ **rakamları** *pl. math.* Roman numbers
rop robe, dress
rosto roasted; roast meat
rota *naut.* ship's course
rozbif roast beef
rozet rosette
römork trailer; ~**ör** tractor; *naut.* tugboat
Rönesans Renaissance
röntgen x-ray
röportaj report *of a newspaperman*
rötar delay
rötuş *phot.* retouching
rövanş *spor:* revenge, return match
rugan patent leather
ruh soul, spirit; essence; energy; ~ **bilim** psychology; ~ **doktoru** psychiatrist; ~ **hastası** mental patient
ruhban *rel.* clergy
ruh|î psychic; ~**lu** animated, lively; ~**sal** psychological
ruhsat permission; permit; ~**name** permit, licence
ruhsuz inanimate, lifeless
ruj lipstick
rulet roulette
rulo roll
Rum Greek *living in Moslem countries;* ~**ca** Modern Greek *(language);* ~**en** Rumanian; ~**î** *adj. (Turkish modification of the Julian calendar)*
Rus Russian; ~**ça** Russian *(language);* ~**ya** Russia
rutubet dampness, humidity; ~**li** damp
rüküş a comically dressed (woman)
rüşvet bribe; ~ **almak,** ~ **yemek** accept bribes
rütbe degree, grade; rank
rüya dream; ~ **görmek** *v/i* dream; ~**sında görmek** -*i* see in a dream
rüzgâr wind; ~**lı** windy

S

saadet happiness
saat hour; time; watch, clock; ~ ***kaç?*** what is the time?, what time is it?; ~ ***beştir*** it is five o'clock; **~çi** watchmaker, watch repairer; **~li bomba** time bomb
sabah morning; **~lamak** sit up all night; **~ları** every morning; **~leyin** in the morning, early; **~lık** morning dress, dressing gown
saban plough
sabık former, previous, preceding
sabıka *jur.* previous conviction; **~lı** previously convicted
sabır patience; **~lı** patient; **~sız** impatient; **~sızlık** impatience
sabit fixed, stationary, firm; ~ **fikir** fixed idea
sabotaj sabotage
sabretmek be patient, show patience
sabun soap; **~cu** soap-maker, soap-seller; **~lamak** *v/t* soap; **~luk** soap dish
saç[1] sheet-iron, iron plate; *adj.* made of sheet iron
saç[2] hair
saçak eaves of a house; fringe; ~ **bulut** fleecy cloud, cirrus; **~lı** having eaves; fringed
saç|kıran *med.* alopecia; **~lı** having hair, hairy
saçma scattering; small shot; *adj.* nonsensical; **~k** *v/t* scatter, sprinkle; **~lamak** talk nonsense, say incongruous things
sadaka alms, charity
sadakat fidelity, devotion; **~lı** faithful, devoted (*-e* to)
sade mere, simple; unmixed, pure; plain; **~ce** *adv.* merely, simply; **~leştirmek** *v/t* simplify; **~lik** ingenuousness, simplicity, plainness
sadeyağ margarine
sadık faithful, honest (*-e* to)
sadme collision; shock
sadrazam grand vizier
saf[1] row, line, rank
saf[2] pure; innocent, artless
safa enjoyment, pleasure; peace, ease
safdil simple-hearted, naive
safha phase
safi clear; pure; mere; net
saflaştırmak *v/t* purify
safra[1] *naut.* ballast
safra[2] *an.* bile, gall
safran *bot.* saffron
safsata false reasoning, sophistry
sağ 1. alive, living; **2.** right, right side; ~ ***salim*** safe and sound, **~a *dönmek*** turn to the right
sağanak rainstorm, downpour, shower
sağcı *pol.* rightist, rightwing

sympathizer
sağduyu common sense
sağgörü foresight
sağır deaf; giving out a dull sound; **~lık** deafness
sağ|lam strong, sound, whole; honest, reliable, trustworthy; **~lamak** *v/t* provide, obtain; *math.* prove; **~lamlaştırmak** *v/t* put right, make sound *veya* firm
sağlık life; health; **~ *sigortası*** health insurance; **~lı** healthy
sağmak *v/t* milk; take honey from
sağmal giving milk, milch; **~ inek** milch cow
sağrı rump *of an animal*
saha space, field, area
sahaf dealer in secondhand books
sahan copper pan; **~lık** landing *on a staircase*, platform
sahi really, truly; **~ *mi?*** is that really so?
sahibe female owner
sahici real, genuine
sahil shore, coast, bank
sahip owner, possessor; **~ *olm.*** *-e* possess, own; **~siz** ownerless, abandoned
sahne *thea.* stage
sahra open place; desert
sahte false, counterfeit; **~kâr** forger, faker; **~kârlık** forgery, counterfeiting
sahur *rel.* meal before dawn *during Ramazan*
saka *zo.* goldfinch
sakal beard; whiskers; **~*ı koyvermek*** (*veya* ***uzatmak, salıvermek***) let the beard grow; **~lı** bearded; **~sız** having no beard
sakar[1] white blaze *on a horse's forehead*
sakar[2] ill-omened, unlucky, clumsy
sakarin saccharine
sakat defected; disabled, invalid; **~lamak** *v/t* injure, mutilate; **~lık** infirmity; defect
sakın beware!, don't!; **~ca** objection; danger; **~calı** undesirable; **~gan** timid; cautious; **~mak** *-den* avoid, guard oneself from, beware of; be cautious
sakız mastic, chewing gum
sakin *adj.* calm, quiet; *n.* inhabitant; **~leşmek** get quiet, calm down
sak|lamak *v/t* hide; keep secret; keep, store; **~lambaç** hide-and-seek; **~lanmak** hide oneself; be kept; be concealed
saklı hidden; secret; preserved, protected
saksağan *zo.* magpie
saksı flowerpot
sal *naut.* raft
salak silly, doltish
salam salami
salamura brine for pickling
salapurya *naut.* small lighter

salata salad; lettuce; **~lık** cucumber
salça sauce; tomato sauce
saldır|gan aggressor, aggressive; **~ı** attack, assault; **~mak** *-e* attack, make an attack on; **~mazlık** *pol.* nonaggression
salep *bot.* salep; hot drink made of salep
salgı secretion
salgın 1. *adj.* contagious, epidemic; *n.* contagion; **2.** invasion
salı Tuesday
salıncak swing; *a kind of* hammock; **~lı koltuk** rocking chair
salınmak sway from side to side; be thrown (*-e* at, into); *tech.* be turned on
salıvermek *v/t* let go, set free, release
salim sound, healthy
salkım hanging bunch, cluster; **~ saçak** hanging down in rags
salla|mak *v/t* swing, shake, wave; **~nmak** swing about; *fig.* totter, loiter about
salmak *v/t* set free, release; send forth; *-e* attack
salon guest-room, dining -room, hall
salt *adj.* mere, simple; *adv.* merely, solely
salta standing on the hind legs *(dog, etc.)*
saltanat sovereignty, rule; *fig.* pomp, magnificence
saltçılık absolutism, autocracy
salya *an.* saliva
salyangoz *zo.* snail
saman straw; **~ kâğıdı** tracing paper; **~ nezlesi** *med.* hay fever; **~lık** barn, granary, hayloft; **Ձ yolu** *astr.* the Milky Way
samim|î sincere, cordial; **~iyet** sincerity
samur *zo.* sable
sam yeli poisonous wind, simoom, samiel
san reputation, esteem
sana to you, you
sanat art; trade, craft; skill, ability; **~ eseri** work of art; **~ okulu** trade school; **~çı, ~kâr** artisan; artist; actor; **~sever** art lover
sanatoryum sanatorium
sanayi *pl.* industries, **~ci** industrialist; **~leştirmek** *v/t* industrialize
sancak flag, standard; *naut.* starboard
sancı stomach ache, gripes, stitch; labour pain; **~lanmak** have a stomach ache; have labour pains; **~mak** ache
sandal[1] sandalwood
sandal[2] sandal *(shoe)*
sandal[3] *naut.* rowing boat; **~cı** boatman
sandalye chair; *fig.* office, post
sandık chest, coffer, box
sandviç sandwich

sanı supposition, idea, imagination; **~k** suspect; accused
saniye second; moment
sanki supposing that; ~ *-mış gibi* as if, as though
sanmak *v/t* think, suppose
sanrı hallucination
sansar *zo.* pine marten; polecat
sansür censorship
santi|gram centigram(me); **~m(etre)** centimetre
santral telephone exchange; power station
santr|for *spor:* centre forward; **~haf** *spor:* centre half
sap stem, stalk; handle
sapa *adj.* off the road, out of the way
sapak **1.** *adj.* unnatural, abnormal; **2.** *n.* turning, turn
sapan sling, catapult
sapık abnormal, perverted; crazy
sapıtmak *v/i* go crazy; talk nonsense
sap|lamak *v/t* thrust, pierce (*-e* into); **~lantı** fixed idea; **~lı** having a handle *veya* stem
sapmak *-e* deviate, turn to; go astray
sapsarı bright yellow; very pale
sapta|mak *v/t* fix, establish; **~nmak** be fixed
saptırmak *v/t* make deviate, turn (*-e* to)
sara *med.* epilepsy, epileptic fit
saraç saddler, leather worker
sararmak turn yellow *veya* pale
saray palace, mansion; government house
sardalye *zo.* sardine
sarf expenditure, us e; ~ **etm.** *v/t* spend, expend; **~ınazar etm.** *-den* disregard, relinquish; **~iyat** *pl.* expenses
sargı bandage; **~lı** bandaged
sarhoş drunk, blotto; *-den* drunk with; ~ **olm.** get drunk; **~luk** drunkenness
sarı yellow; pale; **~çalı** *bot.* barberry
sarı|k turban; **~lı** wound; surrounded; **~lmak** *-e* be wound *veya* wrapped in; throw oneself upon; clasp, embrace
sarılık yellowness; *med.* jaundice
sarım bandage; *el., phys.* turn of winding
sarımsak *bot.* garlic
sarı|sabır *bot.* aloe; **~şın** blond
sark|aç pendulum; **~ık** flabby, pendulous, hanging; **~ıntılık etm.** molest; **~ıt** stalactite; **~mak** *-den* hang down from, lean out of; *-e* come down on, attack
sarmak *v/t* wind; surround; wrap (*-e* into); *-e* climb *(vine)*
sarman huge; yellow cat

sarmaş|ık *bot.* ivy; **~mak** embrace one another
sarnıç cistern, tank
sarp steep; inaccessible; **~laşmak** become steep
sarraf money-changer
sars|ak palsied, shaky, quavery, **~ıntı** shock; concussion; **~mak** *v/t* shock, shake; agitate, upset
sataşmak *-e* annoy, seek a quarrel with, tease
sathî *bak.* ***yüzeysel***
satıcı salesman, seller
sat|ılık on sale, for sale; **~ılmak** *-e* be sold to; **~ım** sale; **~ın almak** *v/t* buy, purschase
satır[1] line *of writing;* **~ başı** paragraph (indentation)
satır[2] large knife
sat|ış selling, sale; **~mak** *v/t* sell (*-e* to)
satranç chess
Satürn *astr.* Saturn
sauna sauna
sav assertion; thesis
savana savanna
savaş struggle, fight; war; **~ açmak** go to war (*-e* against), start a war; **~çı** combatant; **~kan** warlike, brave; **~mak** struggle, fight (***ile*** with)
savcı public prosecutor, attorney general; **~lık** office of the prosecutor
savmak *v/t* drive away, dismiss; get over *an illness;* get rid of
savruk careless, untidy
savsak negligent, dilatory; **~lamak** *v/t* put off with pretexts, neglect
savsamak *v/t* neglect
savunma defence; ***Millî*** **&** ***Bakanlığı*** Ministry of National Defence; **~k** *v/t* defend
savurgan wasteful, extravagant; **~lık** extravagance
savurmak *v/t* toss about; blow violently; waste, squander
savuş|mak pass, cease; slip away; **~turmak** *v/t* escape, avoid
saya upper part *of a shoe*
sayaç *tech.* meter, counter
saydam transparent
saye; ***bu*** **~*de*** by this, hereby; **~sinde** thanks to
sayfa page; ***~yı çevirmek*** turn over the leaf
sayfiye summer house, villa
saygı respect, esteem; consideration; **~değer** venerable; **~larımla** yours faithfully; **~lı** respectful, considerate
saygın esteemed, respected; **~lık** esteem, credit, respect, dignity
saygısız disrespectful; **~lık** disrespect
sayı number
sayıklamak talk in one's sleep *veya* delirium
sayı|lama statistics; counting; **~lı** counted, limited; numbered; best; **~lmak** be

counted, numbered, esteemed; **~m** census; **~n** esteemed; dear *(in a letter)*; **~sal** numerical; **~sal loto** lotto; **~sız** innumerable

sayış|mak settle accounts (*ile* with); **&tay** *pol.* the Exchequer and Audit Department

say|lav *pol.* deputy, member of parliament; **~mak** *v/t* count, number; count as, respect, esteem; suppose; **~man** accountant

sayrı ill, sick, ailing; **~lık** sickness, disease

saz[1] *mus.* musical instrument; Oriental music

saz[2] *bot.* rush, reed; **~lık** place covered with rushes

seans session, sitting

sebat stability; perseverance; **~kâr, ~lı** enduring, persevering; **~sız** unstable, fickle

sebebiyet: ~ vermek *-e* cause, occasion

sebep cause, reason; source; **~ olm.** *-e* cause; **~siz** without any reason *veya* cause

sebil public fountain

sebze vegetable

seccade prayer rug

seçenek alternative, choice

seçici selector

seçilmek be picked, chosen

seçim election, polls; **~ bölgesi** (*veya* **çevresi**) election district; **~ sandığı** ballot box

seçkin choice, distinguished, privileged, select

seçme choice, selection; **~k** choose, select; elect; **~li** optional, voluntary; **~li ders** selective course; **~n** elector

seda sound; echo

sedef mother-of-pearl

sedir[1] *a kind of* divan

sedir[2] *bot.* cedar

sedye stretcher

sefahat dissipation

sefalet poverty, misery

sefaret *pol.* ambassadorship; embassy, legation; **~hane** embassy, legation *(building)*

sefer 1. voyage, journey; **2.** time, occurence; **~ tası** food box *with several dishes fastened together;* **~ber** mobilized for war; **~berlik** mobilization

sefil poor, miserable, destitute

sefir *pol.* ambassador

seğir|mek tremble, twitch nervously; **~tmek** *-e* run, hasten to

seher time before dawn, daybreak

sehpa tripod; three-legged stool; gallows

sehven *adv.* inadvertently

Sekendiz *astr.* Saturn

sekiz eight; **~gen** octagon

sekmek hop; ricochet

sekreter secretary

seks sex

seksen eighty

seksü|alite sexuality; **~el** sexual
sekte pause, interval
sektirmek *v/t* cause to rebound, ricochet
sektör sector
sel torrent, inundation, flood
selâm greeting, salutation, salute; **~ *söylemek*** *-e* give one's regards to; **~ *vermek*** *-e* greet, salute
selâmet safety, security, soundness
selâmla|ma salutation, welcome; **~mak** *v/t* salute, greet; **~şmak** exchange greetings (***ile*** with)
selâmlık the part of a Moslem house reserved for men
selef predecessor, ancestor
selektör *mot.* dimmer
self-servis self-service
selim safe, sound
selüloit celluloid
selüloz cellulose
semaver samovar
sembol symbol; **~ik** symbolic
semer packsaddle
semere fruit, profit, result
seminer seminar
semir|mek *v/i* grow fat; **~tmek** *v/t* fatten
semiz fat, fleshy; **~lik** fatness; **~otu** *bot.* purslane
sempati sympathy; **~k** sympathetic, likable
sempozyum symposium
semt region, quarter, neighbourhood
sen you
senaryo *thea.* scenario, screenplay
senat|o senate; **~ör** senator
sendelemek *v/t* totter, stagger
sendika trade union; **~cılık** trade unionism
sene year; **~lik** lasting ... years; yearly
senet written proof, document, title deed; **~li** based on written proof, certified
senfoni *mus.* symphony
seni you; **~n** your, of you
senli: **~ *benli*** familiar, intimate
sentetik *chem.* synthetic
sepet basket; wickerwork; **~çi** maker *veya* seller of baskets; **~lemek** *v/t* put in a basket; *sl.* get rid of, dismiss, fire
sepi|ci tanner; **~lemek** *v/t* tan, prepare
sera greenhouse
seramik ceramics
serap mirage
serbest free, independent; **~ *bölge*** free zone; **~çe** *adv.* freely; **~lik** liberty, freedom
serçe *zo.* sparrow; **~ parmak** little finger
seren *naut.* yard
sergi exhibition, show; display; **~lemek** *v/t* exhibit, display
seri[1] *n.* series
seri[2] *adj.* quick, swift
serilmek *-e* be spread out on; fall, drop on

serin cool; **~kanlı** cool -headed; **~lemek** get cool; **~leşmek** become cool; **~letmek** *v/t* cool, refresh; **~lik** coolness
serkeş unruly, rebellious
sermaye *ec.* capital, stock; **~dar** capitalist
sermek *v/t* spread (*-e* on, over)
serpelemek *v/i* drizzle
serp|ilmek fall as if sprinkled; grow; **~inti** drizzle, spray; repercussion; **~iştirmek** sprinkle, scatter; *(yağmur)* drizzle, spit; **~mek** *v/t* sprinkle, scatter (*-e* on)
sersem stunned, bewildered; foolish, silly; **~lemek, ~leşmek** become dazed; **~letmek** *v/t* stun, stupefy; **~lik** stupefaction, confusion
serseri vagabond, tramp, vagrant; loose
sert hard; harsh, severe, violent; **~leşmek** become hard, severe; **~lik** hardness, harshness; violence
serüven adventure
servet wealth
servi *bot.* cypress
servis service
ses sound, noise, voice, cry; **~ *çıkarmak*** speak; **~ *vermek*** give out a sound; **~lemek** *v/t* hearken, listen to; **~lenmek** *-e* call out to; answer a call
sesli voiced; **~ *(harf)*** *gr.* vowel
sessiz quiet, silent; **~ *(harf)*** *gr.* consonant
set barrier, dam, bank
sevap good deed, good works
sevda love, passion; intense longing; **~lı** madly in love
sevecen compassionate, kind
sevgi love, affection, compassion; **~li** beloved, dear, darling, sweetheart
sev|ici lesbian; **~ilmek** be loved, lovable
sevim|li lovable, sympathetic; **~siz** unlovable
sevinç joy, delight; **~li** joyful
sevin|dirmek *v/t* please, make happy; cheer, comfort; **~mek** *-e* be pleased with
sevişmek love one another; make love
seviye level, rank, degree
sevk driving; dispatch; sending, shipping; **~ *etm.*** *v/t* drive; send
sevmek *v/t* love, like; fondle
seyahat journey, travelling, trip; **~ *çeki*** traveler's cheque; **~ *etm.*** *v/i* travel
seyir movement, voyage; progress, course; spectacle, show, looking on; **~ci** spectator, onlooker
seyis stableman, groom
seyrek rare, seldom; sparse
seyretmek *v/t* see, look on, watch; *v/i* move, go along
seyyar mobile, portable; **~ satıcı** pedlar

sez|gi perception; intuition; **~mek** *v/t* perceive, feel; discern
sezon season
sıcak hot, warm; heat; **~kanlı** *fig.* lovable, friendly; **~lık** heat
sıçan *zo.* rat; mouse; **~otu** *chem.* arsenic
sıçra|mak spring, jump (*-e* on); **~tmak** *v/t* make jump, spring (*-e* on)
sıfat quality, attribute; *gr.* adjective
sıfır zero, naught, nil
sığ shallow
sığdırmak *v/t* fit in, cram in
sığın|ak shelter; **~mak** *-e* take refuge *veya* shelter in; **~tı** dependent
sığır ox, cow; buffalo; **~ eti** beef; **~tmaç** herdsman, drover
sığ|ışmak squeeze in, fit into a confined place; **~mak** *-e* go into, be contained by
sıhhat health; truth, correctness; **~li** healthy, sound
sıhhî hygienic
sık close together, dense, thick; frequent; **~ ~** frequently, often; **~ı** tight; strict, severe; pressing necessity; **~ıcı** tiresome, boring
sıkıl|gan bashful, shy; **~mak** be bored; be ashamed (*-e* to *inf.*); be pressed (*-e* into); **canı ~** be bored
sıkıntı annoyance, trouble, boredom; lack
sıkış|ık pressed together; crowded, jammed; **~mak** be pressed together; be hard up *for money;* **~tırmak** *v/t* press, squeeze (*-e* into); force, oppress
sıkıyönetim martial law
sıklaşmak be frequent; close together
sıklet heaviness, weight
sıklık density; frequency
sıkma squeezing; **~k** *v/t* press, squeeze; tighten
sımsıkı very tight, narrow
sınaî industrial
sınamak *v/t* try, test
sınav examination; **~a girmek** take an examination
sındırmak *v/t* defeat, rout
sınıf class; sort, category; classroom; **~landırmak** *v/t* classify; **~ta kalmak** fail in one's class
sınır frontier; **~lamak** *v/t* limit; determine; **~lı** limited, definite; determined
sıpa colt, foal
sır[1] glaze; silvering
sır[2] secret, mystery
sıra row, file, rank; order; series; turn; *-diği* **~da** *conj.* while; as; **~sı gelmek** *-e* have *one's* turn; **~sına göre** according to circumstances; **~ ~** in rows; **~ca** *med.* scrofula; **~dağ(lar)** mountain range, chain of mountains; **~lamak** *v/t* arrange in a row, set up in order; **~lanmak** stand in line; **~lı**

in a row, in due order; **-sız** out of order, improper
sırça glass
sırdaş confidant
sırf *adv.* pure; mere; sheer, only
sırık pole, stick; **-la atlama** pole vault
sırılsıklam soaking wet
sırıt|kan given to grinning; **-mak** *v/i* grin; *fig.* show up
sırma silver thread
sırnaşık worrying, importunate
sırnaşmak importune
sırt back; ridge; **~ çevirmek** *fig.* turn one's back on *so.*; **-lamak** *v/t* take on one's back
sırtlan *zo.* hyena
sırtüstü *spor:* back crowl
sıska puny, thin and weak
sıtma *med.* malaria; **-lı** malarial
sıva plaster
sıvalı[1] plastered, stuccoed
sıvalı[2] with sleeves rolled up
sıvamak[1] plaster (*-e -i sth.* with)
sıvamak[2] *v/t* tuck up, roll up
sıvazlamak *v/t* stroke, caress, pet
sıvı *adj,* liquid; **-laştırmak** liquefy
sıvışmak slip away, sneak off, disappear
sıyırmak *v/t* tear *veya* peel off, strip off, skim off
sıyrı|k abrasion; graze, scrape; **-lmak** be scraped, barked; slip off, squeak through
sızdırmak *v/t* cause to ooze out, squeeze; leak
sızı ache, pain; **-ltı** complaint, lament
sızıntı oozings, leakage
sızla|mak hurt, ache, suffer sharp pain; **-nmak** moan, lament
sızmak ooze, leak
sicil register; **-li** registered; previously convicted
sicim string, cord
sidik *an.* urine; **~ torbası** *an.* bladder
siftah first sale of the day
sigara cigarette; **~ içmek** *v/t* smoke; **-lık** cigarette holder
sigorta insurance; *el.* fuse; **~ etm.** *v/t* insure; **-lı** insured
sihir magic, sorcery; charm; **-baz** magician, sorcerer; **-li** bewitched
sikke coin
silâh weapon, arm; **~ *başına!*** to arms!; **-landırmak** *v/t* arm; **-lanmak** arm oneself; **-lı** armed; **~ *kuvvetler*** armed forces; **-sız** unarmed; **-sızlanma** *pol.* disarmament
sil|ecek large bath-towel; windshield wiper; **-gi** duster; sponge, eraser; **-ik** rubbed out, worn
silindir cylinder; roller; **~ şapka** top hat
silinmek be scraped; rub oneself
silk|elemek *v/t* shake off; **-inmek** shake oneself; **-inti**

shaking, trembling; **~mek** *v/t* shake, shake off
sille box on the ear, slap
silmek *v/t* wipe; scrub, rub down, erase; ***burnunu*** ~ blow the nose
silo silo
silsile chain, line; dynasty
sima face, features
simetri symmetry
simge symbol; **~lemek** symbolize; **~sel** symbolical
simit crisp bread ring; *naut.* life buoy
simsar *ec.* broker; commission agent
simsiyah jet black
sincap *zo.* squirrel
sindir|im digestion; ~ ***sistemi*** digestive system; **~mek** *v/t* digest
sine bosom, breast
sinek *zo.* fly; **~lik** fly whisk
sinema cinema; **~sever** movie fan; **~skop** cinemascope
sinir *an.* sinew, nerve; **~lendirmek** *v/t* irritate; **~lenmek** *-e* become irritated at; **~li** on edge, nervous; **~sel** neural
sinmek *-e* crouch down into, be hidden in; penetrate; *fig.* be cowed, humiliated
sinsi insidious, stealthy
sinüs *math.* sine
sinyal signal; *oto:* blinker
sipariş *ec.* order; ~ **almak** take orders; ~ **etm.** *v/t* order, place an order
siper shield, shelter; peak *of a cap*
sirayet contagion, infection
sirk circus
sirke[1] vinegar
sirke[2] nit
sirküler circular
siroz *med.* cirrhosis
sis fog, mist; ~ **lâmbası** fog light; **~lenmek** become damp, foggy; **~li** foggy, misty
sistem system
site apartment development, complex
sitem reproach
sivil civilian
sivilce pimple
sivri sharp, pointed; **~lik** sharp-pointedness; **~lmek** *fig.* stand out, make rapid progress in one's career; **~ltmek** *v/t* make pointed at the end; **~sinek** *zo.* mosquito
siyah black; **~lanmak** become black
siyas|al political; **~et** politics, policy; **~etçi** politician; **~î** political
siyoni|st Zionist; **~zm** Zionism
siz you
-siz, -sız, -suz, -süz without; ... -less
sizin your; of you
-sizin, -sızın without, before
skandal scandal
skeç *thea.* sketch
slâyt slide
slip briefs

smokin dinner jacket
snop snob
soba stove; **~cı** maker *veya* installer of stoves
soda soda; **~ *(suyu)*** soda water
sofa hall, anteroom
sofra dining-table; meal; **~ *örtüsü*** tablecloth; ***~yı kaldırmak*** clear away; ***~yı kurmak*** lay the table
softa *rel.* theological student; fanatic, bigot
sofu religious, devout
soğan *bot.* onion
soğuk cold; frigid; **~ almak** catch a cold; **~kanlı** calm, cool-headed; **~luk** coldness; cold sweat, fruit
soğumak get cold
soğutma|ç *tech.* cooling system; **~k** *v/t* cool, render cold
soğutucu fridge, refrigerator
sohbet chat, conversation, talk; **~ *etm.*** have a chat
sokak road, street
sokmak *v/t* drive in, insert; sting, bite; let in
sokul|gan sociable, quick to make friends; **~mak** *-e* push oneself into; slip into
sokuşturmak *v/t* push, slip (*-e* into)
sol left, left-hand side; **~ak** left-handed; **~cu** *pol.* leftist
sol|gun faded; withered; **~ist** soloist; **~mak** fade, wither
solucan *zo.* worm; ***bağırsak ~ı*** tapeworm; ***yer ~ı*** earthworm
soluk[1] faded, withered, pale
soluk[2] breath; **~ *soluğa*** out of breath
solu|mak *-den* snort, pant; **~ngaç** *zo.* gill; **~num** respiration
som[1] solid, massive
som[2] *zo.* salmon
somun round loaf; *tech.* nut
somurt|kan sulky; **~mak** frown, sulk
somut concrete
somya spring mattress
son end, result; last, final; afterbirth; **~ *bulmak*** come to an end; **~ *derece*** the uttermost; extremely; **~ *ek*** *gr.* suffix; **~ *vermek*** put an end (*-e* to); **~bahar** autumn, fall
sonda *tech.* bore; *med.* catheter; **~j** *tech.* test bore; *fig.* sounding, exploration; **~lamak** *v/t* bore, sound
sonra afterwards, in future; *-den* after; **~dan** later, recently; **~ *görme*** parvenu; **~ki** subsequent, following; **~ları** *adv.* later; **~sız** eternal, without end
sonsuz endless, eternal; ***~a dek*** eternally, for ever; **~luk** eternity
sonuç end, result; **~la(ndır)mak** *v/t* conclude; cause; **~lanmak** result (***ile*** in)
sonuncu final

sop clan
sopa thick stick; *fig.* beating; ~ **atmak** *-e* give a beating to; ~ **yemek** get a beating
sorgu interrogation; **~ya çekmek** *v/t* cross-examine, interrogate
sorguç plume; crest
sormak ask (*-e -i so.* about *sth.*); *-i* inquire about
soru question; interrogation; ~ **işareti** question mark
sorum responsibility; **~lu** responsible
soru|n problem, question, matter, **~şturma** investigation; **~şturmak** *v/t* inquire about, investigate
sos sauce
sosis sausage
sosyal social; ~ ***konut*** council house; ~ ***sigorta*** social insurance; **~ist** socialist; **~izm** socialism
sosyoloji sociology
soy family, lineage; ~ ***kırımı*** genocide; **~a çekim** heredity; **~adı** family name, surname; **~daş** of the same race
soygun pillage; robbery; **~cu** robber
soylu of good family, noble
soymak *v/t* peel; strip, undress; rob, sack
soysuz degenerate; good-for-nothing
soytarı clown, buffoon
soy|ulmak be stripped; be peeled; **~unmak** undress oneself; **~ut** abstract, incorporeal
söğüt *bot.* willow
sök|mek *v/t* tear down, rip open; dismantle; *bitki:* uproot; *fig.* surmount; **~türmek** *v/t* cause to tear down *veya* rip open; read with difficulty; **~ük** unstitched, ripped
sömestr semester, halfyear
sömür|ge colony; **~mek** *v/t* devour; *fig.* exploit; **~ü** exploitation
sön|dürmek *v/t* extinguish; disconnect; blow out, switch off; **~mek** *ateş:* go out; be deflated; **~ük** extinguished; deflated
söv|gü curse; **~mek** *-e* curse, swear at; **~üşmek** swear at one another
söylemek *v/t* say, explain (*-e* to)
söylen|iş pronunciation; **~mek** be spoken *veya* said; grumble; **~ti** rumour
söyleşi talk
söyle|tmek *-e -i* make *so.* say *sth.*; **~v** speech, discourse
söz word, speech; rumour; ~ ***atmak*** *-e* make improper remarks to; ~ ***gelişi*** *adv.* for instance, supposing that; ~ ***konusu*** in question; **~cü** speaker, spokesman; **~cük** word
sözleşme agreement, contract; **~k** make an appointment, agree (***ile*** with)

sözlü agreed together; verbal, oral; ~ ***sınav*** oral examination
sözlük dictionary, vocabulary
spekülâsyon speculation
spiker speaker, announcer
spor sports, games; ~ ***alanı*** sports field, athletic ground; ~ ***toto*** the football pools; **~cu, ~tmen** sportsman, athlete
sprey spray
stadyum *spor:* stadium
staj apprenticeship, training; **~yer** apprentice
steno shorthand, stenography
sterlin Sterling
stilo fountain-pen
stok stock
stratejik *mil.* strategics
striptiz striptease
stüdyo studio
su water, fluid; sap, juice; broth; stream; ~ ***almak*** leak, make water; ~ ***altı*** underwater; ***~ya düşmek*** fail, come to nought; ~ ***bendi*** water reservoir; ~ ***yolu*** **1.** watermark *in a paper;* **2.** water conduit
sual question, inquiry
suare evening show, soirée
subay *mil.* officer
sucu water seller
sucuk **1.** sausage *(esp. in the Turkish way);* **2.** sweetmeat *made of grape juice, nuts, etc.*
suç fault; guilt; crime; ~ ***işlemek*** commit an offence; **~lamak** *v/t* accuse (***ile*** of); **~landırmak** *v/t* find guilty; **~lanmak** be accused (***ile*** of); **~lu** criminal, offender; guilty; **~suz** innocent; **~üstü** *adv. jur.* red-handed
sugeçirmez waterproof
sui|istimal misuse, abuse; **~kast** criminal attempt, conspiracy
sula|k watery; marshy; water trough; **~ma** irrigation; **~mak** *v/t* water, irrigate; **~ndırmak** *v/t* mix with water, dilute
sulh peace, reconciliation; **~çu** peace-loving
sultan **1.** ruler, sovereign, sultan; **2.** daughter of a sultan, princess
sulu watery, moist, juicy; *fig.* importunate; ~ **boya** watercolour ~ **gözlü** crybaby
sumen writing-pad
sunî artificial, false
sun|mak *v/t* offer, present (*-e* to); **~u** *ec.* supply, offer; **~ulmak** *-e* be presented to
supap *tech.* valve
sur city wall, rampart
surat face; mien; ~ **asmak** pull a long face; **~sız** *fig.* sour-faced
sure *rel.* sura, chapter *of the Koran*
suret form, shape; manner; copy; *-in* ***~ini çıkarmak*** make a copy of; **bu ~le** in this way
Suriye Syria; **~li** *n., adj.* Syrian

susam *bot.* sesame
susa|mak be thirsty; *-e* thirst for; **~mış** thirsty
sus|mak be silent, cease speaking; **~malık** hush-money; **~turmak** *v/t* silence, hush
susuz waterless, arid; **~luk** lack of water
sutyen brassière
su|varmak *v/t* water *an animal*
-suz *bak* **-siz**
sübye sweet drink *made with pounded almonds, etc.*
sükse show, ostentation
sükûnet quiet, calm
sükût silence
sülâle family, line
sülük *zo.* leech; *bot.* tendril
sülün *zo.* pheasant
sümbül *bot.* hyacinth
sümkürmek blow one's nose
sümük *an.* mucus; **~lü** slimy, snivelling; **~lü böcek** *zo.* slug
sünger sponge; **~ avcılığı** sponge fishing
süngü bayonet
sünnet *rel.* **1.** the habits of the Prophet Muhammed; **2.** circumcision; **~ *olm.*** be circumcised; **~çi** circumciser; **~li** circumcised
sünnî *rel.* Sunnite
süper super; **~ benzin** highest quality petrol; **~market** supermarket
süprüntü sweepings, rubbish
süpür|ge broom, brush; **~mek** *v/t* sweep, brush
sür'at speed, velocity; **~li** quick, speedy
sürç slip, mistake; **~mek** stumble
süre period; respite, extension; **~ce** *conj.* as long as, while; **~ç** process
sürek duration; **~li** continuous, lasting, prolonged; **~ *olarak*** uninterruptedly; **~siz** transitory
süreli periodic(al)
Süreyya *astr.* The Pleiades *pl.*
sürfe *zo.* caterpillar, maggot
sürgü harrow; bolt; trowel; **~lemek** *v/t* harrow; bolt
sürgün 1. *pol.* exile, banishment; exiled person; **2.** *bot.* shoot, sucker; **3.** *med.* diarrhoea
sürme 1. kohl, collyrium *for painting the eyelids;* **2.** bolt
sürmek *v/t* drive; banish *(-e* to*)*; rub (*-e* on); *v/i* continue; pass
sürme|lemek *v/t* bolt; **~li** having a bot, bolted
sürmenaj nervous breakdown
sürpriz surprise
sürşarj surcharge
sürt|mek *v/t* rub (*-e* against),; *v/i* loiter, wander about; **~ük** gadabout *(wom- an)*, tramp; **~ünme** *tech.* friction
sürü herd, flock, drove; **~cü** drover; driver
sürüklemek *v/t* drag; involve (*-e* in)
sürülmek be rubbed; *-e* be

driven to
sürüm *ec.* sale, demand; **~lü** in great demand
sürünceme negligence, abey- ance
sürün|gen *zo.* reptile; **~mek** *v/t* rub in *veya* on; *v/i* drag oneself along the ground; live in misery
süs ornament, decoration; **~lemek** *v/t* adorn, embellish; **~lenmek** adorn oneself; **~lü** ornamented, decorated, carefully dressed
süt milk; **~ *gibi*** white and clean; **~ana, ~anne** wet nurse, foster mother; **~çü** milkman
sütlâç rice pudding
süt|leğen *bot.* euphorbia; **~lü** milky, in milk; **~nine** wet nurse
sütun column *(a. in a newspaper);* pillar
süvari *mil.* cavalryman; cavalry
süveter sweater
Süveyş Suez; **~ kanalı** Suez Canal
-süz *bak* ***-siz***
süz|geç, ~gü filter, sieve, strainer; **~mek** *v/t* strain, filter; *fig.* look attentively at; **~ülmek 1.** be filtered; **2.** glide; **3.** become weak

Ş

şablon pattern
şadırvan reservoir with a jet *veya* taps
şafak twilight; dawn
şaft *tech.* shaft
şah[1] Shah
şah[2]: ***~a kalkmak*** rear up *(horse)*
şahadet witnessing, testimony; *rel.* death in battle *of a Moslem;* ***~ getirmek*** pronounce the Moslem creed; ***~ parmağı*** index finger; **~name** certificate
şah|ane royal; magnificent; **~ damarı** *an.* aorta; **~eser** masterpiece
şahıs person, individual; **~ zamiri** *gr.* personal pronoun
şahin *zo.* peregrine falcon
şahit witness; ***~ olm.*** *v/i* witness; **~lik** testimony
şahlanmak rear up *(horse)*; *fig.* become angry and threatening
şahs|en *adv.* personally, in person; **~î** personal, private; **~iyet** personality
şair poet
şaka fun, joke, jest; ***~ söylemek, ~ yapmak*** jest, joke; **~cı** joker, jester
şakak *an.* temple
şakalaşmak joke (***ile*** with)
şakımak warble, trill

şakır|damak rattle, jingle; **~tı** clatter, rattle
şaklaban mimic, buffoon
şak|latmak *v/t* crack *a whip, etc.* **~şakçı** toady
şakul plumb line; **~î** perpendicular, vertical
şal shawl
şalgam *bot.* turnip
şalter *el.* switch
şalvar baggy trousers
şam: **~ fıstığı** *bot.* pistachio nut
şamandıra float *for a wick; naut.* buoy
şamar slap, box on the ear
şamata great noise, uproar
şamdan candlestick
şampanya champagne
şampiyon champion; **~a** championship
şampuan shampoo
şan fame, glory, reputation
şangırdamak crash, make the noise of breaking glass
şanjman *tech.* gear, shift
şanlı glorious, famous
şans chance, luck; **~lı** lucky; **~sız** unhappy, unlucky
şansölye *pol.* chancellor
şantaj *jur.* blackmail, extortion; **~cı** blackmailer
şantiye building site; *naut.* wharf, dockyard
şantöz female singer
şap *chem.* alum
şapır|damak make a smacking noise; **~tı** smacking noise *of the lips*
şapka hat; truck *of a mast;* cowl *of a chimney;* **~sını çıkarmak** take off one's hat; **~sını giymek** put on one's hat; **~cı** hatter; **~lık** hat stand, hat rack
şaplamak make a smacking noise
şapşal untidy, shabby
şarap wine; **~hane** wine bar
şarıl|damak flow *with a splashing noise;* **~tı** gurgling, splashing
şarjör cartridge clip *veya* drum, magazine
şarkı song; **~ söylemek** sing; **~cı** singer
şarküteri delicatessen
şarlatan charlatan
şart condition, stipulation; **~landırmak** *v/t* condition; **~lı** stipulated, conditional, having a condition attached; **~name** list of conditions; **~sız** unconditional
şasi *tech.* chassis
şaşaa glitter; splendour
şaşalamak be bewildered, confused
şaşı squinting, squint-eyed
şaşır|mak *v/t* be confused about; lose, miss; **~tmak** *v/t* confuse, bewilder, mislead
şaşkın bewildered, confused; **~lık** confusion, bewilderment
şaşmak *-e* be perplexed, astonished at; *-i* lose, miss; deviate (*-den* from)
şato castle

şayet if
şayia rumour
şebboy *bot.* wallflower
şebek *zo.* baboon
şebeke net, network; gang; identity card
şecere genealogical tree
şef chief, leader
şefaat intercession
şeffaf transparent
şefkat compassion, affection; **~li** compassionate, affectionate
şeftali *bot.* peach
şehir town, city; **~ler arası** interurban, intercity; *tel.* long-distance; **~li** townsman, city dweller
şehit *rel.* martyr; **~ düşmek** die a martyr; **~lik** martyrdom
şehriye *bot.* vermicelli
şehv|anî lustful, sensual; **~et** lust, sensuality
şehzade prince
şeker sugar; candy; a sweet; *fig.* darling; **♀ *Bayramı*** *rel.* Moslem feast after the Ramazan fast; **~ *hastalığı*** *med.* diabetes; **~ *kamışı*** sugar cane; **~ci** sweet-seller; confectioner; **~leme** candied fruit; doze, nap; **~li** sugared, sweetened; **~lik** sugar bowl; **~pare** pastry *over which syrup had been poured*
şekil form, shape; plan; kind; feature; **~ *vermek*** *-e* form, shape; **~lendirmek** *-i* give shape to; **~siz** shapeless, without form
şelâle waterfall
şema outline, sketch, plan
şemsiye parasol, umbrella; **~lik** umbrella-stand
şen joyous, cheerful; **~elmek** become inhabited; **~lendirmek** *v/t* cheer, enliven; **~lenmek** become cheerful, gay, joyous; become inhabited; **~lik** gaiety, cheerfulness; public rejoicings, festival
şerbet sweet drink, sherbet; liquid manure
şeref honour; glory; distinction; **~ *sözü*** word of honour
şerefe *arch.* gallery *of a minaret*
şerefiye tax on the increase of land value
şereflen|dirmek *v/t* honour, do honour to
şeriat *rel.* the Moslem religious law; **~çı** upholder of the religious law
şerit ribbon, tape; film
şevk desire, yearning, eagerness, enthusiasm
şey thing; what's his name; ***bir*** **~** something
şeyh sheikh; *rel.* head of a religious order; **~ülislâm** Sheikhulislam *(the highest religious dignitary of the Ottoman Empire)*
şeytan *rel.* Satan, devil; *fig.* fiend, demon, crafty man; **~lık** devilry
şezlong chaise longue
şık¹ chic, smart
şık² one of two alternatives, choice, option

şıkır|damak rattle, jingle, **-tı** jingling
şıklık elegance, smartness
şımar|ık spoilt, saucy, impertinent; **-mak** be spoilt, get above oneself; **-tmak** *v/t* spoil
şıngır|damak crash, make the noise of breaking glass; **-tı** the noise of breaking glass
şıp noise *of a drop falling;* **~ *diye*** all of a sudden; **-ırtı** splash
şıpsevdi susceptible
şıra must, unfermented grape juice
şırıl|damak make the noise of gently running water; **-tı** splashing
şırınga syringe, injection
şiddet strength; violence, severity; **-lenmek** become severe *veya* intensified; **-li** violent, severe
şifa restoration to health, recovery, healing; **~ bulmak** recover health
şifah|en *adv.* orally, verbally; **-î** oral, verbal
şifalı wholesome, healing, curative
şifre cipher, code; *-in* ***-sini açmak*** decipher, decode; **-li** in cipher
Şiî *rel.* Shiite; **-lik** Shiism
şiir poetry; poem; **-sel** poetic
şikâyet complaint; **~ *etm.*** complain (*-den* about, *-e* to); **-çi** complainant
şike chicane(ry), underhand dealing
şilep *naut.* cargo boat *veya* steamer
şilin shilling
şilte thin mattress, quilt
şimdi *adj.* at present, now; **-den** right now, already; **-ki** the present, actual, of today; **-lik** *adv.* for the present
şimşek lightning; **~ çakmak** lighten, flash
şimşir *bot.* boxwood
şirin sweet, affable, cute, charming
şirket *ec.* company, partnership
şirpençe *med.* carbuncle, anthrax
şirret *adj.* malicious, tartar; *n.* shrew, virago
şiş[1] spit, skewer; knitting needle; **~ kebap, ~ kebabı** shish kebab, meat roasted on a spit *veya* skewers
şiş[2] *n.* swelling; *adj.* swollen
şişe bottle; lamp-glass
şiş|irmek *v/t* cause to swell, inflate, pump up; **-kin** swollen, puffed up; **-ko** *sl.* very fat, fatty
şişlemek *v/t* spit, skewer, stab
şişman fat; **-lamak** get fat; **-lık** fatness
şişmek swell, become inflated, swollen
şive accent; **-siz** with a bad accent
şnitzel cutlet, schnitzel
şofben hot-water heater

şoför chauffeur, driver
şok shock
şort shorts
şose macadamized road, highway
şoset socks
şov show
şoven *pol.* chauvinistic; **~lik** chauvinism
şöhret fame, reputation, renown; **~li** famous, famed
şölen feast, banquet
şömine fireplace
şövalye knight
şöyle *adv.* in that manner, thus, so; just; such; **~ böyle** so so, not too well; roughly speaking
şu that; this
şua ray *of light*
şubat February
şube section, branch (office), department
şuh lively, full of fun; coquettish
şura, ~sı that place,this place; **~da** there, here; **~dan** from there, from here; **~ya** there, thither
şûra council
şurup syrup; sweet medicine
şut *futbol:* shoot
şuur comprehension, intelligence; consciousness; **~ altı** subconscious; **~suz** unconscious
şükran thankfulness, gratitude
şükretmek thank, give thanks (*-e* to)
şükür thanks, gratitude
şüphe doubt, suspicion; **~lenmek** have a suspicion *veya* doubt (*-den* about), suspect, doubt; **~li** *-den* suspicious of, suspected of; doubtful; **~siz** doubtless, certainly

T

ta[1] even; until; **~ *-e* kadar** even until; **~ ki** so that; in order that
ta[2] *bak* **da**
taahhüt undertaking, engagement; **~lü** registered *(letter)*
taarruz attack, assault; **~ *etm.*** *-e* attack, assault
taassup *rel.* bigotry, fanaticism
tabak[1] plate, dish
tabak[2] tanner
tabaka[1] layer, stratum; class; sheet
tabaka[2] tobacco *veya* cigarette box
tabaklamak *v/t* tan
taban sole; floor, base; bed *of a river*
tabanca pistol
tabanvay: *~la gitmek* *sl.* go on foot
tabelâ sign *of a shop, etc.*, list *of food;* card *of treatments*

tab|etmek *v/t* print; **~ı** print, edition
tâbi *-e* following; dependent on, subject to
tabi|at nature; character, quality; **~î** natural, normal; *adv.* naturally
tâbiiyet dependence; *pol.* nationality
tabip doctor, physician
tabir phrase, expression
tabiye *mil.* tactics
tabla circular tray, disk; ashtray
tabldot table d'hôte
tabl|et tablet; **~o** picture; tableau; *math.* table
tabu taboo
tabur *mil.* battalion; **~cu** *mil.* discharged from hospital
tabure footstool
tabut coffin; large egg-box
tabya *mil.* bastion, redoubt
taciz annoyance, bothering, worrying; **~ etm.** *v/t* annoy, disturb
taç crown, diadem; *bot.* corolla; *zo.* crest *of a bird;* **~ giymek** be crowned; **~ yapraklı** *bot.* petaled, petalous
tadım the faculty of taste
tadil adjustment; modification (*pl.* **~ât**)
taflan *bot.* cherry laurel
tafsil, *pl.* **~ât** detail; **~ vermek** *-e* explain all details to; **~âtlı** detailed
tahakkuk verification; realization; **~ etm.** *v/i* prove true, be realized; **~ ettirmek** *v/i* certify, verify, realize
tahammül endurance, forbearance, **~ etm.** *-e* endure, bear; put up (*-e* with)
tahayyül imagination, fancy; **~ etm.** fancy, imagine
tahıl cereals
tahin sesame oil
tahkik verification; investigation; **~ etm.** *v/t* verify, investigate; **~at** *pl.* investigations, research *sg.;* **~ yapmak** conduct an investigation
tahlil *chem.* analysis
tahliye emptying; releasing; evacuation; **~ etm.** *v/t* empty, discharge; set free
tahmin estimate, conjecture; **~ etm.** *v/t* guess, estimate, calculate; **~en** *adv.* approximately; **~î** approximate
tahribat *pl.* destructions, damage
tahrik instigation, incitement, provocation; **~ etm.** *v/t* incite, instigate, provoke
tahrip destruction, devastation; **~ etm.** *v/t* destroy, ruin, devastate
tahriş *med.* irritation; **~ etm.** irritate
tahsil collection; study, education; **~ etm.** *v/t* acquire; study; **~ görmek** get an education; **~ât** *pl.* payments; taxes; **~dar** collector *of taxes, etc.*

tahsis assisgnment; ~ **etm.** *v/t* assign (*-e* to); **~at** *pl.* allowance, appropriation *sg.*
taht throne; **~a çıkmak** succeed to the throne; **~tan indirilmek** be dethroned
tahta board, plank; wood; *adj.* wooden; ~ **biti, ~kurusu** *zo.* bedbug
tahterevalli seesaw
tahvil transforming, conversion; stock share; draft; **~ât** *pl. ec.* securities
tak arch, vault
takas *ec.* clearing; exchange; ~ **etm.** *v/t* exchange
takat strength, power; **~siz** powerless, exhausted
takdim presentation; offer; introduction; ~ **etm.** *v/t* present; offer; introduce (*-e* to)
takdir appreciation, supposition; ~ **etm.** *v/t* appreciate, understand, estimate; *-diği* **~de** in case, if; **~name** letter of appreciation
takdis *rel.* sanctification, consecration
tak|ı *gr.* particle, postpositon; **~ılmak** *-e* be affixed to, attach oneself to; deride, ridicule
takım set, lot; suit *(of clothes);* tea *veya* dinner service; squad *of men,* crew, gang; *spor:* team; **~adalar** *pl. geo.* archipelago *sg.;* **~yıldız** *astr.* constellation
takınmak *v/t* attach to oneself; put on, assume *an attitude*
takır|damak make a tapping *veya* knocking noise; **~tı** tapping, knocking
takip pursuit, persecution; ~ **etm.** *v/t* follow, pursue; shadow
takke scullcap
takla(k) somersault
taklit imitation; counterfeiting; imitated, sham; ~ **etm.** imitate, feign; fake, counterfeit
takma attached; false; ~ **diş** false tooth; ~ **saç** false hair
takmak *v/t* affix, attach (*-e* to); put on
takoz wooden wedge
takrib|en *adv.* approximately, about; **~î** *adj.* approximate
taksi taxi, cab
taksim division, partition, distribution; ~ **etm.** *v/t* divide; distribute; **~at** *pl.* divisions, parts
taksimetre taximeter
taksit instalment; **~le** *adv.* by instalments
taktik *mil.* tactics
takunya clog
takvim calendar, almanac
takviye reinforcement; ~ **etm.** *v/t* strengthen, reinforce
talan pillage, plunder
talaş sawdust; filings
talebe student, pupil
talep request, demand; ~ **etm.** *v/t* request, ask for,

demand
talih luck, good fortune; **~li** lucky; **~siz** unlucky
talim training, instruction; drill; **~ etm.** teach, drill *sth.* (*-e* to *so.*); **~atname** regulations *pl.*
talip *adj.* desirous, wishful; *n.* suitor, wooer
talk talc
taltif: ~ etm. *v/t* show favour to; confer on (**ile** *sth.*)
tam *adj.* complete, entire; perfect; *adv.* completely; exactly; **~ *pansiyon*** full pension; **~ *sayı*** *math.* whole number
tamah greed, avarice; **~kâr** greedy, avaricious (*-e* for)
tamam *n.* completion, end; whole; *adj.* complete, ready; that's right!; **~en, ~ıyla** *adv.* completely, entirely; **~lamak** *v/t* complete, finish; **~lanmak** be completed, finished
tambur *mus.* classical lute
tamim circular letter; generalization
tamir repair, restoration; **~ etm.** *v/t* repair, mend; **~at** *pl.* repairs; **~ci** repairman; **~hane** repair shop
tamla|ma *gr.* compound word; **~nan** *gr.* the part of a compound in the nominative; **~yan** *gr.* genitive, determinative
tampon *med.* wad, plug; *demiryolu:* buffer; *oto:* bumper
tan dawn; **~ *yeri*** the daybreak sky
-tan *bak* **-dan**
tandır oven *made in a hole in the earth*
tane grain, seed, berry; piece; **~cik** particle; granule; **~lemek** *v/t* granulate; **~li** having grains *veya* berries
tanı *med.* diagnosis; **~dık** acquaintance
tanık *jur.* witness; **~lamak** *v/t* prove by witnesses; **~lık** testimony
tanı|lamak *v/t med.* diagnose; **~mak** *v/t* know; recognize; acknowledge
tanım definition; **~lamak** *v/t* describe, define
tanın|mak be known *veya* recognized; **~mış** well-known, famous
tanış|ıklık acquaintance; **~mak** make acquaintance; (**ile** with); **~tırmak** *v/t* introduce (**ile** to)
tanıt proof, evidence; **~ıcı** introductory; **~ım** introduction, presentation; **~lamak** prove; **~mak** *v/t* introduce (*-e* to)
tank *mil.* tank
tanker tanker
Tanrı God; **♀** god; **♀ bilim** theology; **♀ça** goddess; **♀ laştırmak** deify; **♀sız** godless, atheist
tansık miracle, wonder

tansiyon *an.* blood pressure
tantana pomp, magnificence
tanzim putting in order, organizing; ~ **etm.** *v/t* organize, arrange; **♀at** *pl.* the political reforms in *1839 and the time following*
tapa stopper, cork
tap|ı worshipped idol; **~ınak** *rel.* temple; **~ınmak, ~mak** *-e* worship, adore
tapon second-rate, worthless
tapu title deed; **~lamak** *v/t* register *with a title deed*
taraça terrace
taraf side, direction, part, end; party; ~ **tutmak** take sides; **~ından** by; from the direction of; **~gir** partial, biased; **~lı** having sides *veya* supporters; **~sız** neutral; **~sızlık** neutrality; **~tar** partisan, supporter
tarak comb; rake, harrow; weaver's reed; crest *of a bird;* gills *of a fish;* **~lamak** *v/t* comb; rake
tara|mak *v/t* comb; rake; search minutely; **~nmak** comb oneself; be combed
tarçın *bot.* cinnamon
tarh[1] flower-bed
tarh[2] imposition *of taxes;* substraction
tarhana preparation of yogurt and flour *dried in the sun*
tarım agriculture; **~sal** agricultural
tarif description, definiton; ~ **etm.** *v/t* describe, define
tarife timetable; price list
tarih history; date; ~ **atmak** *v/t* date; **~çi** historian; **~î** historical; **~li** dated
tarikat *rel.* religious order
tarla arable field; ~ **kuşu** *zo.* lark
tartı weighing, weight; balance; **~lı** weighed, balanced; **~lmak** be weighed
tartışma dispute; debate, discussion; **~k** *v/i* argue, dispute
tartmak *v/t* weigh; ponder well
tarz form, shape, manner
tas bowl, cup
tasa worry, anxiety, grief
tasar project, plan; **~ı** *pol.* bill, draft law; **~ımlamak** *v/t* imagine, conceive; **~lamak** *v/t* plan, project
tasarruf possession; economy, saving; *-in* **~unda olm.** be in the possession, at the disposal of; ~ **etm.** save, economize; ~ **hesabı** savings account
tasavvuf *rel.* mysticism
tasavvur imagination, idea; ~ **etm.** *v/t* imagine
tasdik confirmation; certification; ratification; ~ **etm.** *v/t* confirm, affirm; ratify; **~name** certificate
tasfiye cleaning, purification; liquidation; ~ **etm.** *v/t* clean,

clear up; liquidate; **~hane** *tech.* refinery
tashih correction; ~ **etm.** *v/t* correct
tasım syllogism; **~lamak** *v/t* plan, project
tasla|k draft, sketch, model; **~mak** *v/t* make a show of, pretend to
tasma collar *of a dog, etc.*, strap
tasnif classification; ~ **etm.** *v/t* classify; compile
tasvip approval; ~ **etm.** *v/t* approve
tasvir description, depiction; design, picture; ~ **etm.** *v/t* depict; draw
taş stone; hard as stone; ~ ***kömürü*** coal, pitcoal; **~çı** stonemason, quarryman
taşımacılık transportation
taşı|mak *v/t* carry, transport; support, bear; **~nır** movable; **~nmak** *-e* be carried to; move to; go very often to; **~t** vehicle
taşkın overflowing; flood; excessive
taş|lamak *v/t* stone; grind; **~lı** stony, rocky; **~lık** stony place
taşmak *v/i* overflow, boil over
taşra the outside; the provinces *pl.*
tat taste, flavour, relish; *-in* ***tadına bakmak*** taste; *-in* ***tadını çıkarmak*** make the most of *sth.*, enjoy *sth.*
tatarcık *zo.* sandfly
tatbik adaptation, application; ~ **etm.** *v/t* apply, adapt; **~î** practical; applied
tatil suspension of work; holiday, vacation; ~ **yapmak** take a holiday
tatlı *adj.* sweet, pleasant; drinkable; agreeable; *n.* dessert, sweet; ~ ***su*** fresh water; **~laştırmak** *v/t* sweeten; **~lık** sweetness; kindness; **~msı** sweetish
tatmak *v/t* taste, try
tatmin: ~ **etm.** *v/t* satisfy; calm, reassure
tatsız tasteless; disagreeable
tatula *bot.* datura, thorn -apple
tav *tech.* proper heat *veya* condition
tava frying pan; *tech.* ladle; fried food
tavan ceiling
taverna nightclub, tavern
tavır mode, manner; attitude
tavla[1] backgammon
tavla[2] stable
tavlamak *v/t* bring to its best condition; *fig.* deceive, swindle
tavsiye recommendation; ~ **etm.** *v/t* recommend (*-e* to)
tavşan *zo.* hare, rabbit
tavuk hen, chicken; **~göğsü** *sweet dish made with milk and the pounded breast of a fowl*
tavus(kuşu) *zo.* peacock
tay *zo.* foal

tayf spectrum
tayfa band, troupe, crew
tayfun typhoon
tayın *mil.* ration
tayin appointment, designation; ~ **etm.** *v/t* appoint; decide, fix
tayyör woman's suit
taze fresh; new; young; ~**lemek** freshen; ~**leşmek** become young *veya* fresh; ~**lik** freshness, youth
tazı greyhound
tazminat demages, indemnity
tazyik pressure; oppression; ~ **etm.** *v/t* put pressure on; oppress
te *bak* ***da***
teberru gift, donation; ~ **etm.** *v/t* offer as a free gift
tebessüm smile
tebeşir chalk
tebliğ communication, communiqué; ~ **etm.** transmit, communicate, notify
tebrik congratulation, ~ **etm.** *v/t* congratulate (*-den* ***dolayı*** on)
tecavüz attack, aggression; rape, assault; ~ **etm.** *-e v/t* attack; assault, rape; *-i* pass, exceed
tecil: ~ **etm.** *v/t* defer, postpone
tecrit separation, isolation; ~ **etm.** *v/t* free, isolate (*-den* from); ~ **kampı** *pol.* isolation *veya* concentration camp
tecrübe trial, test; experience, experiment; ~ **etm.** *v/t* try, test, experiment; ~**li** experienced; ~**siz** inexperienced
teçhiz equipping; ~ **etm.** *v/t* equip, fit out; ~**at** equipment
tedarik preparation, provision; ~ **etm.** *v/t* procure, obtain, provide
tedavi *med.* treatment, cure; ~ **etm.** treat, cure
tedavül circulation
tedbir precaution, measure; ~ **almak** take the necessary measures; ~**li** cautious, provident
tedhiş terrifying, terror; ~**çi** terrorist; ~**çilik** terrosim
tedirgin irritated, troubled; ~ **etm.** *v/t* disturb, trouble
tediye payment; ~ **etm.** pay, disburse
teessüf regret, being sorry; ~ **etm.** *-e* regret, be sorry for
tef *mus.* tambourine
tefe *tech.* machine for winding silk; ~**ci** *ec.* usurer; ~**cilik** usury
teferruat *pl.* details
tefsir interpretation
teftiş investigation, inspection; ~ **etm.** *v/t* inspect
teğmen *mil.* lieutenant
tehdit threat, menace; ~ **etm.** *v/t* threaten
tehir delay, postponement; ~ **etm.** *v/t* defer, postpone
tehlike danger; ~**li** dangerous; ~**siz** without danger
tek *n.* a single thing; *adj.* single, alone; ~ ***başına***

apart; on one's own; ~ **eşlilik** monogamy; ~ ***sayı*** *math.* odd number; ~ ***tük*** here and there; ~ ***yönlü*** one-way
tekdüze(n) monotonous
teke *zo.* **1.** he-goat; **2.** shrimp
tekel monopoly
teker|(lek) *n.* wheel; *adj.* circular, round; **~leme** *the use of similarly sounding words in folk narratives*
tekerrür recurrence; relapse
tekil *gr.* singular
tekin empty, deserted; auspicious; ~ **olmayan** haunted; **~siz** taboo; unlucky, of ill omen
tekit confirmation; ~ ***etm.*** *v/t* confirm, repeat
tekke *rel.* dervish convent
teklif proposal, offer; obligation; ~ ***etm.*** *v/t* propose, offer, submit (*-e* to); **~li** formal; **~siz** without ceremony; informal, free and easy; **~sizlik** unceremoniousness
tekme kick; **~lemek** *v/t* kick
tekne trough; hull; boat, vessel
teknik technique; **~çi**, **~er**, **teknisyen** technician
teknoloji technology
tekrar repetition; again; ~ ***etm.***, **~lamak** *v/t* repeat
teksir multiplication, duplication; ~ ***etm.*** *v/t* multiply; duplicate; ~ **makinesi** multiplying machine, duplicator
tekstil textiles *pl.*
tekzip contradiction, denial; ~ ***etm.*** *v/t* deny, contradict
tel wire; fibre; thread; hair; string; *coll.* telegram, wire; cable; ~ ***çekmek*** send a wire; *-e* enclose with wire; ~ ***örgü*** barbed-wire fence
telâffuz pronunciation; ~ ***etm.*** pronounce
telâfi compensation; ~ ***etm.*** *v/t* make up for, compensate
telâş flurry, confusion, alarm, anxiety; **~*a düşmek*,** **~lanmak** be confused, flurried; **~lı** flurried, agitated, upset
teleferik *tech.* telpher, cable lift, cable car
telefon telephone; ~ ***etm.*** *-e* telephone; ~ **kulübesi** telephone box
telefoto telephotography
telekız call-girl
teleks telex
tele|pati telepathy; **~skop** telescope; **~vizyon** television; **~vizyon alıcısı** television set; **~vizyon yayını** telecast
telgraf telegraph; telegram; ~ **çekmek** send a telegram
telif composition; reconciling; ~ ***etm.*** *v/t* write, compile; ~ **hakkı** copyright
telkin suggestion, inspiration; ~ ***etm.*** *v/t* inspire, suggest (*-e* to)
tellâk bath attendant
tellâl broker, middleman

tel|lemek *v/t* adorn with gold wire *veya* thread; wire; **~siz** *adj.* wireless; *n.* wireless telegraphy
telve coffee grounds
tema theme
temas contact; ~ ***etm.*** *-e* touch, touch on; ***~ta bulunmak*** be in touch (***ile*** with)
tembel lazy, indolent; **~lik** laziness
tembih warning; stimulation; ~ ***etm.*** *-e* warn, caution
temdit prolongation , extension
temel *n.* foundation, base; *adj.* basic, fundamental; ~ ***atmak*** lay a foundation; ~ ***hak*** *jur.* constitutional right; ~ ***taşı*** cornerstone; **~leşmek** become firmly established, settle down; **~li** fundamental; permanent; **~siz** without foundation, baseless
temenni desire, wish; ~ ***etm.*** *v/t* desire, wish
temettü *ec.* profit; dividend
temin making sure, assurance; ~ ***etm.*** *v/t* assure, secure; obtain, procure; **~at** *pl.* security *sg.;* deposit, guarantee *sg.*
temiz clean, pure; honest; fresh *(air);* **~lemek** *v/t* clean; clean up; clear away; **~leyici** cleaner; **~lik** cleanliness, purety; cleaning, washing; **~likçi kadın** cleaning woman
temkin self-possession, poise; **~li** self-possessed; deliberate
temmuz July
tempo time, measure, pace
temsil representation; *thea.* performance; ~ ***etm.*** *v/t* represent; *thea.* present; **~ci** agent; **~î** imaginative
temyiz *jur.* appeal; ~ ***etm.*** *v/t* *jur.* appeal; ~ **mahkemesi** court of appeal
ten skin, flesh; complexion; ~ ***rengi*** flesh-coloured
-ten *bak* **-dan**
tenakuz *bak* **çelişki**
tencere saucepan, pot
teneffüs respiration; rest; ~ ***etm.*** *v/i* breathe; pause
teneke tin, tinplate; **~ci** tinsmith
tenezzül *fig.* condescension; ~ ***etm.*** condescend, deign
tenha uncrowded, solitary, lonely; **~lık** solitude; lonely place
tenis tennis; ~ **kortu** tennis court
tenkit criticism; ~ ***etm.*** *v/t* criticize; **~ci** critic
tente awning
tentene lace
tentür *chem.* tincture; **~diyot** tincture of iodine
tenzilât *pl. ec.* discount, reductions *of prices, etc.;* **~lı** reduced in price; **~lı satış** sale
teorem *math.* theorem
teori theory; **~k** theoretical

tepe hill: summit; **-lemek** *v/t* thrash unmercifully, wallop; *fig.* kill; **-li** crested *(bird)*; **-si atmak** *coll.* lose one's temper, blow one's top

tepetaklak upside down, head over heals

tepinmek *v/i* kick and stamp

tepki reaction; ~ **göstermek** *v/i* react; **-li uçak** *av.* jet (plane) **-mek** *v/i* react

tepmek *v/t* kick; turn down *(an opportunity, etc.)*

tepsi tray

ter sweat, perspiration, ~ ***dökmek*** *v/i* sweat, perspire

teras terrace

teravi *rel.* prayer *special to the nights of Ramazan*

terazi balance, pair of scales; *astr.* Libra

terbiye 1. education, training; **2.** good manners, good breeding; **3.** sauce, seasoning for food; ~ ***etm.*** *v/t* educate, train; **-li 1.** educated; polite, well-mannered, well-bred; **2.** flavoured (with sauce); **-siz** uneducated; ill-mannered, impolite; **-sizlik** impoliteness, bad manners *pl.*

tercih preference; ~ ***etm.*** *v/t* prefer (*-den* to)

tercüman interpreter, translator

tercüme translation; ~ ***etm.*** *v/t* translate (*-e* into); **-ihal** *bak* **özgeçmiş**

tereddüt hesitation; ~ ***etm.*** hesisate

tereke *jur.* heritage; legacy

terementi turpentine

tereyağı butter

terfi promotion, advancement; ~ ***etm.*** *v/i* be promoted

terhis *mil.* discharge *of a soldier*, demobilization; ~ ***olm.*** be discharged

terim (technical) term

terk abandonment; ~ ***etm.*** *v/t* abandon, leave; renounce

terkip composition, compound, combination

ter|lemek sweat, perspire; **-li** sweating, perspiring

terlik slipper

termik *phys.* thermic, thermal; ~ **santral** thermoelectric power plant

terminal terminal (station)

termo|metre thermometer; **-s** thermos flask; **-sifon** hot water heater; **-stat** *tech.* thermostat

terör terror; **-ist** terrorist; **-izm** terrorism

ters[1] excrement *of an animal*

ters[2] back, reverse; opposite, wrong; contrary; ~ ***anlamak*** misunderstand; ~ ***gelmek*** *-e* appear to *so.* to be in the wrong way; ⊥ ***gitmek*** go wrong, turn out badly; **-ine** *adv.* in the reverse way, on the contrary

tersane *naut.* dockyard

terslemek scold, snub

terslik setback, hitch
tertemiz absolutely clean, spotless
tertibat *pl.* installations; set-up, arrangement
tertip arrangement, order; plan; composition; ~ ***etm.*** *v/t* organize; arrange; compose; **~çi** planner, organizer; **~lemek** *bak* ~ ***etm.***; **~li** tidy, orderly
terzi tailor, dressmaker
tesadüf chance event, coincidence; ~ ***etm.*** *-e* meet by chance, come across; **~en** *adv.* by chance, by accident
tescil registration
teselli consolation; ~ ***etm.*** console, comfort
teshin *bak* **ısıtma**
tesir effect, impression, influence; ~ ***etm.*** *-e* affect, influence; **~li** impressive; effective
tesis laying a foundation; establishment, foundation; ~ ***etm.*** *v/t* found, establish, institute; **~at** *pl.* institutions, establishments, installation; **~atçı** installer, plumber
teskin: ~ ***etm.*** *v/t* pacify, calm
teslim delivery; surrender, submission; ~ ***etm.*** *v/t* hand over, deliver (*-e* to); ~ ***olm.*** *v/i* surrender
tespih *rel.* rosary; ~ **çekmek** tell one's beads
tespit establishing; proving; ~ ***etm.*** *v/t* establish, confirm, prove
testere *tech.* saw
testi pitcher, jug
teşebbüs enterprise, effort, initiative, ~ ***etm.*** *-e* start, undertake, attempt; **~e geçmek** set to work, set about
teşekkül formation; organization, body
teşekkür thanks, giving thanks; ~ ***etm.*** *-e* thank (*-den* ***dolayı*** for); ~ ***ederim!*** thank you!
teşhir exhibiting; ~ ***etm.*** *v/t* exhibit; ~ **salonu** showroom
teşhis recognition, identification; *med.* diagnosis
teşkil formation, organization; ~ ***etm.*** *v/t* form, organize; **~ât** *pl.* organization *sg.*
teşrif *bak* ***onurlandırma***
teşvik encouragement, incitement; ~ ***etm.*** *v/t* encourage, incite (*-e* to)
tetik[1] trigger
tetik[2] *adj.* agile, quick; prompt
tetkik examinaiton; ~ ***etm.*** *v/t* investigate, examine
tevazu humility, modesty, humbleness
tevcih: ~ ***etm.*** *bak* ***yöneltmek***
teveccüh favour, kindness
tevkif detention, arrest; ~ ***etm.*** *v/t* detain, arrest; **~hane** *bak* ***tutuk evi***
Tevrat *rel.* the Old Testament

teyel coarse sewing, tacking; **~lemek** *v/t* sew coarsely, tack; **~li** tacked
teyit confirmation; **~ *etm.*** *v/t* confirm
teyp tape recorder
teyze maternal aunt
tez[1] *adj.* quick; *adv.* quickly; **~ *elden*** without delay, quickly
tez[2] *n.* thesis
tezahürat *pl.* demonstration *sg.*; **~ yapmak** cheer, root (*-e* for)
tezat contrast
tezek dried dung
tezgâh loom; workbench; counter; *naut.* ship-building yard; **~tar** who serves at a counter, shop assistant, salesman
tezkere note; certificate; *mil.* discharge papers
tıbb|î medical; **~iye** medical school
tığ crothet needle; bodkin, awl
tıka: ~ *basa* crammed full
tıka|ç plug, stopper; **~lı** stopped up, plugged; **~mak** *v/t* stop up, plug; **~nık** *bak* **~lı**; **~nmak** be stopped up; choke, suffocate
tıkır|damak clink, rattle; **~tı** rattling, clinking
tıkış|ık crammed, squeezed together; **~mak** be squeezed together
tıkız hard, tight
tıklım: ~ ~ very crowded, jammed, packed
tıkmak *v/t* thrust, squeeze, cram (*-e* into)
tıknaz plump
tıksırmak sneeze *with the mouth shut*
tılsım talisman, charm
tımar[1] military fief
tımar[2] dressing *of wounds;* grooming *of a horse;* pruning; **~hane** lunatic asylum
tıngırdamak tinkle, clink, clang
tın|ı tone, timbre, **~lamak** tinkle, ring *(metal)*
tıp medicine
tıpa stopper, plug, cork
tıpatıp perfectly, exactly
tıpır|damak walk with little noise; tap, throb; **~tı** tapping; tripping noise
tıpkı *adj.* same; **~ ... *gibi*** *adv.* exactly like; **~basım** facsimile
tırabzan hand rail, banister
tıraş shaving; shave; haircut; *sl.* boring talk, bragging; **~ *bıçağı*** razor blade; **~ *etm.*** *v/t* shave; **~ *olm.*** *v/i* shave; **~çı** *sl.* boring talker, braggart; **~lı 1.** shaved; **2.** needing a shave
tırıllamak *sl.* be 'broke'
tırıs trot
tırmalamak *v/t* scratch
tırmanmak *-e* climb
tırmık scratch; rake, harrow; **~lamak** *v/t* scratch; rake; harrow
tırnak fingernail, toenail; claw, hoof; *naut.* fluke *of an*

anchor; ~ **işareti** quotation mark; ~ **makası** nail scissors
tırpan scythe; **~lamak** *v/t* mow
tırtıkçı *sl.* pickpocket
tırtıl *zo.* caterpillar; **~lı traktör** *tech.* crawler tractor
tıslamak hiss *(goose);* spit *(cat)*
ticaret trade, commerce; ~ ***odası*** *ec.* chamber of commerce; **~hane** business house, firm
ticarî commercial
tifo *med.* typhoid fever
tiftik mohair
tifüs *med.* typhus
tik tic
tiksin|dirici disgusting, loathsome; **~mek** *-den* be disgusted with, loathe
tilki *zo.* fox
timsah *zo.* crocodile
tin soul, spirit; **~sel** spiritual
tip type
tipi blizzard, snowstorm
tipik typical
tiraj circulation *of a newspaper*
tirbuşon corkscrew
tire sewing cotton; hyphen, dash
tirfil *bot.* clover
tirit bread soaked in gravy
tiriz lath, batten; piping *of clothes*
tiryaki addict, addicted *(-in -si* to *sth.)*
tişört T-shirt
titiz peevish, hard to please, finicky; particular; **~lik** peevishness, pedantry
titre|k trembling; **~mek** shiver, tremble; **~şim** vibration
tiyatro theatre
tiz high-pitched
tohum seed, grain; semen; **~luk** kept for seed
tok full, satiated; closely woven, thick; ~ ***gözlü*** contented, not covetous
toka[1] buckle
toka[2] shaking hands; clinking glasses; **~laşmak** shake hands (***ile*** with)
tokat slap; **~lamak** *v/t* slap
tokmak mallet; door knocker; wooden pestle
tokurdamak bubble
tokuş|mak collide (***ile*** with); **~turmak** (***ile*** with); clink *(glasses);* cannon *(billiard-balls)*
tokyo flip-flop
tolerans tolerance
tolga helmet
tomar roll, scroll
tombak *chem.* copper-zinc alloy
tombaz *naut.* barge; pontoon
tombul plump
tomruk heavy log, square boulder
tomurcuk *bot.* bud; **~lanmak** put forth buds
ton[1] ton
ton[2] *mus.* note
ton[3] **(balığı)** *zo.* tunny
tonilâto *naut.* tonnage
tonos *arch.* vault

top ball, any round thing; gun, cannon; roll *of cloth or paper;* the whole; ~ ***arabası*** *mil.* gun carriage **~aç** top *(plaything)*
topal lame; cripple; **~lamak** limp
toparla|k round; *n. mil.* limber; **~mak** *v/t* collect together, pack up; summarize
top|atan *bot. an oblong kind of* melon; **~çeker** *naut.* gunboat; **~çu** *mil.* artillery; artilleryman
toplam total, sum
toplama *math.* addition; ~ ***kampı*** *pol.* concentration camp; **~k** *v/t* collect, gather; sum up; clear away; put on *weight*
toplan|mak *v/i* assemble; come together; **~tı** assembly, meeting
toplatmak *v/t* seize, confiscate
toplu having a knob *or* round head; collected, in a mass; plump; tidy *(place);* ~ ***iğne*** pin; ~ ***konut*** housing estate; ~ ***sözleşme*** collective agreement; ~ ***tabanca*** revolver; ~ ***taşıma*** mass transportation; **~luk** community
toplum community; ~ **bilim** sociology; **~cu** socialist; **~culuk** socialism; **~sal** social
toprak earth, soil; land; ~ ***altı*** subsoil, underground; ~ ***kayması*** landslide; ~ ***yol*** dirt road; **~sız** landless
toptan *ec.* wholesale; **~cı** wholesaler
topuk heel; **~lu** high-heeled *shoe*
topuz mace, knot *of hair*
torba bag, sack; *an.* scrotum
torik *zo.* large bonito
torna *tech.* (turning-) lathe; **~cı** turner; **~vida** screwdriver
torpido(bot) *naut.* torpedo boat
torpil *naut.* mine; torpedo; *sl.* influence, pull; **~lemek** *v/t* torpedo
tortu dregs, sediment
torun grandchild
tos blow *with the head;* **~lamak** *v/t* butt
tost toasted sandwich
toto pools *pl.*
toy *adj.* inexperienced, green
toyluk inexperience
toynak hoof
toz dust; powder; *-in* ***~unu almak*** dust; ~ ***şeker*** granulated sugar; **~armak** raise the dust; **~lanmak** get dusty; **~lu** dusty; **~luk** gaiter
töhmet imputation; guilt
tökezlemek stumble
töre custom(s); **~l** moral; ethical; **~n** ceremony, celebration
törpü rasp, file; **~lemek** *v/t* rasp, file
tövbe *rel.* repentance; **~kâr**, **~li** penitent

trafik traffic; ~ **kazası** traffic accident; ~ **tıkanması** traffic jam
trahom *med.* trachoma
trajedi tragedy
traktör tractor
Trakya Thrace
trampa *ec.* barter, exchange
trampet *mus.* side drum
tramplen springboard, diving board
tramvay tram, streetcar
transatlantik transatlantic
transfer transfer
transistor *tech.* transistor; **~lu** equipped with transistor(s)
transit transit
travers sleeper *(railway)*
tren train *(railway, etc.)*
tribün grandstand
triko tricot; **~taj** knitting
trilyon trillion
troleybüs trolley-bus
trompet trumpet
tropika *geo.* tropical zone, tropic; **~l** tropical
trotuvar pavement
tröst *ec.* trust
trup *thea.* troupe
tufan *rel.* the Flood; flood, violent rainstorm
tugay *mil.* brigade
tuğ horse-tail, plume; **~amiral** *naut.* rear admiral; **~general** *mil.* brigadier (general)
tuğla brick
tuğra monogram *of the Sultan*
tuhaf uncommon, curious, odd; comic; **~iye** sundries, notions, haberdashery, clothing accessories *pl.*; **~iyeci** haberdasher; **~lık** being odd *veya* funny
tulum skin *for holding water, etc.*; tube; overall; *mus.* bagpipe
tulumba pump; fire-engine
tumturak bombast, pompous speech; **~lı** bombastic, pompous
Tuna (nehri) the Danube
tunç bronze
tur tour
turba turf; peat
turfanda early *(fruit, etc.)*, not in its proper season
turi|st tourist, traveller; **~stik** touristic; **~zm** tourism, travelling
turna *zo.* crane
turn|e *thea.* tour; **~ike** turnstile; **~uva** tourney, tournament
turp *bot.* radish
turşu pickle
turta tart, cake
turuncu orange colour
turunç *bot.* Seville orange
tuş key *of a piano, typewriter, etc; güreş:* fall
tutaç pot holder
tuta|k **1.** handle; **2.** hostage; **~m** pinch, small handful; **~mak** **1.** handle; **2.** proof, evidence; **~nak** minutes, protocol, report; **~r** total, sum; **~rak, ~rık** *med.* seizure, fit;

~rlı consistent, congruous; **~rlılık** coherence, harmony; **~rsız** inconsistent
tutkal glue; **~lamak** *v/t* glue; **~lı** glued
tut|ku passion (*-e* for); **~kun** *-e* affected by, given to; **~mak** *v/t* hold, hold on to; catch, seize; stop; hire, rent; amount to; *v/t* take root; adhere; **~sak** *mil.* prisoner, captive; **~turmak** *v/t* fasten together; begin, start; run his mind on, be obsessed with
tutucu conservative
tutuk embarassed, tongue -tied; **~ *evi*** prison, jail; **~lamak** *v/t* detain, arrest; **~lu** arrested, detained; under arrest; **~luk** difficulty in talking, tongue-tie; **~luluk** confinement
tutulma *astr.* eclipse; **~k** *-e* be struck with, be mad about, fall for; become popular
tutum conduct; economy, thrift; **~lu** thrifty; **~suz** spendthrift, extravagant
tutuş|mak cath fire; *-e* start, meddle into; **~turmak** *v/t* set on fire; *-i -in* ***eline*** **~** press *sth.* into *someone's* hand
tutya *chem.* zinc
tuvalet toilet, lavatory; dressing table; evening dress; **~ kâğıdı** toilet paper
tuz salt; **~ *ruhu*** *chem.* hydrochloric acid, spirit of salt
tuzak trap; **~ kurmak** *-e* lay a trap for
tuz|la saltpan; **~lamak** *v/t* salt; pickle; **~lu** salted, salty; pickled; **~luk** saltcellar, saltshaker; **~suz** unsalted; insipid
tüberküloz *med.* tuberculosis
tüccar merchant
tüfek gun, rifle
tüken|mek be exhausted, give out; be used up, run out; **~mez 1.** inexhaustible; **2.** *n. a kind of* syrup; **~mez kalem** ball-point pen
tüketici consumer
tüket|im consumption; **~mek** *v/t* use up, consume
tükür|mek *v/t* spit (*-e* on); **~ük** spittle, saliva
tül tulle
tüm the whole; **~amiral** *naut.* vice-admiral; **~ce** *gr.* sentence; **~den gelim** deduction; **~e varım** induction; **~en** great number, 10.000; *mil.* division; **~general** *mil.* major general; **~leç** *gr.* complement; **~lemek** *v/t* complete
tümsek *geo.* small mound
tün night; **~ *aydın!*** good evening!
tünel tunnel
tüp tube; **~ bebek** test-tube baby
tür species; kind, sort
türban turban
türbe *arch.* tomb, mausoleum
türbin turbine

türe *jur.* law
türedi upstart, parvenu
türel legal, juridical
türe|mek be derived (*-den* from); appear, come into existence; **~tici** inventor; **~tmek** *v/t* derive; produce, invent; **~v** *gr.* derivative
Türk Turk; Turkish; **~çe** Turkish *(language);* **~çülük** *pol.* Panturkism, Turkism
Türkiye Turkey; **~ Cumhuriyeti** the Turkish Republic
Türk|leşmek become like a Turk; **~lük** the quality of being a Turk; **~men** Turcoman; **~oloji** Turcology
türkü *mus.* folk song
türlü *adj.* various, of many sorts; *n.* sort, kind, variety; stew; ***bir*** **~** somehow; ***iki*** **~** in two ways
tüt|mek *v/i* smoke; **~sü** incense
tütün tobacco; **~ *içmek*** smoke (tobacco); **~cü** grower *veya* seller of tobacco
tüy feather; hair; **~lenmek** grow feathers; *fig.* grow rich; **~lü** feathered; **~süz** without feathers; young
tüzel *jur.* legal; **~ kişi** juristic person, corporation
tüzük regulations, statutes *pl.*

U

ucuz cheap; **~luk** cheapness; sale
uç tip, point, end; extremity
uçak aeroplane; **~ bileti** air-travel ticket; **~ faciası** air disaster; **~ gemisi** aircraft carrier; **~ savar (topu)** *mil.* anti-aircraft gun
uçan: ~ *daire* flying saucer
uçarı dissolute, spendthrift
uç|kun spark; **~kur** belt, band *for holding up trousers;* **~lu** pointed
uçmak fly; evaporate; fade away, disappear
uçsuz without a point; **~ bucaksız** endless, vast
uçucu flying; volatile
uçur|mak *v/t* cause to fly, fly *(kite);* cut off; **~tma** kite *(toy);* **~um** precipice, abyss
uçuş flight, flying; **~ *hattı*** flight route; **~ *numarası*** flight number
uçuşmak fly about
ufacık very small, tiny
ufak small; **~ *para*** small change; **~ *tefek*** small and short, tiny; of no account; **~lık** small change
ufa|lamak *v/t* break up, crumble; **~lmak** diminish, become smaller
ufkî horizontal

uflamak say 'oof'
ufuk horizon
uğra|k frequented place *veya* region; **~mak** *-e* stop, call on, touch at; meet with, suffer; undergo; **~ş, ~şı** occupation; struggle; **~şmak** be busy; fight (*ile* with); **~tmak** *-i -e* cause *so.* to stop at; expose *so.* to; *-i -den* dismiss *so.* from
uğul|damak hum, buzz; howl; **~tu** hum, buzz; howl
uğur good omen, good luck; ***uğrun(d)a*** for the sake of, on account of; **~ böceği** *zo.* ladybug; **~lamak** *-i* see *so.* off; **~lu** lucky, auspicious; **~suz** inauspicious; **~suzluk** ill omen
ukalâ wiseacre, smart aleck
ulaç *gr.* participle
ulak courier, messenger
ulamak *v/t* join (*-e* to)
ulan hey you!, man!
ulaş|ım transportation, communication, contact; **~mak** *-e* reach, arrive at
ulaştır|ma transportation, communication; **≈ *Bakanlığı*** Ministry of Transport; **~mak** *v/t* cause to reach (*-e, a place, etc.*), convey, communicate
ulu great, high; **~ *orta*** *adv.* rashly, recklessly, without reserve; **~lamak** *v/t* honour, exalt
ulumak howl (*dog, etc.*)
ulus people, nation; **~al** national; **~lar arası** international
umacı bogy man
um|madık unexpected; **~mak** *v/t* hope, expect
umum *adj.* general, universal, all; *n.* the public; **~î** general, universal; public
umumiyetle *adv.* in general
umursamak consider important
umut hope, expectation; **~ *etm.*** hope, expect; **~ *kesmek*** lose hope; **~lu** hopeful; **~suz** hopeless, desperate
un flour
unsur element
unut|kan forgetful; **~mak** *v/t* forget
unvan title
Uranüs *astr.* Uranus
uranyum *chem.* uranium
urgan rope
us state of mind, reason, intelligence
usan|ç boring, boredom; **~dırıcı** boring, tedious; **~dırmak** *v/t* bore, disgust; **~mak** become bored, be disgusted (*-den* with)
uskumru *zo.* mackerel
uskur *naut.* screw, propeller
us|lanmak become sensible, well-behaved; **~lu** well-behaved, good (*child*); **~lu durmak** keep quite, be good
usta *n.* master; master workman; *adj.* skilled, clever;

~**başı** foreman; ~**lık** mastery, proficiency
ustura straight razor
usturuplu *coll.* properly, right; striking, hitting the target
usul method, system, manner; ~***üne göre*** *adv.* duly, in due form; ~**ca,** ~**cacık** *adv.* slowly, gently, quietly
uşak boy, youth; male servant
utan|ç shame, modesty; ~**dırmak** *v/t* make ashamed, cause to blush; ~**gaç,** ~**gan** bashful, shy; shame-faced; ~**mak** be ashamed (*-den* of); be ashamed of *doing*; ~**maz** shameless, brazen
Utarit *astr.* Mercury
utku victory, triumph
uyak rhyme
uyan|dırmak *v/t* awaken, wake up; revive, stir; ~**ık** awake; vigilant; ~**mak** awaken, wake up
uyar|ı warning; ~**lamak** *v/t* accomodate, adjust (*-e* to); adapt
uyarmak *v/t* awaken, arouse; stimulate; *fig.* remind, warn
uydu satellite
uydurma invented, false, made-up; ~**k** *v/t* make fit, adapt; ~**syon** *sl.* made-up, fabricated
uygar civilized; ~**lık** civilization
uygulamak *v/t* apply, carry out, practice
uygun *-e* appropriate, suitable for, agreeable, in accord to, fitting; ~ ***bulmak,*** ~ ***görmek*** *v/t* agree to, approve of; ~ ***gelmek*** *-e* suit; ~**luk** being appropriate, fitting; ~**suz** unsuitable
uyku sleep; ~***su gelmek*** feel sleepy; ~***ya dalmak*** fall asleep; ~**lu** sleepy; ~**suz** sleepless
uyluk *an.* thigh
uymak *-e* conform, fit to; follow, listen to; harmonize with
uyruk *pol.* subject, citizen; ~**luk** nationality
uysal easy-going, docile
uyuklamak *v/i* doze
uyum harmony, conformity, accord; ~**lu** harmonious
uyu|mak sleep; ~**rgezer** somnambulist, sleepwalker
uyuşmak[1] come to an agreement (***ile*** with)
uyuş|mak[2] become numb, insensible; ~**mazlık** disagreement, conflict; ~**turmak** *v/t* benumb, deaden, narcotize; ~**turucu** narcotic; ~**uk** numbed, insensible; sluggish, indolent
uyut|mak *v/t* send to sleep; *fig.* ease; ~**ucu** soporific
uyuz *med. n.* itch, mange; *adj.* mangy, scabby
uz good; able
uzak distant, remote (*-den* from); ~ ***akraba*** distant relative; ꝰ ***Doğu*** the Far East;

~tan from far-off; **~laşmak** go away; retire, be far away (*-den* from); **~laştırmak** *v/t* remove, take away (*-den* from); **~lık** distance; remoteness
uza|m largeness, extent; **~mak** grow long, extend, be prolonged; **~nmak** *-e* be extended to; stretch oneself out on, lie down; **~tmak** *v/t* lengthen; extend, prolong; **~y** *astr.* space; **~y adamı** astronaut; **~y gemisi** spaceship, spacecraft
uzlaşmak come to an agreement *veya* understanding
uzman expert, specialist
uzun long; **~ araç** long vehicle; **~ atlama** *spor:* long jump; **~luk** length, lengthiness
uzuv *an.* organ, member

Ü

ücret pay, wage; fee; cost, price; **~li** paid, employed for pay; **~ *memur*** employee; **~siz** unpaid; free, gratis
üç three; **~ *boyutlu*** three-dimentional; **~ *köşeli*** triangular, three-cornered; **~gen** *math.* triangle; **~kâğıtçı** *fig.* swindler, trickster; **~üz** triplets *pl.*, triplet
üflemek *-e* blow upon; *-i* blow out
üfür|mek *-i* blow away; *-e* cure by breathing on; **~ükçü** sorcerer *who claims to cure by breathing on*
üleş|mek divide, share (***ile*** with); **~tirmek** *v/t* distribute, share out (*-e* to)
ülke country
Ülker *astr.* the Pleiades
ülkü ideal; **~cü** idealist
ülser *med.* ulcer
ültimatom *pol.* ultimatum
ümit hope, expectation; **~ etm.** *v/t* hope, expect; **~lendirmek** *v/t* make hopeful; **~li** full of hope; **~siz** hopeless; desperate
ün fame, reputation
üni|forma uniform; **~versite** university
ünlem *gr.* interjection; **~ *işareti*** *gr.* exclamation mark
ünlemek *-e* call out to
ünlü famous; *gr.* vowel
ünsüz *gr.* consonant
üre|mek *v/i* reproduce; multiply, increase; **~tici** producer; **~tim** *ec.* production; **~tken** productive; **~tmek** *v/t*

produce; multiply, breed, raise
ürkek timid, fearful; **~lik** timidity
ürk|mek *-den* start with fear from, be frightened of; **~üt-mek** *v/t* startle, scare
ürpermek shiver; stand on end *(hair)*
ürümek howl, bay
ürün product
üs base, basis
üslûp manner, form, style
üst *ın.* upper surface; top; outside; superior; *-in* **~ün(d)e** upon, over; *-in* **~ünden** from above, over; **~ deri** *an., bot.* epidermis; **~ geçit** overpass; **~ üste** one on top of the other
üstat master, expert
üsteğmen *mil.* first lieutenant
üste|lemek *-e* be added to; insist; recur *(illness);* **~lik** *adv.* furthermore, in addition, besides
üstlenmek undertake, take on
üstün superior (*-den* to); victorious; **~körü** superficial, slapdash; **~lük** superiority
üşen|geç lazy, slothful; **~geçlik** laziness, sloth; **~mek** *-e* be too lazy to *inf.*, do with reluctance
üşü|mek feel cold; **~şmek** crowd together; **~tmek** *v/t* cause to catch cold; *v/i* catch cold
ütü iron, flatiron; **~lemek** *v/t* iron, press; singe; **~lü** ironed; singed; **~süz** not ironed
üvey step-; **~ baba** stepfather; **~ evlât** stepchild
üye member *of a council, etc.; an.* organ; **~lik** membership
üzengi stirrup
üzere *-mek* at the point of *-ing*, just about to *inf.*
üzeri|nde *-in* on, over, above; *-in* **~ne** on, upon; about
üzgü oppression; cruelty; **~n** sad, sorrowful
üz|mek *v/t* sadden, depress; hurt the feelings of; **~ücü** regrettable; **~ülmek** *-e* sadden at, be sorry for, regret
üzüm *bot.* grape
üzüntü anxiety, sadness, worry; **~lü** sad, worried, anxious

V

vaat promise
vaaz *rel.* sermon
vade fixed term, date; maturity *of a bill;* **~li** having a fixed term; **~li hesap** *ec.* time deposit
vadetmek *v/t* promise
vadi valley

vaftiz *rel.* baptissm; ~ **etm.** *v/t* baptize
vagon railway car; ~ **restoran** dining-car
vah vah! *intj.* how sad!; what a pity!
vaha oasis
vahim serious, dangerous
vahiy *rel.* inspiration, revelation
vahş|et wildness, savageness; ~**î** wild, savage, brutal
vaiz *rel.* preacher
vak'a event, happening
vakar gravity, dignity; ~**lı** grave, dignified, calm
vakf|etmek *v/t* devote, dedicate (*-e* to); ~**iye** *rel.* deed of trust *of a pious foundation*
vakıf foundation, wakf
vâkıf *-e* aware; ~ **olm.** be aware (*-e* of)
vakit time; *-diği* ~ *conj.* when; ~ **geçirmek** pass time; ~**siz** inopportune, untimely
vakti|nde in due time; ~**yle** *adv.* in the past, once, once upon a time
vakum *phys.* vacuum
valf *tech.* valve
vali *pol.* governor *of a province.*
valide mother
valiz suitcase
vallahi! *intj.* by God!
vals waltz
vanilya *bot.* vanilla
vantilâtör ventilator, fan; ~ **kayışı** ventilator-belt
vapur steamer, ferry, boat
var there is, there are; ~ **olm.** exist; ~ **ol!** may you live long! bravo!
vardiya shift *(in a factory)*
varış arrival
varil small cask, barrel, keg
vâris heir
varlık existence, presence, self; wealth
varmak *-e* arrive at, reach, attain; result, end in
varoluş existence
varoş suburb
varsay|ım hypothesis, supposition; ~**mak** *v/t* suppose, assume
varta great peril
varyete *thea.* variety show
vasat middle; average; ~**î** *adj.* middle,average, mean
vasıf quality; ~**landırmak** *v/t* qualify, describe
vasıl: ~ **olm.** *-e* arrive at, reach
vasıta means; intermediary; means of transportation, vehicle; ~**sıyla** by means of; ~**lı** indirect; ~**sız** direct
vasi *jur.* executor; trustee, guardian
vasiyet will, testament; ~**name** written will, testament
vaşak *zo.* lynx
vat *el.* Watt
vatan native country; ~**daş** citizen, subject; ~**daşlık** citizenship; ~**perver** patriot, patriotic

vatka shoulder padding
vay! *intj.* oh! woe!
vazgeç|irmek *-i -den* make *so.* give up *veya* abandon *sth.*; **~mek** *-den* give up, cease from, abandon
vazife duty, obligation; homework *(school)*; **~lendirmek** *v/t* charge, entrust (**ile** with); **~li** on duty; employed
vaziyet position, situation
vazo vase
ve and
veba *med.* plague, pestilence
vecibe obligation
veciz laconic, pithy; **~e** epigram, aphorism
veda farewell; **~ etm.** *-e* say goodbye to; **~laşmak** say farewell *veya* goodbye (**ile** to)
vefa fidelity, loyalty; **~lı** *-e* faithful, loyal to; **~sız** unfaithful, disloyal, untrustworthy
vefat death; **~ etm.** die
vehim groundless fear
vekâlet attorneyship, representation; *pol.* Ministry; **~name** *jur.* power of attorney, proxy
vekil agent, representative; deputy, attorney; *pol.* Minister of State
velet child; bastard
velhâsıl in short
veli *jur.* guardian, protector; *rel.* saint; **~aht** *pol.* heir to the throne; crown prince; **~nimet** benefactor, patron
velvele noise, clamour
Venüs *astr.* Venus
veranda veranda, porch
veraset inheritance
verecek debt
verem *n. med.* tuberculosis; *adj.* (**~li**) tuberculous
veresiye *adv.* on credit
verev oblique
vergi tax; gift; **~ *beyannamesi*** income-tax return; **~ *yükümlüsü*** taxpayer; **~li** taxable; **~siz** tax-free
veri datum
verici transmitter
verilmek *-e* be given, delivered to
verim produce, profit, output; **~li** profitable, productive, fertile; **~siz** yielding little produce, unfruitful
vermek *v/t* give, deliver, attribute (*-e* to); pay
vernik varnish
vesaire and so on, et cetera
vesika document
vesile cause, pretext
vestiyer cloakroom
veteriner *med.* veterinary surgeon, veterinarian
veto veto
veya(hut) or
vezin *şiir:* metre
vezir vizier; minister
vezne treasury, pay-office; cashier's window; **~dar** treasurer, cashier, teller
vıcık: **~ ~** sticky
vınlamak buzz, hum

vırılda(n)mak talk incessantly; grumble, nag.
vızıl|damak buzz, hum; **~tı** buzzing noise
vicdan conscience; **~ *azabı*** pangs of conscience; **~lı** conscientious, honest; **~sız** unscrupulous
vida *tech.* screw; **~lamak** *v/t* screw; **~lı** having screws; screwed
video video; video player; **~ kaset** video cassette; **~teyp** videotape
vilâyet *pol.* province
villâ villa
vinç *tech.* crane, winch
viraj curve *of a road*
viran ruined; **~e** *n.* ruin
virgül *gr.* comma
virüs *med.* virus
visamiral *naut.* vice-admiral
viski whisky
viskonsolos *pol.* vice-consul
vişne *bot.* sour cherry, morello
vitamin vitamin
vites *tech.* gear; **~ kolu** gear lever
vitrin shopwindow
Viyana Vienna
vize *pol.* visa
vizite *med.* visit; doctor's fee
vizör *phot.* view-finder
vokal vocal; **~ist** vocalist
voleybol volleyball
volkan *geo.* volcano
volt *el.* volt; **~aj** voltage
votka vodka
vuku occurence, event; **~ *bulmak,* ~*a gelmek*** happen, take place; **~at** *pl.* events, incidents
vurdumduymaz thick-skinned, insensitive
vurgu *gr.* accent, stress; **~lu** stressed
vurguncu *ec.* profiteer; **~luk** profiteering
vur|mak *v/t* hit (*-e* against); knock, tap; kill, shoot dead; **~uş** blow; **~uşmak** fight (***ile*** with)
vücu|t human body; **~da gelmek** arise, come into existence; **~tlu** heavily built

Y

ya[1] *intj.* oh!, O!
ya[2] *(bir tümcenin başında)* well; yes, but...; *(bir tümcenin sonunda)* indeed; there!; after all
ya[3] or; **~ ... ~ ...** either ... or ...
-ya *bak* **-a**
yaba wooden pitchfork
yaban desert, wilderness; stranger; **~ *domuzu*** *zo.* wild boar; **~ *kedisi*** *zo.* wild cat; **~cı** stranger; foreigner; foreign; **~î** untamed, wild; **~î gül** *bot.* wild rose
yadırgamak *v/t* regard as a stranger, find strange

yadigâr souvenir, keepsake
yadsımak *v/t* deny, reject
yafta label
yağ oil, fat; grease; **~cı** *fig.* flatterer, toady; **~danlık** grease-pot, oilcan
yağdırmak *v/t* let rain (*-e* upon); *fig.* rain, shower
yağış rain; **~lı** rainy
yağ|lamak *v/t* grease, oil; **~lı** fat; greasy, oily; *fig.* profitable; **~lı güreş** greased wrestling
yağma pillage; booty, loot; **~ *etm.*** *v/t* plunder; **~cı** plunderer, pillager
yağmak *v/t* rain; (*-e* upon)
yağmur *n.* rain; **~ *yağmak*** rain; **~lu** rainy; **~luk** raincoat
yahni meat stew with onions
yahşi pretty
yahu! *intj.* see here!; say!; my goodness!; please!
Yahudi *n.* Jew; *adj.* Jewish; **~lik** Judaism; quality of a Jew
yahut or
yaka collar; bank, shore
yakacak fuel
yakala|mak *v/t* catch, collar, seize; **~nmak** be seized; catch *an illness*
yakarmak beg, implore
yakı *med.* blister, plaster
yakıcı burning; biting
yakın *adj.* near (*-e* to); *n.* nearby place, neighbourhood; **~ *akraba*** close relative; **~*da*** *adv.* near; nearby; in the near future; recently; **~*dan*** *adv.* closely, from the near; **♀ *Doğu*** Near East; **~laşmak** *-e* approach; **~lık** nearness, proximity
yakınmak complain
yakışık suitability; **~lı** handsome, good-looking; **~sız** unsuitable, unbecoming
yakışmak be suitable, proper (*-e* for); suit, go well with
yakıt fuel
yakinen *adv.* for certain, doubtless
yaklaş|ık approximate; **~mak** *-e* approach, draw near; **~tırmak** *v/t* bring near
yakmak *v/t* burn; light, set on fire; turn on, light
yakut ruby
yalak trough; stone basin
yalamak *v/t* lick; graze
yalan lie; false; **~ *makinesi*** lie detector; **~ *söylemek*** lie; **~ *yanlış*** false, erroneous; **~cı** liar; imitated, false; **~cılık** lying, mendacity; **~lamak** *v/t* deny, contradict
yalçın smooth and bare, slippery, steep
yaldız gilding; **~lamak** *v/t* gild; **~lı** gilt; false
yalı shore, beach; waterside residence
yalın single; bare, naked; **~ *ayak*** barefoot; **~ *hâl*** *gr.* nominative case
yalıt|kan *phys., el.* nonconductive, insulative; **~mak** *v/t* isolate, insulate

yalnız alone; only; **~lık** solitude, loneliness
yalpa *naut.* rolling
yaltak(çı) fawning, cringing; **~lanmak** fawn, flatter; **~lık** flattery
yalvarmak *-e* entreat, implore, beg
yama patch
yamaç side, slope *of a hill*
yamak assistant
yama|(la)mak patch; **~lı** patched
yaman capable; intelligent; strong, violent
yamanmak *-e* be patched on; *fig.* be imposed on; foist oneself on
yamuk bent, crooked; *math.* trapezoid
yamyam cannibal; **~lık** cannibalism
yan side, flank; direction; **~ *çizmek*** avoid, shirk; **~ *sokak*** side street; **~ *ürün*** by-product; **~ *~a*** side by side; *-in* **~*ına*** towards, to; *-in* **~*ında*** beside; with; *-in* **~*ından*** from
yanak *an.* cheek
yanardağ *geo.* volcano
yanaş|ma approaching; farm-hand, hireling; **~mak** *-e* draw near, approach, come alongside; **~tırmak** *v/t* bring near, let come alongside
yanay profile, section
yandaş partisan, supporter
yangı inflammation; **~lanmak** become inflamed
yangın fire, conflagration; **~ çıkarmak** cause a fire; **~ sigortası** fire insurance
yanık burned, scorched; burn, scald; doleful
yanıl|mak make a mistake; go wrong; **~tmak** *v/t* lead into error, mislead
yanıt *n.* answer; **~lamak** *v/t* answer
yani that is, namely
yankesici pickpocket
yankı echo, reaction
yanlış *n.* mistake, error; *adj.* wrong, incorrect; **~lık** mistake, blunder; **~lıkla** by mistake
yanmak burn, be on fire; be on; catch fire; be burnt
yansı reflection; **~lamak, ~tmak** reflect
yansız neutral; impartial
yapa|ğı, ~k wool shorn in spring
yapay artificial
yapı building, edifice; **~cı** *n.* maker, constructor; *adj.* constructive; **~lı** made, built; portly *person*
yapıl|ış construction; structure; **~mak** be built, be constructed
yapım construction, building; manufacture; **~ *evi*** factory, workshop; **~cı** *sinema:* producer
yapısal structural

yapışık stuck (*-e* to, on), adhering (*-e* to)
yapış|kan sticky, adhesive; **~mak** *-e* stick to, hang on; **~tırıcı** adhesive; **~tırmak** *v/t* attach, fasten (*-e* to)
yapıt work *of art, etc.*
yapma *n.* imitation; *adj.* artifical, false; **~k** *v/t* do, make; construct, build
yaprak leaf; sheet *of paper*, page; **~lanmak** come into leaf
yaptırım *pol.* sanction
yar precipice, abyss, cliff
yara wound; *fig.* pain
Yara|dan *rel.* the Creator; **ƨdılış** creation; nature, constitution
yara|lamak *v/t* wound, hit; **~lanmak** be wounded; **~lı** wounded
yara|mak *-e* be useful, suitable for; **~maz** useless; naughty; **~mazlık** naughtiness
yaranmak offer one's services, curry favo(ur) (*-e* to)
yarar *adj.* *-e* useful, serviceable for; *n.* advantage; **~lanmak** benefit (*-den* from), make good use (*-den* of); **~lı** useful; **~lık** good service, usefulness; **~sız** useless, of no use
yarasa *zo.* bat
yaraş|ıklı suitable; **~mak** *-e* harmonize, go well with
yarat|ıcı creative, creating; **~ık** creature; **~mak** *v/t* create
yarbay *mil.* lieutenant colonel
yarda yard (*=91,44 cm.*)
yardakçı accomplice
yardım help, assistance; **~ etm.** *-e* help; **~cı** helper, assistant; *adj.* auxiliary; **~cı fiil** *gr.* auxiliary verb; **~laşmak** help one another; **~sever** helpful
yargı opinion; *jur.* decision, judg(e)ment, verdict; **~ *yetkisi*** judicial power; **~ç** judge; **~lamak** *v/t* try, judge; **ƨtay** Supreme Court
yarı half; **~ *küre*** *geo.* hemisphere; **~ *~ya*** *adv.* fifty-fifty; **~çap** *math.* radius; **~k** split, cleft, crack, fissure
yarım half; **~ada** *geo.* peninsula
yarın tomorrow; **~ *değil öbür gün*** the day after tomorrow
yarış race, competition; **~ma** competition; **~macı** competitor; **~mak** race, compete (***ile*** with)
yarmak *v/t* split, cleave, break through
yas mourning; **~ *tutmak*** be in mourning, mourn
yasa law; **~ dışı** illegal
yasak *n.* prohibition; *adj.* forbidden, prohibited; **~ *etm.*** *v/t* forbid, prohibit
yasal legal, lawful; **~laştırmak** legalize
yasama legislation; **~ *yetkisi*** *jur.* legislative power; **~k** *v/t* arrange; make laws

yasemin *bot.* jasmine
yaslanmak lean (*-e* against)
yaslı in mourning
yassı flat and wide; **~lık** flatness, planeness; **~ltmak** *v/t* flatten
yastık pillow, cushion, bolster; nursery-bed *(garden)*
yaş[1] *adj.* wet, damp; *n.* tears
yaş[2] age; **~ günü** birthday; *yirmi ~ında* 20 years old
yaşa|m life; **~ öyküsü** biography; **~mak** *v/i* live; **~msal** vital; **~ntı** way of life; experience of life
yaşarmak become wet; *(gözler)* fill with tears
yaşayış way of living, life
yaşıt of the same age
yaşlanmak grow old
yaşlı[1] wet
yaşlı[2] aged, elderly
yat *naut.* yacht; **~ *limanı*** marina
yatağan heavy curved knife
yatak bed, berth; den, lair, hide-out; *tech.* bearing; **~ *çarşafı*** bed sheet; **~ *odası*** bedroom; **~ *takımı*** bedclothes; **~hane** dormitory; **~lı vagon** sleeping car
yata|lak bedridden; **~y** horizontal
yatı overnight stay; **~lı okul** boarding school; **~rım** *ec.* deposit; investment; **~rmak** *v/t* put to bed; invest, deposit; **~şmak** calm down, become quiet; **~ştırıcı** sedative
yat|mak *-e* lie down on, lean towards; go to bed; **~sı** time about two hours after sunset
yavan with little fat; tasteless; *fig.* dull, uninteresting
yavaş slow; low, soft *(voice)*; gentle, mild; **~ ~** *adv.* slowly, gently, steadily; **~lamak** slow down, become slow; **~latmak** *v/t* slacken, slow down
yave foolish talk
yaver assistant; *mil.* aide-de-camp
yavru young animal; kitten *(cat)*, puppy *(dog)*; child; **~lamak** bring forth young
yavuz stern, tough
yay bow; *tech.* spring; ♐ *astr.* Sagittarius
yaya on foot; pedestrian; **~ geçidi** pedestrian crossing; **~ gitmek** go on foot; **~ kaldırımı** sidewalk, pavement; **~n** on foot; *fig.* uninformed
yaygara shout, outcry
yaygın widespread
yayık[1] churn
yayı|k[2] spread out; wide; **~lmak** *-e* be spread on
yayım publishing; publication; **~lamak** *v/t* publish; broadcast
yayın publication; **~ evi** publishing house
yayla high plateau; **~k** summer pasture; **~mak** spend the summer *on a high plateau*
yaylı having springs; stringed
yaymak *v/t* spread, scatter; broadcast

yayvan broad
yaz summer
yaz|ar writer, author; **~gı** destiny
yazı writing; handwriting; written article; ~ ***makinesi*** typewriter; **~hane** desk; office
yazık pity; shame; deplorable; what a pity!
yazıl|ı written; inscribed; **~mak** be written; be registered (*-e* in)
yazım orthography, spelling
yazın¹ literature
yazın² *adv.* in summer
yazışmak correspond (***ile*** with)
yazıt inscription, epitaph
yazlık suitable for the summer; summer house
yazma writing; ~ ***kitap*** manuscript; **~k** *v/t* write; register; enrol (*-e* in)
yazman secretary
-ye *bak* **-a**
yedek reserve, spare; ~ **parça** spare part; ~ **subay** *mil.* reserve conscript officer
yedi seven
yediemin *jur.* depositary, trustee
yedirmek *v/t* cause to eat, feed
yegâne sole, unique
yeğen nephew; niece
yeğlemek prefer
yekûn total, sum
yel wind; ~ **değirmeni** windmill
yele mane; **~li** maned
yelek waistcoat
yelken sail; ~ ***açmak*** hoist sails; **~li** *adj.* fitted with sails; *n.* sailing ship
yelkovan minute-hand; weathercock
yellemek *v/t* blow upon, fan
yelpaze fan; **~lemek** *v/t* fan
yeltenmek dare, try
yem food, fodder; bait
yemek 1. *n.* meal, food, dish; banquet; **2.** *v/t* eat; consume; spend *money*; ~ ***odası*** dining room; ~ ***pişirmek*** *v/t* cook; **~lik** serving as a food, edible
yemin oath; ~ ***etm.*** swear, take an oath (*-in* ***üzerine*** by); **~li** sworn in
yemiş 1. fruit; **2.** fig(s)
yem|lemek *v/t* bait; feed; entice; **~lik** *adj.* suitable for food; *n.* trough, manger; *fig.* bribe
yemyeşil very green
yen sleeve, cuff
yenge the wife of one's uncle *veya* brother; sister-in-law
yengeç *zo.* crab; ♋ *astr.* Cancer
yengi victory
yeni new; recent; **~den** anew, once again; **~bahar** *bot.* allspice; **~çeri** Janissary; **~k** defeated; **~lemek** *v/t* renew, renovate; **~lenmek** be renewed, renovated; **~lik** newness; renovation, reform
yenilmek¹ be eaten
yenilmek² be overcome, lose

yenmek[1] *v/t* overcome, conquer, defeat
yenmek[2] be edible
yepyeni brand-new
yer earth, ground, place; space, room; ~ ***almak*** take part (*-de* in); ~ ***altı*** underground, subterranean; ~ ***altı geçidi*** underground passageway; ~ ***bulmak*** take place; ~ ***fıstığı*** *bot.* peanut; ~ ***sarsıntısı*** earthquake; **~de** on the ground; **~el** local; **~inde** in its place; appropriate, suitable; **~ine** instead of; **~ine getirmek** *v/t* carry out; **~küre** the earth
yerleş|im settlement; **~mek** *-de* settle down in; become established in; **~tirmek** *v/t* put into place, settle
yer|li local; domestic, native; **~mek** criticize; **~siz** out of place; **~yüzü** *geo.* face of the earth, the world
yeşil green; fresh; **~lenmek** become green; **~lik** greenness; meadow; greens
yetenek ability, capacity, talent
yeter sufficient, enough; **~li** adequate; competent, qualified; **~lik** competence, qualification; **~siz** inadequate
yetim orphan; **~hane** orphanage
yetinmek be contented (***ile*** with)
yetiş|kin adult, grown-up; **~mek** *-e* reach, attain; catch (*train, etc.*); be brought up; suffice; **~tirmek** *v/t* raise, grow; bring up, educate
yetki authority, power; competence, qualification; ~ ***vermek*** *-e* authorize; **~li** authorized; competent, qualified; **~n** perfect
yetmek *-e* suffice, be enough; reach, attain
yetmiş seventy
yevmiye daily pay
yığılı heaped, piled up
yığın heap, pile; **~ak** *mil.* concentration; **~tı** accumulation; heap
yığ|ışmak *v/i* crowd together; **~mak** *v/t* heap up, pile up
yıka|mak *v/t* wash; **~nmak** wash oneself, take a bath
yıkı|cı destructive, **~k** demolished, ruined; **~lmak** be demolished, fall down; **~m** ruin, destruction; bankruptcy; **~ntı** ruins, debris
yıkmak *v/t* pull down, demolish, wreck
yıl year; ~ **dönümü** anniversary
yılan *zo.* snake; ~ **balığı** *zo.* eel; **~cık** *med.* erysipelas
yılbaşı New Year's Day
yıldırım lightning; ~ **savaşı** *mil.* blitzkrieg
yıldız star; ~ **çiçeği** *bot.* dahlia
yılgı horror, terror; **~n** daunted, frightened

yılış|ık importunate; **~mak** grin impudently
yıl|la(n)mak take on years; grow old; **~lık** *n.* annual, yearbook; *adj.* one year old, yearly; yearly salary
yılma|k *-den* be afraid of, dread; **~z** undaunted
yıpra(n)mak wear out, be worn out, grow old
yırtıcı: ~ ***hayvan*** beast of prey
yırt|ık torn, rent, tattered; *fig.* shameless; **~ılmak** be torn, rent; **~mak** *v/t* tear, rend
yiğit hero; young man; *adj.* brave, bold, courageous; **~lik** courage, heroism
yine *bak* **gene**
yinelemek repeat
yirmi twenty
yit|irmek *v/t* lose; **~mek** be lost; go astray
yiv gnoove; *tech.* thread
yiyecek food
yobaz *rel.* fanatic; **~lık** fanaticism
yoğalt|ım consumption; **~mak** *v/t* consume, use up
yoğun thick, dense; intensive; ~ **bakım** intensive care; **~luk** density, thickness
yoğurmak *v/t* knead
yoğurt yogurt; **~cu** maker *veya* seller of yogurt
yok there is not; non-existent, absent; no; ~ ***etm.*** *v/t* annihilate
yoklama roll call; *mil.* call up; inspection; test, examination; **~k** *v/t* search, examine, try, test
yok|luk absence, lack, non-existence, **~sa** if not, otherwise; or; but not
yoksul poor, destitute; **~luk** destitution, poverty
yoksun deprived (*-den* of)
yokuş rise, ascent; ~ **aşağı** downhill; ~ **yukarı** uphill
yol road, way, street; manner, method; means; ~ ***açmak*** *-e* cause; ~ ***vermek*** *-e* make way to; discharge; **~*a çıkmak*** set off, start, depart; **~*una koymak*** *v/t* set right; **~*unda*** in order, going well; **~*unu kesmek*** waylay, hold up; **~*unu şaşırmak*** lose the way
yolcu traveller, passenger; ~ **gemisi** liner; **~luk** travelling
yol|daş fellow traveller; comrade; **~lamak** *v/t* send, dispatch (*-e* to); **~lu** striped; **~luk** provisions for a journey
yolmak *v/t* pluck; tear out; strip
yolsuz roadless; contrary to law, illegal; **~luk** irregularity; abuse, misuse
yonca *bot.* clover, trefoil
yonga chip, chipping
yontmak *v/t* cut; sharpen; chip
yordam agility, dexterity
yorgan quilt; **~cı** quilt-maker
yorgun tired, weary; ~ **argın** dead tired; **~luk** fatigue, weariness

yormak[1] *v/t* tire, fatigue
yormak[2] *v/t* attribute (*-e* to), interpret
yortu *rel.* Christian feast
yorulmak get tired
yorum commentary, interpretation; **~lamak** *v/t* explain, comment on
yosma pretty, attractive; coquette
yosun *bot.* moss; **~lu** mossy, covered with moss
yoz virgin *(soil);* degenerate
yön direction; **~eltmek** *v/t* direct, turn (*-e* towards), confer (*-e* to)
yönetici administrator, director
yönet|im administration, management; **~ kurulu** board of directors; **~mek** *v/t* direct, administer; **~melik** regulation; **~men** director
yöntem method, way
yöre vicinity, environs; **~sel** local
yörünge *astr.* orbit
yudum sip, sup, gulp
yufka *n.* thin layer of dough; *adj.* thin, weak
Yugoslavya Yugoslavia
yuha *intj.* shame on you! boo!; **~lamak** *v/t* hoot down *veya* off, boo
yukarı *n.* top, upper part; *adj.* high, upper, top; **~*da*** above, overhead; upstairs; **~*dan*** from above; **~*ya*** upward
yulaf *bot.* oats
yular halter
yumak ball *of wool, etc.*
yummak *v/t* shut, close
yumru round thing, lump, knot
yumruk fist; blow with the fist; **~lamak** *v/t* hit with the fist, punch
yumu|k closed, half-shut; **~lmak** become closed
yumurta egg; roe, spawn; **~ *akı*** egg white; **~ *sarısı*** yolk; **~lık** eggcup; *an.* ovary
yumurtlamak *v/t* lay *eggs; fig.* invent
yumuşak soft, mild; **~lık** softness, mildness
yumaşa|mak *v/i* become soft; **~tmak** *v/t* soften
Yunan Greek; **~istan** Greece; **~ca** Greek *(language)*; **~lı** Greek
yunus: ~ *balığı* dolphin
yurdu eye *of a needle*
yurt native country, homeland; student dormitory; **~sever** patriotic; **~taş** fellow countryman, citizen; **~taşlık bilgisi** civics
yut|kunmak *v/i* swallow one's spittle, gulp; **~mak** *v/t* swallow, gulp down
yuva nest, home; nursery school; **~lamak** *v/i* nest, make a nest
yuvar *an.* blood-corpuscle; **~lak** round, spherical, globular; **~lamak** *v/i* roll, make round; swallow greedily; **~lanmak** *v/i* revolve, roll; topple over

yüce high, exalted; ♀ **Divan** *jur.* High Court; **~ltmek** *v/t* exalt
yük load, burden; ~ **gemisi** *naut.* cargo-steamer, freighter
yükle|m *gr.* predicate; **~mek** *v/t* load (*-e* on); attribute (*-e* to); **~nmek** *-e* shoulder; throw oneself against; **~tmek** *v/t* place, impose (*-e* on)
yüklük large cupboard
yüksek high; loud *(voice);* ~ ***atlama*** *spor:* high jump; ~ ***mühendis*** graduated engineer; ~ ***öğretim*** higher education; **~lik** height, elevation, altitude
yüksel|mek rise; **~tmek** *v/t* raise; *fig.* praise
yüksük thimble
yüküm obligation; **~lü** charged (**ile** with); **~lülük** obligation
yün wool; woollen; **~lü** woollen
yürek heart; *fig.* courage, boldness; **~li** brave, courageous, bold; **~siz** timid, faint-hearted
yürü|mek walk; advance; march; **~rlük** *jur.* being in force, validity
yürüt|me: ~ ***görevi*** *jur.* executive power; **~mek** *v/t* walk; put into force; perform, carry out; **~üm** execution *of an order, etc.*
yürüyen: ~ ***merdiven*** moving staircase, escalator
yürüyüş *n.* march, walk
yüz[1] hundred, one hundred
yüz[2] face; surface; motive, cause; ***bu ~den*** for this reason; ***~ünden*** on account of; ~ ***çevirmek*** turn away (*-den* from); ~ ***kızartıcı*** shameful; ~ ***ölçümü*** surface measurement; ~ ***tutmak*** *-e* begin, turn towards; ~ ***vermek*** give encouragement, be indulgent (*-e* to)
yüzbaşı *mil.* captain
yüzey face, surface; **~sel** superficial
yüzgeç *zo.* fin *(of a fish)*
yüz|leşmek be confronted (***ile*** with); meet face to face; **~lü** with *such and such* a face *veya* surface; ... faced
yüzmek[1] *v/t* flay, skin
yüzmek[2] swim
yüznumara toilet, loo
yüzsüz shameless; **~lük** shamelessness
yüzük ring
yüzükoyun face down
yüzyıl century

Z

zabıt minutes, protocol; ~ ***tutmak*** take minutes

zabıta police
zafer victory, triumph
zafiyet weakness; infirmity
zahire store of grain or provisions
zahmet trouble, difficulty; ~ ***çekmek*** suffer trouble *veya* fatigue; ~ ***etmeyiniz!*** don't trouble yourself!; **~li** troublesome, difficult; **~siz** easy
zakkum *bot.* oleander
zalim cruel, tyrannical, unjust
zam addition, rise, increase; ~ ***yapmak*** *-e* raise the price of
zaman time, period; *-diği ~ conj.* when; **o** ~ then; ***bir*** **~*(lar)*** once, at one time; ~ **aşımı** *jur.* prescription; time limit; ~ ~ from time to time; **~sız** untimely, inappropriate
zambak *bot.* lily
zamir *gr.* pronoun
zamk gum, glue; **~lamak** *v/t* glue, paste, gum; **~lı** gummed
zampara womanizer, rake
zan suspicion, doubt
zanaat craft, handicraft; **~çı** craftsman
zangırdamak tremble, clank
zangır zangır: ~ ***titremek*** be all of a tremble
zannetmek *v/t* think, suppose, believe
zapt: ~ ***etm.*** *v/t* seize, take possession of; capture; restrain, master
zar[1] membrane, film; thin skin
zar[2] dice
zarafet grace, elegance
zarar damage, injury, harm; ~ ***vermek*** *-e* cause harm *veya* loss; **~ı *yok!*** never mind!, it doesn't matter!; **~lı** harmful (*-e* to); **~sız** harmless; not so bad
zarf envelope; cover; cup holder; case; *gr.* adverb; **~ında** during, within
zarif elegant, graceful; **~lik** elegance
zarur|et need, necessity; want, poverty; **~î** necessary, indispensable
zar zor unwillingly, willy-nilly
zat person, individual; **~en** *adv.* in any case, as a matter of fact
zatürree *med.* pneumonia
zavallı unlucky, miserable, poor
zayıf weak, thin; slim, slender; **~lamak** become thin *veya* weak, lose weight; **~latmak** *v/t* cause to lose weight, weaken, enfeeble; **~lık** weakness; thinness
zayi lost; **~at** *pl.* losses, casualties
Zebur *rel.* the Psalms of David
zedelemek *v/t* bruise; maltreat; damage
zehir poison; **~lemek** *v/t* poison; **~li** poisonous; poisoned
zekâ intelligence, quickness of mind
zekât *rel.* alms *prescribed by*

Islam
zeki quick-witted, intelligent
zelzele *geo.* earthquake
zemberek spring *of a watch, etc.*
zemin earth, ground *(a. of a design); fig.* subject, theme; **~ katı** ground floor
zencefil *bot.* ginger
zenci Negro
zengin rich; **~le(ş)mek** become rich; **~lik** wealth
zeplin *av.* zeppelin, airship
zerdali *bot.* wild apricot
zerde *sweetened rice coloured with saffron*
zerre mote, atom; molecule, ***~ kadar*** the least bit
zerzevat *pl.* vegetables; **~çı** greengrocer
zevk taste, flavour; enjoyment, pleasure; good taste; ***~ almak*** take pleasure (*-den* in), enjoy; ***~ için*** for fun, for pleasure; *-in* ***~ine varmak*** begin to enjoy, appreciate; **~lenmek** ***ile*** take pleasure in, make fun of; **~li** pleasant, amusing; **~siz** tasteless; unpleasant
zevzek giddy, talkative; **~lenmek** say stupid things; **~lik** senseless chatter, silly behaviour
zeytin *bot.* olive; **~lik** olive grove; **~yağı** olive oil
zeytunî olive-green
zıbarmak *sl.* die, peg out; fall asleep, hit the sack
zıkkım unpleasant food
zılgıt: ***~ yemek*** *coll.* get in the neck, cop it
zımba drill; file-punch; **~lamak** *v/t* punch
zımbırtı twanging noise; *fig.* worthless thing
zımpara emery; ***~ kâğıdı*** sandpaper
zıngı|ldamak, ~rdamak tremble, rattle
zıpkın *naut.* harpoon
zıplamak jump, bounce
zıp zıp marble *for playing*
zırdeli raving mad
zırh armour; **~lı** armoured; *n. naut.* battleship
zırıl|damak chatter continuously; blubber; **~tı** chatter, squabble
zırnık *chem.* arsenic; *fig.* the least little bit
zırva silly chatter; nonsense
zıt the contrary, opposite; *-in* ***zıddına gitmek*** get on *one's* nerves; **~ gitmek** oppose (***ile*** *so.)*
zıvana short tube; mouthpiece *for a cigarette;* **~dan çıkmak** *fig.* fly off the handle
zibidi oddly dressed
zifirî: ***~ karanlık*** pitch black
zift pitch; **~lemek** *v/t* daub with pitch; **~lenmek** *coll.* make a pig of oneself
zihin mind, intelligence; memory
zihniyet mentality
zikir mention, mentioning; *rel.* recitation of litanies

zikretmek *v/t* mention
zikzak zigzag
zil cymbal; bell, **~i çalmak** ring the bell; **~zurna** blind drunk, as drunk as a lord
zimmet *ec.* debit side *of an account; -in* **~ine geçirmek** *v/t* place to *one's* debit; **kendi ~ine geçirmek** *v/t* embezzle
zina adultery, fornication
zincir chain, fetters; **~lemek** *v/t* chain; **~li** chained; provided with a chain
zindan dungeon; **~cı** jailer
zinde energetic, alive, active
zira *conj.* because, for
zira|at agriculture; **~î** agricultural
zirve summit, peak; **~ toplantısı** summit meeting
ziyade more; surplus; too much; rather than; **~siyle** *adv.* to a great degree, largely
ziyafet feast, banquet
ziyan loss, damage; **~ etm.** *v/t* waste; **~ı yok!** no matter!
ziyaret visit, call; **~ etm.** *v/t* visit, pay a visit to; **~çi** visitor
ziynet ornament, decoration; jewellery
zoka artificial bait
zonklamak *v/t* throb with pain
zooloji zoology
zor *n.* compulsion; strength; *adj.* difficult, hard; **~ kullanmak** use force; **~aki** *adv.* under compulsion; by force; **~la** *adv.* with difficulty; by force
zorba tyrant, bully; **~lık** violence, bullying
zorla|mak *v/t* force (*-e* to *inf.*); use force against, compel; try to open; **~şmak** grow difficult; **~ştırmak** *v/t* render difficult, complicate; **~yıcı** compelling
zor|lu strong, violent; **~luk** difficulty; **~unlu** necessary, obligatory; **~unluluk** obligation, necessity
zuhur appearance, happening; **~ etm.** appear
zulüm wrong, oppression, cruelty, tyranny
zurna *mus. a kind of* shrill pipe
zücaciye glassware, porcelain, china
züğürt *sl.* bankrupt, penniless, broke
Zühal *astr.* Saturn
Zühre *astr.* Venus; **~vî** *med.* venereal
zülüf lock of hair, sidelock
zümre party, group, class
zümrüt emerald
züppe fop, snob, dandy
zürafa *zo.* giraffe

A

a [ey, ı] bir
aback [ı'bäk]: ***be taken*** ~ şaşalamak, şaşırıp kalmak
abandon [ı'bändın] *v/t* terketmek, bırakmak; ~**ment** *jur.* terk
abashed [ı'bäşt] utanmış, mahcup olmuş, sıkılmış
abb|ess ['äbıs] *rel.* baş rahibe; ~**ey** ['~i] manastır; ~**ot** ['-ıt] baş rahip
abbreviat|e [ı'brîvieyt] *v/t* kısaltmak; ~**ion** kısaltma
ABC ['eybî'sî] alfabe
abdicat|e ['äbdikeyt] çekilmek, el çekmek, istifa etm. *-den;* ~**ion** el çekme, istifa, terk
abdomen ['äbdımen] *an.* alt karın, karın
abduct [äb'dakt] *v/t* kaçırmak
abhor [ıb'hô] nefret etm., iğrenmek *-den;* ~**rence** [~orıns] nefret, tiksinme; ~**rent** tiksindirici; temelden aykırı (***to*** *-e*)
abide [ı'bayd] *v/t* uymak, bağlı kalmak
ability [ı'biliti] kabiliyet, yetenek
abject ['äbcekt] acınacak, sefil; onursuz
ablaze [ı'bleyz] *adv.* tutuşmuş, yanmakta
able ['eybl] yapabilen, muktedir; güçlü; ***be*** ~ ***to*** *inf.* muktedir olm. *-e,* yapabilmek *-i;* ~**bodied** güçlü kuvvetli
abnormal [äb'nômıl] anormal; acayip, garip
aboard [ı'bôd] gemide, gemiye; uçakta, uçağa; tren(d)e; otobüs(t)e
abode [ı'bıud] *n.* konut, ev, oturulan yer
aboli|sh [ı'boliş] kaldırmak, iptal etm.; ~**tion** [äbıu'lişın]; yürürlükten kaldırma, son verme
A-bomb ['eybom] atom bombası
abominable [ı'bominıbl] iğrenç, nefret verici
abortion [ı'bôşın] *med.* çocuk aldırma; çocuk düşürme; düşük
abound [ı'baund] *v/i* bol olm., kaynamak (***with*** ile)
about [ı'baut] aşağı yukarı, hemen hemen; *prp.* hakkında; *-in* etrafında; ***be*** ~ ***to*** *inf. -i yapmak* üzere olm.
above [ı'bav] yukarı(sın)da, *-in* üstünde; *-den* yukarı, *-den* fazla; ~ **all** her şeyden önce, her şeyden önemlisi
abreast [ı'brest] yan yana, bir hizada

abridge [ı'bric] *v/t* kısaltmak, özetlemek; **~ment** kısaltma; özet
abroad [ı'brôd] yurt dışın(d)a, yabancı ülkede
abrupt [ı'brapt] anî; kaba, sert
abscess ['äbsis] *med.* çıban
absence ['äbsıns] yokluk, bulunmayış; **~ of mind** dalgınlık
absent ['äbsınt] yok, bulunmayan; **~-minded** dalgın
absolute['äbsıluut] katî, kesin; bütün, tam, eksiksiz
absolut|ion [äbsı'luuşın] günahların affı; **~ism** saltçılık, mutlakiyet
absolve [ıb'zolv] *v/t* azat etm., bağışlamak (**from** *-den*)
absorb [ıb'sôb] *v/t* emmek, içine çekmek
abstain [ıb'steyn] çekinmek, geri durmak (**from** *-den*)
abstention [ıb'stenşın] çekinme; *pol.* çekimserlik
abstinen|ce ['äbstinıns] perhiz, sakınma; **~t** perhize uyan
abstract ['äbsträkt] *adj.* soyut; kuramsal, nazarî; *n.* özet; *v/t* çıkarmak, ayırmak, soyutlamak
absurd [ıb'söd] gülünç, anlamsız, saçma
abundan|ce [ı'bandıns] bolluk, çokluk, bereket; **~t** çok, bol
abus|e [ı'byûs] *n.* suiistimal, kötüye kullanma; *v/t* kötüye kullanmak; **~ive** aşağılayıcı, küfürlü
abyss [ı'bis] dipsiz bucaksız kuyu, uçurum (*a. fig.*)
academ|ic [äkı'demik] akademik, öğretim ve eğitimle ilgili; bilimsel niteliği olan; **~y** [ı'kädımi] akademi
accelerat|e [ık'selıreyt] *v/t* hızlandırmak; **~or** *tech.* gaz pedalı
accent ['äksınt] vurgu, aksan; şive, ağız
accept [ık'sept] *v/t* almak, kabul etm.; **~able** kabul edilebilir, uygun; **~ance** kabul
access ['äkses] giriş, yol (**to** *-e*); *med.* nöbet; **~ road** giriş yolu; **have ~ to** girebilmek *-e*; **~ible** [ık'sesıbl] erişilebilir, yanına varılabilir; **~ion** [äk'seşın] ulaşma; tahta çıkma; **~ory** [ık'sesıri] *jur.* ferî fail, suç ortağı; ikinci derecede; *mst.* **accessories** *pl.* aksesuar, yardımcı şeyler
accident ['âksidınt] rastlantı, tesadüf; kaza, arıza; **by ~** kazaen; tesadüfen; **~al** [-'dentl] tesadüfi, rastlantı sonucu olan
acclaim [ı'kleym] *v/t* alkışlamak, coşku ile karşılamak
acclimatize [ı'klaymıtayz] *v/t* alıştırmak, uyum sağlamak
accomodat|e [ı'komıdeyt] *v/t* kalacak yer sağlamak; barındırmak; uymasını sağlamak, uydurmak (**to** *-e*); **~ion**

kalacak yer; uyma *veya* uydurma eylemi
accompan|iment [ı'kampınimınt] refakat, eşlik *(a. mus.)*; **~y** refakat etm., eşlik etm. *-e*
accomplice [ı'kamplis] suç ortağı.
accomplish [ı'kampliş] *v/t* bitirmek, başarmak; **~ed** hünerli, usta; **~ment** başarı, beceri
accord [ı'kôd] uygunluk; ahenk; anlaşma; akort; ***of one's own ~*** kendiliğinden; **~ance**: ***in ~ with*** *-e* göre, *-e* uygun olarak; **~ing**: ***~ to*** *-e* göre
account [ı'kaunt] *v/i* nedenini açıklamak, hesabını vermek (***for*** *-in*); *n.* hesap; rapor; hikâye; sebep; ***on no ~*** hiçbir nedenle, asla; ***on ~ of*** nedeniyle, *-den* dolayı; ***take ~ of*** hesaba katmak *-ı*; **~ant** *ec.* muhasebeci; **~ing** muhasebe
accumulat|e [ı'kyûmyuleyt] *v/t* artırmak, toplamak; *v/i* artmak, toplanmak; **~ion** birik(tir)me, toplama; yığın; **~or** *el.* akümülatör
accura|cy ['äkyurısi] doğruluk, sıhhat; tam vaktinde olma; **~te** ['-it] doğru, tam, kesin, eksiksiz
accus|ation [äkyu'zeyşın] suçlama, itham; **~ative** [ı'kyûzıtiv] *gr.* -i hali; **~e** [ı'kyûz] suçlamak, itham etm. *(so.* ***of*** *sth. b-ni bşle)*; ***the ~d*** sanık, zanlı; **~er** *jur.* davacı
accustom [ı'kastım] *v/t* alıştırmak (***to*** *-e*); **~ed** ***to*** alışık, alışkın *-e*
ace [eys] *iskambil:* as, birli; *fig.* yıldız, as
ache [eyk] *n.* ağrı, sızı; *v/i* ağrımak, sızlamak, sancımak
achieve [ı'çîv] *v/t* başarmak, meydana çıkarmak, elde etm.; **~ment** başarı
acid ['äsid] *chem. n.* asit; *adj.* ekşi; **~ rain** asitli yağmur
acknowledge [ık'nolic] *v/t* kabul etm., tanımak; doğrulamak; *bşin alındığını* bildirmek; **~ment** kabul; doğrulama; alındı
acorn ['eykôn] *bot.* meşe palamudu
acoustic|(al) [ı'kuustik(ıl)] akustiğe ait; **~s** *pl.* akustik *sg.*, yankılanım
acquaint [ı'kweynt] bildirmek, tanıtmak; ***~ s.o. with s.th.*** *b-ni bşden* haberdar etm.; ***be ~ed with*** bildirmek *-i*, haberdar olm. *-den*; **~ance** bilgi; tanıdık, bildik, tanış
acquire [ı'kwayı] *v/t* elde etm.; kazanmak
acquisition [äakwi'zişın] elde etme, edinme; elde edilen şey, kazanç
acquit [ı'kwit] *v/t jur.* beraat ettirmek, aklamak; **~tal** *jur.* beraat, akla(n)ma
acre ['eykı] İngiliz dönümü

alanı; **~nautics** [~'nôtiks] *pl.* havacılık *sg.*; **~plane** uçak
aesthetics [îs'thetiks] *pl.* güzel duyu, estetik *sg.*
afar [ı'fa]: ***from ~*** çok uzaktan
affair [ı'fäı] iş, mesele, olay
affect [ı'fekt] *v/t* etkilemek; üzmek, dokunmak *-e;* **~ion** sevgi; düşkünlük; **~ionate** [~şnit] şefkatli, sevecen
affiliate [ı'filieyt] daha büyük kuruluşa katılmak
affinity [ı'finiti] yakınlık, benzeşme; beğeni ***(for, to*** *-e* karşı)
affirm [ı'föm] *v/t* doğrulamak, tasdik etm.; **~ation** [äfö'meyşın] tasdik, doğrulama; **~ative** [ı'fömıtiv] olumlu, doğrulayıcı
affix [ı'fiks] *v/t* bağlamak, takmak, yapıştırmak
afflict [ı'flikt] *v/t* acı vermek *-e*, eziyet etm. *-e*; **~ed** tutulmuş ***(with*** *-e*); **~ion** acı çekme, üzüntü, dert, keder
affluen|ce ['äfluıns] bolluk; **~t** zengin, parası bol
afford [ı'fôd) *v/t* meydana getirmek, vermek; gücü yetmek, bütçesi müsait olm. *-e*
affront [ı'frant] hakaret
afloat [ı'flıut] su üzerinde dolaşmakta, yüzmekte
afraid [ı'freyd] korkmuş, korkan; ***be ~ of*** korkmak *-den*
afresh [ı'freş] yeniden, tekrar
Africa ['äfrikı] Afrika; **~n** Afrikalı
after ['âftı] *-den* sonra; *-e* göre; *-e* rağmen; peşi sıra, sonra; ***~ all*** bununla birlikte; ***~ that*** bundan sonra; **~effect** sonra görülen sonuç; **~noon** ikindi, öğleden sonra; ***good ~!*** iyi öğleden sonralar!, merhaba!; **~thought** sonradan akla gelen fikir; **~wards** ['~wıdz] sonra(dan)
again [ı'gen] tekrar, gene, bir daha; bundan başka; ***~ and ~, time and ~*** tekrar tekrar, defalarca
against [ı'genst] *-e* karşı, *-e* rağmen; *-in* aleyhinde
age [eyc] yaş, ömür; yaşlılık; çağ, devir; ***of ~*** reşit, ergin; ***under ~*** küçük, reşit olmayan; **~d** ['eycid] yaşlı; yıllanmış; ***~ fifty*** [eycd-] elli yaşında; **~less** eskimez; yaşlanmayan
agen|cy ['eycınsi] ajans, acente; aracılık; **~da** [ı'cendı] gündem; **~t** ['eycınt] acente, temsilci; aracı; casus, ajan
agglomerate [ıglomı'reyt] toplayıp yığmak; toplaşmak, kümülenmek
aggravat|e ['ägrıveyt] *v/t* zorlaştırmak, fenalaştırmak; kızdırmak; **~ion** zorlaştırma; hiddet, sorun
aggregate ['ägrigit] *adj.* toplu, bütün; *v/t* toplamak
aggress|ion [ı'greşın] saldırganlık; saldırı, tecavüz; **~ive** saldırgan; **~or** saldır(g)an
agile ['äcayl] çevik, kıvrak

agitat|e [ˈäciteyt] *v/t* sallamak, çalkamak; üzmek, tahrik etmek, kışkırtmak; **~ion** endişe, kaygı; kışkırtma; **~or** kışkırtıcı, tahrikçi
ago [ıˈgıu] önce, evvel; ***long*** ~ uzun zaman önce
agon|izing [ˈägınayziŋ] eziyet verici; **~y** ıstıraptan kıvranma; şiddetli acı
agree [ıˈgrî] *v/i* razı olm., aynı fikirde olm.; anlaşmak, uyuşmak; ~ ***to*** razı olm. *-e*, kabul etm. *-i*; ~ ***with*** anlaşmak, uyum içinde olm. *bi ile*; **~able** [~i-] uygun, münasip; hoş, nazik; **~ment** [~î-] anlaşma, sözleşme
agricultur|al [ägriˈkalçırıl] ziraî, tarımsal; **~e** ziraat, tarım
aground [ıˈgraund] karaya oturmuş
ahead [ıˈhed] önde, ilerde; ileriye
aid [eyd] *n.* yardım; *v/t* yardım etm. *-e*
AIDS, Aids [eydz] *med.* AIDS hastalığı
ail [eyl] *v/i* hastalanmak, rahatsızlanmak; **~ment** rahatsızlık, keyifsizlik
aim [eym] hedef; amaç; nişan alma; ~ ***at*** amaçlamak *-i;* nişan almak *-i;* **~less** gayesiz, amaçsız
air [äı] **1.** *n.* hava; tavır, eda; melodi; **2.** *v/t* havalandırmak; ***in the open*** ~ açık havada; **~base** *mil.* hava üssü; **~bed** deniz yatağı; **~brake** *tech.* hava freni; **~conditioned** klimalı, otomatik ısıtma ve soğutma tesisatı olan; **~craft** uçak; **~craft carrier** uçak gemisi; **~cushion** havalı yastık; **~field** hava alanı; **~ force** hava kuvvetleri *pl.;* **~ hostess** hostes; **~lift** hava köprüsü; **~line** hava yolu; **~liner** büyük yolcu uçağı; **~mail** uçak postası; **~man** havacı; **~plane** uçak; **~ pollution** hava kirliliği; **~port** hava limanı; **~ raid** hava saldırısı; **~raid shelter** sığınak; **~ route** hava yolu; **~sick** hava tutmuş; **~ terminal** hava yolları terminali; **~tight** hava geçirmez; **~y** havadar; yapmacıklı, hava atan; neşeli
aisle [ayl] ara yol, geçit, koridor
ajar [ıˈcâ] yarı açık, aralık
akin [ıˈkin] akraba (***to*** *-e*)
alacrity [ıˈläkriti] canlılık, çeviklik; isteklilik
alarm [ıˈlâm] *n.* alarm, tehlike işareti; korku, telâş; *v/t* tehlikeyi bildirmek *-e;* korkutmak *-i;* **~ clock** çalar saat
Albania [älˈbeynyı] Arnavutluk
album [ˈälbım] albüm
alcohol [ˈälkıhol] alkol, ispirto; **~ic** alkollü; alkolik, ayyaş
ale [eyl] bir tür sert bira
alert [ıˈlö:t] uyanık, dikkatli; ***be on the*** ~ tetikte olm.

algebra [älcibrı] cebir
Algeria [äl'ciırii] Cezayir
alibi ['älıbay] *jur. suç işlendiği anda* başka yerde bulunma iddiası
alien ['eylyın] yabancı uyruklu kimse; uzaylı
alight [ı'layt] *adj.* ateş içinde, yanan; *v/i av.* inmek
alike [ı'layk] benzer, aynı
alimentary [äli'mentıri] besleyici, yiyecek ile ilgili; ~ **canal** sindirim borusu
alimony ['älimıni] nafaka
alive [ı'layv] hayatta, canlı
all [ôl] bütün, hep,hepsi, her; ***after*** ~ nihayet, bununla birlikte; ***not at*** ~ asla, hiç; ~ ***but*** neredeyse, hemen hemen; ~ ***of us*** hepimiz; ~ ***right*** iyi, pekâlâ, tamam; ~ ***the better*** daha iyi ya
alleg|ation [äle'geyşın] ileri sürme, sav, iddia; ~**e** [ı'lec] *v/t* ileri sürmek, iddia etm.; ~**ed** sözde, sözüm ona
allergy [älıci] alerji
alleviate [ı'livieyt] *v/t* azaltmak, hafifletmek, dindirmek
alley ['äli] dar sokak, ara yol; iki tarafı ağaçlı yol
alli|ance [ı'layıns] anlaşma, ittifak, birlik; ~**ed** ['älayd] müttefik, bağlaşık
alligator ['äligeytı] *zo.* Amerika timsahı
allocate ['älikeyt] *v/t* tahsis etm., ayırmak, bölüştürmek, dağıtmak
allot [ı'lot] *v/t* pay etm., bölüştürmek
allow [ı'lau] *v/t* müsaade etm.; kabul etm., razı olm. *-e;* vermek *-i; v/t* hesaba katmak (***for*** *-i*); ~**ance** ödenek; harçlık, yolluk
alloy ['äloy] *chem.* alaşım
all-round tüm yönleriyle; her bakımdan; çok yönlü; ~**er** çok yönlü kimse; *spor:* çok yönlü sporcu
allude [ı'luud] ima etm., anıştırmak (***to*** *-i*)
allure [ı'lyuı] *v/t* çekmek, cezbetmek; ~**ment** çekme, cezbetme; çekici yön
allusion [ı'luujın] ima, anıştırma
ally ['älay] *n.* bağlaşık, müttefik; [ı'lay] *v/i* birleşmek
almighty [ôl'mayti] her şeye gücü yeten; ***the*** ♀ Allah
almond ['âmınd] *bot.* badem
almost ['ôlmıust] hemen hemen, az kaldı
alms [âmz] *pl.* sadaka
aloft [ı'loft] yukarı(da), yükşekler(e), yukarıya
alone (ı'lıun] yalnız, tek başına; ***leave*** ~ kendi haline bırakmak *-i;* ***let*** ~ şöyle dursun
along [ı'loŋ] boyunca; ***all*** ~ öteden beri, her zaman; ***come*** ~***!*** haydi gel!; ~**side** yan yana; yanısıra
aloud [ı'laud] yüksek sesle
alphabet ['älfıbit] alfabe; ~**ical** [~'betikıl] alfabe sırasına göre

already [ôl'redi] şimdiden; zaten
also ['ôlsıu] dahi, da (de, ta, te); bir de; ayrıca
altar ['ôltı] sunak; kilise masası
alter ['ôltı] *v/t* değiştirmek; *v/i* değişmek; **~ation** değişiklik
alternat|e [ôl'tönit] *adj.* nöbetleşe değişen; ['-tıneyt] *v/t* nöbetleşe değiştirmek; **~ing current** dalgalı akım; **~ion** değişme; **~ive** [-'tönıtiv] alternatif, seçenek; öteki, diğer
although [ôl'dhıu] her ne kadar, *-diği* halde, bununla birlikte, gerçi
altitude ['ältityûd] yükseklik
altogether [ôltı'gedhı] hep birlikte, tamamen, tümü ile
alumin|ium [älyu'minyım], *Am.* **~um** [ı'luuminım] alüminyum
always ['ôlweyz] daima, her zaman, hep
am [äm, ım]: **I ~** ben -im
am, AM [ey'äm] *kıs.* öğleden önce
amalgamate [ı'mälgımeyt] *v/t* birleştirmek, karıştırmak; *v/i* bileşmek
amass [ı'mäs] *v/t* yığmak, toplamak
amateur [ämıtö] amatör
amaz|e [ı'meyz] *v/t* hayrette bırakmak, şaşırtmak; **~ement** şaşkınlık, hayret; **~ing** şaşırtıcı, hayret verici
ambassador [äm'bäsıdı] *pol.* büyük elçi
amber ['ämbı] kehribar
ambiguous [äm'bigyuıs] belirsiz anlamlı, iki veya daha fazla anlama gelebilen
ambiti|on [äm'bişın] ihtiras, tutku; büyük istek; **~ous** hırslı, çok istekli
ambulance ['ämbyulıns] ambulans, hastane arabası
ambush ['ämbuş] *n.* pusu, tuzak; *v/t* pusuda beklemek
amen ['â'men] *rel.* âmin
amend [ı'mend] *v/t* düzeltmek, ıslah etm.; *v/i* iyileşmek; **~ment** düzeltme, değiştirme; **~s** *pl.* tazminat; ***make* ~** kusurunu düzeltmek
America [ı'merikı] Amerika; **~n** Amerikalı; Amerikan
amiable ['eymyıbl] hoş, tatlı, cana yakın
amicable ['ämikıbl] dostça, dostane
amid(st) [ı'mid(s)t] *-in* ortasında
amiss [ı'mis] eksik, yanlış, bozuk; ***take* ~** fenaya almak *-i*
ammunition [ämyu'nişın] cephane, mühimmat
amnesty ['ämnisti] genel af
among(st) [ı'maŋ(st)] *-in* arasında, arasına; içinde
amount [ı'maunt] *n.* miktar, meblağ; tutar, yekûn; *v/i* varmak (**to** *-e*)
amphitheatre ['ämfithiıtı] amfiteatr, setli açık hava tiyatrosu

ampl|e ['ämpl] geniş; bol; **~ifier** ['-ifayı] *tech.* amplifikatör; **~ify** ['~ifay] *v/t* genişletmek, büyütmek
amputate ['ämpyuteyt] *med.* *v/t* kesmek
amuck [ı'mak]: ***run*** ~ kudurmuş gibi etrafa saldırmak, cinnet getirmek
amus|e [ı'myûz] *v/t* eğlendirmek, güldürmek; **~ement** eğlence; **~ing** eğlendirici; eğlenceli, hoş
an [än, ın] bir
anachronism [ı'näkrınizım] tarih çelişkisi, anakronizm, *bir olayı* ait olmadığı tarihte gösterme
an(a)emia [ı'nîmyı] *med.* kansızlık
an(a)esthesia [änis'thîzyı] *med.* anestezi
analog|ous [ı'nälıgıs] benzer, kimi bakımlardan aynı; **~y** [-ci] benzeşim, benzetme; benzerlik
analy|se, *Am.* **~ze** ['änılayz] *v/t* çözümlemek; **~sis** [ı'nälısis] analiz, çözümleme
anarchy ['änıki] anarşi
anatomy [ı'nâtımi] anatomi
ancest|or ['änsistı] ata, dede; **~ress** kadın soy, büyük anne; **~ry** ecdat, dedeler *pl.*
anchor ['änkı] *n.* çapa, gemi demiri; *v/t* demir atmak, demirlemek
anchor|man ['äŋkımän] *özl.* *Am. TV:* yayın yönetmeni erkek; **~woman** yayın yönetmeni kadın
anchovy ['änçıvi] ançüez
ancient ['eynşınt] eski, kadim
and [änd, ınd] ve, ile; daha; ~ ***so on*** ve benzerleri
anecdote ['änıkdıut] fıkra, kısa hikâye
angel ['eyncıl] *rel.* melek
anger ['äŋgı] hiddet, öfke
angina [än'caynı] *med.* anjin, boğak
angle[1] ['äŋgl] köşe, açı; *fig.* görüş açışı
angle[2] *n.* olta; *v/t* balık tutmak
Angl|ican ['äŋglikın] Anglikan; **~o-Saxon** ['äŋglıu'säksın] Anglosakson; İngiliz
angry ['ängri] öfkeli, kızgın; darılmış (***at, about*** *-den* dolayı); gücenmiş (***with*** *-e*)
anguish ['äŋgwiş] ıstırap, keder, elem
angular ['äŋgyulı] köşeli
animal ['änimıl] hayvan; **~ lover** hayvan sever
animat|e ['änimeyt] *adj.* canlı; *v/t* canlandırmak; **~ed cartoon** çizgi film; **~ion** canlılık, heyecan, neşe; çizgi film yapımı
animosity [äni'mositi] düşmanlık
anise ['änis] *bot.* anason
ankle ['änkl] *an.* topuk, ayak bileği
annex ['äneks] *n.* ek bina; müştemilât *pl.*; *v/t* ilhak etm., eklemek, katmak; **~ation** [~'şeysın] katma, ekleme

anniversary [äni'vösıri] yıl dönümü
annotation [änıu'teyşın] çıkma, dipnot
announce [ı'nauns] *v/t* bildirmek, ilân etm.; **~ment** bildiri, ilân; **~r** sunucu, spiker
annoy [ı'noy] *v/t* taciz etm., kızdırmak; *be* **~ed** kızmak; **~ance** canını sıkma
annual ['änyuıl] yıllık
annul [ı'nal] yürürlükten kaldırmak, iptal etm.
anodyne ['änıudayn] uyuşturucu (ilâç)
anomalous [ı'nomılıs] anormal
anonymous [ı'nonimıs] anonim, adı bilinmeyen
anorak ['änıräk] anorak
another [ı'nadhı] başka, diğer, öbür; *with one ~* birbirini
answer ['ânsı] *n.* cevap, yanıt; *v/t* cevap vermek *-e*, yanıtlamak *-i;* sorumlu olm. (*for -den*); uymak (**to** *-e*)
ant [änt] karınca
antagonis|m [än'tägınizım] düşmanlık; **~t** düşman, muhalif
Antarctic [änt'âktik] Antarktika, Güney Kutbu
antelope ['äntilıup] *zo.* ceylan
antenna [än'tenı] *zo.* duyarga; *tech.* anten.
anthem ['änthım] ilâhi; millî marş
anti|aircraft *mil.* uçaksavar ...; **~biotic** ['~bay'otik] antibiyotik
anticipat|e [än'tisipeyt] *v/t* önceden görmek, sezinlemek; beklemek; **~ion** önceden görme, tahmin; bekleme
antics ['äntiks] maskaralık, soytarılık
anti|cyclone ['änti'sayklıun] yüksek basınç alanı; **~dote** ['~dıut] panzehir; **~freeze** antifriz; **~ missile** *mil.* roketsavar; **~nuclear** atom gücü kullanımına karşı olan
antipathy [än'tipıthi] antipati, sevişmezlik
antiqu|ated ['äntikweitıd] *adj.* çok eski, modası geçmiş; **~e** [än'tik] çok eski, antik; **~ity** [-'tikwiti] eskilik; eski çağ uygarlıkları *pl.*
antiseptic [änti'septik] antiseptik
antler ['äntlı] *zo.* geyik boynuzu
anvil ['änvil] örs
anxi|ety [äŋ'zayıti] endişe, kuruntu, merak; **~ous** ['äŋkşıs] endişeli, meraklı; *be ~ to inf.* arzu etm. *-i,* can atmak *-e*
any ['eni] bir; herhangi, her bir; bazı, birkaç; hiç; *~ more* artık; daha fazla; **~body** herhangi biri; birisi; **~how** her nasılsa; her halde; **~one** *bak ~body;* **~thing** herhangi bir şey, her şey; hiçbir şey; **~way**

bak **~how; ~where** herhangi bir yer(d)e; hiçbir yer(d)e
apart [ı'pât] ayrı, bir tarafta; başka (***from*** *-den*); **~ment** apartman dairesi; **~ment house** apartman
apathetic [äpı'thetik] hissiz, ilgisiz, kayıtsız
ape [eyp] *zo.* maymun
aperture ['äpıtyuı] aralık, delik, açık
apex ['eypeks] zirve, tepe
apiece [ı'pîs] her biri; tanesi
apolog|ize [ı'polıcayz] özür dilemek (***for*** *-den*); **~y** özür dileme; özür
apoplexy ['äpıupleksi] *med.* inme, felç
apostle [ı'posl] *rel.* havari; misyoner
apostrophe [ı'postrıfi] *gr.* kesme işareti
appa(l) [ı'pôl] *v/t* korkutmak, ürkütmek
apparatus [äpı'reytıs] cihaz, makine
apparent [ı'pärınt] açık, belli; görünüşte olan
apparition [äpı'rişn] hayalet, görüntü, tayf
appeal [ı'pîl] *n.* yalvarma; başvurma; *jur.* temyiz; *v/i* başvurmak (**to** *-e*); beğenmek *(-i)*; **~ing** yalvaran, dokunaklı; albenili, sevimli, cazip
appear [ı'piı] *v/i* görünmek, gözükmek, meydana çıkmak; **~ance** görünüş; gösteriş; ortaya çıkma; ***to all ~s*** görünebildiği kadarıyla
appease [ı'pîz] *v/t* yatıştırmak, sakinleştirmek
append|icitis [ıpendi'saytis] *med.* apandisit; **~ix** [ı'pendiks] ek, ilâve
appeti|te ['äpitayt] iştah; **~zing** iştah verici
applau|d [ı'plôd] *v/t* alkışlamak; **~se** [~z] alkış
apple ['äpl] elma; **~ pie** üstü hamurlu elma turtası
appliance [ı'playıns] alet, cihaz
applica|ble ['äplikıbl] uygulanabilir; **~nt** istekli; **~tion** uygulama; başvuru; dilekçe
apply [ı'play] *v/i* müracaat etm., başvurmak (**to** *-e*, **for** için)
appoint [ı'poynt] *v/t* tayin etm., atamak; kararlaştırmak; **~ment** ata(n)ma; görev, memuriyet, iş; randevu
apportion [ı'pôşın] *v/t* paylaştırmak
appreciat|e [ı'prîşieyt] *v/t* takdir etm., *-in* kıymetini anlamak; **~ion** değerlendirme, kıymet bilme; *ec.* değer artışı
apprehen|d [äpri'hend] *v/t* yakalamak, tutuklamak; anlamak; korkmak *-den;* **~sion** tutuklama; anlama; korku; **~sive** çabuk kavrayan; korkan (**of** *-den)*
apprentice [ı'prentis] çırak;

stajyer; **~ship** [-işip] çıraklık; staj

approach [ı'prıuç] *n.* yaklaşma, yanaşma; müracaat; giriş yolu; *v/t* yaklaşmak, yanaşmak

appropriat|e [ı'prıupriit] *adj.* uygun, münasip; *v/t* tahsis etm., ayırmak; **~ion** tahsis, ayırma

approv|al [ı'pruuvıl] onama, uygun görme; **~e** *v/t* beğenmek, uygun görmek

approximate [iproksimit] aşağı yukarı, yaklaşık

apricot ['eyprikot] *bot.* kayısı, zerdali

April ['eyprıl] nisan

apron ['eyprın] önlük

apt [äpt] elverişli; uygun, yerinde; zeki; ***be ~ to*** *inf.* *-mek* eğiliminde olm.; **~itude** ['äptityud] yetenek; eğilim; uygunluk

aqua|rium [ı'kwäriım] akvaryum; **~tic** [ı'kwätik] suda yaşar; **~tic sports** *pl.* su sporları

aqueduct ['äkwidakt] su kemeri

aquiline ['äkwilayn] kartal gibi; gaga burunlu

Arab ['ärıb] Arap; **~ia** [ı'reybyı] Arabistan; **~ian** Arabistan'a ait; **~ic** ['ärıbık] Arapça

arable ['ärıbl] tarıma elverişli, sürülüp ekilebilir

arbitra|ry ['âbitrıri] keyfi; **~te** [-treyt] *hakem sıfatıyla* karar vermek; **~tion** hakem kararı ile çözüm

arbo(u)r ['âbı] kameriye, çardak

arc [âk] yay, kavis; **~ade** [â'keyd] kemeraltı yolu

arch[1] [âç] kemer, tak

arch[2] *adj.* cilveli, açıkgöz

arch(a)eology [âkı'olıci] arkeoloji

archaic [â'keyik] eskimiş, eski

arch|angel ['âk-] baş melek; **~bishop** *rel.* başpiskopos

archer ['âçı] okçu; **~y** okçuluk

archipelago [âki'pelgıu] *geo.* adalar grubu

architect ['akitekt] mimar; **~ure** mimarlık

archives ['âkayvz] *pl.* arşiv

archway kemeraltı yolu

arctic ['âktik] Kuzey Kutbunda bulunan, Kuzey Kutbuna ait; ***the*** **~** Kuzey Kutbu

ard|ent ['âdınt] ateşli, heyecanlı; **~o(u)r** ateşlilik, gayret, şevk

are [â] *bak* **be**

area ['äırii] saha, alan, bölge; yüzölçümü

Argentina [äcın'tinı] Arjantin

argu|e ['âgyû] *v/t* ileri sürmek, ispat etm.; *v/i* tartışmak, münakaşa etm.; **~ment** kanıt, sav, neden; tartışma

arid ['ärid] kurak, çorak; *fig.* sıkıcı, yavan

arise [ı'rayz] *v/i* kalkmak, çıkmak, doğmak (***from*** *-den*)

aristocra|cy [äris'tokrısi] aristokrasi; **~t** ['-tıkrät] aristokrat, soylu
arithmetic [ı'rithmıtik] aritmetik
ark [âk] mavna, duba; ***Noah's*** ~ *rel.* Nuh'un gemisi
arm[1] [âm] kol
arm[2] *n.* silâh; *v/t* silâhlandırmak; *v/i* silâhlanmak; ***the ~ed forces*** silâhlı kuvvetler
armament ['âmımınt] donaltı, teçhizat *pl.*; silâhlanma; **~ race** silâhlanma yarışı
armchair koltuk
Armenia [â'mînyı] Ermenistan
armistice ['âmistis] mütareke, ateşkes
armo(u)r ['âmı] zırh; **~ed** zırhlı; **~ed car** zırhlı otomobil
armpit koltuk altı
arms [âmz] *pl.* silâhlar
army ['âmi] *mil.* ordu
aroma [ı'rıumı] güzel koku; **~tic** güzel kokulu
around [ı'raund] *-in* etrafın(d)a; orada burada, oraya buraya
arouse [ı'rauz] *v/t* uyandırmak; canlandırmak
arrange [ı'reync] *v/t* tanzim etm., düzenlemek; **~ment** tertip, sıralama, düzenleme; *mus.* aranjman
arrears [ı'riız] *pl.* geri kalan *sg.*; ödenmemiş borç
arrest [ı'rest] *n.* tutuklama, tevkif; durdurma; *v/t* tevkif etm., tutuklamak; durdurmak
arriv|al [ı'rayvıl] varış, geliş; gelen kimse; **~e** varmak, vâsıl olm. (***at*** *-e*)
arrogan|ce ['ärıugıns] kibir, gurur; **~t** kibirli, mağrur, kendini beğenmiş
arrow ['ärıu] ok
arsenic ['äsnik] *chem.* arsenik
arson ['âsn] kundakçılık
art [ât] sanat; hüner, maharet; ***fine ~s*** *pl.* güzel sanatlar
arter|ial [â'tiıriıl] *an.* atardamara ait; **~ial road** ana yol; **~y** ['âtıri] atardamar
artful kurnaz, üçkâğıtçı
artichoke ['âtiçıuk] *bot.* enginar
article ['âtikl] makale; madde; *gr.* tanım edatı, tanıtıcı
articulate [â'tikyuleyt] *v/t* açıkça ifade etm.; *adj.* açık seçik anlatabilen
artificial [âti'fışıl] sun'î, yapay; sahte, yapmacık
artillery [â'tilıri] *mil.* topçuluk; büyük toplar
artisan [âti'zän] zanaatçı
artist ['âtist] sanatçı, sanatkâr; **~ic** [â'tistik] artistik
artless doğal; saf; sade
as [äz, ız] gibi, kadar; iken; *-diği* gibi; *-den* dolayı; *-mekle* beraber; çünkü; ***~ a rule*** genellikle; ***~ if*** sanki; güya; ***~ it were*** sanki, âdeta; ***~ soon ~*** -ince; -irmez; ***~ well ~*** gibi

ascen|d [ı'send] *v/i, v/t* çıkmak, tırmanmak *-e;* **~dancy** [-dınsi] üstünlük; nüfuz; **♀sion Day** *rel.* Hz. İsa'nın göğe çıkışı yortusu; **~t** çıkış, tırmanma; yokuş
ascertain [äsı'teyn] *v/t* soruşturmak, doğrusunu öğrenmek
ascetic [ı'setik] *rel.* dünya zevklerinden el çekmiş
ascribe [ıs'krayb] *v/t* yakıştırmak, atfetmek (**to** *-e*)
aseptic [ä'septik] aseptik, mikroptan arın(dırıl) mış
ash[1] [äş] *bot.* dişbudak
ash[2] *pl.* **~es** [äşiz] kül
ashamed [ı'şeymd]: ***be ~ of*** utanmak *-den*
ash|-bin, ~-can *Am.* çöp tenekesi
ashore [ı'şô] karada; karaya
ashtray kül tablası
Asia ['eyşı] Asya; **~ Minor** Küçük Asya, Anadolu; **~tic** [eyşi'ätik] Asyalı
aside [ı'sayd] bir tarafa, yana; başka (***from*** *-den*)
ask [âsk] *v/t* sormak *-e;* rica etm. *-den;* ***~ for*** sormak *-i,* istemek *-i*
asleep [ı'slîp]: ***be ~*** uyumak; ***fall ~*** uykuya dalmak
asparagus [ıs'pärıgıs] *bot.* kuşkonmaz
aspect ['äspekt] görüş, görünüş
asphalt ['äsfält] asfalt
aspir|ation [äspı'reyşın] istek, arzu, özlem; **~e** [ıs'payı] şiddetle arzu etm., elde etmeğe çalışmak (***after, to*** *-i*)
aspirin [äspırin] *med.* aspirin
ass [äs] eşek
assail [ı'seyl] *v/t* saldırmak, hücum etm. *-e;* **~ant** saldırgan
assassin [ı'säsin] suikastçı, kiralık katil; **~ate** [~eyt] *v/t* öldürmek; **~ation** suikast; cinayet
assault [ı'sôlt] *n.* saldırı, taarruz; *v/t* saldırmak *-e*
assembl|age [ı'semblic] *tech.* montaj; **~e** [-bl] *v/t* toplamak, birleştirmek, kurmak; *v/i* toplanmak, birleşmek; **~y** toplantı; meclis; montaj; **~y line** *tech.* sürekli iş bantı, montaj hattı
assent [ı'sent] *n.* kabul, onama, onay; *v/i* onamak, razı olm. (***to*** *-e*)
assert [ı'söt] *v/t* ileri sürmek, iddia etm.; **~ion** öne sürme, iddia, sav
assess [ı'ses] *v/t* değer biçmek; *vergi, ceza* takdir etm.; **~ment** vergi (takdiri)
assets ['äsets] *pl. jur.* mal varlığı; *ec.* aktifler
assiduous [ı'sidyuıs] çalışkan, gayretli
assign [ı'sayn] *v/t* ayırmak, tahsis etm. (***to*** *-e*); **~ment** tayin, atama; *jur.* devretme, ferağ
assimilate [ı'simileyt] *v/t* benzetmek, uydurmak, kaynaştırmak (***to*** *-e*)

assist [ı'sist] *v/t* yardım etm. *-e; v/i* hazır bulunmak (***at*** *-de*); **~ance** yardım; **~ant** yardımcı, muavin; asistan; ***(shop)*** ~ satış görevlisi
associat|e [ı'sıuşieyt] *v/t* birleştirmek *-i; v/i* ortak olm. (**with** *-e*), katılmak *-e;* [~iit] *n.* ortak; **~ion** birleşme; kurul; ortaklık
assort|ed [ı'sôtid] türlü türlü, karışık, çeşitli; **~ment** ayırma; *ec.* mal çeşidi, karışım
assume [ı'syuum] *v/t* üstüne almak; farzetmek
assumption [ı'sampşın] üstüne alma; varsayım, farz, zan; ***the*** ***&*** *rel.* Hz. Meryem'in göğe kabulü
assur|ance [ı'şuırıns] güvence; güven; söz; sigorta; **~e** [~uı] *v/t* temin etm.; söz vermek *-e;* sigorta etm. *-i;* **~ed** emin; sağlanmış
asthma ['äsmı] *med.* astım, nefes darlığı
astonish [ıs'tonişı] *v/t* şaşırtmak, hayrete düşürmek; ***be ~ed*** şaşmak, hayret etm.; **~ing** şaşırtıcı, hayret verici, **~ment** şaşkınlık, hayret
astray [ıs'trey]: ***lead*** ~ *v/t* baştan çıkarmak
astride [ıs'trayd] bacakları ayrılmış
astro|logy [ıs'trolıcı] astroloji, yıldız falcılığı; **~naut** ['ästrınôt] astronot; **~nomy** [ıs'tronımi] astronomi
astute [ıs'tyût] kurnaz; zeki
asunder [ı'sandı] ayrı, ayrılmış
asylum [ı'saylım] sığınak, barınak
at [ät, ıt] -da, -de; -a, -e; *in* üstün(d)e; yanın(d)a; halinde; ~ ***five o'clock*** saat beşte; ~ ***home*** evde; ~ ***the age of*** yaşında
ate [et] *bak* ***eat***
atheism ['eythiizım] ateizm, tanrıtanımazlık
Athens ['äthinz] Atina
athlet|e ['äthlît] atlet, sporcu; **~ic** [-'letik] atletik, kuvvetli; **~ics** atletizm
Atlantic [ıt'läntik]: ***the ~ Ocean*** Atlas Okyanusu
atlas ['ätlıs] atlas
atmosphere ['ätmısfiı] atmosfer; *fig.* hava, çevre
atom ['ätım] atom; ~ **bomb** atom bombası
atomic [ı'tomik] atomla ilgili; ~ **age** atom çağı; ~ **bomb** atom bombası; ~ **energy** atom enerjisi; ~ **pile** atom reaktörü; **~-powered** atom enerjili
atone [ı'tıun] *v/i* telafi etm., gönlünü almak (***for*** için)
atroci|ous [ı'trıuşıs] vahşî, tüyler ürpertici; **~ty** [-ositi] gaddarlık
attach [ı'täç] *v/t* bağlamak, yapıştırmak, takmak (***to*** *-e*); ~ ***oneself to*** katılmak *-e;* ***be ~ed to*** *fig.* bağlanmak, tutulmak *-e,* sevmek *-i;* **~ment**

bağlılık; sevgi
attack [ı'täk] *n.* hücum, saldırma; *med.* nöbet; *v/t* hücum etm., saldırmak *-e*
attain [ı'teyn] *v/t* ermek *-e,* elde etm. *-i; v/i* varmak, yetişmek (**to** *-e*)
attempt [ı'tempt] *n.* girişim, gayret; ***an ~ on s.o.'s life*** *b-ne* suikast girişiminde bulunma; *v/t* teşebbüs etm. *-e,* kasdetmek *-e;* denemek *-i*
atten|d [ı'tend] *v/t* hazır bulunmak *-de,* refakat etm. *-e,* bakmak *-e; v/i* dikkat etm. (**to** *-e*), dinlemek *(-i);* **~dance** bakım, hizmet; maiyet; **~dant** hizmetçi, refakatçi; görevli; **~tion** dikkat; nezaket; **~tion!** *mil.* hazır ol!; **~tive** dikkatli; nazik
attic ['ätik] tavan arası
attitude ['ätityûd] davranış, tavır, tutum
attorney [ı'tôni] *jur.* avukat, vekil; ***power of ~*** vekâletname, temsil yetkisi; **& General** *Brt. jur.* baş savcı; *Am. Jur.* Adalet Bakanı
attract [ı'träkt] *v/t* çekmek, cezbetmek; **~ion** çekme gücü; çekim; alımlılık; **~ive** çekici, alımlı
attribute ['ätribyût] *n.* nitelik, özellik; simge; [ı'tribyût] *v/t* atfetmek, yormak (**to** *-e*)
auburn ['ôbın] kestane rengi, kumral *saç*
auction ['ôkşın] *n* artırma ile satış, mezat; *v/t* artırma ile satmak; **~eer** [ôkşı'nii] tellâl, mezatçı
audaci|ous [ô'deyşıs] gözü pek; küstah; **~ty** [ô'däsiti] pervasızlık; küstahlık
audi|ble ['ôdibl] işitilebilir; **~ence** ['~yıns] dinleyiciler, seyirciler *pl.;* huzura kabul; **~o-visual** ['ôdiou'vijuıl] görsel-işitsel; **~torium** [~i'tôriım] konferans salonu
augment [ôg'mınt] *v/t* artırmak; *v/i* artmak; **~ation** art(ır)ma
August ['ôgıst] ağustos
aunt [ânt] teyze; hala; yenge
au pair (girl) [ô'päı (gö:l)] *yaptığı ev işleri karşılığı az ücret alan* aile yanında kalan genç kız
auspices ['ôspisız] *pl.* ***under the ~ of*** koruması altında *-in*
auster|e [os'tiı] çetin, sert; sade, yalın
Australia (os'treylyı] Avustralya; **~n** Avustralyalı
Austria ['ostriı] Avusturya; **~n** Avusturyalı
authentic [ô'thentik] asıl, gerçek, hakiki, otantik; güvenilir
author ['ôthı] yazar; yaratıcı; **~itative** [ô'thoritıtiv] otoriter; yetkili; **~ity** otorite; yetki; etki; uzman; makam, daire; **~ize** ['~ırayz] *v/t* yetki vermek *-e;* **~ship** yazarlık; yazarın kimliği
autocracy [ô'tokrısi] otokrasi, istibdat

baboon [bı'buun] *zo.* Habeş maymunu
baby ['beybi] bebek; ~ **carriage** *Am.* çocuk arabası; **~hood** bebeklik çağı
bachelor ['bäçılı] bekâr erkek
back [bäk] *n., adj.* arka; *adv.* arkada, arkaya; geri(ye); yeniden, tekrar; *v/t* geri yürütmek; himaye etm.; desteklemek; para yatırmak *-e; v/i* geri gitmek; ~ ***tyre*** arka lastik; ~ ***wheel*** arka tekerlek; **~bite** *v/t, v/i* kötülemek, yermek *-i;* **~bone** *an.* omurga, bel kemiği; *fig.* kararlılık, metanet; **~fire** geri tepme; **~ground** arka plân; *fig.* çevre, görgü; **~side** kıç; **~stairs** *pl.* arka merdiven *sg.;* **~ward** geri, arkaya doğru; isteksiz; gelişmemiş
bacon ['beykın] domuz pastırması
bacteria [bäk'terii] bakteri
bad [bäd] fena, kötü, zararlı, kusurlu; ***he is ~ly off*** mali durumu pek fenadır; ***want ~ly*** *v/t* çok istemek
bade [bäd] *bak* ***bid***
badge [bäc] nişan, rozet
badger ['bäcı] *zo.* porsuk
badminton ['bädmintın] badminton
baffle ['bäfl] *v/t* şaşırtmak, *zihnini* karıştırmak
bag [bäg] torba, çuval, kese; çanta; kese kâğıdı
baggage ['bägic] bagaj; ~ **check** *Am.* bagaj kâğıdı
bag|gy ['bägi] torba gibi, çok bol; **~pipes** *pl.* gayda
bail [beyl] *jur.* kefalet, teminat; ***go ~ for s.o.*** *bi* için kefalet yatırmak, teminat ödemek
bailiff ['beylif] çiftlik kâhyası; *jur.* mübaşir, *Am.* icra memuru
bait [beyt] yem *(a. fig.)*
bak|e [beyk] *v/t* (fırında) pişirmek; *v/i* pişmek; **~er** fırıncı, ekmekçi; **~ery** fırın, ekmekçi dükkânı; **~ing powder** kabartma tozu
balance ['bälıns] *v/t* tartmak, dengelemek; *n.* terazi; bakiye; bilanço; denge; ~ **of payments** *ec.* ödemeler dengesi
balcony ['bälkıni] balkon
bald [bôld] saçsız, kel; çıplak, yalın, kuru
bale [beyl] balya, denk
balk [bôk] *n.* kiriş; engel; *v/t* engel olm. *-e;* kaçırmak *-i*
Balkans ['bôlkıns] *pl.* Balkan (yarımadası) *sg.*
ball [bôl] top, küre, yumak; balo
ballast ['bälıst] balast; safra
ball bearing *tech.* bilyalı yatak, rulman
ballet ['bäley] bale (trupu)
ballistics [bı'listiks] balistik
balloon [bı'luun] balon
ballot ['bälıt] *n.* oy (pusulası); oylama; *v/i* oy vermek (***for*** için); ~ **box** oy sandığı

ball-point (pen) tükenmez kalem
ballroom dans salonu
balm [bâm] balsam *(bir tür merhem); fig.* merhem, avuntu; **~y** ['~i] yatıştırıcı
Baltic Sea ['bôltik-] Baltık Denizi
balustrade [bälıs'treyd] tırabzan, parmaklık
bamboo [bäm'buu] *bot.* bambu
ban [bän] *n.* yasak; *rel.* aforoz; *v/t* yasaklamak
banana [bı'nânı] *bot.* muz
band [bänd] bağ, şerit, kayış; topluluk, güruh; bando, müzik takımı
bandage [bändic] *n.* sargı; *v/t.* bağlamak, sarmak
bandmaster *mus.* bando şefi
bang [bäŋ] *n.* çat, pat, gürültü; *v/t* gürültü ile kapatmak
banish [bäniş] *v/t pol.* sürgüne göndermek; **~ment** sürgün
banisters ['bänistız] *pl.* tırabzan *sg.*
bank [bänk] *n.* kenar, kıyı; bayır; yığın; *ec.* banka; *v/t* bankaya yatırmak; **~(ing) account** banka hesabı; **~er** bankacı; **~ holiday** *bankaların kapalı olduğu* tatil günü; **~ing** bankacılık; **~note** banknot; **~ rate** banka faiz oranı; **~rupt** ['-rapt] müflis, iflâs etmiş
banner [bänı] bayrak, sancak
banns [bänz] *pl.* evlilik duyurusu *sg.*
banquet ['bänkwit] şölen, ziyafet
bapti|sm ['bäptizım] *rel.* vaftiz; **~ze** [~'tayz] *v/t* vaftiz etm.; ad koymak *-e*
bar [bâ] *n.* sırık, çubuk, kol; engel, mânia; kalıp, parça; bar; *jur.* baro; *v/t* kapatmak; önlemek
barb [bâb] ok ucu; diken; ***~ed wire*** dikenli tel
barbar|ian [bâ'bäırıın] barbar; **~ous** ['~bırıs] barbarca, vahşi, insanlık dışı
barber ['bâbı] berber
bare [bâı] çıplak, açık; boş; sade; **~faced** yüzsüz, utanmaz; **~foot(ed)** yalın ayak; **~headed** başı açık, şapkasız; **~ly** *adv.* sadece; ancak
bargain ['bâgin] *n.* anlaşma; pazarlık; kelepir; ***it's a ~!*** Tamam!, Anlaştık!; *v/i* pazarlık etm.
barge [bâc] *naut.* mavna, salapurya
bark[1] [bâk] ağaç kabuğu
bark[2] *v/i* havlamak
barley ['bâli] *bot.* arpa
barn [bân] ambar; ahır
barometer [bı'romitı] barometre
barracks ['bärıks] *pl. mil.* kışla *sg.*
barrage ['bâric] baraj, bent
barrel ['bärıl] fıçı, varil; namlu; **~ organ** laterna
barren ['bârın] kısır; kurak,

çorak
barricade [bäri'keyd] *n.* barikat; *v/t* barikatla kapatmak
barrier ['bärıı] engel, mania; çit
barring ['bâriŋ] *prp.* hariç, *-den* maada
barrister ['bäristı] *jur.* avukat, dava vekili
barter ['bâtı] *ec. n.* trampa; *v/t* trampa etm.
basalt ['bäsôlt] bazalt
base [beys] *n.* temel, esas; taban, kaide; *mil.* üs; *chem.* baz; *adj.* bayağı, alçak; *v/t* kurmak (**on** üstüne); **~ball** beysbol; **~less** temelsiz, esassız; **~ment** temel; bodrum katı; **~ness** aşağılık, alçaklık
bashful ['bäşful] utangaç, sıkılgan
basic ['beysik] *adj.* esas, temel
BASIC ['beysik] *basit bilgisayar dili*
basin ['beysn] leğen; havuz; havza
basis ['beysis] esas, temel, dayanak
bask [bâsk] *v/i* güneşlenmek
basket ['baskit] sepet, küfe; zembil; **~ball** basketbol
bass [beys] *zo.* levrek; *mus.* bas
bastard ['bästıd] piç
baste [beyst] *v/t -in* üzerine erimiş yağ dökmek; teyellemek *-i; fig.* dayak atmak *-e*
bat[1] [bät] *zo.* yarasa
bat[2] oyun sopası, çomak
bath [bâth] *n.* banyo; hamam; *v/i* banyo yapmak; ***have a ~*** banyo yapmak; **~e** [beydh] *v/i* (denizde) yıkanmak; yüzmek; **~ing suit** ['beydhiŋ-] mayo; **~robe** bornoz; **~room** banyo (odası); **~tub** küvet
battalion [bı'tälyın] *mil.* tabur
batter ['bätı] *v/t* şiddetle vurmak *-e;* **~ed** çarpık; eskimiş
battery ['bâtıri] *mil.* batarya; *el.* pil
battle ['bätl] muharebe, savaş; **~field** savaş alanı; **~ship** zırhlı savaş gemisi
baulk [bôk] *bak* ***balk***
bawdy ['bôdi] açık saçık
bawl [bôl] *v/i* bağırmak, haykırmak
bay[1] [bey] *geo.* koy, körfez
bay[2] *bot.* defne
bay[3] doru *(at)*
bay[4] havlamak; ***keep at ~*** *b-ni veya bşi* yanına yaklaştırmamak
baza(a)r [bı'zâ] çarşı
be [bî, bi] olmak, bulunmak; ***there is*** *veya* ***are*** vardır; **~ to** *inf. -meğe* mecbur olm.
beach [bîç] kumsal, plaj; **~wear** plaj elbisesi
beacon ['bîkın] işaret ışığı
bead [bîd] boncuk; **~s** *pl.* tespih
beak [bîk] gaga; ağız
beam [bîm] *n.* kiriş, mertek; terazi kolu; ışın; *v/t* yaymak, *v/i* parlamak
bean [bîn] *bot.* fasulye

bear[1] [bäı] *zo.* ayı
bear[2] *v/t* taşımak,. tahammül etm., katlanmak *-e;* doğurmak *-i;* üstüne almak *-i;* ~ ***in mind*** aklında tutmak; ~ ***out*** desteklemek, doğrulamak; ~ ***up*** dayanmak (***against*** *-e*)
beard [biıd] sakal; **~ed** sakallı
bear|er ['bärı] taşıyan, hamil; **~ing** tavır, davranma; ilgi; tahammül; *tech.* yatak; **~ings** *pl.* yol, yön *sg.*
beast [bîst] hayvan; canavar; ~ **of prey** yırtıcı hayvan
beat [bît] *n.* vuruş, darbe; devriye; *v/t* dövmek, vurmak; çalmak; çalkalamak; yenmek; ~ ***it!*** defol!; **~en** *bak* ***beat;*** **~ing** dövme, dayak
beaut|iful ['byûtıful] güzel, lâtif; **~ify** ['~tifay] *v/t* güzelleştirmek; **~y** güzellik; güzel kimse; **~y parlo(u)r** güzellik salonu; **~y spot** (yüzdeki) ben; güzel manzaralı yer
beaver ['bîvı] *zo.* kunduz; kunduz kürkü
because [bi'koz] çünkü, zira, *-diği* için; ~ **of** *-den* dolayı, sebebiyle, yüzünden
beckon ['bekın] *v/t* işaret etm. *-e,* çağırmak *-i*
becom|e [bi'kam] *v/i* olmak; *v/t* yakışmak *-e*; ***what has ~ of him?*** o ne oldu?, o şimdi ne halde?; **~ing** uygun; yakışık alır
bed [bed] *v/t* yatırmak, yerleştirmek; *n.* yatak, karyola; yığın; bahçe tarhı; ~ ***and breakfast*** kahvaltı ve yatacak yer; ~ ***linen*** yatak takımı; **~bug** tahtakurusu; **~clothes** *pl.* yatak takımı *sg.*, **~ding** yatak; **~ridden** yatalak; **~room** yatak odası; **~side table** komodin; **~spread** yatak örtüsü; **~stead** karyola, kerevet; **~time** yatma zamanı
bee [bî] *zo.* arı
beech [bîç] *bot.* kayın ağacı
beef [bîf] sığır eti; **~burger** *özl. Brt.* hamburger; **~steak** biftek; ~ **tea** sığır eti suyu
bee|hive arı kovanı; **~keeper** arıcı; **~line** en kısa yol; ***make a ~ for*** kestirmeden gitmek
been [bîn, bin] *bak* **be**
beer [biı] bira
beet [bît] *bot.* pancar
beetle ['bît] *zo.* böcek
beetroot kırmızı pancar
before [bi'fô] önde; önce; *-in* önünde, önüne; *-in* huzurunda, huzuruna; *-den* önce; ~ ***long*** çok geçmeden, az zamanda; **~hand** önceden
befriend [bi'frend] *v/t* dostça hareket, etm., yardım etm. *-e*
beg [beg] *v/i* dilenmek; *v/t* dilemek, istemek (**of** *-den*)
began [bi'gän] *bak* ***begin***
beggar ['begı] dilenci; *coll.* adam, herif; hergele
begin [bi'gin] *v/t* başlamak, girişmek *-e;* ***to ~ with*** ilk olarak; **~ner** yeni başlayan, baş-

layıcı; **~ning** başlangıç; köken
begun [bi'gan] *bak* ***begin***
behalf [bi'hâf]: ***on ~ of*** adına, namına; lehinde
behav|e [bi'heyv] *v/i* davranmak, hareket etm.; **~io(u)r** [~yı] davranış, tavır
behead [bi'hed] *v/t -in* başını kesmek
behind [bi'haynd] arkada; *-in* arkasında, arkasına; geri
being ['bîiŋ] *n.* varlık, yaşam, var oluş; yaratık
belated [bi'leytid] gecikmiş
belch [belç] *v/i* geğirmek; *v/t* püskürtmek, fışkırtmak
belfry ['belfri] çan kulesi (sahanlığı)
Belgi|an ['belcın] Belçikalı; **~um** ['~ım] Belçika
belie|f [bi'lîf] inanç; iman; güven; **~ve** [~v] *v/t* inanmak *-e;* zannetmek *-i; v/i* güvenmek, inanmak (***in*** *-e*); ***make ~*** *v/t* inandırmak (***so****. -e);* **~ver** inanan, inançlı, mümin
belittle [bi'litl] *v/t* küçümsemek, küçük görmek
bell [bel] zil, çıngırak, çan, kampana; **~boy** *(otellerde)* komi, müşterileri odalarına çıkaran çocuk veya adam
belligerent [bi'licırınt] savaşçı; kavgacı
bellow ['belıu] *v/i* böğürmek; **~s** [~z] *pl.* körük *sg.*
belly ['beli] karın, göbek
belong [bi'loŋ] *v/i* ait olm. (***to*** *-e*); **~ings** *pl.* kişisel eşya, özel eşya
beloved [bi'lavd] sevilen; sevgili
below [bi'lıu] aşağıda; *-in* altında; *-den* aşağı
belt [belt] kuşak, kemer; kayış; bağ; bölge
bench [benç] sıra, bank; tezgâh
bend [bend] *n.* kavis, dönemeç; viraj; *v/t* bükmek, eğriltmek, kıvırmak; *v/i* bükülmek, eğilmek, çevrilmek
beneath [bi'nîth] *bak* ***below***
bene|diction [beni'dikşın] hayır dua; kutsama; **~factor** ['~fäktı] iyilik eden, hayırsever; **~ficent** [bi'nefisınt] hayır sahibi, lütufkâr; **~ficial** ['~fışıl] yararlı; hayırlı; **~fit** ['~fit] *n.* yarar, fayda, menfaat; yardım parası, hayır; *v/t* yaramak, faydalı olm. *-e; v/i* faydalanmak (***by*** *-den*); **~volent** [bi'nevılınt] iyi dilekli, hayırsever
bent [bent] *bak* ***bend; be ~ on*** azmetmek, *-e,* çok istemek *-i*
benzene ['benz] *chem.* benzol
benzine ['benzîn] benzin
beque|ath [bi'kwîdh] *v/t* vasiyet etm., terketmek; **~st** [~'kwest] *jur.* vasiyetle bırakılan şey, miras, kalıt
ber|eave [bi'rîv] *v/t* yoksun bırakmak, elinden almak; **~eft** [~'reft] *bak* ***bereave***
beret ['berey] bere

berry ['beri] *bot.* tane
berth [böth] yatak, kuşet; ranza
beseech [bi'sîç] *v/t* yalvarmak *-e*; dilemek
beside [bi'sayd] *-in* yanına, yanında; *-in* dışında; ~ ***oneself*** çılgın; **~s** *-den* başka; *adv.* bundan başka
besiege [bi'sîç] *v/t* kuşatmak
besought [bı'sôt] *bak* ***beseech***
best [best] en iyi(ler); ***at*** ~ olsa olsa; ***make the*** ~ ***of*** mümkün olduğu kadar yararlanmak *-den;* ***to the*** ~ ***of my knowledge*** benim bildiğime göre
bestial ['bestyıl] hayvan gibi, hayvanca; vahşîce, kabaca
best man sağdıç
bestow [bi'stıu] *v/t* vermek, hediye etm.; bağışlamak (***upon*** *-e*)
best-seller en çok satan kitap
bet [bet] *n.* bahis; *v/i* bahse girmek
betray [bi'trey] *v/t* ihanet etm., ele vermek; ifşa etm.; **~al** hıyanet, ihanet, ele verme; **~er** hain
better ['betı] daha iyi; üstün; ***get the*** ~ ***of*** yenmek *-i;* üstün olm. *-den;* ***get*** ~ iyileşmek; ***so much the*** ~ daha iyi
between [bi'twîn] *-in* arasına, arasında; arada, araya
beverage ['bevıric] içecek
beware [bi'wäı] *v/i* sakınmak, korunmak (***of*** *-den*); *intj.* dikkat, sakın!
bewilder [bi'wıldı] *v/t* şaşırtmak, şaşkına çevirmek; **~ment** şaşkınlık, hayret
bewitch [bi'wiç] *v/t* büyülemek, cezbetmek
beyond [bi'yond] ileri, ötede, öteye; *-in* ötesine, ötesinde; *-den* ötede; *-in* dışında, üstünde; ~ ***doubt*** *adv.* şüphesiz; ***it is*** ~ ***me*** buna aklım ermez
bias ['bayıs] *n.* şişkinlik, meyil; önyargı; *v/t* etkilemek; **~(s)ed** ön yargılı
Bibl|e ['baybl] *rel.* Kutsal Kitap, Tevrat, Zebur ve İncil; **~ical** ['biblikıl] Kutsal Kitap ile ilgili; **&lography** [bibli'ogrıfi] bibliyografya; özel kaynakça
bicker ['bikı] *v/i* ağız kavgası yapmak, dalaşmak
bicycle ['baysikl] bisiklet
bid [bid] *n.* teklif; *v/t* emretmek; teklif etm. *(fiyat);* ~ ***farewell*** vedalaşmak (***to*** ile); **~den** *bak* ***bid;*** ; **~ding** artırma; emir; davet
bier [bii] cenaze teskeresi
big [big] büyük, kocaman, iri; ~ ***business*** *ec.* büyük sermayeli ticaret; ~ ***shot*** *sl.* kodaman
bigamy ['bigımi] *jur.* iki eşlilik
bike [bayk] *F* bisiklet

bilateral [bay'lätırıl] iki taraflı, iki yanlı
bile [bayl] *an.* safra
bilingual [bay'lingwıl] iki dil konuşan, iki dilli
bill[1] [bil] *zo.* gaga
bill[2] hesap pusulası; fatura; *jur.* kanun tasarısı; *Am.* banknot; *ec.* poliçe; ~ ***of exchange*** poliçe; ~ ***of health*** sağlık raporu
billfold *Am.* cüzdan
billiards ['bilyıdz] *pl.* bilardo *sg.*
billion ['bilyın] milyar
billow ['bilıu] *n.* büyük dalga; *v/i* dalgalanmak; **~y** dalgalı
bin [bin] kutu, sandık, teneke, kap
bind [baynd] *v/t* bağlamak; sarmak; ciltlemek; mecbur etm.; *v/i tech.* (*çimento v.s.*) katılaşmak, donmak; **~ing** *adj.* yapıştırıcı; kesin; *n.* cilt(leme); bağlama düzeni
binoculars [bi'nokyulız] *pl.* dürbün *sg.*
biography [bay'ogrıfı] biyografi, yaşam öyküsü
biology [bay'olıci] biyoloji
birch [bôç] *bot.* huş ağacı
bird [böd] kuş; ~ **of passage** *zo.* göçmen kuş; ~ **of prey** *zo.* yırtıcı kuş; **~'s eye view** kuş bakışı görünüş
birth [böth] doğum; soy; başlangıç; ***date of*** ~ doğum tarihi; ***give*** ~ ***to*** doğurmak *-i;* ~ **control** doğum kontrolü; **~day** doğum günü; **~place** doğum yeri; **~rate** doğum oranı
biscuit ['biskit] bisküvi
bishop ['bişıp] *rel.* piskopos
bit [bit] **1.** gem; **2.** parça, lokmacık; **3.** *bak* ***bite***
bitch [biç] *zo.* dişi köpek
bite [bayt] *n.* ısırma; ısırık, lokma, diş yarası, sokma; *v/t* ısırmak; sokmak; yakmak, acıtmak
biting ['baytıŋ] keskin; acı
bitten ['bitn] *bak* ***bite***
bitter ['bitı] acı, keskin; sert; **~ness** acılık; sertlik
black [bläk] *adj.* siyah, kara; karanlık; uğursuz; *v/i* kararmak; *v/t* karartmak; boyamak; **~berry** *bot.* böğürtlen; **~bird** *zo.* karatavuk; **~board** yazı tahtası; **~en** *v/t* karartmak; *fig.* lekelemek; *v/i* kararmak; **~head** *yüzde siyah* kabartı; **~mail** *n. jur.* şantaj; *v/t* şantaj yapmak *-e;* **~market** kara borsa; **~ness** siyahlık; kötülük; ~ **sheep** *fig.* yüz karası; **~smith** demirci, nalbant
bladder ['blädı] *an.* mesane, sidik torbası
blade [bleyd] bıçak ağzı; yassı ot yaprağı; kürek palası
blame [bleym] *v/t* ayıplamak, sorumlu tutmak; *n.* kabahat, kusur; sorumluluk; ***be to*** ~ suçlu olm. (***for*** ile); **~less** kabahatsiz, kusursuz
blank [bläŋk] boş; yazısız; anlamsız; şaşkın; *n. piyango:*

boş; ~ **cheque** *ec.* açık çek
blanket ['blâŋkit] battaniye
blasphemy ['bläsfimi] küfür, saygısızlık
blast [bläst] *n.* *(şiddetli ve ani)* rüzgâr esmesi; boru sesi; patlama; *v/t* havaya uçurmak, yakmak, patlatmak; ~ **furnace** *tech.* yüksek fırın; ~**-off** *n. roket:* uzaya fırlama, havalanma
blaze [bleyz] *n.* alev; parlaklık; yangın; *v/i* parlamak, yanmak, ışık saçmak; ~**r** spor ceket
bleach [blîç] *v/t* ağartmak, beyazlatmak
bleak [blîk] rüzgâra açık, çıplak; soğuk; *fig.* karanlık
bleary [blıri] *adj.* bulanık, donuk, kanlanmış *(göz)*
bleat [blît] melemek
bled [bled] *bak* ***bleed***
bleed [blîd] *v/i* kanamak, kanını dökmek; *v/t fig. -in* parasını sızdırmak; ~**ing** kanama
blemish ['blemiş] *n.* kusur; leke; *v/t* lekelemek
blend [blend] *n.* alaşım; karışım, harman; *v/t* karıştırmak; *v/i* karışmak; ~**er** karıştırıcı
bless [bles] *v/t* kutsamak; hayırdua etm. *-e;* ~ ***my soul!*** aman ya Rabbi!; ~**ed** ['~id] *adj.* mübarek, kutsal; ~**ing** hayırdua
blew [bluu] *bak* ***blow***
blight [blayt] küf, mantar; afet; keşmekeş
blind [blaynd] *adj.* kör; *fig.* kısa görüşlü; çıkmaz *(yol); n.* perde; kepenk; ~ **alley** çıkmaz yol; ~**fold** *adj.* gözleri bağlı; *v/t -in* gözlerini bağlamak; ~**ness** körlük
blink [bliŋk] *v/i* göz kırpmak; ~ ***the fact*** gerçeğe gözlerini yummak
bliss [blis] saadet, mutluluk
blister ['blistı] kabarcık; *med.* yakı
blizzard ['blizıd] tipi, kar fırtınası
bloat|ed ['blıutid] şişkin, kabarık *(a. fig.); fig.* böbürlenen; ~**er** tütsülenmiş ringa balığı
block [blok] *n.* kütük, kaya parçası; engel; blok; *v/t* tıkamak, kapamak; ~ ***up*** *v/t* kapatmak, tıkamak
blockade [blo'keyd] *n.* abluka; *v/t* ablukaya almak
block|head ['blokhed] *n.* dangalak, mankafa; ~ **letters** *pl.* büyük matbaa harfleri
blond(e) [blond] sarışın
blood [blad] kan; kan bağı, soy; ***in cold*** ~ soğukkanlıkla; ~ **bank** *med.* kan bankası; ~**curdling** tüyler ürpertici; ~**less** kansız; *fig.* renksiz; ~ **pressure** *med.* kan basıncı, tansiyon; ~**shed** kan dökme; ~**shot** kanlanmış; ~ **vessel** *an.* kan damarı; ~**y** kanlı
bloom [bluum] *n.* çiçek; *fig.* gençlik, tazelik; *v/i* çiçek açmak

blossom ['blosım] *n.* bahar çiçeği; *v/i* çiçek açmak
blot [blot] *an.* leke; ayıp; *v/t* lekelemek, kirletmek, karartmak; ~ **out** silmek; **~ter** kurutma kâğıdı tamponu; **~ting paper** kurutma kâğıdı
blouse [blauz] blûz
blow[1] [blıu] vuruş, darbe; ***come to ~s*** kavgaya tutuşmak
blow[2] *v/i* esmek, üflemek; *v/t* üflemek; *mus.* çalmak; ~ ***in*** *sl.* çıkagelmek, uğramak; ~ ***one's nose*** sümkürmek; ~ ***out*** *v/t* üfleyip söndürmek; *v/i* dinmek; ~ ***up*** havaya uçurmak; **~n** *bak* ***blow***[2]
blue [bluu] mavi; *F* kederli; ***out of the*** ~ *fig.* ansızın, pat diye; **~bottle** *zo.* mavi sinek; **~s** *pl. fig.* hüzün, melankoli *sg.*
bluff [blaf] *n.* blöf; *v/t* blöf yapmak *-e*
bluish ['blu(u)iş] mavimsi
blunder ['blandı] *n.* hata, gaf; *v/i* hata yapmak, pot kırmak; *v/t* berbat etm.
blunt [blant] *adj.* kesmez, kör; *fig.* sözünü sakınmaz; *v/t* körletmek, körleştirmek
blur [blö] *n.* leke; bulaşık şey; *v/t* bulaştırmak, yaymak; bulanıklaştırmak
blurt [blöt]: ~ ***out*** *v/t* ağzından kaçırmak
blush [blaş] *n.* kızarma, utanma, *v/i* utanmak, kızarmak
boar [bô] *zo.* erkek domuz
board [bôd] *n.* tahta, levha; mukavva; masa; yiyecek; kurul; idare; *v/t* döşemek, kaplamak; yedirip içirmek; binmek *-e*; ~ ***and lodging*** yiyecek ve yatacak; ***Ձ of Trade*** Ticaret Odası *veya* Bakanlığı; ***full*** ~ tam pansiyon; ***notice*** ~ ilân tahtası; ***on*** ~ gemide; trende; **~er** pansiyon kiracısı; yatılı örenci; **~ing-house** pansiyon; **~ing-school** yatılı okul
boast [bıust] *n.* övünme; *v/i* övünmek, yüksekten atmak; **~ful** övüngen, palavracı
boat [bıut] sandal, kayık, gemi; **~man** sandalcı, kayıkçı; ~ **race** kayık yarışı
bob [bo] *v/t* hafifçe hareket ettirmek; *v/i* oynamak, kımıldamak
bobbin ['bobin] makara, bobin
bobby ['bobi] *coll.* polis memuru
bobsleigh ['bob-] kızak
bodi|ce ['bodis] korsaj, korse; **~ly** bedeni; *adv.* büsbütün, tümü ile
body ['bodi] vücut, beden; ceset; kurul, heyet, grup; karoseri; **~guard** koruma görevlisi
bog [bog] batak, bataklık
bogus ['bıugıs] sahte, yapma
boil [boyl] *n.* çıban; *v/i* kaynamak; *v/t* kaynatmak, haşlamak; ~ ***over*** *v/i* taşmak; **~ed egg** rafadan yumurta; **~er**

kazan
boisterous ['boystırıs] şiddetli, sert *(hava);* şamatacı, gürültücü
bold [bıuld] cesur, atılgan; arsız, küstah; **~ness** atılganlık; küstahlık
bolster ['bıulstı] uzun alt yastık
bolt [bıult] *n.* civata, sürme; yıldırım; ok; *v/t* sürmelemek; çiğnemeden yutmak; *v/i* kaçmak; ***make a ~ for*** *-e* doğru atılmak; **~ *upright*** dimdik
bomb [bom] *n.* bomba; *v/t* bombalamak; **~ardment** [~'bâdmınt] bombardıman; **~er** ['~ı] bombardıman uçağı
bond [bond] bağ, ilişki; *ec.* senet, bono, tahvil; ***in ~*** antrepoda; **~age** esirlik, serflik
bone [bıun] kemik; kılçık
bonfire ['bonfayı] şenlik ateşi
bonnet ['bonit] bone, başlık, bere; motor kapağı, kaporta
bonny ['boni] güzel, zarif; gürbüz
bonus ['bıunıs] ikramiye
bony bony ['bıuni] kemikleri görünen, zayıf; kılçıklı
book [buk] *n.* kitap; defter; *v/t yer* ayırtmak, ısmarlamak, tutmak; *polis kayıtlarına* kaydetmek; **~*ed up*** hepsi satılmış; yer kalmamış; **~binder** ciltçi; **~case** kitap dolabı; **~ing-clerk** gişe memuru; **~ing-office** bilet gişesi; **~keeper** defter tutan, muhasebeci; **~keeping** defter tutma; **~let** broşür; **~seller** kitapçı; **~shop** kitap evi
boom [buum] *ec.* hızlı büyüme, piyasada canlılık
boor [buı] kaba adam, hödük
boost [buust] *v/t* arkasından itmek; artırmak
boot [buut] bot, potin, çizme; **~ee** ['~tî] kadın botu
booth [buudh] kulübe; baraka
booty ['buuti] ganimet, yağma
border ['bôdı] *n.* kenar, pervaz; sınır; *v/t* sınırla(n)dırmak; *v/i* bitişik olm.; çok benzemek (***on, upon*** *-e*)
bore[1] [bo] *bak* **bear**
bore[2] *n.* çap; delgi, sonda; can sıkıcı adam, can sıkıcı iş; *v/t* delmek, sondalamak; *-in* canını sıkmak; **~dom** can sıkıntısı
born [bôn] *bak* ***bear***[2]***;*** doğmuş; ***be ~*** doğmak; **~e** *bak* ***bear***[2]
borough ['barı] kasaba, ilçe, küçük şehir
borrow ['borıu] *v/t* ödünç almak, borç almak
bosom ['buzım] göğüs, koyun
Bosphorus ['bosforıs] Boğaziçi
boss [bos] patron, şef
botan|ic(al) [bı'tänik(ıl)] botaniğe ait; **~y** ['botıni] botanik
botch [boç] *n.* kaba iş; *v/t* kabaca yamamak, bozmak

brake [breyk] *n.* fren; *v/i* fren yapmak; *v/t* frenlemek
bramble ['brämbl] *bot.* böğürtlen çalısı
branch [brânç] *n.* dal; kol, şube; *v/i* dallanmak, kollara ayrılmak
brand [bränd] *n.* yanan odun; kızgın demir, dağ, damga; marka, cins; *v/t* dağlamak, damgalamak; **~-new** yepyeni; **~y** kanyak, konyak
brass [brâs] pirinç; **~ band** bando, mızıka
brassière ['bräsiı] sutyen
brave [breyv] *adj.* cesur, yiğit; *v/t* göğüs germek *-e;* **~ry** kahramanlık
brawl [brôl] kavga, gürültü
bray [brey] anırma; *v/i* anırmak
brazier ['breyzyı] mangal
Brazil [brı'zil] Brezilya; **~ian** Brezilyalı
breach [brîç] *n.* açıklık, yarık; bozma, karşı gelme; *v/t* kırmak, bozmak, yarmak, gedik açmak
bread [bred] ekmek; **~-and-butter letter** teşekkür mektubu
breadth [bredth] genişlik, en
break [breyk] *n.* kırık; fasıla, ara; arası kesilme; *(gün)* ağartı; *v/t* kırmak, koparmak, parçalamak; dağıtmak; açmak, yarmak; alıştırmak; mahvetmek; *sözünü* tutmamak; ara vermek *-e; v/i* parçalanmak, kırılmak; kuvvetten düşmek; *(gün)* ağarmak; **~ away** kaçıp kurtulmak; ilişiğini kesmek, ayrılmak; **~ down** *v/t* yıkmak; *v/i* bozulmak; **~ off** *v/i* kopmak, ayrılmak, *v/t* ayırmak; **~ up** parçalamak, kırmak; *v/i* dağılmak; **~able** kolayca kırılabilir, kırılacak; **~down** yıkılma, bozulma; **~fast** ['brekfist] kahvaltı; **~through** *fig.* başarı
breast [brest] göğüs; meme; **~stroke** kurbağalama yüzüş
breath [breth] nefes, soluk; **out of ~** soluğu kesilmiş; **~e** [brîdh] nefes almak; **~ing** ['~îdniŋ] nefes (alma); **~less** ['~ethlis] nefesi kesilmiş
bred [bred] *bak* ***breed***
breeches ['briçiz] *pl.* pantolon, külot pantolon *sg.*
breed [brîd] *n.* soy, ırk; *v/t* beslemek, yetiştirmek; *v/i* doğurmak; **~er** yetiştirici; **~ing** üreme; yetiştirme
breeze [brîz] hafif rüzgâr, esinti, meltem
brew [bruu] *v/t* yapmak, hazırlamak; demlemek *(çay); v/i* hazır duruma gelmek; **~ery** bira fabrikası
bribe [brayb] *n.* rüşvet; *v/t* rüşvet vermek *-e;* **~ry** rüşvet verme *veya* alma
brick [brik] tuğla; **~layer** duvarcı
bridal ['braydl] gelinlik, geline ait, düğün ...

bride [brayd] gelin; **~groom** güvey; **~smaid** düğünde geline eşlik eden kız
bridge [bric) *n.* köprü; briç oyunu; *v/t* köprü kurmak *-e*
bridle ['braydl] *n.* at başlığı; dizgin; *v/t* gem vurmak, dizgin takmak *-e;* **~path** atlılara mahsus yol
brief [brîf] kısa; **~case** evrak çantası
briga|de [bri'geyd] *mil.* tugay
bright [brayt] parlak, berrak; neşeli, canlı; zeki; **~en** *v/t* parlatmak; neşelendirmek; *v/i* parlamak; **~ness** parlaklık; uyanıklık
brillian|ce, ~cy ['brilyıns, '~si] parlaklık, pırıltı; **~t** *adj.* çok parlak; çok zeki; *n.* pırlanta
brim [brim] kenar, ağız; **~ful(l)** ağzına kadar dolu
bring [briŋ] *v/t* getirmek; **~ *about*** *v/t* neden olm., yol açmak *-e;* **~ *forth*** meydana çıkarmak; **~ *off*** becermek, başarmak *-i;* **~ *up*** yaklaştırmak; yetiştirmek
brink [brink] kenar
brisk [brisk] faal, canlı, işlek; zindelik veren *(hava)*
bristle ['brisl] *n.* sert kıl; *v/i* tüyleri ürpermek
Brit|ain ['britn] Britanya; **~ish** Britanyalı, İngiliz; **~on** ['britn] İngiliz
brittle ['britl] kolay kırılır, gevrek
broach [brıuç] *v/t* delik açmak *-e; fig.* girişmek *-e*
broad [brôd] geniş, enli; açık, belli; erkinci, hoşgörülü; **~cast** *n.* radyo yayını; *v/t* yayınlamak; **~en** *v/t* genişletmek; **~minded** açık fikirli
brocade [brı'keyd] brokar
broil [broyl] gürültü, kavga
broke [brıuk] *bak* ***break;*** **~n** *bak* ***break;*** **~r** simsar, komisyoncu
bronchitis [broŋ'kaytis] *med.* bronşit
bronze [bronz] tunç, bronz
brooch [brıuç] broş
brood [bruud] *n.* yumurtadan çıkan civcivler *veya* kuş yavruları *pl; v/i* kuluçkaya yatmak
brook [bruk] dere, çay
broom [brum] süpürge
broth [broth] et suyu
brothel ['broth] genel ev
brother ['bradhı] erkek kardeş, birader; **~hood** kardeşlik; **~-in-law** kayınbirader, bacanak, enişte; **~ly** kardeşçe
brought [brôt] *bak* ***bring***
brow [brau] *an.* kaş; alın
brown [braun] kahverengi, esmer
bruise [bruuz] *n.* bere, çürük; *v/t* berelemek, çürütmek
brunch [branç] sabah ile öğle arası yenen öğün
brush [braş] *n.* fırça; çalı; tilki kuyruğu; *v/t* fırçalamak, sü-

pürmek; hafifçe dokunmak -e; ~ **up** tazelemek
Brussels ['braslz] Brüksel; ~ **sprouts** ['~l'sprauts] *bot.* Brüksel lahanası
brut|al ['bruutl] hayvanca, vahşî; ~**ality** [-'täliti] vahşet; canavarlık; ~**e** [bruut] hayvan; canavar
bubble ['babl] *n.* hava kabarcığı; *v/i* köpürmek, kaynamak
buck [bak] *n.* erkek karaca, geyik *v.s.; Am. sl.* dolar; *v/i* sıçramak
bucket ['bakit] kova
buckle ['bakl] *n.* toka, kopça; *v/t* tokalamak, kopçalamak; ~ **on** tokalamak, takmak
buckskin güderi
bud [bad] *n.* tomurcuk, gonca; *v/i* gonca vermek
buddy ['badi] *F* arkadaş
budget ['bacit] bütçe
buffalo ['bafılıu] manda
buffer ['bafı] *tech.* tampon
buffet ['bafit] büfe
bug [bag] tahtakurusu; *Am.* böcek; *v/t özl. Am* kızdırmak; *Am.* hafif at arabası; bebek arabası
bugle ['byûgl] borazan, boru
build [bild] *v/t* inşa etm., kurmak, yapmak; ~**er** inşaatçı; inşaat ustası; ~**ing** bina, yapı
built [bilt] *bak* ***build;*** ~**in** gömme; yerleşmiş
bulb [balb] *bot.* çiçek soğanı, soğan; *el.* ampul
Bulgaria [bal'gäriıı] Bulgaristan; ~**n** Bulgar; Bulgarca
bulge [balc] *n.* bel verme, şiş; *v/i* bel vermek, kamburlaşmak
bulk [balk] hacim, oylum; en büyük kısım; ~**y** hacimli, büyük
bull [bul] *zo.* boğa; ~**dog** buldok (köpeği)
bullet ['bulit] kurşun, mermi
bulletin ['bulitin] günlük haber, bülten, duyuru; ~ **board** *Am.* ilân tahtası
bullion ['bulyın] altın *veya* gümüş külçesi
bully ['buli] *v/t* gözdağı vermek
bum [bam] *sl.* serseri, başıboş kimse, berduş
bumblebee ['bambl-] *zo.* yaban arısı
bump [bamp] *n.* vuruş, çarpma; *v/i* çarp(ış)mak, toslamak; *v/t* bindirmek, vurmak (***against, on*** *-e*); ~**er** tampon; ağzına kadar dolmuş bardak
bun [ban] kuru üzümlü çörek
bunch [banç] demet; deste; salkım
bundle ['bandl] *n.* bağ, bohça, paket; *v/t a.* ~ **up** çıkınlamak, sarmalamak
bungalow ['baŋgılıu] tek katlı ev, bungalov
bungle ['baŋgl] *n.* kötü iş, bozma; *v/t* bozmak, berbat etm.
bunk [baŋk] yatak yeri, ranza

bunny ['bani] tavşan(cık)
buoy [boy] şamandıra
burden ['bödn] *n.* yük, ağır iş; ana fikir; nakarat; *v/t* yüklemek (*so.* **with** *b-ne -i*)
bureau ['byuırıu] büro, yazıhane, *Am.* çekmeceli dolap
burglar ['böglı] gece hırsızı; **~y** ev soyma
burial ['beriıl] gömme
burly ['böli] iri yarı
burn [bön] *n. med.* yanık; *v/t* yakmak; *v/i* yanmak; **~ing** yanan; **~t** *bak* **burn**
burst [böst] *n.* patlama; patlak, yarık; *v/i* patlamak, yarılmak; *v/t* patlatmak; **~ into flames** alevlenmek; **~ into tears** gözünden yaşlar boşanmak
bury ['beri] *v/t* gömmek; saklamak
bus [bas] otobüs; **miss the ~** *fig.* fırsatı kaçırmak
bush [buş] çalı, çalılık
bushel ['buşl] İngiliz kilesi *(36, 37 l)*
bushy çalılık; fırça gibi
business ['biznis] iş, görev, meslek; ticaret; mesele; **~ hours** *pl.* iş saatleri; **~like** ciddî, düzenli, pratik; **~man** iş adamı; **~ tour, ~ trip** iş yolculuğu
bust [bast] büst, göğüs
bustle ['basl] *n.* faaliyet; telâş; *v/i* acele etm., koşuşturmak; telâşlanmak
busy ['bizi] faal, iş gören, meşgul; hareketli, işlek; **be ~** *-ing,* **~ oneself with** meşgul olm., uğraşmak *-mekle*
but [bat, bıt] ama, fakat; ancak; oysa; şu kadar ki; halbuki; *-den* başka; **~ then** ama, diğer taraftan; **the next ~ one** birinci değil ikinci
butcher ['buçı] *n.* kasap; *v/t* kesmek
butler ['batlı] kâhya; sofracı
butt [bat] fıçı; dipçik; alay konusu kimse; tos; **~ in** *sl.* karışmak (**on** *-e*), araya girmek
butter ['batı] *n.* tereyağı; *v/t* tereyağı sürmek *-e;* **~cup** *bot.* düğünçiçeği; **~fly** *zo.* kelebek
buttocks ['batıks] *pl.* kıç *sg.*
button ['batn] *n.* düğme; gonca; *v/t mst.* **~ up** düğmelemek, iliklemek; **~hole** ilik
buttress ['batris] payanda, destek
buy [bay] *v/t* satın almak, almak; **~er** alıcı, müşteri
buzz [baz] *n.* vızıltı, gürültü; *v/i* vızıldamak
buzzard ['bazıd] *zo. bir tür* şahin
by [bay] *-in* yanında, yakınında; ile, vasıtasıyla; tarafından; *-e* göre; *-e* kadar, *-dan* önce; **~ and ~** yavaş yavaş; az sonra; **~ and large** genellikle; **~ day** gündüz; **~ far** çok daha fazla; **~ God!** vallahi!; **~ itself** kendi kendine; **day ~ day** her gün; **~e-bye** ('bay'bay) *bak* **good-bye;** **~election** *pol.* ara seçim; **~gone**

geçmiş, eski; ~pass yan yol; dolaştırma; *med.* baypas; ~product yan ürün; ~stander seyirci

Byzantium [bay'zantyım] Bizans

C

cab [käb] taksi

cabaret ['käbırey] kabare

cabbage ['käbic] *bot.* lahana

cabin ['käbin] kamara; kulübe; ***three-berth*** ~ üç yataklı kamara

cabinet ['käbinit] dolap; *pol.* kabine, bakanlar kurulu; ~**maker** ince iş yapan marangoz

cable ['keyb] *n.* kablo; palamar; telgraf; *v/i* telgraf çekmek; ~ **car** teleferik; ~**gram** telgraf; ~ **television** kablolu televizyon

cab|rank, ~stand taksi durağı

cackle ['käkl] *v/i* gıdaklamak

cact|us ['käktıs], *pl.* ~**uses** ['~siz], ~**i** ['~tay] *bot.* atlas çiçeği, kaktüs

café ['käfey] pastane, kafe

cafeteria [käfi'tiıriı] kafeterya

cage [keyc] kafes; *madencilik:* asansör

Cairo ['kayırıu] Kahire

cake [keyk] kurabiye, pasta, kek, çörek; kalıp; ~ ***of soap*** sabun parçası

calamity [kı'lämiti] felâket, afet

calculat|e ['kälkyuleyt] *v/t* hesaplamak, tahmin etm., saymak; ~**ion** hesaplama; *ec.* hesap; ~**or** küçük hesap makinesi

calendar ['kälındı] takvim

calf [kaaf], *pl.* **calves** [~vz] **1.** *zo.* dana; buzağı; **2.** *an.* baldır

calib|re, *Am.* ~**er** ['kälibı] çap

call [kôl] *n.* çağırma; çağrı, davet; uğrama; telefon etme; *v/t* çağırmak; telefon etm., aramak; uyandırmak; adlandırmak; demek; ~ ***at*** uğramak *-e*; ~ ***back*** geri çağırmak; ~ ***for*** istemek *-i;* uğrayıp almak *-i;* ~ ***on*** ziyaret etm. *-i;* uğramak *-e*; ~ ***up*** *mil.* silah altına çağırmak; ~ **box** telefon kübesi; ~**er** ziyaretçi, konuk; telefon eden kimse; ~ **girl** telekız; ~**ing** meslek, iş, uğraş

callous ['kälıs] sertleşmiş, nasır tutmuş *(a. fig.)*, hissiz

calm [kaam] *adj.* sakin, durgun; *n.* sakinlik; *v/t* yatıştırmak; ~ **down** *v/i* yatışmak, sakinleşmek

calor|ie, *Am.* **~y** ['kälıri] kalori
came [keym] *bak* ***come***
camel ['kämıl] *zo.* deve
camera ['kämırı] fotoğraf makinesi, kamera
camomile ['känıumayl] *bot.* bir tür papatya, öküzgözü
camouflage ['kämuflâj] *n.* kamuflaj; *v/t* kamufle etm., gizlemek
camp [kamp] *n.* kamp; *mil.* ordugâh; *v/i* kamp kurmak; **~aign** sefer, savaş; kampanya; **~er** kampçı, kamp yapan kimse; **~ground, ~site** kamp yeri
campus ['kämpıs] üniversite *veya* okul arazisi, kampus
can[1] [kän] kap, kutu; konserve kutusu
can[2] *inf.* -ebilmek
Canad|a ['kämıdı] Kanada; **~ian** [kı'neydyın] Kanadalı
canal [kı'näl] kanal, mecra
canary [kı'näıri] *zo.* kanarya
cancel ['känsıl] *v/t* silmek, çizmek; kaldırmak, iptal etm.; ***be ~(l)ed*** iptal olunmak
cancer ['känsı] kanser
candid ['kändid] samimî, açık, içten
candidate ['kändidit] namzet, aday
candied ['kändid] şekerle kaplanmış
candle ['kändl] mum; **~stick** şamdan
candy ['kändi] şekerleme, bonbon
cane [keyn] baston, değnek
cann|ed [känd] *Am.* kutulanmış; **~ery** *Am.* konserve fabrikası
cannibal ['känibıl] yamyam
cannon ['känın] *mil.* top
cannot ['känot] *inf.* -ememek; *-mış* olamaz
canoe [kı'nuu] hafif sandal, kano
canopy ['känıpi] gölgelik, tente
cant ['känt] ikiyüzlülük, riyakârlık; argo
can't [kaant] *bak* ***cannot***
canteen [kän'tîn] kantin; *mil.* aş kabı; matara
canvas ['känvıs] keten bezi, kanava; tuval, yağlı boya resim; **~s** *v/t -i* dolaşarak oy *veya* sipariş toplamak
cap [käp] kasket, başlık; kapak
capa|bility [keypı'biliti] kabiliyet, yetenek; **~ble** muktedir, kabiliyetli, ehliyetli, yetenekli (**of** *-e*)
capacity [kı'päsiti] kapasite; hacim; yetenek; verim
cape[1] [keyp] *geo.* burun
cape[2] kap, pelerin
caper[1] [keypı] *bot.* kebere
caper[2] *v/i* hoplayıp sıçramak
capital ['käpitl] *n.* başkent, hükümet merkezi, *ec.* sermaye, kapital; *gr.* büyük harf; *adj.* en büyük, mükemmel; **~ crime** *jur.* cezası idam olan

suç; **-ism** kapitalizm; **-ist** anamalcı, kapitalist
capitulation [kıpityu'leyşın] teslim; *pol.* kapitülasyon
capricious [kı'prişıs] kaprisli
Capricorn ['käprikôn] *astr.* Oğlak burcu
capsize [käp'sayz] *naut.* *v/t* devirmek; *v/i* devrilmek
capsule ['käpsyûl] kapsül
captain ['käptin] *naut.* kaptan; *mil.* yüzbaşı
caption ['käpşın] başlık, manşet; *film:* alt yazı
captiv|ate ['käptiveyt] *v/t* büyülemek, cezbetmek; **-e** tutsak, esir; **-ity** [-'tiviti] tutsaklık
capture ['käpçı] *n.* yakalama, esir alma; *v/t* tutmak, yakalamak
car [kaa] otomobil, araba; vagon; **by** - otomobil ile
caravan ['kärıvän] kervan; gezer ev, karavan, treyler; **-serai** [-sıray] kervansaray
carbine [k'aabayn] karabina, kısa ve hafif tüfek
carbohydrate ['kaabıu'haydretyt] *chem.* karbonhidrat
carbon ['kaabın] *chem.* karbon; - (**paper**) kopya kâğıdı
carburet(t)or ['kaabyureti] *tech.* karbüratör
carca|se, -ss ['kaakıs] leş
card [kaad] kart; karton; oyun kâğıdı; ***play* -s** iskambil oynamak; **-board** karton, mukavva
cardiac ['kaadiäk] *med.* kalple ilgili
cardigan ['kaadigın] yün ceket, hırka
cardinal ['kaadinl] *rel.* kardinal; *adj.* baş, asıl, ana; - **number** asal sayı
care [käı] *n.* dikkat, bakım; ilgi; merak, üzüntü; *v/i* endişelenmek *(-den)*; *v/t* ilgilenmek (**for** ile); bakmak *(-e)*; ***take* - of** muhafaza etm. *-i;* bakmak, dikkat etm. *-e;* ***with* -** dikkatle; - ***of*** *-in* evinde, eliyle
career [kı'riı] meslek hayatı, kariyer
care|free kaygısız; **-ful** dikkatli; **-less** dikkatsiz, ihmalci; kayıtsız
caress (kı'res] *n.* okşama, *v/t* okşamak
care|taker kapıcı; bina yöneticisi; **-worn** kederden bitkin
car ferry araba vapuru
cargo ('kaagıu] yük, kargo
caricature [kärikı'tyuı] karikatür
caries ['käıriîz] *med.* diş çürümesi
carnation [kaa'neyşın] *bot.* karanfil
carol ['kärıl]: **Christmas** - Noel şarkısı
carp [kaap] *zo.* sazan
car park park yeri, otopark
carpenter ['kaapintı] marangoz, dülger, doğramacı
carpet ['kaapit] halı
carriage ['käric] araba, vagon; taşıma, nakil; nakliye

ücreti; davranış; ~**way** araba yolu, ana yol, şose
carrier ['kärıı] taşıyan; nakliyeci; ~ **bag** alış veriş torbası
carrion ['kärıın] leş; *adj.* leş gibi
carrot ['kärıt] *bot.* havuç
carry ['käri] *v/t* taşımak, götürmek, nakletmek; ~ **on** devam ettirmek; ~ **out** uygulamak, yerine getirmek
cart [kaat] iki tekerlekli yük arabası; ***put the ~ before the horse*** bir işi tersinden yapmak
cartoon [kaa'tuun] karikatür; (***animated***) ~ çizgi film; ~**ist** karikatürist
cartridge ['kaatric] fişek; *phot.* kartuş, kaset
cartwheel: ***turn ~s*** yana perende atmak
carv|e [kaav] *v/t* oymak, hakketmek; *et:* sofrada kesmek; ~**er** oymacı, yontmacı
cascade [käs'keyd] çağlayan
case[1] [keys] kutu, kasa
case[2] hal, husus; olay; ***in that*** ~ o takdirde; ***in ~ of*** halinde; ***in any*** ~ her halde
casement ['keysmınt] pencere kanadı, kanatlı pencere
cash [käş] *n.* para, nakit; *v/t* paraya çevirmek; bozmak; ~ ***down*** peşin ödeme; ~ ***on delivery*** ödemeli; ~ **dispenser** *özl. Brt.* otomatik kasa; ~**ier** [käşiı] kasadar, veznedar
casing ['keysiŋ] kaplama
cask [kaask] fıçı, varil; ~**et** ['~it] değerli eşya kutusu; *Am.* tabut
Caspian Sea ['käspîın-] Hazar Denizi
cassette [kı'set] kaset; ~ **recorder** kasetçalar
cassock ['käsık] papaz cüppesi
cast [kaast] *n.* atma, atış; dökme, kalıp; tip, kalite; *thea.* oynayanlar; *v/t* atmak, saçmak; *tech.* dökmek; ***be ~ down*** yüreği kararmak
caste [kaast] kast, birbirine karşı kapalı sınıf
cast iron *tech.* dökme demir
castle ['kaasl] kale; şato
castor ['kaastı] tuzluk, biberlik
castor oil Hint yağı
castrate [käs'treyt] *v/t* hadım etm.
casual ['käjyuıl] sıradan, rastgele; ~**ty** kazazede; zayiat, kayıp
cat [kät] kedi
catalog(ue) ['kätılog] katalog, liste
cataract ['kätıräkt] çağlayan; *med.* katarakt
catarrh [kı'tâ] *med.* nezle
catastrophe [kı'tästrıfı] felâket, facia
catch [käç] *v/t* tutmak, yakalamak; kavramak; yetişmek *-e; n.* tutma; av; tuzak; kilit dili; ~ ***a cold*** nezle olm., üşütmek; ~ ***up*** yetişmek (***with*** *-e*); ~**-as-catch-can**

serbest güreş; **~ing** çekici; *med.* bulaşıcı; **~word** parola; slogan
category ['kätigıri] cins, kategori
cater ['keytı] *v/i* tedarik etm., hazırlamak (**for** *-i*)
caterpillar ['kâtıpilı] *zo.* tırtıl
cathedral [kı'thîdrıl] katedral
Catholic ['käthılik] Katolik
cattle ['kät] sığır, davar
Caucasus ['kôkısıs] Kafkas (Dağları *pl.*)
caught [kôt] *bak* ***cath***
ca(u)ldron ['kôldrın] kazan
cauliflower ['koliflauı] *bot.* karnabahar
cause [kôz] *n.* neden, sebep; dava; *v/t* sebep olm. *-e*; *fig.* doğurmak; **~less** sebepsiz, asılsız
cauti|on ['kôşın] *n.* dikkat; uyarı, ihtar; sakınma; *v/t* uyarmak, ihtar etm.; **~ous** ihtiyatlı, çekingen
cavalry ['kävılri] *mil.* süvari
cave [keyv] mağara, in
cavern ['kävın] büyük ve derin mağara
cavity ['käviti] çukur, boşluk, oyuk
CD [si'dî] *kıs.* ***compact disc***
cease [sîs] *v/i* bitmek, durmak; *v/t* bitirmek; **~less** sürekli, aralıksız
ceiling ['sîliŋ] tavan; en yüksek sınır
celebrat|e ['selibreyt] *v/t* kutlamak; **~ion** kutlama
celebrity [si'lebriti] ünlü kişi; şöhret
celery ['selıri] *bot.* kereviz
celibacy ['selibısi] bekârlık; *rel.* evlenme yasağı
cell [sel] hücre; *el.* pil
cellar ['selı] kiler, bodrum
Celtic ['keltik] Keltlere ait; Keltçe
cement [si'ment] *n.* çimento; tutkal; *v/t* yapıştırmak
cemetery ['semitri] mezarlık
censor ['sensı] *v/t* sansür etm.; **~ship** sansür
censure ['senşı] *n.* eleştiri, azar(lama); *v/t* azarlamak, eleştirmek
census ['sensıs] nüfus sayımı
cent [sent] doların yüzde biri, sent; ***per*** ~ yüzde; **~enary** [-'tıneri] yüzüncü yıl dönümü; **~ennial** [~'tenyıl] yüz yıllık; yüzüncü
centi|grade ['sentigreyd] santigrat; **~metre** santimetre
central ['sentrıl] orta, merkezî; ~ **heating** kalorifer; **~ize** *v/t* merkezileştirmek
cent|re, *Am.* **~er** ['sentı] *n.* orta, merkez; *v/t* ortaya koymak, merkeze toplamak; *v/i* merkezlenmek; **~re-forward** *spor:* santrfor
century ['sençıri] yüzyıl
cereal ['siıriıl] tahıl, hububat; tahıldan yapılmış yiyecek
cerebral ['seribrıl] *an.* beyne ait
ceremon|ial [seri'mıunyıl] törenle ilgili, resmî; *n.* tören; **~ious** törensel; **~y** ['~mıni]

karşılıksız, parasız; ***in ~ of*** ile görevli; ***take ~ of*** yüklenmek, üstüne almak -*i*
chariot ['çäriıt] iki tekerlekli savaş arabası
charit|able ['çäritıbl] hayırsever; **~y** hayırseverlik
charm [çâm] *n.* büyü, sihir; muska; *fig.* çekicilik; *v/t* büyülemek, hayran bırakmak; **~ing** çekici, sevimli
chart [çât] *naut.* harita
charter ['çâtı] *n.* berat, patent; kontrat; ayrıcalık; *v/t* kiralamak; **~ flight** çarter uçuşu
charwoman ['çâwumın] temizleyici kadın
chase [çeys] *n.* av, takip, kovalama; *v/t* avlamak; kovalamak
chasm ['käzım] yarık, uçurum, dar boğaz
chassis ['şäsi] şasi
chast|e [ceyst] iffetli, temiz; **~ity** ['cästiti] iffet, temizlik
chat [çät] *n.* sohbet; *v/i* sohbet etm., konuşmak; **~ter** *v/i* çene çalmak; çatırdamak; **~terbox** boşboğaz, geveze
chauffeur [şıufı] şoför
cheap [çîp] ucuz; değersiz; bayağı; **~en** *v/t* ucuzlatmak; *v/i* ucuzlamak
cheat [çît] *n.* hile, düzen; dolandırıcı, düzenbaz; *v/t* aldatmak, dolandırmak
check [çek] *n.* engel, durdurma; kontrol; fiş, marka; *Am.* çek; *v/t* önlemek, durdurmak; karşılaştırmak, kontrol etm.; ***~ in*** *Am.* otel defterine kaydolmak; ***~ out*** *Am.* otelden ayrılmak; **~ed** kareli; **~room** gişe; *Am.* vestiyer; **~up** genel sağlık kontrolu
cheek [çik] yanak; yüzsüzlük; **~y** yüzsüz, küstah
cheer [çiı] *n.* alkış, 'yaşa!' sesi; neşe; *v/t* alkışlamak; neşelendirmek; ***~ (on)*** yüreklendirmek; ***~ (up)*** teselli etm.; **~ful** neşeli, şen; **~io!** ['~ri'ıu] Allaha ısmarladık!, Hoşça kal!; **~less** neşesiz; kederli; **~y** neşeli
cheese [çîz] peynir
chemical ['kemikıl] *adj.* kimyasal; *n.* kimyasal maddeler
chemist ['kemist] kimyager; eczacı; **~ry** kimya
cheque [çek] çek; **~ account** çek hesabı
cherry ['çeri] *bot.* kiraz
chess [çes] satranç oyunu; **~board** satranç tahtası; **~man** satranç taşı
chest [çest] sandık, kutu; *an.* göğüs
chestnut ['çesnat] kestane; kestane renginde
chew [çuu] *v/t* çiğnemek; **~ing-gum** ciklet
chicken ['çikin] piliç, civciv; tavuk eti; **~ pox** ['~poks] *med.* suçiçeği hastalığı
chief [cif] büyük, en önemli; *n.* baş, şef; **~ly** başlıca, en çok
chilblain ['çilbleyn] *med.* so-

tören; *rel.* ayin; *pol.* protokol, seremoni
certain ['sötn] muhakkak, kesin; emin; belirli; bazı; **~ly** *adv.* elbette, tabiî; **~ty** kesinlik; kesin gerçek
certi|ficate [sı'tifikit] tasdikname; ruhsat; belge; diploma; **~fy** ['sötifay] *v/t* tasdik etm., onaylamak; **~tude** ['~tyûd] kesinlik
chafe [çeyf] *v/t* sürtmek, sürterek berelemek; *v/i* sürtünmek; sinirlenmek
chaff [çäf] saman tozu
chaffinch ['çäfinç] *zo.* ispinoz
chagrin ['şägrin] iç sıkıntısı, keder
chain [çeyn] *n.* zincir; silsile, dizi; *v/t* zincirlemek; **~ store** mağazalar zinciri
chair [çäı] iskemle, sandalye; başkanlık makamı; kürsü; **~ lift** telesiyej; **~man** başkan, reis
chalk [çôk] tebeşir
challenge ['çälinc] *n.* meydan okuma, davet; *v/t* çağırmak; meydan okumak
chamber ['çeymbı] oda; salon; meclis; **♀ of Commerce** Ticaret Odası; **~maid** kadın oda hizmetçisi
chamois ['şämwä] *zo.* dağ keçisi; **~ leather** ['şämi-] güderi
champagne [şäm'peyn] şampanya
champion ['çampyın] şampiyon, kahraman; **~ship** şampiyonluk
chance [çäns] şans, talih; tesadüf; fırsat; ihtimal; ***by* ~** tesadüfen; ***take one's* ~** şansa bırakmak
chancellor [çänsılı] rektör; şansölye
chandelier [şändi'lıı] avize
change [çeync] *n.* değiş(tir)me, değişiklik; bozulan para, bozukluk; *v/t* değiştirmek; boz(dur)mak; *tren:* aktarma yapmak; *v/i* değişmek; ***for a* ~** değişiklik olsun diye; **~ *one's mind*** fikrini değiştirmek; **~able** kararsız; değişebilir
changing room *özl. spor:* soyunma odası
channel ['çänl] kanal; yol; ***the* ♀** *geo.* Manş Denizi
chaos ['keyos] karışıklık, kaos
chap [çäp] *F* çocuk, arkadaş
chap|el ['çäpıl] küçük kilise; **~lain** [-'lın] papaz
chapter ['çäptı] bölüm, kısım, fasıl
character [kärıktı] karakter, öz yapı; nitelik, özellik; *thea.* karakter; harf türü; **~istic** karakteristik, tipik; **~ize** *v/t* tanımlamak; nitelendirmek
charcoal ['çâkıul] mangal kömürü
charge [çâç] *n.* yük, hamule; şarj; hamle; görev; memuriyet; bedel, ücret; suçlama; *v/t* yüklemek, doldurmak; suçlamak (***with*** ile); *fiyat* istemek; hücum etm. *-e;* ***free of* ~**

ğuk şişliği, mayasıl
child [çayld], *pl.* **-ren** ['çildrın] çocuk; **-hood** çocukluk; **-ish** çocukça; **-less** çocuksuz; **-like** çocuk ruhlu
chill [çil] *n.* soğuk algınlığı; soğuk; *v/t* soğutmak; üşütmek; **-y** soğuk, buz gibi
chime [çaym] *n.* ahenkli çan sesi; *v/i* çalınmak *(çan)*, *v/t* çalmak *(çan, saat)*; **- in with** uymak, uygun düşmek *-e*
chimney ['çimni] baca; **-sweep** baca temizleyicisi
chin [çin] çene
China ['çaynı] Çin; **&** porselen, çini
Chinese ['çay'nîz] Çinli; Çince
chink [ciŋk] yarık, çatlak
chip [çip] *n.* çentik; küçük parça, kırıntı; *v/t* yontmak, çentmek
chirp [çöp] cıvıldamak
chisel ['cizl] *n.* çelik kalem; *v/t* oymak, yontmak
chivalr|ous ['şivılrıs] mert, kibar; **-y** şövalyelik; mertlik
chlorine ['klôrîn] klor
chocolate ['çokılit] çikolata
choice [çoys] seçme, tercih; seçenek
choir ['kwayı] koro
choke [çıuk] *v/t* tıkamak, boğmak; *v/i* tıkanmak, boğulmak
choose [çuuz] *v/t* seçmek; tercih etm.
chop [çop] *n.* darbe; parça; pirzola; *v/t* doğramak, yarmak; **-stick** yemek çubuğu
chord [kôd] kiriş, tel
chose [çıuz], **-n** *bak* **choose**
Christ [krayst] Hazreti İsa; **&en** ['krisn] *v/t rel.* vaftiz etm.; isimlendirmek; **&ening** vaftiz
Christian ['kristyın] Hristiyan; **- name** vaftizde verilen ad; **-ity** [-i'äniti] Hristiyanlık
Christmas ['krismıs] Noel; **- Eve** Noel arifesi
chronic ['kronik] *med.* müzmin, süreğen; **-le** tarihsel kayıt, kronik
chuck [çak]: **- *out*** *v/t* kapı dışarı etm.
chuckle ['çakl] kendi kendine gülmek
chum [çam] *F* yakın arkadaş
church [çöç] kilise; **-yard** kilise avlusu; kilise mezarlığı
churn [çön] *n.* yayık; *v/t* yayıkta çalkamak; köpürtmek
chute [şuut] çağlayan; kaydırma oluğu
cider ['saydı] elma şarabı
cigar [si'gaa] yaprak sigarası, puro; **-ette** [sigı'ret] sigara
cinder ['sindı] cüruf, kor,köz; **&ella** [-'relı] Sinderella; **- track** atletizm pisti
cine|camera ['sini-] film çekme makinesi; **-ma** ['sinımı] sinema
cinnamon ['sinımın] tarçın
cipher ['sayfı] *n.* sıfır; şifre; *v/t* şifre ile yazmak
circle ['sök] *n.* daire, halka; çevre, grup; *thea.* balkon; *v/t*

etrafını çevirmek, kuşatmak
circuit ['sökit] dolaşma; dolaşım, tur; devre; ***short*** ~ *el.* kontak, kısa devre
circular ['sökyulı] dairesel; ~ **(letter)** sirküler, genelge
circulat|e ['sökyuleyt] *v/i* dolaşmak; *v/t* dağıtmak; **~ion** dolaşma; deveran; tiraj, baskı sayısı
circum|cise ['sökımsayz] *v/t* sünnet etm.; **~cision** sünnet; **~ference** [sı'kamfırıns] çevre; **~flex** ['sökımfleks] *gr.* düzeltme imi; **~scribe** ['~skrayb] *v/t -in* etrafını çizmek; sınırlamak *-i;* **~stance** hal, durum, koşul
circus ['sökıs] sirk; meydan
cistern ['sistın] sarnıç
citadel ['sitıdl] kale, hisar
cite [sayt] *v/t jur.* mahkemeye çağırmak; bahsetmek, anmak
citizen ['sitizn] hemşeri; vatandaş, yurttaş; **~ship** vatandaşlık, yurttaşlık
city ['siti] şehir, kent; site; ~ **guide** şehir planı; ~ **hall** belediye dairesi
civil ['sivl] sivil; nazik; iç, dahilî; ~ ***rights*** *pl.* vatandaşlık hakları; ~ ***service*** kamu görevi; ~ ***war*** iç savaş; **~ian** sivil şahıs; **~ity** nezaket; **~ization** uygarlık, medeniyet; **~ized** uygar, medenî
clad [kläd] *bak* ***clothe***
claim [kleym] *n.* iddia; istek, talep; *v/t* iddia etm.; istemek
clammy ['klämi] soğuk ve ıslak; yapışkan
clamo(u)r ['klämı] gürültü, patırtı; **~ous** gürültülü
clamp [klämp] kenet, köşebent
clan [klän] kabile, klan
clandestine [klän'destin] gizli, el altından
clank [klänk] *n.* tınlama, çınlama; *v/i* tınlamak, çınlamak
clap [kläp] *n.* vuruş, el çırpma; *v/t* çırpmak
claret ['klärıt] kırmızı şarap
clari|fy ['klârifay] *v/t* arıtmak, süzmek; açıklamak, aydınlatmak; **~ty** açıklık
clash [kläş] *n.* çarpışma (sesi); *v/i* çarpışmak
clasp [kläsp] *n.* toka; el sıkma; *v/t* sıkmak, yakalamak, kavramak; ~ **knife** sustalı çakı
class [klâs] *n.* sınıf; ders; çeşit, kategori; *v/t* sınıflara ayırmak
classic [kläsik] klâsik eser; klâsik yazar; *adj.* klâsik; mükemmel; **~al** klâsik (türde)
classif|ication [kläsifi'keyşın] tasnif, sınıflandırma; **~y** ['~fay] *v/t* sınıflandırmak
class|mate sınıf arkadaşı; **~room** dershane
clatter ['klätı] *n.* takırtı; *v/i* takırdamak
clause [klöz] madde, şart; *gr.* cümlecik
claw [klô] hayvan pençesi; pençe tırnağı
clay [kley] kil, balçık

clean [klîn] *adj.* temiz, pak; *v/t* temizlemek; **~ out** temizleyip düzenlemek; **~ up** iyice silip süpürmek; temizleyip ortadan kaldırmak; **~(li)ness** ['klenlinis, 'klînnis] temizlik; **~se** [klenz] *v/t* temizlemek; arındırmak
clear [klii] *adj.* berrak, açık, sarih, aşikâr; *ec.* net; *v/t* temizlemek, açmak; kurtarmak; boşaltmak; **~ away** toplayıp kaldırmak; **~ up** *v/t* halletmek, çözmek; *v/i* sona ermek; **~ance sale** indirimli satış; **~ing** açıklık, meydan; *ec.* kliring
cleave [klîv] *v/t* yarmak; *v/i* çatlamak; bağlı olm. (**to** *-e*)
clef [klef] *mus.* anahtar
cleft [kleft] yarık; *bak* **cleave**
clemency ['klemınsi] şefkat, yumuşaklık, acıma
clench [klenç] *v/t* sıkmak
clergy ['klöci] *rel.* rahipler sınıfı; **~man** papaz, rahip
clerk [klâk] kâtip, sekreter
clever ['klevı] akıllı; becerikli, marifetli
click [klik] *n.* şıkırtı, çatırtı; *v/i* şıkırdamak
client ['klayınt] müşteri
cliff [klif] kayalık, uçurum
clima|te ['klaymit] iklim; **~x** ['mäks] doruk noktası, zirve
climb [klaym] *n.* tırmanma; *v/i, v/t* tırmanmak *(-e)*; **~er** dağcı; *bot.* sarmaşık
clinch [klinç] kucakla(ş)ma
cling [kliŋ] yapışmak (**to** *-e*)
clinic ['klinik] klinik
clink [kliŋ] *v/t* şıngırdatmak, tokuşturmak
clip [klip] *n.* kırkım; klips; pens; mandal; *v/t* kırpmak
cloak [klıuk] manto, palto, pelerin; **~room** vestiyer; helâ, tuvalet
clock [klok] masa saati; duvar saati; ***two o'~*** saat iki; **~wise** saat yelkovanlarının döndüğü yönde
clod [klod] toprak parçası, kesek
clog [klog] *n.* kütük; engel; *v/t* engel olm. *-e*
cloister ['kloystı] manastır
close [klıus] *adj.* yakın, bitişik; boğucu, sıkıntılı *(hava)*; sık, sıkı, dar; *n.* son; *v/t* kapamak; bitirmek; *v/i* kapanmak, sona ermek; **~ down** *v/t* kapamak: *v/i* kapanmak; **~ in** *-in* etrafını çevirmek; **~d** kapalı
closet ['klozit] oda; dolap; tuvalet, helâ
clot [klot] *n.* pıhtı; *v/i* pıhtılaşmak
cloth [kloth] kumaş; bez; masa örtüsü; ***lay the ~*** sofrayı kurmak; **~e** [klıudh] *v/t* giydirmek; örtmek; **~es** [-z] *pl.* giysi, elbise(ler); **~esline** çamaşır ipi; **~ing** giyim; elbise
cloud [klaud] *n.* bulut; *v/t* bulutla örtmek; bulandırmak; *v/i* bulutlanmak; **~y** bulutlu; bulanık

clove[1] [klıuv] karanfil *(baharat)*
clove[2], **~n** *bak* **cleave**
clover ['klıuvı] yonca, tirfil
clown [klaun] palyaço, soytarı
club [klab] **1.** çomak, değnek; **2.** kulüp; **~(s** *pl.*) *kâğıt oyunu:* ispati, sinek
clue [kluu] *fig.* ipucu
clumsy ['klamzi] beceriksiz, acemi, sakar
clung [klaŋ] *bak* **cling**
cluster ['klastı] *n.* demet; salkım; küme; *v/i* toplanmak, kümelenmek
clutch [klaç] *n.* tutma, kavrama; *tech.* debriyaj; *v/t* yakalamak, tutmak
coach [kıuç] *n.* otobüs; vagon; araba; çalıştırıcı, antrenör; *v/t* hazırlamak, alıştırmak, yetiştirmek
coagulate [kıu'ägyuleyt] *v/i* koyulaşmak, pıhtılaşmak
coal [kıul] kömür
coalition [kıuı'lışın] *pol.* koalisyon
coal|mine, ~ pit kömür ocağı
coarse [kôs] kaba; bayağı
coast [kıust] *n.* kıyı, sahil; *v/i* sahil boyunca gitmek; **~guard** sahil koruma görevlisi
coat [kıut] *n.* ceket; kat, tabaka; palto, manto; hayvan postu; *v/t* kaplamak, örtmek; **~ing** kaplama; boya tabakası
coat of arms arma
coax [kıuks] *v/t* kandırmak
cob [kob] *bot.* mısır koçanı
cobbled ['kobld]: **~ street** parke taşı döşenmiş cadde
cobra ['kıubrı] *zo.* kobra yılanı
cobweb ['kobweb] örümcek ağı
cocaine [kou'keyn] kokain
cock [kok] horoz; erkek kuş; vana, valf; silâh horozu; **~chafer** *zo.* mayıs böceği; **~ney** ['~ni] Doğu Londralı; **~pit** *av.* pilot kabini, kokpit; **~roach** ['~rıuç] *zo.* hamam böceği; **~sure** kendinden fazla emin; **~tail** kokteyl
coco ['kıukıu] *bot.* Hindistan cevizi ağacı; **~a** ['kıukıu] kakao; **~nut** ['kıukınat] Hindistan cevizi
cocoon [kı'kuun] koza
cod [kod] morina balığı
code [kıud] *n.* kanun; şifre; *v/t* şifre ile yazmak
cod-liver oil balık yağı
co|education ['kıuedyu'keyşın] karma öğretim; **~existence** ['ig'zistıns] bir arada var oluş
coffee ['kofi] kahve; **~ bean** kahve çekirdeği; **~ break** *Am.* kahve molası; **~pot** kahve ibriği, cezve
coffin ['kofin] tabut
cog ['kog] çark dişi
cognac ['kıunyäk] kanyak
cogwheel dişli çark
cohe|rence [kıu'hiirıns], **~rency** tutarlık; **~rent** yapışık; uygun; **~sive** [~'hisiv] yapışık

coiffure [kwâ'fyuı] saç biçimi, saç tuvaleti
coil [koyl] *n.* kangal, roda; *el.* bobin; ~ **(up)** *v/t* sarmak; *v/i* kıvrılmak, burulmak
coin [koyn] *n.* madenî para, sikke; *v/t (madenî) para* basmak; uydurmak
coincide [kıuin'sayd] *v/i* tesadüf etm., çakışmak, uymak (**with** *-e*); **~nce** (kıu'insidıns] tesadüf; rastlantı
coke [kıuk] kok kömürü; *sl.* kokain
cold [kıuld] soğuk *(a. fig); so*ğuk algınlığı, nezle; üşüme; **catch a** ~ nezle olm., üşütmek; **~-blooded** soğuk kanlı; ~ **war** *pol.* soğuk savaş
colic ['kolik] *med.* sancı, kolik, karın ağrısı
collaborat|e [kı'läbıreyt] iş birliği yapmak; **~ion** iş birliği
collaps|e [kı'läps] *n.* çökme; yıkılma; *v/i* çökmek, düşmek, yıkılmak; **~ible** açılır kapanır, portatif
collar ['kolı] *n.* yaka; tasma; *v/t* yakalamak, tutmak; ~**bone** *an.* köprücük kemiği
colleague ['kolîg] meslektaş
collect [kı'lekt] *v/t* toplamak, biriktirmek; *(para)* tahsil etm.; *v/i* birikmek, toplanmak; **~ed** aklı başında; **~ion** topla(n)ma; koleksiyon; **~ive** toplu; **~or** koleksiyon sahibi, toplayan; tahsildar, biletçi
college ['kolic] kolej; yüksek okul; bağımsız fakülte
collide [kı'layd] çarpmak (**with** *-e*); çarpışmak (ile)
colliery ['kolyıri] maden kömürü ocağı
collision [kı'lijın) çarp(ış)ma
colloquial [kı'lıukwiıl] konuşma diline ait
colon ['kıulın] *gr.* iki nokta
colonel ['könl] *mil.* albay
colonial [kı'lıunyıl] sömürgelere ait; **~ism** sömürgecilik
colon|ist ['kolınist] sömürgede yerleşen insan; **~ize** *v/t* sömürge kurmak *-de;* yerleşmek *-e;* **~y** sömürge; koloni
colo(u)r ['kalı] *n.* renk; boya; *v/t* boyamak; *fig.* olduğundan başka göstermek, renk katmak; *v/i* yüzü kızarmak; ~**bar** ırk ayrımı; **~ed** renkli; zenci, beyaz ırka mensup olmayan; **~ful** renkli; parlak, canlı; **~ing** renk; **~less** renksiz; ~ **television** renkli televizyon
colt [kıult] *zo.* tay, sıpa
column ['kolım] sütun, direk; gazete sütunu; *mil.* kol
comb [kıum] *n.* tarak; ibik; *v/t* taramak, taraklamak
combat ['kombıt] *n.* savaş, çarpışma, *v/i* dövüşmek, çarpışmak; **~ant** savaşçı
combin|ation [kombı'neyşın] birleş(tir)me; kasa şifresi; **~e** [kım'bayn] *v/t* birleştirmek; *v/i* birleşmek; **~e harvester** biçerdöver makinesi
combusti|ble [kım'bastıbl] yanıcı, tutuşabilir; **~on** [~st-

şın] yanma, tutuşma
come [kam] gelmek (**to** -e); **to ~** gelecek; **~ about** olmak; **~ across** rast gelmek -e; **~ along** ilerlemek; acele etm.; birlikte gelmek; **~ by** elde etm.; **~ for** alıp götürmek -i; **~ in** girmek; **~ loose** çözülmek, gevşemek; **~ off** kopmak; başarılı olm; **~ on!** Haydi gel!; **~ round** ayılmak; katılmak (**to** -e); **~ up to** ulaşmak, erişmek; **~back** *thea.* sahneye dönüş
comed|ian [kı'mîdyın] komedyen; **~y** ['komidi] komedi, güldürü
comet ['komit] *astr.* kuyruklu yıldız
comfort ['kamfıt] *n.* konfor, rahat(lık), refah; teselli; *v/t* teselli etm.; **~able** rahat, konforlu
comic|(al) ['komik(ıl)] komik, gülünç; **~s** *pl.* çizgi resimli öykü
comma ['komı] *gr.* virgül
command [kı'mând] *n.* emir; komuta; otorite; *v/t* emretmek; kumanda etm.; hâkim olm. -e; **~er** komutan, kumandan; **~er in chief** başkumandan; **~ment** *rel.* Allah emri
commemorat|e [kı'memıreyt] *v/t* kutlamak -i, -in hatırasını anmak; **~ion** kutlama, anma
comment ['koment] *n.* düşünce; tefsir, yorum; *v/i* tefsir etm., yorumlamak (**upon** -i); **~ary** ['~ıntıri] yorum, açıklama; **~ator** ['~enteytı] yorumcu, spiker, eleştirmen
commerc|e ['komös] ticaret; **~ial** [kı'möşıl] *adj.* ticarî; *radyo, TV:* reklâm
commiseration [kımizı'reyşın] acıma, derdini paylaşma
commission [kı'mışın] *n.* görev, vazife; emir, sipariş; komisyon, yüzde; komisyon, kurul; *v/t* yetki vermek -e; hizmete koymak -i; **~er** [~şnı] delege; hükûmet temsilcisi
commit [kı'mit] *v/t* teslim etm., tevdi etm.; *(kötü bş)* yapmak, *(suç)* işlemek; **~ment** yüklenme, taahhüt; **~tee** [~ti] komite, komisyon, kurul
commodity [kı'moditi] mal, ticaret eşyası
common ['komın] genel; ortak; bayağı; çok rastlanan, yaygın; **in ~** ortaklaşa; **~er** sıradan vatandaş; **~ law** *jur.* göreneksel hukuk; **2 Market** *ec.* Ortak Pazar; **~place** adî, olağan; basma kalıp şey; **~s** *pl.*: **the House of 2** Avam Kamarası; **~ sense** sağduyu; **~wealth: the 2 (of Nations)** İngiliz Uluslar Topluluğu
commotion [kı'mıuşın] karışıklık; ayaklanma
commun|al ['komyunl] toplumsal; **~e** [~yûn] komün

communicat|e [kı'myûnikeyt] *v/t* bildirmek; *v/i* haberleşmek (***with*** ile); **~ion** iletişim; haber, mesaj, ulaşım; **~ive** [~ıtiv] konuşkan; iletişimi seven
communion [kı'myûnyın] cemaat, birlik; *rel. Hz. İsa'nın ölümünü anmak için şarap ve ekmeğin paylaşıldığı âyin,* Komünyon
communis|m ['komyunizım] komünizm; **~t** komünist
community [kı'myûniti] topluluk, cemaat
commute [kı'myût] *v/t* değiştirmek; *jur.* hafifletmek; **~r train** banliyö treni
compact ['kompäkt] sıkı, kesif; kısa, özlü; pudralık; **~ disc, ~ disk** kompakt disk
companion [kım'pänyın] arkadaş; eş; ortak; **~ship** arkadaşlık, eşlik
company ['kampıni] grup; arkadaşlar, misafirler *pl.; ec.* şirket, ortaklık; *mil.* bölük
compar|able ['kompırıbl] karşılaştırılabilir; **~ative** [kım'pârıtiv] karşılaştırmalı; orantılı; **~e** *v/t* karşılaştırmak; ***beyond (without, past)*** ~ eşsiz, üstün; **~ison** [~'pärisn] mukayese, karşılaştırma
compartment [kım'pâtmınt] bölme; kompartıman
compass ['kampıs] çevre; saha, alan; pusula; ***pair of ~es*** *pl.* pergel *sg.*
compassion [kım'päşın] merhamet, acıma; **~ate** [~it] şefkatli
compatible [kım'pätıbl] uygun, tutarlı
compatriot [kım'pätriıt] vatandaş, yurttaş
compel [kım'pel] *v/t* zorlamak
compensat|e ['kompenseyt] *v/t* tazmin etm.; *(kaybını)* karşılamak; **~ion** tazmin, zararı ödeme; bedel, karşılık
compete [kım'pît] boy ölçüşmek, müsabakaya girmek (***for*** için)
competen|ce ['kompitıns], **~cy** yetki; yeterlik; **~t** yetkili; yeterli, yetenekli
competit|ion [kompi'tişın] yarışma, rekabet; **~ive** [kım'petitiv] rekabet edilebilir; rakip olan; **~or** rakip
compile [kım'payl] *v/t* derlemek, toplamak
complacent [kım'pleysnt] halinden memnun, gönlü rahat
complain [kım'pleyn] *v/i* şikâyet etm. (***about, of*** *-den*); **~t** yakınma, şikâyet; hastalık; dert
complet|e [kım'plît] *adj.* tam, tamam; eksiksiz; *v/t* tamamlamak, bitirmek; **~ion** tamamlama, bitirme
complex ['kompleks] karışık; bileşik; kompleks; **~ion** [kım'plekşın] ten, cilt
compliance [kım'playıns] baş eğme, rıza; uyma

complicate ['komlikeyt] *v/t* karıştırmak, güçleştirmek
compliment ['komplimınt] *n.* kompliman, iltifat; *v/t* kopliman yapmak *-e,* övmek *-i*
comply [kım'play] razı olm., uymak (**with** *-e)*
component [kım'pıunınt] parça, unsur
compos|e [kım'pıuz] *v/t* oluşturmak; yazmak, bestelemek; dizmek; **~ed** kendi halinde; oluşmuş, ibaret (**of** *-den*); **~er** *mus.* bestekâr; **~ition** [kompı'zişın] kompozisyon; beste; bileşim; eser; **~ure** [kım'pıuji] sakinlik, dinginlik
compound ['kompaund] *adj.* bileşik; *n.* bileşim, alaşım; [kım'paund] *v/t* bileştirmek; **~ interest** *ec.* bileşik faiz
comprehen|d [kompri'hend] *v/t* anlamak, kavramak; içine almak; **~sible** anlaşılır; **~sion** anlayış, idrak; **~sive** kapsamlı, etraflı
compress [kım'pres] *v/t* sıkmak: *n. med.* kompres
comprise [kım'prayz] *v/t* kapsamak, içermek
compromise ['komprımayz] *n.* uzlaşma; *v/i* uzlaşmak, uyuşmak; *v/t -in* şerefini tehlikeye atmak
compuls|ion [kım'palşın] zorlama; **~ory** zorunlu
compunction[kım'paŋkşın] vicdan azabı, pişmanlık
compute [kım'pyût] *v/t* hesaplamak; **~r** *tech.* kompütür, bilgisayar
comrade ['komreyd] arkadaş, yoldaş; **~ship** arkadaşlık
conceal [kın'sîl] *v/t* gizlemek, saklamak
conceit [kın'sît] kendini beğenmişlik, kibir; **~ed** kibirli
conceiv|able [kın'sîvıbl] düşünülebilir; akla uygun; **~e** *v/t* düşünmek; kavramak; *v/i* gebe kalmak; ana rahmine düşmek
concentrat|e ['konsıntreyt] *v/t* bir yere toplamak; *v/i* bir yere toplanma; **~ion** toplan(n)ma; **~ion camp** toplama kampı
conception [kın'sepşın] fikir, görüş; gebe kalma
concern [kın'sön] *n.* ilgi; sorun, endişe; *ec.* işletme, kuruluş, ortaklık; *v/t* ilgilendirmek; endişeye düşürmek; **~ed** ilgili; endişeli; **~ing** hakkında; dair *-e*
concert ['konsıt] konser
concession [kın'seşın] teslim, kabul; ayrıcalık, imtiyaz
conciliat|e [kın'silieyt] *v/t* uzlaştırmak; barıştırmak; **~ory** [~ıtıri] gönül alıcı
concise [kın'says] özlü, kısa
conclu|de [kın'kluud] *v/t* bitirmek; sonuçlandırmak; akdetmek; **~sion** [~jın] sonuç; akdetme; karar; **~sive** [~siv] son, kesin
concrete ['konkrît] beton; somut; belirli

concur [kın'kö] uymak, razı olm. (***with** -e*)
concussion [kın'kaşın] *med.* beyin sarsıntısı
condemn [kın'dem] *v/t* mahkûm etm.; **~ation** [kondem'neyşın] mahkûmiyet; kınama, ayıplama
condense [kın'dens] *v/t* koyulaştırmak; kısaltmak; **~r** *el.* kondansatör
condescend [kondi'send] lütfetmek, alçak gönüllülük göstermek
condition [kın'dişın] durum, hal; koşul, şart; **~al** şartlı, şarta bağlı; *a.* **~ *clause*** *gr.* şart cümleciği; *a.* **~ *mood*** *gr.* şart kipi
condole [kın'dıul] baş sağlığı dilemek (***with** -e*); **~nce** baş sağlığı
conduct ['kondakt] *n.* davranış, tavır; [kın'dakt] *v/t* idare etm., yürütmek; nakletmek; **~ *oneself*** davranmak; **~or** [kın'daktı] orkestra şefi; biletçi, kondüktör
cone [kıun] koni; külâh; *bot.* kozalak
confection [kın'fekşın] şekerleme; **~er** [~şnı] şekerci, pastacı; **~ery** şekerlemeler *pl.*; pastane, şekerlemeci
confedera|cy [kın'fedırısi] *pol.* birlik; **~te** [~it] *adj.* birleşmiş; [~eyt] *v/i* birleşmek; **~tion** birlik, konfederasyon
confer [kın'fö] *v/i* danışmak, görüşmek; *v/t* vermek (***on** -e*); **~ence** ['konfırıns] toplantı, görüşme; konferans
confess [kın'fes] *v/t* itiraf etm., kabul etm.; **~ion** itiraf, kabul; *rel.* günah çıkarma
confid|e [kın'fayd] *v/t* emanet etm. (***to** -e*); *v/i* güvenmek (***in** -e*); **~ence** ['konfidens] güven, gizlilik; **~ent** emin, güvenli; **~ential** [~'denşıl] gizli, mahrem
confine [kın'fayn] *v/t* sınırlamak; hapsetmek; ***be ~d*** yatakta yatmak; loğusa olm.; **~ment** hapis; loğusalık
confirm [kın'föm] *v/t* teyit etm., doğrulamak; **~ation** [konfi'meyşın] teyit, doğrulama
confiscat|e ['konfiskeyt] *v/t* el koymak; **~ion** el koyma
conflict ['konflikt] *n.* uyuşmazlık, aykırılık; çatışma; mücadele; [kın'flikt] *v/i* zıtlaşmak (***with*** ile); muhalif olm. *(-e)*
conform [kın'fôm] *v/t* uydurmak (***to** -e*); *v/i* uymak (***to** -e*)
confound [kın'faund] *v/t kafasını* karıştırmak
confront [kın'frant] *v/t* karşılaştırmak; karşı durmak
confus|e [kın'fyûz] *v/t* karıştırmak; şaşırtmak; **~ed** karışık; şaşkın; **~ion** [~jın] karışıklık; şaşkınlık
congeal [kın'cîl] *v/t* dondurmak; *v/i* donmak, koyulaşmak

congestion [kın'cesçın] *med.* kan birikmesi; tıkanıklık
congratulat|e [kın'grätyu-leyt] *v/t* tebrik etm.; **~ion** tebrik, kutlama
congregat|e ['kongrigeyt] *v/i* toplanmak, birleşmek; **~ion** *rel.* cemaat; toplantı
congress ['kongres] kongre; **♀** *Am.* Millet Meclisi; **~man** *Am.* Millet Meclisi üyesi
conjecture [kın'cekçı] *n.* zan, sanı; *v/t* tahmin etm.
conjugal ['koncugıl] evlilikle ilgili, evlilik ...
conjugat|e ['koncugeyt] *gr.* çekmek; **~ion** fiil çekimi
conjunct|ion [kın'caŋkşın] bağla(n)ma, birleşme; *gr.* bağlaç
conjure ['kancı] **(up)** *v/t* şeytan *vs.* büyü yoluyla çağırmak; *v/i* sihirbazlık *veya* hokkabazlık yapmak
connect [kı'nekt] *v/t* bağlamak, birleştirmek; **~ion** bağlantı; ilgi; ***in this*** ~ bu münasebetle
connexion [kı'nekşın] *bak* ***connection***
conque|r ['konkı] *v/t* fethetmek, zaptetmek; **~ror** fatih, galip; **~st** [~kwest] fetih; fethedilen arazi
conscien|ce ['konşıns] vicdan; **~tious** [~şi'enşıs] vicdanının sesini dinleyen; temiz iş yapan; **~tious objector** *pol.* askerlik hizmetini reddeden kimse
conscious ['konşıs] bilinçli, şuurlu; ayık; ***be ~ of*** *-in* farkında olm.; **~ness** bilinç, şuur, idrak
conscription [kın'skripşın] zorunlu askerlik, askere alma
consecrate ['konsikreyt] *v/t* takdis etm., kutsamak
consecutive [kın'sekyutiv] art arda gelen, ardıl
consent [kın'sent] *n.* müsaade, rıza; *v/i* razı olm. izin vermek (**to, in** *-e*)
consequen|ce ['konsikwıns] sonuç, akıbet; **~tly** *adv.* sonuç olarak
conserva|tion [konsö'veyşın] koruma, muhafaza; **~tive** [kın'sövıtiv] muhafazakâr, tutucu
conserve [kın'söv] *v/t* muhafaza etm., korumak
consider [kın'sidı] *v/t* addetmek, saymak; hesaba katmak; düşünmek; incelemek; **~able** hayli, çok; önemli; **~ably** *adv.* oldukça; çok, pek çok; **~ate** [~rit] saygılı, nazik; **~ation** düşünme, hesaba katma; anlayış, saygı; önem; faktör, neden
consign [kın'sayn] *v/t* göndermek; teslim etm.; **~ment** sevk, teslim; mallar
consist [kın'sist] ibaret olm., oluşmak (**of** *-den*); **~ency** koyuluk, kıvam; birbirini tutma; **~ent** birbirini tutan, tutarlı, uyumlu

consol|ation [kınsı'leyşın] avuntu, teselli; **~e** (kın'sıul] *v/t* teselli etm., avutmak
consolidate [kın'solideyt] *v/t* sağlamlaştırmak; birleştirmek
consonant ['konsınınt] *gr.* sessiz harf, ünsüz
conspicuous [kın'spikyuıs] göze çarpan; belli, açık seçik
conspir|acy [kın'spirısi] komplo, düzen; **~ator** komplocu, suikastçı; **~e** [~'spayı] komplo düzenlemek; suikast hazırlamak
constable ['kanstıbl] polis memuru
constant ['konstınt] devamlı, sürekli; sabit, değişmez
consternation [konstö'neyşın] donup kalma, hayret
constipation [konsti'peyşın] *med.* peklik, kabız
constituen|cy [kın'stityuınsi] *pol.* seçim bölgesi; *seçim bölgesindeki* seçmenler *pl.*; **~t** seçmen; öge, unsur
constitut|e ['konstityût] *v/t* oluşturmak; tayin etm., atamak; kurmak; **~ion** oluşum; yapı, bünye; *pol.* anayasa; **~ional** anayasal
constrained [kın'streynd] *adj.* zoraki, yapmacık
construct [kın'strakt] *v/t* inşa etm.; kurmak; **~ion** yapı, bina; **~ive** yapıcı; **~or** kurucu, yapıcı; inşaatçı
consul ['konsıl] *pol.* konsolos; ~ ***general*** başkonsolos; **~ate** ['~yulit] konsolosluk
consult [kın'salt] *v/t* başvurmak, müracaat etm. *-e;* danışmak *-e;* **~ation** [konsıl'teyşın] başvurma; *med.* konsültasyon; **~ing hours** *pl. med.* muayene saatleri
consum|e [kın'syûm] *v/t* tüketmek, yiyip bitirmek, yoğaltmak; **~er** tüketici, yoğaltıcı; **~mate** [~'samit] *adj.* tam, mükemmel; ['konsimeyt] *v/t* tamamlamak; **~ption** [kın'sampşın] tüketim, yoğaltım; *med.* verem
contact ['kontäkt] *n.* temas, dokunma; *v/t* temasa geçmek (ile); ~ **lens** kontak lens
contagious [kın'teycıs] *med.* bulaşıcı
contain [kın'teyn] *v/t* içermek, içine almak; **~er** kap; konteyner
contaminat|e [kın'tämineyt] *v/t* kirletmek, bulaştırmak; **~ion** bulaştırma
contemplat|e ['kontempleyt] *v/t* seyretmek; düşünmek, tasarlamak; **~ion** derin düşünme; **~ive** dalgın
contemporary [kın'tempırıri] çağdaş; yaşıt
comtempt [kın'tempt] küçümseme, küçük görme; **~ible** alçak, rezil; **~uous** [-yuıs] küçük gören, kibirli
contend [kın'tend] çarpışmak; yarışmak, çekişmek (***for*** için)

~ed köşeli; ~ **kick** *futbol:* köşe atışı
cornet [ˈkônit] *mus.* kornet; kâğıt külâh
cornflakes *pl.* mısır gevreği
coronation [korıˈneyşın] taç giyme töreni
coroner [ˈkorını] *jur.* şüpheli ölüm olaylarını araştıran görevli
corpor|al [ˈkôpırıl] bedensel; *mil.* onbaşı; **~ate** [~rit] ortaklığa ait; birlik olmuş, toplu; **~ation** birlik; *jur.* tüzel kişi, anonim ortaklık
corpse [kôps] ceset
corpulent [ˈkôpyulınt] şişman, etli butlu
corral [kôˈräal, *Am.* kıˈrâl] ağıl
correct [kıˈrekt] *adj.* doğru, tam; dürüst; *v/t* düzeltmek; ıslah etm. için cezalandırmak; **~ion** düzeltme; cezalandırma; ıslah
correspond [korisˈpond] mektuplaşmak (***with*** ile); uymak, uygun gelmek (***to*** *-e*); **~ence** mektuplaşma, yazışma; **~ent** muhabir
corridor [ˈkoridô] koridor
corroborate [kıˈrobıreyt] *v/t* doğrulamak
corro|de [kıˈrıud] *v/t* aşındırmak, çürütmek; **~sion** [~jin] aşınma; paslanma; **~sive** *tech.* aşındırıcı madde; *fig.* yıkıcı, bozucu
corrugated [ˈkorugeytid]: ~ ***iron*** *tech.* oluklu demir levha
corrupt [kıˈrapt] *adj.* ahlâksız, yoz, çürük, rüşvet yiyen; *v/t* bozmak, yozlaştırmak; ayartmak; **~ion** yozlaştırma; rüşvet yeme
corset [ˈkôsit] korsa
cosmetic [kozˈmetik] makyaj ile ilgili; kozmetik
cosm|ic [ˈkozmik] kozmik; **~onaut** [ˈ~mınôt] kozmonot; **~os** [ˈ~mos] kozmos, evren
cost [kost] *n.* fiyat, paha; maliyet; zarar, masraf; *v/t -in* fiyatı olm., mal olm.; **~ly** değerli; pahalı; ~ **of living** hayat pahalılığı
costume [ˈkostyûm] kostüm, elbise, kıyafet; ~ **jewel(le)ry** moda süsü, incik boncuk
cosy [ˈkıuzi] rahat, keyifli
cot [kot] çocuk karyolası, portatif karyola
cottage [ˈkotic] küçük ev, kulübe; ~ **cheese** süzme peynir
cotton [ˈkotn] pamuk; pamuk bezi; pamuklu; ~ **wool** hidrofil pamuk; *Am.* ham pamuk
couch (kauç] *n.* yatak, divan; *v/i* yatmak; çömelmek
couchette [ku:ˈşet] *tren:* kuşet
cough [kof] *n.* öksürük; *v/i* öksürmek
could [kud] *bak* **can**[1]
council [ˈkaunsl] meclis, divan, konsey; **~(l)or** [ˈ~sılı] meclis üyesi

coy [koy] çekingen, ürkek
cozy [kıuzi] *Am. bak* **cosy**
crab [kräb] *zo.* yengeç
crack [kräk] *n.* çatlak, yarık; çatırtı; şaklama; darbe; *v/t* kırmak, yarmak; çatlatmak; şaklatmak; *fig.* (*a.* ~ **up**) espri patlatmak; ***get ~ing*** *F* harıl harıl uğraşmak; *v/i* kırılmak; çatlamak; şaklamak; **~er** kraker, gevrek bisküvit; patlangaç; **~le** *v/i* çatırdamak
cradle [ˈkreydl] *n.* beşik; *v/t* beşiğe yatırmak
craft [krâft] hüner; el sanatı; hile; *naut.* tekne, gemi; **~sman** sanat erbabı, zanaatçı, usta; **~y** kurnaz
crag [kräg] sarp kayalık
cram [kräm] *v/t* doldurmak, tıkmak, tıkıştırmak
cramp [krämp] *n. med.* kramp; *tech.* mengene, kenet; *v/t* kenetlemek; kısıtlamak
cranberry [ˈkränbıri] *bot.* kırmızı yaban mersini
crane [kreyn] *n. zo.* turna kuşu; *tech.* maçuna; *v/t boynunu* uzatmak
crank [kränk] *tech.* manivelâ, kol; *F* huysuzun teki, garip adam
crash [kräş] *n.* çatırtı, şangırtı; *av.* düşüp parçalanma; *ec.* iflâs; *v/t* kırmak; *v/i* kırılmak; *av.* düşüp parçalanmak; ~ **course** yoğun kurs; ~ **diet** yoğun zayıflama rejimi; ~ **helmet** kask, motosikletçi miğferi; ~ **landing** *av.* zorunlu iniş
crate [kreyt] kafesli sandık
crater [ˈkreytı] *geo.* krater; huni şeklinde çukur
crav|e [kreyv] şiddetle arzu etm. (***for*** *-i*); **~ing** şiddetli arzu
crawl [krôl] sürünmek; emeklemek; kravl yüzmek
crayfish [ˈkreyfiş] *zo.* kerevides
crayon [ˈkreyın] renkli kalem, mum boya
crazy [ˈkreyzi] çılgın, deli
creak [krîk] gıcırdamak
cream [krîm] *n.* krema, kaymak; krem; *fig.* kalburüstü; *v/t -in* kaymağını almak; ~ **cheese** krem peynir, yumuşak peynir; **~y** kaymaklı; krem gibi, kaymak gibi
crease [krîs] *n.* kırma, pli; ütü çizgisi; *v/t* buruşturmak
creat|e [krîˈeyt] *v/t* yaratmak, meydana getirmek; **~ion** yaradılış, yaratma; evren; **~ive** *adj.*, **~or** *n.* yaratıcı; **~ure** [ˈkrîçı] yaratık
crèche [kreyş] çocuk bakım evi, kreş; *Am.* Hz. İsa'nın doğumunu simgeleyen tablo
credible [ˈkredıbl] inanılır, güvenilir
credit [ˈkredit] *n. ec.* kredi; güven, itibar; *v/t* inanmak *-e; ec.* alacaklandırmak *-i;* ***letter of*** ~ *ec.* akreditif; ***on*** ~ veresiye; **~able** şerefli, övgüye

değer; ~ **card** kredi kartı; **~or** alacaklı
credulous ['kredyulıs] her şeye inanan
creed [krîd] iman, inanç
creek [krîk] koy; *Am.* dere, çay
creep [krîp] sürünmek; ürpermek; sarılarak büyümek; **~er** sürüngen bitki; **~y** tüyler ürpertici
cremat|e [kri'meyt] *v/t ölüyü* yakmak; **~ion** yakma
crept [krept] *bak* ***creep***
crescent ['kresnt] hilâl, yeni ay, ayça
cress [kres] *bot.* tere
crest [krest] ibik; miğfer püskülü; tepe, zirve; **~fallen** *fig.* üzgün, yılgın
crev|asse [kri'väs] buzul yarığı; **~ice** ['krevis] çatlak, yarık
crew [kruu] mürettebat; ekip, grup, takım
crib [krib] yemlik; çocuk yatağı; *okul:* aşırma, kopya; *F* kopya çekmek
cricket ['krikit] *zo.* cırcır böceği; kriket oyunu
crime [kraym] cinayet, suç, cürüm
criminal ['kriminl] *n.* suçlu, cani; *adj.* ağır cezalarla ilgili; ceza ...
crimson ['krimzn] fes rengi
cringe [krinc] *v/i* köpekleşmek, yaltaklanmak
cripple [kripl] *adj.* sakat, topal, kötürüm; *v/t* sakatlamak; felce uğratmak
cris|is ['kraysis] *pl.* **~es** ['~îz] buhran, kriz
crisp [krisp] sert, kütür kütür, gevrek; kıvırcık *(saç); n. pl. Brt.* cips
criterion [kray'tiırıın] ölçüt
critic ['kritik] eleştirici, eleştirmen; **~al** tenkitçi; vahim, tehlikeli; **~ism** ['~sizım] eleştiri, tenkit; **~ize** ['~sayz] *v/t* eleştirmek; kusur bulmak *-de*
croak [kruk] boğuk sesle konuşmak; *kurbağa:* vırak vırak etm.
Croat, ~ian ['kruıt, kurı'eyşın] Hırvat
crochet ['krıuşey] *v/i* kroşe yapmak
crockery ['krokıri] çanak çömlek
crocodile ['krokıdayl] *zo.* timsah
crocus ['kruıkıs] *bot.* çiğdem
crook [kruk] *n.* kanca; değnek; *sl.* dolandırıcı; *v/t* bükmek; **~ed** ['~ıd] eğri, çarpık
crop [krop] *n.* ekin, ürün; rekolte; kursak; *v/t* kesmek, biçmek; ~ **up** meydana çıkmak
cross [kros] *n.* haç, salip; çarmıh; ıstavros; çapraz işareti; *v/t* geçmek, aşmak; karıştırmak; çapraz koymak *-e; adj.* dargın, öfkeli; ~ ***off,*** ~ ***out*** *v/t* çizmek, silmek; ~ **o.s.** ıstavroz çıkarmak; ~ ***one's legs*** bacak bacak üstüne atmak, bağdaş kurmak; **~breed** *biol.*

melez hayvan *veya* bitki; **~country** tarlalar arasından; **~examination** *jur.* çapraz sorgulama; **~eyed** şaşı; **~ing** geçit; **~road** yan yol; *pl.* dört yol ağzı; **~word (puzzle)** çapraz bilmece
crouch [krauç] çömelmek, eğilmek
crow [krıu] *zo.* karga; *v/i* ötmek; **~bar** *tech.* kol demiri, manivelâ
crowd [kraud] *n.* kalabalık; halk; yığın; *v/t* doldurmak, sıkıştırmak; *v/i* toplanmak, birikmek; **~ed** kalabalık; dolu
crown [kraun] *n.* taç; kron; doruk, tepe; *v/t* taç giydirmek *-e*
crucial ['kruuşıl] kesin, önemli, kritik
cruci|fix ['kruusifiks] çarmıh; **~fixion** [~'fikşın] çarmıha ger(il)me; **~fy** *v/t* çarmıha germek
crude [kruud] işlenmemiş, ham; kaba, nezaketsiz
cruel [kruil] zalim, gaddar; **~ty** zulüm, gaddarlık
cruise [kruuz] *n.* deniz gezintisi; *v/i* gemi ile gezmek; **~r** kruvazör
crumb [kram] ekmek kırıntısı; **~le** ['~bl] *v/t* ufalamak, parçalamak; *v/i* ufalanmak
crumple ['krampl] *v/i* buruşmak; *v/t* buruşturmak, örselemek
crunch [kranç] *v/t* çatır çutur çiğnemek, ezmek
crusade [kruu'seyd] Haçlı Seferi; **~r** Haçlı
crush [kraş] *n.* kalabalık; ezme; ***orange*** **~** sıkma portakal suyu; *v/t* ezmek, sıkıştırmak; *fig.* bastırmak, yok etm.
crust [krast] *n.* kabuk; *v/t* kabukla kaplamak; **~y** gevrek kabuklu; huysuz, aksi
crutch [kraç] koltuk değneği, *fig.* destek
cry [kray] *n.* bağırma; ağlama; *v/i* bağırmak; ağlamak
crystal ['kristl] kristal, billûr; **~lize** *v/t* billûrlaştırmak
cub [kab] *zo.* hayvan yavrusu
cub|e [kyûb] küp; **~e root** *math.* küp kök; **~ic** kübik
cubicle [kûbikl] odacık
cuckoo ['kukuu] *zo.* guguk kuşu
cucumber [kyûkambı] *bot.* hıyar, salatalık
cuddle ['kadl] *v/t* kucaklamak, sarılmak
cue [kyuu] ipucu, replik, işaret; isteka
cuff [kaf] kolluk, yen; tokat; **~ link** kol düğmesi
culminat|e ['kalmineyt] zirvesine ermek, sonuçlanmak; **~ion** en yüksek derece, doruk
culprit ['kalprit] suçlu, sanık
cult [kalt] ibadet, tapınma; **~ivate** ['~iveyt] *v/t toprağı* işlemek, yetiştirmek; **~ivation** tarım; toprağı işleme; yetiştirme

cultur|al [ˈkalçırıl] kültürel; uygarlığa ait; **~e** [ˈ~çı] kültür; **~ed** kültürlü
cumbersome [ˈkambısım] hantal, kullanışsız
cumulative [ˈkyûmyulıtiv] birikmiş, biriken
cunning [ˈkaniŋ] kurnaz, açıkgöz; kurnazlık, şeytanlık
cup [kap] fincan, kâse, bardak; *spor:* kupa; **~board** [ˈkabıd] büfe, dolap; **~ final** kupa finali
cupola [ˈkyûpılı] küçük kubbe, kümbet
cup tie kupa maçı
curable [ˈkyuırıbl] tedavi edilebilir
curbstone [köb-] *bak* **kerbstone**
curd [köd] kesilmiş süt, kesmik, lor; **~le** *v/i süt:* kesilmek; *v/t* kesmek
cure [kyuı] *n.* tedavi, iyileştirme, şifa; *v/t* tedavi etm.; tuzlamak, tütsülemek
curfew [ˈköfyû] *jur.* sokağa çıkma yasağı
curio|sity [kyuıriˈositi] merak; az bulunan *veya* tuhaf şey; **~us** [ˈ~ıs] meraklı; tuhaf, garip
curl [köl] *n.* büküm; bukle; *v/t* kıvırmak; *v/i* kıvrılmak; **~y** kıvırcık, dalgalı
currant [ˈkarınt] *bot.* frenk üzümü
curren|cy [ˈkarınsi] geçerlik, sürüm, revaç; dolanımdaki para; ***foreign ~*** döviz; **~t** akıntı, cereyan; akım; cari, geçer; bugünkü; **~t account** *Brt. ec.* cari hesap
curricul|um [kıˈrikyulım] *pl.* **~a** [~ı] müfredat programı; **~um vitae** [~ˈvaytî] öz geçmiş
curse [kös] *n.* lânet, beddua, küfür; *v/t* lânetlemek
cursor [ˈkösı] *bilgisayar:* ekran göstergesi; **~y** [ˈkö:sri] gelişgüzel, üstünkörü
curt [köt] kısa, sert
curtail [köˈteyl] *v/t* kısaltmak, kısmak
curtain [ˈkötn] perde
curts(e)y [ˈkôtsi] diz bükerek reverans
curve [köv] *n.* kavis, eğri; viraj; *v/t* eğmek; *v/i* eğilmek
cushion [ˈkuşın] *n.* yastık; minder; *v/t* kıtıkla doldurmak
custard [ˈkastıd] krema
custody [ˈkastıdi] gözetim, bakım; *jur.* nezaret, gözaltı
custom [kastım] âdet, örf, görenek; **~ary** alışılmış, âdet olan; **~er** müşteri
customs [ˈkastımz] *pl.* gümrük; **~ clearance** gümrük işlemleri; **~ inspection** gümrük kontrolu; **~ officer** gümrük memuru
cut [kat] *n.* kesim, kesme; kesinti; indirim, iskonto; yara; biçim; kalıp; *adj.* kesik, kesilmiş; *v/t* kesmek, biçmek; kısaltmak; *odun:* yarmak; *kıymetli taş:* yontmak, tıraş etm.; *top:* kesmek; *fiyat:* indirmek;

dar|e [däı] *v/i (inf.)* cesaret etm., kalkışmak *-(meğ)e;* ***I ~ say*** diyebilirim ki, her halde; ***how ~ you!*** bu ne küstahlık!, bu ne cesaret!; **~ing** cesur, korkusuz; cesaret

dark [dâk] karanlık; koyu; kötü; *fig.* karanlık, kasvetli; ***at ~*** hava kararınca; **~ brown** esmer; **~en** *v/t* karartmak; *v/i* kararmak; **~ness** karanlık; koyuluk

darling [dâliŋ] sevgili

darn [dan] *v/t* örerek tamir etm., yamamak

dart [dât] *n.* cirit, kargı; hızla atılma; *v/t* fırlatmak; *v/i* hızla atılmak

dash [däş] *n.* saldırma; hamle; darbe, vuruş; az miktar; çizgi; ***make a ~ for*** seğirtmek, atılmak *-e doğru, için*; *v/i* atılmak, fırlamak; *v/t* fırlatmak; *umut* kırmak; **~board** *tech.* kontrol paneli; **~ing** atılgan

data ['deytı] *pl.* veriler, bilgi *sg.*; **~ bank, ~ base** veri bankası; **~ input** bilgi girişi; **~ processing** bilgi-işlem; **~ protection** bilgi koruma

date[1] [deyt] *bot.* hurma

date[2] *n.* tarih, zaman; randevu; *v/t* tarih koymak *-e; v/i* tarihli olm.; ***out of ~*** modası geçmiş; ***up to ~*** modern, modaya uygun; **~d** modası geçmiş, eskimiş

dative ['deytiv] **(case)** *gr.* -e hali, datif

daub [dôb] *v/t* bulaştırmak

daughter ['dôtı] kız, kız evlât; **~-in-law** gelin

dawdle ['dôdl] *v/i* tembellik etm., aylaklık etm.

dawn [dôn] *n.* şafak, tan, gün ağarması; *v/i* gün ağarmak

day [dey] gün; gündüz; zaman; ***~ off*** boş gün; ***by ~*** gündüzün; ***~ after ~*** günden güne; ***~ in ~ out*** her zaman, sürekli; ***the other ~*** geçenlerde; ***the ~ after tomorrow*** yarından sonra, öbür gün; ***the ~ before yesterday*** önceki gün, evvelsi gün; ***let's call it a ~!*** bugünlük bu kadar iş yeter!, Paydos!; **~break** tan, şafak; **~dream** tatlı düş, hayal; **~-labo(u)rer** gündelikçi; **~light** gün ışığı, aydınlık; **~ nursery** çocuk yuvası, kreş; **~ return** günlük gidiş-dönüş bileti; **~time** gündüz

daze [deyz] *v/t* kamaştırmak, sersemletmek

dazzle ['däzl] *v/t -in* gözünü kamaştırmak

dead [ded] ölü, ölmüş; solgun; duygusuz (***to*** *-e karşı*); acımasız, sert (***to*** *-e karşı*); ***~ tired*** çok yorgun, bitkin; ***the ~*** *pl.* ölüler; **~ end** çıkmaz yol; **~ heat** *spor:* birden fazla birincisi olan yarış; **~line** son teslim tarihi; **~lock** çıkmaz; durgunluk; **~ly** öldürücü; ölüm derecesinde

deaf [def] sağır; ~ **and dumb** sağır ve dilsiz; **~en** *v/t* sağır etm.
deal [dîl] *n.* miktar; alışveriş; anlaşma; *v/t* dağıtmak; *v/i* meşgul olm., uğraşmak (***with*** ile); ~ ***in ...*** ticareti yapmak; ***it's a ~!*** Uyuştuk!, Tamam!; ***a good ~*** İyi iş!, Fena değil!; ***a great ~ of*** bir hayli; **~er** tüccar, satıcı; **~ings** *pl.* ilişki; iş ilişkisi; **~t** [delt] *bak* ***deal***
dean [dîn] dekan
dear [diı] sevgili; pahalı; ♀ ***Sir*** Sayın Bay ...
death [deth] ölüm, vefat; **~ly** ölü(m) gibi; ~ **rate** ölüm oranı
debate [di'beyt] *n.* tartışma; *v/t* tartışmak
debit ['debit] *n. ec.* borç, açık; *v/t -in* zimmetine geçirmek, borçlandırmak
debris ['deybrî] enkaz *pl.*
debt [det] borç; ***be in ~*** borç içinde olm.; **~or** borçlu
debug [di:'bag] *F gizlenmiş dinleme aygıtlarını* bulup sökmek; *bilgisayar: programdaki arızayı* bulup onarmak
decade ['dekeyd] on yıl
decaffeinated [dî'käfineytıd] kafeinsiz
decanter [dı'käntı] sürahi
decay [di'key] *n.* çürüme, bozulma; *v/i* çürümek, bozulmak
deceit [di'sît] hile(kârlık), yalan; **~ful** aldatıcı, hilekâr
deceive [di'sîv] *v/t* aldatmak; yalan söylemek
December [di'sembı] aralık (ayı)
decen|cy ['dîsnsi] terbiye; namus; **~t** edepli, terbiyeli
decept|ion [di'sepşın] aldatma; hile; **~ive** aldatıcı
decide [di'sayd] *v/t* kararlaştırmak; karar vermek *(hakkında)*; **~d** kesin
decimal ['desimıl] *math.* ondalık
decipher [di'sayfı] *v/t -in* şifresini çözmek
decisi|on [di'sijın] karar, hüküm; sebat; **~ve** [di'saysiv] kat'i, kesin
deck [dek] *naut.* güverte; **~chair** şezlong
declar|ation [deklı'reyşın] beyanname; bildiri; **~e** [di'kläı] bildirmek, ilân etm., beyan etm.
decline [di'klayn] *n.* inme, azalma; gerileme; *v/i* azalmak, kuvvetten düşmek; *v/t* reddetmek, kabul etmemek; *gr.* çekmek
declutch [dî'klaç] *v/i mot.* debriyaj yapmak
decode ['dî'kıud] *v/t -in* şifresini çözmek
decompose [dîkım'pouz] *v/t, v/i* çürü(t)mek; ayrış(tır)mak
decorat|e ['dekıreyt] *v/t* süslemek, donatmak; nişan vermek *-e;* **~ion** süs; nişan, madalya; **~ive** ['~rıtiv] süsleyici; **~or** dekoratör

decoy [ˈdîkoy] *n.* tuzak, yem; *v/t* tuzağa düşürmek
decrease [ˈdîkrîs] *n.* azalma; [dîˈkrîs] *v/t* azaltmak; *v/i* azalmak, küçülmek
dedicat|e [ˈdedikeyt] *v/t* vakfetmek, adamak (**to** *-e*); **~ion** adama; adına sunma
deduce [diˈdyûs] *v/t* anlamak, sonuç çıkarmak (**from** *-den*)
deduct [diˈdakt] *v/t* hesaptan çıkarmak, düşmek; **~ion** çıkarılan miktar; sonuç
deed [dîd] iş, eylem; hareket; belge
deep (dîp] *adj.* derin; koyu *(renk);* tok *(ses); n.* derinlik; **~en** *v/t* derinleştirmek; artırmak; *v/i* derinleşmek; **~freeze** derin dondurucu, dipfriz; **~frozen food** dondurulmuş besin; **~fry** *v/t* bol yağda kızartmak
deer [dii] *zo.* geyik, karaca
defeat [diˈfit] *n.* yenilgi, bozgun; *v/t* yenmek
defect [diˈfekt] kusur, eksiklik; **~ive** kusurlu, noksan
defen|ce, *Am.* **~se** [diˈfens] müdafaa, savunma; **~d** *v/t* müdafaa etm., savunmak; **~dant** *jur.* davalı; **~der** koruyucu; **~sive** savunmaya yönelik, savunan
defer [diˈfö] *v/t* ertelemek
defian|ce [diˈfayıns] meydan okuma; **~t** karşı gelen, serkeş, küstah
deficien|cy [diˈfışınsi] eksiklik; açık; **~t** noksan, eksik
deficit [ˈdefisit] *ec.* açık
defile [ˈdîfayl] *(özl. dağlar arasında)* dar geçit, boğaz
defin|e [diˈfayn] *v/t* tanımlamak; sınırlamak; **~ite** [ˈdefinit] kesin; belirli; **~itely** kesinlikle; kuşkusuz; **~ition** tanımlama, tarif etme; tarif, tanım; **~itive** [diˈfinitiv] kesin; son
deflect [diˈflekt] *v/t* saptırmak, çevirmek, caydırmak
deform [diˈfôm] *v/t* bozmak, çirkinleştirmek; **~ed** biçimsiz, çirkin, deforme
defrost [ˈdîˈfrost] *v/t -in* buzlarını çözmek
defy [diˈfay] *v/t -in* alnını karışlamak, *-e* meydan okumak
degenerat|e [diˈcenırit] *adj.* yozlaşmış, soysuzlaşmış; [~reyt] *v/i* dejenere olm., soysuzlaşmak
degrade [diˈgreyd] *v/t* aşağılamak, alçaltmak; *-in* rütbesini indirmek
degree [diˈgrî] derece, aşama; **by ~s** derece derece, gittikçe
dehydrate [dîˈhaydreyt] *v/t* suyunu çıkarmak, kurutmak; *v/i vücuttan* su kaybetmek
de-ice [dîˈays] buzlarını eritmek, buzlanmayı önlemek
deity [ˈdîiti] tanrılık
dejected [diˈcektid] kederli
delay [diˈley] *n.* gecikme, tehir; *v/t* geciktirmek; *v/i* gecikmek

delegat|e ['deligit] *n.* delege; ['~geyt] *v/t* göndermek, temsilci seçmek; **~ion** [~'geyşın] delegasyon
delete [di'lît] silmek, silip çıkarmak
deliberat|e [di'libırit] *adj.* düşünülüp taşınılmış; amaçlı, kasıtlı; [~eyt] *v/t* düşünmek, tartmak; **~ion** [~'reyşın] düşünme; tartışma
delica|te ['delikit] nazik, ince; **~tessen** [~'tesn] meze; mezeci dükkânı, şarküteri
delicious [di'lişıs] nefis, hoş, lezzetli
delight [di'layt] *n.* zevk, sevinç; *v/t* sevindirmek; zevk vermek *-e; v/i* sevinmek; **~ful** hoş, zevkli, sevimli
delinquen|cy [di'liŋkwınsi] kabahat; suçluluk; **~t** suçlu, kabahatli
deliver [di'livı] *v/t* kurtarmak; teslim etm., vermek; dağıtmak; ***be ~ed of*** *med.* doğurmak *-i;* **~ance** kurtuluş; **~y** teslim; dağıtım; doğurma, doğum; **~y van** dağıtım arabası
delude [di'luud] *v/t* aldatmak, yanıltmak
deluge ['delyuc] tufan, sel
delusion [di'luujın] yanıltma, aldatma, aldanma; hayal, kuruntu
demand [di'mând] *n.* talep, istem, istek (***on*** *-e*); *v/t* istemek, talep etm. (***of, from*** *-den a.* ***that*** *-mesini,* ***to do*** yapmayı); gerektirmek
demented [di'mentid] çılgın, deli
demi- ['demi] yarı, yarım
demobilize [di'mıubilayz] *v/t* *mil.* terhis etm.
democra|cy [di'mokrısi] demokrasi; **~t** ['demıkrät] demokrat; **~tic** [~'krätik] demokratik
demoli|sh [di'moliş] *v/t* yıkmak; **~tion** [demı'lişın] yıkma, tahrip
demon ['dîmın] şeytan, cin
demonstrat|e ['demınstreyt] *v/t* kanıtlamak; göstermek; *v/i* gösteri yapmak; **~ion** tartışılmaz delil, kanıt; gösterme; gösteri; **~ive** [di'monstrıtiv] işaret eden, gösteren; **~or** ['demınstreytı] tanıtıcı; gösterici
demoralize [di'morılayz] *v/t* *-in* moralini bozmak
den [den] in, mağara; küçük oda, odacık
denial [di'nayıl] inkâr, yalanlama; ret
denims [denimz] *pl.* kot pantolon, blucin
Denmark ['denmâk] Danimarka
denomination [dinomi'neyşın] ad(landırma); *rel.* mezhep; *ec.* nominal değer
denote [di'nıut] *v/t* göstermek, belirtmek
denounce [di'nauns] *v/t* suçlamak; *-in* sona erdiğini bildirmek
dens|e [dens] sık; yoğun;

~ity yoğunluk; sıklık
dent [dent] *n.* çentik; *v/t* çentmek
dent|al ['dentl] dişlere ait, dişçiliğe ait; **~ist** dişçi, diş doktoru; **~ures** [~çı] takma dişler *pl.*, protez
deny [di'nay] *v/t* inkâr etm., yalanlamak; reddetmek
deodorant [di'oudırınt] koku giderici, deodorant
depart [di'pât] ayrılmak (**from** *-den*); **~ment** şube, daire, bölüm; *Am.* bakanlık; **~ment store** büyük mağaza; **~ure** [di'pâçı] gidiş, kalkış, hareket; **~ure lounge** çıkış salonu
depend [di'pend] bağlı olm.; güvenmek (***on, upon*** *-e*); ***that ~s*** *F* belli olmaz; **~ence** bağlılık; **~ent** bağlı (***on, upon*** *-e*); bağımlı
deplor|able [di'plôrıbl] acınacak; **~e** *v/t* acımak *-e*
deport [di'pôt] *v/t* sınır dışı etm.
deposit [di'pozit] *n.* tortu; *ec.* depozito; pey, kaparo; *v/t* bankaya yatırmak; koymak; **~or** para yatıran, hesap sahibi, mudi
depot ['depıu] depo, ambar
depraved [di'preyvd] ahlâkı bozuk
depress [di'press] *v/t* indirmek, alçaltmak; **~ed** kederli; **~ed area** ticarî koşulları elverişsiz bölge; **~ion** *ec.* durgunluk; çukur; alçak basınç bölgesi; *med.* depresyon
deprive [di'prayv] *v/t* mahrum etm. (**of** *-den*)
depth ['depth] derinlik
deputy ['depyuti] vekil; yardımcı; *pol.* milletvekili
derail [di'reyl] *v/t* raydan çıkarmak
deranged [di'reyncd] dengesiz; kafadan çatlak
derelict ['derılıkt] terkedilmiş, sahipsiz *(bina, gemi v.s.)*
deri|de [di'rayd] *v/t* alay etm. (ile); **~sion** [~'rijın] alay; **~sive** [~'aysiv] alaylı
derive [di'rayv] *v/t* çıkarmak, türetmek (**from** *-den*)
derogatory [di'rogıtıri] küçük düşürücü, aşağılayıcı
descend [di'send] *v/i* inmek, alçalmak; ***be ~ed*** soyundan gelmek (***from*** *-den)*; **~ant** torun
descent [di'sent] iniş; yokuş; soy, nesil
descri|be [di'skrayb] *v/t* tanımlamak, vasıflandırmak; anlatmak; **~ption** [~'kripşın] tanımlama, tarif
desert[1] ['dezıt] *geo.* çöl
desert[2] [di'zöt] *v/t* bırakmak, terketmek; *v/i* askerlikten kaçmak; **~ed** ıssız; **~er** asker kaçağı; **~ion** terk; askerlikten kaçma
deserve [di'zöv] *v/t* hak etm., lâyık olm.
design [di'zayn] *n.* resim; plân, proje, model; amaç; *v/t*

tasarlamak; hazırlamak; çizmek
designate [ˈdezigneyt] *v/t* belirtmek; seçmek, atamak
designer [diˈzaynı] tasarımcı, modelist, desinatör
desir|able [diˈzayrıbl] istenilir, arzu edilir; **~e** [~ayı] *n.* arzu, istek; *v/t* arzu etm., istemek, dilemek
desk [desk] yazı masası; okul sırası; *lokanta v.s.:* kasa; *otel:* resepsiyon
desolat|e [ˈdesılit] *adj.* harap; ıssız, tenha; perişan; [ˈ~leyt] *v/t* perişan etm., üzmek; boş bırakmak
despair [disˈpäı] *n.* ümitsizlik; *v/i* ümidi kesmek (**of** *-den*)
desperat|e [ˈdespırit] ümitsiz; deliye dönmüş; tehlikeli; riskli; **~ion** ümitsizlik
despise [diˈspayz] *v/t* hor görmek, küçümsemek
despite [disˈpayt] *-e* rağmen, *-e* karşın
despondent [disˈpondınt] ümitsiz; karamsar
despot [ˈdespot] despot, tiran; **~ism** despotluk
dessert [diˈzöt] yemiş, tatlı
destin|ation [destiˈneyşın] gidilecek yer; **~e** [ˈ~in] *v/t* ayırmak, tahsis etm. (**for** *-e*); **~y** kader, yazgı
destitute [ˈdestityût] yoksul; **~ of** *-den* yoksun
destroy [disˈtroy] *v/t* yıkmak, bertaraf etm.; *sivrisinek v.s.* kökünü kurutmak; **~er** *naut.* destroyer
destructi|on [disˈtrakşın] yıkma, yıkım, imha; **~ve** yıkıcı
detach [diˈtäç] *v/t* ayırmak, çıkarmak; **~ed** ayrı, bağımsız; yansız; **~ment** ayırma; *mil.* müfreze, kol
detail [ˈdîteyl] ayrıntı; **~ed** detaylı, ayrıntılı
detain [diˈteyn] *v/t* alıkoymak; geciktirmek
detect [diˈtekt] *v/t* meydana çıkarmak, keşfetmek; **~ion** keşif, bulma; **~ive** sivil polis, dedektif; **~ive novel** *veya* **story** polisiye öykü
detention [diˈtenşın] alıkoyma; gözaltına alma
deter [diˈtö] *v/t* vazgeçirmek
detergent [diˈtöcınt] deterjan, arıtıcı
deteriorat|e [diˈtiıriıreyt] *v/t* fenalaştırmak; *v/i* fenalaşmak; **~ion** bozulma, kötüleşme
determin|ation [ditömiˈneyşın] belirleme, saptama, sınırlama; azim; hüküm, karar; **~e** [diˈtömin] *v/t* sınırlamak, belirlemek; kararlaştırmak; **~ed** azimli, kararlı
deterrent [diˈterınt] caydırıcı, önleyici
detest [diˈtest] *v/t* nefret etm. *-den;* **~able** iğrenç, berbat
detonation [detıuˈneyşın] patlama, infilâk
detour [ˈdîtuı] dolambaçlı yol, servis yolu

deuce [dyûs] *kâğıt oyunu:* ikili; *zar:* dü, iki; *tenis:* beraberlik, düs

devalu|ation [dîvälyu'eyşın] *ec.* devalüasyon, para değerinin düşürülmesi; **~e** ['~välyû] *v/t -in* değerini düşürmek

devastat|e ['devısteyt] *v/t* harap etm.; **~ing** harap edici, yıkıcı

develop [di'velıp] *v/t* geliştirmek; *phot.* develope etm.; *v/i* gelişmek; **~ing country** gelişmekte olan ülke; **~ment** gelişme; *phot.* developman

deviat|e ['dîvieyt] sapmak (*from -den*); **~ion** sapma

device [di'vays] icat, buluş; aygıt, cihaz; hile, oyun

devil ['devl] şeytan, iblis; **~ish** şeytanca

devious ['dîvyıs] dürüst olmayan; dolambaçlı (*yol*)

devise [di'vayz] *v/t* tasarlamak

devoid [di'voyd]: **~ of** *-den* yoksun

devot|e [di'vıut] *v/t* vakfetmek, adamak (*to -e*); **~ed** sadık, bağlı (*to -e*); **~ion** bağlılık, fedakârlık

devour [di'vauı] *v/t* yutmak, silip süpürmek

devout [di'vaut] dindar; içten, yürekten

dew [dyû] çiy; **~y** çiyle kaplı

dexter|ity [deks'teriti] beceri, ustalık; **~ous** [-'ırıs] becerikli, hünerli

diabetes [dayı'bîtîz] *med.* şeker hastalığı, diyabet

diagnosis [dayıg'nıusis] *med.* teşhis, tanı

dial ['dayıl] *n.* kadran; *tel.* disk, kurs; *v/t telefon numaralarını* çevirmek

dialect ['dayılekt] şive, lehçe, ağız

dialling code ['dayılıŋ-] telefon kodu

dia|log(ue) ['dayılog] karşılıklı konuşma, diyalog; **~meter** [day'ämıtı] çap

diamond ['dayımınd] elmas; *oyun kâğıdı:* karo

diaper ['dayıpı] *Am.* bebek alt bezi

diaphragm ['dayıfräm] *an.* diyafram

diarrh(o)ea [dayı'riı] *med.* ishal, amel

diary ['dayıri] hatıra defteri, günlük

dice [days] **1.** *pl.* oyun zarları; **2.** *v/i* zar atmak

dict|ate [dik'teyt] *v/t* yazdırmak, dikte etmek; zorla kabul ettirmek; **~ation** emir; dikte; **~ator** diktatör; **~atorship** diktatörlük

dictionary ['dikşınri] sözlük

did [did] *bak* **do**

die[1] [day] zar

die[2] ölmek; şiddetle arzu etm. (*for sth., to inf. -i*); **~ of hunger** açlıktan ölmek; **~ away** gözden kaybolmak; *rüzgâr:* kesilmek; *ses:* yavaş yavaş duyulmaz olmak; *ışık:* soluklaşıp sönmek

diet ['dayıt] *n.* perhiz, rejim; *pol.* diyet, meclis; *v/t* perhiz etm., rejim yapmak
differ ['difı] farklı olm., ayrılmak (**from** *-den*); **~ence** ['difrıns] ayrılık, fark; anlaşmazlık; **~ent** farklı, ayrı, başka; çeşitli; **~entiate** [~'renşieyt] ayırt etm. (**from** *-den*), *farkı* görmek, *farkı* belirtmek (**between** arasında)
difficult ('difikılt] zor, güç; titiz, inatçı; **~y** güçlük
diffident ('difıdınt] çekingen
diffuse [di'fyûz] *v/t* yaymak, dağıtmak
dig [dig] *v/t* kazmak
digest ['daycest] *n.* özet; [di'cest] *v/t* hazmetmek, sindirmek; **~ible** [di'cestibl] hazmı kolay; **~ion** [di'cestşın] hazım, sindirim
digit ['dicit] *math.* rakam; **~al** sayısal, rakamsal, dijital
digni|fied ['dignifayd] ağırbaşlı, olgun; **~ty** ağırbaşlılık; saygınlık
digress ['day'gres] ayrılmak (**from** *-den*); **~ion** ayrılma
digs [digz] *pl. Brt. F* pansiyon
dike [dayk] set, bent; hendek
dilapidated [di'läpideytid] harap, yıkık dökük
dilate [day'leyt] *v/t* genişletmek; *v/i* genişlemek
diligen|ce ['dilicens] gayret; **~t** gayretli, çalışkan
dill [dil] *bot.* dereotu
dilute [day'lyût] *v/t* sulandırmak
dim [dim] bulanık, donuk; *v/t* bulandırmak; *v/i* kararmak, donuklaşmak
dime [daym] *Am.* on sentlik para
dimension [di'menşın] ebat, boyut
dimin|ish [di'miniş] *v/t* azaltmak; *v/i* azalmak; **~utive** [~yutiv] küçücük, ufacık; *gr.* küçültme sözcüğü
dimple ['dimpl] çene *veya* yanak çukuru, gamze
dine [dayn] *v/i* akşam yemeğini yemek; **~r** vagon restoran; *lokanta:* müşteri; *Am.* *vagon biçiminde düzenlenmiş* küçük lokanta
dining|car ['dayniŋ-] vagon restoran; **~ room** yemek odası
dinner ['dinı] esas yemek; akşam yemeği; **~ jacket** smokin
dip [dip] *n.* dal(dır)ma; yokuş; iniş; *v/t* daldırmak, batırmak; *ışıkları* körletmek; **~ *the headlights*** *Brt. mot.* kısa ışıkları yakmak; *v/i* dalmak
diphtheria [dif'thiırii] *med.* difteri
diphtong ['difthoŋ] *gr.* çift ünlü, diftong
diploma [di'plıumı] diploma; **~cy** diplomasi; **~t** ['-ımät] diplomat; **~tic** [~ı'mätik] diplomatik

direct [di'rekt] *adj.* doğru, dolaysız; *v/t* doğrultmak, yöneltmek; idare etm.; **~ current** *el.* doğru akım; **~ion** yön, cihet; emir; *pl.* yönerge, tarif(e), prospektüs, kullanış biçimi *sg.*; **~ly** *adv.* doğrudan doğruya; hemen, derhal
director [di'rektı] müdür, direktör; *film v.s.:* yönetmen, rejisör; ***board of ~s*** yönetim kurulu; **~y** rehber, yıllık, kılavuz
dirt [döt] kir, pislik, çamur; **~cheap** sudan ucuz; **~y** *adj.* kirli, pis; iğrenç; *v/t* kirletmek, pisletmek
disable [dis'eybl] *v/t* sakatlamak; **~d** sakat, malûl
disadvantage [disıd'väntic] dezavantaj, sakınca, aleyhte oluş; **~ous** [disädvân'teycıs] sakıncalı, zararlı
disagree [disı'grî] uyuşmamak; anlaşamamak (***with*** ile); uygun gelmemek (***with*** *-e*); **~able** (~ıibl] hoş olmayan; **~ment** uyuşmazlık, çekişme
disappear [disı'piı] gözden kaybolmak; **~ance** gözden kaybolma
disappoint [disı'poynt] *v/t* hayal kırıklığına uğratmak; **~ment** hayal kırıklığı
disapprov|al [disı'pruuvıl] beğenmeyiş, onaylamama; **~e** *v/t* beğenmemek, uygun görmemek
disarm [dis'âm] *v/t* silâhsızlandırmak; **~ament** [~mımınt] silâhsızlanma
disarrange ['disıı'reync] *v/t* karıştırmak; *-in* düzenini bozmak
disarray ['disı'rey] karışıklık, kargaşa
disast|er [di'zâstı] felâket, belâ; **~rous** feci, yıkıcı
disbelie|f ['disbi'lîf] imansızlık; güvensizlik; **~ve** ['~'lîv] *v/t* inanmamak *-e*
disc [disk] disk; plâk; *an.* disk; ***slipped ~*** kaymış omur diski
discern [di'sön] *v/t* ayırt etm., farketmek
discharge [dis'çâc] *n.* boşaltma, salıverme, terhis; işten çıkarılma; ateş etme; *v/t* boşaltmak; serbest bırakmak; terhis etm.; işten çıkarmak; ödemek; *(görev)* yerine getirmek
discipl|e [di'saypl] öğrenci; *rel.* havari; **~ine** ['disiplin] disiplin
disc jockey diskcokey
disclaim [dis'kleym] *v/t* inkâr etm.; vazgeçmek *-den*
disclose [dis'klıuz] *v/t* ifşa etm., açığa vurmak
discolo(u)r [dis'kalı] *v/t -in* rengini bozmak
discomfort [dis'kamfıt] rahatsızlık
disconcert [diskın'söt] *v/t* şaşırtmak, karıştırmak

disconnect [ˈdiskıˈnekt] *v/t* ayırmak, bağlantısını kesmek
dicontent [ˈdıskınˈtent] hoşnutsuzluk; **~ed** hoşnutsuz, mutsuz
discontinue [disˈkınˈtinyu] *v/t* durdurmak, kesmek; devam etmemek *-e*
discord [ˈdiskôd], **~ance** [~ˈkôdıns] anlaşmazlık, ahenksizlik; **~ant** uyumsuz
discotheque [ˈdiskıutek] diskotek
discount [ˈdiskaunt] *ec.* iskonto, indirim
discourage [disˈkaric] *v/t -in* cesaretini kırmak, vazgeçirmek *-i* (**from** *-den*)
discourse [dısˈkôs] söylev, nutuk
discover [disˈkavı] *v/t* keşfetmek, bulmak; **~er** bulucu; **~y** keşif, buluş
discredit [disˈkredit] güvensizlik; şüphe; *v/t* kötülemek, itibardan düşürmek
discreet [disˈkrît] ketum, ağzı sıkı
discrepancy [disˈkrepınsi] farklılık, ayrılık
discretion [disˈkreşın] ağzı sıkılık; akıllılık; naziklik; hoşgörü
discriminat|e [disˈkrimineyt] *v/t* ayırmak; *v/i* ayırım yapmak; **~ against** *-e* daha kötü davranmak; **~ion** [~ˈkrimiˈneyşın] ayırım, ayırt etme
discus [ˈdiskıs] *spor:* disk
discuss [disˈkas] *v/t* görüşmek, müzakere etm.; **~ion** görüşme, tartışma
discus throw *spor:* disk atma
disease [diˈzîz] hastalık; **~d** hasta
disembark [disimˈbâk] *v/t* karaya çıkarmak; *v/i* karaya çıkmak
disengage [ˈdisinˈgeyc] *v/t* salıvermek, ayırmak, çözmek; **~d** serbest, boş
disentagle [ˈdisinˈtäŋgl] *v/t* çözmek, çözüp açmak
disfavo(u)r [ˈdisˈfeyvı] gözden düşme
disfigure [disˈfıgı] *v/t* çirkinleştirmek
disgrace [disˈgreys] *n.* gözden düşme; utanç, ayıp, yüz karası; *v/t* gözden düşürmek; **~ful** ayıp, yüz kızartıcı
disguise [disˈgayz] *n.* kıyafet değiştirme; *v/i* kıyafet değiştirmek; *v/t* gizlemek
disgust [disˈgast] *n.* nefret, tiksinme (**at** *-den*); *v/t* tiksindirmek, bıktırmak; **~ing** iğrenç, kötü, berbat
dish [diş] tabak, servis tabağı; yemek; ***the* ~es** *pl.* kap kacak; bulaşık
dishevel(l)ed [diˈşevıld] karmakarışık
dishonest [disˈonist] namussuz; **~y** namussuzluk
dishono(u)r [disˈonı] *n.* namussuzluk, leke; *v/t -ın* namusuna leke sürmek; *-in* ırzına

geçmek; *çek, poliçe:* kabul etmemek *-i;* **~able** namussuz
dish|washer bulaşık yıkama makinesi; **~water** bulaşık suyu
disillusion [disi'luujın] *v/t* hayal kırıklığına uğratmak
disinfect [disin'fekt] *v/t* dezenfekte etm.; **~ant** antiseptik ilâç, dezenfektan
disinherit ['disin'herit] *v/t* mirastan mahrum etm.
disintegrate [dis'intigreyt] *v/t* parçalara ayırmak; *v/i* parçalanmak
disinterested [dis'intristid] tarafsız; çıkar gözetmeyen
disk [disk] *bak* ***disc***
dislike [dis'layk] *n.* beğenmeyiş; *v/t* beğenmemek, sevmemek
dislocate ['dislıkeyt] *v/t* yerinden çıkarmak
dismal ['dizmıl] kasvetli, kederli; sönük
dismantle [dis'mäntl] *v/t* sökmek, parçalara ayırmak
dismay [dis'mey] korku, dehşet, kaygı
dismiss [dis'mis] *v/t* işten çıkarmak, yol vermek *-e;* **~al** yol verme, kovma
dismount ['dis'maunt] *v/t* sökmek; *v/i* attan inmek
disobedien|ce [disı'bîdyıns] itaatsizlik; **~t** itaatsiz
disobey ['disı'bey] *v/t* itaat etmemek *-e*
disorder [dis'ôdı] karışıklık; kargaşa; hafif hastalık; **~ly** düzensiz; itaatsiz; çapaçul
disown [dis'ıun] *v/t* inkâr etm., tanımamak
disparage [dis'päric] *v/t* kötülemek, yermek
dispassionate [dis'päşnit] tarafsız; heyecansız, sakin
dispatch [dis'päç] *n.* gönderme; rapor, haber; telgraf gönderme; sür'at; *v/t* göndermek; tamamlamak
dispens|able [dis'pensıbl] vazgeçilebilir; **~ary** dispanser; **~e** *v/t* dağıtmak; *v/i* vazgeçmek (***with*** *-den)*
disperse [dis'pös] *v/t* dağıtmak, yaymak; *v/i* dağılmak
displace [dis'pleys] *v/t* yerinden çıkarmak, götürmek
display [dis'pley] *n.* gösterme, sergileme, gösteriş; sergi; *v/t* göstermek, sergilemek
displeas|e [dis'pliz] *v/t* gücendirmek; **~ed** dargın; **~ure** [~ejı] gücenme
dispos|al [dis'pıuzıl] tertip, düzen; elden çıkarma; yok etme; ***be|put at s.o.'s ~*** *b-nin* emrine amade olm.; **~e** *v/t* düzenlemek; **~ of** *-den* kurtulmak; elden çıkarmak, satmak *-i;* **~ed** hazır (***to*** *-e*); **~ition** [~ı'zişın] düzen; eğilim; yaradılış, huy; istek, duygu
disproportionate [disprı'poşnit] oransız
dispute [dis'pyût] *n.* münakaşa, tartışma; *v/t* tartışmak,

kabul etmemek
disqualify [dis'kwolifay] *v/t* diskalifiye etm.
disregard ['disri'gaad] *v/t* ihmal etm., saymamak
disreputable [dis'repyutıbl] rezil, itibarsız
disrespectful [disris'pektful] hürmetsiz, saygısız
disrupt [dis'rapt] *v/t* yarmak, ayırmak
dissatisf|action ['dissätisfäkşın] hoşnutsuzluk; **~ied** [~'sätisfayd] hoşnutsuz, memnun olmayan
dissen|sion [di'senşın] anlaşmazlık, çekişme; **~t** *bir hususta* ayrılmak (**from** *-den*)
dissimilar ['di'simılı] farklı (**to** *-den*)
dissipat|e ['disipeyt] *v/t* dağıtmak; israf etm.; **~ion** dağıtma, yayma; çarcur etme
dissociate [dis'sıuşieyt]: **~ o.s.** ayrılmak (**from** *-den*)
dissol|ute ['disıluut] ahlâksız, uçarı; **~ution** [~'luuşın] eri(t)me; **~ve** (di'zolv) *v/t* eritmek; feshetmek; *v/i* erimek
dissuade [di'sweyd] *v/t* vazgeçirmek, caydırmak (**from** *-den*)
distan|ce ['distıns] mesafe, uzaklık; ara; **in the ~** uzakta; **~t** uzak; soğuk, mesafeli
distaste ['dis'teyst] tiksinme, nefret; **~ful** [~'teystful] iğrenç
distinct [dis'tiŋkt] ayrı, farklı (**from** *-den*); belli; **as ~ from** *-den* farklı olarak; **~ion** ayırma, ayırt etme, temayüz, üstünlük; nişan; **~ive** ayıran, özellik belirten.
distinguish [dis'tiŋgwiş] *v/t* ayırmak, ayırt etm.; **~ed** seçkin, mümtaz, kibar
distort [dis'tôt] *v/t* bükmek, bozmak; çarpıtmak
distract [dis'träkt] *v/t* başka tarafa çekmek; **~ed** şaşkına dönmüş, çılgın; **~ion** karışıklık; eğlence; çılgınlık
distress [dis'tres] *n.* sıkıntı, üzüntü; *v/t* sıkıntıya sokmak; **~ed** endişeli; sıkıntı çeken
distribut|e [dis'tribyut] *v/t* dağıtmak; yaymak; **~ion** [~'byûşın] dağıtım; yayılma, dağılım
district ['distrikt] bölge; ilçe, kaza
distrust [dis'trast] *n.* güvensizlik, şüphe; *v/t* güvenmemek *-e*
disturb [dis'töb] *v/t* karıştırmak; rahatsız etm.; **~ance** karışıklık; rahatsızlık, kargaşa
disused ['dis'yûsd] eski, vaktini doldurmuş, artık kullanılmayan
ditch [diç] hendek
dive [dayv] *n.* dalış; *av.* pike; *v/i kitap v.s.'ye* gömülmek, dalmak (**into** *-e*); pike yapmak; **~r** dalgıç
diverge [day'vöc] birbirinden ayrılmak, farklı olm.

divers|e [day'vös] çeşitli, değişik; **~ion** başka tarafa çevirme; eğlence; **~ity** fark, başkalık
divert [day'vöt] *v/t* başka tarafa çevirmek; eğlendirmek, oyalamak
divide [di'vayd] *v/t* bölmek, ayırmak; *v/i* ayrılmak; *math.* bölmek (**by** *-e* ile)
divin|e [di'vayn] ilâhî, kutsal; **~ity** [di'viniti] tanrılık niteliği; ilâhiyat
division [di'vijın] bölme; ayrılma; kısım, daire, *mil.* tümen, fırka
divorce [di'vôs] *n.* boşanma; ***get a*** ~ boşanmak (***from*** *-den*); *v/t* boşamak; *v/i* boşanmak
dizzy ['dizi] baş döndürücü
do [duu] *v/t* yapmak; etmek; hazırlamak; bitirmek; ~ ***İstanbul*** İstanbul'u gezip dolaşmak; ***that will*** ~ yeter; ***how ~ you ~?*** nasılsınız?; ~ ***you like London?*** Londra hoşunuza gider mi?; ***we ~ not know*** bilmiyoruz; ~ ***shut up!*** sus yahu!; ~ ***well*** *işi* iyi gitmek; iyi para kazanmak; ~ ***with*** ihtiyacı olm. *-e;* ~ ***without*** muhtaç olmamak *-e, -sız* idare etm.
doc [dok] *F* ***doctor***
docile ['dıusayl] uslu, uysal
dock [dok] *naut.* havuz, dok; *v/t gemiyi* havuza almak; *uzay gemisini* bir başka uzay aracına kenetlemek; **~er** liman işçisi; **~yard** tersane
doctor ['doktı] doktor, hekim
doctrine ['doktrin] doktrin, öğreti
document ['dokyumınt] belge; **~ary** [~'mentıri] belgesel, yazılı
dodge [doc] *n.* hızla yana çekilme; oyun, kurnazlık; *v/i* hızla yana çekilmek; sıyırmak, kaytarmak
doe [dıu] *zo.* dişi geyik *veya* tavşan
dog [dog] köpek; **~-eared** köşeleri kıvrılmış *(kitap, kâğıt)*; **~ged** ['~id] inatçı, azimli
dogma ['dogmı] dogma, inak
dog-tired *F* çok yorgun, bitkin
do-it-yourself *n.* kendi işini görme; *adj.* kişinin yapabileceği biçimde hazırlanmış
dole [dıul] sadaka; işsizlere verilen haftalık; ***be*** *veya* ***go on the*** ~ işsizlik tazminatı almak; ~ **out** paylaştırmak
doll [dol] oyuncak bebek
dollar ['dolı] dolar
dolphin ['dolfin] *zo.* yunus balığı
dome [dıum] kubbe
domestic [dı'mestik] *adj.* eve ait, ehli, evcil; yerli; *n.* hizmetçi; ~ **animal** evcil hayvan; **~ate** [~keyt] *hayvan* ehlileştirmek; ~ **flight** yurt içi uçak seferi; ~ **trade** yurt içi ticaret

domicile ['domisayl] oturma yeri, konut
domin|ant ['dominınt] hâkim, üstün; **~ate** [~neyt] *v/t* egemen olm. *-e;* **~ation** [~neyşın] egemenlik
domineer [domi'nii] *v/t* hükmetmek, zorbalık etm.; **~ing** otoriter, sert
donat|e [dıu'neyt] *v/t* bağışlamak; **~ion** bağış
done [dan] *bak* **do; well ~** iyi kızarmış
donkey ['doŋki] eşek
donor ['dıunı] veren, verici
doom [duum] *n.* kader, yazgı; ölüm, kıyamet; *v/t* mahkûm etm. (**to** *-e*); **~sday** ['~mz-] *rel.* kıyamet günü
door [dô] kapı; **~ handle** kapı kolu; **~keeper, ~man** kapıcı; **~step** eşik; **~way** kapı aralığı, giriş
dope [dıup] *n.* esrar, afyon; *v/t* ilâçla sersemletmek
dorm|ant ['dômınt] uyuyan, hareketsiz; **~er (window)** çatı penceresi; **~itory** ['dômitri] yatakhane, koğuş
dose [dıus] doz
dot [dot] *n.* nokta; benek; **on the ~** *F* tam zamanında; *v/t* noktalamak
dote [dıut] bunamak; düşkün olm. (**on** *-e*)
double ['dabl] çift; iki misli, iki kat; *n.* tam benzeri, eş; dublör; *v/i* iki misli olm.; *v/t* iki katına çıkarmak; **~ up with** *acıdan veya gülmekten* iki büklüm olm.; **~ bed** iki kişilik yatak; **~-cross** *v/t* aldatmak; **~-decker** iki katlı otobüs; **~ feature** *sinema:* iki film birden; **~-park** çift sıra park etm.; **~-quick** *adj.* ivedi; *adv.* *F* ivedilikle, hemen; **~ room** iki yataklı oda
doubt [daut] *n.* şüphe; *v/i* şüphelenmek (**about** *-den*); **no ~** kuşkusuz; **~ful** şüpheli; kararsız; **~less** şüphesiz
douche [duuş] *med.* şırınga
dough [dıu] hamur; **~nut** üzeri şekerli çörek
dove [dav] *zo.* kumru
down[1] [daun] *geo.* kumul, eksibe
down[2] hav, ince tüy
down[3] *adv.* aşağı(ya); *v/t* yere devirmek, indirmek; **~cast** üzgün; **~fall** *fig.* düşüş; **~hearted** cesareti kırılmış; **~hill** yokuş aşağı; **~ payment** peşinat; **~pour** sağanak; **~right** kesin; tamamiyle; **~stairs** aşağıda; aşağıya; **~town** *özl. Am. n.* kent merkezi; *adj.* kent merkezinde olan; *adv.* kent merkezine (doğru); **~ward(s)** ['~wıdz] aşağıya doğru
dowry ['dauıri] çeyiz
doze [dıuz] *v/i* uyuklamak; *n.* hafif uyku
dozen ['dazn] düzine
drab [dräb] donuk açık kahverengi

draft [dräft] *n.* poliçe; taslak; *mil.* zorunlu askerliğe alma; *v/t* tasarlamak, çizmek; *mil.* silâh altına çağırmak; *bak* ***draught;*** **~sman** *bak* ***draughtsman***
drag [dräg] *v/t* sürüklemek, çekmek; ~ **on** *fig.* uzadıkça uzamak
dragon ['drägın] ejderha; **~fly** *zo.* yusufçuk
drain [dreyn] *n.* lağım, su yolu; *v/t* akıtmak, kurutmak; *v/i:* ~ ***off,*** ~ ***away*** boşalmak, kurumak; **~age** akaçlama, drenaj; kanalizasyon
drake [dreyk] *zo.* erkek ördek
drama ['drâmı] dram, tiyatro eseri; **~tic** [drı'mätik] dramatik; heyecan verici
drank [dräŋk] *bak* ***drink***
drape [dreyp] *v/t* kumaşla kaplamak; *-in* kıvrımlarını düzeltmek; **~ry** ['~ıri] *Brt.* manifatura, tuhafiye
drastic ['drästik] şiddetli, sert, kesin
draught [drâft], *Am.* **draft** çekme; içme, yudum; hava akımı; **~sman** teknik ressam; **~y** cereyanlı
draw [drô] *n.* kur'a çekilişi; ilgi çeken şey *veya* kimse; *spor:* berabere biten oyun; *v/t* çekmek, cezbetmek; germek; çizmek; *para:* çekmek; ~ ***near*** *v/i* yaklaşmak; ~ ***out*** *v/t* uzatmak; ~ ***up*** *v/t* tasarlamak, hazırlamak; *v/i* yaklaşıp durmak; **~back** sakınca, engel; **~er** çekmece, göz; teknik ressam; *pl.* paçalı don, külot
drawing ['drôiŋ] resim; çekiliş; ~ **pin** raptiye; ~ **room** salon, misafir odası
drawn [drôn] *bak* ***draw;*** *spor:* berabere
dread [dred] korku, dehşet; *v/t* korkmak *-den;* **~ful** korkunç
dream [drîm] *n.* rüya; hayal; *v/t* rüya görmek; **~t** [dremt] *bak* ***dream;*** **~y** dalgın; hayalperest
dreary ['drıiri] can sıkıcı, kasvetli; *F* tatsız, yavan
dredge [drec] *v/t* taramak; *n.* tarak, tarama aygıtı; **~r** tarak dubası
dregs [dregz] *pl.* tortu, telve *sg.; fig.* ayak takımı
drench [drenç] *v/t* ıslatmak
dress [dres] *n.* giysi, elbise; kıyafet; *v/t* giydirmek; süslemek; hazırlamak; düzenlemek; *v/i* giyinmek; ***get*** **~*ed*** giyenmek; ~ **circle** *thea.* birinci balkon, protokol bölümü; ~ **designer** moda desinatörü
dressing ['dresiŋ] giy(in)me; *med.* pansuman; salça, sos, terbiye; ~ **gown** sabahlık; ~ **room** *thea.* giyinme odası; *spor:* soyunma odası; ~ **table** tuvalet masası
dressmaker kadın terzisi
drew [druu] *bak* ***draw***

dribble ['dribl] akmak, damlamak; *spor:* dribling yapmak
dried [drayd] *bak* ***dry;*** kuru
drift [drift] *n.* sürüklenme; kar yığıntısı; hedef, eğilim; *v/t* sürüklemek; *v/i* sürüklenmek
drill [dril] *n.* delgi, matkap; *mil.* eğitim, talim; tohum dizisi; *v/t* delmek; talim ettirmek
drink [driŋk] *n.* içki; içecek; *v/t* içmek; **~er** içen kimse; içkici, ayyaş; **~ing water** içme suyu
drip [drip] *v/i* damlamak; **~-dry** buruşmaz; **~ping** kızartılan etten damlayan yağ
drive [drayv] *n.* gezinti; işleme; canlılık, gayret; *v/t* sürmek; kullanmak; götürmek; işletmek; **~ *away*** *v/t* kovmak; **~ *off*** uzaklaştırmak, püskürtmek; **~-in** müşterilerine araba içinde servis yapan, arabalı ...
drive|n ['drivn] *bak* ***drive;*** **~r** ['drayvı] şoför
driving ['drayviŋ] sürme, kullanma; **~ licence** şoförlük ehliyeti, sürücü belgesi; **~ school** şoförlük okulu
drizzle ['drizl] *n.* çiseleme; *v/i* çiselemek
drone [drıun] *zo.* erkek arı
droop [druup] *v/t* indirmek; *v/i* sarkmak, bükülmek
drop [drop] *n.* damla; düşme, düşüş; *v/t* düşürmek, atmak; damlatmak; *v/i* damlamak; **~ *s.o. a few lines*** *b-ne* birkaç satırlık bir mektup yazmak; **~ in** uğramak (***on*** *-e*)
drought [draut] kuraklık
drove [drıuv] *bak* ***drive***
drown [draun] *v/t* boğmak; *v/i* boğulmak; ***be ~ed*** boğulmak
drowsy ['drauzi] uykulu, uykusu basmış; uyutucu
drudge [drac) zevksiz *veya* ağır işler yapmak
drug [drag] *n.* ilâç; uyuşturucu madde; *v/t* ilâçla uyutmak; ***be on ~s*** uyuşturucu alışkanlığı olmak; **~ addict** esrarkeş; **~gist** ['~gist] *Am.* eczacı; bakkal; **~store** *Am.* ilaç, kırtasiye, gazete, içecek v.s. satan mağaza; eczane
drum [dram] *n.* davul; trampet; *v/i* davul çalmak; **~mer** davulcu, baterist
drunk [drank] *bak* ***drink;*** sarhoş; ***get*** **~** sarhoş olm.; **~ard** ['~ıd] ayyaş, sarhoş; **~en** sarhoş
dry [dray] *adj.* kuru; kurak, susuz; *v/t* kurutmak; kurulamak; *v/i* kurumak; **~ *up*** tamamen kurumak; **~-clean** kuru temizleme yapmak; **~-cleaner('s)** kuru temizleyici (dükkânı); **~-cleaning** kuru temizleme
dual ['dyuıl] çift, iki kat; **~ carriageway** *Brt.* çift yönlü otoyol
dub [dab] *-e* dublaj yapmak,

sözlendirmek
dubious ['dyubyıs] şüpheli
duch|ess ['daçis] düşes
duck [dak] *n. zo.* ördek; *v/i* dalmak, başını eğmek; *v/t* daldırmak
due [dyû] *adj.* gerekli; ödenmesi gerekli; *n.* hak; vergi; **~ *to*** yüzünden, *-den* dolayı; ***in* ~ *time*** zamanı gelince; ***be* ~** -mesi gerekli olm.
duel ['dyuıl] düello
dug [dag] *bak* ***dig***
duke [dyûk] duka, dük
dull [dal] aptal; neşesiz, renksiz; yavan, sıkıcı; donuk *(renk)*
duly ['dyûli] *adv.* gereğince; tam zamanında
dumb [dam] dilsiz; sessiz; *Am.* aptal, budala; **~-founded** hayret içinde
dummy ['dami] taklit, maket; manken; kukla adam
dump [damp] *v/t* boşaltmak, atmak; **~ing** *ec.* damping, fiyat indirme
dune [dyûn] kumul, eksibe
dung [daŋ] *n.* gübre; *v/t* gübrelemek
dungeon ['dancın] zindan
dupe [dyûp] *v/t* aldatmak
dupl|ex ['dyûpleks] çift; dubleks; **~ (apartment)** *Am.* dubleks daire; **~icate** ['~likit] *n.* eş; kopya, suret; ['~likeyt] *v/t -in* suretini çıkarmak; **~ *key*** yedek anahtar
dura|ble ['dyuırıbl] dayanıklı; devamlı; **~tion** [~'reyşın] devam, süre
duress [dyuı'res] tehdit, baskı, zorlama
during ['dyuıriŋ] esnasında, zarfında, süresince
dusk [dask] akşam karanlığı
dust [dast] toz; çöp; *v/t -in* tozunu silkmek; **~bin** *Brt.* çöp kutusu; **~cart** çöp arabası; **~er** toz bezi; **~ jacket** kitap kabı; **~man** çöpçü; **~pan** faraş; **~y** tozlu; toz gibi
Dutch [daç] Hollandalı, Felemenkli; Hollandaca, Felemenkçe; ***the* ~ *pl.*** Hollanda halkı; **~man** Hollandalı (erkek)
duty ['dyuti] ödev, görev; hizmet; gümrük vergisi; ***off* ~** izinli; ***on* ~** görevi başında; **~-free** gümrüksüz
dwarf [dwôf] cüce, bodur
dwell [dwel] *v/i* oturmak; durmak (***on*** üzerinde); **~ing** oturma yeri, konut
dwelt [dwelt] *bak* ***dwell***
dwindle ['dwindl] giderek azalmak
dye [day] *n.* boya; *v/t* boyamak
dying ['dayiŋ] ölmekte olan
dyke [dayk] *bak* ***dike***
dynam|ic [day'nämik] dinamik; enerjik; **~ics** devim bilim, dinamik; **~ite** [~'ımayt] dinamit; **~o** ['~ımıu] *el.* dinamo

dynasty [ˈdınıstı] hanedan, soy

dysentery [ˈdisntri] *med.* dizanteri, kanlı basur

E

each [iç] her bir, her; her biri; ~ ***other*** birbirini

eager [ˈigı] hevesli, istekli, sabırsız; **~ness** istek, gayret, şiddetli arzu

eagle [ˈigl] *zo.* kartal, karakuş

ear [iı] kulak; başak; **~ache** kulak ağrısı; ~ **drum** *an.* kulak zarı

earl [öl] *İngiliz* kont

early [ˈöli] erken(den); eski, ilk

earmark ayırmak (***for*** için)

earn [ön] *v/t para v.s.* kazanmak

earnest [ˈönist] ciddî; ***in*** ~ ciddî olarak

earnings [ˈöniŋz] *pl.* kazanç, gelir

ear|phone *el.* kulaklık; **~ring** küpe; **~shot**: ***within/out of*** kulak erimi için-de/dışında

earth [öth] *n.* toprak; kara; yeryüzü; dünya; *v/t. el.* toprağa bağlamak; **~en** topraktan yapılmış; **~enware** çanak çömlek; **~quake** *geo.* deprem; **~worm** *zo.* yer solucanı

ease [iz] *n.* rahat, refah; kolaylık; *v/t* hafifletmek, yatıştırmak; ***at (one's)*** ~ içi rahat, huzurlu; ***be*** *veya* ***feel at*** ~ içi rahat etm. (hissetmek); ***feel ill at*** ~ huzursuz hissetmek

east [ist] doğu; *adj.* doğuda olan, doğu ...; *adv.* doğuya (doğru); ***Near*** ♀ Yakın Doğu

Easter [ˈistı] *rel.* Paskalya

east|ern [ˈistın] doğu(da); **~ward(s)** [ˈ~wıd] doğuya doğru

easy [ˈizi] kolay, rahat, sıkıntısız; ***take it*** ~ ***!*** acele etmeyiniz!; darılmayınız!; ~ **chair** koltuk; **~going** kayıtsız, kaygısız

eat [it] *v/t* yemek; ~ ***up*** *v/t* yiyip bitirmek; **~en** *bak* ***eat***

eaves [ivz] çatı çıkıntısı; **~drop** *v/i* gizlice dinlemek

ebb (tide) [ˈeb(ˈ-)] *geo.* deniz çekilmesi, cezir

ebony [ˈebıni] abanoz

EC ***(= European Community)*** Avrupa Topluluğu, AT

eccentric (ikˈsentrik] eksantrik, dışmerkezli; *fig.* garip, tuhaf

ecclesiastical [iklîziˈästikıl] kiliseye ait, dinsel

echo [ˈekıu] *n.* yankı; *v/i* yansımak; *v/t* yansıtmak

eclipse [iˈklips] ay tutulması, güneş tutulması

elastic [i'lästik] elastikî, esnek; lâstik bant
elated [i'leytıd] sevinçli, mutlu
elbow ['elbıu] *n.* dirsek; *v/t* dirsekle dürtmek
elder[1] ['eldı] *bot.* mürver ağacı
elder[2] daha yaşlı,büyük; **-ly** yaşlı, geçkin
elect [i'lekt] *v/t* seçmek; *adj.* seçimi kazanmış; seçkin; **-ion** seçim; **-or** seçmen; **-orate** *pol.* tüm seçmenler *pl.*
electric [i'lektrik] elektrik (-li); **-al engineer** elektrik mühendisi; **-ian** [-'trişın] elektrikçi; **-ity** [-'trisiti] elektrik
electrify [i'lektrifay] *v/t* elektriklemek
electrocution [ilektrı'kyûşın] elektrikle idam
electron [i'lektron] elektron; **-ic** [-ik] elektron temeline dayanan, elektronik; **- data processing** elektronik bilgi işlem; **-ics** *sg.* elektronik bilimi
elegan|ce ['eligıns] zarafet, şıklık; **-t** zarif, şık
element ['elimınt] öğe; unsur; eleman; **-al** [-'mentl] temel, esas; **-ary** [-'mentıri] ilk; temel; **- school** *Am.* ilkokul
elephant ['elifint] *zo.* fil
elevat|e ['elyveyt] *v/t* yükseltmek; **-ion** yükseklik; yüksek yer; **-or** *Am.* asansör; *av.* yükselti dümeni
eleven [i'levn] on bir; **-th** on birinci
eligible ['elicıbl] seçilebilir, uygun
eliminat|e [i'limineyt] *v/t* çıkarmak; ortadan kaldırmak; *spor:* **be -d** elenmek; **-ion** çıkarma; *spor:* eleme
elk [elk] *bir geyik türü, Am.* Kanada geyiği
ellipse [i'lips] elips
elm [elm] *bot.* karaağaç
elongate ['iloŋgeyt] *v/t* gerip uzatmak
elope [i'lıup] âşığı ile kaçmak
eloquen|ce ['elıukwıns] etkili söz söyleme sanatı; **-t** etkili konuşan; dokunaklı
else [els] yoksa; başka; ***what - ?*** bundan başka ne var?; **-where** başka yer(d)e
elu|de [i'luud] *v/t* sakınmak, sıyrılmak *-den;* **-sive** tutulmaz, ele geçmez
emaciated [i'meyşieytid] çok zayıflamış, sıska
emanete ['emıneyt] çıkmak, kaynaklanmak (***from*** *-den*)
emancipat|e [i'mänsipeyt] *v/t* serbest bırakmak; **-ion** serbest bırakma, eşit hakları verme
embalm[im'bâm] *v/t* mumyalamak
embankment [im'bänkmınt] set, bent; rıhtım
embargo [em'bâgıu] ambargo

ecocide [ˈîkosayd] çevreyi yok etme
ecolog|ical [îkolocikl] çevre bilimsel, ekolojik; **~y** [îkolıci] çevre bilim, ekoloji
economic [îkıˈnomik] ekonomik; *pl.* ekonomi bilimi; **~al** idareli, tutumlu
econom|ist [îˈkonımist] iktisatçı; **~ize** idareli kullanmak (**on** *-i*); **~y** iktisat, ekonomi; tutum, idare
ecosystem [ˈîˈkosistim] çevre - düzen
ecstasy [ˈekstısi] kendinden geçme, esrime
edg|e [ec] *n.* kenar, sırt; bıçak ağzı; *v/t* bilemek; kenar geçirmek *-e;* **on ~** sinirli; **~ing** kenarlık, şerit; **~y** sinirli, huysuz
edible [ˈedibl] yenir, yenebilir
edif|ice [ˈedifis] görkemli yapı
edit [ˈedit] *v/t* yayımlamak; **~ion** [iˈdişın] baskı; **~or** [ˈeditı] yayımlayan; yazı işleri müdürü; **~orial**]ediˈtôriıl] başyazı; yayımcı ile ilgili
educat|e [ˈedyukeyt] *v/t* eğitmek, yetiştirmek; **~ed** okumuş, aydın; **~ion** eğitim, öğretim; **~ional** eğitimsel
eel [îl] *zo.* yılan balığı
effect [iˈfekt] *v/t* başarmak; etkilemek; *n.* sonuç, etki; izlenim; *pl.* *ec.* mal, eşya; **take ~** yürürlüğe girmek; **~ive** etkili, etkin
effeminate [iˈfeminit] kadınsı, yumuşak
effervescent [efiˈvesnt] köpüren
efficien|cy [iˈfışınsi] yeterlik, ehliyet; etki; verim; **~t** ehliyetli; verimli; etkili
effort [ˈefıt] gayret, çaba; **~less** kolay; çabasız
effusive [iˈfyusiv] taşkın, coşkun, heyecanlı
egg [eg] yumurta; **~cup** yumurta kabı; **~head** *Am. sl.* entel, aydın kimse; **~plant** *bot.* patlıcan; **~shell** yumurta kabuğu
egois|m (ˈegıuizım] bencillik; **~t** bencil, egoist
Egypt [ˈîcipt] Mısır; **~ian** [iˈcipşın] Mısırlı
eiderdown [ˈaydıdaun] pufla yorgan
eight [eyt] sekiz; **~een** [ˈeyˈtin] on sekiz; **~fold** sekiz misli; **~hly** sekizinci durumda; **~ieth** sekseninci; **~y** seksen
either [ˈaydhı] ikisinden biri, her iki; **~ ... or ...** ya ... yahut ...; **not ~** o da ... değil
ejaculate [icäkyuˈleyt] haykırıvermek; *meni v.s.* fışkır(t)mak
eject [iˈcekt] *v/t* dışarı atmak, kovmak
elaborate [iˈläbırit] *adj.* dikkatle işlenmiş, özenilmiş; *v/t* incelikle işlemek
elapse [iˈläps] *v/i zaman:* geçmek

embark [im'bâk] *v/t* gemiye bindirmek; *v/i* gemiye binmek; girişmek (**on** *-e*)
embarras [im'bârıs] *v/t* şaşırtmak; utandırmak; **~ing** utandırıcı; nahoş; **~ment** sıkıntı verme; sıkılganlık
embassy ['embısi] *pol.* büyük *veya* orta elçilik; elçilik görevlileri; elçilik binası
embed [im'bed] *v/t* gömmek, yerleştirmek
embellish [im'beliş] *v/t* süslemek, güzelleştirmek
embers ['embız] *pl.* kor, köz
embezzle [im'bezl] *v/t* zimmetine geçirmek
embitter [im'bitı] *v/t* acılaştırmak, acı salmak
emblem ['em'blım] sembol, simge
embody [im'bodi] *v/t* somutlaştırmak; cisimlendirmek
embolism ['embılizım] *med.* amboli, damar tıkanıklığı
embrace [im'breys] *v/t* kucaklamak; benimsemek; *v/i* kucaklaşmak; *n.* kucaklaşma
embroider [im'broydı] *v/t -in* üzerine nakış işlemek; **~y** nakış, işleme
embryo ['embriıu] cenin, dölüt
emerald ['emırıld] zümrüt; zümrüt rengi
emerge [i'möc] ortaya çıkmak, doğmak (***from*** *-den*); belirmek; **~nce** ortaya çıkma
emergency [i'möcınsi] olağanüstü durum, tehlike; ***in an*** **~** ivedi durumda; **~ brake** imdat freni; **~ call** imdat isteme; **~ exit** tehlike çıkışı; **~ landing** *av.* zorunlu iniş
emigra|nt ['emigrınt] göçmen; **~te** ['~eyt] göçmek, göç etm.; **~tion** göç
eminen|ce ['emininıs] yükseklik; yüksek rütbe; **~t** yüksek; seçkin; **~tly** *adv.* pek, gayet
emission [i'mişın] yayma
emit [i'mit] *v/t ısı, ışık, koku v.s.* yaymak, çıkarmak
emotion [i'mıuşın] heyecan, his; **~al** duygulu; heyecanlı
emperor ['empırı] imparator
empha|sis ['emfısis] şiddet; vurgu; kuvvet; **~size** *v/t* önem vermek *-e,* vurgulamak; *-i;* **~tic** [im'fätik] etkili; vurgulu
empire ['empayı] imparatorluk
employ [im'ploy] *v/t* kullanmak; çalıştırmak, iş vermek; *n.* görev, hizmet; **~ee** [employ'i] işçi, müstahdem, memur; **~er** işveren, patron; **~ment** iş verme; memuriyet; **~ment agency** *veya* **office** iş ve işçi bulma kurumu
empower [im'pauı] *v/t* yetki vermek *-e*
empress ['empris] imparatoriçe
empt|iness ['emptinis] boşluk; **~y** *adj.* boş; anlamsız; *v/t*

engrav|e [in'greyv] *v/t* hakketmek, oymak; **~ing** oymacılık
engrossed [in'grıust]: ~ *in -e* dalmış
enigma [i'nigmı] gizem; bilmece
enjoy [in'coy] *v/t* sevmek, hoşlanmak *-den;* ~ **o.s.** eğlenmek, zevk almak; **~able** eğlenceli, zevkli; **~ment** eğlence, zevk
enlarge [in'lâc] *v/t* büyültmek, genişletmek; *v/i* genişlemek; **~ment** büyü(lt)me; agrandisman
enlighten [in'laytn] *v/t* aydınlatmak
enlist [in'list] *v/t mil.* askere almak; *v/i* asker olm.
enliven [in'layvn] *v/i* canlandırmak
enmity ['enmiti] düşmanlık
enormous [i'nômıs] kocaman, iri
enough [i'naf] kâfi, yeterli
enquire [in'kwayı] *bak* ***inquire***
enrage [in'reyc] *v/t* kızdırmak; **~d** öfkeli, kızgın
enrapture [in'räpçı] *v/t* kendinden geçirmek
enrich [in'riç] *v/t* zenginleştirmek
enrol(l) [in'rıul] kaydetmek
ensure [in'şuı] *v/t* sağlamak
entangle [in'täŋgl] *v/t* dolaştırmak
enter ['entı] *v/i* girmek (**into** *-e*); girişmek *(-e); v/t* kaydetmek, deftere geçirmek; *spor:* katılmak (**for** *-e*); *bilgisayar verileri:* işlemek, bilgisayara vermek
enterpris|e ['entıprayz] teşebbüs, girişim; **~ing** girişken, faal
entertain [entı'teyn] *v/t* eğlendirmek; misafirliğe kabul etm.; **~er** eğlendiren kimse; **~ment** eğlence; ağırlama
enthusias|m [in'thyûziäzım] coşkunluk; can atma; **~t** [~st] ateşli taraftar; **~tic** [~ästik] heyecanlı, coşkun
entic|e [in'tays] *v/t* ayartmak; **~ing** ayartıcı
entire [in'tayı] tam, bütün; **~ly** *adv.* büsbütün
entitle [in'taytl] *v/t* adlandırmak; yetki vermek (**to** *-e)*
entity ['entiti] varlık
entrails ['entrelyz] *pl.* bağırsaklar
entrance ['entrıns] giriş, girme; giriş yeri; ~ **fee** girmelik, giriş ücreti
entreat [in'trît] ısrarla rica etm. *-den;* **~y** yalvarma, rica
entrust [in'trast] *v/t* emanet etm., emniyet etm. (**to** *-e*).
entry ['entri] girme, giriş; kayıt; ~ **permit** giriş izni; ~ **visa** giriş vizesi
enumerate [i'nyûmıreyt] *v/t* birer birer saymak
envelop [in'velıp] *v/t* sarmak; **~e** ['envılıup] zarf
env|iable ['enviıbl] gıpta edilir; **~ious** gıpta eden, kıskanç

environment [in'vayırınment] muhit, çevre; **~al** [~'mentl] çevresel, çevre ...; ~ ***pollution*** çevre kirliliği; **~alist** [~tılist] çevreci
environs ['envirınz] *pl.* civar, etraf
envisage [in'vizic] *v/t* zihinde canlandırmak, tasavvur etm.
envoy ['envoy] elçi, delege
envy ['envi] *n.* gıpta, haset; *v/t* gıpta etm., imrenmek *-e*
epic ['epik] destan; destansı, epik
epidemic [epi'demik] **(disease)** *med.* salgın hastalık
epidermis [epi'dömis] üst deri
epilepsy ['epilepsi] *med.* sara, tutarak
epilog(ue) ['epilog] son söz
episcopal [i'piskıpıl] *rel.* piskoposa ait
episode ['episıud] olay; *radyo, TV:* bölüm, kısım
epitaph ['epitâf] mezar kitabesi
epoch ['îpok] devir, çağ
equal ['îkwıl] *adj.* eşit, denk; *n.* eş, emsal; *v/t* eşit olm. *-e;* **~ity** [î'kwoliti] eşitlik; **~ize** *v/t* eşitlemek; **~ly** eşit ölçüde
equanimity [ekwı'nimiti] ılım, ağır başlılık
equat|ion [i'kweyjın] *math.* denklem; **~or** *geo.* ekvator
equilibrium [îkwi'librıım] denge
equip [i'kwip] *v/t* donatmak; **~ment** teçhizat, donanım, gereçler
equity ['ekwiti] eşitlik, adalet
equivalent [i'kwivılınt] *n.* bedel, karşılık; *adj.* denk, eşit **(to** *-e***)**
era ['iır] devir, çağ
eradicate [i'rädikeyt] kökünü kurutmak *(mst. fig.)*
erase [i'reyz] *v/t* silmek, çizmek; **~er** lâstik silgi
erect [i'rekt] *v/t* dikmek, kurmak; *adj.* dik, dikili; **~ion** dikme, kurma; bina; *physiol.* penis sertleşmesi, ereksiyon
erosion [i'rıujın] erozyon
erotic [i'rotik] cinsel istek uyandıran, erotik
err [ö] *v/i* yanılmak
errand ['erınd] ayak işi, getir götür işi; ***run*** **~s** ayak işleri görmek
erro|neous [i'rıunyıs] yanlış, hatalı; **~r** ['erı] hata, yanlışlık
erupt [i'rapt] *v/i* fışkırmak; **~ion** patlama, fışkırma; *med.* kızartı
escalat|ion [eskı'leyşın] artış; **~or** ['~tı] yürüyen merdiven
escape [is'keyp] *n.* kaçma; kurtuluş; *v/i* kaçmak, kurtulmak ***(from*** *-den)*; ***have a narrow*** ~ güç belâ kurtulmak; ~ **chute** *av.* imdat çıkış kızağı
escort [['eskôt] *n.* muhafız; maiyet; kavalye; [is'kôt] *v/t* eşlik etm. *-e*
especial [is'peşıl] özel; seçkin; **~ly** *adv.* özellikle

espionage [espiı'nâj] casusluk
essay ['esey] makale, yazı; deneme
essen|ce ['esns] öz, esas, nitelik; *chem.* esans; **~tial** [i'senşıl] esaslı; gerekli
establish [is'täbliş] kurmak; **~ o.s.** yerleşmek; **~ment** kurma; kurum; ***the*** **~** egemen güçler, kodamanlar, ileri gelenler *pl.*
estate [i'steyt] mal, mülk, arsa; **~ agent** emlâkçı, emlâk komisyoncusu; **~ car** steyşın otomobil
esteem [is'tîm] *n.* itibar, saygı; *v/t* takdir etm.; hürmet etm. *-e*
estimat|e ['estimit] *n.* hesap; tahmin; ['estimeyt] *v/t* tahmin etm.; değer biçmek; **~ion** fikir, kanı; değer, itibar
estrange [i'streync] *v/t* soğutmak, uzaklaştırmak
estuary ['estyuıri] *geo.* nehir ağzı, haliç
etern|al [i'tönl] ebedî, sonsuz; ezelî, ölümsüz; **~ity** ebediyet, sonsuzluk
ether ['îthı] eter
ethic|al ['ethikıl] ahlâkî; **~s** *pl.* etik, töre bilim
eunuch ['yûnık] hadım, harem ağası
Eurocheque *Brt.* euro-çek
Europe ['yuırıp] Avrupa; **~an** [~'piın] Avrupalı
evacuat|e [i'väkyueyt] *v/t* boşaltmak; **~ion** boşaltma, tahliye
evade [i'veyd] *v/t* sakınmak, kaçınmak *-den*
evaporate [i'väpıreyt] *v/t* buharlaştırmak; *v/i* buharlaşmak; **~d milk** kondanse süt, koyulaştırılmış süt
evasi|on [i'veyjın] kaçınma; kaçamak; **~ve** [~siv] kaçamaklı
eve [îv] arife
even ['îvın] *adj.* düz, pürüzsüz; tam; denk; *adv.* hatta, bile, dahi; çift *(sayı);* ***get ~ with s.o.*** *b-le* hesaplaşmak, *b-nin* hakkından gelmek; ***~ if, ~ though*** olsa bile
evening ['îvniŋ] akşam; ***in the ~*** akşam üzeri; ***good ~!*** iyi akşamlar!; **~ classes** *pl.* akşam kursu; **~ dress** gece giysisi, tuvalet
event [i'vent] olay; hal; *spor:* yarışma; ***at all ~s*** her halde; **~ful** olaylarla dolu
eventual [i'vençuıl] sonuçta olan, sonraki; **~ly** *adv.* sonuçta, sonunda, nihayet
ever ['evı] daima, her zaman; hiç; ***for ~*** sonsuza kadar; ***hardly ~*** hemen hemen hiç; ***~ since*** *-den* beri; **~green** yaprak dökmeyen; *mus.* unutulmayan *(şarkı v.s.)*; **~lasting** sonsuz, ölümsüz; devamlı
every ['evri] her, her bir; ***~ now and then*** arasıra; ***~ other day*** günaşırı; **~body** herkes; **~day** günlük, her

günkü, ~**one** *bak* ~**body;** ~**thing** her şey; ~**where** her yer(d)e
eviden|ce ['evidıns] tanıklık; kanıt, delil; ***give*** ~ tanıklık etm.; ~**t** aşikâr, belli, açık
evil ['ivl] fena, kötü; fenalık, kötülük
evoke [i'vıuk] *v/t* uyandırmak, aklına getirmek
evolution [îvı'luuşın] gelişme, evrim
evolve [i'volv] geliş(tir)mek
ewe [yû] *zo.* dişi koyun
ex- [eks-] sabık, eski
exact [ig'zäkt] *adj.* tam, doğru, *v/t* gerektirmek; talep etm.; ~**ly** *adv.* tamamen, tam olarak; aynen; ~**ness** sıhhat, doğruluk
exaggerat|e [ig'zäcıreyt] *v/t* mübalâğa etm., abartmak; ~**ion** abartma
exam [ig'zäm] *F* sınav
examin|ation [igzämi'neyşın] sınav, imtihan; muayene, yoklama; ~**e** [~'zämin] *v/t* incelemek; sınavdan geçirmek (***in, on*** *-den*); muayene etm.
example [ig'zâmpl] örnek, misal; ***for*** ~ meselâ, örneğin
exasperate [ig'zâspıreyt] *v/t* kızdırmak
excavat|e ['ekskıveyt] *v/t* kazmak; ~**ion** kazı
exceed [ik'sîd] *v/t* aşmak, geçmek; ~**ingly** *adv.* son derece
excel [ik'sel] *v/t* geçmek, üstün olm. *-den;* ~**lence** ['eksılıns] üstünlük; ***His*** (*veya* ***Your***) ~**lency** Ekselans; ~**lent** mükemmel, çok iyi
except [ik'sept] *v/t* hariç tutmak; *prp. -den* başka; ~**ion** istisna, ayrıklık; ~**ional** ayrıcalı; olağan dışı, alışılmadık
excerpt [ik'söpt] alıntı
excess [ik'ses] ifrat, aşırılık; fazlalık; ~ **fare** *bilet:* ücret farkı; ~ **luggage** fazla bagaj; ~ **postage** taksa, cezalı posta ücreti
exchange [iks'çeync] *n.* değişme, trampa; kambiyo; borsa; *v/t* değiştirmek; ~ **office** kambiyo gişesi; ~ **rate** kambiyo kuru
exchequer [iks'çekı] *pol.* devlet hazinesi; ***the*** ~ *Brt.* Maliye Bakanlığı
excite [ik'sayt] *v/t* kışkırtmak; heyecanlandırmak; ~**ment** heyecan; telâş
exclaim [ik'skleym] *v/i, v/t* bağırmak, haykırmak
exclamation [ekskh'meyşın] ünlem; ~ **mark** *gr.* ünlem imi
exclu|de [iks'kluud] *v/t* hariç tutmak; ~**sion** [~jın] hariç tutma; ~**sive** [~siv] tek, özel, özgü
excommunication ['ekskımyûni'keyşın] *rel.* aforoz
excursion [ıks'köşın] gezinti
excuse [iks'kyûs] *n.* özür, mazeret; bahane; [~z] *v/t*

affetmek, mazur görmek; ~ **me** affedersiniz!, bağışlayın!
execut|e ['eksikyût] *v/t* yapmak, yerine getirmek; idam etm.;~**ion** yapma, yerine getirme; idam; ~**ioner** cellât; ~**ive** [ig'zekyutiv] uygulayan, yürüten, yürütme erkli; idareci, yetki sahibi
exemplary [ig'zemplıri] örnek alınacak; ibret alınması gereken
exempt [ig'zempt] *adj.* bağışık, muaf; *v/t* muaf tutmak (**from** *-den*); ~**ion** muafiyet, bağışıklık
exercise ['eksısayz] *n.* uygulama; beden eğitimi, idman; egzersiz, alıştırma; *v/t* kullanmak; *v/i* idman yapmak; **take** ~ idman yapmak
exert [ig'zöt] *v/t* sarfetmek, kullanmak; ~ **o.s.** uğraşmak; ~**ion** kullanma; çaba
exhale [eks'heyl] *v/t nefes* alıp vermek; *koku, duman v.s.* salmak
exhaust [ig'zôst] *n. tech.* egzoz; *a.* ~ **fumes** *pl.* egzoz dumanı; *v/t* tüketmek, bitirmek; ~**ed** yorgun, bitkin; ~**ion** bitkinlik; ~ **pipe** egzoz borusu
exhibit [ig'zibit] *v/t* teşhir etm., sermek, göstermek; *n. jur. mahkemeye sunulan* delil, kanıt; ~**ion** [eksi'bişın] sergi; burs
exile ['eksayl] *n.* sürgün; *v/t* sürmek, sürgüne göndermek
exist [ig'zist] var olm.; bulunmak; yaşamak; ~**ence** varlık; hayat; ~**ent** mevcut, var olan, bulunan
exit ['eksit] çıkış; çıkış yeri; ~ **visa** çıkış vizesi
exorbitant [ig'zôbitınt] aşırı, astronomik
exotic [eg'zotik] dışarıdan gelen, değişik, egzotik
expan|d [iks'pänd] *v/t* genişletmek; yaymak; *v/i* yayılmak, açılmak; ~**se** [~ns] geniş alan; ~**sion** yayılma, genişleme; ~**sive** geniş, engin
expect [iks'pekt] *v/t* beklemek; ummak; **be ~ing** *F* hamile olmak, bebek beklemek; ~**ant** umutlu, uman; ~ **mother** hamile kadın; ~**ation** [ekspek'teyşın] bekleme, ümit, beklenti
expedi|ent [iks'pîdyınt] *adj.* yararlı, uygun; çare,tedbir; ~**tion** [ekspi'dişın] sefer, gezi seferi; ivedilik; ~**tious** süratli, ivedi
expel [iks'pel] *v/t* kovmak (**from** *-den*); dışarı çıkartmak (**from** *-den*)
expen|d [iks'pend] *v/t* sarfetmek, harcamak; ~**se** [~s] masraf, gider; **at the ~ of** *-in* zararına; ~**sive** masraflı, pahalı
experience [iks'piıriıns] *n.* tecrübe, deneme, görgü; *v/t* görmek, tecrübe etm.; ~**d** deneyimli, görgülü

experiment [iks'perimınt] *n.* tecrübe, deney; [~ment] *v/t* tecrübe etm., denemek
expert ['exspöt] usta, mahir; uzman, eksper
expir|ation [ekspayı'reyşın] nefes verme; son; **~e** [iks'-payı] nefes vermek; ölmek; sona ermek
expl|ain [iks'pleyn] *v/t* açıklamak, anlatmak; **~anation** [ekspli'neyşın] izah, açıklama
explicit [iks'plisit] açık, kesin, belirgin
explode [iks'plıud] *v/i* patlamak; *v/t* patlatmak
exploit [iks'ployt] *v/t* sömürmek
explor|ation [eksplô'reyşın] araştırma, keşif; **~e** [iks'plô] *v/i* araştırmak, keşfetmek; **~er** kâşif; bulucu
explosi|on [iks'plıujın] patlama; **~ve** [~siv] patlayıcı (madde)
export ['ekspôt] *n. ec.* ihraç malı; ihracat, dış satım; [~'pôt] *v/t* ihraç etm.; **~ation** ihraç, ihracat, dış satım; **~er** ihracatçı, dış satımcı
expos|e [iks'pıuz] *v/t* açığa vurma; maruz bırakmak (***to*** *-e*); sergilemek; **~ition** [ekspıu'zişın] sergi; **~ure** [iks'pıujı] maruz olma, açık bırakılma (***to*** *-e*); açığa vurma; *phot.* poz; **~ure meter** *phot.* ışıkölçer, pozometre
express [iks'pres] *adj.* açık, kesin; sür'atli, hızlı; *n.* ekspres; *v/t* ifade etm.; **~ion** ifade, deyim; **~ive** anlamlı; etkileyici; **~ train** ekspres tren; **~way** *Am.* otoyol
expropriation [ekspriupri'eyşın] kamulaştırma
expulsion [iks'palşın] kovma, çıkarma, ihraç
exquisite ['ekskwizit] ince, seçkin, zarif
extant [eks'tänt] hâlâ var olan, günümüze kadar gelen
exten|d [iks'tend] *v/t* uzatmak, genişletmek, yaymak; *v/i* uzanmak, büyümek; **~sion** uzatma; uzanma; ek; *tel.* dahili numara; **~sive** geniş, yaygın, kapsamlı; **~t** derece, had; büyüklük; mesafe; ***to a certain ~*** bir dereceye kadar
exterior [eks'tiıri] dış taraf; dış; dış görünüş
exterminate [eks'tömineyt] *v/t* yok etm.
external [eks'tönl] dış, dıştan gelen
extinct [iks'tiŋkt] sönmüş; nesli tükenmiş
extinguish [iks'tingwiş] *v/t* söndürmek; **~er** yangın söndürücü
extra ['ekstrı] fazla; ekstra; ilâve, ek; zam; *thea., film:* figüran; **~ charges** ek giderler
extract ['eksträkt] *n.* özet; öz, esas; seçme parça, alıntı; [iks'~] *v/t* çıkarmak; kopar-

mak; **~ion** söküp alma; çıkar(t)ma; köken, soy
extraordinary [iks'trôdnri] olağanüstü; garip, tuhaf
extravagan|ce [iks'trävigıns] israf; aşırılık; **~t** tutumsuz; aşırı
extrem|e [iks'trîm] son derece; son; aşırı; **~ist** aşırı giden kimse; **~ity** ['emiti] uç; son; sınır; aşırı tehlike; *pl. an.* vücut uzantısı, eller ve ayaklar
extricate ['ekstrikeyt] *v/t* kurtarmak
exuberant [ig'zyûbırınt] coşkun; bol, bereketli
exult [ig'zalt] çok sevinmek (**at** *-e*)
eye [ay] *n.* göz; delik, ilik; budak, *v/t* göz atmak *-e;* **~ball** göz küresi; **~brow** kaş; (**a pair of**) **~glasses** gözlük; **~lash** kirpik; **~lid** göz kapağı; **~liner** göz kalemi; **~sight** görme kuvveti; **~witness** *jur.* görgü tanığı

F

fable ['feybl] masal, efsane
fabric ['fäbrik] yapı; kumaş; **~ate** ['eyt] *v/t* yapmak; uydurmak
fabulous ['fäbyulıs] efsanevî; inanılmaz, akıl almaz
face (feys] *n.* yüz, çehre; yüzey; kadran, mine; yüzsüzlük; *v/t* karşılamak; *-in* karşısında olm.; *-e* karşı koymak, göğüs germek; ~ ***to*** ~ yüz yüze (***with*** ile); ***make*** **~s** yüzünü gözünü oynatmak; ~ **value** nominal değer, yazılı değer
facilit|ate [fı'siliteyt] *v/t* kolaylaştırmak; **~y** kolaylık; *pl.* imkânlar; bina, tesisat
fact [fäkt] gerçek; durum; ***in*** ~ gerçekten
faction ['fäkşın] hizip, klik; çekişme, ayrıkçılık
factor ['fäktı] faktör, etken, sebep; **~y** fabrika, imalâthane
faculty ['fäkılti] yetenek; güç; fakülte; *Am. univ.:* öğretim üyeleri ve yöneticilerin tümü
fade [feyd] solmak, rengi uçmak
fag [fäg] *Brt. F* geçici heves
fail [feyl] *v/i* başaramamak (***in*** *-i*); yapamamak; zayıflamak; iflâs etm.; *v/t* bırakmak; ***without*** ~ mutlaka, elbette; **~ure** ['~yı] başarısızlık; iflâs; başarı kazanamıyan insan *veya* şey
faint (feynt] *adj.* baygın, zayıf; *v/i* bayılmak
fair¹ [fäı] *ec.* panayır, fuar
fair² insaflı, doğru; haklı, güzel, sarışın; şöyle böyle; ***play*** ~ dürüstçe oynamak; *fig.* oyunu kurallarına göre

oynamak; ~ **copy** temiz kopya; **~ly** *adv.* oldukça; **~ness** dürüstlük; güzellik
fairy ['fäıri] peri; ~ **tale** peri masalı; gerçek olmayan
faith [feyth] iman, inanç; güven; vefa, sadakat; **~ful** vefalı, sadık; **~less** vefasız
fake [feyk] *n.* taklit; uydurma; şarlatan; *v/t* uydurmak
falcon ['fôlkın] *zo.* doğan, şahin
fall [fôl] *n.* düşme, çökme; *Am.* sonbahar; çağlayan; meyil; *v/i* düşmek, dökülmek; azalmak; ~ ***asleep*** uykuya dalmak; ~ ***back*** geri çekilmek; başvurmak (***on*** -*e*); ~ ***in love*** âşık olm. (***with*** -*e*); ~ ***short*** ulaşamamak (***of*** -*e*); **~en** *bak* ***fall***
false [fôls] sahte, yapma; yanlış; yalancı; **~ness** sahtelik; yalan
falsify ['fôlsifay] *v/t* bozmak, taklit etm.
falter ['fôltı] *v/i* kekelemek, tutuk konuşmak; sendelemek
fame [feym] şöhret
familiar [fı'milyı] bildik, bilinen; lâubalî, senli benli; alışkın (***with*** -*e*), bilen (*-i*); **~ity** [~i'äriti] bilme; alışkanlık; teklifsizlik, senli benli tutum; **~ize** tanıtmak, bilgilendirmek
family ['fâmili] aile; soy; cins; *bot.* familya; ~ **name** soyadı; ~ **tree** soy ağacı
famine ['fämin] kıtlık
famous ['feymıs] ünlü, tanınmış
fan[1] [fän] *n.* yelpaze; vantilatör; *v/t* yelpazelemek
fan[2] meraklı, düşkün, hayran
fanatic|**(al)** [fı'nätik(ıl)] bağnaz, fanatik; **~ism** [~isizım] bağnazlık, fanatizm
fanciful ['fänsiful] hayalperest, kaprisli; düşsel
fancy ['fänsı] *n.* hayal, kapris, geçici arzu; *adj.* hayale dayanan; süslü, fantazi; *v/t* hayal etm., kurmak; beğenmek; ~ **dress** karnaval kıyafeti, maskeli balo elbisesi; ~ **goods** *pl.* fantazi eşya; **~work** ince el işi
fang [fäŋ] zehirli diş; azı dişi
fantastic [fän'tästik] hayalî; acayip, garip
fantasy ['fäntısi] hayal; hayal ürünü şey
far [fâ] uzak; uzun; çok; ***as ~ as*** -*e* kadar, olduğu ölçüde; ***in so ~ as*** *-diği* ölçüde, *-diği* derecede; ***by ~*** büyük bir farkla; **~away** uzak; dalgın (*bakış*)
fare [fäı] *n.* yol parası,bilet ücreti; eğlence; yiyecek; *v/i* olmak, yaşamak; **~well** veda; Allahaısmarladık!, elveda!
farfetched yapmacık, zoraki; abartılı
farm [fâm] *n.* çiftlik; *v/i* çiftçilik yapmak; *v/t* işletmek; **~er** çiftçi
far|**-reaching** *fig.* geniş kap-

samlı; **~sighted** hipermetrop; *fig.* ileri görüşlü
farthe|r [ˈfâdhı] daha uzak, daha öte; **~st** [ˈ~ist] en uzak
fascinat|e [ˈfâsineyt] *v/t* büyülemek, hayran bırakmak; **~ion** büyüleme
fashion [ˈfäşın] *n.* moda; biçim; tarz; *v/t* yapmak; şekil vermek *-e;* **~able** [ˈ~şnıbl] modaya uygun, zarif
fast[1] [fâst] *n. rel.* oruç; perhiz; *v/i* oruç tutmak; perhiz etm.
fast[2] çabuk, tez, hızlı; ileri *(saat)*; sıkı, sabit; **be** ~ *saat:* ileri olm.; ~ **asleep** derin uykuda
fasten [ˈfâsn] *v/t* bağlamak, tutturmak; **~er** toka kıskacı; çıtçıt
fast food acele yemek; ~ **restaurant** hızlı yenebilecek yemek veren restoran
fastidious [fısˈtidiıs] titiz, kolay beğenmez
fast| lane *mot.* hız şeridi; ~ **train** hızlı tren, ekspres
fat [fät] yağ; şişman; semiz, yağlı
fatal [ˈfeytl] öldürücü, ölümcül
fate [feyt] kader, yazgı
father [ˈfâdhı] baba; ata; **~hood** babalık; **~-in-law** kayın peder; **~less** babasız, yetim; **~ly** baba gibi; babacan
fathom [ˈfädhım] *n.* kulaç; *v/t* iskandil etm.; *fig.* *-in* iç yüzünü anlamak; **~less** dipsiz; anlaşılmaz
fatigue [fıˈtîg] *n.* yorgunluk; *v/t* yormak
fatten [ˈfâtn] *v/t* semirtmek
faucet [ˈfôsit] musluk
fault [fôlt] kusur, kabahat; hata; **find** ~ kusur bulmak (**with** *-de*); **~less** kusursuz, mükemmel; **~y** kusurlu, hatalı
favo(u)r [ˈfeyvı] *n.* lütuf, iltifat; iltimas; kayırma; *v/t* lütuf göstermek *-e; -in* tarafını tutmak; tercih etm. *-i;* **do s.o. a** ~ yardımda bulunmak *-e;* **in** ~ **of** *-in* lehinde; **~able** uygun, elverişli; **~ite** [~ˈrit] en çok beğenilen; gözde, favori
fawn [fôn] *zo.* geyik yavrusu; açık kahverengi
fax [fäks] faks; faks çekmek
fear [fiı] *n.* korku, endişe; *v/t* korkmak *-den;* **~ful** korkunç; korkak; **~less** korkusuz
feasible [ˈfizıbl] yapılabilir, mümkün
feast [fist] *n.* ziyafet; bayram, yortu; *v/i* bol yiyip içmek
feat [fit] beceri, başarı
feather [ˈfedhı] *n.* kuş tüyü; *v/t* tüy takmak *-e*
feature [ˈfiçı] özellik; asıl film; makale; *pl.* yüz, çehre
February [ˈfebruıri] şubat (ayı)
fed [fed] *bak* **feed**
federa|l [ˈfedırıl] federal, federe; **~tion** [~ˈreyşın] bir-

lik; federasyon
fee [fi] ücret; vizite; harç
feeble ['fibl] zayıf, dermansız, güçsüz
feed [fid] *n.* yem; besin, gıda; *v/t* yedirmek, beslemek; *v/i* yemek yemek; otlamak; ***be fed up*** bıkmak (***with*** *-den*); **~back** ters tepki, geri besleme; **~er** sulama kanalı; ana demiryoluna bağlı hat; **~ing bottle** biberon
feel [fil] *n.* his, duygu; *v/t* hissetmek, duymak; yoklamak; **~er** *zo.* anten, dokunaç; **~ing** his, duygu
feet [fit] *pl. bak* ***foot***
fell [fel] *bak* **fall;** *v/t* yere indirmek, düşürmek
fellow ['felıu] arkadaş, yoldaş; herif, adam; **~ citizen** yurttaş; **~ countryman** vatandaş; **~ship** arkadaşlık, dostluk
felony ['felıni] *jur.* cinayet, ağır suç
felt[1] [felt] *bak* ***feel***
felt[2] keçe, fötr; **~ tip, ~-tip(ped) pen** keçe uçlu kalem
female ['fimeyl] dişi, kadın; *zo* dişi hayvan
femini|ne ['feminin] kadına özgü; *gr.* dişil; **~st** kadın haklarını savunucusu, feminist
fen [fen] bataklık bölge
fenc|e [fens] *n.* çit, parmaklık, tahta perde; *v/t -in* etrafını parmaklıkla çevirmek; *v/i* eskrim yapmak; **~ing** çit; eskrim
fend [fend]: **~ *for*** geçindirmek *-i;* **~ *off*** *v/t* savuşturmak; **~er** *Am.* çamurluk
ferment ['föment] *n.* mayalanma; maya; [fö'~] *v/t* mayalamak; *v/i* mayalanmak; **~ation** mayalanma
fern [fön] *bot.* eğrelti otu
ferocious [fi'rıuşıs] yırtıcı, vahşî
ferry ['feri] *n. naut.* feribot, araba vapuru; *v/t* karşı sahile taşımak; **~boat** feribot
fertil|e ['fötayl] bereketli, verimli; **~ity** [~'tiliti] verimlilik; **~ize** [~ilayz] *v/t* gübrelemek; verimli hale getirmek; **~izer** gübre
fervent ['fövınt] hararetli, ateşli, coşkun
festiv|al ['festıvıl] bayram, festival; **~e** [~iv] şen, neşeli; **~ity** [~'tiviti] şenlik, eğlenti
fetch [feç] *v/t* gidip getirmek
fetter ['fetı] zincir, köstek
feud[1] [fyûd] kan davası
feud[2] tımar, zeamet; **~al** ['~dl] derebeyliğe ait; **~alism** ['~dılizım] derebeylik
fever ['fivı] ateş, humma; **~ish** hararetli, ateşli
few [fyû] az; **a ~** birkaç; ***quite a ~*** birçok
fez [fez] fes
fiancé(e) [fi'ânsey] nişanlı
fib|re, *Am.* **~er** [faybı] lif, tel; **~rous** lifli, telli

fickle [ˈfikl] değişken, maymun iştahlı; *hava:* kararsız
ficti|on [ˈfıkşın] roman; roman edebiyatı; hayal, yalan; **~tious** [~ˈtişıs] hayalî, uydurma
fiddle [ˈfidl] *n.* keman; *v/i* keman çalmak; *a.* **~ about** *veya* **around** aylaklık etm.; **~r** kemancı
fidelity [fiˈdeliti] vefa, bağlılık
fidget [ˈficit] *v/t* rahat oturamamak; **~y** yerinde duramayan
field [fild] tarla, kır; alan, meydan; **~ events** *pl. (koşular dışındaki)* atletizm karşılaşmaları; **~ glasses** *pl.* çifte dürbün *sg.;* **~ marshal** *mil.* mareşal
fiend [find] iblis, şeytan; *fig.* tiryaki
fierce [fiıs] vahşî, azgın
fiery [ˈfayıri] ateşli, coşkun
fift|een [ˈfifˈtîn] on beş; **~y** elli; **~y-fifty** yarı yarıya
fig [fig] *bot.* incir
fight [fayt] *n.* dövüş, kavga; savaş; *v/i* savaşmak; dövüşmek; *v/t* defetmek; *çaba ile* elde etm.; **~er** savaşçı; *av.* avcı uçağı
figurative [ˈfigyurıtiv] mecazî
figure [ˈfıgı] *n.* şekil, endam, boy bos; önemli kişi, şahsiyet; rakam; mecaz; *v/t* desenlerle süslemek; temsil etm.; sanmak; **~ out** *v/t* hesaplamak **~ skating** *spor:* artistik patinaj
filament [ˈfilımınt] lâmba teli, flâmen
filch [filç] *F* aşırmak, yürütmek
file[1] [fayl] *n. tech.* eğe; *v/t* eğelemek
file[2] *n.* dizi; dosya, klasör; **on ~** dosyalanmış; *v/t* dosyaya koymak, sınıflamak; *dilekçe v.s.* vermek
filing cabinet [ˈfayliŋ] dosya dolabı
fill [fil] *v/i* dolmak, kabarmak; *v/t* doldurmak; işgal etm.; **~ in** *soru kâğıdını* doldurmak; **~ up** *v/t* tamamen doldurmak
fillet [ˈfilit] fileto; dilim
filling [ˈfiliŋ] doldurma, dolgu; **~ station** benzin istasyonu
film [film] *n.* zar; film; *v/t* filme almak; zarla kaplamak
filter [ˈfiltı] *n.* süzgeç, filtre; *v/t* süzmek; *v/i* sızmak; **~ tip** sigara filtresi; **~-tipped:** **~ cigarette** filtreli sigara
filth [filth] kir, pislik; **~y** kirli, pis
fin [fin] *zo.* yüzgeç
final [ˈfaynl] son; kesin; final, son yarış; **~ly** *adv.* nihayet, sonunda
financ|e [fayˈnäns] *n.* maliye; *v/t -in* masraflarını karşılamak; **~ial** [~şıl] malî; **~ier** [~sii] sermayedar, anamalcı
finch [finç] *zo.* ispinoz
find [faynd] *n.* bulunmuş şey; keşif; *v/t* bulmak; öğrenmek;

rastlamak *-e;* ~ ***out*** keşfetmek; öğrenmek; ~**ing** bulgu; *pl.* sonuç

fine[1] [fayn] *n. jur.* para cezası; *v/t* para cezasına mahkûm etm.

fine[2] ince; güzel, zarif; hoş, nazik; ***I am*** ~ iyiyim

finger ['fiŋgı] parmak; ~**nail** tırnak; ~**print** parmak izi

finicky ['finiki] *adj.* titiz, kılı kırk yaran

finish ['finiş] *n.* son; son iş, rötuş; *v/t* bitirmek, tamamlamak; *a.* ~ ***off*** *veya* ~ ***up*** tamamen kullanmak; yiyip bitirmek; *v/i* bitmek, sona ermek; ~**ing line** *spor:* varış çizgisi

Finland ['fınlınd] Finlandiya

Finn(ish) [fın(iş)] Finlandiyalı

fir [fö] *bot.* köknar; ~ **cone** köknar kozalağı

fire ['fayı] *n.* ateş, yangın; *v/t* tutuşturmak, yakmak; *his, duygu* uyandırmak; işinden çıkarmak; ***be on*** ~ alevler içinde olm., yanmak; ***catch*** ~ tutuşmak; ***set on*** ~, ***set*** ~ ***to*** ateşe vermek, yakmak; ~ **alarm** yangın alarmı; ~**arms** *pl.* ateşli silâhlar; ~ **brigade,** *Am.* ~ **department** itfaiye; ~ **engine** itfaiye arabası; ~ **escape** yangın merdiveni; ~ **extinguisher** yangın söndürme aygıtı; ~**man** itfaiyeci; ateşçi; ~**place** ocak, şömine; ~**proof** ateşe dayanır, yanmaz; ~**side** ocak başı; ~**wood** odun; ~**works** *pl.* havaî fişek gösterisi

firm [föm] sabit, sağlam, bükülmez; *ec.* firma

first [föst] birinci, ilk; *adv.* önce, ilkin; ***at*** ~ ilk önce; ~ ***of all*** her şeyden önce; ~ **aid** ilk yardım; ~-**aid box** *veya* **kit** ilk yardım kutusu; ~-**born** *ailede* ilk doğan (çocuk); ~ **class** birinci mevki; ~-**class** birinci sınıf, mükemmel; ~ **floor** birinci kat; *Am.* zemin kat; ~ **hand** ilk elden; ~**ly** ilk olarak, ilkin; ~ **name** (ilk) ad, isim; ~-**rate** birinci sınıf, en iyi cinsten

fiscal ['fıskıl] malî

fish [fiş] *n.* balık; *v/i* balık tutmak; ~**bone** kılçık

fisher|man ['fişımın] balıkçı; ~**y** balıkçılık

fishing ['fişiŋ] balık avı; ~ **line** olta; ~ **rod** olta kamışı; ~ **tackle** balıkçı takımı

fishmonger ['fişmaŋgı] balıkçı, balık satıcısı

fiss|ion ['fişn] (çekirdeksel) bölünme; ~**ure** ['~şı] yarık, çatlak

fist [fist] yumruk

fit [fit] *n.* tutarak, hastalık nöbeti; *adj.* uygun (***for*** *-e*); yaraşır; lâyık; hazır; *spor:* formda; *v/i* uymak, yakışmak; *v/t* yerleştirmek; donatmak; ***keep*** ~ vücudunu formda tutmak; ~ ***on*** *v/t* takmak, prova etm.; ~ ***out*** *v/t* donatmak; **~ness** uygunluk; sağlık; **~ted** içeren; yerine takılmış, yerleştirilmiş; **~ *carpet*** döşeli halı; **~ter** tesisatçı, borucu; **~ting** uygun; prova; *pl.* tertibat, döşem

five [fayv] beş; **~fold** beş misli, beş kat

fix [fiks] *v/t* takmak; yerleştirmek; hazırlamak; tamir etm.; *gözlerini* dikmek (**on** *-e*); *n.* güç durum; **~ *up*** *v/t* kurmak, düzeltmek; **~ed** sabit; bağlı; **~tures** ['~çız] *pl.* demirbaş eşya

fizz [fiz] *v/i* fışırdamak

flabbergast ['fläbıgaast]: ***be ~ed*** *F* hayrete düşmek, afallamak

flabby ['fâbi] gevşek

flag [fläg] *n.* bayrak, bandıra; kaldırım taşı; *bot.* süsen, susam; *v/t* bayraklarla donatmak

flake [fleyk] *n.* kuşbaşı kar, lapa; ince tabaka; *mst.* **~ off** *v/i* tabaka tabaka ayrılmak

flame [fleym] *n.* alev; *v/i* alevlenmek

flank [flänk] *n.* böğür, yan; *v/t* yandan kuşatmak; bitişik olm. *-e*

flannel ['flänl] flanel; fanila; *Brt.* sabun bezi

flap [fläp] *n.* sarkık parça, kapak; vuruş; *v/i* kanatlarını çırpmak; *v/t* hafifçe vurmak *-e*

flare [fläı] *v/i* alevlenmek; *fig.* birden hiddetlenmek

flash [fläş] ışıltı, parıltı; *fig.* an; bülten; ***like a ~*** *fig.* yıldırım gibi, çok çabuk; ***a ~ of lightning*** şimşek, yıldırım; *v/i* parlamak; birden gelmek; *v/t* (radyo ile) yayımlamak; **~back** *film:* geriye dönüş; **~bulb** *phot.* flâş ampulü; **~light** *phot.* flâş; cep feneri, el feneri

flask [flâsk] küçük şişe; termos

flat [flät] düz, yassı; tatsız, yavan; patlak, inik *(lâstik tekerlek)*; *mus.* bemol; yüzey; apartman dairesi; **~ten** *v/t* yassılaştırmak; *v/i* yassılaşmak

flatter ['flätı] *v/t* pohpohlamak, göklere çıkarmak; **~y** dalkavukluk

flavo(u)r ['fleyvı] *n.* tat, lezzet; çeşni; *v/t* tat vermek, lezzet katmak; **~ing** tat verici

flaw [flô] çatlak, yarık; noksan, kusur; **~less** kusursuz

flax [fläks] *bot.* keten

flea [flî] pire

fled [fled] *bak* **flee**

flee [flî] kaçmak

fleece [flîs] *n.* yapak, yünlü post; *v/t* aldatmak, kazıklamak

fleet [flît] *n. naut.* donanma, filo; *adj.* süratli, hızlı

flesh [fleş] et; vücut, ten; **~y** etli; şişman

flew [fluu] *bak* **fly**

flexible ['fleksibl] esnek, eğilebilir, bükülebilir; uysal

flick [flik] *v/t* hafifçe vurmak *-e*
flicker ['flikı] *v/i* titrek yanmak; titreşmek, pır pır etm.
flight [flayt] uçma, uçuş; firar, kaçış; ~ ***(of stairs)*** bir kat merdiven
flimsy ['flimzi] ince, gevşek
flinch [flinç] *v/i* sakınmak, kaçınmak
fling [fliŋ] *n.* fırlatma, atma; *v/t* atmak, fırlatmak; ~ ***o.s. at s.o.*** *b-nin* üzerine hızla atılmak
flint [flint] çakmak taşı
flip [flip] *n.* fiske; *v/i* fiske vurmak
flippant ['flipınt] küstah
flipper ['flipı] balık kanadı
flirt [flöt] *v/i* flört yapmak; **~ation** flört
flit [flit] *v/i* geçmek; çırpınmak
float [flıut] *n.* duba, şamandıra; olta mantarı; *v/t* yüzdürmek; *v/i* yüzmek, suyun yüzünde durmak; **~ing** yüzen; değişen; *ec.* dalgalanan
flock [flok] *n.* sürü; yün *veya* saç yumağı; *v/i* toplanmak, akın etm.
floe [flıu] buz kütlesi
flog [flog] kamçılamak; dövmek
flood [flad] *n.* sel, taşkın; *a.* ~ ***tide*** met, kabarma; *v/i* taşmak; su basmak; **~gate** bent kapağı; **~light** projektör
floor [flô] *n.* döşeme; zemin; kat; *v/t* tahta *veya* parke döşemek *-e;* yere yıkmak *-i;* **~board** döşeme tahtası; **~cloth** yer bezi; ~ **lamp** ayaklı lâmba
flop [flop] *v/i* çöküvermek; *v/t* düşürmek; **~py disk** *bilgisayar:* manyetik disk, disket
florist ['florist] çiçekçi
flour ['flauı] un
flourish ['flariş] *v/t* sallamak; *v/i* gelişmek, bayındır olm.; *n.* gösterişli hareket; *mus.* coşkulu parça
flow [flıu] *n.* cereyan, akıntı; met, kabarma; *v/i* akmak; kabarmak
flower ['flauı] çiçek; **~pot** saksı
flown [flıun] *bak* ***fly***
flu [fluu] grip
fluctuat|e ['flaktyueyt] *v/i* değişmek; **~ion** değişme
fluent ['fluınt] akıcı *(söz)*
fluff [flaf] tüy, hav; **~y** tüy gibi yumuşak
fluid ['fluid] akıcı; sıvı madde
flung [flaŋ] *bak* ***fling***
flunk [flaŋk] *Am. F v/t* sınavda bırakmak, çaktırmak; *v/i* başaramamak, çakmak
flurry ['flari] anî rüzgâr; sağanak; telâş; *v/t* telâşa düşürmek
flush [flaş] birden akmak; *(yüz)* kızarmak; *v/t* akıtmak; kızartmak; *a.* ~ ***down*** yıkayıp temizlemek; ~ ***the toilet*** sifonu çekmek; *n.* galeyan;

akıtma
fluster ['flastı] *n.* telâş; *v/t* telâşa düşürmek
flute [fluut] *mus.* flâvta, flüt
flutter ['flatı] *v/i* çırpınmak; *n.* çırpınma; telâş
flux [flaks] akış; değişiklik
fly[1] [flay] sinek
fly[2] *v/i* uçmak; kaçmak; *v/t* uçurmak; **~ into a rage** öfkelenmek; **~er** pilot; **~ing** uçma; uçan; **~ing saucer** uçan daire; **~over** *Brt.* üst geçit; **~weight** sinek sıklet
foal [fıul] *zo.* tay, sıpa
foam [fıum] *n.* köpük; *v/i* köpürmek; **~y** köpüklü
focus ['fıukıs] *n.* odak; *v/t* ayar etm., odaklaştırmak
fodder ['fodı] yem
foe [fıu] düşman
fog [fog] sis; **~gy** sisli, dumanlı
foil[1] [foyl] foya, ince yaprak
foil[2] *v/t* engellemek
fold[1] [fıuld] ağıl; sürü
fold[2] kat, kıvrım; *v/t* katlamak; *kolları* kavuşturmak; **~er** dosya; **~ing-chair** katlanır iskemle
foliage ['fıuliic] ağaç yaprakları *pl.*
folk [fıuk] halk, ahali; *pl.* ev halkı, aile; **~lore** folklor
follow ['folıu] *v/t* takip etm., izlemek; uymak, riayet etm. *-e;* **~er** taraftar, yandaş
folly ['foli] ahmaklık
fond [fond] seven (**of** *-i*); düşkün *(-e);* **be ~ of** düşkün olm. *-e,* bayılmak *-e;* **~le** *v/t* okşamak
food [fuud] yiyecek, yemek, gıda; yem; **~ processor** mutfak robotu
fool [fuul] *n.* budala, enayi; ***make a ~ of o.s.*** *k-ni* gülünç duruma sokmak; *v/t* aldatmak; **~ *about*** *veya* ***around*** aylak aylak dolaşmak; **~hardy** delice cesur; **~ish** sersem, akılsız; **~proof** güvenilir, emin; çok basit
foot [fut] *pl.* **feet** [fit] ayak; kadem *(40,48 cm);* ***on ~*** yaya; **~ball** futbol; **~bridge** yaya köprüsü; **~hills** *pl.* dağ eteklerindeki tepeler; **~hold** ayak basacak yer; **~ing** ayağı sağlam basma; güvenli durum; temel, taban; ***lose one's ~*** ayağı kaymak, tökezlemek; **~lights** *pl.* sahne ön ışıkları; **~note** dipnot; **~path** keçi yolu, patika; **~print** ayak izi; **~step** ayak sesi; ayak izi; **~wear** ayak giyecekleri
for [fô, fı] *prep.* için; olarak; zarfında; *-den* beri; yerine; yüzünden; *conj.* zira, çünkü; ***~ example, ~ instance*** meselâ, örneğin
foray ['forey] çapul, saldırı
forbade [fı'bäd] *bak* ***forbid***
forbear [fôbäı] kaçınmak, sakınmak
forbid [fı'bid] *v/t* yasak etm.; **~den** *bak* ***forbid;*** yasak; **~ding** nahoş, ürkütücü

fratern|al [frı'tönl] kardeşçe; **~ity** kardeşlik
fraud [frôd] hile, dolandırıcılık
fray [frey] *v/t* yıpratmak; *v/i* yıpranmak
freak [frîk] yabancı yaratık; kapris; eksantrik kimse
freckle ['frekl] çil
free [frî] *adj.* özgür; serbest; parasız; muaf; cömert; *v/t* serbest bırakmak, kurtarmak; tahliye etm.; **~ *and easy*** neşeli, gamsız; ***set* ~** *v/t* serbest bırakmak; **~dom** hürriyet, serbestlik; açıklık; **~*lance*** serbest yazar *veya* sanatkâr; **♀ mason** mason; **~way** *Am.* otoyol, çevre yolu
freez|e [frîz] *v/i* donmak; *v/t* dondurmak; ***wage* ~** ücret dondurumu; **~er**, *a.* ***deep freeze*** derin dondurucu; **~ing point** donma noktası
freight [freyt] *n.* yük; navlun; *v/t* yüklemek; **~er** yük gemisi, şilep, kargo uçağı
French [frenç] Fransız; Fransızca; ***the* ~** Fransız halkı; **~ fries** *pl. özl. Am.* kızarmış parmak patates; **~man** Fransız (erkek); **~ window** balkon kapısı; **~woman** Fransız (kadın)
frenzy [frenzi] çılgınlık
frequen|cy ['frîkwınsi] sıklık, sık sık olma; *phys.* frekans; **~t** *adj.* sık sık olan; [fri'kwent] *v/t* sık sık gitmek *-e*
fresh [freş] taze; yeni; dinç; acemi; **~en** *rüzgâr:* artmak, şiddetlenmek; **~ *(o.s.) up*** *k-ni* rahatlatmak, yorgunluğunu atmak; **~man** üniversitenin birinci sınıf öğrencisi; **~ness** tazelik, zindelik; **~water** tatlı suda olan
fret [fret] *v/t* üzmek, rahatsız etm.; *v/i* kızmak
friar ['frayı] rahip, keşiş
friction ['frikşın] sürtünme; friksiyon; *fig.* uyuşmazlık
Friday ['fraydi] cuma (günü)
fridge [fric] buzdolabı
fried [frayd] kızartılmış
friend [frend] dost, arkadaş, ahbap; ***make* ~s *with*** *ile* dost olm., tanışmak; **~ly** dostça, samimî; **~ship** dostluk, arkadaşlık
fright [frayt] dehşet, korku; **~en** *v/t* korkutmak, ürkütmek; ***be* ~ed *of sth.*** *bşden* korkmak; **~ful** korkunç
frigid ['fricid] soğuk, buzlu
frill [fril] fırfır, farbala
fringe [frinc] saçak; kenar
frisk [frisk] sıçramak, oynamak; **~y** neşeli, oynak
fro [frıu]: ***to and* ~** bir o yana bir bu yana
frock [frok] kadın elbisesi, rop, *rel.* rahip cüppesi
frog [frog] *zo.* kurbağa
frolic ['frolik] *n.* eğlenme, neşeli oyun; *v/i* oynamak; **~some** ['~sım] oynak, neşeli
from [from, frım] -den, -dan; *-den* itibaren

front [frant] ön, yüz; cephe; *in* ~ *of* -*in* önünde; ~ **door** ön kapı
frontier ['frantiı] sınır
front| page ön sayfa, ~ **row** ön sıra; ~**-wheel drive** *mot.* önden çekiş
frost [frost] *n.* don, ayaz, kırağı; *v/t* dondurmak; ~**bitten** donmuş; ~**ed glass** buzlu cam; ~**y** dondurucu, ayaz; kırağı ile kaplı
froth [froth] *n.* köpük; *v/i* köpürmek
frown [fraun] *v/i* kaşlarını çatmak; hoş görmemek (*on, upon* -*i*)
froze, ~**n** [friuz, ~n] *bak* ***freeze;*** ~**n meat** dondurulmuş et
frugal ['fruugıl] tutumlu, idareli
fruit [fruut] meyve, yemiş; *fig.* verim, sonuç; ~**erer** manav, yemişçi; ~**ful** verimli; ~**less** verimsiz; faydasız
frustrat|e [fras'treyt] *v/t* önlemek, bozmak; hüsrana uğratmak; ~**ion** önleme; hüsran
fry [fray] *v/t* tavada kızartmak; *v/i* kızarmak; **fried potatoes** *pl.* kızarmış patates; ~**ing pan** tava
fuchsia ['fyûşı] *bot.* küpe çiçeği
fuck [fak] *vulg.* cinsel ilişkiye girmek, düzmek; ~ ***off!*** siktir git!; ~**ing** *vulg.* lânet olası ...
fuel [fyuıl] yakacak, yakıt
fugitive ['fyûcitiv] kaçak; mülteci
fulfil [ful'fil] *v/t* yerine getirmek, yapmak; bitirmek; ~**ment** yerine getirme, yapma
full [ful] dolu; dolgun; olgun; tam, bütün; tok; ~ ***of o.s.*** *k-ni* beğenmiş; ~ **board** tam pansiyon; ~**-length** tam boy; ~ **moon** dolunay; ~ **stop** *gr.* nokta; ~**-time** tam süreli, tam gün
fumble ['fambl] *v/i* el yordamiyle aramak (***for*** -*i*)
fume [fyûm] *n.* duman, buhar; *v/t* tütsülemek; *v/i* hiddetlenmek
fun [fan] eğlence; şaka, alay; ***for*** ~ şakadan; ***make*** ~ alay etm. (***of*** ile)
function ['faŋkşın] *n.* iş, işlev, görev; tören, merasim; *math.* fonksiyon; *v/i* işlemek, iş görmek; ~**ary** belli işlevleri olan görevli
fund [fand] kapital, stok; fon
fundamental [fandı'mentl] temel, ana; önemli
funeral [fyûnırıl] cenaze alayı, cenaze töreni
funfair ['fanfäı] eğlence parkı
funicular (railway) [fyu'nikyulı] füniküler, kablolu demiryolu
funnel ['fanl] baca; huni; boru
funny ['fani] komik, eğlenceli; tuhaf, acayip
fur [fö] kürk, post; pas, kir

gear [giı] *mot.* dişli takımı; şanjman; vites; donanım, takım; giysi; ***change into second*** ~ ikinci vitese takmak; ~ **lever,** *Am. a.* ~ **shift** vites kolu
geese [gîs] *bak* **goose**
gem [cem] kıymetli taş
gender ['cendı] *gr.* ismin cinsi
general ['cenırıl] *n. mil.* general; *adj.* genel; ~ **election** genel seçim; ~**ize** *v/t* genelleştirmek; ~**ly** *adv.* genellikle; ~ **practitioner** pratisyen doktor
generat|e ['cenıreyt] *v/t* meydana getirmek, doğurmak; ~**ion** nesil, döl; meydana getirme; ~**or** *el.* jeneratör, dinamo
gener|osity [cenı'rositi] cömertlik; yüce gönüllülük; ~**ous** cömert, eli açık
genial ['cînyıl] güler yüzlü, hoş, neşeli
genitive (case) ['cenitiv] *gr.* -in hali, tamlayan
genius ['cînyıs] deha; dâhi; cin, ruh
gentle ['centl] nazik; yumuşak; soylu; ~**man** centilmen
gentry ['centri] seçkin kesim, üst tabaka
genuine ['cenyuin] gerçek, hakiki
geo|grahpy [ci'ogrıfi] coğrafya; ~**logy** [~'olıci] jeoloji; ~**metry** (~'omitri] geometri
Georgia ['côcyı] Gürcistan; ~**n** Gürcü, Gürcistan'a ait
germ [cöm] mikrop; tohum
German [['cömin] Alman; Almanca; ~**y** Almanya
germinate ['cömineyt] *v/i* filizlenmek
gerund ['cerınd] *gr.* ulaç, fiilimsi, isim-fiil
gesture ['cesçı] hareket, jest
get [get] *v/t* elde etm., almak, sağlamak, kazanmak; yakalamak; anlamak, kavramak; yaptırmak; ~ ***one's hair cut*** saçlarını kestirmek; ~ ***s.th. by heart*** *bşi* ezberlemek; ~ ***s.th. ready*** *bşi* hazırlamak; ***have got*** sahip olm., ...si olm.; ***have got to*** *inf.* *-meğe* mecbur olm.; ~ ***tired*** yorulmak; ~ **about** *v/i* yayılmak, dolaşmak; ~ **along** ilerlemek; geçinmek (***with*** ile); ~ **away** kurtulmak, kaçmak; ~ **in** içeri girmek; ~ **off** inmek; kurtulmak; ~ **out** dışarı çıkmak; ~ **to** varmak *-e*; başlamak *-e;* ~ **to know** *v/t* tanımak; ~ **together** biraraya gelmek; ~ **up** kalkmak
ghastly ['gaastli] korkunç; ölü gibi, sapsarı
ghost [gıust] hayalet, hortlak; ~**ly** hayalet gibi
giant ['cayınt] dev; dev gibi iri
gibbet ['cibit] darağacı
gibe [cayb] *v/i* alay etm. (***at*** ile)
giblets ['ciblits] *pl.* tavuk sakatatı
giddy ['gidi] başı dönmüş; hoppa, ciddi olmayan

gift [gift] hediye, armağan; Allah vergisi, hüner; **~ed** hünerli, yetenekli
gigantic [cay'gäntik] kocaman, dev gibi
giggle ['gigl] *v/i* kıkır kıkır gülmek
gild [gild] *v/t* yaldızlamak
gill [gil] *zo.* solungaç
gilt [gilt] *bak* **gild;** yaldız
gin ['cin] cin, ardıç rakısı
ginger ['cincı] *bot.* zencefil; *sl.* canlılık; **~bread** zencefil pastası; **~ly** ihtiyatla, dikkatle, çekine çekine
gipsy ['cipsi] Çingene
giraffe [ci'râf] *zo.* zürafa
girder ['gödı] kiriş, direk
girdle ['gödl] kemer, kuşak; korse
girl [göl] kız; *F* sevgili; **~friend** kız arkadaş; **~ guide** *Brt.* kız izci; **~hood** kızlık çağı; **~ish** genç kız gibi
girt [göt] *bak* **gird**
girth [göth] kolan; çevre
gist [cayist] öz, özet
give [giv] *v/t* vermek; bağışlamak; **~ away** *v/t* vermek; açığa vurmak; **~ in** *v/i* teslim olm., pes etm.; **~ rise** neden olm. (**to** *-e*); **~ up** *v/t* terketmek; teslim etm.; vazgeçmek *-den*; **~ way** çekilmek; çökmek; **~n** *bak* **give;** düşkün (**to** *-e*)
glacier ['gläsyı] *geo.* buzul
glad [gläd] memnun; **be ~** memnun olm. (**of** *-den*); **~ly** memnuniyetle, seve seve
glam|orous ['glämırıs] göz alıcı; **~o(u)r** parlaklık; çekicilik
glance [glâns] *n.* bakış; göz atma; parıltı; *v/i* bakmak, göz atmak (**at** *-e*)
gland [gländ] *an.* bez, beze
glare [gläı] *n.* kamaştırıcı ışık; dargın bakış; *v/i* parıldamak; ters ters bakmak (**at** *-e*)
glass [glâs] cam; bardak; ayna; dürbün; *pl.* gözlük; **~y** cam gibi
glaz|e (gleyz] *n.* sır, cilâ; *v/t* cilâlamak; cam geçirmek *-e*; **~ier** camcı
gleam [glîm] *n.* parıltı; *v/i* parıldamak
glee [glî] neşe; birkaç sesle söylenen şarkı
glen [glen] vadi, dere
glib [glib] akıcı konuşan; dilli, cerbezeli
glide [glayd] *n.* kayma, *v/i* kaymak; *av.* motoru işletmeden inmek; **~r** *av.* planör
glimmer ['glimı] *v/i* parıldamak; *n.* parıltı
glimpse [glimps] *n.* kısa bakış; *v/t* bir an için görmek
glint [glint] parıldamak
glisten ['glisn] parlamak, parıldamak
glitter ['glitı] *n.* parıltı, ışıltı; *v/i* parıldamak
gloat [glıut] *v/i* şeytanca bir zevkle seyretmek (**over** *-i*)
globe [glıub] küre, top; dünya
gloom [gluum] karanlık; iç sı-

kıntısı, hüzün; **~y** kapanık; kederli, endişeli
glor|ify ['glôrifay] *v/t* yüceltmek, methetmek; **~ious** şanlı; parlak; **~y** şan, şeref; görkem
gloss [glos] cilâ, perdah
glossary ['glosıri] ek sözlük
glossy ['glosi] parlak, pürüzsüz
glove [glav] eldiven
glow [glıu] *n.* kızıllık; hararet; *v/i* ışık *veya* ısı saçmak, yanmak, parlamak; **~worm** *zo.* ateş böceği
glue [gluu] *n.* tutkal; *v/t* tutkallamak, yapıştırmak
glutton ['glatn] obur; **~ous** obur (gibi)
gnarled [naald] budaklı, boğumlu
gnash [naş] *v/t* gıcırdatmak
gnat [nät] *zo.* sivrisinek
gnaw [nô] *v/t* kemirmek
go [gıu] *n.* gayret; başarı; *v/i* gitmek; hareket etm., kalkmak; çıkmak; gezmek; işlemek; olmak; **~ *to bed*** yatmak; **~ *to see*** görmeye gitmek; ***let*** **~** *v/t* bırakmak; **~ *by*** geçmek; **~ *for*** *-i* almaya gitmek; sayılmak *-e;* **~ *in for*** *-in* meraklısı olm.; **~ *mad*** çıldırmak, delirmek; **~ *on*** devam etm. (*-ing* -meğe); **~ *through*** geçmek *-den;* uğramak *-e;* **~ *up*** çıkmak, yükselmek
goad [gıud] *v/t* dürtmek, teşvik etm. (***into doing s.th.*** *bş* yapmaya)
goal [gıul] hedef, gaye; *spor:* gol; kale; **~keeper** kaleci
goat [gıut] *zo.* keçi
go-between aracı, ara bulucu
goblin ['goblin] gulyabani, cin
god [god] tanrı, ilâh; put; **Ⱬ** Tanrı, Allah; **~child** vaftiz çocuğu; **~dess** tanrıça, ilâhe; **~father** vaftiz babası; **~less** dinsiz; **~mother** vaftiz anası
goggle ['gogl] *v/i* şaşı bakmak; **~s** *n. pl.* koruyucu gözlük *sg.*
goings-on ['gıuiŋz'on] *pl. F* olup bitenler, gidişat
gold [gıuld] altın; **~en** altından yapılmış; altın renkli; **~smith** kuyumcu
golf [golf] golf oyunu; **~ course, ~ links** *pl.* golf alanı *sg.*
gone [gon] *bak* **go**; mahvolmuş
good [gud] *adj.* iyi, güzel; edepli, nazik, uygun; *n.* iyilik; fayda, yarar; *pl.* eşya, mallar; **~ *afternoon!*** günaydın! *(öğleden sonra kullanılır);* **~ *evening!*** iyi akşamlar!, tünaydın!; **~ *morning!*** günaydın!; **~ *night!*** iyi geceler!; **~by(e)!** Allaha ısmarladık!, güle güle!; **~-for-nothing** işe yaramaz, serseri; **Ⱬ Friday** *rel.* paskalyadan önceki cuma; **~natured** iyi huylu; **~ness** iyilik; ***thank*** **~** Allaha şükür!

-will iyi niyet; *ec.* firma saygınlığı
goose [guus] *pl.* **geese** [gîs] *zo.* kaz; **-berry** ['guzbıri] *bot.* bektaşî üzümü
gorge [gôc] *n.* boğaz, dar geçit; gırtlak; *v/t* yutmak, tıka basa yemek
gorgeous ['gôcıs] parlak, görkemli
gorilla [gı'rilı] goril
go-slow *Brt.* işi yavaşlatma grevi
Gospel ['gospıl] *rel.* İncil
gossip ['gosip] *n.* dedikodu; dedikoducu; *v/i* dedikodu yapmak
got, -ten [got, '-n] *bak* **get**
gourd [guıd] *bot.* su kabağı
gout [gaut] *med.* gut, damla hastalığı
govern ['gavın] *v/t* yönetmek, idare etm.; hâkim olm. *-e;* **-ess** mürebbiye; **-ment** hükûmet; yönetim, idare; **-or** vali
gown [gaun] rop; cüppe
grab [gräb] *v/t* kapmak, ele geçirmek
grace [greys] lütuf; nezaket; rahmet; *ec.* mühlet, vade; *rel.* şükran duası; **-ful** zarif; nazik
gracious ['greyşıs] şirin, nazik; bağışlayıcı; ***good -!*** Allah Allah!
grade [greyd] *n.* derece; rütbe; mertebe; sınıf; *v/t* sınıflandırmak; *tech.* düzleştirmek; **- crossing** *Am.* hemzemin geçit; **- school** *Am.* ilkokul
gradient ['greydyınt] yokuş
gradua|l ['gräcuıl] aşamalı, derece derece; **-te** ['-cuıt] *n.* mezun, diplomalı; ['-dyueyt] *v/i* mezun olm.; *v/t* diploma vermek *-e;* derecelere ayırmak *-i;* **-tion** [-dyu'eyşın] mezun olma
graft [gräft] *n.* ağaç aşısı; *v/t* aşılamak; *med.* doku nakli yapmak
grain [greyn] tane, tohum; tahıl; ağaç damarı
gramma|r ['grämı] gramer; **-tical** [grı'mätikıl] gramatik, dilbilgisi kurallarına uygun
gram(me) [gräm] gram
granary ['gränıri] tahıl ambarı
grand [gränd] büyük; muhteşem, görkemli; **-child** ['-nç-] torun; **-daughter** ['-ndô-] kız torun; **-eur** ['-ncı] büyüklük, görkem; **-father** [-'df-] büyükbaba; **-mother** ['-nm-] büyükanne; **-son** ['-ns-] erkek torun; **-stand** tribün
granite ['gränit] granit
granny [gräni] *coll.* nine
grant [graant] *n.* bağış; hibe; tahsisat, ödenek; *v/t* vermek, bağışlamak; kabul etm.; ***take for -ed*** *v/t* olmuş gibi kabul etm.
granulated sugar ['gränyuleytid] toz şeker
grape [greyp] *bot.* üzüm;

~**fruit** greyfurt, altıntop; ~**vine** asma, üzüm asması
graphic ['gräfik] çizimsel, yazısal; canlı, açık seçik
grasp [graasp] *n.* tutma; kavrayış; *v/t* tutmak; kavramak
grass [grass] ot, çimen; çayır; ~**hopper** *zo.* çekirge; ~**y** çimenli, otlu
grate [greyt] *n.* demir parmaklık; ızgara; *v/t* rendelemek; gıcırdatmak
grateful ['greytful] minnettar
grater ['greytı] rende
grati|fication [grätifi'keyşın] memnuniyet; ~**fy** ['~fay] *v/t* memnun etm.
grating ['greytiŋ] parmaklık, ızgara
gratitude ['grätityûd] minnettarlık, şükran
gratuit|ous [grı'tyuitıs] bedava, parasız; ~**y** bahşiş; toplu para ödülü
grave[1] [greyv] ağır, ciddî
grave[2] mezar, kabir
gravel ['grävıl] çakıl
graveyard mezarlık
gravit|ation [grävi'teyşın] *phys.* yer çekimi; ~**y** ['~ti] ağırbaşlılık; önem; yer çekimi
gravy ['greyvi] et suyu, salça
gray [grey] *Am. bak* **grey**
graze [greyz] *v/i* otlamak; *v/t* otlatmak
greas|e [grîs] *n.* yağ; [~z] *v/t* yağlamak; ~**y** ['~zi] yağlı
great [greyt] büyük, iri; şöhretli; **≈ Britain** Büyük Britanya; ~**grandfather** büyük dede; ~**ly** pek çok; ~**ness** büyüklük; şöhret; önem
Greece [grîs] Yunanistan
greed [grîd] hırs, açgözlülük; ~**y** obur, aç gözlü
Greek [grîk] Yunan(lı); Yunanca; Rum; Rumca
green [grîn] yeşil; ham, taze; toy, tecrübesiz; çimen; ~**grocer** manav, yemişçi; ~**horn** *F* çaylak, toy, acemi; ~**house** limonluk, sera
greet [grît] *v/t* selâmlamak; selâm vermek *-e;* ~**ing** selâm
grew [gruu] *bak* **grow**
grey [grey] boz, gri, kır; ~**hound** *zo.* tazı
grid [grid] kafes, ızgara; şebeke; ~**iron** ızgara
grief [grîf] keder, acı
griev|ance ['grîvıns] keder verici şey, dert; ~**e** *v/i* kederlenmek, üzülmek; *v/t* üzüntü vermek *-e;* ~**ous** kederli, acıklı
grill [gril] *n.* ızgara; ızgara et; *v/t* ızgarada pişirmek
grim [grim] haşin; korkunç
grimace [gri'meys] *n.* yüz buruşturma; *v/i* yüzünü ekşitmek
grim|e [graym] kir, pislik; ~**y** kirli, pis
grin [grin] *n.* sırıtma; *v/i* sırıtmak
grind [graynd] *v/t* öğütmek, ufalamak; bilemek; *diş* gıcırdatmak; ~**stone** bileği taşı
grip [grip] *n.* sıkı tutma, kav-

rama; kabza; *v/t* sıkı tutmak, kavramak; *fig.* -*in* dikkatini çekmek
gripes [graips] *pl. med.* sancı
gristle ['grisl] *an.* kıkırdak
grit [grit] çakıl, iri taneli kum
groan [grıun] *n.* inilti; *v/i* inlemek
grocer ['grıusı] bakkal; **~ies** ['~riz] *pl.* bakkaliye; **~y** bakkal dükkânı
groin [groyn] *an.* kasık
groom [grum] *n.* seyis; güvey; *v/t* tımar etm.; *bir işe* hazırlamak
groove [gruuv] yiv, oluk
grope [grıup] *v/t, v/i* el yordamiyle aramak (**for** -*i*)
gross [grıus] on iki düzine; kaba, şişko, hantal; toptan
grotesque [grıu'tesk] acayip, tuhaf
ground[1] [graund] *bak* **grind**
ground[2] *n.* yer, zemin; toprak, arsa; dip; meydan; neden, sebep; *v/t* kurmak; *el.* toprağa bağlamak; ~ **crew** *av.* yer personeli; ~ **floor** *özl. Brt.* zemin katı; **~less** nedensiz, temelsiz; **~nut** *bot.* yer fıstığı
group [gruup] *n.* grup; *v/i* grup halinde toplanmak; *v/t* toplamak
grove [grıuv] koru, ormancık, ağaçlık
grow [grıu] *v/i* olmak; büyümek, gelişmek; *v/t* yetiştirmek; ~ **up** büyümek
growl [graul] *v/i* hırlamak; homurdanmak
grow|n [grıun] *bak* **grow;** **~th** [~th] büyüme, artma, gelişme
grub [grab] *zo.* sürfe, kurtçuk; **~by** kirli, pis
grudge [grac] *n.* kin, garaz; *v/t* esirgemek, kıskanmak
gruel [gruıl] pişirilmiş yulaf ezmesi
gruff [graf] sert, boğuk sesli
grumble ['grambl] mırıldanmak; şikâyet etm., homurdanmak
grunt [grant] domuz gibi hırıldamak
guarant|ee [gärın'tî] *n.* kefalet, garanti, teminat; kefil; *v/t* garanti etm.; **~or** [~'tô] kefil; **~y** [~'ti] garanti, kefalet
guard ['gaad] *n.* muhafız; korucu, bekçi; koruma; *v/t* korumak, beklemek, muhafaza etm.; **~ian** ['~yın] bekçi, muhafız; *jur.* veli, vasi
guess [ges] *n.* zan, tahmin; *v/t* tahmin etm., zannetmek
guest [gest] misafir, davetli; *otel, pansiyon:* müşteri; **~room** misafir yatak odası
guidance ['gaydıns] rehberlik, yol gösterme
guide [gayd] *n.* rehber, kılavuz; *v/t* yol göstermek -*e;* sevketmek, idare etm. -*i;* ~ **book** seyahat rehberi; **~lines** ana hatlar, kurallar
guileless ['gayllis] saf, temiz kalpli

hall [hôl] salon; hol; koridor; resmî bina
halo [ˈheylıu] ağıl, hale
halt [hôlt] *n.* duruş, durak; *v/i* duraklamak; *v/t* durdurmak; ***come to a*** ~ duraksamak
halter [ˈhôltı] yular; idam ipi
halve [hâv] *v/t* yarıya bölmek
ham [häm] jambon
hamburger [ˈhämbögı] sığır kıyması; hamburger, köfteli sandviç
hamlet [ˈhämlıt] küçük köy
hammer [ˈhämı] *n.* çekiç; tüfek horozu; *v/t* çekiçle işlemek
hammock [ˈhämık] hamak
hamper [ˈhâmpı] *n.* büyük sepet; *v/t* engel olm. *-e*
hand [händ] *n.* el; akrep, ibre; işçi; *v/t* el ile vermek; teslim etm.; ***at*** ~ yanında; ***on the other*** ~ diğer taraftan; ***on the right*** ~ sağ tarafta; ~ ***back*** geri vermek; ~ ***over*** teslim etm. (***to*** *-e*); **~bag** el çantası; **~cuffs** *pl.* kelepçe; **~ful** avuç dolusu
handi|cap [ˈhändikäp] *n.* engel; *v/t* engel olm. *-e*; **~craft** el sanatı
handkerchief [ˈhäŋkıçif] mendil
handle [ˈhändl] *n.* sap, kulp, tokmak; *v/t* ellemek, ele almak, kullanmak; **~bars** *pl.* gidon
hand|made el işi; **~rail** tırabzan; **~shake** el sıkma, tokalaşma; **~some** [ˈhänsım] yakışıklı, güzel; **~writing** el yazısı; **~y** kullanışlı; elverişli
hang [häŋ] *v/t* asmak, takmak; *v/i* asılı olm., sarkmak; ~ ***about,*** ~ ***around*** avare dolaşmak; ~ ***on*** tutunmak, yapışmak (***to*** *-e*); ~ ***up*** *v/t* çengele asmak; *telefonu* kapamak
hangar [ˈhäŋı] *av.* hangar
hang|man cellât; **~over** içkiden gelen baş ağrısı
han|kie, ~ky [ˈhäŋki] *F* mendil
haphazard [ˈhäpˈhäzıd] rasgele, gelişigüzel
happen [ˈhäpın] olmak, vuku bulmak; ~ ***to*** *inf.* rasgele olm.; ~ ***on*** rast gelmek, bulmak *-i*; **~ing** olay
happ|iness [ˈhäpinis] saadet, mutluluk; **~y** mutlu, talihli; neşesi yerinde
harass [ˈhärıs] *v/t* rahat vermemek, tedirgin etm.
harbo(u)r [ˈhâbı] *n.* liman; *fig.* barınak; *v/t* barındırmak; beslemek
hard [hâd] sert, katı; zor, güç, ağır; çetin; şefkatsiz; ~ ***by*** pek yakın; ~ ***up*** eli dar; ***try*** ~ çok uğraşmak; **~-boiled** hazırlop; *fig.* pişkin; **~en** *v/t* katılaştırmak, sertleştirmek; **~ly** *adv.* hemen hiç; ancak; **~ness** sertlik, katılık; **~ship** güçlük, sıkıntı; **~ware** madenî eşya; **~y** sağlam, dayanıklı
hare [häı] *zo.* yabanî tavşan; **~bell** *bot.* çan çiçeği; **~lip** *an.*

tavşan dudağı, yarık dudak
harm [hâm] *n.* zarar; kötülük; *v/t* zarar vermek *-e*; **~ful** zararlı; **~less** zararsız
harmony [hâ'mıni] uyum, ahenk
harness ['hânis] *n.* koşum; *v/t at: arabaya* koşmak
harp [hâp] *mus.* arp, harp; **~ on** üzerinde durmak
harpoon [hâ'puun] *n.* zıpkın; *v/t* zıpkınlamak
harrow ['härıu] tarak, tırmık; *v/t. toprağa* tırmık çekmek
harsh [häş] sert, haşin; merhametsiz; **~ness** sertlik
harvest ['hâvist] *n.* hasat; ürün, rekolde; *v/t ürünü* toplamak; biçmek; **~er** orakçı; orak makinesi
has [häz] *bak* **have**
hash [häş] *n.* kıymalı yemek; *v/t* doğramak, kıymak
hast|e [heyst] acele, telâş; **~en** ['~sn] *v/i* acele etm.; *v/t* hızlandırmak; **~y** acele, çabuk, üstünkörü
hat [hät] şapka
hatch [häç] *n.* kaporta; üstü açık kapı; *v/t fig.* kurmak; *v/i* yumurtadan çıkmak
hatchet ('häçit) küçük balta
hat|e [heyt] *n.* nefret, kin; *v/t* nefret etm. *-den*, kin beslemek *-e* karşı; **~eful** nefret verici, iğrenç; **~red** ['~rid] kin
haughty ['hôti] kibirli, mağrur
haul [hôl] *n.* çekme; bir ağda çıkarılan balık miktarı; *v/t* asılıp çekmek
haunch [hônç] kalça, but; sağrı
haunt [hônt] *n.* uğrak; *v/t* sık sık uğramak *-e*; sık görünmek *-de*; **~ed** perili, tekin olmayan
have [häv, hıv] *v/t* malik olm., sahip olm. *-e*; *(yardımcı fiil olarak bileşik fiil şekillerine katılır)*; yaptırmak *-i*; **~ to** *inf.* *-meğe* mecbur olm.; ***we had better finish now*** artık bitirsek iyi olur
haven ['heyvn] liman; *fig.* sığınak, barınak
havoc ['hävık] hasar; yıkım; ***make ~*** çok zarar vermek (***of*** *-e*)
hawk [hôk] *zo.* doğan
hawthorn ['hôthon] *bot.* yabanî akdiken
hay [hey] saman, kuru ot; **~ fever** *med.* saman nezlesi; **~rick, ~stack** ot yığını
hazard ['häzıd] *n.* rızıko, tehlike; şans işi; *v/t* şansa bırakmak; tehlikeye atmak; **~ous** tehlikeli
haze [heyz] sis, pus
hazel ['heyzl] *bot.* fındık (ağacı); **~nut** fındık
H-bomb ['eyçbom] hidrojen bombası
he [hî] o *(eril)*
head [hed] *n.* baş, kafa; baş-

kan, şef; baş taraf; *v/t -in* başında olm.; *v/i* gitmek, yönelmek (**for** *-e* doğru); **at the ~ of** *-in* tepesinde; **~s or tails?** yazı mı tura mı?; **lose one's ~** *fig.* pusulayı şaşırmak; **~ache** baş ağrısı; **~gear** başlık, baş örtüsü; **~ing** bölüm başlığı, başlık; **~light** ön ışık, far; **~line** başlık, manşet; **~long** baş aşağı (olarak); *fig.* paldır küldür; **~master** okul müdürü; **~mistress** okul müdiresi; **~on** kafa kafaya; **~phones** *pl.* kulaklık; **~quarters** *pl. mil.* karargâh *sg.*; merkez; **~way** ilerleme

heal [hîl] *v/t* iyileştirmek; şifa vermek *-e*; *v/i* iyileşmek; **~ up** *v/i yara:* kapanmak

health [helth] sağlık, sıhhat; **~ club** sağlık kulübü, **~ food** sağlıklı besin, doğal besin; **~ resort** ılıca; **~y** sağlıklı

heap [hîp] *n.* yığın, küme; *v/t* yığmak

hear [hiı] *v/t* işitmek, duymak, dinlemek; haber almak (**about, from, of** *-den*); **~d** [höd] *bak* **hear; ~ing** dinleme, işitme; duruşma, sorgu; ses erimi; **~ing aid** işitme cihazı; **~say** söylenti

hearse [hös] cenaze arabası

heart [hât] kalp, yürek; gönül; iç; cesaret; *pl. oyun kâğıdı:* kupa; **by ~** ezber; **~breaking** son derece keder verici; **~burn** mide ekşimesi

hearth [hâth] ocak, şömine

heart|less ['hâtlis] kalpsiz, merhametsiz; **~y** içten, samimî; bol, fazla *(yemek)*

heat [hît] *n.* hararet, sıcaklık, ısı; *v/t* ısıtmak; *v/i* ısınmak

heath [hîth] fundalık; *bot.* funda, süpürge otu

heathen ['hîdhın] dinsiz, kâfir, putperest

heat|ing ['hîtiŋ] ısıtma; **~stroke** *med.* güneş çarpması

heave [hîv] *n.* kaldırma; *v/t* atmak; kaldırmak; *v/i* kabarıp inmek

heaven ['hevn] gök, sema; **for ~'s sake!** Allah aşkına!; **good ~s!** Allah Allah!, aman aman!; **~ly** göksel; Tanrısal

heavy ['hevi] ağır; güç; şiddetli; üzücü, acı; **~weight** ağır sıklet(li)

Hebrew ('hîbruu] İbranî, Yahudi; İbranîce

hectic ['hektik] heyecanlı, telâşlı

hedge [hec] çit, çalı; *fig.* engel; **~hog** *zo.* kirpi

heed [hîd] *n.* dikkat; *v/t* dikkat etm., kulak vermek *-e*; **~less**: **be ~ of** *-e* önem vermemek

heel [hîl] topuk; ökçe; *sl. Am.* alçak herif; **take to one's ~s** kaçmak, tüymek

heifer ['hefi] *zo.* düve

height [hayt] yükseklik; boy; tepe; **~en** *v/t* yükseltmek, artırmak

hide[2] *v/t* saklamak, gizlemek; *v/i* saklanmak (***from*** *-den*)
hideous [ˈhidiıs] çirkin, iğrenç, korkunç
hi-fi [ˈhayˈfay] *coll. bak* ***high-fidelity***
high [hay] yüksek, yukarı; pahalı; şiddetli; kibirli; dolgun; esrarın etkisinde; lüks; *n.* yüksek basınç bölgesi; ***in ~ spirits*** keyfi yerinde; ***it is ~ time*** vakti geldi de geçti bile; **~brow** *fig.* entel, ukalâ aydın; **~-fidelity** sesi doğal biçimde veren; **~land** dağlık bölge; **~light** ilgi çekici olay; **~ly** *adv.* çok; **~ness** yükseklik; ***His*** (*veya* ***Your***) ***2 ness*** Ekselansları; **~road** ana yol; **~ school** lise; **~ treason** *jur.* vatana ihanet; **~way** kara yolu
hijack [ˈhaycäk] *v/t* kuvvet zoru ile ele geçirmek; *uçak v.s.* kaçırmak; **~er** haydut; hava korsanı
hike [hayk] *v/i* kırda yürümek
hilarious [hiˈläıriıs] neşeli ve gürültücü
hill [hil] tepe; yokuş; **~billy** [ˈ~bili] *Am.* orman köylüsü; **~y** tepelik
hilt [hilt] kabza
him [him] onu, ona; **~self** kendisi *(eril)*
hind [haynd] arka; **~ *leg*** arka ayak
hind|er [ˈhindı] *v/t* engellemek; mâni olm. *-e*; **~rance** [ˈhindrıns] engel
hinge [hinc] menteşe, reze
hint [hint] *n.* ima, üstü kapalı söz; *v/i* ima etm., çıtlatmak (***at*** *-i*)
hip [hip] kalça, kaba et
hippopotamus [ˈhıpıˈpotımıs] *zo.* su aygırı
hire [ˈhayı] *n.* kira; *v/t* kiralamak, ücretle tutmak; ***for ~*** kiralık
his [hiz] onun(ki) *(eril)*
hiss [his] *n.* tıslama; *v/i* tıslamak; ıslık çalmak
histor|ian [hisˈtôriın] tarihçi; **~ical** [~ˈtorikıl] tarihî; **~y** [~ˈıri] tarih
hit [hit] *n.* vuruş, darbe; isabet; başarı; *v/t* vurmak, çarpmak *-e*; isabet etm. *-e*; rasgele bulmak (***upon*** *-i*); **~-and-run** çarpıp kaçan *(şoför)*
hitch [hiç] *n.* çekiş; engel, aksaklık; *v/t* bağlamak, takmak; *v/i* takılmak; **~hike** otostop yapmak; **~hiker** otostopçu
hive [hayv] kovan; arı kovanı gibi kaynaşan yer
hoard [hôd] *n.* saklanan stok; *v/t* biriktirmek, saklamak
hoarfrost [ˈhô-] kırağı
hoarse [hôs] boğuk, kısık
hoax [hıuks] *n.* şaka, muziplik; *v/t* aldatmak
hobble [ˈhobl] *v/i* topallamak; *v/t ata* bukağı vurmak, köstеklemek
hobby [ˈhobi] merak, hobi
hobgoblin [ˈhobgoblin] gulyabani

hobo ['hıubıu] serseri, aylak
hockey ['hoki] hokey
hoe [hıu] *n.* çapa, *v/t* çapalamak
hog [hog] *zo.* domuz
hoist [hoyst] *n.* kaldıraç; yük asansörü; *v/t* yükseltmek; *bayrağı* çekmek
hold [hıuld] *n.* tutma; dayanak; otorite; *v/t* tutmak, kavramak; dayanmak *-e*; sahip olm. *-e*; içine almak *-i*; işgal etm. *-i*; ***get (lay, take) ~ of*** *v/t* yakalamak; ***~ the line*** telefonda beklemek; ***~ on*** devam etm.; ***~ to*** *v/t* tutmak; devam etm. *-e*; ***~ up*** *v/t* tutmak, geciktirmek; **~er** sahip, hamil; **~ing** tutma; mülk; **~ing company** *ec.* holding; **~-up** gecikme; yol kesme, soygun
hole [hıul] delik, çukur
holiday ['holıdi] tatil günü; bayram günü
Holland ['holınd] Hollanda, Felemenk
hollow ['holıu] *adj.* içi boş, oyuk; *n.* çukur, boşluk; *v/t* oymak, çukurlatmak
holly ['holi] *bot.* çoban püskülü
holy ['hıuli] kutsal; **♀ Week** paskalyadan önceki hafta
home [hıum] *n.* ev, aile ocağı; vatan, yurt; *adj.* ev ile ilgili, yerli; *adv.* eve; ***at ~*** evde; ***see ~*** *v/t* evine kadar eşlik etm. *-e*; ***♀ Office*** *pol.* İç İşleri Bakanlığı; ***~ Secretary*** İç İşleri Bakanı; **~less** evsiz, yurtsuz; **~ly** basit, sade, gösterişsiz; **~made** evde yapılmış; **~sick** yurt özlemi çeken; **~ward** eve doğru olan
homicide ['homisayd] *jur.* adam öldürme
homosexual [hıumıu'seksyuıl] homoseksüel, eşcinsel
honest ['onist] doğru, dürüst, namuslu; **~y** namus, dürüstlük
honey ['hani] bal; **~moon** balayı
honk [hoŋk] *v/i* klakson çalmak
honorary ['onırıri] onursal
hono(u)r ['onı] *n.* şeref, onur, namus; *v/t* şereflendirmek; *ec.* *-in* karşılığını ödemek; ***have the ~ to*** *inf.* *-mek* şerefine erişmek; **~able** şerefli, namuslu; sayın
hood [hud] başlık, kukuleta; *Am.* motor kapağı
hoodlum ['huudlım] *sl.* serseri, kabadayı
hoodwink ['hudwink] *v/t* aldatmak
hoof [huuf] *zo.* at *v.s.* tırnağı
hook [huk] *n.* çengel, kanca; *v/t* kancaya takmak; oltayla yakalamak
hooligan ['huuligın] serseri, külhanbeyi
hoop [huup] kasnak, çember
hoot [huut] *v/i* baykuş gibi ötmek; yuha çekmek
hop[1] [hop] *bot.* şerbetçi otu

hop² *n.* sekme, sıçrama; *v/i* sıçramak, sekmek
hope [hıup] *n.* umut, ümit; *v/i* ümit etm., ummak (***for*** *-i*); **~ful** ümitli, ümit verici; **~less** ümitsiz
horizon [hı'rayzn] çevren, ufuk; **~tal** [hori'zontl] yatay
horn [hôn] boynuz; *mus.* boru; korna, klâkson
hornet ['hônit] *zo.* büyük eşek arısı
horny ['hôni] boynuzdan yapılmış; boynuzlu
horoscope ['horıskıup] zayiçe, yıldız falı
horr|ible ['horıbl] dehşetli, korkunç; iğrenç; **~id** ['~id] korkunç; iğrenç; **~ify** ['~ifay] *v/t* korkutmak; **~or** dehşet, korku; nefret
horse [hôs] at; ***on ~back*** ata binmiş; **~power** *tech.* beygir gücü; **~ race** at yarışı; **~radish** *bot.* acırga; **~shoe** at nalı
horticulture ['hôtıkalçı] bahçıvanlık
hos|e [hıuz] hortum; çorap; **~iery** ['~iıri] çorap ve iç çamaşırı
hospitable ['hospitıbl] misafirperver
hospital ['hospitl] hastane; **~ity** [~'täliti] konukseverlik
host [hıust] ev sahibi, mihmandar; otelci; bir sürü, kalabalık; *rel.* kutsanmış ekmek
hostage ['hostic] rehine, tutsak
host|el ['hostıl] öğrenci yurdu; **~ess** [hıustis] ev sahibesi; hostes
hostil|e ['hostayl] düşmanca; **~ity** [~'tiliti] düşmanlık
hot [hot] sıcak, kızgın; acı; şiddetli; **~bed** gübreli toprak; *fig.* huzursuzluk (*veya* kötülük) kaynağı; **~ dog** sıcak sosisli sandviç
hotel [hıu'tel] otel
hot|headed ateşli, kızgın; **~house** camlık, ser
hound [haund] *n.* av köpeği; *v/t* takip etm., izlemek
hour ['auı] saat *(60 dakika);* zaman; **~ly** saatte bir, her saat başı
house [haus] *n.* ev, konut; hanedan, seyirciler *pl.*; *v/t* barındırmak; ***2 of Commons*** Avam Kamarası; ***2 of Lords*** Lordlar Kamarası; **~ breaking** ev hırsızlığı; **~hold** ev halkı, aile; eve ait; **~keeper** kâhya kadın; **~ warming (party)** *yeni eve taşınanların verdikleri* ziyafet; **~wife** ev kadını
hove [hıuv] *bak* **heave**
hover ['hovı] *v/i* havada durmak, sallanmak; **~craft** hoverkraft, hava yastıklı taşıt
how [hau] nasıl; ***~ are you?, ~ do you do?*** nasılsınız?; ***~ many?*** kaç tane; ***~ much?*** ne kadar?; ***~ much is it?*** kaç para?; **~ever** mamafih, bununla beraber; ne kadar ... olursa olsun

howl [haul] *n.* uluma, bağırma; *v/i* ulumak; **~er** *F* gülünç hata
hub [hab] poyra
hubbub ['habab] gürültü
huddle ['hadl]: **~ *together*** yığılmak, toplanmak; **~d up** tıkıştırılmış
hue [hyû] renk; renk tonu
hug [hag] *n.* kucaklama; *v/t* kucaklamak
huge [hyûc] pek büyük, kocaman
hull [hal] *n. bot.* kabuk; *naut.* tekne, gövde; *v/t -in* kabuğunu soymak
hullabaloo [halıbı'luu] gürültü, şamata
hullo! ['ha'lıu] *bak* **hello!**
hum [ham] *v/i* vınlamak, vızıldamak
human ['hyûmın] insana ait; insan; **~ being** insanoğlu; **~e** [~'meyn] insancıl, merhametli; **~ity** [~'mäniti] insanlık; sevecenlik
humble ['hambl] *adj.* alçak gönüllü; *v/t -in* kibrini kırmak
humdrum ['hamdram] can sıkıcı, tekdüze
humid ['hyûmid] rutubetli, nemli; **~ity** [~'miditi] rutubet
humili|ate [hyû'milieyt] *v/t* küçültmek; *-in* kibrini kırmak; **~ation** küçültme; **~ty** [~'militi] alçak gönüllülük
hummingbird *zo.* sinek kuşu
humorous ['hyûmırıs] gülünç, komik
humo(u)r ['hyûmı] mizah, güldürü; huy, tabiat; ***good-~ed*** iyi huylu
hump [hamp] hörgüç; kambur; tümsek
hunch [hanç] kambur; **~back** kambur kimse
hundred ['handrıd] yüz (rakamı); **~weight** *(50.8 kilo, Am. 45.4 kilo)*
hung [haŋ] *bak* ***hang***
Hungar|ian [han'gäıriın] Macar; Macarca; **~y** ['~gıri] Macaristan
hung|er ['haŋgı] *n.* açlık; *v/i* şiddetle arzulamak (***after, for** -i*); **~ry** aç; pek istekli
hunt [hant] *n.* av; arama; *v/t* avlamak; **~er** avcı; **~ing** avcılık
hurdle ['hödl] çit, engel; **~ race** engelli koşu
hurl [höl] *v/t* fırlatmak
hurra|h! [hu'râ], **~y** [~'rey] yaşa!
hurricane ['harikın] kasırga
hurried ['harid] acele ile yapılmış, telâşla yapılmış
hurry ['hari] *n.* acele, telâş; *v/i* acele etm.; *v/t* acele ettirmek; ***be in a*** **~** acelesi olm.; **~ up** acele etm.
hurt [höt] *n.* yara; zarar; *v/t* yaralamak; incitmek; *v/i* ağrımak
husband ['hazbınd] koca, eş
hush [haş] *n.* susma, sessizlik; *v/i* susmak; *v/t* susturmak; **~ up** *v/t* örtbas etm.
husk [hask] *n.* kabuk, kılıf; *v/t*

ignition [ig'nişın] ateşleme; kontak, ateşleme düzeni; ~ ***key*** kontak anahtarı
ignor|ance ['ignırıns] cahillik; **~ant** cahil, bilmez; **~e** (ig'nô] *v/t* önem vermemek *-e*, önemsememek *-i*
ill [il] hasta, rahatsız, fena, kötü; uğursuz; kötülük, fenalık; ***fall ~, be taken ~*** hastalanmak; **~advised** tedbirsiz; **~bred** terbiyesiz
il|legal [i'lîgıl] yasa dışı; **~legible** okunaksız; **~legitimate** yasaya aykırı; evlilik dışı
ill-humo(u)red fena huylu, huysuz
il|licit [i'lisit] yasa dışı; haram; **~literate** [i'litırit] okuma yazma bilmeyen
ill|ness ['ilnis] hastalık; **~tempered** huysuz; **~timed** zamansız; **~treat** *v/t* kötü davranmak *-e*
illuminat|e [i'lyumineyt] aydınlatmak; **~ion** aydınlatma
illusi|on [i'luujin] hayal, kuruntu, aldanma; **~ve** aldatıcı
illustrat|e ['ılistreyt] *v/t* örneklerle açıklamak, anlatmak; resimlerle süslemek; **~ion** resim; resimleme; örnek
illustrious [i'lastriıs] ünlü, meşhur
ill will kötü niyet
imag|e ['imic] imge, hayal; şekil, suret; put, sanem; **~inary** [i'mäcinıri] hayalî; **~ination** hayal gücü, imgelem; **~inative** özgün, orijinal; yaratıcı; **~ine** *v/t* tasavvur etm., hayal etm., imgelemek
imbecile ['imbisîl] ahmak, budala
imitat|e ['imiteyt] *v/t* taklit etm., benzetmek; **~ion** taklit, yapma
im|maculate [i'mäkyulit] lekesiz; **~material** [imı'tiriıl] önemsiz; **~mature** olgunlaşmamış; **~measurable** ölçülemez
immediate [i'mîdyıt] ivedi, derhal yapılması gereken; en yakın; dolaysız; **~ly** derhal, hemen
immense [i'mens] çok büyük, engin
immerse [i'mös] *v/t* daldırmak, iyice batırmak
immigra|nt ['imigrınt] göçmen; **~te** ['~eyt] göçmek; **~tion** göçmenlik, göç
imminent ['iminınt] olması yakın, eli kulağında
im|mobile [i'mıubayl] hareketsiz, **~moderate** ölçüsüz, aşırı; **~modest** açık saçık; haddini bilmez, **~moral** ahlâkı bozuk, ahlâksız
immortal [i'môtl] ölümsüz, ölmez; **~ity** ['~täliti] ölmezlik
immovable [i'muuvıbl] kımıldamaz; değiş(tirile)mez
immun|e [i'myûn] korunmuş, muaf (***from*** *-den*); **~ity** *jur.* dokunulmazlık

imp [imp] küçük şeytan
impact ['impäkt] vuruş; etki; *on* ~ çarpma anında
impair [im'päı] *v/t* bozmak
impart [im'pât] *v/t* vermek; bildirmek; **~ial** [~şıl] yansız, tarafsız; **~iality** ['~şi'äliti] tarafsızlık
im|passable geçilmez; **~passive** duygusuz
impatien|ce sabırsızlık; **~t** sabırsız, çok arzu eden (*for -i*)
impeach [im'pîç] *v/t* suçlamak; kuşkulanmak
impediment [im'pedimınt] mânia, engel
impending [im'pendiŋ] olması yakın, eli kulağında
impenetrable [im'penitrıbl] girilemez, içinden geçilemez
imperative [im'perıtiv] zorunlu, mecburî; ~ **(mood)** *gr.* emir kipi
imperceptible hissolunamaz, hiç farkedilmeyen
imperfect [im'pöfikt] eksik; kusurlu; tamam olmayan; ~ **(tense)** *gr.* bitmemiş bir eylemi gösteren zaman
imperil *v/t* tehlikeye düşürmek
imperious [im'piıriıs] buyurucu, zorba, otoriter; zorunlu
impermeable [im'pömyıbl] *su veya hava* geçirmez
impersona|l [im'pösnl] kişisel olmayan; **~te** ['pösineyt] *v/t* taklit etm., kişileştirmek, temsil etm.
impertinen|ce [im'pötinıns] saygısızlık, küstahlık; yersiz; **~t** arsız, küstah
imperturbable [impı'töbıbl] soğukkanlı
impetuous [im'petyuıs] coşkun, atılgan
impinge [im'pinc] *v/i* çarpmak (*on, upon -e*); etkilemek (*on -i*)
implacable [im'pläkıbl] yakıştırılamaz; amansız
implant *v/t med.* dikmek, nakletmek (**in** *-e*); *fig.* aşılamak
implement ['implimınt] *n.* âlet, araç; *v/t* yerine getirmek
implicate ['implikeyt] *v/t* bulaştırmak, karıştırmak
implicit [im'plisit] ima edilen, üstü kapalı
implore [im'plô] *v/t* yalvarmak *-e*
imply [im'play] *v/t* ima etm., dokundurmak; anlamına gelmek
impolite nezaketsiz
import ['impôt] *n. ec.* dış alım, ithalât; anlam; önem; (~'pôt] *v/t* ithal etm.; belirtmek; **~ance** [~'pôtıns] önem; **~ant** önemli; **~ation** ithal (malı); **~er** dış alımcı, ithalâtçı
impos|e [im'pıuz] *v/t* zorla yaptırmak, yüklemek (*on, upon -e*); *v/i* zahmet vermek, yük olm. (**on** *-e*); **~ing** heybetli, muhteşem

impossib|ility olanaksızlık; **~le** imkânsız, olanaksız
impostor [im'postı] sahtekâr
impotent ['impıtınt] güçsüz; *med.* iktidarsız
impoverish [im'povıris] *v/t* fakirleştirmek; ***be ~ed*** fakirleşmek, yoksullaşmak
impracticable yapılamaz; kullanışsız
impregnate ['impregneyt] *v/t* döllemek, hamile bırakmak
impress ['impres] *n.* basma; damga; *v/t* basmak; etkilemek; **~ion** baskı; izlenim, etki; **~ive** etkili, etkileyici
imprint *n.* damga; *v/t* basmak; etkilemek
imprison [im'prizn] *v/t* hapsetmek; **~ment** hapis (cezası)
improbable [im'probıbl] olası bulunmayan
improper yersiz, yakışıksız
improve [im'pruuv] *v/t* iyileştirmek, düzeltmek; *v/i* düzelmek; **~ment** iyileşme, düzelme
improvise ['imprıvayz] *v/t* doğaçtan söylemek *veya* yapmak
imprudent [im'pruudınt] sağduyudan yoksun
impuden|ce ['impyudıns] yüzsüzlük, arsızlık; **~t** arsız, saygısız
impuls|e ['impals] itici güç, dürtü; içtepi; **~ive** itici; atılgan
impunity [im'pyûniti]: ***with ~*** cezasız, ceza görmeden
impure [im'pyuı] pis, kirli
impute [im'pyût] itham etm., suçlamak (**to** ile); atfetmek, hamletmek (**to** *-e*)
in [in] -de, -(y)e; *-in* içinde, içine, içerde, içeriye; evde; olarak; ***~ English*** İngilizce olarak; ***~ my opinion*** kanımca; ***~ that*** ... yüzünden
inability ehliyetsizlik
inaccessible [inäk'sesıbl] erişilemez
inaccurate [in'äkyurit] yanlış, kusurlu
inactive hareketsiz
inadequate [in'ädıkwıt] yetersiz
inadvertent [inıd'vötınt] dikkatsiz; kasıtsız
inanimate [in'änimit] cansız, yaşamayan
inappropriate uygunsuz, yersiz
inapt beceriksiz; uygun olmayan
inarticulate anlaşılmaz
inasmuch as [inız'maç -]... olduğu ölçüde
inattentive dikkatsiz
inaudible işitilemez
inaugura|l [i'nôgyrıl] açılışa ait; **~te** [~eyt] *v/t* açmak; başlamak *-e*; **~tion** açılış (töreni)
inborn [in'bôn] doğuştan
incalculable [in'kälkyulıbl] hesap edilemez
incapa|ble [in'keypıbl] yete-

neksiz; beceriksiz; **~city** [inkı'päsiti] güçsüzlük, yeteneksizlik
incautious düşüncesiz
incendiary [in'sendyıri] yangına yol açan; kundakçı
incense[1] ['insens] buhur
incense[2] [in'sens] *v/t* öfkelendirmek
incentive [in'sentiv] dürtü, neden
incessant [in'sesnt] sürekli
incest ['insest] *jur.* yakın akraba arasında cinsel ilişki
inch [inç] pus, inç *(2,54 cm)*
incident ['insidınt] olay; **~al** [~'dentl] tesadüfi, rastlantıya bağlı olan
incinerate [in'sinıreyt] *v/t* yakıp kül etm.
incis|e [in'sayz] *v/t* oymak, hakketmek; **~ion** [~ijın] yarma, deşme; **~or** *an.* kesici diş
incite [in'sayt] *v/t* teşvik etm., kışkırtmak
inclin|ation [inkli'neyşın] eğim, meyil; *fig.* eğilim; **~e** [~'klayn] *n.* meyil, yokuş; *v/i* eğilmek, meyletmek (*to* -*e*); *v/t* eğmek
inclos|e [in'klıuz], **~ure** [~ji] *bak* ***enclose, enclosure***
inclu|de [in'kluud] *v/t* içine almak, içermek; ***tax ~ded*** vergi dahil; **~sion** [~jın] kat(ıl)ma; **~sive** dahil, kapsayan
incoherent anlaşılmaz, tutarsız
income ['inkam] gelir, irat; **~ tax** ['inkımtäks] gelir vergisi
incomparable emsalsiz
incompatible birbirine uymaz, uyumsuz, zıt
incompetent ehliyetsiz
incomplete eksik, bitmemiş
incomprehensible anlaşılamaz, akıl ermez
inconceivable inanılmaz, kavranamaz
inconsequent mantıksız, birbirini tutmaz, tutarsız
inconsidera|ble önemsiz; **~te** saygısız, düşüncesiz
inconsistent kararsız; uyuşmaz
inconspicuous göze çarpmayan
inconvenien|ce *n.* zahmet, rahatsızlık; *v/t* rahatsız etm.; **~t** uygunsuz, zahmetli
incorporate [in'kôpıreyt] *v/t* birleştirmek; *v/i* birleşmek; **~d** *ec.* anonim
incorr|ect yanlış; **~igible** düzelmez, adam olmaz
increas|e ['inkrîs] *n.* çoğalma; [inkrîs] *v/i* artmak, çoğalmak; *v/t* arttırmak, çoğaltmak; **~ingly** gittikçe artarak
incred|ible inanılmaz; **~ulous** inanmaz, kuşkusu olan
incriminate [in'krimineyt] *v/t* suçlamak
incubator [in'kyubeytı] kuluçka makinesi
incur [in'kö] *v/t* uğramak -*e*, hedef olm. -*e*, karşılaşmak *ile*
incurable şifa bulmaz
indebted borçlu (*to* -*e*)

kan; ~**y** ['indıstri] sanayi, endüstri; çalışkanlık
ineffective etkisiz
inefficient [ini'fişnt] verimsiz, yetersiz, etkisiz
inept [i'nept] yersiz, anlamsız; beceriksiz, acemi
inequ|ality eşitsizlik; ~**itable** insafsız, haksız
inert [i'nöt] dingin, hareketsiz; tembel; ~**ia** [~şyı] atalet, eylemsizlik
inestimable [in'estimıbl] hesaba sığmaz
inevitable [in'evitıbl] kaçınılamaz
inex|cusable affedilemez; ~**haustible** tükenmez; ~**pensive** ucuz; ~**perienced** tecrübesiz, acemi; ~**plicable** [~'eksplikıbl] anlaşılmaz; ~**pressible** [iniks'presıbl] ifade edilemez; ~**pressive** anlatımsız; ~**tricable** içinden çıkılamaz, kaçınılamaz
infallible [in'fälıbl] yanılmaz, şaşmaz
infam|ous ['infımıs] kötü sanlı; ahlâkı bozuk, rezil; ~**y** kötü san; rezil davranış
infan|cy ['infınsi] çocukluk, bebeklik; ~**t** küçük çocuk, bebek; *jur.* ergin olmayan kimse; ~**tile** ['~tayl] çocuğa ait, çocukça; ~**tile paralysis** *med.* çocuk felci
infantry ['infıntri] *mil.* piyade, yaya asker
infatuate [in'fätyueyt] tutkun, meftun (*with* -*e*)
infect [in'fekt] *v/t* bulaştırmak; *fig.* aşılamak, yaymak; ~**ion** bulaşma; bulaşıcı hastalık; ~**ious** bulaşık, bulaşıcı
infer [in'fö] *v/t* anlamak, anlam çıkarmak (*from* -*den*); ~**ence** ['infırıns] sonuç çıkarma
inferior [in'fiıriı] aşağı, alt; ikinci derecede, adî; ast; *be ~ to s.o.* *b-ne* göre aşağı derecede olm.; ~**ity** ['~oriti] aşağılık
infernal [in'fönl] cehenneme ait, şeytanca, cehennemî
infest [in'fest] *v/t* sarmak; zarar vermek -*e*
infidelity [infi'deliti] ihanet, aldatma; sadakatsizlik
infiltrate ['infiltreyt] *v/t* girmek -*e*; *v/i* süzülmek
infinit|e ['infinit] sonsuz; ~**ive (mood)** [in'finitiv] *gr.* mastar; ~**y** sonsuzluk
infirm [in'föm] zayıf; hastalıklı; ~**ary** hastane; ~**ity** sakatlık, zayıflık
inflame [in'fleym] *v/i* tutuşmak; *v/t* alevlendirmek
inflamma|ble [in'flämıbl] tutuşur; ~**tion** [~ımeyşın] *med.* yangı, iltihap
inflat|e [in'fleyt] *v/t* şişirmek; ~**ion** *ec.* enflasyon
inflect [in'flekt] *v/t* *gr.* çekmek, bükünlemek
inflex|ible [in'fleksıbl] eğilmez; inatçı; ~**ion** [~kşın] bükülme; *gr.* çekim
inflict [in'flikt] *v/t* *ağrı, ceza*

vermek; *fig.* yüklemek (**on, upon** *-e*); **~ion** [~kşın] ceza, sıkıntı
influen|ce [in'fluıns] *n.* etki, nüfuz; *v/t* etkilemek; **~tial** [~'enşıl] sözü geçer, nüfuzlu
influenza [influ'enzı] *med.* grip, enflüanza
inform [in'fôm] *v/t* haber vermek *-e* (**of** hakkında), bildirmek *(-i)*; **~al** resmî olmayan, teklifsiz
information [infı'meyşın] bilgi; danışma; **~ bureau, ~ office** danışma bürosu
inform|ative [in'fômıtiv] bilgi verici, aydınlatıcı; **~er** jurnalcı, ihbarcı
infringe [in'frinc] *v/t* çiğnemek, bozmak; **~ment** bozma, ihlâl
infuriate [in'fyuırieyt] *v/t* çıldırtmak, çileden çıkarmak
infuse [in'fyûz] *v/t çay v.s.* demlemek; *fig.* aşılamak
ingen|ious [in'cînyıs] hünerli; usta, **~uity** [~i'nyuitî] hüner, marifet
ingot ['ingıt] külçe
ingratiate [in'greyşieyt]: **~ o.s.** kendini sevdirmek (**with** *-e*)
ingratitude [in'grätityûd] nankörlük
ingredient [in'grîdyınt] parça; yemek harcı; *fig.* unsur, etken
inhabit [in'häbit] *v/t* oturmak, ikâmet etm. *-de;* **~able** oturulabilir; **~ant** oturan, sakin
inhale [in'heyl] *v/t* içine çekmek
inherent [in'hiırınt] doğuştan olan, doğal
inherit [in'herit] *v/t* miras almak; **~ance** miras, kalıt
inhibit [in'hibit] *v/t* engel olm. *-e*; **~ion** doğal davranamama; alıkoyma
inhospitable konuk sevmez; barınılmaz
inhuman gaddar, kıyıcı
initia|l [i'nişıl] *n.* ilk harf, paraf; büyük harf; *adj.* ilk, baştaki; **~te** [~ şieyt] başlamak *-e*; başlatmak *-i*; **~tive** [~şiıtiv] öncecilik, inisiyatif
inject [in'cekt] *v/t* şırınga etm.; iğne yapmak; **~ion** enjeksiyon, iğne yapma
injur|e ['incı] *v/t* zarar vermek, dokunmak *-e*; bozmak *-i*; **~ed** incinmiş, yaralanmış; **~ious** [in'cuıriıs] zararlı; **~y** ['~ıri] zarar; haksızlık; yara
injustice adaletsizlik
ink [iŋk] mürekkep
inkling ['iŋkliŋ] ima; seziş
inlaid [in'leyd] kakma
inland ['inlınd] *n.* ülkenin içi; *adj.* iç, dahili
inlay ['in'ley] kakma işi, kakmacılık
inlet ['inlet] giriş yolu; *geo.* koy, haliç
inmate ['inmeyt] *bir yerde* oturan kimse, sakin
inmost ['inmıust] en içerdeki
inn [in] otel, han
innate ['i'neyt] yaradılıştan,

instant [ˈinstınt] *n.* an; *adj.* hemen olan; ~ **coffee** sıcak su *veya* süt katılarak yapılan toz kahve; ~**aneous** [~ˈteynyıs] anî, ansızın; ~**ly** *adv.* hemen, derhal
instead [inˈsted] (onun) yerine; ~ **of** *-in* yerine
instep [ˈinstep] ayağın üst kısmı
instigat|e [ˈinstigeyt] *v/t* ön ayak olmak; kışkırtmak; ~**or** kışkırtıcı
instinct [ˈinstinkt] içgüdü; sezgi; ~**ive** [~ˈstinktiv] içgüdüsel
institut|e [ˈinstityût] *n.* enstitü, kuruluş, kurum; *v/t* kurmak; ~**ion** kuruluş, kurum
instruct [inˈstrakt] *v/t* eğitmek; talimat vermek *-e*; ~**ion** eğitim, öğretim; ders; *pl.* emir, direktif *sg.*; ~**ive** öğretici; ~**or** eğitmen, okutman
instrument [ˈinstrumınt] âlet, araç; *mus.* çalgı, saz; *jur.* belge
insubordinate [insıˈbôdnit] itaatsiz, asi
insufferable tahammül olunamaz, çekilmez
insufficient eksik, yetersiz
insula|r [ˈinsyulı] ada ile ilgili; adada yaşayan; ~**te** [~eyt] *v/t* izole etm., yalıtmak
insult [ˈinsalt] *n.* hakaret; *v/t* *-in* onurunu kırmak
insur|ance [inˈşuırıns] sigorta; ~**e** [~ˈşuı] *v/t* sigorta etm.; sağlamak
insurmountable [insöˈmauntıbl] üstesinden gelinemez, aşılamaz
insurrection [insıˈrekşın] ayaklanma, isyan
intact [inˈtäkt] dokunulmamış, eksiksiz
intake [ˈinteyk] alınan miktar
integr|al [ˈintigrıl] gerekli; tam, bütün; tam sayısal; ~**ate** *v/t* tamamlamak, bütünlemek; ~**ity** [inˈtegriti] bütünlük; dürüstlük
intellect [ˈintilekt] akıl, anlık; ~**ual** [~ˈlektyuıl] akla ait; bilgili, çok akıllı, aydın
intellig|ence [inˈtelicıns] akıl, anlayış; bilgi, haber; ~ **service** haber alma dairesi; ~**ent** akıllı, zeki, anlayışlı; ~**ible** anlaşılır
intemperate [inˈtempirıt] taşkın; şiddetli
intend [inˈtend] *v/t* niyet etm., tasarlamak
intens|e [inˈtens] keskin, şiddetli; sinirli, gergin; ~**ify** [~ifay] *v/t* *-in* şiddetini artırmak; yoğunlaştırmak; *v/i* şiddetlenmek; ~**ity** keskinlik, şiddet; yoğunluk; ~**ive** şiddetli; yoğun; ~ **care unit** yoğun bakım ünitesi
intent [inˈtent] *n.* niyet, amaç; *adj.* gayretli; meşgul (**on** ile); ~**ion** niyet, amaç; ~**ional** kasıtlı
inter [inˈtö] *v/t* gömmek
inter|cede [intıˈsîd] aracılık etm., arasına girmek (***with***

ile; *for* için); **~cept** [~'sept] *v/t* durdurmak; *-in* yolunu kesmek; **~cession** [~'seşın] aracılık, iltimas
interchange [intı'ceync] *n.* değiş tokuş etme; *v/t* değiştirmek
intercom ['intıkom] iç telefon düzeni
intercourse ['intıkös] ilişki; *a.* ***sexual ~*** cinsel ilişki
interest ['intrist] *n.* ilgi, merak; menfaat; *ec.* faiz;*v/t* ilgilendirmek; ***take an ~ in s.th.*** *bşe* ilgi duymak; **~ed** ilgili (***in*** ile); meraklı *(-e);* **~ing** ilgi çekici, ilginç
interface *bilgisayar:* arayüz
interfere [intı'fiı] karışmak, engel olm. (***with*** *-e*); **~nce** karışma; engel
interior [in'tiırıı] iç; içerdeki, dahilî
inter|jection [intı'ceksın] *gr.* ünlem; **~lude** ['~luud] ara
intermedia|ry [intı'mîdyıri] aracı, aracılık eden; **~te** [~yıt] ortadaki, aradaki
inter|mission ara; antrakt; **~mittent fever** [intı'mitınt-] *med.* sıtma
intern ['intön] *v/t* enterne etm.; *n. Am.* stajyer doktor; **~al** [~'tön] iç, dahilî
inter|national uluslar arası
interpret [in'töprit] *v/t* yorumlamak, *-in* anlamını açıklamak; **~ation** yorum, açıklama; **~er** tercüman, çevirmen
interrogat|e [in'terıugeyt] *v/t* sorguya çekmek; **~ion** sorgu; **~ion mark** *gr. bak* ***question mark***; **~ive** [intı'rogıtiv] **pronoun** *gr.* soru zamiri
interrupt [intı'rapt] *v/t* yarıda kesmek; ara vermek *-e*; **~ion** ara, fasıla
intersect [intı'sekt] *v/t* ikiye bölmek; *v/i* kesişmek; **~ion** kesişme;kavşak
interstate [intı'steyt] *Am.* eyaletler arası
interval ['intıvıl] ara, fasıla; süre
interven|e [intı'vîn] araya girmek; **~tion** [~'venşın] araya girme; aracılık
interview ['intıvyû] *n.* görüşme, röportaj; *v/t* görüşmek, röportaj yapmak
intestine [in'testın] *an.* bağırsak
intima|cy ['intimısi] sıkı dostluk; **~te** ['~it] *adj.* sıkı fıkı; içten; ['~eyt] *v/t* üstü kapalı anlatmak, ima etm.
intimidate [in'timideyt] *v/t* gözünü korkutmak
into ['intu, 'intı] *-e, -in* içerisine, içine
intolera|ble [in'tolırıbl] dayanılmaz, çekilmez; **~nce** hoşgörüsüzlük; **~nt** hoşgörüsüz
intoxicated [in'toksikeytıd] mest olmuş (***with*** *-den*); sarhoş
intransitive *gr.* geçişsiz
intrepid [in'trepid] yılmaz
intri|cate ['intrikit] karışık;

irradiate [i'reydieyt] *v/t* aydınlatmak, parlatmak
irrational akla uymaz
irreconcilable barıştırılamaz, bağdaştırılamaz
irrecoverable geri alınamaz; düzeltilemez
irregular düzensiz, kurala aykırı; *gr.* kural dışı
irrelevant konu dışı
irreparable [i'repırıbl] onarılamaz, düzeltilemez
irreplaceable yeri doldurulamaz
irresistible karşı konulamaz
irresolute kararsız
irrespective: ~ **of** *-e* bakmaksızın, *-i* hesaba katmadan
irresponsible sorumsuz, güvenilemez
irretrievable yeri doldurulamaz, bir daha ele geçmez
irreverent [i'revırınt] saygısız
irrevocable [i'revıkıbl] değiştirilemez, geri alınamaz
irrigat|e ['irigeyt] *v/t* sulamak; **~ion** sulama
irrita|ble ['iritıbl] çabuk kızan, titiz; **~te** ['~eyt] *v/t* gücendirmek, sinirlendirmek; **~tion** sinirlilik, dargınlık
is [iz] -dir, -tir (*bak* **be**)
Islam ['izlâm] İslâm, İslâmiyet; **~ic** [~'lämik] İslâma ait
island [ay'lınd], **isle** [ayl] ada
isolat|e ['aysıleyt] *v/t* ayırmak, izole etm.; **~ion** ayırma, izolasyon
Israel ['izreyıl] İsrail; **~i** ['~i] İsrailli (kimse); İsrail'e ait
issue ['işuu] *n.* çıkış; akma; sonuç; döl, zürriyet; yayım, dağıtma; *v/i* çıkmak; *v/t* çıkarmak, dağıtmak, yayımlamak
isthmus ['ismıs] *geo.* kıstak
it [it] o, onu, ona *(cinssiz)*
Ital|ian [i'tälyın] İtalyan; İtalyanca; **~y** ('itıli] İtalya
itch [iç] *n.* kaşıntı; *v/i.* kaşınmak
item ['aytım] parça; fıkra, madde; *radyo, TV:* haber
itinerary [ay'tinırıri] yol; yolcu rehberi, gezi programı
its [its] onun(ki) *(cinssiz)*
itself [it'self] bizzat, kendi, kendini, kendine; **by ~** kendi kendine
ivory ['ayvıri] fil dişi
ivy ['ayvı] *bot.* sarmaşık

J

jab [cäb] *v/t* dürtmek, itmek
jack [cäk] *tech.* kriko; *oyun kâğıdı:* bacak, vale; *v/t* bocurgat ile kaldırmak
jackal ['cäkôl] *zo.* çakal
jack|ass ['cäkäs] erkek eşek; *fig.* ['~kaas] ahmak, aptalın teki; **~daw** ['~dô] küçük karga
jacket ['cäkit] ceket; kitap

zarfı; kaplama
jack|knife ['cäk-] çakı; **~pot** *poker, kumar:* pot; büyük ikramiye
jag [cäg] diş, uç; **~ged** ['~gid] dişli, çentikli
jail [ceyl] *n.* ceza evi; *v/t* tutuklamak; **~er** gardiyan
jam [cäm] **1.** reçel, marmelât; **2.** *n.* sıkışma, kalabalık; ***be in a ~*** zor durumda olm.; *v/t* sıkıştırmak; *v/i* sıkışmak
janitor ['cänitı] kapıcı; bina sorumlusu
January ['cänyuıri] ocak ayı
Japan [cı'pän] Japonya; **~ese** [cäpı'nîz] Japon(yalı); Japonca
jar [câ] kavanoz
jargon ['cägın] meslek argosu
jaundice ['côndis] *med.* sarılık
javelin ['cävlin] cirit
jaw [cô] çene; **~bone** *an.* çene kemiği
jazz [cäz] caz
jealous ['celis] kıskanç; **~y** kıskançlık, haset
jeans [cîns] *pl.* kot pantolon, blucin
jeep [cîp] cip
jeer [ciı] *n.* alay, yuha; *v/i* yuhalamak (**at** *-i*)
jelly ['celi] *n.* jöle, pelte; jelâtin; *v/t* pelteleştirmek; *v/i* pelteleşmek; **~fish** *zo.* denizanası, medüz
jeopardize ['cepıdayz] *v/t* tehlikeye koymak
jerk [cök] *n.* silkinti; anî çekiş; *v/i* sarsılarak hareket etm.; *v/t* sarsmak, aniden çekmek; **~y** sarsıntılı
jersey ['cözi] jarse
jest [cest] *n.* şaka; *v/i* şakadan söylemek; **~er** şakacı; *hist.* soytarı
jet [cet] *tech.* meme; tepki; *av.* jet uçağı; *v/i* fışkırmak; **~ engine** tepkili motor
jetty ['ceti] dalgakıran; iskele
Jew [cuu] Yahudi
jevel ['cuuıl] kıymetli taş, mücevher; **~(l)er** kuyumcu; **~(le)ry** kuyumcluk; mücevherat *pl.*
Jew|ish ['cuuiş] Yahudi, Musevî; **~ry** ['~ıri] Yahudilik
jiggle ['cigl] *v/i* sallanmak; *v/t* sallamak
jingle ['ciŋgl] *n.* çıngırtı; *v/t* çıngırdatmak
job [cob] iş, görev; ***out of ~***, **~less** işsiz; **~ work** götürü iş
jockey ['coki] cokey, binici
jog [cog] *v/t* sarsmak; *v/i* yavaş gezinmek; *spor:* jogging yapmak
join [coyn] *n.* bitişim noktası; *v/t* birleştirmek, bağlamak; katılmak *-e*; **~er** doğramacı, marangoz; **~t** *n.* ek; *an.* eklem, mafsal; *Am. sl.* esrarlı sigara; *adj.* birleşik, ortaklaşa; **~t-stock company** *ec.* anomim ortaklık; **~ venture** *ec.* ortak girişim
joke [cıuk] *n.* şaka; *v/i* şaka yapmak; **~r** *kâğıt oyunu:* koz, coker

jolly ['coli] şen, neşeli
jolt [cıult] *n.* sarsıntı; *v/t* sarsmak
Jordan ['côdn] Ürdün
jostle ['cosl] *v/t* itip kakmak
jot [cot]: ~ ***down*** *v/t* yazıvermek, çiziktirmek
journal ['cönl] gazete, dergi; *ec.* yevmiye defteri; **~ism** [~'ılizım] gazetecilik; **~ist** gazeteci
journey ['cönı] *n.* yolculuk, seyahat; *v/i* seyahat etm.; **~man** kalfa
joy [coy] sevinç, neşe; **~ful** neşeli, sevinçli
jubil|ant ['cuubilınt] sevinçten uçan; **~ee** ['~lî] yıl dönümü; jübile, kutlama
judg|e [cac] *n.* hâkim, yargıç; hakem; *v/t* yargılamak; tenkit etm.; karar vermek (hakkında); **~(e)ment** hüküm, yargı; mahkeme kararı; **2 *Day,*** a. ***Day of* 2** *rel.* kıyamet günü
judic|ial [cu'dişıl] mahkemeye ait, adlî; **~ious** sağduyulu, akıllı
jug [cag] sürahi; testi, çömlek
juggle ['cagl] *n.* hokkabazlık; *v/i* hokkabazlık yapmak; **~r** hokkabaz
juic|e [cuus] öz su, usare; sebze, meyve *veya* et suyu; **~y** sulu, özlü
jukebox ['cuuk-] otomatik pikap, müzik dolabı
July [cu'lay] temmuz
jump [camp] *n.* atlama, sıçrama; *v/i* atlamak, sıçramak; *v/t* atlatmak (*-den, -i*); **~er** atlayıcı; **~y** hırçın
junct|ion ['caŋkşın] birleşme; kavşak; **~ure** birleşme yeri; nazik zaman, önemli an; ***at this*** ~ bu aşamada
June [cuun] haziran
jungle ['cangl] cengel, balta girmemiş orman
junior ['cuunyı] yaşça küçük; ast
junk [cank] pılı pırtı; hurda
jur|isdiction [cuıris'dikşın] yargılama hakkı; kaza dairesi; **~isprudence** ['~rispruudıns] hukuk bilimi; **~or** ['~rı] jüri üyesi; **~y** ['~ri] jüri
just [cast] *adj.* âdil, insaflı; dürüst; haklı; *adv.* sadece; tam; hemen; ancak; şimdi; ~ ***now*** hemen şimdi
justice ['castis] adalet, hak, insaf; hâkim, yargıç
justif|ication [castifi'keyşın] haklı çık(ar)ma; haklı gösterme; **~y** ['~fay] *v/t* haklı çıkarmak
justly ['castli] *adv.* haklı olarak
jut [cat]: ~ ***out*** dışarı çıkmış olm., çıkıntı yapmak
juvenile ['cuuvinayl] genç; gençlikle ilgili; ~ **delinquency** çocuk suçları

K

kangaroo [kängı'ruu] *zo.* kanguru
keel [kîl] *naut.* omurga
keen [kîn] keskin; canlı; şiddetli; düşkün (**on** *-e*)
keep [kîp] *n.* geçim; *v/t* tutmak, korumak; işletmek; sürdürmek; devam etm. *-meğe*; *sır* söylememek, tutmak; (*söz*) yerine getirmek; *aile* bakmak; *v/i* kalmak; ~ **away** *v/i* uzak durmak; *v/t* uzak tutmak; ~ **company** arkadaşlık etm. (**with** ile); ~ **off** *v/t* uzak tutmak (**from** *-den*); *v/i* uzak kalmak; ~ **on** *v/t* çıkarmamak; söndürmemek; devam etm. *-meğe*; ~ **up** geri kalmamak (**with** -de); **~er** bakıcı; bekçi; **~ing** koruma; geçim; **in** ~ uygun (**with** *-e*); **~sake** hatıra, andaç
kennel ['kenl] köpek kulübesi
kept [kept] *bak* **keep**
kerb(stone) ['köb(-)] yaya kaldırımının kenar taşı
kerchief ['köçif] baş örtüsü
kernel ['könl] çekirdek
kettle ['ketl] çaydanlık; kazan, tencere; **~drum** *mus.* orkestra davulu
key [kî] anahtar; tuş; **~board** klayve; **~hole** anahtar deliği; **~note** ana nota; *fig.* temel düşünce, ilke
kick [kik] *n.* tekme; tepme; *v/t* tekmelemek, çiftelemek; **~off** *futbol:* başlama vuruşu
kid [kid] *n. zo.* oğlak; *F* çocuk; *v/t* takılmak *-e*; **~nap** ['~näp] *v/t b-ni* zorla kaçırmak
kidney ['kidni] *an.* böbrek
kill [kil] *v/t* öldürmek; *zaman* geçirmek; **~er** katil
kiln [kiln] kireç ocağı, fırın
kilo|gram(me) ['kilıugräm] kilo(gram]; **~metre**, *Am.* **~meter** kilometre; **~watt** kilovat
kilt [kilt] *İskoç erkeklerinin giydiği* eteklik
kin [kin] akraba
kind [kaynd] *n.* cins, çeşit; *adj.* sevimli, nazik, iyi kalpli
kindergarten ['kindıgaatn] anaokulu
kindle ['kindl] *v/t* tutuşturmak, yakmak; *v/i* tutuşmak
kindness ['kayndnis] şefkat, yumuşaklık; iyilik
kindred ['kindrid] akrabalık, aile bağı; akrabalar
king [kiŋ] kral; *satranç:* şah; *oyun kâğıdı:* papaz; **~dom** krallık, kraliyet; **~-size(d)** büyük boy
kiosk ['kîosk] *gazete v.s. satılan* kulübe; köşk; telefon kulübesi
kipper ['kipı] tuzlanmış füme ringa balığı
kiss [kis] *n.* buse, öpücük; *v/t* öpmek
kit [kit] avadanlık; takım
kitchen ['kiçın] mutfak; **~ette** ['~net] ufak mutfak

kite [kayt] uçurtma
kitten ['kitn] yavru kedi
knack [näk] hüner, ustalık
knapsack ['näpsäk] sırt çantası
knave [neyv] üçkâğıtçı, düzenbaz; *kâğıt oyunu:* vale, bacak
knead [nîd] *v/t* yoğurmak; masaj yapmak
knee [nî] *an.* diz; ~**cap** diz kapağı; ~**l** [~l] *v/i* diz çökmek
knelt [nelt] *bak* ***kneel***
knew [nyû] *bak* ***know***
knife [nayf] *pl.* ***knives*** [~vz] *n.* bıçak; *v/t* bıçaklamak
knight [nayt] silâhşor, şövalye
knit [nit] *v/t* örmek; ~ ***the eyebrows*** kaşlarını çatmak; ~**wear** örgü giysi, triko
knob [nob] topuz, tokmak
knock [nok] *n.* vuruş, çalma, darbe; *v/t* vurmak; çarpmak -*e*; *v/i* çalmak (***at*** -*i*); ~ ***down*** *v/t* yere sermek; ~**er** kapı tokmağı; ~**out** *boks:* nakavt
knoll [nıul] tepecik, tümsek
knot [not] *n.* düğüm, bağ; küçük topluluk, ufak küme; güç durum, sorun; budak; *v/t* düğümlemek, bağlamak; ~**ty** düğümlü; budaklı
know [nıu] *v/t* bilmek; tanımak; ***make*** ~**n** *v/t* tanıtmak; bildirmek; ~**ing** akıllı, açıkgöz; ~**ingly** *adv.* bilerek; ~**ledge** ['nolic] bilgi; haber; ***to my*** ~ bildiğim kadarıyla
knuckle ['nakl] *an.* parmak orta eklemi, parmak boğumu

L

lab [läb] *F* laboratuvar
label ['leybl] *n.* etiket, yafta; *v/t* etiketlemek
labo|ratory [lı'borıtıri] laboratuvar; ~**rious** [~'bôrııs] yorucu, güç, zahmetli
labo(u)r ['leybı] *n.* iş, çalışma, emek; işçi sınıfı; *med.* doğum ağrıları *pl.*; zahmet; *v/i* çalışmak, uğraşmak; ***Ministry of*** ℒ Çalışma Bakanlığı; ℒ ***Party*** İşçi Partisi; ~**er** vasıfsız işçi, amele, ırgat; ~ **union** *Am.* işçi sendikası
lace [leys] *n.* bağ, şerit; dantel(a); *v/t a.* ~ ***up*** bağlamak; dantel ile süslemek
lack [läk] *n.* noksan, eksiklik; ihtiyaç; *v/i* eksik olm.; ***be*** ~***ing*** -*si* eksik olm.; *v/t* muhtaç olm. -*e*
laconic [lı'konik] kısa ve öz
lacquer ['läkı] *n.* vernik, lake; *v/t* vernik ile kaplamak
lad [läd] genç, delikanlı
ladder ['lädı] el merdiveni; ~**proof** kaçmaz *(çorap)*
laden ['leydn] yüklü; çok üzgün
ladle ['leydl] kepçe
lady ['leydi] bayan, hanım; soylu kadın, leydi; *Am.* **La-**

dies' room kadınlar tuvaleti; **~bird** *zo.* uğur böceği, uç uç böceği; **~like** hanıma yakışır
lag [läg]: ~ ***behind*** geri kalmak, oyalanmak
lager ['lâgı] bir tür hafif Alman birası
lagoon [lı'guun] *geo.* denizkulağı
laid [leyd] *bak* ***lay***
lain [leyn] *bak* ***lie***
lair [läı] in, vahşi hayvan yatağı
lake [leyk] göl
lamb [läm] kuzu; kuzu eti
lame [leym] *adj.* topal, ayağı sakat; *v/i* topallamak
lament [lı'ment] *n.* inilti; matem; *v/i* inlemek; *v/t bi veya b.ş. için* ağlamak, ağlayıp sızlamak; **~able** ['lämıntıbl] acınacak; **~ation** [lämen'teyşın] ağlayış, inleme, feryat
lamp [lämp] lamba; **~post** sokak feneri direği; **~shade** abajur
lance [läns] *n.* mızrak; *v/t* deşmek, yarmak
land [länd] *n.* toprak, kara; ülke; arsa; arazi; *v/i* karaya çıkmak, yere inmek; *v/t* karaya çıkarmak; indirmek; ***by*** ~ karadan; ~ **agent** *Brt.* çiftlik kâhyası
landing ['ländiŋ] iniş, karaya çıkma; sahanlık; ~ **gear** *av.* iniş takımı; ~ **stage** *naut.* iskele
land|lady ['ländleydi] pansiyoncu kadın; ev sahibesi; **~lord** ['län-] mal sahibi; **~mark** ['länd-] sınır taşı; **~scape** [län-] manzara; peyzaj; **~slide** [länd-] *geo.* heyelân, kayşa; *fig. pol. seçimde* ezici zafer; **~slip** ['länd-] *geo.* kayşa, heyelân
lane [leyn] dar sokak, dar yol; yol şeridi; *spor:* kulvar
language ['läŋgwic] dil, lisan
languid ['läŋgwid] gevşek, cansız; güçsüz, ağır ve halsiz
lank [läŋk] uzun ve zayıf; **~y** sırık gibi
lantern [läntın] fener
lap [läp] *n.* diz üstü; kucak; etek; *v/t* üst üste bindirmek; yalayarak içmek
lapel [lı'pel] klapa, yaka katı
lapse [läps] kusur; geçme, aşma; zaman aşımı
larceny ['lâsıni] hırsızlık
lard [lâd] domuz yağı; **~er** kiler
large [lâc] büyük, iri, bol, geniş; ***at*** ~ serbest, başıboş; ayrıntılı olarak; **~ly** büyük ölçüde
lark [lâk] *zo.* tarla kuşu; *fig.* şaka, muziplik
larva ['lâvı] *zo.* kurtçuk, sürfe
larynx ['läriŋks] *an.* gırtlak
lascivious [lı'siviıs] şehvetli
lash [läş] *n.* kamçı darbesi; kamçı; kirpik; *v/t* kamçılamak; iple bağlamak
lass [läs] genç kız; kız arkadaş
last[1] [lâst] son, sonuncu; son

defa, son olarak; **at ~** sonunda; **~ (but) not least** özellikle; **~ but one** sondan bir önceki
last[2] *v/i* devam etm., sürmek; dayanmak; **~ing** sürekli; dayanıklı
lastly [ˈlâstli] son olarak, nihayet
latch [läç] *n.* mandal, sürgü; *v/t* mandallamak; **~key** dış kapı anahtarı
late [leyt] geç; gecikmiş; ölü, rahmetli; **as ~ as** ancak; artık; **at (the) ~st** en geç olarak; **of ~** son zamanlarda; **~ly** geçenlerde; **~r on** daha sonra
lath [lâth] lâta
lathe [leydh] torna tezgâhı
lather [ˈlâdhı] *n.* sabun köpüğü; *v/i* köpürmek; *v/t* sabunlamak
Latin [ˈlätin] Latin(ce)
latitude [ˈlätityûd] *geo.* enlem, paralel
latter [ˈlätı] son, sonraki
lattice [ˈlätis] kafes
laudable [ˈlôdıbl] övgüye değer
laugh [laf] *n.* gülme, gülüş; *v/i* gülmek (**at** *-e*); **~ter** gülüş, kahkaha
launch [lônç] *v/t naut.* kızaktan suya indirmek; atmak, fırlatmak; **~ing pad** atış rampası
laund|er [ˈlôndı] *v/t çamaşır* yıkamak; **~erette**, *özl. Am.* **~romat** [ˈ~drımät] genel çamaşırhane; **~ry** çamaşır; çamaşırhane
laurel [ˈlorıl] *bot.* defne
lavatory [ˈlävıtıri] lavabo; tuvalet, helâ
lavender [ˈlävindı] lavanta
lavish [ˈläviş] *adj.* savurgan, müsrif; *v/t* bol bol harcamak
law [lô] kanun, yasa; nizam; hukuk; **~ court** mahkeme; **~ful** yasaya uygun, yasal; **~less** kanuna aykırı; azılı; yasa tanımaz
lawn [lôn] çimen(lik)
law|suit dava; **~yer** [ˈlôyı] avukat, dava vekili
lax [läks] gevşek; ihmalci; **~ative** [ˈ~ıtiv] *med.* sürgün ilâcı
lay[1] [ley] *bak* ***lie***
lay[2] *rel.* ruhban sınıfından olmayan; işin ehli olmayan, uğraş dışı
lay[3] *n.* durum, konum, mevki; *v/t* koymak; yatırmak, yaymak, sermek; *masa* kurmak; **~ out** yaymak; tasarlamak; düzenlemek; **~er** kat, tabaka
layman [ˈleymın] meslekten olmayan kimse
layout düzen, tertip
lazy [ˈleyzi] tembel
lead[1] [led] kurşun
lead[2] [lîd] *n.* kılavuzluk, öncülük; *thea.* başrol; tasma kayışı; *el.* ana tel; ***be in the ~*** öncü olm., lider olm.; *v/t* yol göstermek *-e*; kumanda etm. *-i*; götürmek *-i*; yönetmek *-i*

lead|ed ['ledıd] kurşunlu *(benzin)*; **~en** kurşun(dan)
leader ['lîdı] önder, lider, önayak; **~ship** önderlik, liderlik
lead-free [led'frî] kurşunsuz *(benzin)*
leading ['lîdiŋ] önde gelen, baş, başlıca
leaf [lîf] *pl.* ***leaves*** [~vz] *bot.* yaprak; *(kapı)* kanat; **~let** ['~lit] yaprakçık; broşür
league [lîg] lig, küme; birlik
leak [lîk] *n.* yarık, çatlak; sızıntı, akıntı; *v/i* sız(dır)mak, kaçırmak; **~age** sızıntı; **~y** sızıntılı
lean[1] [lîn] zayıf, etsiz
lean[2] [~] *v/t* dayamak; *v/i* dayanmak (***against*** *-e*)
leant [lent] *bak* ***lean***[2]
leap [lîp] *n.* atlama, sıçrayış; *v/i* atlamak, sıçramak; *v/t* atlatmak; **~t** [lept] *bak* ***leap***; **~ year** artık yıl
learn [lön] *v/t* öğrenmek; **~ed** [~nid] bilgin; bilgili; **~er** öğren(i)ci; **~ing** öğrenme; bilgi; **~t** [lönt] *bak* ***learn***
lease [lîs] *n.* kira(lama); *v/t* kiralamak; kiraya vermek
leash [lîş] tasma sırımı
least [lîst] en az, en ufak; ***at*** **~** hiç olmazsa
leather ['ledhı] kösele, meşin, deri
leave [lîv] *n.* ayrılma; izin; ***on*** **~** izinli; *v/t* bırakmak, terketmek; ayrılmak *-den*
leaven ['levn] maya
Lebanon ['lebının] Lübnan
lecture ['lekçı] *n.* konferans; umumî ders; azarlama; *v/i* konferans vermek, ders vermek; *v/t* azarlamak; **~r** konferansçı; öğretim görevlisi, okutman
led [led] *bak* ***lead***
ledge [lec] düz çıkıntı; kaya tabakası
leech [lîç] *zo.* sülük
leek [lîk] *bot.* pırasa
leer [liı] kötü niyetle bakmak (***at*** *-e*)
left[1] [left] *bak* ***leave***
left[2] sol, sol taraf; ***keep to the*** **~** soldan gitmek; **~-hand drive** *mot.* soldan işleyen trafik; **~-handed** solak
leg [leg] bacak; but; ***pull s.o.'s*** **~** *b-ne* takılmak
legacy ['legısi] miras, kalıt
legal ['lîgıl] yasal; hukuksal
legation [li'geyşın] *pol.* orta elçilik
legend ['lecınd] masal, hikâye; yazı; **~ary** efsanevî
legible ['lecıbl] okunaklı
legislat|ion [lecis'leyşın] *jur.* yasama; **~ive** ['~lıtiv] yasamalı; **~or** ['~leytı] yasa koyucu
legitimate [li'citimit] kanuna uygun, yasal
leisure ['lejı] boş vakit; **~ly** rahatça, telâşsız
lemon ['lemın] limon; **~ade** [~'neyd] limonata; limonlu gazoz; **~ squash** limon şurubu, limonata

lend [lend] *v/t* ödünç vermek; ~ ***a hand*** yardım etm.
length [leŋdh] uzunluk, boy; süre; ***at*** ~ nihayet; ~**en** *v/t* uzatmak; *v/i* uzamak; ~**wise** ['~wayz] uzunlamasına
lenient ['lînyınt] yumuşak huylu, hoşgörülü
lens [lenz] *phys.* mercek; *an.* göz merceği
Lent[1] [lent] *rel.* Büyük Perhiz
lent[2] [lent] *bak* ***lend***
lentil ['lentil] *bot.* mercimek
leopard ['lepıd] *zo.* pars
leprosy ['leprısi] cüzam, miskin hastalığı
less [les] daha az, daha küçük; *math.* eksi; ~**en** *v/t* küçültmek, azaltmak; *v/i* azalmak; ~**er** daha az
lesson ['lesn] ders; ibret
let [let] *v/t* bırakmak; kiraya vermek; müsaade etm. *-mesine;* ~ ***alone*** şöyle dursun; ~ ***down*** *v/t giysilerin boyunu* uzatmak, indirmek; hayal kırıklığına uğratmak; ~ ***go*** elinden bırakmak
lethal ['lîdhıl] öldürücü
lethargy ['ledhıci] uyuşukluk; uyuklama
letter ['letı] harf; mektup; *pl.* edebiyat; ~**box** *özl. Brt.* mektup kutusu
lettuce ['letis] *bot.* salata
leuk(a)emia [lyû'kîmiı] *med.* lösemi, kan kanseri
level ['levl] *n.* seviye, hiza; düzeç; *adj.* düz, düzlem; ukfî, yatay; *v/t* düzlemek, tesviye etm.; ~ **crossing** *Brt.* hemzemin geçit
lever ['lîvı] manivelâ
levy ['levi] *n.* toplama; *v/t* toplamak *(vergi v.s.); mil.* zorla toplamak; savaş açmak (***against, on*** *-e* karşı)
lewd [luud] şehvet düşkünü
liab|ility [layı'biliti] sorumluluk; yükümlülük; ~**le** ['~bl] sorumlu (***for*** *-den*); yükümlü (ile); tâbi, maruz (***to*** *-e*)
liar ['layı] yalancı
libel ['laybıl] *jur. yayın yoluyla* iftira
liber|al ['libırıl] serbest düşünceli; *pol.* liberal; ~**ate** ['~reyt] *v/t* kurtarmak, özgür kılmak; ~**ation** kurtuluş, serbest bırakma; ~**ty** ['~ti] hürriyet, özgürlük
librar|ian [lay'bräırıın] kütüphane memuru; ~**y** ['~brıri] kitaplık, kütüphane
lice [lays] *pl., bak* ***louse***
licen|ce, *Am.* ~**se** ('laysıns] *n.* ruhsat; müsaade; aşırı serbestlik; *v/t* ruhsat veya yetki vermek *-e*; ~**see** ['~sî] ruhsat sahibi; ~**se plate** *Am. mot.* plâka numarası
lick [lik] *v/t* yalamak; dayak atmak *-e*
lid [lid] kapak
lie[1] [lay] *n.* yalan; *v/i* yalan söylemek
lie[2] *v/i* yatmak,uzanmak; ~ **in** *Brt.* geç saatlere kadar yatmak
lieutenant [lef'tenınt, *naut.*

le'tenınt, *Am.* luu'tenınt] *mil.* teğmen
life [layf] *pl.* **lives** [~vz] yaşam, hayat, ömür; ~ **assurance** hayat sigortası; ~**belt** cankurtaran kemeri; ~**guard** *(plajda)* cankurtaran; fedai, goril; ~ **insurance** hayat sigortası; ~ **jacket** can yeleği; ~**less** cansız; ~**like** canlı gibi görünen; ~**time** yaşam süresi, ömür
lift[lift] *n.* asansör; kaldırma gücü; *v/t* kaldırmak, yükseltmek; *v/i* yükselmek; ***give s.o. a*** ~ *b-ni* arabasına almak
liga|ment ['ligımınt] *an.* bağ,lif; ~**ture** ['~çuı] *med.* kanı durduran bağ
light[1] [layt] *n.* ışık, aydınlık; lâmba; ateş; ***can you give me a ~, please?*** sigaramı yakabilir misiniz, lütfen?; *adj.* ışıklı, aydınlık; solgun, açık; ~ ***(up)*** *v/t* yakmak; aydınlatmak; *v/i* parıldamak
light[2] hafif; önemsiz; ***make ~ of*** *-i* önemsememek
lighten[1] ['laytn] *v/t* aydınlatmak
lighten[2] *v/t* hafiftletmek
light|er ['laytı] çakmak; ~**house** fener kulesi; ~**ning** şimşek, yıldırım
lightweight *adj.* hafif; *n. spor:* hafif sıklet
like[1] [layk] *v/t* sevmek, beğenmek; ***as you*** ~ nasıl arzu ederseniz; ***if you*** ~ arzu ederseniz
like[2] gibi; benzer *-e*; **feel** ~ hoşlanmak; ***what is he*** ~ ? nasıl biri?; ~**lihood** ['layklihud] olasılık, ihtimal; ~**ly** olası, muhtemel; ~**ness** benzerlik; ~**wise** ['~wayz] dahi, keza, ayrıca
liking ['laykiŋ] beğenme, beğeni
lilac ['laylık] *bot.* leylâk; *adj.* açık mor
lily ['lili] *bot.* zambak, ~ **of the valley** inci çiçeği
limb [lim] *vücuda eklemle bağlı* organ; ağaç dalı
lime [laym] **1.** kireç; **2.** *bot.* ıhlamur; ***in the ~light*** *fig.* göz önünde, halkın dilinde; ~**stone** kireç taşı
limit ['limit] *n.* had, sınır; *v/t* sınırlamak; hasretmek; ***off ~s*** *Am.* yasak bölge; ~**ation** sınırlama, kısıtlama; ~**ed** sınırlı, sayılı; *ec.* limitet, sınırlı sorumlu
limp [limp] *adj.* gevşek, yumuşak; *v/i* topallamak
line [layn] *n.* sıra, dizi; çizgi; satır; hat; ip, olta; kuyruk; *v/t* dizmek, sıralamak; çizgilerle göstermek; astarlamak; ***draw the*** ~ reddetmek, geri çevirmek; ***hold the*** ~ telefonu kapatmamak; ***stand in*** ~ kuyrukta beklemek
linear ['linıı] doğrusal
linen ['linin] keten bezi; iç çamaşır

liner [ˈlaynı] *naut.* transatlantik; *av.* yolcu uçağı
linger [ˈliŋgı] *v/i* gecikmek, ayrılamamak
linguistics [linˈgwistiks] *pl.* dil bilimi
lining [ˈlayniŋ] astar
link [liŋk] *n.* zincir halkası; *fig.* bağ; *v/t* bağlamak; *v/i* bağlanmak
links [liŋks] *pl.* golf alanı *sg.*
lion [ˈlayın] aslan; **~ess** dişi aslan
lip [lip] dudak; **~stick** ruj
liquid [ˈlikwid] sıvı; **~ate** [ˈ~eyt] *v/t* kapatmak, tasfiye etm.
liquor [ˈlikı] alkollü içki, sert içki
lisp [lisp] peltek konuşmak
list [list] *n.* liste, cetvel; *v/t* listeye yazmak, kaydetmek
listen [ˈlisn] dinlemek (**to** *-i*), kulak vermek *-e*; **~er** dinleyici
listless [ˈlistlis] kayıtsız, ilgisiz
lit [lit] *bak* **light**[1]
litera|l [ˈlitırıl] harfi harfine; sözlü; **~ry** [ˈ~rıri] yazınsal, edebî; **~ture** [ˈ~riçı] yazın, edebiyat
lithe [laydh] esnek, kıvrak
lit|re, *Am.* **~er** [ˈlîtı] litre
litter [ˈlitı] çer çöp, döküntü; sedye, teskere; *zo.* bir batında doğan yavrular *pl.*; **~ basket, ~ bin** çöp kutusu
little [ˈlitl] küçük, ufak; az, önemsiz; *n.* ufak; miktar; az zaman; **a ~** biraz; **~ by ~** azar azar; yavaş yavaş
live[1] [liv] yaşamak; oturmak, ikâmet etm.; geçinmek (**on** ile)
live[2] [layv] diri, canlı; doğrudan, canlı *(yayın)*
live|lihood [ˈlayvlihud] geçim, geçinme; **~liness** canlılık; **~ly** canlı, şen, kıvrak
liver [ˈlivı] *an.* karaciğer
livery [ˈlivıri] hizmetçi üniforması
livestock [ˈlayv-] çiftlik hayvanları *pl.*
livid [ˈlivid] mavimsi; solgun, soluk
living [ˈliviŋ] hayatta, canlı; yaşam, geçim; **earn** *veya* **make a ~** geçimini sağlayabilme; **~ room** oturma odası
lizard [ˈlizıd] *zo.* kertenkele
load [lıud] *n.* yük, hamule; *el.* şarj; *v/t* yüklemek; doldurmak (**with** ile)
loaf[1] [lıuf], *pl.* **loaves** [~vz] bütün bir ekmek, somun
loaf[2] *v/i a.* **~ about** *veya* **around** vaktini boş geçirmek; **~er** haylaz, aylak
loam [lıum] verimli toprak
loan [lıun] *n.* ödünç verme; ödünç alma; *v/t* ödünç vermek
loath [lıudh]: **be ~ to do s.th.** *bş* yapmaya gönlü olmamak; **~e** *v/t* iğrenmek, nefret etm. *-den*; **~ing** nefret; **~some** iğrenç, nefret verici

lobby ['lobi] bekleme salonu, lobi; *pol.* lobi
lobe [lıub] *an.* kulak memesi
lobster ['lobstı] *zo.* istakoz
local ['lıukıl] mahallî, yöresel; **~ call** *tel.* şehir içi telefon görüşmesi; **~ity** [~'kâliti] yer, yöre; **~ time** yerel saat
locate [lıu'keyt] *v/t* yerleştirmek; bulmak; ***be ~d in*** *-de* bulunmak
lock [lok] *n.* kilit; yükseltme havuzu; perçem, bukle; *v/t* kilitlemek; **~ *up*** kilit altında saklamak; **~er** *kilitli* küçük dolap; **~et** ['~it] madalyon; **~out** lokavt; **~smith** çilingir
locomotive ['lıukımıutiv] lokomotif
locust ['lıukıst] *zo.* çekirge
lodg|e [loc] *n.* kulübe; in; loca; *v/t* yerleştirmek, barındırmak; *v/i* yerleşmek, kirada oturmak; **~er** kiracı, pansiyoner; **~ing** kalınacak yer; geçici konut; kiralık oda
loft [loft] çatı arası, tavan arası odası; **~y** yüksek; kibirli
log [log] kütük, **~book** *naut.* rota defteri; **~ cabin** kütüklerden yapılmış kulübe
logic ['locik] mantık; **~al** mantıkî, makul
loin [loyn] fileto; *an.* bel
loiter ['loytı] *v/i* gezmek, aylak dolaşmak
loll [lol] *v/i* sallanmak
lollipop ['lolipop] saplı şeker, lolipop
lonely ['lıunli] yalnız, kimsesiz; tenha
long[1] [loŋ] uzun; çok; ***before ~*** yakında; ***for ~*** uzun süre; ***so ~!*** *F* şimdilik Allahaısmarladık!
long[2] *v/i* can atmak (***for*** *-e*), çok istemek (***to*** *inf. -meği)*
long-distance şehirler arası
longing ['loŋiŋ] *n.* özlem, arzu, can atma
longitude ['loncityûd] *geo.* boylam
long| jump *spor:* uzun atlama; **~sighted** hipermetrop, uzak gören
loo [lû] *özl. Brt. F* tuvalet, helâ
look [luk] *n.* bakış, nazar; görünüş, güzellik; *v/i* bakmak (***at*** *-e*); görünmek; **~ *after*** bakmak *-e*; **~ *for*** aramak *-i*; **~ *forward to*** beklemek, ummak *-i*; **~ *into*** araştırmak *-i*; **~ *out!*** dikkat et!; **~ *over*** gözden geçirmek *-i*; **~ *up*** yukarıya bakmak; *v/t* sözlükte aramak; **~ing glass** ayna
loom[1] [luum] dokuma tezgâhı
loom[2] *v/i a.* **~ *up*** karartı gibi belirivermek, hayal gibi görünmek
loop [luup] *n.* ilmik, düğüm; *v/i* ilmik olm.; *v/t* ilmiklemek
loose [luus] çözük, gevşek; hafifmeşrep, başıboş; **~n** ['~sn] *v/t* gevşetmek, çözmek; *v/i* gevşemek, çözülmek
loot [luut] *n.* yağma, ganimet; *v/i* yağmaya katılmak
lop [lop] *v/t* budamak, kes-

mek; *v/i* sarkmak; **~sided** bir yana yatmış; oransız

lord [lôd] sahip; lord; ***the* ℒ** Allah, Tanrı; ***House of* ℒs** *Brt. pol.* Lordlar kamarası; **~ Mayor** *Brt.* Londra belediye başkanı; **ℒ's Prayer** *rel. Hz.* İsa'nın öğrettiği dua; **ℒ's Supper** kudas, liturya

lorry ['lori] üstü açık yük arabası; kamyon

lose [luuz] *v/t* kaybetmek; kaçırmak; **~r** kaybeden *veya* yenilen kimse

loss [los] kayıp; zarar; ***at a* ~** şaşırmış; zararına

lost [lost] *bak* ***lose;* ~ property office** kayıp eşya bürosu

lot [lot] hisse, pay; talih; çok miktar; ***a* ~ *of*** çok; ***draw* ~s** kura çekmek

loth [lıuth] *bak* **loath**

lotion ['lıuşın] losyon

lottery ['lotırı] piyango

loud [laud] *(ses)* yüksek; gürültülü; *(renk)* çiğ; **~speaker** hoparlör

lounge [launc] *n.* dinlenme salonu, hol; şezlong; *v/i* tembelce uzanmak; avare dolaşmak

lous|e [laus], *pl.* ***lice*** bit, kehle; **~y** *F* bitli; çok kötü, iğrenç; alçak

lout [laut] kaba adam

love [lav] *n.* sevgi; aşk; sevgili; *v/t* sevmek; ***fall in* ~ *with*** âşık olm. *-e*; ***send one's* ~ *to*** selâm söylemek *-e*; **~ly** sevimli, güzel; **~r** sevgili; meraklı, düşkün

low [lıu]aşağı, alçak; bayağı; düşük *(fiyat, ısı, sayı v.s.)*; yavaş *(ses)*; zayıf, yetersiz; ilkel, geri; **~brow** kültürsüz insan, basit kimse; **~er** *adj.* daha alçak; *v/t* indirmek, alçaltmak; düşürmek, azaltmak; **~land** *geo.* düz arazi, ova; **~necked** dekolte; **~pressure** alçak basınçlı; **~spirited** kederli, neşesiz

loyal ['loyıl] sadık; **~ty** sadakat

lozenge ['lozinc] eşkenar dörtgen; pastil

lubricate ['luubrikeyt] *v/t* yağlamak

lucid ['luusid] kolay anlaşılır, açık seçik

luck [lak] talih, uğur, şans; ***bad* ~** talihsizlik, kötü talih; ***good* ~** şans, talih, uğur; **~ily** [lakili] çok şükür (ki); **~y** talihli, şanslı

ludicrous ['luudikrıs] gülünç, saçma

lug [lag] *v/t* sürüklemek

luggage ['lagic] bagaj; **~ rack** bagaj filesi; **~ van** furgon, bagaj vagonu

lukewarm ['luukwôm] ılık; *fig.* kayıtsız, isteksiz

lull [lal] *v/t* uyuşturmak; *v/i* uyuşmak; *n.* ara, fasıla; **~aby** ['~ıbay] ninni

lumbago [lam'beygıu] *med.* lumbago

lumber ['lambı] kırık dökük eşya; *Am.* kereste
luminous ['luuminıs] ışık veren, parlak; *fig.* açık, kolay anlaşılır
lump [lamp] topak, yumru; küme; ***in the*** ~ toptan; ~ **sugar** kesme şeker
lunar ['luunı] aya ait
lunatic ['luunıtik] deli
lunch [lanç] *n.* öğle yemeği; *v/i* öğle yemeğini yemek; ~**eon** öğle yemeği; ~ **hour,** ~ **time** öğle yemeği vakti, öğle tatili
lung [laŋ] *an.* akciğer
lunge [lanc] *v/i* ileri atılmak (***at*** *-e*)
lurch [löç] *v/i* yalpalamak
lure [lyuı] *n.* cazibe, tuzak; *v/t* cezbetmek
lurk [lök] *v/i* gizlenmek, saklanmak *(a. fig.)*
luscious ['laşıs] pek tatlı, nefis
lust [last] şehvet, hırs
lust|re, *Am.* ~**er** ['lastı] parlaklık, parıltı; cilâ; *fig.* görkem, tantana; şöhret
lusty ['lasti] dinç, kuvvetli
lute [luut] *mus.* ut, lâvta
luxur|iant [lag'zyuıriınt] bol; ~**ious** [~riıs] lüks, tantanalı; ~**y** ['lakşıri] lüks, konfor; lüks şey; lüks yaşam
lying ['layiŋ] *bak* **lie**[1], **lie**[2]
lynch [linç] *v/t* linç etm.
lynx [links] *zo.* vaşak
lyric ['lirik] lirik, içsel; ~**s** *pl.* güfte, şarkı sözleri

M

ma'am [mäm, mım] *F bak* ***madam***
macaroni [mäkı'rıuni] makarna
machine [mı'şîn] makine; ~**gun** makineli tüfek; ~**-made**; makine işi; ~**-readable** *bilgisayar:* bilgisayarca anlaşılır; ~**ry** makineler *pl.*
mack [mäk] *Brt. F bak* ***mackintosh***
mackerel ['mäkrıl] *zo.* uskumru
mackintosh ['mäkintoş] *özl. Brt.* yağmurluk
mad [mäd] deli, çılgın; kuduz; öfkeli; ***drive s.o.*** ~ *b-ni* çıldırtmak; ***go*** ~ delirmek
madam ['mädım] hanımefendi, bayan
madden ['mädn] *v/t* çıldırtmak
made [meyd] *bak* ***make***
mad|man deli; ~**ness** delilik, çılgınlık
magazine [mägı'zîn] resimli dergi, magazin; depo; *tech.* şarjör
maggot ['mägıt] kurt, sürfe
magic ['mäcik] sihir, büyü; sihirbazlık; ~**(al)** sihirli; ~**ian** [mı'cişın] sihirbaz

magistrate ['mäcistreyt] sulh yargıcı

magnanimous [mäg'nänimıs] yüce gönüllü

magnet ['mägnit] mıknatıs; **~ic** [~'netik] manyetik

magnificen|ce [mäg'nifisns] görkem, ihtişam; **~t** muhteşem

magnify ['mägnifay] *v/t* büyütmek; **~ing glass** büyüteç, pertavsız

magpie ['mägpay] *zo.* saksağan

mahogany [mı'hogıni] maun ağacı

maid [meyd] kadın hizmetçi; kız; ***old ~*** evlenmemiş yaşlı kız; **~en** evlenmemiş genç kız, bakire; *adj.* evlenmemiş, bekâr, kızlık ...; **~en name** kızlık adı

mail *n.* posta; *v/t* posta ile göndermek; **~bag** posta torbası; **~box** *Am.* mektup kutusu; **~man** *Am.* postacı; **~ order** posta ile sipariş

maim [meym] *v/t* sakatlamak

main [meyn] asıl, esas, başlıca, ana; **~frame** ana bilgisayar; **~land** *geo.* kara; **~ly** başlıca, temelde

maint|ain [meyn'teyn] *v/t* sürdürmek; korumak; *ailesini v.s.* geçindirmek, bakmak; iddia etm.; **~enance** ['~tınıns] bakım; koruma

maize [meyz] *bot.* mısır

majest|ic [mı'cestik] muhteşem, heybetli; **~y** ['mäcisti] haşmet, görkem

major ['meycı] daha büyük, daha önemli; *mus.* majör; *mil.* binbaşı; başlıca konu; **~ general** *mil.* tümgeneral; **~ity** [mı'coriti] çoğunluk

make [meyk] *n.* şekil; yapı; yapım; marka; *v/t* yapmak; meydana getirmek; teşkil etm.; sağlamak; kazanmak; ***~ for*** *-in* yolunu tutmak; ***~ good*** *zararı* ödemek; ***~ into*** *-e* dönüştürmek; ***~ off*** kaçmak, sıvışmak; ***~ out*** anlamak, çözmek; *çek v.s.* yazmak; ***~ over*** devretmek; ***~ up*** yapmak; oluşturmak; uydurmak; telâfi etm., tamamlamak (***for*** *-i*); ***~ up one's mind*** karar vermek; **~r** yapımcı, fabrikatör; **~shift** geçici, eğreti; **~-up** makyaj

making ['meykıŋ] başarı nedeni

maladjusted [mälı'castıd] uyumsuz, çevreye uymayan

male [meyl] erkek, eril

malevolent [mı'levılınt] kötü niyetli

malic|e ['mälis] garaz, kötü niyet; **~ious** [mı'lişıs] kötü niyetli

malignant [mı'lignınt] kötü yürekli, *med.* kötücül

mall [môl] *Am.* büyük alış veriş merkezi

malnutrition ['mälnyu'trişın] gıdasızlık, kötü beslenme

malt [môlt] malt

march² *n.* marş; yürüyüş; *v/i* yürümek
mare [mäı] kısrak
margarine [mâcı'rîn] margarin
margin ['mâcin]; sayfa kenarı; artık pay, fark; kâr payı, kazanç, **~al** kenarda olan; fazla önemi olmayan
marina [mı'rinı] yat limanı
marine [mı'rîn] denize ait; deniz kuvvetleri *pl.*; donanma; **~r** ['märinı] gemici
marital [mı'rıtl] evlilikle ilgili
maritime ['märitaym] denizciliğe ait
mark [mâk] *n.* işaret, iz; belirti, eser, iz; leke; marka; hedef; numara, not; *v/t* işaretlemek; not vermek *-e*; dikkat etm. *-e*; ***hit the ~*** hedefi vurmak; ***miss the ~*** amacına ulaşamamak; **~ *out*** *-in* sınırlarını çizmek; **~ed** işaretlenmiş; göze çarpan; **~er** işaretleyici
market ['mâkit] *n.* çarşı, pazar; piyasa; *v/t* satmak, satışa çıkarmak; **~ing** *ec.* pazarlama
marksman ['mâksmın] nişancı
marmalade ['mâmıleyd] *(özl. portakaldan yapılan)* marmelât
marmot ['mâmıt] *zo.* dağ sıçanı
marqu|ess, ~is ['mäkwis] marki
marriage ['märic] evlenme; evlilik; **~able** evlenecek yaşta; **~ certificate** evlenme cüzdanı
married ['märid] evli
marrow ['märıu] ilik, öz
marry ['märi] *v/t* evlendirmek (***s.o. to*** *-i* ile); *v/i a.* ***get married*** evlenmek (***to*** ile)
Mars [mârz] *astr.* Merih, Mars
marsh [mâş] bataklık
marshal ['mâşıl] *n.* polis müdürü; *mil.* mareşal; *v/t* dizmek, sıralamak
marshy ['mâşi] bataklık ...
marten ['mâtin] *zo.* ağaç sansarı
martial ['mâşıl] askerî ..., savaş ile ilgili; **~ law** sıkıyönetim
martyr ['mâtı] şehit
marvel ['mâvıl] *n.* mucize, harika; *v/i* hayret etm. (***at*** *-e*); **~(l)ous** hayret verici, şaşılacak, mükemmel
mascot ['mäskıt] maskot
masculine ['mäskyulin] erkeğe ait; erkeksi; *gr.* eril
mash [mäş] *v/t* ezmek; **~ed potatoes** patates püresi
mask [mâsk] *n.* maske; *v/t* maskelemek
mason ['meysn] duvarcı; **♀** mason, farmason; **~ry** duvarcılık; duvarcı işi
mass [mäs] kütle, yığın, küme; *rel.* kilise ayini; *v/t* yığmak, bir araya toplamak
massacre ['mäsıkı] *n.* katli-

am, kıyım; *v/t* kılıçtan geçirmek
massage ['mäsâj] *n.* ovma; masaj; *v/t* masaj yapmak
massi|f ['mäsif] *geo.* dağ kitlesi; **~ve** ['~siv] som; kütle halinde
mass| media *pl.* kitle iletişim araçları; **~ production** seri üretim
mast [mâst] gemi direği
master ['mâstı] *n.* usta; üstat; öğretmen; amir, efendi, sahip; fakülte dekanı; kolej müdürü; *v/t* idare etm.; yenmek; **♀ of Arts** Master derecesi *(lisans derecesi ile doktora arasında bir derece)*; **~key** ana anahtar; **~ly** ustaca yapılan; **~piece** şaheser; **~ship** yönetim; ustalık; **~y** üstünlük; maharet
mat [mät] hasır; paspas; altlık; donuk, mat
match[1] [mäç] kibrit
match[2] denk; eş; maç; *v/i* uymak, denk olm. *-e*; *v/t* karşılaştırmak *-i*; **meet one's ~** dişine göre *b-ni* bulmak; **~less** eşsiz, emsalsiz; **~maker** çöpçatan
mate [meyt] *n.* eş; arkadaş; *v/i* çiftleşmek, birleşmek; *v/t* çiftleştirmek
material [mı'tiriıl] *n.* madde; malzeme; bez, kumaş; *adj.* maddi; önemli; **~ism** materyalizm, maddecilik
matern|al [mı'tönl] anneye benzer, anneye özgü; ana tarafından; **~ity** analık
mathematics [mäthi'mätiks] *pl.* matematik *sg.*
maths [mäths] *mst. sg. Brt. F* matematik
matriculate [mı'trikyuleyt] *v/t* kaydetmek; *v/i* kaydedilmek
matrimony ['mätrimıni] evlilik
matron ['meytrın] *(yatılı okul v.s.'de)* idarî işler müdiresi
matter ['mätı] *n.* madde, özdek, cisim; önem; mesele; konu; *med.* irin; *v/i* önemli olm.; **no ~** zararı yok; önemi yok; **what's the ~?** ne var?; **what's the ~ with you?** neyiniz var?; **~ of course** işin doğal gidişi, doğal olay; **~-of-fact** gerçekçi, pratik düşünceli
mattress ['mätris] şilte
matur|e [mı'tyuı] *adj.* olgun, ergin; reşit; *v/i* olgunlaşmak; vadesi gelmek; *v/t* olgunlaştırmak; **~ity** olgunluk, erginlik; vade
mausoleum [môsı'liım] mozole, anıtkabir
mauve [mıuv] leylâk rengi
maxim ['mäksim] özdeyiş; kural; **~um** ['~ım] maksimum, en büyük
May[1] [mey] mayıs ayı
may[2] -ebilmek; *-meğe* izinli olm.; **~be** belki, olabilir ki
may-bug *zo.* mayıs böceği
mayor [mäı] belediye başkanı
maze [meyz] lâbirent
me [mî, mi] bana, beni

melt [melt] *v/i* erimek; *v/t* eritmek; *fig.* yumuşatmak
member ['membı] üye; organ, uzuv; **~ship** üyelik; üyeler *pl.*
membrane ['membreyn] zar, perde
memoirs ['memwâs] *pl.* hatıralar, anılar
memor|able ['memırıbl] hazırlanmağa değer; **~andum** [~'randım] *pol.* memorandum; **~ial** [mi'môriıl] anıt, abide; hatırlatıcı; **~ize** ['memırayz] *v/t* ezberlemek; **~y** hafıza; hatıra, anı
men [men] *pl. bak* ***man***
menace ['menıs] *n.* tehdit; *v/t* tehdit etm.
mend [mend] *v/t* onarmak, yamamak
menial ['mînyıl] bayağı, adî, sıradan
men's room *Am.* erkekler tuvaleti
menstruation [menstru'eyşın] *med.* aybaşı, âdet
mental ['mentl] akıl ile ilgili; zihinsel; **~ity** [~'täliti] zihniyet; zihinsel yetenekler
mention ['menşın] *n.* anma; *v/t* anmak, zikretmek; ***don't ~ it!*** bir şey değil!, söz etmeğe değmez!
menu ['menyu] yemek listesi, menü
mercantile ['mökıntayl] ticarete ait, ticari
mercenary ['mösinıri] ücretli; paralı asker
merchan|dise ['möçındayz] satılık mal, ticarî eşya; **~t** ['~ınt] tüccar
merci|ful ['mösiful] merhametli; **~less** merhametsiz
mercury ['mökyuri] *chem.* cıva
mercy ['mösi] merhamet
mere [miı] saf, sade; **~ly** *adv.* sadece, ancak, yalnız
merge [möc] *v/t* birleştirmek; *v/i* birleşmek
meridian [mı'ridiın] *geo.* meridyen
merit ['merit] değer, erdem, fazilet; *v/t* lâyık olm. *-e*
mermaid ['mömeyd] denizkızı
merriment ['merimınt] neşe; şenlik
merry ['meri] şen, neşeli; **~-go-round** atlıkarınca
mesh [meş] ağ gözü
mess [mes] karışıklık; pislik, süprüntü; sofra arkadaşları *pl.*; ***~ about, ~ around*** aylak aylak oturmak; aptalca davranmak; ***~ up*** karmakarışık etm.
mess|age ['mesic] haber, mesaj; **~enger** ['~inci] haberci, kurye
met [met] *bak* ***meet***
metal ['metl] maden, metal; **~lic** [mi'tälik] metalik
meteor ['mîtyı] *astr.* akan yıldız, meteor taşı; **~ology** [~'rolıci] meteoroloji
meter ['mîtı] **1.** sayaç; **2.** *bak* ***metre***

method [ˈmethıd] usul, yöntem, metod; **~ical** [miˈthodikıl] yöntemli
meticulous [miˈtikyulıs] çok titiz
met|re *Am.* **~er** [ˈmîtı] metre; vezin
metropolitan [metrıˈpolitın] ana kente ait
Mexico [ˈmeksikıu] Meksika
miaow [mîˈau] miyav, mırnav, kedi sesi
mice [mays] *bak* ***mouse***
micro ... [maykrıu] mikro ..., küçük ...; **~chip** *bilgisayar:* mikroçip; **~computer** minik bilgisayar; **~phone** [ˈ~krıfıun] mikrofon; **~scope** [ˈ~krıskıup] mikroskop; **~wave** mikro dalga; **~ *oven*** mikrodalga fırın
mid [mid] orta; **~day** öğle
middle [ˈmidl] orta, merkez; **~aged** orta yaşlı; **℞ Ages** *pl.* Orta Çağ *sg.*; **~ class** orta sınıf; **~ weight** orta sıklet
midge [mic] tatarcık; **~t** [ˈ~it] cüce
mid|night [ˈmidnayt] gece yarısı; **~st:** ***in the ~ of*** *-in* ortasında; **~summer** yaz ortası; yaz dönümü; **~way** yarı yolda; **~wife** ebe
might[1] [mayt] *bak* ***may***
might[2] kuvvet, kudret; **~y** kuvvetli, güçlü
migrate [mayˈgreyt] *v/i* göçmek, göç etm.
mike [mayk] *F* mikrofon
mild [mayld] hafif; yumuşak
mildew [ˈmildyû] küf
mildness [ˈmayldnis] hafiflik, yumuşaklık
mil|e [mayl] mil *(1,609 km)*; **~(e)age** [ˈ~lic] mil hesabıyla uzaklık; **~estone** kilometre taşı
milit|ant [ˈmilitınt] militan; saldırgan; **~ary** [ˈ~tıri] askerî; **~ia** [~ˈşı] milis
milk [milk] *n.* süt; *v/t* sağmak; **~man** sütçü; **~ shake** dondurma ile çalkanıp lezzetlendirilmiş süt; **~sop** [ˈ~sop] muhallebi çocuğu, çıtkırıldım; **~y** sütlü; **℞y Way** *astr.* samanyolu
mill [mil] *n.* değirmen; fabrika; *v/t* öğütmek; *tech.* rezelemek; **~er** değirmenci
millet [milit] *bot.* darı
milliner [ˈmilinı] kadın şapkacısı
million [ˈmilyın] milyon; **~aire** [~näı] milyoner
mimic [ˈmimik] *n.* taklitçi; *v/t* taklit etm.
minaret [ˈminıret] minare
mince [mins] *v/t* kıymak; **~d meat** kıyma; **~meat** tatlı börek dolgusu
mind [maynd] *n.* akıl; zihin; hatır; fikir; istek; *v/t* dikkat etm., bakmak *-e*; önem vermek *-e*; karşı çıkmak *-e*; ***be out of one's ~*** aklı başında olmamak; ***never ~!*** zararı yok!; ***out of one's ~*** deli; ***would you ~ opening the window?*** pencereyi açar mı-

sınız?; ~ ***your own business!*** sen kendi işine bak!
mine[1] [mayn] benim(ki)
mine[2] maden ocağı; *mil.* mayın; *v/t* kazmak, çıkarmak; **-r** madenci
mineral ['minırıl] maden, mineral; madensel
mingle ['miŋgl] *v/t* karıştırmak; *v/i* karışmak (**in** *-e*); katılmak (**with** *-e*)
mini|ature ['minyıçı] minyatür; küçük; **~mal** ['minimıl] asgarî; **~mize** ['~nimayz] *v/t* küçüksemek; **~mum** ['~nimım] minimum, asgarî
minist|er ['ministı] *n. rel.* papaz; *pol.* bakan; orta elçi; *v/i* bakmak, hizmet etm. (**to** *-e*); **~ry** bakanlık
mink [miŋk] *zo.* Amerika sansarı, vizon
minor ['maynı] *adj.* oldukça küçük; önemsiz, küçük; *n.* yaşça küçük kimse; *mus.* minör; **~ity** [~'noriti] azınlık
minster ['minstı] katedral
mint[1] [mint] *bot.* nane
mint[2] *n.* darphane; *v/t madenî parayı* basmak
minus ['maynıs] *math.* eksi
minute ['minit] dakika; an; [may'nyût] ufak, minimini; *pl.* tutanak *sg.*; ***to the*** ~ ['minit] tam zamanında
mirac|le ['mirıkl] mucize, harika; **~ulous** [~'räkyulıs] mucize gibi
mirage ['mirâj] ılgım, serap
mire ['mayı] çamur, pislik
mirror ['mirı] *n.* ayna; *v/t* yansıtmak
mirth [möth] neşe, sevinç
mis- [mis-] yanlış; kötü
misadventure aksilik, kaza
mis|apply *v/t* yerinde kullanmamak; **~apprehension** yanlış anlama, yanılgı; **~behaviour** yaramazlık; **~calculate** *v/t* yanlış hesap etm.
miscarr|iage başarısızlık; *med.* çocuk düşürme; **~y** başaramamak; çocuk düşürmek
miscellaneous [misi'leynyıs] çeşitli, türlü türlü
mischie|f ['misçif] yaramazlık; fesat; **~vous** ['vıs] yaramaz; zarar verici
mis|conduct kötü davranış; **~deed** kötülük; **~demeano(u)r** *jur.* hafif suç
miser ['mayzı] hasis, cimri
miser|able ['mizırıbl] sefil; **~y** sefalet
mis|fortune talihsizlik; belâ, felâket; **~giving** şüphe; korku; **~government** kötü yönetim; **~guide** *v/t* yanlış yola saptırmak; **~hap** ['~häp] kaza, aksilik; **~inform** *v/t* yanlış bilgi vermek *-e*; **~lay** *v/t* kaybetmek; **~lead** *v/t* yanlış yola sevketmek; aldatmak; **~place** *v/t* yanlış yere koymak; **~print** ['~'print] *n.* baskı hatası; [~'print] *v/t* yanlış basmak; **~pronounce** *v/t* yanlış söylemek; **~represent** *v/t* yanlış anlatmak
miss[1] [mis] bekâr bayan

miss[2] *n.* hedefi vuramayış, ıskalama; başarısızlık; *v/t* vuramamak, kaçırmak; özlemek
missile ['misayl] roket, füze
missing ['misiŋ] eksik; kaybolmuş
mission ['mişın] görev; misyon; **~ary** ['şnıri] *rel.* misyoner
misspell *v/t* yanlış yazmak
mist [mist] pus, sis, duman
mistake [mis'teyk] *n.* yanlış(lık), hata; *v/t* yanlış anlamak; benzetmek (**for** *-e*); **by ~** yanlışlıkla; **be ~n** yanılmak
mister ['mistı] bay
mistletoe ['misltıu] *bot.* ökse otu
mistress ['mistris] bayan; ev sahibesi; metres
mistrust *v/t* güvenmemek *-e*
misty ['misti] sisli; bulanık
misunderstand *v/t* yanlış anlamak; **~ing** anlaşmazlık, yanlış yorumlama
misuse ['mis'yûs] kötüye kullanma; *v/t* ['~'yûz] yanlış kullanmak; kötüye kullanmak
mitigate ['mitigeyt] *v/t* hafifletmek
mitten ['mitn] kolçak, parmaksız eldiven
mix [miks] *v/t* karıştırmak; *v/i* karışmak, birleşmek (**with** *-e*); **~ed up** karmakarışık; **~er** karıştırıcı, mikser; **~ture** ['~çı] karışım
moan [mıun] *n.* inilti; *v/i* inlemek
moat [mıut] kale hendeği
mob [mob] ayak takımı
mobil|e ['mıubayl] oynak; seyyar; **~ize** [~bilayz] *v/t* seferber etm.; **~ phone, ~ telephone** cep telefonu
mock [mok] *adj.* sahte, taklit; *v/i* alay etm. (**at** ile); *v/t* taklit etm.; **~ery** alay
mode [mıud] tarz, usul; moda
model ['modl] *n.* örnek, numune, model; *v/t -in* modelini yapmak
moderat|e ['modırit] *adj.* ılımlı, ['~eyt] *v/t* hafifletmek; *v/i* azalmak; **~ion** ılımlılık, ölçülülük
modern ['modın] yeni, modern; **~ize** *v/t* modernleştirmek
modest ['modist] alçak gönüllü; gösterişsiz, sade; **~y** alçak gönüllülük
modif|ication [modifi'keyşın] değişiklik; **~y** ['~fay] *v/t* değiştirmek
module ['modyûl] *tech.* modül; uzay modülü
moist [moyst] nemli, rutubetli, **~en** ['~sn] ıslatmak; **~ure** ['~sçı] nem, rutubet
molar (tooth) ['mıulı] azı (dişi)
mole[1] [mıul] *zo.* köstebek
mole[2] ben, leke
mole[3] dalgakıran
molecule ['molikyûl] *phys.* molekül
molest [mıu'lest] *v/t* rahatsız etm.

mollify [ˈmolifay] *v/t* yumuşatmak, yatıştırmak
moment [ˈmıumınt] an; önem; ***at the*** ~ şu anda, şimdi ~**ary** anî; geçici, ~**ous** [~ˈmentıs] önemli; ~**um** [~ˈmentım] *phys.* devinirlik, hız, moment; *fig.* hız
monarch [ˈmonık] hükümdar, kral; ~**y** krallık
monastery [ˈmonıstıri] manastır
Monday [ˈmandi] pazartesi
monetary [ˈmanitıri] paraya ait, parasal
money [ˈmani] para, nakit; ~ **order** para havalesi, posta çeki
monk [maŋk] keşiş
monkey [ˈmaŋki] *zo.* maymun
mono|polize [mıˈnopılayz] *v/t* tekeline almak; ~**poly** tekel; ~**tonous** [~tnıs] monoton, tekdüze; ~**tony** [~tni] tekdüzelik
monst|er [ˈmonstı] canavar, dev; ~**rous** canavar gibi; anormal
month [manth] ay; ~**ly** aylık, ayda bir; aylık dergi
monument [ˈmonyumınt] anıt, abide
moo [muu] böğürmek
mood [muud] mizaç, ruhsal durum; ~**y** kaprisli; huysuz, ters
moon [muun] ay, kamer; ***once in a blue*** ~ kırk yılda bir, çok seyrek; ~**light** mehtap, ay ışığı
moor[1] [mıuı] kır
moor[2] *naut.* *v/t* palamarla bağlamak
mop [mop] *n.* silme bezi; *v/t* paspas yapmak, temizlemek
moral [ˈmorıl] *adj.* ahlâkî, törel; *n.* ahlâk dersi; *pl.* ahlâk; ~**e** (moˈrâl] moral, manevî güç; ~**ity** [mıˈräliti] ahlâk, dürüstlük
morass [mıˈräs] bataklık
morbid [ˈmôbıd] hastalıklı, sağlıksız
more [mô] daha, daha çok, fazla; artık; ~ ***or less*** hemen hemen, yaklaşık; ***no*** ~ artık, bir daha; ***once*** ~ bir daha; ~**over** bundan başka
morgue [môg] morg
morning [ˈmôniŋ] sabah; ***good ~!*** günaydın!
Morocco [mıˈrokıu] Fas
morose [mıˈrıus] somurtkan
morphi|a [ˈmöfyı], ~**ne** [ˈ~fin] *chem.* morfin
morsel [ˈmôsıl] lokma, parça; ***a ~ of*** bir zerre
mortal [ˈmötl] ölümlü; öldürücü; insan, insanoğlu; ~**ity** [~ˈtäliti] ölümlülük; ölüm oranı, can kaybı
mortar [ˈmôtı] harç; *mil.* havan topu
mortgage [ˈmôgic] *n.* ipotek; *v/t* rehine koymak
mortify [ˈmôtifay] *v/t* alçaltmak
mortuary [ˈmötyuıri] morg

mosaic [mıu'zeyik] mozaik
Moslem ['mozlım] Müslüman
mosque [mosk] cami
mosquito [mıs'kîtıu] *zo.* sivrisinek
moss [mos] *bot.* yosun; **~y** yosunlu
most [mıust] en, en çok, son derecede; en çoğu; ***at (the)*** ~ olsa olsa; **~ly** ekseriya, çoğunlukla
motel ['mıutel] motel
moth [moth] güve; pervane; **~-eaten** güve yemiş
mother ['madhı] anne, ana; ~ **country** ana yurt; **~hood** analık; **~-in-law** kayınvalide, kaynana; **~-of-pearl** sedef; **&'s Day** Anneler Günü
motion ['mıuşın] *n.* hareket; önerge; *v/t* işaret etm. *-e*; **~less** hareketsiz; ~ **picture** film
motiv|ate ['mıutiveyt] *v/t* sevketmek; **~e** dürtü, güdü
motor ['mıutı] *n.* motor; *v/i* otomobille gitmek; *v/t* otomobille götürmek; **~bike** motosiklet; ~ **boat** deniz motoru; ~ **car** otomobil; **~cycle** motosiklet; **~ing** otomobilcilik; **~ist** otomobil kullanan; **~ize** *v/t* motorla donatmak; ~ **scooter** skuter; **~way** kara yolu, otoyol
mo(u)ld[1] [mıuld] küf
mo(u)ld[2] *n.* kalıp; *v/t* kalıba dökmek; şekil vermek *-e*; **~er** *v/i* çürümek
mo(u)ldy ['mıuldi] küflü
mo(u)lt [mıult] tüylerini dökmek
mound [maund] büyük miktar; tepecik
mount [maunt] *n.* dağ, tepe; binek hayvanı; *v/t* binmek, çıkmak *-e*; kurmak; *v/i* artmak, yükselmek
mountain ['mauntin] dağ, tepe; *pl.* dağ silsilesi; **~eer** [~'niı] dağlı; dağcı; **~ous** dağlık
mourn [môn] *v/i* yas tutmak; *v/t -in* yasını tutmak; **~er** yaslı; **~ing** matem, yas; matem elbiseleri *pl.*
mouse [maus] fare
moustache [mıs'tâş] bıyık
mouth [mauth] ağız; **~ful** ağız dolusu; **~piece** ağızlık; *fig.* sözcü; **~wash** gargara
mov|able ['muuvıbl] taşınabilir; *jur.* taşınır; **~e** *n.* hareket; önlem; göç, nakil; *v/i* hareket etm., ilerlemek; taşınmak; *v/t* harekete getirmek, yürütmek; tahrik etm.; önermek; ~ ***in*** eve taşınmak; ~ ***out*** çıkmak; **~ement** hareket; **~ies** ['~viz] *pl.* sinema *sg.*; **~ing** oynar; *fig.* dokunaklı
mow [mıu] *v/t* biçmek; **~er** biçme makinesi; **~n** *bak* ***mow***
much [maç] çok, hayli; ***how ~?*** ne kadar?; ***make*** ~ önem vermek (***of*** *-e*); ***too*** ~ pek çok, pek fazla
mucus ['myûkıs] sümük

mud [mad] çamur
muddle ['madl] *n.* karışıklık; ~ ***(up, together)*** *v/t* karıştırmak
mud|dy ['madi] çamurlu; **~guard** çamurluk
muff [maf] manşon; *tech.* boru bileziği
muffle ['mafl] *v/t* sarmak; *ses:* boğmak; **~r** boyun atkısı
mug [mag] maşrapa, bardak
mulberry ['malbıri] *bot.* dut
mule [myûl] *zo.* katır
multi|ple ['maltipl] katmerli, çeşitli; **~plication** [~pli'keyşın] *math.* çarpma; çoğalma; **~ply** ['~play] *v/t* çarpmak; çoğaltmak; *v/i* çoğalmak; **~tude** ['~tyûd] birçok, bir sürü; halk yığını, kalabalık
mumble ['mambl] *v/t, v/i* mırılda(n)mak
mummy[1] ['mami] mumya
mummy[2] [~] *Brt. F* anne, anneciğim
mumps (mamps] *med.* kabakulak
munch [manç] *v/t* kıtır kıtır yemek
municipal [myu'nisipıl] belediyeye ait; **~ity** [~'päliti] belediye
mural ['myuırıl] duvara ait
murder ['mödı] *n.* cinayet, adam öldürme; *v/t* öldürmek, katletmek; **~er** katil; **~ous** öldürücü
murmur ['mömı] *n.* mırıltı; *v/i* mırılda(n)mak; homurdanmak (***against, at*** *-e* karşı)
muscle ['masl] adale, kas
muscular ['maskyulı] kaslı, adaleli; kuvvetli
muse [myûz] *v/i* düşünceye dalmak
museum [myu'ziım] müze
mush [maş] *Am.* mısır unu lapası
mushroom ['maşrum] *bot.* mantar
music ['myûzik] müzik, musiki; **~al** müzikal; müziğe ait; ahenkli; ~ **hall** müzikhol; **~ian** [~'zişın] müzisyen, çalgıcı; ~ **stand** nota sehpası
musk [mask] misk
Muslim ['muslim] Müslüman
mussel ['masl] midye
must[1] [mast] şıra
must[2] küf (kokusu)
must[3] -meli, -malı; *n.* zorunluk; ***I ~ go now*** şimdi gitmek zorundayım
mustard ['mastıd] hardal
muster ['mastı] *v/t* toplamak, bir araya getirmek; *a.* ~ ***up*** *(güç, cesaret v.s.)* toplamak
musty ['masti] küflü
mute [myût] sessiz; dilsiz
mutilate ['myûtileyt] *v/t* kötürüm etm.
mutin|eer [myûti'nii] isyancı, asi; **~y** ['~ni] *n.* isyan; *v/i* ayaklanmak
mutter ['matı] mırıltı; *v/i* mırıldanmak
mutton ['matn] koyun eti; ~ **chop** koyun pirzolası
mutual ['myûçuıl] karşılıklı; ortak

muzzle ['mazl] *n.* hayvan burnu; burunsalık; top *veya* tüfek ağzı; *v/t* burunsalık takmak -*e*
my [may] benim
myrtle ['mötl] *bot.* mersin
myself [may'self] ben, kendim
myster|ious [mis'tiıriıs] esrarengiz, gizemli; **~y** ['~tiri] gizem, sır
mys|tic ['mistik] gizemli, mistik; **~tical** gizemciliğe ait, tasavvuf ile ilgili; **~tify** *v/t* iyice şaşırtmak
myth [mith] efsane, mit

N

nag [näg] dırlanmak; **~ at** *-in* başının etini yemek
nail [neyl] *n. tech.* çivi; *an., zo.* tırnak; *v/t* çivilemek, mıhlamak
naive [nâ'iv) saf, bön
naked [neykid] çıplak
name [neym] *n.* isim, ad; nam, şöhret; *v/t* adlandırmak; tayin etm., atamak; ***call s.o. ~s*** sövmek *-e;* **~less** isimsiz; bilinmeyen; **~ly** yani, şöyle ki; **~sake** adaş
nanny ['näni] dadı; **~ (goat)** dişi keçi
nap [näp) şekerleme, kısa uyku; ***have*** *veya* ***take a ~*** kestirmek, şekerleme yapmak
nape [neyp] *a.* **~ of the neck** ense
napkin ['näpkin] peçete; *özl. Brt.* kundak bezi, çocuk bezi
nappy ['näpi) *Brt. F* çocuk bezi, çocuk alt bezi
narco|sis [nâ'kıusis) narkoz; **~tic** [~'kotik) narkotik, uyuşturucu (ilâç)
narrat|e [nä'reyt] *v/t* anlatmak; **~ion** hikâye; **~ive** ['~ıtiv] hikâye, öykü; **~or** öykücü, hikâye anlatıcı
narrow ['närıu] *adj.* dar, ensiz; *v/i* daralmak; *v/t* daraltmak; **~-minded** dar görüşlü
nasty ['nâsti] pis, fena kokulu, iğrenç; yaramaz
nation ['neyşın] millet, ulus
national [näşınl] ulusal, millî; *n.* vatandaş, uyruk; **~ anthem** ulusal marş; **~ist** ['~şınılist] milliyetçi; **~ity** [~'näliti] milliyet; vatandaşlık; **~ize** ['~şınılayz] *v/t* ulusallaştırmak; **~ park** millî park
native ['neytiv] yerli, ana; doğuştan; **~ language** ana dil; **~ speaker** ana dilini konuşan kimse
natural ['näçrıl] tabii, doğal; doğuştan; **~ gas** doğal gaz; **~ize** *v/t* vatandaşlığa kabul etm.; **~ science** doğa bilimleri
nature ['neyçı] tabiat, doğa; yaradılış
naughty ['nöti] yaramaz, haylaz

nausea ['nôsyı] bulantı; iğrenme; **~ting** ['~ieytiŋ] bulandırıcı; iğrenç
nautical ['nôtikıl] gemiciliğe ait; **~ mile** deniz mili
naval ['neyvıl] savaş gemileriyle ilgili; **~ base** deniz üssü
nave [neyv] tekerlek yuvası
navel ['neyvıl] göbek
naviga|ble ['nävigıbl] gidiş gelişe elverişli; **~te** ['~eyt] *v/t gemiyi, uçağı* kullanmak; *v/i* gemi ile gezmek; **~tion** denizcilik *veya* havacılık bilgisi
navy ['neyvi] deniz kuvvetleri *pl.*, donanma
near [niı] *adj.* yakın; bitişik; samimî; cimri; *adv.* yakın(da); *v/i* yaklaşmak; **~ly** hemen hemen, neredeyse; **~sighted** miyop
neat [nît] derli toplu, düzenli
necess|ary ['nesisıri] gerekli, zorunlu; **~itate** [ni'sesiteyt) *v/t* gerektirmek; **~ity** [ni'sesiti] zorunluluk; gereksinim, ihtiyaç
neck [nek] *n.* boyun, gerdan; *şişede* boğaz; *v/i sl.* sarılıp öpüşmek; **~lace** ['~lis] kolye; **~tie** kravat
née [ney] kızlık soyadıyla
need [nîd] *n.* ihtiyaç, lüzum, gereklilik; ***be in ~ of*** *-e* gereksinim duymak; *v/t* ihtiyacı olm. *-e*, istemek *-i*
needle ['nîdl] iğne; ibre
need|less ['nîdlis] lüzumsuz; **~y** muhtaç, yoksul
negat|e [ni'geyt] *v/t* inkâr etm.; **~ion** inkâr
negative ['negıtiv] negatif; olumsuz, ters
neglect [ni'glekt] *v/t* ihmal etm., savsaklamak; *n.* ihmal
negligent ['neglicınt] kayıtsız, ihmalci
negotiat|e [ni'gıuşieyt] *v/t* müzakere etm.; **~ion** müzakere, görüşme
neigh [ney] *n.* kişneme; *v/i* kişnemek
neighbo(u)r ['neybı] komşu; **~hood** komşuluk; civar; **~ing** komşu, bitişik
neither ['naydhı] hiçbiri; ve ne de; **~ ... nor** ... ne ... ne de ...
nephew ['nevyu] erkek yeğen
nerve [növ] *n.* sinir; cesaret; *v/t* cesaret vermek *-e;* ***get on s.o.'s ~s*** *b-nin* sinirine dokunmak
nervous ['növıs] sinirli; **~ness** sinirlilik
nest [nest] *n.* yuva; *v/i* yuva yapmak; **~le** ['nesl] *v/i* sokulmak (**to** *-e*); *v/t* barındırmak
net[1] [net] ağ; tuzak
net[2] *adj.* net, safi: *v/t* kazanmak, kâr sağlamak
Netherlands ['nedhılındz] *pl.* Hollanda *sg.*
nettle ['netl) *n. bot.* ısırgan; *v/t* kızdırmak
network ['netwök] şebeke, ağ
neurosis ['nyuı'rıusis) *med.* nevroz
neuter ['nyûtı] *gr.* cinsiyetsiz

neutral ['nyûtrıl] yansız, tarafsız; ~ **gear** *tech*, boş vites; ~**ity** [~'träliti] yansızlık, tarafsızlık; ~**ize** [~trılayz] *v/t* etkisiz bırakmak; yansız kılmak
neutron['nyûtron] nötron
never ['nevı] asla, hiçbir zaman; ~**theless** bununla beraber, yine de
new [nyû] yeni; taze: acemi; ~**born** yeni doğmuş; ~**comer** yeni katılan kişi
news [nyûz] *pl.* haber *sg.*; ~ *agent* gazete bayii; ~**cast** haber yayını; ~**paper** gazete; ~**reel** aktüalite filmi; ~**stand** gazete tezgâhı
new / year yeni yıl; ♀ **Year's Day** Yılbaşı; ~♀ **Year's Eve** Yılbaşı gecesi
next [nekst] en yakın; sonraki, gelecek; sonra
nibble ['nibl] *v/i* kemirmek (**at** -*i*)
nice [nays] güzel, hoş, sevimli; ince; ~**ly** ['~li] incelik
niche [niç] duvar girintisi, hücre
nick [nik] *n.* çentik, kertik; tam zaman; *v/t* çentmek
nickel ['nikl] *n.* nikel: *Am.* beş sentlik para: *v/t* nikel ile kaplamak
nickname ['nikneym] *n.* takma ad; *v/t* lakap takmak -*e*
niece [nîs] kız yeğen
niggard ['nigıd] cimri adam
night [nayt] gece; ***at*** ~, ***by*** ~, ***in the*** ~ gece, geceleyin; ***good*** ~! iyi geceler!; ~ **club** gece kulübü; ~**dress**, ~**gown** gecelik; ~**ingale** ['~iŋgeyl] *zo.* bülbül; ~**mare** ['~mäı] karabasan, kâbus; ~**y** *coll.* gecelik.
nil [nil] hiç; sıfır
nimble ('nimbl] çevik, tez
nine [nayn] dokuz; ~**pins** *pl.*, dokuz kuka (oyunu), kiy oyunu *sg.*; ~**teen** on dokuz; ~**ty** doksan
nip[1] [nip] *n.* ayaz; çimdik; *v/t* çimdiklemek; *v/i* hızlı gitmek
nip[2] *n.* azıcık içki; *v/t* azıcık içmek
nipple ['nipl) meme başı
nit|re *Am.* ~**er** ['naytı] *chem.* güherçile; ~**rogen** azot, nitrojen
no [nıu] hayır, öyle değil; hiç (bir); ~ ***one*** hiç kimse
nobility [nıu'biliti] asalet; soylular sınıfı
noble ['nıubl] asil, soylu; asilzade; ~**man** asilzade
nobody ('nıubıdi] hiç kimse
nocturnal [noktönl] geceye ait, gece yapılan
nod [nod] *n.* baş sallama; *v/i kabul ifade etmek için* başını sallamak; uyuklamak
nois|e [noyz] gürültü, patırtı; ~**y** gürültülü
nomad ['nomid] göçebe
nomina|l ['nominl] sözde; saymaca; ~**te** ['~eyt] *v/t* atamak, görevlendirmek; ~**tion** tayin, aday gösterme; ~**tive** ['~nıtiv] (**case**) *gr.* yalın hal

non|-aggression (non-) *pol.* saldırmazlık; **~alcoholic** alkolsüz; **~commissioned officer** *mil.* assubay: **~descript** ['~diskript] kolay tanımlanamaz
none [nan] hiç biri
non-existence yokluk, var olmayış; **~iron** ütü istemez; **~payment** öde(ye)meme; **~polluting** çevreyi kirletmeyen
nonsense ['nonsıns] saçma
nonstop doğru giden; aralıksız
noodle ['nuudl] şehriye
nook [nuk] bucak, köşe
noon [nuun] öğle; ***at ~*** öğleyin
noose [nuus] ilmik
nor [no] ne de
norm [nôm] kural, norm, örnek; **~al** normal, düzgülü
north [nôth] kuzey; kuzeye doğru; **~east** kuzeydoğu; **~ern** ['~dhın] kuzeye ait; **~ward(s)** ['wıd(z)] kuzeye doğru; **~west** kuzeybatı
Norw|ay ['nôwey] Norveç; **~egian** [~'wicın] Norveçli
nose [nıuz] *n.* burun; uç; *v/t -in* kokusunu almak; arayıp bulmak *-i;* **~gay** ['~gey] çiçek demeti
nostril ['nostril] burun deliği
not [not] değil; **~ a** hiç, hiç değil, yok
nota|ble ['nıutıbl] tanınmış; dikkate değer; **~ry** ['~tıri] noter
notch [noç] *n.* çentik, kertik; *v/t* çentmek, kertmek
note [nıut] *n.* not; işaret; *mus., pol.* nota; pusula; ***take ~ of -e*** dikkat göstermek; *v/t* önem vermek; ***~ down*** deftere yazmak, not etm.; **~book** defter, not defteri; **~d** tanınmış; **~worthy** önemli, dikkate değer
nothing ['nathiŋ] hiçbir şey; sıfır; ***say ~ of*** bile değil, şöyle dursun, ... bir yana
notice ['nıutis] *n.* haber; ilân; dikkat; *v/t -in* farkına varmak; görmek *-i,* dikkat etm. *-e;* ***at short ~*** kısa sürede, kısa ihbar süreli; ***until further ~*** yeni bir habere kadar; ***without ~*** haber *veya* süre vermeden; **~able** görülebilir; apaçık
noti|fication [nıutifi'keyşın] bildirme; ihbar; **~fy** ['~fay] *v/t* ilân etm.; bildirmek
notion ['nıuşın] kavram; kanı, görüş; kapris
notorious [nıu'tôriıs] adı çıkmış, dile düşmüş
notwithstanding [not-with-'ständiŋ] *-e* rağmen
nought [nôt] sıfır
noun [naun] *gr.* isim, ad
nourish ['nariş] *v/t* beslemek; **~ing** besleyici; **~ment** yemek, gıda
novel ['novıl] roman; yeni, orijinal, alışılmamış; **~ist** romancı; **~ty** yenilik

November [nıu'vembı] kasım (ayı)
novice ['novis] çırak, çömez, toy
now [nau] şimdi, bu anda; işte; ~ ***and again, (every)*** ~ ***and then*** arasıra; ***by*** ~ şimdiye dek; ***just*** ~ şu anda; **~adays** ['~ıdeyz] bugünlerde
nowhere ['nıuwäı] hiçbir yerde
noxious ['nokşıs] zararlı
nozzle ['nozl] *tech.* ağızlık, meme, emzik
nuclear ['nyûklii] nükleer; ~ **energy** nükleer enerji, atom enerjisi; ~ **fission** nükleer parçalanma; ~ **power plant**, ~ **station** nükleer elektrik santrali
nude [nyûd] çıplak; nü
nudge [nac] *n.* dürtme; *v/t* dirsekle dürtmek
nugget ['nagit] (altın) külçe
nuisance ('nyûsns] sıkıcı şey *veya* kimse
null [nal] *özl. jur.:* ~ **and void** hükümsüz, geçersiz
numb [nam] uyuşuk, duygusuz, uyuşmuş
number ('nambı] *n.* sayı; miktar; numara; *v/t* saymak; numara koymak *-e;* **~less** sayısız; ~ **plate** *Brt. mot.* plaka
numer|al ['nyûmırıl] sayı, rakam; **~ous** pek çok
nun [nan] *rel.* rahibe
nurse [nös] *n.* hasta bakıcı, hemşire; dadı; sütnine; *v/t* emzirmek; beslemek; bakmak *-e*
nursery ['nösıri] çocuk odası; fidanlık; ~ **school** anaokulu
nursing [nösiŋ] hemşirelik, hasta bakıcılık; ~ **home** özel sağlık yurdu, bakım evi
nut [nat] fındık, ceviz; *tech.* vida somunu; ***be off one's*** ~ *F* keçileri kaçırmak; **~cracker** fındık *veya* ceviz kıracağı
nutri/ent ['nyûtriınt] besleyici, gıdalı; ~ **tion** besleme, beslenme; **~tious** besleyici
nutshell fındık kabuğu; ***in a*** ~ kısaca, özet olarak
nylon ['naylıŋ] naylon
nymph (nımf] peri

O

oak [ıuk] *bot.* meşe ağacı
oar [ô] kürek; **~sman** kürekçi
oasis [ıu'eysis] vaha
oat [ıut] *bot.* yulaf (tanesi)
oath [ıuth] yemin; küfür; ***take an*** ~ ant içmek
oatmeal yulaf unu
obe|dience [ı'bîdyıns] itaat; **~dient** itaatli
obey [ı'bey] *v/t* itaat etm.*-e*
obituary [ı'bityuıri] ölüm ilânı; anma yazısı
object ['obcikt] *n.* cisim, eşya, şey; *gr.* nesne; amaç, hedef;

v/i razı olmamak, itiraz etm. (**to** *-e); ~***ion** itiraz; **~ive** *n. phys.* mercek, objektif; amaç; *adj.* objektif; tarafsız, yansız
obligat|ion [obli'geyşın] mecburiyet, yüküm; borç; **~ory** [o'bligıtıri] zorunlu
oblig|e [o'blayc] *v/t* zorunlu kılmak; minnettar bırakmak; ***be ~ed*** minnettar olm.; mecbur olm. (**to** *inf. -meğe); **~ing** nazik
oblique [ı'blik] eğri, meyilli
obliterate [ı'blitıreyt] *v/t* silmek, yok etmek
oblivi|on [ı'bliviın] unutma; **~ous** unutkan; habersiz
oblong ['obloŋ] dikdörtgen biçiminde
obscene [ıb'sîn] açık saçık
obscure [ıb'skyuı] *adj.* çapraşık; belirsiz, karanlık; *v/t* karartmak, gizlemek, örtmek
observ|ance [ıb'zövıns] uyma, gereğini yerine getirme; örf, görenek; **~ant** dikkatli; **~ation** gözetleme; gözlem; fikir; **~atory** [~tri] gözlem evi; **~e** *v/t* yerine getirmek; gözlemek; **~er** gözlemci
obsess [ıb'ses] *v/t* hiç aklından çıkmamak, musallat olm.; **~ed** musallat olmuş, kafayı takmış ***(by, with*** *-e);* ***~ion*** fikir, saplantı
obsolete ['obsılît] eskimiş
obstacle ['obstıkl] engel
obstina|cy ['obstinısi] inatçılık; **~te** ['~it] inatçı, dik kafalı
obstruct [ıb'strakt] *v/t* tıkamak; engel olm. *-e*
obtain [ıb'teyn] *v/t* bulmak, ele geçirmek; **~able** bulunabilir
obtrusive [ıb'truusiv] sokulup sıkıntı veren, göze batan
obvious ['obviıs] belli, açık
occasion [ı'keyjın] *n.* fırsat, vesile; neden, sebep; *v/t* yol açmak, neden olm. *-e;* ***on the ~ of*** nedeniyle; **~al** arasıra olan
occup|ant ['okyupınt] oturan kimse, kiracı, işgal eden; **~ation** işgal; meslek, iş; **~y** ['~pay] *v/t* işgal etm.; oturmak, kullanmak
occur [ı'kö] *v/i* ortaya çıkmak, olmak; ~ ***to*** *-in* aklına gelmek; **~rence** [ı'karıns] olay; olgu
ocean ['ıuşın] okyanus
o'clock [ı'klok] saate göre; ***at nine ~*** saat dokuzda
October [ok'tıubı] ekim (ayı)
ocul|ar ['okyulı] göze ait; gözle görülür; **~ist** göz doktoru
odd [od] tuhaf, acayip; *math.* tek; seyrek; *pl.* fark, eşit olmayış *sg.;* menfaat; ***the ~s are that*** ihtimali var ki; ***at ~s*** araları açık; **~s and ends** *pl.* ufak tefek şeyler
odo(u)r ['ıudı] koku; *fig.* şöhret
of [ov, ıv] -in; -den; ***the city ~ London*** Londra şehri; ***~ wood*** tahtadan
off [of] -den; *-den* uzak; kesil-

miş; kopuk; görev dışında; *intj.* defol!; ***be*** ~ ayrılmak; ***be ~ duty*** izinli olm.; ~ ***with you!*** defol!; ***take a day*** ~ bir günlük izin almak
offen|ce [ı'fens], *Am.* **~se** suç, kabahat; hakaret; hücum; **~d** *v/t* gücendirmek, darıltmak; *v/i* suç işlemek; **~sive** taarruz, saldırı; çirkin; yakışmaz, kırıcı
offer ['ofı] *n.* teklif, öneri; sunu; *v/t* sunmak, teklif etm.; **~ing** teklif; *rel.* kurban, bağış, adak
offic|e ['ofis] büro, ofis, işyeri; bakanlık; **~e block** iş hanı; **~er** subay; polis memuru; memur; **~ial** [ı'fışıl] resmî; memur; **~ious** [ı'fişıs] işgüzar
off|set *n.* ofset; *v/t* denkleştirmek; **~side** *spor:* ofsayt; **~spring** döl, ürün
often ['ofn] çok defa, sık sık
oh! [ıu] *intj.* ya!; öyle mi?
oil [oyl] *n.* (sıvı) yağ; petrol; *v/t* yağlamak; **~cloth** muşamba; **~y** yağlı
ointment ['oyntmınt] merhem
O.K., okay ['ıu'key] *F* peki
old [ıult] eski, köhne; yaşlı; **~age** yaşlılık; **~fashioned** modası geçmiş
oleander [ıuli'ändı] *bot.* zakkum
olive ['oliv] *bot.* zeytin
Olympic Games [ıu'limpik-] *pl.* Olimpiyat Oyunları
omelet(te) ['omlit] omlet, kaygana
ominous ['ominıs] uğursuz
omi|ssion [ı'mişın] atlama, ihmal; **~t** *v/t* atlamak, ihmal etm.
on [on] *-in* üzerine, üzerinde, üstüne, üstünde; -de; *-e* doğru; ***and so*** ~ vesaire, filân; ~ ***and on*** sürekli, durmaksızın; ***be*** ~ *(maç, film v.s.)* oynanmakta; olmakta; ***what's ~?*** ne oluyor?; *thea., sinema:* ne oynuyor?
once [wans] bir defa; bir zamanlar; ***at*** ~ derhal, hemen; ***all at*** ~ birdenbire, ansızın
one [wan] bir, tek; biri(si); ~ ***by one*** birer birer; ~ ***another*** birbirine, birbirini; ***the little*** **~s** *pl.* küçük çocuklar; **~self** kendisi; **~sided** tek taraflı; **~way street** tek yönlü sokak
onion ['anyın] soğan
online ['onlayn] bilgisayar bağlantılı
onlooker ['onlukı] seyirci
only ['ıunli] tek, biricik; yalnız, ancak, sadece
onto ['ontu, '~ı] *-in* üstün(d)e
onward ['onwıd] ileri(de)
ooze [uuz] *n* sızıntı; balçık; *v/i* sızmak
opaque [ıu'peyk] ışık geçirmez, opak
open ['ıupen] *adj.* açık, meydanda; *v/i* açılmak; *v/t* açmak; başlamak *-e;* ***in the ~ air*** açıkta; **~er** açacak; **~ing**

açıklık; fırsat; boş kadro; **~minded** açık fikirli
opera [ˈopırı] opera
operat|e [ˈopıreyt] *v/i* iş görmek, işlemek; *v/t* kullanmak, işletmek; *med.* ameliyat etm.; **~ion** ameliyat; işleme, işletme; *mil.* harekât *pl.*; **~or** *tech.* operatör; *tel.* santral memuru
opinion (ıˈpinyın] fikir, düşünce; tahmin
opponent (ıˈpıunınt] rakip, karşıki
opportunity [opıˈtyûniti] fırsat
oppos|e [ıˈpıuz] *v/t* direnmek, engel olm. *-e;* karşıla(ştır)mak *-i;* **be ~d to** *-e* karşı olm.;**~ite** [ˈopızit] karşıda, karşı karşıya; zıt, aksi; *-e* karşı; **~ition** [opıˈzişın] muhalefet; zıtlık; *pol.* muhalif parti
oppress [ıˈpres] *v/t* sıkıştırmak; zulmetmek *-e;* **~ion** baskı, zulüm; sıkıntı; **~ive** ezici; sıkıcı
optic [ˈoptik] görme duyusuna ait; **~al** optikle ilgili; **~ian** [~ˈtişın] gözlükçü
optimis|m [ˈoptimizım] iyimserlik; **~t** iyimser
option [ˈopşın] seçme (hakkı); **~al** seçmeli, isteğe bağlı
or [ô] yahut, veya; yoksa; ya; **~ *else*** yoksa ...
oral [ˈôrıl] sözlü; *özl., med.* ağızdan alınan
orange [ˈorinc) *bot.* portakal; **~ade** [ˈ~ˈeyd] portakal şurubu
orator [ˈorıtı] hatip, konuşmacı
orbit [ˈobit] *n. astr.* yörünge; *v/t -in* etrafında dönmek
orchard [ˈôçıd] meyve bahçesi
orchestra [ˈôkistrı] *mus.* orkestra
orchid [ˈôkid] *bot.* orkide
ordeal [ôˈdil] büyük sıkıntı
order [ˈôdı] *n.* düzen; dizi; emir; sipariş; tabaka, sınıf; *rel.* tarikat; *v/t* emretmek; düzenlemek; ısmarlamak; ***in ~ to** -mek* için; ***out of ~*** bozuk; düzensiz; **~ly** düzenli; *mil.* emir eri
ordinal number [ˈôdinl] *math.* sıra sayısı
ordinary [ödnri] alışılmış, olağan; sıradan
ore [ô] maden cevheri
organ [ˈôgın] organ, örgen, uzuv; araç, vasıta; *mus.* org.; **~ic** [ôˈgänik] organik; canlı ...
organiz|ation [ôgınayˈzeyşın] kuruluş; örgüt; düzen(leme); **~e** [ˈ~ayz] *v/t* düzenlemek; örgütlemek
orient [ˈôriınt] doğu; **~al** [~ˈentl] doğu ile ilgili
origin [ˈoricin] asıl, köken; soy; **~al** [ıˈricınl] ilk, asıl; özgün; orijinal; **~ality** [ˈoricinäliti] özgünlük, orijinallik; **~ate** [ıˈricineyt] *v/i* meydana gelmek (***from*** *-den*); *v/t* yaratmak, türetmek

ornament ['ônımınt] *n.* süs; ['~ment] *v/t* süslemek; **~al** süs kabilinden, süsleyici
orphan ['ôfın] öksüz, yetim; **~age** ['~ic] öksüzler yurdu
orthodox ['othıdoks] *rel.* ortodoks
oscillate ['osileyt] *v/t* sallanmak, sarsılmak
ostrich ['ostriç] *zo.* deve kuşu
other ['adhı] başka, diğer, sair; ***the ~ day*** geçen gün; ***every ~ day*** gün aşırı; **~wise** ['~wayz] başka türlü; yoksa
Ottoman ['otımın] Osmanlı
ought [ôt] **to** *inf.* -meli
ounce [auns] ons *(28,35 g)*
our ['auı] bizim; **~s** bizimki; **~selves** [~'selvz] kendimiz
oust [aust] *v/t* yerinden çıkarmak, kovmak
out [aut] dışarı, dışarda; sönmüş; *intj.* defol!: ***~ of*** *-den* dışarı; *-den* yapılmış; *-den* dolayı; için; **~balance** *v/t -den* üstün gelmek, *-i* geçmek; **~board motor** dıştan takma motor; **~break, ~burst** patlama, fışkırma; **~cast** toplumdan atılmış, serseri; **~come** sonuç; **~do** *v/t* üstün gelmek *-e;* **~door(s)** açık havada; **~er** dış, dışarıdaki; **~fit** gereçler *pl.; v/t* donatmak; **~grow** *v/t -den* daha çabuk büyümek; **~last** *v/t-den* daha çok dayanmak; **~law** *n.* kanun kaçağı; *v/t* yasadışı ilân etm.; **~let** çıkış (yeri); delik; **~line** *n.* ana hatlar, taslak; *v/t -in* taslağını çizmek; **~live** *v/t -den* fazla yaşamak; **~look** görünüş; **~number** sayıca üstün gelmek *-e;* **~put** verim
outrage ['autreyc) *n.* zulüm, zorbalık; *v/t* kötü davranmak *-e;* **~ous** gaddar, insafsız, saldırgan
outright büsbütün; açıkça; **~side** dış; dış taraf, dış görünüş; **~sider** yabancı, bir grubun dışında olan kimse; **~skirts** *pl.* kenar mahalleler, varoş; kenar, civar; **~spoken** sözünü sakınmaz; **~standing** göze çarpan; seçkin, önde gelen; ödenmemiş *(borç);* **~ward** dış; görünüşte; **~weigh** *v/t -den* daha ağır gelmek; **~with** *v/t -den* daha kurnazca davranmak
oval ['ıuvıl] oval, beyzi
oven ['avn] fırın
over ['ıuvı] karşı tarafa; fazla, artık; bitmiş; *-in* üstüne, üstünde, üzerine, üzerinde; yukarısında; ***(all) ~ again*** bir daha; ***~ there*** karşıda; **~all** baştan başa; üstlük; *pl.* iş tulumu; **~board** küpeşteden aşağı, gemiden denize; **~burden** *v/t* aşırı yüklemek *-e;* **~cast** bulutlu; **~charge** *v/t* aşırı fiyat istemek *-den; el.* aşırı yüklemek *-i:* **~coat** palto; **~come** *v/t* yenmek; **~crowd** *v/t* fazla kalabalık etm.; **~do** *v/t* abartmak; fazla

paradise ['pärıdays] cennet
paragraph ['pärıgrâf] paragraf; fıkra, bent; paragraf işareti
parallel ['pärılel] paralel
paraly|se, *Am.* **~ze** ['pärılayz] *v/t* felce uğratmak; **~sis** [pı'rälisis] felç
paramount ['pärımaunt] üstün, en önemli
parasite ['pärısayt] parazit, asalak
parcel ['päsl] *n.* paket, koli; parsel; *v/t* parsellemek
parch [pâç] *v/t* kavurup kurutmak; **~ment** parşömen, tirşe
pardon ['pâdn] af, bağışlama; v/t affetmek; ***I beg your*** **~** affedersiniz; **~able** affolunabilir
pare [päı] *v/t* yontmak; *-in* kabuğunu soymak
parent ['päırınt] anne *veya* baba; *pl.* ana baba, ebeveyn; **~age** soy, kuşak; **~al** [pı'rentl] ana babaya ait
parenthesis [pı'renthisis] *gr.* parantez, ayraç
parings ['päıriŋz] *pl.* kırpıntı, döküntü *sg.*
parish ['päriş] *rel.* semt kilise bölgesi; cemaat
park [päk] *n.* park; otopark; *v/t* park etm.
parking ['pakiŋ] park yapma; **~ lot** *Am.* park yeri; **~ meter** otopark sayacı
parliament ['pâlımınt] parlâmento, millet meclisi; **~ary** [~'mentıri] parlâmentoya ait
parole [pı'rıul] *jur.* şartlı salıverme
parquet ['pâkey] parke
parrot ['pârıt] *zo.* papağan
parsley [pâsli] *bot.* maydanoz
parson [pâsn] papaz; **~age** Anglikan papazının konutu
part [pât] *n.* parça, bölüm; pay; taraf; *v/t* parçalara ayırmak; *v/i* ayrılmak (***with*** *-den);* ***for my*** **~** bence, bana kalırsa; ***take*** **~** katılmak (***in*** *-e)*
partial ['pâşıl] eksik, bölümsel; taraflı; **~ity** [~şi'äliti] taraf tutma; düşkünlük
particip|ant [pâ'tisipınt] katılan; paylaşan; **~ate** [~eyt] *v/i* katılmak (***in*** *-e)*
participle ['pâtisipl] *gr.* ortaç, sıfat-fiil
particle ['pâtikl] tanecik; *gr.* edat, takı
particular [pı'tikyulı] belirli; özel; titiz; *pl.* ayrıntılar; ***in*** **~** özellikle; **~ly** *adv.* özellikle
parting ['pâtiŋ] *saç:* ayırma çizgisi; ayrılırken yapılan, ayrılık .., veda ...
partisan [pâti'zän] taraftar; partizan, çeteci
partition [pâ'tişın] *n.* bölünme; parça, bölüm; bölme; *v/t* bölmek
partly ['pâtli] *adv.* kısmen
partner ['pâtnı] ortak; eş; dans arkadaşı; **~ship** ortaklık
partridge ['pâtric) *zo.* keklik

part-time yarım günlük
party ['pâti] grup; taraf; parti; toplantı, şölen
pass [pâs] *n. geo.* boğaz, geçit; şebeke, paso; *v/t* geçmek, aşmak; geçirmek; *v/i* bitmek; sayılmak (**as, for** olarak); **~ away** *v/i* ölmek; geçmek; *v/t* geçirmek; **~ by** *v/i* geçmek; **~ round** *v/t* elden ele geçirmek; **~able** geçilebilir; oldukça iyi, fena değil
passage ['päsic] yol; geçit; pasaj; deniz *veya* hava yolculuğu
passenger ['päsincı] yolcu
passer-by ['pâsı'bay] yoldan gelip geçen
passion ['päşın] ihtiras, tutku; aşk; hiddet; **~ate** ['~it] heyecanlı, ateşli
passive ['päsiv] eylemsiz, uysal, pasif; *gr.* edilgen
pass|port ['pâspôt] pasaport; **~word** parola
past [pâst] geçmiş, bitmiş; *-in* yanından; geçmiş zaman (*gr.* **~ tense); quarter ~ two** ikiyi çeyrek geçiyor
paste [peyst] *n.* macun; çiriş, kola; *v/t* yapıştırmak; **~board** mukavva
pasteurize ['pästırayz] *v/t* pastörize etm.
pastime ['pâstaym] eğlence
pastry ['peystri] hamur işi, pasta
pasture ['pâsçı] *n.* otlak, çayır, *v/t* otlatmak
pat [pät] *n.* el ile hafif vuruş; *v/t* hafifçe vurmak *-e*
patch [päç] *n.* yama; arazi parçası; *v/t* yamamak; **~work** yama işi
patent ['peytınt] *n.* patent; *v/t -in* patentini almak
patent leather rugan
patern|al [pı'tönl] babaya ait; **~ity** babalık
path [path] keçi yolu, patika
pathetic [pı'thetik] acıklı, dokunaklı
patien|ce ['peyşıns] sabır; **~t** sabırlı; hasta
patriot ['peytriıt] *n.*, **~ic** [pätri'otik] *adj.* yurtsever
patrol [pi'trıul] *n.* devriye; *v/t* devriye gezmek
patron ['peytrın] velinimet; patron; **~age** ['pätrınic] himâye, koruma, arka çıkma
patter ['pätı] *v/i* pıtırdamak
pattern ['pätın] örnek, model; kalıp; mostra
paunch [pônç] şiş göbek
pause [pôz] *n.* fasıla, mola, teneffüs; *v/i* durmak, duraklamak
pave [peyv] *v/t* kaldırım *v.s.* ile döşemek; *fig. yolu* açmak; **~ment** kaldırım
paw [pô] *n.* pençe; *v/t* kabaca ellemek
pawn [pôn] *n.* rehin; *v/t* rehine koymak; **~broker** rehinci, tefeci
pay [pey] *n.* ödeme; maaş, ücret; *v/t* ödemek; **~ for** *bş* için para vermek; *-in* cezasını

çekmek; ~ ***attention*** dikkat etm.; ~ ***a visit*** görmeğe gitmek (***to*** *-i*); **~able** ödenmesi gereken; **~day** ücretlerin verildiği gün; **~ee** [~'î] alacaklı; **~ment** ödeme; ücret; **~roll** ücret bordrosu
pea [pî] *bot.* bezelye
peace [pîs] barış, sulh; huzur; **~ful** sakin; uysal; barışsever
peach [piç] *bot.* şeftali
peacock ['pîkok] *zo.* tavus
peak ['pîk] zirve, tepe; *kaskette* siper
peal [pîl] *n.* gürültü; *v/i* çan çalınmak
peanut ['pînat] *bot.* Amerikan fıstığı, yer fıstığı
pear [päı] *bot.* armut
pearl [pöl] inci
peasant ['pezınt] köylü
peat [pît] turba
pebble ['pebl] çakıl taşı
peck [pek] *v/i* gaga ile vurmak (**at** *-e*)
peculiar [pi'kyûlyı] özel, özgü; tuhaf, garip; **~ity** [~li'äriti] özellik, özgülük
pedal ['pedl] *n.* pedal; *v/t* ayakla işletmek
pedestal ['pedist] *arch.* taban, ayak, kaide
pedestrian [pi'destriın] yayalara ait, yaya giden; ~ **precinct** yaya bölgesi
pedigree ['pedigrî] soy ağacı; soy, ata
pedlar ['pedlı] seyyar satıcı
pee [pî] *F* işemek
peel [pîl] *n.* kabuk; *v/t -in* kabuğunu soymak; *v/i* soyulmak
peep [pîp] *n.* civciv gibi ötme; azıcık bakış, dikiz; *v/i* gizlice bakmak (**at** *-e*)
peer [piı] eş, akran; asilzade; **~less** eşsiz
peevish ['pîviş] hırçın, huysuz
peg [peg] *n.* ağaç çivi, takoz, pim; askı; *v/t* mıhlamak; *ec. -de* denge sağlamak
pelt [pelt] *v/t taş* atarak saldırmak; *v/i yağmur* üzerine boşanmak
pen[1] [pen] dolma kalem
pen[2] kümes, ağıl
penal ['pînl] cezaya ait; **~ty** ['penlti] ceza; *spor:* penaltı
penance ['penıns] *rel.* kefaret, ceza; pişmanlık
pence [pens] *pl. bak* ***penny***
pencil ['pensl] kurşun kalem; ~ **sharpener** kalemtıraş
pend|ant ['pendınt] asılı şey; pandantif, kolye; **~ing** henüz karara bağlanmamış; zarfında; *-e* kadar
penetrat|e ['penitreyt] *v/t* delip girmek *-e, -in* içine girmek; **~ion** sokuluş; etki
pen friend mektup arkadaşı
penguin ['peŋgwin] *zo.* penguen
penholder kalem sapı
peninsula [pi'ninsyulı] *geo.* yarımada
penitent ['penitınt] pişman, tövbekâr; **~iary** [~'tenşıri] *Am.* hapishane, ceza evi
penknife çakı

penn|iless [ˈpenilis] parasız, meteliksiz; **~y** peni
pension [ˈpenşın] pansiyon; emekli aylığı, **~er** emekli
pensive [ˈpensiv) dalgın, düşünceli
penthouse [ˈpenthaus] çatı katı, çekme kat
people [ˈpîpl] *n.* halk, ahali; millet, ulus; akrabalar *pl.; v/t* insanla doldurmak
pepper [ˈpepı] *n.* biber; *v/t* biberlemek; **~mint** nane
per [pö] ... başına, her bir; süresince; vasıtasıyla
perambulator [ˈprämbyuleytı] çocuk arabası
perceive [pıˈsîv] *v/t* sezmek, görmek; anlamak
percent [pıˈsent] yüzde; **~age** yüzdelik
percept|ible [pıˈseptıbl] duyulur, farkına varılır; **~ion** anlama, algı, seziş
perch [pöç] tünek
percussion [pıˈkaşın] vurma, çarpma; **~ instrument** *mus.* vurmalı çalgı
peremptory [pıˈremptıri] kesin, mutlak
perfect [ˈpöfikt] *adj.* tam; kusursuz; *n. gr.* **(~ tense)** geçmiş zaman; [pıˈfekt] *v/t* tamamlamak; **~ion** kusursuzluk; tamamlama
perforate [ˈpöfıreyt] *v/t* delmek
perform [pıˈfôm] *v/t* yapmak, yerine getirmek; *thea.* oynamak; **~ance** yerine getirme; *thea.* temsil, gösteri, konser
perfume [ˈpöfyûm] *n.* güzel koku; parfüm, esans; *v/t* parfüm sürmek *-e*
perhaps [phıˈhäps] belki
peril [ˈperil] tehlike; **~ous** tehlikeli
period [ˈpiırıd] çağ, devir; süre; **~ic** [~ˈodik] periyodik, süreli; **~ical** periyodik; dergi
perish [ˈperiş] *v/i* ölmek, can vermek; mahvolmak; **~able** kolay bozulur, dayanıksız
perjury [ˈpöcıri] *jur.* yalan yere yemin
perm [pöm] *coll.* perma (-nant); **~anent** sürekli, devamlı; **~anent wave** perma(nant)
permeable (ˈpömyıbl] geçirgen
permi|ssion [pıˈmişın] izin, müsaade; ruhsat; **~t** [~t] *v/t* müsaade etm.; kabul etm.; [ˈpömit] *n.* permi; izin
perpendicular [pöpınˈdikyulı] dikey, düşey
perpetual [pıˈpeçuıl] sürekli; kalıcı
persecut|e [ˈpösikyût] *v/t* sıkıştırmak; zulmetmek *-e;* **~ion** zulüm; **~or** zalim
persever|ance [pösiˈviırıns] sebat; **~e** [~ˈviı] *v/i* sebat göstermek *(in -de)*
Persia [ˈpöşı] İran; **~n** İranlı; Farsça
persist [pıˈsist] ısrar etm., ayak diremek *(in -de);*

~ence, ~ency sebat; ısrar; **~ent** ısrarlı
person ['pöşn] şahıs, kimse; **~al** özel; kişisel; **~ality** [~sı'näliti] kişilik; **~ify** [~'sonifay] *v/t* kişileştirmek, cisimlendirmek; **~nel** [~sı'nel] kadro, personel
perspective [pı'spektiv] perspektif
perspir|ation [pöspı'reyşın] ter(leme); **~e** [pıspayı] *v/i* terlemek
persua|de [pı'sweyd] *v/t* ikna etm.; **~sion** [~jın] ikna, kandırma; inanç; **~sive** [~siv] ikna edici
pert [pöt] şımarık, arsız
pertain [pö'teyn] ait olm. (**to** *-e*).
perturb [pı'töb] *v/t* altüst etm.
pervade [pö'veyd] *v/t* kaplamak; yayılmak *-e*
perverse [pı'vös] ters, aksi; sapık
pessimis|m ['pesimizım] kötümserlik; **~t** ['~mist] *n.* kötümser
pest [pest] veba; baş belâsı; **~er** *v/t* sıkmak, usandırmak
pet [pet] *n.* ev hayvanı; gözde, sevgili; *v/t* okşamak
petal ['petl] *bot.* çiçek yaprağı
petition [pi'tişın] *n.* dilekçe; *v/t* dilekçe vermek *-e* (**for** için)
petrify ['petrifay] *v/t* taş haline getirmek, taşlaştırmak; *fig.* şaşkına çevirmek
petrol ['petrıl] benzin; **~ station** benzin istasyonu
pet shop evcil hayvan satan dükkân
petticoat ['petikıut] iç etekliği
petty ['peti] küçük; önemsiz
pew [pyû] *kilisede* oturacak sıra
phantom ['fäntım] hayal; görüntü
pharmacy [fämısi] eczane; eczane reyonu; eczacılık
phase [feyz] safha, evre; faz
pheasant ['feznt] *zo.* sülün
philanthropist [fi'länthrıpist] hayırsever
philology [fi'lolıci] filoloji
philosoph|er [fi'losıfı] filozof; **~y** felsefe
phone [fıun] *coll. n.* telefon; *v/t* telefon etm. *-e*
phon(e)y ['fıuni] *sl.* sahte, düzmece
photo ['fıutıu] *n.* fotoğraf; **~copy** fotokopi
photograph ['fıutıgrâf] *n.* fotoğraf; *v/t -in* fotoğrafını çekmek; **~er** [fi'togrıfı] fotoğrafçı; **~y** fotoğrafçılık
phrase [freyz] ibare; deyim
physic|al ['fizikıl] fiziksel; maddî; bedensel; **~ian** [fi'zişın] doktor, hekim; **~ist** ['~sist] fizikçi; **~s** *pl.* fizik *sg.*
physique [fi'zik] beden yapısı
piano [pi'änıu] *mus.* piyano
pick [pik] *n.* sivri kazma; seçme; *v/t* kazmak; delmek; *çiçek, meyve vs.* toplamak, koparmak; seçmek; **~ out** seçmek; ayırt etm.; **~ up** eğilip

yerden almak, kaldırmak; toplamak
picket [ˈpikit] *n.* garnizon nöbetçisi; grev gözcüsü; kazık; *v/i* grev gözcülüğü yapmak; nöbet tutmak
pickle [ˈpikl] *n.* turşu, salamura; *v/t -in* turşusunu kurmak
pick|pocket yankesici; **~up** pikap kolu
picnic [ˈpiknik] piknik
pictorial [pikˈtôriıl] resimli; resimlerle ilgili; resimli dergi
picture [ˈpikçı] *n.* resim; tablo; *pl.* sinema; *v/t* tasavvur etm.; *-in* resmini yapmak; tanımlamak; **~ postcard** resimli kartpostal; **~sque** [~ˈresk] pitoresk, resme elverişli
pie [pay] börek, turta
piece [pîs] parça, bölüm; ***by the ~*** parça başına; **~meal** parça parça; **~work** parça başı iş
pier [pii] *naut.* iskele, rıhtım
pierce [piıs] *v/t* delmek; nüfuz etm. *-e*
piety [ˈpayıti] dindarlık
pig [pig] domuz
pigeon [ˈpicin] güvercin; **~hole** *yazı masasında vs.* göz
pig|headed inatçı; **~tail** saç örgüsü
pike [payk] *zo.* turna balığı
pile [payl] *n.* yığın, küme; *v/t* yığmak, istif etm.; *v/i* birikmek
pileup [ˈpaylap] *mot. F* zincirleme trafik kazası
pilfer [ˈpilfı] *v/t* aşırmak
pilgrim [ˈpilgrim] hacı; **~age** hac yolculuğu
pill [pil] hap, tablet
pillar [ˈpilı] direk, sütun; **~box** posta kutusu
pillory [ˈpilıri] ceza boyunduruğu
pillow [ˈpilıu] yastık; **~case, ~ slip** yastık yüzü
pilot [ˈpaylıt] *n.* kılavuz; pilot; *v/t* kılavuzluk etm. *-e*
pimp [pimp] pezevenk
pimple [ˈpimpl] sivilce
pin [pin] *n.* toplu iğne; broş; *v/t* iğnelemek
pincers [ˈpinsız] *pl.* kerpeten, kıskaç *sg.*
pinch [pinç] *n.* çimdik; tutam; sıkıntı; *v/t* çimdiklemek; kıstırmak; *coll.* aşırmak
pine[1] [payn] *v/i* zayıflamak; ***~ for*** *-in* özlemini çekmek
pine[2] [payn] *bot.* çam; **~apple** ananas
pink [piŋk] *bot.* karanfil; pembe
pinnacle [ˈpinıkl] kule; zirve, doruk
pint [paynt] galonun sekizde biri *(0,57 l, Am. 0,47 l)*
pioneer [payıˈniı] öncü; *mil.* istihkâm eri
pious [ˈpayıs] dindar
pip [pip] çekirdek
pipe [payp] *n.* boru; çubuk; pipo; künk; *v/t* borularla ilet-

mek; çalmak; *v/i* düdük çalmak; **~line** boru hattı
pirate ['payrıt] korsan
pistol ['pistl] tabanca
piston ['pistın] *tech.* piston
pit[1] [pit] çukur
pit[2] [pit] *Am.* çekirdek
pitch[1] [piç] zift
pitch[2] [piç] *n.* fırlatma; yükseklik; *mus.* perde; derece; *v/t çadır* kurmak; atmak, fırlatmak; **~ed battle** *fig.* uzun tartışma, savaş
pitcher ['piçı] testi
piteous ['pitiıs] acınacak
pitfall ['pitfôl] tuzak *(a. fig.)*
pith [pith] *an., zo., bot.* öz, ilik
piti|able ['pitiıbl] acınacak; acıklı; **~ful** acınacak; aşağılık; **~less** merhametsiz
pity ['piti] *n.* acıma, merhamet; ***it is a ~*** yazık
pivot ['pivıt] mil, eksen
placard ['pläkaad] *n.* afiş, poster, duvar ilânı; *v/t* afiş ile bildirmek
place [pleys] *n.* yer; meydan, alan; görev; *v/t* koymak, yerleştirmek; ***in ~ of*** yerine; ***out of ~*** yersiz; ***take ~*** meydana gelmek
placid ['pläsid] sakin, uysal
plague [pleyg] *n.* veba; belâ, musibet; *v/t* eziyet vermek *-e*
plaice [pleys] *zo.* pisi balığı
plain [pleyn] ova; düz; sade, süssüz; **~clothes**: ***in ~*** sivil (giysili)
plaint|if ['pleyntif] *jur.* davacı; **~ive** ['~tiv] ağlamaklı, kederli
plait [plät] kat, kıvrım, plise; örgü; *v/t saç:* örmek
plan [plän] *n.* plân, taslak; niyet; *v/t* tasarlamak
plane [pleyn] *adj.* düz, düzlem; *n. tech.* planya, rende; *av.* uçak; *v/t* rendelemek
planet ['plänit] *astr.* gezegen
plank [pläŋk] kalas
plant [plânt] *n.* bitki; fabrika; *v/t* dikmek; kurmak; **~ation** [plän'teyşın] fidanlık; büyük çiftlik; **~er** ['plântı] ekici; çiftlik sahibi
plaque [plâk] levha
plaster ['plâstı] *n.* sıva; alçı; yakı; *v/t* sıvamak, yakı yapıştırmak *-e;* ***~ of Paris*** alçı
plastic ['plästik] *adj,* **~s** *pl.* plastik
plate [pleyt] *n.* tabak; levha; plaka; fotoğraf camı; *v/t* kaplamak
platform ['platfom] kürsü, plâtform; otobüs sahanlığı; peron; *pol.* parti programı
platinum ['plätinım] platin
platoon [plı'tuun] *mil.* takım
plausible ['plôzibl] akla sığan, makul
play [pley] *n.* oyun; piyes; *v/t* oynamak; *mus.* çalmak; ***~ off*** *spor:* final oynamak; *fig.* iki kişiyi birbirine düşürmek; ***~ up*** *mus.* daha canlı çalmak; canla başla oynamak; **~er** oyuncu; **~ful** oyunbaz, şakacı; **~ground** oyun alanı; **~mate** oyun arkadaşı;

~thing oyuncak; **~wright** ['~rayt] *thea.* oyun yazarı
plea [plî] savunma; rica; bahane
plead [plîd] *v/t* ileri sürmek; savunmak; *v/i* yalvarmak; **~ guilty** suçu kabul etm.
pleasant ['pleznt] hoş, lâtif
please [plîz] *v/t* sevindirmek, *-in* hoşuna gitmek; *intj.* lütfen; **be ~d** memnun olm. **(with** *-den)*
pleasure ['plejı] zevk, keyif
pleat [plît] pli, kıvrım
pledge [plec] *n.* rehin; söz, vaat; *v/t* rehin olarak vermek
plent|iful ['plentiful] bol, çok; **~y** bolluk, çokluk, bereket; **~ of** çok
pleurisy [~pluırisi] *med.* zatülcenp, satlıcan
pliable ['playıbl] esnek, bükülür; *fig.* uysal, esnek
pliers ['playız] *pl.* kıskaç, pens(e)
plight [playt] kötü durum
plod [plod] ağır yürümek *veya* çalışmak
plot [plot] *n.* arsa, parsel; entrika, suikast; gizli plân; *v/t -in* haritasını çıkarmak; *v/i* kumpas kurmak
plough, *Am.* **plow** [plau] saban, pulluk; *v/t* sabanla işlemek; **~share** saban demiri
pluck [plak] *n.* cesaret, yiğitlik; *v/t* koparmak, yolmak; **~y** cesur, yılmaz
plug [plag] *n.* tapa, tıkaç; *el.* fiş; buji; *v/t* tıkamak; **~ in** *el.* prize sokmak
plum [plam] *bot.* erik
plumage ['pluumic] kuşun tüyleri *pl.*
plumb [plam] *n.* çekül, şâkul; *v/t* iskandil etm.; **~er** lehimci; muslukçu
plume [pluum] gösterişli tüy, sorguç
plump [plamp] *adj.* şişman, tombul; *v/i* birdenbire düşmek; oy vermek **(for** *-e); yardım etm. (-e).*
plunder ['plandı] *n.* yağma; *v/t* yağma etm., soymak
plunge [planc] *v/t* daldırmak; *v/i* dalmak, atılmak **(into** *-e)*
pluperfect (tense) ['pluu'pöfikt] *gr.* geçmiş zamanın hikâye şekli
plural ['pluırıl] *gr.* çoğul
plus [plas] ve, artı, ilâvesiyle; *math.* artı
plush [plaş] pelüş
ply [play] *n.* kat; *v/t* işletmek, kullanmak; düzenli sefer yapmak **(between** arasında); **~wood** kontrplâk
pm, PM [pî'äm] *kıs.* öğleden sonra
pneum|atic [nyû'mätik] *tech.* hava basıncı ile ilgili; **~onia** [~'mıunyı] *med.* zatürree
poach [pıuç] *v/i* gizlice avlanmak; **~er** kaçak avlanan kimse
PO Box [pî ıu boks] posta kutusu
pocket ['pokıt] *n.* cep; *v/t* cebe sokmak; **~ book** cep kita-

bı; **~knife** çakı
pod [pod] kabuk, zarf
poem ['pıuim] şiir
poet ['pıuit] şair; **~ic(al)** [~'etik(ıl)] şiire ait; şiir türünde yazılmış, manzum; **~ry** ['~itri] şiir sanatı
poignant ['poynınt] acı, keskin
point [poynt] *n.* nokta; uç; puan; derece; *pl. demiryolunda* makaslar; *v/t* yöneltmek; sivriltmek; *v/i* göstermek (**at** *-i*); silâhı doğrultmak *(-e)*; ***beside the ~*** konu dışında; ***on the ~ of*** *-ing -mek* üzere; ***~ of view*** görüş noktası; **~ *out*** *v/t* belirtmek; **~ed** uçlu; *fig.* anlamlı; **~er** işaret değneği; gösterge; **~less** uçsuz; *fig.* anlamsız
poise [poyz] *n.* denge; duruş, hal; *v/t -in* dengesini sağlamak; *v/i* sarkmak
poison ['poyzn] *n.* zehir; *v/t* zehirlemek; **~ous** zehirli
poke [pıuk] *v/t* dürtmek, dirseklemek; **~r** ocak demiri
Poland ['pıulınd] Polonya
polar ['pıulı] *geo.* kutupsal; **~ bear** *zo.* kutup ayısı
pole[1] [pıul] kutup; direk, kazık
Pole[2] Polonyalı, Lehli
police [pı'lis] polis; **~man** polis, erkek polis memuru; **~ station** karakol
policy ['polisi] politika; poliçe, sigorta poliçesi
polio ['pıuliıu] *med.* çocuk felci
polish[1] ['poliş] *n.* cilâ, perdah; boya; *v/t* cilâlamak, parlatmak
Polish[2] ['pıuliş] Polonyalı; Lehçe
polite [pı'layt] nazik, kibar; **~ness** nezaket, kibarlık
politic|al [pı'litikıl] politik, siyasî; **~ian** [poli'tişn] politikacı, siyaset adamı
politics ['politiks] *pl.* siyaset, politika *sg.*
poll [pıul] *n.* oy; anket; *pl.* seçim bürosu *sg.*
pollut|e [pı'luut] *v/t* kirletmek; **~ion** kirlilik
pomegranate ['pomgränit] *bot.* nar
pomp [pomp] gösteriş, tantana; **~ous** tantanalı, görkemli
pond [pond] gölet, gölcük
ponder ['pondı] *v/i* uzun boylu düşünmek (**on, over** *-i); v/t* zihninde tartmak; **~ous** ağır; can sıkıcı
pony ['pıuni] *zo.* midilli
poodle ['puudl] *zo.* kaniş (köpeği)
pool [puul] *n.* gölcük, su birikintisi; havuz; ortaya konulan para; *v/t* ortaklaşa toplamak; **~s** *pl.* spor toto
poor [puı] fakir, yoksul; az; fena; ***the ~*** *pl.* yoksullar
pop [pop] *n.* pat, çat; patlama sesi; *v/i* patlamak; *v/t* patlatmak; **~ *out*** *v/i* yuvasından fırlamak *(gözler)*

pope [pıup] *rel.* papa
poplar ['poplı] *bot.* kavak
poppy ['popi] *bot.* gelincik; haşhaş
popul|ace ['popyulıs] halk, avam; **~ar** halka ait; herkesçe sevilen, popüler; **~arity** [~'läriti] halk tarafından tutulma; rağbet; **~ate** ['~eyt] *v/t* şeneltmek; **~ation** nüfus, ahali; **~ous** nüfusu çok, kalabalık
porcelain ['pôslin] porselen
porch [pôç] kapı önünde sundurma; *Am.* veranda
porcupine ['pôkyupayn] *zo.* oklu kirpi
pore [pô] *n. an.* gözenek; *v/i* derin düşünmek (**over** *-i*)
pork [pôk] domuz eti
pornography [pô'nogrıfi] pornografi, edebe aykırılık
porous ['pôrıs] gözenekli
porridge ['poric] yulaf lâpası
port[1] [pôt] liman
port[2] *naut.* lombar
port[3] porto şarabı
portable ['pôtıb] taşınabilir, portatif
porter ['pôtı] hamal; kapıcı
portion ['pôşın] *n.* hisse, pay; parça; porsiyon; çeyiz; *v/t* **~ out** bölüştürmek (***among, between*** arasında)
portly ['pôtli] iri yapılı; heybetli
portrait ['pôtrit] portre, resim
Portug|al ['pôtyugıl] Portekiz; **~uese** [~'giz] Portekizli; Portekizce
pose [pıuz] *n.* tavır; duruş; poz; *v/i* poz almak; taslamak (**as** *-i*)
position [pı'zışin] yer; durum, vaziyet
positive ['pozıtiv] olumlu; pozitif
possess [pı'zes] *v/t* malik olm., sahip olm. *-e;* **~ed** deli, çılgın; **~ion** tasarruf; mal, mülk; iyelik; **~ive pronoun** *gr.* iyelik zamiri; **~or** mal sahibi
possib|ility [posı'biliti] olanak, imkân; ihtimal; **~le** ['posıbl] mümkün, olası; **~ly** *adv.* belki
post [pıust] *n.* direk, kazık; görev, memuriyet; posta; *v/t* postaya vermek; koymak, yerleştirmek; **~age** posta ücreti; **~age stamp** posta pulu; **~al order** posta havalesi; **~card** kartpostal; **~code** posta kodu
poster ['pıustı] poster, afiş
poste restante [pıust'restant] postrestant
posterity [pôs'teriti] gelecek kuşaklar *pl.*
post-free posta ücretine tabi olmayan
post|-graduate lisans üstü; **~humous** ['postyumıs] ölüm den sonra olan
post|man postacı; **~mark** posta damgası; **~master** postane müdürü; **~ office** postane; **~ office box** posta kutusu

postpone [pıust'pıun] *v/t* ertelemek, sonraya bırakmak
postscript ['pıusskript] dipnot, not
posture ['posçı] duruş, poz
post war ['pıust'wö] savaş sonrası
posy ['pıuzi] çiçek demeti
pot [pot] *n.* çömlek, kavanoz; saksı; *v/t* saksıya dikmek; kavanozda konserve etm.
potato [pı'teytıu] patates
potent ['pıutınt] kuvvetli, etkili; **~ial** güç; potansiyel
potter[1] ['potı] *v/i* oyalanmak
potter[2] çömlekçi; **~y** çanak çömlek; çömlekçilik
pouch [pauç] kese
poultice ['pıultis] yakı, ağrı lâpası
poultry ['pıultri] kümes hayvanları *pl.*
pounce [pauns] *v/i* atılmak (*on -in* üzerine)
pound[1] [paund] libre *(454 g)*; sterlin, İngiliz lirası
pound[2] *v/t* dövmek; yumruklamak
pour [pô] *v/i* akmak, dökülmek; *v/t* dökmek, akıtmak
pout [paut] *v/t dudaklarını* sarkıtmak; *v/i* somurtmak
poverty ['povıti] yoksulluk
powder ['paudı] *n.* toz; pudra; barut; *v/t* toz *veya* pudra sürmek *-e*
power ['pauı] kudret, kuvvet, güç; yetki; **~ful** kuvvetli, kudretli; etkili; **~less** kuvvetsiz; **~ plant, ~ station** elektrik santralı
practi|cable ['präktikıbl] yapılabilir; elverişli; **~cal** pratik; kullanışlı; **~ce,** *Am.* **~se** ['~tis] uygulama; alışkanlık; pratik; müşteriler *pl.*; **~se** *v/t* yapmak; uygulamak; eğitmek; **~tioner** [~'tişnı] pratisyen doktor; avukat
prairie ['präıri] *Kuzey Amerika'da* bozkır
praise [preyz] *n.* övgü; *v/t* övmek; **~worthy** övgüye değer
pram [präm] çocuk arabası
prank [präŋk] kaba şaka, oyun
prattle ['prätl] *F* gevezelik etm., çene çalmak
prawn [prôn] *zo.* iri karides, deniz tekesi
pray [prey] *v/i* dua etm.; yalvarmak (*to -e*); *v/t* çok rica etm. (*for -i*); **~er** [präı] dua; ibadet
preach [priç] *v/i* vaaz vermek (*to -e*); **~er** vaiz
preamble [pri'ämbl] önsöz
precarious [priäkäırıııs] karsız, güvenilmez
precaution [pri'kôşın] önlem, tedbir
precede [pri'sîd] *v/t -den* önce gelmek; *-in* önünden yürümek; **~nce** önce gelme; üstünlük; **~nt** ['presidınt] emsal, örnek
precept ['prîsept] kural, ilke, kaide, prensip

precinct [ˈprisiŋkt] bölge, çevre, özel alan
precious [ˈpreşıs] kıymetli, pahalı, çok sevilen
precipi|ce [ˈpresipis] uçurum; **~tate** [priˈsipiteyt] *v/t* zamanından önce meydana getirmek; hızlandırmak; [priˈsipitit] *adj.* aceleci; düşüncesiz; **~tation** [prisipiˈteyşın] acelecilik, telâş; yağış (miktarı); **~tous** [priˈsipitıs] dik, sarp
précis [ˈpreysî] özet
precis|e [priˈsays] tam; kesin; **~ion** [~ˈsijın] dikkat; kesinlik
precocious [priˈkıuşıs] vaktinden önce gelişmiş
preconception [ˈprîkınˈsepşın] ön yargı
predatory [ˈpredıtıri] yağmacılıkla geçinen; yırtıcı
predecessor [ˈprîdisesı] öncel, selef
predetermine [ˈprîdiˈtömin] *v/t* önceden belirlemek
predicament [priˈdikımınt] kötü durum
predicate [ˈpredikit] *gr.* yüklem
predict [priˈdikt] *v/t* önceden bildirmek; **~ion** önceden haber, tahmin
predisposition [prîdispıˈzişın] eğilim, meyil
predomina|nt [priˈdominınt] üstün; **~te** [~eyt] *v/i* üstün olm.
preface [ˈprefis] ön söz
prefer [priˈfö] *v/t* tercih etm. (**to** *-e*); **~able** [ˈprefirıbl] daha iyi, yeğlenebilir; **~ence** [ˈprefırıns] öncelik, üstünlük
prefix [ˈprîfiks] *gr.* ön ek
pregnan|cy [ˈpregnınsi] gebelik; **~t** gebe
prejudice [ˈprecudis] *n.* ön yargı, peşin hüküm; *v/t* haksız hüküm verdirmek *-e* (***against*** *-e* karşı)
preliminary [priˈliminıri] hazırlayıcı, ilk
prelude [ˈprelyûd] başlangıç, giriş
premature [premıˈtyuı] mevsimsiz, erken; erken doğmuş *(bebek)*
premeditated [priˈmediteytıd] tasarlanmış, plânlanmış
premier [ˈpremyı] baştaki; *pol.* başbakan
premises [ˈpremisiz] *pl.* mülk, ev ve eklentileri *sg.*
premium [ˈprîmyım] prim, ödül; ikramiye
preoccupied [priˈokyupayd] zihni meşgul, dalgın
prepar|ation [prepıˈreyşın] hazırlama; hazırlık; **~atory** [priˈpärıtıri] hazırlayıcı; **~school** hazırlık okulu; **~e** [priˈpäı] *v/t* hazırlamak; *v/i* hazırlanmak
preposition [prepıˈzişın] *gr.* edat, ilgeç
preposessing [prîpıˈzesiŋ] alımlı, çekici
preposterous [priˈpostırıs] akıl almaz, mantıksız, saçma

prescri|be [pris'krayb] *v/t* emretmek; *ilâcı* vermek; **~ption** [~'kripşın] *med.* reçete

presence ['prezns] hazır bulunma; **~ of mind** soğukkanlılık

present[1] ['preznt] hazır; şimdiki; hediye, armağan; **~ (tense)** *gr.* şimdiki zaman; **at ~** şimdi, şu anda

present[2] [pri'zent] *v/t* sunmak; tanıştırmak; göstermek

presentation [prezen'teyşın] sunma, takdim; armağan; temsil, gösterim

presentiment [prı'zentimınt] ön sezi

presently ['prezntli] *adv.* birazdan, derhal; *Am.* şimdi

preserv|ation [prezö'veyşın] saklama, koruma; **~e** [pri'zöv] *v/t* korumak; saklamak; dayandırmak; *-in* konservesini yapmak; *n. pl.* reçel *sg.*

preside [pri'zayd] *v/t* başkanlık etm. (**at, over** *-e*)

president ['prezidınt] başkan, cumhurbaşkanı

press [pres] *n.* baskı; basın; matbaa; mengene; *v/t* sıkmak, sıkıştırmak; basmak; zorlamak; ütülemek; **~ing** ivedi, acele; **~ure** ['~şı] basınç; baskı; **~ure cooker** düdüklü tencere

prestige [pres'tîj] prestij, saygınlık

presum|e [pri'zyûm] *v/t* tahmin etm.; var saymak

presumpt|ion [pri'zampşın] varsayım, tahmin; küstahlık; **~uous** [~tyuıs] küstah

preten|ce, *Am.* **~se** [pri'tens] bahane; taslama; iddia; **~d** *v/t* yalandan yapmak; taslamak (**to** *inf. -i*); *v/i* yapar gibi görünmek; iddia etm. (**to** *-i); **~der** hak iddia eden; **~sion** hak iddiası; iddia, sav

preterit(e) (tense) ['pretirit] *gr.* geçmiş zaman kipi

pretext ['prîtekst] bahane

pretty ['priti] güzel, sevimli; *adv.* oldukça, hayli

prevail [pri'veyl] egemen olm.; yürürlükte olm.; **~ing** geçerli, yaygın olan

prevent [pri'vent] *v/t* önlemek; durdurmak; **~ion** önleme; **~ive** önleyici

previous ['prîvyıs] önceki, sabık; önce (**to** *-den*)

pre-war ['prîwô] savaş öncesi

prey [prey] *n.* av; **~ on** *zo.* ile beslenmek; *fig.* içine dert olm.; *fig. -in* sırtından geçinmek

price [prays] *n.* fiyat, bedel; *v/t* fiyat koymak *-e;* **~less** paha biçilmez

prick [prik] *n.* iğne *veya* diken batması; *v/t* sokmak, delmek; **~ up one's ears** kulak kabartmak; **~le** diken; **~ly** dikenli

pride [prayd] kibir, gurur; iftihar, kıvanç

priest [prist] papaz

primary ['praymıri] ilk, asıl;

başlıca; ~ **school** ilkokul
prime [praym] baş, ana, asıl, birinci; başlıca; olgunluk çağı; ~ **minister** *pol.* başbakan; **~r** ilk okuma kitabı; ~ **time** *TV:* en çok seyirci toplayan zaman kuşağı
primitive ['primitiv] ilkel; basit; kaba
primrose ['primrıuz] *bot.* çuha çiçeği
prince [prins] prens: hükümdar; **~ss** ['~ses] prenses
princip|al ['prinsıpıl] başlıca, en önemli; şef, müdür, patron; ana para, sermaye; **~le** ['~ıpl] prensip, ilke
print [print] *n.* iz; basılı yazı, matbua; basma, emprime; *v/t* basmak; ***out of*** ~ baskısı tükenmiş; ***~ed matter*** matbua, basılı kâğıtlar; **~er** basımcı; **~ing** matbaacılık; baskı; **~ press** baskı makinesi; **~out** *bilgisayar:* çıkış
prior ['prayı] önce (**to** *-den*); **~ity** [~'oriti] öncelik
prison ['prizn] ceza evi, hapishane; **~er** tutuklu; tutsak, esir; ***take*** ~ *v/t* esir etm.
privacy ['privısi, 'pray~] özellik; gizlilik
privat|e ['prayvit] özel; kişisel; gizli; *mil.* er; **~ion** [~'veyşın] yoksunluk, sıkıntı
privilege ['privilic] imtiyaz, ayrıcalık; **~d** ayrıcalıklı
prize [prayz] *n.* mükâfat, ödül; *v/t* değer vermek *-e*
pro- [prıu-] *ön ek* lehinde, ... taraftarı, ... yanlısı; *-in* yerine geçen
probab|ility [probı'biliti] olasılık, ihtimal; **~le** ['~ıbl] olası, muhtemel
probation [prı'beyşın] deneme süresi; *jur.* gözaltı
probe [prıub] *n.* sonda; *v/t* araştırmak, yoklamak
problem ['problım] sorun, mesele, problem
procedure [prı'sîcı] işlem, yöntem, prosedür
proceed [prı'sîd] *v/i* yürümek, ilerlemek (**to** *-e* doğru); kaynaklanmak, çıkmak (***from -den***); *n. pl.* kazanç, gelir *sg.*; **~ing** izlenen yol, işlem;
process ['prıuses] *n.* yöntem, metot, işlem; gidiş, gelişme; *jur.* dava; çağrı belgesi; *v/t* işlemek; **~ion** [prışeşın] tören alayı
procla|im [prı'kleym] *v/t* ilân etm.; beyan etm.; **~mation** (proklı'meyşın] ilân; bildiri
procure [prı'kyuı] *v/t* elde etm.; edinmek
prodig|ious [pri'dicıs] muazzam; şaşılacak; **~y** ['prodici] olağanüstü şey; dâhi; ***child*** ~ harika çocuk
produce [prı'dyûs] *v/t* meydana getirmek; üretmek, çıkarmak; ['prodyûs] *n.* ürün, mahsul; **~r** [prı'dyûsı] üretici; *thea.* prodüktör, yapımcı
product ['prodakt] ürün, mahsul; sonuç; **~ion** [prı-

'dakşın] imal, üretim; *thea.* sahneye koyma; **~ive** [prı'daktiv] verimli
profess [prı'fes] *v/t* açıkça söylemek; açıklamak; **~ed** açıklanmış; **~ion** meslek; iddia, söz; **~ional** mesleğe ait, meslekî; profesyonel; **~or** profesör
proficien|cy [prı'fişınsi] yeterlik, beceriklilik; **~t** yeterli, usta
profile ['prıufayl] profil
profit ['profit] *n.* kâr, kazanç; yarar; *v/t* kazanç getirmek *-e; v/i* yararlanmak (***by, from*** *-den);* **~able** kazançlı; faydalı; **~eer** [~'tiı] vurguncu
profound [prı'faund] derin, engin
profusion [prı'fyûjın] bolluk; ***in ~*** bol bol
progeny ['procini] soy, nesil
prognosis [prog'nıusis] *med.* tahmin, prognoz
program(me) ['prıugräm] program; düzen
progress ['pıugres] *n.* ilerleme, gelişme; *v/i* ilerlemek; **~ive** ilerleyen; ilerici
prohibit [prı'hibit] *v/t* yasak etm.; engel olm. *-e;* **~ion** [prıui'bişin] yasak; içki yasağı
project ['procekt] *n.* plân, proje, tasarı; *v/t* tasarlamak; perdede göstermek; *v/i* çıkık olm.; **~ion** *phys.* projeksiyon; gösterim; çıkıntı; **~or** projektör, ışıldak
proletarian [prıule'täıriın] proleter
prolog(ue) ['prıulog] *thea.* prolog, ön söz
prolong [prıu'loŋ] *v/t* uzatmak
promenade [promi'nâd] gezinti; gezme yeri
prominent ['prominınt] seçkin, tanınmış; çıkıntılı, çıkık
promiscuous [prımis'kyuıs] önüne gelenle sevişen, uçkuru gevşek
promis|e ['promis] *v/t* söz vermek; *n.* söz, vaat; **~ing** ümit verici, gelecek vaat eden
promontory ['promıntri] *geo.* dağlık burun
promot|e [prı'mıut] *v/t* ilerletmek; terfi ettirmek; **~ion** terfi; *ec.* reklâm, promosyon
prompt [prompt] *adj.* hemen, çabuk; *v/t* harekete getirmek, sevketmek
prong [proŋ] çatal dişi
pronoun ['prıunaun] *gr.* zamir, adıl
pro|nounce [prı'nauns] *v/t* söylemek, sesletmek, telâffuz etm.; **~nunciation** [~nansi'eyşın] telâffuz, söyleniş, sesletim
proof [pruuf] kanıt, delil; deneme; prova; dayanıklı
prop [prop] *n.* destek; *v/t* desteklemek
propaga|te ['propıgeyt] *v/i* çoğalmak; *v/t* üretmek; yay-

mak; **-tion** [-'geyşın] üreme; yay(ıl)ma
propel [prı'pel] *v/t* itmek, sevketmek; **-ler** *tech.* pervane, uskur; **-ling pencil** kurşun dolma kalem
proper ['propı] uygun; özel; gerçek, doğru; **-ty** mal, mülk; özellik
prophe|cy ['profisi] önceden haber verme, kâhinlik; **-sy** ['-say] *v/t* önceden haber vermek (*sth.* hakkında); **-t** peygamber; kâhin
proportion [prı'pôşın] oran(tı), nispet; **-al** orantılı
propos|al [prı'pıuzıl] öneri, teklif; evlenme teklifi; **-e** *v/t* önermek; *v/i* evlenme teklifi yapmak (**to** *-e*); **-ition** [propı'zişın] teklif; sorun
propriet|ary [prı'prayıtıri] *ec.* sahipli, patentli, sicilli, markalı; **-or** sahip, mal sahibi
propulsion [prı'palşın] itici güç
prose [prıuz] nesir, düz yazı
prosecut|e ['prosikyût] *v/t* takip etm.; kovuşturmak; **-ion** *jur.* kovuşturma; **-or** davacı; savcı
prospect ['prospekt] *n.* manzara, görünüş; ümit; ihtimal; [prı'pekt] *v/i* araştırmak (**for** *-i*); **-ive** [pris'pektiv) muhtemel; beklenen; **-us** [prıs'pektıs] prospektus, tanıtma yazısı
prosper ['prospı] *v/i* başarılı olm.; gelişmek; **-ity** [-'periti] refah, gönenç; **-ous** ['-pırıs] bayındır; başarılı
prostitute ['prostityût] fahişe
prostrate ['prostreyt] yere uzanmış; takatı kesilmiş
protect [prı'tekt] *v/t* korumak (**from** *-den*); **-ion** koruma; **-ive** koruyucu; **-or** koruyucu şey *veya* kimse
protest ['prıutest] *n.* protesto, itiraz; [prı'test] *v/i* protesto etm. (**against** *-i*); *v/t* protesto etm.; iddia etm.; **℞ant** ['protistınt] *rel.* Protestan; **-ation** [prıutes'teyşın] itiraz, protesto
protocol ['prıutıkol] tutanak; *pol.* protokol
protract [prı'träkt] *v/t* uzatmak, sürdürmek
protrude [pri'truud] *v/i* dışarı çıkmak; *v/t* çıkarmak
proud [praud] gururlu; kıvanç duyan (**of** *-e*)
prove [pruuv] *v/t* kanıtlamak, göstermek; *v/i* bulunmak, ortaya çıkmak
proverb ['provöb] atasözü; **-ial** [prı'vöbyıl] herkesçe bilinen
provide [prı'vayd] *v/t* sağlamak; donatmak; *v/i* ilerisini hesaba katmak (**for** karşı); **-d (that)** *-si* koşuluyla
providen ['providın] tedbirli, öngörülü
provinc|e ['provins] il, vilâyet; taşra; yetki alanı; **-ial** [prı'vinşıl] taşralı; dar düşünceli, görgüsüz

provision [pri'vijın] tedarik, sağlama; şart, koşul; *pl.* erzak; **~al** geçici
provo|cation [provı'keyşın] kışkırtma; gücendirme; **~cative** [prı'vokıtiv] kışkırtıcı; kızdırıcı; **~ke** [prı'vıuk] *v/t* kışkırtmak, tahrik etm.; neden olm. *-e*
prowl [praul] *v/t* dolaşmak, kolaçan etm.; *v/i* gezinmek
proximity [prok'simiti] yakınlık
proxy ['proksi] vekillik
prude [pruud] erdemlilik taslayıcı
pruden|ce ('pruudıns] sağgörü; tedbir; **~t** sağgörülü, tedbirli
prune [pruun] *n.* kuru erik; *v/t* budamak
pry [pray] burnunu sokmak **(into** *-e*)
psalm [sâm] *rel.* ilâhi
pseudonym ['syûdınim] takma ad
psych|iatry [say'kayıtri] psikiyatri, ruh hekimliği; **~ology** [say'kolıci] psikoloji
pub [pab] birahane
puberty ['pyûbıti] ergenlik çağı
public ['pablik] halk; halka ait; devletle ilgili; alenî; genel; ***in*** **~** açıkça, alenen; **~ation** yayım(lama); yayın; **~ convenience** genel tuvalet; **~ity** [~'lısıti] alenilik, açıklık; reklâm, tanıtma
public| relations halkla ilişkiler; **~ school** *Brt.* özel kolej; *Am.* resmî ilkokul
publish ['pabliş] *v/t* yayımlamak; bastırmak; **~er** yayımcı; **~ing house** yayın evi
pudding ['pudiŋ] puding
puddle ['padl] su birikintisi
puff [paf] *n.* üfleme, püf; hafif yumuşak börek; pudra ponponu; *v/i* soluk soluğa kalmak; üflemek; püflemek; *v/t* şişirmek; **~y** şişkin, kabarık
pull [pul] *n.* çekme, çekiş; *v/t* çekmek; koparmak; **~ *down*** indirmek, yıkmak; **~ *out*** *v/t* çekip çıkarmak; *v/i* ayrılmak; **~ *o.s. together*** kendine gelmek
pulley ['puli] *tech.* makara
pullover ['pulıuvı] kazak, süveter
pulp [palp] meyve *veya* sebze eti; kâğıt hamuru
pulpit ['pulpit] mimber
pulpy ['palpi] etli, özlü
puls|ate [pal'seyt] *v/i* nabız gibi kımıldamak; **~e** nabız
pulverize ['palvırayz] *v/t* ezmek, toz haline getirmek
pump [pamp] *n. tech.* tulumba, pompa; iskarpin; *v/t* tulumba ile çekmek; *F-in* ağzını aramak; **~ *up*** pompa ile şişirmek
pumpkin ['pampkin) *bot.* helvacı kabağı
pun [pan] cinas, söz oyunu
punch [panç] *n.* punç; *tech.* zımba; yumrukla vuruş; *v/t* yumruklamak; zımbalamak

Punch [panç] **and Judy** ['cuudi] *İngiliz kukla oyununda iki başfigür*
punctual ['paŋktyuıl] tam zamanında olmuş, dakik
punctuat|e ['paŋktyueyt] *v/t* noktalamak; **~ion** *gr.* noktalama
puncture ['paŋkçı] delik; lastik patlaması
pungent ['pancınt] keskin; dokunaklı
punish ['paniş] *v/t* cezalandırmak; **~ment** ceza(landırma)
pup [pap] köpek yavrusu
pupil[1] [pyûpl] öğrenci
pupil[2] *an.* göz bebeği
puppet ['papit] kukla
puppy ['papi] köpek yavrusu
purchase ['pöçıs] *n.* satın alma; satın alınan şey; *v/t* satın almak; **~r** müşteri
pure [pyuı] saf, halis; temiz
purgat|ive ['pögıtiv] müshil, sürgün ilâcı; **~ory** *rel.* Araf
purge [pöc] *n. med.* müshil; *pol.* görevine son verme, tasfiye; *v/t* temizlemek
puri|fy ['pyuırifay] *v/t* temizlemek; **♀tan** [~tın] Püriten, mutaassıp Protestan; **~ty** temizlik, saflık
purloin [pä'loyn] *v/t* aşırmak, çalmak
purple ['pöpl] mor
purpose ['pöpıs] *n.* amaç, niyet; *v/t* niyet etm.; ***on ~*** kasten, isteyerek; ***to no ~*** faydasızca; **~ful** özel bir amaca yönelik; **~less** anlamsız; **~ly** bile bile
purr [pö] *v/t* mırlamak
purse[1] [pös] *n.* para kesesi; *Am.* el çantası; haz(i)ne
purse[2] *v/t dudakları* büzmek
pursu|e [pı'syû] *v/t* takip etm., kovalamak; **~it** [~yût] takip, arama; iş, uğraş
purvey [pö'vey] *v/t* sağlamak, tedarik etm.; **~or** erzak müteahhidi
pus [pas] irin
push [puş] *n.* itiş, dürtüş; çaba; *v/t* itmek, dürtmek; saldırmak; ***~ on*** devam etm; **~-button** *tech.* bir düğmeye basılarak çalışan makine; **~ telephone** tuşlu telefon
puss [pus], **~y** kedi; pisi pisi
put [put] *v/t* koymak, yerleştirmek; ifade etm.; ***~ away*** saklamak; ***~ down*** indirmek; bastırmak; yazmak; ***~ forth, ~ forward*** ileri sürmek; ***~ off*** sonraya bırakmak; vazgeçirmek; çıkarmak; ***~ on*** giymek; açmak; takınmak; ***~ out*** söndürmek; çıkarmak; ***~ through*** *tel.* bağlamak; ***~ up with*** katlanmak *-e*
putr|efy ['pyûtrifay] *v/i* çürütmek, bozmak; **~id** ['id] çürük, bozuk
putty ['pati] camcı macunu
puzzle ['pazl] *n.* bilmece, bulmaca; mesele; *v/t* şaşırtmak; *v/i* şaşırmak
pyjamas [pı'câmız] *pl.* pijama *sg.*
pyramid ['pırımid] piramit

Q

quack [kwäk] *n.* ördek sesi; *fig.* doktor taslağı, şarlatan; *v/i* ördek gibi bağırmak
quadr|angle ['kwodrängl] dörtgen; avlu
quadrup|ed ['kwodruped] dört ayaklı; **~le** *adj.* dört kat, dört misli; *v/t* dört misli çoğaltmak
quail [kweyl] *zo.* bıldırcın
quaint [kweynt] tuhaf, garip ve hoş
quake [kweyk] *n.* sarsıntı, deprem; *v/i* sarsılmak
qualif|ication [kwolifi'keyşın] nitelik; **~ied** ['~fayd] nitelikli, kalifiye; **~y** ['~fay] *v/t* nitelendirmek; sınırlamak; hafifletmek; *v/i* hak kazanmak
quality ['kwoliti] nitelik, kalite; özellik
qualm [kwâm] *pl.* endişe, vicdan azabı, kuruntu
quantity ['kwontiti] nicelik, miktar
quarantine ['kworıntin] karantina
quarrel ['kworıl] *n.* atışma, ağız kavgası; *v/i* kavga etm., çekişmek; **~some** kavgacı, huysuz
quarry[1] ['kwori] av
quarry[2] taş ocağı
quart [kwôt] galonun dörtte biri *(Brt. 1,14 l, Am 0,95 l)*
quarter [kwôtı] *n.* dörtte bir, çeyrek; üç aylık süre; etraf, semt; aman, hayatını bağışlama; *mil. pl.* kışla, ordugâh *sg.; v/t* dörde ayırmak; *mil.* yerleştirmek; ***a ~ past*** *-i* çeyrek geçe; ***a ~ to*** *-e* çeyrek kala; **~ly** üç ayda bir
quartet(te) [kwô'tet] *mus.* kuartet, dörtlü topluluk
quaver ['kweyvı] *v/i* titremek *(ses)*
quay [kî] rıhtım, iskele
queen [kwin] kraliçe
queer [kwiı] acayip, tuhaf
quench [kwenç] *v/t* söndürmek; *susuzluğunu* gidermek
querulous ['kweruləs] şikâyetçi, yakınan
query ['kwiıri] *n.* soru; *v/t* sormak *-e;* şüphelenmek *-den*
quest [kwest] arama
question ['kwesçın] *n.* soru; sorun; kuşku; *v/t* sormak *-e;* şüphe etm. *-den;* sorguya çekmek *-i;* ***be out of the ~*** söz konusu olamamak; **~able** şüpheli; **~ mark** *gr.* soru işareti; **~naire** [~stiı'näı] soru kâğıdı, anket formu
queue [kyû] sıra, kuyruk; **~ up** *v/i* kuyruğa girmek
quick [kwik] çabuk, tez, süratli; anlayışlı; çevik; **~en** *v/t* canlandırmak; çabuklaştırmak; *v/i* hızlanmak; **~sand** bataklık kumu; **~silver** cıva; **~witted** zeki, kavrayışlı
quid [kwid] *sl.* bir sterlin
quiet ['kwayıt] *adj.* sakin, ses-

siz; gösterişsiz; *n.* sessizlik; *v/t* susturmak; **~en** *v/t, v/i* sus(tur)mak, yatış(tır)mak
quill [kwil] tüy kalem; kirpi dikeni
quilt [kwilt] yorgan
quince [kwins] *bot.* ayva
quinine [kwi'nin] *chem.* kinin
quit [kwit] *v/t* terketmek, bırakmak; *adj.* serbest
quite [kwayt] tamamen; gerçekten; hayli
quiver ['kwivi] *n.* ok kılıfı; titreme; *v/i* titremek
quiz [kwiz] *n.* küçük sınav, yoklama, test; *v/t sorular* sormak
quota ['kwıutı] hisse, pay; kota
quotation (kwıu'teyşın] aktarma; *ec.* geçer fiyat; **~ marks** *pl. gr.* tırnak imi
quote [kwıut] *v/t* (aktarma yolu ile) söylemek

R

rabbi ['räbay] *rel.* haham
rabbit ['räbıt] *zo.* ada tavşanı
rabble ['räbl] ayak takımı
rabi|d ['räbid] kudurmuş; öfkeli; **~es** ['reybîz] *med.* kuduz
race¹ [reys] ırk, soy, nesil
race² *n.* yarış, koşu; akıntı; *v/i* yarışmak, koşmak
racial ['reyşıl] ırksal
racing ['reysıŋ] yarış; yarışlara ait
rack [räk] *n.* parmaklık; raf; yemlik; *v/t* yormak; işkence etm.; **~ one's brains** kafa patlatmak
racket ['räkit] raket; velvele, gürültü; haraççılık; **~eer** [~'tiı] şantajcı, haraççı
racy ['reysi] canlı, açık saçık
radar ['reydı] radar (aygıtı)
radi|ant ['reydyınt] parlak; **~ate** ['~eyt] *v/i* ışın yaymak; *v/t* yaymak; **~ation** yayılma; **~ator** radyatör
radical ['rädikıl] kökten, radikal; köksel
radio ['reydiıu] *n.* radyo; telsiz telgraf; *v/t* yayınlamak; **~activity** radyoaktivite, ışın etkinliği; **~therapy** radyoterapi
radish ['rädiş] *bot.* turp
radius ['reydyıs] yarıçap; *fig.* etki alanı, erim
raffle ['räfle] eşya piyangosu
raft [râft] sal; **~er** çatı kirişi
rag [räg] paçavra; değersiz şey
rage [reyc] *n.* öfke, hiddet; geçici istek (**for** *-e); v/i* kudurmak, köpürmek
ragged ['rägid] yırtık; pürüzlü
raid [reyd] *n.* akın, baskın; *v/t* baskın yapmak *-e*
rail¹ [reyl] sövüp saymak
rail² n. tırabzan, parmaklık; *tech.* ray; *v/t* parmaklıkla çe-

virmek; ***run off the ~s*** raydan çıkmak; **~ing(s** *pl.*) parmaklık; **~road** *Am.*, **~way** demir yolu
rain [reyn] *n.* yağmur; *v/i* yağmur yağmak; *v/t* yağmak; **~bow** alkım, gök kuşağı; **~coat** yağmurluk; **~y** yağmurlu
raise [reyz] *v/t* kaldırmak, yükseltmek; artırmak; *parayı* toplamak; yetiştirmek, büyütmek; ileri sürmek
raisin ['reyzn] kuru üzüm
rake [reyk] *n.* tarak, tırmık; alçak adam; *v/t* taramak, tırmıklamak
rally [räli] *n.* toplama; ralli; *v/i* düzene girmek; *v/t* düzeltmek, canlandırmak
ram [räm] *zo.* koç; *tech.* şahmerdan; *v/t* vurmak; vurarak yerleştirmek
ramble [rämbl] *n.* gezinme; *v/i* boş gezinmek
ramify ['rämifay] *v/i* dallanmak; *v/t* kollara ayırmak
ramp [rämp] rampa
ran [rän] *bak* ***run***
ranch [rânç] *Am.* hayvan çiftliği; büyük çiftlik; **~er** çiftlik sahibi
rancid ['ränsid] eskimiş, kokmuş
ranco(u)r ['räŋkı] kin, hınç
random ['rändım]: ***at ~*** gelişigüzel, rastgele
rang [räŋ] *bak.* ***ring***
range [reync] *n.* sıra, dizi; erim, menzil; uzaklık; alan; mutfak ocağı; atış yeri; *Am.* otlak; *v/t* sıralamak, dizmek; dolaşmak; *v/i* uzanmak; yetişmek; **~r** korucu
rank [räŋk] *n.* rütbe, derece; sıra, dizi; *v/t* sıralamak, tasnif etm.; saymak; *v/i* katılmak ***(among, with** -e); adj.* sık ve yayılmış; bakımsız *(bahçe);* kötü, ağır *(kokulu)*
ransack [ränsäk] *v/t* iyice aramak; yağma etm.
ransom ['ränsım] *n.* fidye, kurtulmalık; *v/t* fidye ile kurtarmak
rap [räp] *n.* hafif vuruş; *v/t* hafifçe vurmak *-e*
rapacious [rı'peyşıs] haris, aç gözlü
rape [reyp] *n.* ırzına geçme; *v/t -in* ırzına geçmek
rapid ['räpid] çabuk, hızlı; *n. pl. geo.* ivinti yeri *sg.*, **~ity** [rı'piditi] sür'at, hız
rapt [räpt] dalgın, esri(k); **~ure** ['~çı] kendinden geçme, coşku
rar|e [räı] seyrek, nadir; az bulunur; **~ity** az bulunurluk; kıymetli şey
rascal [räskıl] çapkın, serseri
rash[1] [räş] *med.* isilik
rash[2] sabırsız, düşüncesiz
rasp [râsp] *n.* raspa, kaba törpü; *v/t* törpülemek; *v/i* törpü gibi ses çıkarmak
raspberry ['râzbırı] *bot.* ahududu
rat [rät] *zo.* sıçan
rate [reyt] *n.* nispet, oran; fi-

yat; ücret; belediye vergisi; sürat; sınıf, çeşit; *v/t* saymak; değerlendirmek; *v/i* sayılmak; ***at any*** ~ her halde; ~ **of exchange** *ec.* döviz kuru, kambiyo sürüm değeri; ~ **of interest** faiz oranı
rather ['râdhı] oldukça; tercihen, yeğ tutarak; ~ **than** *-den* ziyade
ratify ['rätifay] *v/t pol.* onaylamak
ration ['räşın] *n.* pay; tayın; miktar; *v/t* karneye bağlamak; **~al** ['~nl] akıl sahibi, akıllı; **~alize** ['~şınılayz] *v/t* akla uydurmak; ölçülü şekle sokmak
rattle ['rätl] *n.* takırtı, çıtırtı; çıngırak; *v/i* takırdamak; *v/t* takırdatmak; **~snake** *zo.* çıngıraklı yılan
ravage ['rävic] *v/t* tahrip etm.; yağma etm.
rave [reyv] *v/i* çıldırmak; bayılmak (**about, of** *-e)*
raven ['reyvn] *zo.* kuzgun; kuzgunî; **~ous** ['rävinıs] haris, doymak bilmez
ravine [rı'vîn] dağ geçidi
ravish ['räviş] *v/t* kendinden geçirmek; **~ing** büyüleyici
raw [rô] ham; çiğ; *hava:* soğuk ve rutubetli; *fig.* acemi, tecrübesiz; ~ **material** ham madde
ray [rey] ışın, şua
rayon ['reyon] yapay ipek
razor ['reyzı] ustura, traş makinesi
re- ['ri-] geri(ye); yeniden, tekrar
reach [rîç] *n.* uzatma; uzanma; menzil, erim; *v/i* varmak, yetişmek, ulaşmak *-e*; *v/t* uzatmak *-i;* ***out of*** ~ erişilmez; ***within*** ~ erişilebilir
react [ri'äkt] *v/i* tepkimek; etkilemek (***to*** *-i)*; **~ion** tepki; reaksiyon; *pol.* gericilik; **~ionary** [~şınıri] gerici; **~or** reaktör
read [rîd] *v/t* okumak; göstermek; **~able** okunaklı; **~er** okuyucu
readi|ly ['redili] seve seve; **~ness** hazır olma; istek
ready ['redi] hazır (***to do s.th.*** *-i* yapmağa); istekli; ***get*** ~ hazırlanmak; **~-made** hazır, konfeksiyon; ~ **money** hazır para, nakit
real [rııl] gerçek, asıl; ~ **estate** *jur.* taşınmaz mal, mülk; **~ism** gerçekçilik, realizm; **~istic** gerçeğe uygun; **~ity** [~'äliti] gerçeklik, realite; **~ization** farketme; gerçekleştirme; *ec.* paraya çevirme; **~ize** *v/t* anlamak, *-in* farkına varmak; gerçekleştirmek *-i; ec.* paraya çevirmek *-i;* **~ly** *adv.* gerçekten
realm [relm] krallık; ülke
reap [rîp] *v/t* biçmek, toplamak; **~er** orakçı; biçerdöver
reappear ['rîı'piı] *v/i* tekrar görünmek
rear[1] [rii] *v/t* dikmek; yetiştirmek; *v/i* yükselmek; şahlan-

mak

rear² geri, arka; arka plân; *F* popo, kıç; *v/t* *çocuk* yetiştirmek; *hayvan* beslemek; yukarı kaldırmak; ~ **light** arka lâmba

rearmament [ri'âmımınt] silâhlandırma

rear/most en son; ~**view mirror** *mot.* dikiz aynası

reason ['rîzn] *n.* akıl, idrak; sebep; mantık; *v/i* düşünmek; uslamlamak; *v/t* kandırmağa çalışmak (**with** -*e*); sonuç çıkarmak; **by** ~ **of** nedeniyle; ~**able** akla uygun, makul

reassure [rîı'şuı] *v/t* tekrar güven vermek -*e*

rebel ['rebl] *adj.*, *n.* isyan eden, ayaklanan; [ri'bel] *v/i* isyan etm., ayaklanmak; ~**lion** [~'belyın] isyan, ayaklanma; ~**lious** [~'belyıs] serkeş, asi

rebound [ri'baund] *v/i* geri sekmek

rebuff [ri'baf] ters cevap

rebuild [rî'bild] *v/t* tekrar inşa etm.

rebuke [ri'byûk] *n.* azar, paylama; *v/t* azarlamak

recall [ri'kôl] *n.* geri çağırma; *v/t* geri çağırmak; hatırlamak; feshetmek

recede [ri'sîd] *v/i* geri çekilmek

receipt [ri'sît] al(ın)ma (*mektup v.s.*); makbuz, alındı; **on** ~ **of** alındığında; ~**s** *pl* gelir *sg.*

receive [ri'sîv] *v/t* almak; kabul etm.; ~**r** alıcı; almaç, kulaklık

recent [rîsnt] yeni (olmuş); ~**ly** *adv.* son zamanlarda, geçenlerde

reception [ri'sepşın] alma; kabul; resepsiyon; ~**ist** resepsiyon memuru

recess [ri'ses] *arch.* girinti; *Am.* paydos, teneffüs; *pl.* iç taraf *sg.*; ~**ion** *ec.* durgunluk

recipe ['resipi] yemek tarifesi

recipient [ri'sipiınt] alıcı

reciprocal [ri'siprıkıl] karşılıklı

recit|al [ri'saytl] ezberden okuma; *mus.* resital; ~**e** *v/t* ezberden okumak; anlatmak

reckless ['reklis] dikkatsiz, pervasız

reckon ['rekın] *v/t* hesap etm., saymak; tahmin etm.; *v/i* güvenmek (**on** -*e*); hesaba katmak (**with** -*i*); ~**ing** ['~kniŋ] hesaplama

reclaim [ri'kleym] *v/t* geri istemek; elverişli hale koymak

recline [ri'klayn] *v/i* uzanmak; dayanmak

recogni|tion [rekıg'nişın] tanıma; ~**ze** *v/t* tanımak

recoil [ri'koyl] *v/i* geri çekilmek; geri tepmek

recollect [rekı'lekt] *v/t* anımsamak; ~**ion** anımsama; anı

recommend [rekı'mend] *v/t* salık vermek, tavsiye etm.; ~**ation** tavsiye

recompense [ˈrekımpens] *v/t* ödüllendirmek; telâfi etm.
reconcil|e [ˈrekınsayl] *v/t* barıştırmak; bağdaştırmak; **~iation** [~siliˈeyşın] barışma, uzlaşma
reconsider [ˈrikınˈsidı] *v/t* tekrar düşünmek
reconstruct [ˈrikınˈstrakt] *v/t* yeniden inşa etm.; yinelemek; **~ion** tekrar inşa; yeniden kalkınma
record [ˈrekôd] kayıt; sicil; tutanak; rekor; plâk; [riˈkôd] *v/t* kaydetmek, yazmak; plâğa almak; **~er** kayıt aygıtı; **~ player** pikap
recover [riˈkavı] *v/t* tekrar ele geçirmek; geri almak; *v/i* iyileşmek; kendine gelmek; **~y** geri alma; iyileşme; kendine gelme
recreation [rekrıˈeyşın] dinlenme, eğlence
recruit [riˈkruut] *n. mil.* acemi er; *v/t asker* toplamak
rect|angle [rektäŋgl] dikdörtgen; **~ify** [ˈifay] *v/t* düzeltmek
rector [ˈrektı] *rel.* papaz; rektör; **~y** papaz konutu
recur [riˈkä] *v/t* tekrar dönmek (**to** *-e*); tekrar olm.; **~rent** [rıˈkarınt] tekrar olan, yinelenen
red [red] kırmızı, kızıl, al; **Crescent** Kızılay; **Cross** Kızılhaç; **~den** *v/t* kırmızılaştırmak; *v/i* kızıllaşmak, kızarmak
redeem [riˈdîm] *v/t* fidye vererek kurtarmak; *rel. günahını* bağışlatmak; **er** *rel.* Kurtarıcı, Hazreti İsa
redemption [riˈdempşın] kurtar(ıl)ma
red|-handed: *catch* s.o. ~ *jur. b-ni* suçüstünde yakalamak; **~-hot** kızgın; **~-letter day** önemli gün, anımsanacak gün
redouble [riˈdabl] *v/t* tekrarlamak; *v/i* iki misli olm.
red tape kırtasiyecilik, bürokrasi
reduc|e [riˈdyûs] *v/t* azaltmak, indirmek, küçültmek; **~tion** [~ˈdakşın] azaltma, indirme
reed [rîd] kamış, saz
re-education [ˈriedyuˈkeyşın] yeniden eğitme
reef [rîk] kayalık, resif
reek [rik]: **~ *of, with*** *-in* kokusunu yaymak
reel [rîl] *n.* makara; *v/t* makaraya sarmak; *v/i* sendelemek; başı dönmek
re|-elect [ˈrîiˈlekt] *v/t pol.* tekrar seçmek; **~-enter** *v/t* tekrar girmek *-e;* **~-establish** *v/t* yeniden kurmak
refer [riˈfö] *v/t* göndermek (**to** *-e); v/i* göstermek (**to** *-i);* ilgili olm. (ile); **~ee** [refiˈrî] hakem
reference [ˈrefrıns] ilgi; başvuru; referans; bonservis; ***with* ~ *to*** *-e* göre

refill [ˈrîfil] *n.* yedek takım; [ˈ~ˈfil] *v/t* tekrar doldurmak
refine [riˈfayn] *v/t* arıtmak, tasfiye etm.; inceltmek; *v/i* incelmek, zarifleşmek; **~ment** incelik, zariflik; **~ry** rafineri, arıtım evi
reflect [rîˈflekt] *v/t* yansıtmak; *v/i* düşünmek (**on, upon** *-i*); **~ion** yansıma; düşünce, fikir
reflex [ˈrîfleks] refleks, tepke, yansı; **~ive** [riˈfleksiv] *gr.* dönüşlü
reform [riˈfôm] *n.* reform, ıslah; *v/t* ıslah etm., düzeltmek; *v/i* iyileşmek; **≗ation** [refıˈmeyşın] *rel.* Reformasyon, Dinsel Devrim; **~er** reformcu
refract [riˈfräkt] *v/t ışınları* kırmak
refrain[1] [riˈfreyn] *mus.* nakarat
refrain[2] *v/i* çekinmek, sakınmak (**from** *-den*)
refresh [riˈfreş] *v/t* canlandırmak; ~ **o.s.** dinlenmek; **~ment** canlan(dır)ma; canlandırıcı şey
refrigerator [riˈfricıreytı] buzdolabı, soğutucu
refuel [ˈrîfyuıl] *v/t yakıtı* doldurmak, *yakıt* almak
refuge [ˈrefyûc] sığınak, barınak; **~e** [~ˈcı] sığınmacı, mülteci
refund [riˈfand] *v/t* parayı geri vermek
refus|al [riˈfyûzıl] ret, kabul etmeyiş; **~e** *v/t* reddetmek; istememek; [ˈreyfûs] *n.* süprüntü, çöp
refute [riˈfyût] *v/t* yalanlamak, çürütmek
regain [riˈgeyn] *v/t* tekrar ele geçirmek
regal [ˈrîgıl] görkemli, krallara *veya* kraliçelere yaraşır
regard [riˈgaad] *n.* bakış, nazar; saygı; *v/t* dikkatle bakmak *-e;* dikkat etm. *-e;* saymak *-i* (**as ...**); **as ~s** hakkında, hususunda; **kind ~s** *pl.* saygılar; selâmlar; **with ~ to** *-e* gelince; **~ing** hakkında, *-e* gelince; **~less: ~ of** *-e* bakmayarak
regent [rîcınt] hükümdar vekili, naip
regiment [ˈrecimınt] *mil.* alay
region [ˈrîcın] bölge; **~al** bölgesel
regist|er [ˈrecistı] *n.* kütük; sicil; fihrist; *v/t* kaydetmek; taahhütlü olarak göndermek; *v/i* kaydolunmak; **~ered** taahhütlü; kaydolunmuş; **~ration** kayıt, tescil
regret [riˈgret] *n.* üzüntü; pişmanlık; *v/t* teessüf etm., acınmak *-e;* pişman olm. *-e;* **~table** üzücü, ayıplanacak
regular [ˈregyulı] kurallı, düzenli; *mil.* nizamî; **~ity** [~ˈlärıti] düzen, intizam
regulat|e [ˈregyuleyt] *v/t* düzenlemek; ayar etm.; yoluna koymak; **~ion** düzen; kural; *pl.* kurallar; tüzük *sg.*

rehears|al [ri'hösıl] *thea.* prova; **~e** *v/t* prova etm.; tekrarlamak
reign [reyn] *n.* hükümdarlık (devri); *v/i* hüküm sürmek
rein [reyn] dizgin
reindeer ['reyndiı] *zo.* Ren geyiği
reinforce [rîin'fôs] *v/t* kuvvetlendirmek; **~d concrete** betonarme
reiterate [rî'itıreyt] *v/t* tekrarlamak, yinelemek
reject [ri'cekt] *v/t* reddetmek; atmak; **~ion** ret, reddetme
rejoic|e [ri'coys] *v/i* sevinmek (**at** *-e*); *v/t* sevindirmek; **~ing** sevinç; şenlik
rejoin ['ri'coyn] *v/t* tekrar kavuşturmak *-e;* [ri'coyn] cevap vermek *-e*
relapse [ri'läps] *n.* eski hale dönme; *v/i* tekrar fenalaşmak; tekrar sapmak (**into** *-e*)
relate [ri'leyt] *v/t* anlatmak; *v/i* ilgili olm. (**to** ile); **~d to** *-in* akrabası olan
relation [ri'leyşın] ilişki; ilgi; akraba; hikâye; *pl.* ilişkiler; **in ~ to** *-e* gelince; **~ship** akrabalık; ilişki
relative [re'lıtiv] göreli, bağıntılı; bağlı, ilişkin (**to** *-e);* akraba; **~ (pronoun)** *gr.* ilgi adılı
relax [ri'läks] *v/t* gevşetmek; *v/i* gevşemek; dinlenmek
relay ['ri'ley] *n.* posta, vardiya; *radyo:* naklen yayın; değiştirme atı; *el.* düzenleyici; *v/t* nakletmek, yayımlamak; **~ race** *spor:* bayrak yarışı
release [ri'lîs] *n.* kurtarma, salıverme; *phot.* deklanşör; *v/t* kurtarmak; serbest bırakmak; harekete geçirmek
relent [ri'lent] *v/i* yumuşamak; **~less** merhametsiz
relevan|ce ['relivıns] ilgi, uygunluk; **~t** uygun, ilgili
relia|ble [ri'layıbl] güvenilir; **~nce** güven, itimat
relic ['relik] kalıntı; *rel.* kutsal emanet
relie|f [ri'lîf] yardım, imdat; nöbet değiştirme; ferahlama; rölyef, kabartma; **~ve** [~v] *v/t* hafifletmek; yardım etm. *-e;* kurtarmak *-i*
religi|on [ri'licın] din; **~ous** dini, dinsel; dindar; dikkatli
relish ['reliş] *n.* tat, lezzet, çeşni; *v/t* hoşlanmak *-den*
reluctant [ri'laktınt] isteksiz, gönülsüz
rely [ri'lay] güvenmek (**on, upon** *-e)*
remain [ri'meyn] *v/i* kalmak; durmak; *n. pl.* kalıntılar; ölü, cenaze *sg.;* **~der** kalıntı; artan
remand [ri'mând] *v/t* geri göndermek; *n. jur.* tutuk evine geri gönderme
remark [ri'mâk] *n.* söz; *v/t* söylemek, demek; **~able** dikkate değer
remedy ['remidi] *n.* çare; ilâç; *v/t* düzeltmek; *-in* çaresini bulmak

repose [ri'pıuz] *n.* rahat; istirahat; *v/t* yatırmak; *v/i* yatıp dinlenmek; dayanmak (**on** *-e)*
represent [repri'zent] *v/t* göstermek; temsil etm.; **~ation** temsil; göster(il)me; **~ative** temsil eden, temsilci; tipik, örnek; *pol.* milletvekili; **House of** **~s** *Am.* Temsilciler Meclisi
repress [ri'pres] *v/t duygularını* bastırmak, ezmek
reprieve [ri'prîv] *idam cezasını* geçici olarak erteleme
reprimand ['reprimând] *n.* azar, paylama; *v/t* azarlamak
reprint ['rî'print] yeni baskı
reproach [ri'prıuç] *n.* azarlama; serzeniş, ayıp(lama); *v/t* serzenişte bulunmak; **~ful** sitem dolu
reproduc|e [rîprı'dyûs] *v/t* kopya etm.; üretmek; yeniden oluşturmak; *v/i* çoğalmak, üremek; **~tion** [~'dakşın] üreme; kopya
reproof [ri'pruuf] azar, paylama
reprove [ri'pruuv] *v/t* ayıplamak, paylamak
reptile ['reptayl] sürüngen
republic [ri'pablik] cumhuriyet; **~an** cumhuriyete ait; cumhuriyetçi
repudiate [ri'pyûdieyt] *v/t* tanımamak, yadsımak
repugnan|ce [ri'pagnıns] nefret, tiksinme; **~t** iğrenç, çirkin
repuls|e [ri'pals] *n.* kovma; kabaca ret; *v/t* püskürtmek; reddetmek; **~ive** iğrenç
reput|able ['repyutıbl] saygıdeğer; **~ation** ün, şöhret; **~e** [ri'pyût] ün, şöhret; saygınlık
request [ri'kwest] *n.* dilek, rica; *v/t* rica etm., dilemek (**from** *-den);* **by ~, on ~** istenildiği zaman; **~ stop** *Brt.* ihtiyarî durak
require [ri'kwayı] *v/t* istemek; muhtaç olm. *-e;* **~ment** gereksinim, ihtiyaç
requisite ['rekwizit] gerekli, elzem (şey)
rescue ['reskyû] *n.* kurtuluş; kurtarma; *v/t* kurtarmak
research [ri'söç] araştırma; **~er** araştırmacı
resembl|ance [ri'zemblıns] benzeyiş; **~e** *v/t* andırmak; benzemek *-e*
resent [ri'zent] *v/t* gücenmek *-e;* **~ful** küskün, gücenik; **~ment** gücenme
reserv|ation [rezi'veyşın] yer ayırtma, rezervasyon; şart, kayıt, çekince; *(ABD'de)* Kızılderililere ayrılmış bölge; **~e** [ri'zöv] *n.* yedek olarak saklanan şey; ağız sıkılığı; *v/t* saklamak; ayırtmak; *hakkını* muhafaza etm.; **~ed** ağzı sıkı; önceden tutulmuş, ayırtılmış *(yer);* **~oir** ['~vwa] su haznesi; havza
reside [ri'zayd] *v/i* oturmak, ikâmet etm.; **~nce** ['rezidıns] ikamet(gâh); konut; **~ *per-***

mit oturma izni; **~nt** oturan, sakin
residue ['rezidyû] artık
resign [ri'zayn] *v/t* istifa etm., *görevi* bırakmak; vazgeçmek *-den;* ~ ***o.s. to*** boyun eğmek *-e;* **~ation** [rezig'neyşın] istifa, çekilme; boyun eğme, teslimiyet; **~ed** boyun eğmiş, razı
resin ['rezin] sakız, reçine
resist [ri'zist] *v/t* karşı durmak *-e;* dayanmak *-e;* **~ance** direniş; *phys.* direnç, rezistans; **~ant** direnen (***to*** *-e*)
resolut|e ['rezıluut] kararlı, direşken; **~ion** kararlılık; *pol.* önerge
resolve [ri'zolv] *v/t* çözmek; kararlaştırmak (***to*** *inf. -i*); *v/i* tasarlamak, kararlaştırmak (***on, upon*** *-i*)
resonance ['reznıns] yankılama, seselim, rezonans
resort ['ri'zôt] *n.* dinlenme yeri; barınak; *v/i* sık sık gitmek (***to*** *-e*); başvurmak (*-e*)
resound [ri'zaund] *v/i* çınlamak, yankılanmak
resource [ri'sôs] kaynak; çare; *pl.* imkânlar, olanaklar; **~ful** becerikli
respect [rispekt] *n.* münasebet; saygı, itibar; *v/t* saygı göstermek *-e*; riayet etm. *-e;* ***with*** ~ ***to*** *ile* ilgili olarak; *-e* gelince; **~able** saygıdeğer; namuslu; epeyce; **~ful** saygılı; **~ing** bakımından, *-e* gelince; **~ive** ayrı ayrı, kendisinin olan; **~ively** sırasıyla
respiration [respı'reyşın] nefes (alma); soluk
respite ['respayt] ara, paydos; geçici ve ferahlatıcı erteleme
resplendent [ris'plendınt] parlak, göz alıcı
respond [ris'pond) *v/i* cevap vermek (***to*** *-e); **~ent*** *jur.* savunan, davalı
respons|e [ris'pons] cevap; **~ibility** sorumluluk; **~ible** sorumlu (***for*** *-den,* ***to*** *-e)*
rest[1] [rest] *v/i* dinlenmek; yatmak; oturmak; dayanmak (***on, upon*** *-e*); *v/i* dayamak, koymak (***on*** *-e); n.* rahat, istirahat; dayanak
rest[2] geri kalan, artan
restaurant ['restırön] restoran, lokanta
rest|ful rahat (verici); **~home** huzur evi; **~less** hareketli, yerinde durmaz; uykusuz
restor|ation [restı'reyşın] yenileme, eski haline getirme, restore etme; **~e** [ris'tö] *v/t* geri vermek; eski haline koymak, restore etm.; ~ ***to health*** iyileştirmek
restrain [ris'treyn] *v/t* alıkoymak, frenlemek; **~t** ölçülü olma; kısıtlama
restrict [ris'trikt] *v/t* kısıtlamak, sınırlamak; **~ion** sınırlama, kısıtlama
result [ri'zalt] *n.* sonuç; son; *v/i* meydana gelmek ***(from***

-den); sonuçlanmak (**in** ile)
resum|e [ri'zyûm] *v/t* yeniden başlamak *-e;* geri almak *-i;* **~ption** [~zampşın] yeniden başlama
resurrection [rezi'rekşın] yeniden diril(t)me
retail ['riteyl] *n. ec.* perakende satış; [~'teyl] *v/t* perakende olarak satmak; **~er** [~'t-] perakendeci
retain [ri'teyn] *v/t* alıkoymak, tutmak
retaliat|e [ri'tälieyt] *v/t* dengiyle karşılamak; *v/i* misillemede bulunmak; **~ion** misilleme; öç
retard [ri'tâd] *v/t* geciktirmek
retell [ri'tel] *v/t* tekrar anlatmak
retinue ['retinyû] maiyet, üst görevlinin yanında bulunanlar
retire [ri'tayı] *v/i* çekilmek; emekliye ayrılmak; *v/t* geri çekmek; **~d** emekli; bir köşeye çekilmiş; **~ment** emeklilik; köşeye çekilme
retort [ri'tôt] sert cevap vermek
retrace [ri'treys] *v/t -in izini* takip ederek kaynağına gitmek
retract [ri'träkt] *v/t* geri çekmek; geri almak
retreat [ri'trît] *v/i* geri çekilmek; *n.* geri çek(il)me
retribution [retri'byûşın] karşılıkta bulunma; hak edilen ceza
retrieve [ri'trîv] *v/t* tekrar ele geçirmek; *hunt. (vurulan avı)* bulup getirmek
retrospect ['retrıuspekt] geçmişe bakış; **~ive** geçmişi hatırlayan; önceyi kapsayan
return [ri'tön] *n.* geri dönüş; tekrar olma; resmî rapor; *ec.* kazanç, kâr; *v/i* geri dönmek; cevap vermek; *v/t* geri vermek; geri göndermek; **by ~ (of post)** ilk posta ile, hemen; **in ~** karşılık olarak; **~ match** *spor:* rövanş maçı; **~ ticket** gidiş dönüş bileti
reunion ['rîyûnyın] yeniden birleşme
revaluation [rîvälyu'eyşın] yeniden değerlendirme
reveal [ri'vîl] *v/t* açığa vurmak; göstermek
revel ['revl] *v/t* eğlenmek; mest olm. *(in -de); n.* şenlik, eğlenti
revelation [revi'leyşın] açığa vurma; *rel.* vahiy, tanrısal esin
revenge [ri'venc] *n.* öç, intikam; rövanş; *v/t* öç almak (**on** *-den);* **~ful** kinci
revenue ['revinyû] gelir
revere [ri'vii] *v/t* saymak, saygı göstermek *-e;* **~nce** ['revırıns] *n.* saygı, hürmet; reverans; *v/t* yüceltmek; saygı göstermek *-e;* **ℒnd** ['revırınd] *(din adamları için)* muhterem, saygıdeğer, aziz
reverse [ri'vös] *n.* ters; arka taraf; aksilik; *adj.* ters, aksi;

v/t tersine çevirmek; *jur.* iptal etm.; ~ **gear** geri vites; ~ **side** ters taraf
review [ri'vyû] *n.* inceleme, teftiş; geçit töreni; eleştiri; dergi; *v/t* yeniden incelemek; teftiş etm.; eleştirmek; tekrar gözden geçirmek; ~**er** eleştirmen
revis|e [ri'vayz] *v/t* tekrar gözden geçirip düzeltmek; değiştirmek; ~**ion** [~ijın] düzeltme, revizyon
reviv|al [ri'vayvıl] yeniden canlanma; ~**e** *v/t* canlandırmak; *v/i* yeniden canlanmak
revoke [ri'vıuk] *v/t* geri almak, yürürlükten kaldırmak, iptal etm.
revolt [ri'vıult] *v/i* ayaklanmak; *fig.* tiksinmek (**against, at** *-den*); *n.* isyan, ayaklanma
revolution [revi'luuşın] dönme, devir; *pol.* devrim, inkılâp; ihtilâl; ~**ary** devrimci; ihtilâlci; ~**ize** *v/t* kökünden değiştirmek
revolve [ri'volv] *v/i* dönmek; ~**r** revolver, altıpatlar, toplu tabanca
reward [ri'wôd] *n.* mükâfat, ödül; *v/t* ödüllendirmek
rheumatism ['ruumıtizım] romatizma
rhubarb ['ruubâb] *bot.* ravent
rhyme [raym] *n.* uyak, kafiye; kısa şiir; *v/t* kafiyeli olarak yazmak
rhythm ['ridhım] ritim; uyum, ahenk, vezin; ~**ic(al)** ahenkli, ritmik
rib [rib] *an.* kaburga kemiği
ribbon ['ribın] kurdele; şerit
rice [rays] *bot.* pirinç
rich [riç] zengin; verimli, bol; dolgun *(ses)*; **the** ~ *pl.* zenginler
rickets ['rikits] *pl. med.* raşitizm *sg.*
rid [rid] *v/t* kurtarmak; **get** ~ başından atmak (**of** *-i)*
ridden ['ridn] *bak* **ride**
riddle[1] ['ridl] bilmece, bulmaca
riddle[2] kalbur
ride [rayd] *n.* binme; gezinti; *v/i* binmek *-e; v/t* sürmek *-i;* ~ **out** *fig. (güç durumu)* atlatmak; ~**r** atlı, binici
ridge [ric] sırt, dağ sırtı, çatı sırtı
ridicul|e ['ridikyûl] *n.* alay; *v/t* alay etm. (**s.o.** ile); ~**ous** [~dikyulıs] gülünç
rifle ['rayfl] tüfek
rift [rift] yarık, açıklık
right [rayt] *n.* sağ (taraf); hak; yetki; *adj.* doğru; uygun; haklı; insaflı; *adv.* hemen; doğruca; **all** ~ iyi; *intj.* peki; **be** ~ haklı olm.; **put** ~, **set** ~ *v/t* düzeltmek; **turn** ~ *v/i* sağa dönmek; ~ **away** hemen, derhal; ~ **angle** dik açı; ~**eous** dürüst; ~**ful** haklı; ~ **of way** geçiş hakkı
rig|id ['ricid] eğilmez, sert; ~**orous** [~'ırıs] sert, şiddetli; ~**o(u)r** sertlik, şiddet
rim [rim] kenar; jant

rind [raynd] kabuk
ring[1] [riŋ] yüzük; halka, çember; *spor:* ring
ring[2] *n.* zil sesi, çan sesi; çınlama; ***give s.o. a*** ~ *b-ne* telefon etm.; *v/i* çalmak; çınlamak; *v/t* çalmak; ~ ***up*** telefon etm. *-e;* ~**leader** elebaşı
rink [riŋk] patinaj alanı
rinse [rins] *v/t* çalka(la)mak
riot ['rayıt] *n.* kargaşalık, ayaklanma; *v/i* kargaşa yaratmak; ~**ous** gürültülü
rip [rip] *n.* yarık; sökük dikiş; *v/t* sökmek; yarmak
ripe [rayp] olgun(laşmış); yetişmiş; ~**n** *v/i* olgunlaşmak; *v/t* olgunlaştırmak
ripple ['ripl] *n.* ufacık dalga; *v/i* hafifçe dalgalanmak
rise [rayz] *n.* yükseliş, artış; çıkış; *v/i* kalkmak; yükselmek, artmak; kabarmak; ayaklanmak; ~**n** ['rizn] *bak* ***rise***
rising ['rayziŋ] yükselen; yükseliş; ayaklanma, isyan
risk [risk] *n.* tehlike, riziko; *v/t* tehlikeye koymak; göze almak; ~**y** tehlikeli
rite [rayt] *rel.* ayin, tören
rival ['rayvıl] *n.* rakip; *v/t* rekabet etm., çekişmek (***s.o.*** ile); ~**ry** rekabet
river ['rivı] nehir, ırmak
rivet ['rivit] *n.* perçin; *v/t* perçinlemek
road [rıud] yol, şose; ~ **sign** trafik işareti
roam [rıum] dolaşmak, gezinmek
roar [rô] *n.* gürleme, gümbürtü; *v/i* gürlemek, gümbürdemek; *(aslan)* kükremek
roast [rıust] *adj.* kızarmış; *v/t* kızartmak; kavurmak; ~ **beef** sığır rostosu
rob [rob] *v/t* soymak, çalmak; ~**ber** hırsız, haydut; ~**bery** hırsızlık; soygun
robe [rıub] rop; kaftan, üstlük giysi
robin ['robin] *zo.* kızıl gerdan (kuşu)
robot ['rıubot] makine insan, robot
robust [rıu'bast] dinç, kuvvetli
rock[1] [rok] kaya
rock[2] *v/i* sallanmak, sarsılmak; *v/t* sallamak
rocket ['rokit] roket, füze; havaî fişek
rocking chair salıncaklı koltuk
rocky ['roki] kayalık
rod [rod] çubuk, değnek
rode [rıud] *bak* ***ride***
rodent ['rıudınt] *zo.* kemirgen
roe[1] [rıu] balık yumurtası
roe[2] **(deer)** karaca
rogu|e [rıug] maskara; düzenbaz, dolandırıcı; ~**ish** çapkın; kurnaz
role [rıul] *thea.* rol
roll [rıul] *n.* makara, silindir; tomar, rulo; sicil, kayıt; küçük ekmek; *v/t* yuvarlamak, tekerlemek; sarmak; *v/i* yu-

varlanmak; dalgalanmak; ~ ***up*** *v/t* sarmak, sıvamak; ~ **call** yoklama; **~er** merdane, silindir; **~er coaster** *(lunaparklarda)* eğlence treni; **~er skate** tekerlekli paten; **~er towel** makara havlu
Roman ['rıumın] Romalı
roman|ce [rıu'mäns] macera; aşk macerası; macera romanı; **~tic** romantik
Rome [rıum] Roma
romp [romp] *v/i* gürültü ile oynamak; **~er(s** *pl.)* bebek tulumu
roof [ruuf] *n.* dam, çatı; *v/t* çatı ile örtmek
room [ruum] oda; boş yer; ***make*** ~ yer açmak (***for*** -*e*); **~y** geniş, ferah
rooster ['ruustı] horoz
root [ruut] *n.* kök; *v/t* kökleştirmek; *v/i* kökleşmek; ~ **out** *v/t* kökünden sökmek
rope [rıup] *n.* halat; ip; *v/t* halatla bağlamak; ~ **off** ip çevirerek sınırlamak
ros|ary ['rıuzıri] tespih; **~e**[1] [rıuz] gül
rose[2] *bak* ***rise***
rosy ['rıuzi] gül gibi; *fig.* ümit verici
rot [rot] *n.* çürüme; *v/i* çürümek; *v/t* çürütmek
rota|ry ['rıutıri] dönen, dönel; **~te** [~'teyt] *v/i* dönmek; *v/t* döndürmek; **~tion** dönme
rotor ['rıutı] rotor; helikopter pervanesi
rotten ['rotn] çürük, bozuk
rotund [rıu'tand] tostoparlak, yuvarlak; dolgun *(ses)*
rough [raf] pürüzlü; kaba; sert; ~ **copy** taslak, müsvedde; **~en** ['rafn] *v/i* pürüzlenmek, sertleşmek
round [raund] *adj.* yuvarlak, toparlak; *prp.* -*in* etrafın(d)a; *n.* daire, yuvarlak; devir, sefer; dönem; ravnt; *v/t* yuvarlak hale getirmek; dönmek -*den*; *v/i* yuvarlaklaşmak; ~ ***about*** bu civarda; ***the other way*** ~ tam tersine; ~ ***off*** son vermek (***with*** ile); ~ ***up*** *v/t* bir araya toplamak; **~about** dolambaçlı, dolaşık; ~ **trip** *Am.* gidiş geliş, tur
rouse [rauz] *v/t* uyandırmak; harekete getirmek, canlandırmak; *v/i* uyanmak
rout|e [ruut] yol; rota; **~ine** [~'tîn] âdet, usul; iş programı; alışılagelmiş
rove [rıuv] başıboş dolaşmak, gezinmek
row[1] [rau] kavga, patırtı
row[2] [rıu] sıra, dizi
row[3] [rıu] *v/i* kürek çekmek; *v/t* kürek çekerek götürmek
rowing boat ['rıuiŋ] kayık, sandal
royal ['royıl] kraliyete ait; görkemli; **~ty** hükümdarlık, krallık; *ec.* kâr hissesi; telif hakkı
rub (rab) *v/t* sürtmek, ovmak; *n.* ovalama, sürt(ün)me; ~ ***in*** ovarak yedirmek; ~ ***out*** silmek

rubber ['rabı] lâstik, kauçuk; silgi
rubbish ['rabiş] süprüntü, çöp, saçma
rubble ['rabl] moloz
ruby ['ruubi] yakut, lâl
rucksack ['ruksäk] sırt çantası
rudder ['radı] dümen
ruddy ['radi] kırmızı yanaklı, yanağından kan damlayan
rude [ruud] kaba, terbiyesiz; **~ness** kabalık
ruffian ['rafyın] kavgacı, gaddar, zorba
ruffle ['rafl] *v/t* buruşturmak; rahatsız etm.; *n.* kırma, farbala
rug [rag] halı, kilim; **~ged** ['~id engebeli; sert
ruin [ruin] *n.* harabe; yıkım; perişanlık; *v/t* yıkmak, tahrip etm.; perişan etm.; **~ous** yıkıcı; yıkık
rule [ruul] *n.* kural; usul; yönetim; norm, standart; *jur.* hüküm, karar; cetvel; *v/t* idare etm., yönetmek; *v/i* saltanat sürmek; ~ **out** *v/t* çıkarmak, silmek; **~r** cetvel; hükümdar
rum [ram] rom
Rumania [ru'meynyı] Romanya; **~n** Romanyalı; Romen(ce)
rumble ['rambl] *n.* gümbürtü; *v/i* gümbürdemek
ruminant ['ruuminınt] *zo.* geviş getiren
rummage ['ramic] *v/t* didik didik aramak
rumo(u)r ['ruumı] şayia, söylenti
run (ran] *v/i* koşmak; akmak; gitmek; *tech.* işlemek, çalışmak; adaylığını koymak (*for* için); *v/t* işletmek; yönetmek; sürmek; *n.* koşu; rağbet; sıra; süre; ***in the long*** ~ eninde sonunda; ~ ***across*** rast gelmek *-e;* ~ ***down*** *v/i* bitmek; *v/t* kötülemek; ~ ***into*** rast gelmek, çarpmak *-e;* ~ ***out*** bitmek, tükenmek; ~ ***short of*** *sth.* *-si* azalmak, tükenmek; ~ ***up to*** erişmek *-e*
rung[1] [raŋ] *bak* ***ring***
rung[2] portatif merdiven basamağı
runner ['ranı] koşucu; örtü, yaygı; kaçakçı; **~-up** yarışma ikincisi
running koşu; sürekli; akan; ***for two days*** ~ peş peşe iki gün
runway ['ranwey] *av.* pist
rupture ['rapçı] kır(ıl)ma; kesilme
rural ['ruırıl] köye ait, kırsal; tarımsal
rush [raş] *n.* hamle, saldırış; sıkışıklık; *v/i* koşmak; saldırmak (***at*** *-e*); *v/t* acele ettirmek; püskürtmek; ~ **hour** yoğun trafik (zamanı)
Russia ['raşı] Rusya; **~n** Rus(yalı); Rusça
rust [rast] *n.* pas; *v/i* paslanmak

rustic [ˈrastik] taşra ile ilgili; kırsal; kaba; köylü; taşralı
rustle [ˈrasl] *n.* hışırtı; *v/i* hışırdamak; *v/t* hışırdatmak
rusty [ˈrasti] paslı
rut[1] [rat] *n.* (*geyik, keçi v.s.'de*) cinsel kızgınlık (*veya* kösnü) dönemi
rut[2] tekerlek izi
ruthless [ˈruuthlis] merhametsiz, acımasız
rye [ray] *bot.* çavdar

S

sable [ˈseybl] *zo.* samur
sabotage [ˈsäbıtâj] *n.* sabotaj; *v/t* baltalamak
sabre [ˈseybı] kılıç
sack [säk] *n.* çuval, torba; yağma; ***get the ~ F*** işten atılmak, sepetlenmek; *v/t* yağma etm.; işinden çıkarmak
sacr|ament [ˈsäkrımınt] *rel.* *Hıristiyanlıkta* kutsal ayin; **~ed** [ˈseykrid] dinsel; kutsal; **~ifice** [ˈsäkrifays] *n.* kurban; fedakârlık; *v/t* kurban etm.; feda etm.
sad [säd] kederli, üzgün; acınacak
saddle [ˈsädl] *n.* eyer; sırt; *v/t* eyerlemek; **~r** saraç
sadness [ˈsädnis] keder, üzüntü
safe [seyf] emin (***from** -den*); sağlam; kasa; **~guard** *n.* koruma; *v/t* korumak
safety [ˈseyfti] güvenlik, emniyet; **~ belt** emniyet kemeri; **~ pin** çengelli iğne
sag [säg] *v/i* sarkmak, çökmek, bel vermek
sagacity [sıˈgäsiti] akıllılık
said [sed] bak **say**
sail [seyl] *n.* yelken; *naut.* su yüzünde seyretmek; **set ~** sefere çıkmak, yelken açmak; **~ing ship** yelkenli; **~or** gemici, denizci
saint [seynt] *rel.* aziz, evliya
sake [seyk]: ***for the ~ of** -in* hatırı için
salad [ˈsälid] salata
salary [ˈsälıri] maaş, aylık
sale [seyl] satış; ***for ~*** satılık; **~sman** satıcı; **~swoman** satıcı kadın
saliva [sıˈlayvı] salya, tükürük
sallow [ˈsälıu] soluk yüzlü
salmon [ˈsämın] som balığı
saloon [sıˈluun] salon; bar; *Am.* meyhane; **~ car** *Brt.* limuzin
salt [sôlt] *n.* tuz; *v/t* tuzlamak; **~cellar** tuzluk; **~y** tuzlu
salut|ation [sälyuˈteyşın] selâm (verme); **~e** [sıˈluut] *v/t* selâmlamak; *n.* selâm
salvage [ˈsälvic] kurtarma; kurtarılan mal
salvation [sälˈveyşın] kurtu-

luş; kurtarma; ~ **Army** Selâmet Ordusu
salve [säv] merhem
same [seym]: ***the*** ~ aynı, tıpkı; ***all the*** ~ bununla beraber
sample ['sâmpl] örnek, model; mostra
sanatorium [sänı'tôrium] sanatoryum
sanct|ify ['sänktifay] *v/t* kutsallaştırmak; **~ion** *n.* tasdik, onay; *v/t* uygun bulmak; **~uary** ['~tyuıri] tapınak; sığınak
sand [sänd] kum
sandal ['sändl] çarık, sandal
sandwich ['sänwic] sandviç
sandy ['sändi] kumlu; kumsal; kum rengi (*saç*)
sane [seyn] aklı başında, akıllı; mantıklı
sang [säŋ] *bak* ***sing***
sanit|ary ['sänitıri] sağlıkla ilgili; ~ ***towel*** âdet bezi, kadın bağı; **~ation** sağlık koruma, sağlık işleri *pl.*; sağlık önlemleri; **~y** akıl sağlığı
sank [säŋk] *bak* ***sink***
Santa Claus [säntı'klôz] Noel baba
sap [säp] *bot.* öz su, usare
sapling ['säpliŋ] fidan
sarcas|m ['sâkäzım] dokunaklı söz, acı alay; **~tic** alaylı, iğneleyici
sardine [sâ'dîn] sardalye
sash [şäş] kuşak; ~ **window** sürme pencere
Satan ['seytın] *rel.* İblis, Şeytan
satchel [säçıl] okul çantası
satellite ['sätılayt] *astr., pol.* uydu
satin ['sätin] saten, atlas
satir|e [sätayı] hiciv, yergi; **~ical** [sı'tirikıl] hicivli
satis|faction [sätıs'fäkşın] hoşnutluk; tatmin; **~factory** tatmin edici; memnunluk verici; **~fy** ['~fay] *v/t* memnun etm.; tatmin etm., doyurmak
Saturday ['sätıdi] cumartesi
sauce [sôs] sos, salça; **~pan** uzun saplı tencere; **~r** fincan tabağı
saucy ['sôsi] arsız, sulu
saunter ['sôntı] gezinmek
sausage ['sosic] sucuk, salam; sosis
savage ['sävic] vahşî, yabanî; yırtıcı
sav|e [seyv] *v/t* kurtarmak; biriktirmek, tasarruf etm.; *prp.* -*den* başka; **~ings** *pl.* biriktirilen para, birikim
savio(u)r ['seyvyı] kurtarıcı, halâskâr; ~ Hazreti İsa
savo(u)r ['seyvı] *n.* tat, lezzet, çeşni; *v/i* andırmak (**of** -*i*); **~y** lezzetli
saw[1] [sô] *bak* **see**
saw[2] *n.* testere, bıçkı; *v/t* testere ile kesmek; **~dust** bıçkı tozu; **~mill** kereste fabrikası; **~n** *bak* **saw**[2]
Saxon ['säksn] Sakson(yalı)
say [sey] *v/t* söylemek, demek; beyan etm.; ***he is said to inf.*** onun -*diği* söyleniyor; ***that is to*** ~ yani; ***have a*** ~

in -de söz sahibi olm.; **~ing** söz; atasözü; ***it goes without ~*** kendisinden anlaşılır
scab [skäb] yara kabuğu
scaffold ['skäfıld] yapı iskelesi
scald [skôld] *v/t* kaynar su ile haşlamak; kaynatmak
scale[1] [skeyl] *n.* balık pulu; *v/t* pullarını çıkarmak
scale[2] terazi gözü, kefe; *pl.* terazi; ölçek; ıskala; ölçü; derece
scalp [skälp] *n.* kafatasını kaplayan deri; *v/t -in* başının derisini yüzmek
scan [skän] *v/t* incelemek; gözden geçirmek; *bilgisayar, radar, TV:* taramak
scandal ['skändl] rezalet, skandal; dedikodu; **~ous** ['~dılıs] rezil, utanılacak
Scandinavia [skändi'neyvyı] İskandinavya; **~n** İskandinav
scant(y) ['skänt(i)] az, kıt, dar
scapegoat ['skeypgıut] başkalarının suçları yüklenilen kimse, günah keçisi
scar [skaa] *n.* yara izi; *v/t -in* üstünde yara izi bırakmak
scarc|e [skäıs] az bulunur, nadir, seyrek; kıt; **~ely** *adv.* ancak, hemen hemen hiç; **~ity** azlık, kıtlık
scare [skäi] *v/t* korkutmak, ürkütmek, ***be ~d*** korkmak, ürkmek (**of** *-den*); **~crow** bostan korkuluğu
scarf [skaaf] boyun atkısı, eşarp
scarlet ['skaalit] al, kırmızı; **~fever** *med.* kızıl hastalığı
scarred [skaad] yara izi olan
scathing ['skeydhiŋ] sert, kırıcı, incitici, yaralayıcı
scatter ['skätı] *v/t* saçmak, dağıtmak; *v/i* dağılmak, yayılmak
scene [sîn] sahne; dekor; manzara; **~ry** doğal çevre, manzara; dekor
scent [sent] *n.* güzel koku; iz; *v/t -in* kokusunu almak; koku ile doldurmak *-i*
sceptic ['skeptik] *n.* **~al** *adj.* şüpheci, septik
schedule ['şedyûl] *n.* liste, program; *Am.* ['skecûl] tarife; *v/t -in* listesini yapmak; tarifeye geçirmek *-i*
scheme [skım] *n.* plân, proje, tasarı; entrika; *v/t* tasarlamak
scholar ['skolı] âlim, bilgin; **~ship** burs
school [skuul] *n.* okul; öğrenim devresi; ekol; balık sürüsü; *v/t* alıştırmak; **~fellow** okul arkadaşı; **~ing** eğitim, öğretim; **~master** öğretmen; **~mate** *bak* ***~fellow***; **~mistress** kadın öğretmen
scien|ce ['sayıns] ilim, bilgi, bilim; fen; **~tific** [~'tifik] ilmî, bilimsel, fenni; **~tist** bilim adamı.
scissors ['sizız] *pl.* [*a.* **a pair of ~**] makas *sg.*
scoff [skof] alay etm. (**at** ile)

scold [skıuld] *v/t* azarlamak, paylamak
scoop [skuup] *n.* kepçe; *v/t* kepçeyle çıkarmak
scooter ['skuutı] trotinet; küçük motosiklet
scope [skıup] saha, alan; faaliyet alanı, kapsam
scorch [skôç] *v/t* kavurmak, yakmak
score [skô] *n.* sıyrık, kertik; hesap; *spor:* puan sayısı; yirmi; *mus.* partisyon; *v/t* çentmek; hesap etm.; *puanları* saymak; *puan* kazanmak
scorn [skôn] *n.* küçümseme, hor görme; *v/t* küçümsemek; **~ful** küçümseyen
scorpion ['skôpyın] *zo.* akrep
Scot [skot] İskoçyalı
Scotch [skoç] İskoçya ile ilgili; **~man** İskoçyalı
Scotland ['skotlind] İskoçya
Scots|man İskoçyalı; **~woman** İskoçyalı kadın
scoundrel ['skaundrıl] kötü adam, herif
scour ['skauı] *v/t* ovalayarak temizlemek
scout [skaut] *n.* izci; *v/t* keşfetmek, taramak
scowl [skaul] *v/i* kaşlarını çatıp bakmak; *n.* tehdit eden bakış
scramble ['skrämbl] *v/t* tırmanmak *-e;* karıştırmak *-i;* **~d eggs** *pl.* karıştırılıp yağda pişirilmiş yumurta
scrap [skräp] parça; döküntü, kırıntı
scrape [skreyp] *n.* kazıma, sıyırma; *v/t* kazımak, sıyırmak; **~ away, ~ off** kazıyarak silmek
scrap heap döküntü, hurda yığını
scratch [skräç] *n.* çizik, sıyrık; *v/t* kaşımak, tırnaklamak
scrawl [skrôl] *v/t* acele ile yazmak, çiziktirmek; *n.* çarpık çurpuk yazı
scream [skrîm] *n.* feryat, çığlık; *v/i* feryat etm.
screech [skrîç] *bak* **scream**
screen [skrîn] *n.* paravana, bölme; perde; ekran; *v/t* gizlemek, korumak; elemek, kalburdan geçirmek
screw [skruu] *n.* vida; pervane; *v/t* vidalamak; **~driver** tornavida
scribble ['skribl] *n.* dikkatsiz yazı; *v/t* dikkatsiz yazmak, çiziktirmek
script [[skript] el yazısı; *thea.* senaryo; **Ꙩure** ['~pçı] *rel.* Kutsal Kitap
scroll [skrıul] tomar
scrub [skrab] *n.* çalılık, fundalık; *v/t* fırçalayarak yıkamak
scrup|le ['skruupl] vicdan; kuruntu, vesvese, endişe; **~ulous** ['~pyulıs] dikkatli, titiz, dürüst
scrutin|ize ['skruutinayz] *v/t* incelemek, irdelemek; **~y** tetkik, inceleme, irdeleme
scuffle ['skafl] *v/i* çekişmek, dövüşmek

sedative [ˈsedıtiv] teskin edici, yatıştırıcı (ilâç)
sediment [ˈsedimınt] tortu, telve
seduc|e [siˈdyûs] *v/t* baştan çıkarmak, ayartmak; **~tive** [~ˈdaktiv] ayartıcı
see [sî] *v/t* görmek; anlamak, kavramak; bakmak *-e*; ***I ~!*** anlıyorum!; **~ *a doctor*** doktora gitmek; **~ *s.o. home*** *b-ni* evine kadar götürmek; **~ off** uğurlamak; **~ to** bakmak *-e.*, meşgul olm. (ile)
seed [sîd] tohum
seek [sîk] *v/t, v/i* (**after, for**) aramak *-i*
seem [sîm] görünmek, gelmek (***like*** gibi); **~ing** görünüşte
seen [sîn] *bak.* **see**
seep [sîp] *v/i* sızmak
seesaw [ˈsîsô] tahterevalli
segment [ˈsegmınt] parça, kısım
segregat|e [ˈsegrigeyt] *v/t* ayırmak; **~ion** ayırım, ayırma
seiz|e [sîz] *v/t* yakalamak, tutmak; kavramak; *jur.* haczetmek, el koymak; **~ure** [ˈsîjı] haciz, zor alım, el koyma
seldom [ˈseldım] nadiren, seyrek
select [ˈsiˈlekt] *adj.* seçme, seçkin; *v/t* seçmek; **~ion** seçim; seç(il)me; seçme (şeyler *pl.*)
self [self] zat, kişi, kendi; kendi kendine; **~command** kendini tutma, nefsini yenme; **~confidence** kendine güven; **~conscious** utangaç, sıkılgan; **~control** kendini tutma; **~defence** kendini savunma; **~evident** aşikâr, belli; **~government** özerklik, öz yönetim; **~ish** bencil, egoist; **~made** kendini yetiştirmiş; **~possession** serin kanlılık, kendine hâkim olma; **~reliant** kendine güvenir; **~respect** onur, öz saygı; **~service** self servis
sell [sel] *v/t* satmak; *v/i* satılmak; **~ *out*** *bütün stoku* satmak; **~er** satıcı
semblance [ˈsemblıns] benzerlik
sem|ester [siˈmestı] sömestr; **~icolon** [ˈsemiˈkıulın] noktalı virgül
senat|e [ˈsenit] senato; **~or** [ˈ~ıtı] senatör
send [send] *v/t* yollamak, göndermek; **~ *for*** çağırmak, getirtmek *-i;* **~*er*** gönderen
senior [ˈsinyı] yaşça büyük; kıdemli; **~ citizen** yaşlı kimse
sensation [senˈseyşın] his, duygu; heyecan uyandıran olay, sansasyon
sense [sens] *n.* anlam, mana; his, duyu, anlayış; akıl; ***in a ~*** bir bakıma; *v/t* sezmek; anlamak; **~less** baygın; duygusuz; anlamsız
sensi|bility [sensiˈbiliti] duyarlık; seziş inceliği; **~ble**

hissedilir; aklı başında; **be ~ of** sezmek *-i;* **~tive** hassas, içli, duygulu
sensual ['sensyuil] şehvetli
sent [sent] *bak* ***send***
sentence ['sentıns] *n. gr.* cümle; *jur.* hüküm, karar; *v/t* mahkûm etm.
sentiment ['sentimınt] his, duygu; düşünce; **~al** [~'mentl] duygusal, hissî; aşırı duygusal, yapmacıklı
sentry ['sentri] *mil.* nöbetçi
separa|ble ['sepırıbl] ayrılabilir; **~te** ['~eyt] *adj.* ayrı; *v/t* ayırmak; *v/i* ayrılmak; **~tion** ayırma; ayrılma
September [sep'tembı] eylül
septic ['septik] *med.* bulaşık, mikroplu
seque|l ['sîkwıl] (*bir öykü, film v.s.*) devamı, arkası; sonuç; **~nce** sıra; ardıllık
seren|ade [seri'neyd] *mus.* serenat; **~e** [si'rîn] durgun, dingin, açık, berrak
sergeant [sâcınt] *mil.* çavuş; komiser muavini
seri|al ['siıriıl] seri halinde olan, dizi; **~es** ['~rîz] *sg., a. pl.* sıra, seri, dizi
serious ['siırııs] ciddî
sermon ['sömın] vaaz
serv|ant ['sövınt] hizmetçi, uşak; **~e** *v/t* hizmet etm. *-e;* sofraya koymak *-i;* yerine getirmek *-i;* yaramak *-e; v/i* işini görmek
service ['sövis] hizmet; servis; görev; yarar; *mil.* askerlik; *rel.* ayin, tören; **~able** işe yarar, faydalı; dayanıklı; **~ charge** servis ücreti; **~ station** benzin istasyonu
session ['seşın] oturum, celse
set [set] *n.* takım; koleksiyon; seri; cihaz; grup; *v/t* koymak, yerleştirmek; dikmek; kurmak, düzeltmek, tanzim etm.; *v/i* katılaşmak; *güneş* batmak; *adj.* belirli; düzenli; değişmez; **~ *about*** başlamak *-ing -e*; **~ *free*** *v/t* serbest bırakmak; **~ *off*** yola çıkmak; **~ *to*** başlamak *-e;* **~ *up*** *v/t* dikmek, kurmak; **~back** aksilik, kötüleşme
settee [se'tî] kanepe
setting ['setiŋ] çerçeve, yuva, batma (*güneş*); ortam, çevre; yemek takımı
settle ['setl] *v/i* oturmak, yerleşmek, durulmak; *v/t* yerleştirmek; kararlaştırmak; halletmek; *hesap:* görmek, ödemek; *kavga:* yatıştırmak; **~ *down*** yerleşmek; **~ment** yerleş(tir)me; sömürge; yeni iskân edilmiş yer; *ec.* hesap görme, tasfiye; halletme; **~r** yeni yerleşen göçmen
seven ['sevn] yedi; **~teen** ['~'tîn] on yedi; **~ty** yetmiş
sever ['sevı] *v/t* ayırmak, koparmak; *v/i* ayrılmak
several ['sevrıl] birkaç, birçok; çeşitli
sever|e [si'viı] şiddetli, sert; **~ity** [~eriti] şiddet, sertlik
sew [sıu] *v/t* dikiş dikmek

sew|age ['syuic] pis su, lağım pisliği; **~er** lağım
sex [seks] seks, cinsiyet; cinsel ilişki; **~ual** ['~yuıl] cinsel
shabby ['şäbi] eski, yıpranmış; rüküş, kılıksız; alçak
shack [şäk] kulübe
shade [şeyd] *n.* gölge; siper; abajur; renk tonu; *v/t* ışıktan korumak; gölgelemek
shadow ['şädıu] *n.* gölge; *v/t* gölgelemek; gizlice izlemek
shady ['şeydi] gölgeli; *fig.* şüpheli
shaft [şâft] sap; sütun; şaft; maden kuyusu
shaggy ['şâgi] kaba tüylü
shake [şeyk] *v/t* silkmek, sallamak, sarsmak; *v/i* sallanmak, titremek; *n.* çalkalanmış şey; sarsıntı: **~ hands** el sıkışmak; **~n** *bak* **shake**; sarsılmış
shaky titrek; zayıf
shall [şäl] -ecek; -meli
shallow ['şälıu] sığ; üstünkörü; sığ yer
sham [şäm] düzmece, sahte şey; yalan; yapma, taklit; *v/t* yalandan yapmak
shame [şeym] *n.* utanç; rezalet; **~ on you!** ayıp!, yazıklar olsun!; *v/t* utandırmak; **~ful** utandırıcı, ayıp; **~less** utanmaz, arsız
shampoo [şäm'puu] *n.* şampuan; *v/t başı şampuan ile* yıkamak
shank [şänk] *an.* incik, baldır
shape [şeyp] *n.* şekil, biçim; *v/t* şekil vermek *-e;* düzenlemek *-i;* **~less** biçimsiz, şekilsiz; **~ly** biçimli, endamlı
share *n.* pay, hisse; *ec.* hisse senedi, aksiyon; *v/t* paylaşmak; *v/i* katılmak *-e;* **~holder** hissedar
shark [şâk] *zo.* köpek balığı
sharp [şâp] keskin, sivri; ekşi; sert; zeki; tam; **~en** *v/t* bilemek, sivriltmek; *v/i* keskinleşmek; **~ener** ['~pnı] kalemtıraş; **~ness** keskinlik, sivrilik; şiddet
shatter ['şätı] *v/t* kırmak, parçalamak; *v/i* kırılmak
shav|e [şeyv] *n.* tıraş; ***have a ~*** tıraş olm.; *v/t* tıraş etm.; sıyırıp geçmek; *v/i* tıraş olm.; **~en** *bak* ***shave;*** **~ing** tıraş; *pl.* talaş *sg.*
shawl [şôl] omuz atkısı, şal
she [şî] o *(dişil);* dişi
sheaf [şîf] demet
shear [şiı] *v/t* kırkmak, kesmek; **~s** *n. pl.* büyük makas *sg.*
sheath [şîth] kın, kılıf, zarf
shed[1] [şed] *n.* baraka, kulübe
shed[2] *v/t (kan, gözyaşı v.s.)* dökmek, akıtmak; dağıtmak
sheep [şîp] koyun(lar *pl.*); **~ish** sıkılgan, utangaç
sheér [şiı] katışıksız, saf; tamamiyle, büsbütün
sheet [şît] çarşaf; yaprak, tabaka; levha; **~ lightning** çakınca ortalığı aydınlatan şimşek
shelf [şelf] raf; *geo.* şelf, sığlık

yop; *fig.* kısa görüşlü; ~-**term** kısa vadeli; ~-**winded** nefes darlığı olan
shot [şot] atış; gülle; erim; silâh sesi; *bak* ***shoot; ~gun*** av tüfeği
should [şud] *bak* ***shall***
shoulder ['şıuldı] *n.* omuz; *v/t* omuzlamak; ~ **blade** *an.* kürek kemiği
shout [şaut] *n.* bağırma; *v/t, v/i* haykırmak, bağırmak
shove [şav] *v/t* itmek, dürtmek
shovel ['şavl] *n.* kürek; *v/t* kürelemek
show [şıu] *n.* gösteriş; *thea.* temsil, oyun; sergi; *v/t* göstermek; sergilemek; tanıtlamak; *v/i* görünmek; ~ ***off*** gösteriş yapmak; ~ ***up*** *v/i* gözükmek
shower ['şauı] *n.* sağanak; duş; ***have*** *veya* ***take a*** ~ duş yapmak; *v/i* sağanak halinde yağmak; *v/t* bol vermek, yağdırmak
show|n [şıun] *bak* ***show; ~y*** gösterişli, göz alıcı
shrank [şränk] *bak* ***shrink***
shred [şred] *n.* dilim, parça; *v/t* parçalamak
shrewd [şruud] kurnaz, becerikli
shriek [şrîk] *n.* feryat, yaygara; *v/i* çığlık koparmak
shrill [şril] keskin sesli, tiz
shrimp [şrimp] *zo.* karides
shrink [şrink] *v/i* ürkmek; çekinmek, büzülmek; *v/t* daraltmak
shrivel ['şrivl] *v/i* büzülmek
Shrove Tuesday ['şrıuv] *rel.* Büyük Perhizin arife günü
shrub [şrab] küçük ağaç; çalı; ~**bery** çalılık
shrug [şrag] *n.* omuz silkme; *v/t omuzlarını* silkmek
shrunk [şrank] *bak* ***shrink***
shudder [şadı] *n.* titreme; *v/i* ürpermek, titremek
shuffle ['şafl] *v/t* karıştırmak; *v/i* ayak sürümek
shun [şan] *v/t* sakınmak, kaçınmak *-den*
shut [şat] *v/t* kapa(t)mak; *v/i* kapanmak; ~ ***down*** *v/t iş yerini* kapamak; ~ ***up!*** *intj.* sus!; ~**ter** kepenk; *phot.* enstantane perdesi
shuttle ['şatl] mekik
shy [şay] *adj.* çekingen, ürkek; *v/i* ürkmek; ~**ness** çekingenlik
sick [sik] hasta; midesi bulanmış; bıkmış (***of*** *-den*); ~**en** *v/i* hastalanmak; *v/t* bıktırmak
sickle ['sikl] orak
sick| leave: ***be on*** ~ hastalık izninde olm.; ~**ness** hastalık; kusma
side [sayd] yan, taraf; kenar; ***take ~s*** (***with***) yan tutmak; ~**board** büfe; ~**car** yan arabası, sepet; ~**walk** *Am.* yaya kaldırımı; ~**ways** yandan; yan
siege [sic] kuşatma
sieve [siv] *n.* kalbur, elek; *v/t* elemek

sift [sift] *v/t* kalburdan geçirmek, elemek; *fig.* incelemek; ayırmak
sigh [say] *n.* iç çekme; *v/i* iç çekmek
sight [sayt] *n.* görme; görünüm, manzara; *v/t* görmek; ***at first*** ~ ilk görüşte; ***know by*** ~ *v/t* yüzünden tanımak, şahsen tanımak; **~seeing** seyredecek yerleri görmeğe gitme, turistik gezi
sign [sayn] *n.* işaret, alâmet; iz, belirti; levha; *v/t* imzalamak; işaret etm. *-e*
signa|l ['signl] *n.* işaret; uyarı, ihtar; *v/t* işaretle bildirmek; **~tory** ['~nıtıri] imza eden; **~ture** ['~niçı] imza
signboard tabela, afiş
significa|nce [sig'nifikıns] anlam, mana; önem; **~nt** manalı; önemli
signify ['signifay] *v/t* belirtmek; demek istemek
signpost işaret direği
silen|ce ['saylıns] *n.* sessizlik; *v/t* susturmak; **~t** sessiz, sakin
silk [silk] ipek; **~y** ipek gibi
sill [sil] eşik; denizlik
silly ['sili] budala, aptal
silver ['silvi] *n.* gümüş; *v/t* gümüş kaplamak *-e;* **~y** gümüş gibi, parlak
similar ['simılı] benzer (***to*** *-e*), gibi; **~ity** [~'läriti] benzerlik
simmer ['simı] *v/i* yavaş yavaş kaynamak
simpl|e ['simpl] basit, sade; kolay; safdil; **~icity** [~'plisiti] sadelik; saflık; **~ify** ['~lifay] *v/t* kolaylaştırmak; **~y** *adv.* sadece, sırf, ancak
simulate ['simyuleyt] *v/t* yalandan yapmak; ... gibi görünmek
simultaneous [simıl'teynyıs] aynı zamanda olan, eşzamanlı
sin [sin] *n.* günah; *v/i* günah işlemek
since [sins] *prp.* *-den* beri; mademki, zira, çünkü
sincer|e [sin'sii] samimî, içten; ***Yours*** **~ely** saygılarımla; **~ity** [~'seriti] samimiyet, içtenlik
sinew ['sinyû] *an.* kiriş; **~y** kiriş gibi; *fig.* kuvvetli, dinç
sing [siŋ] *v/i* şarkı söylemek; ötmek; *v/t* söylemek, okumak
singe [sinc] *v/t* alazlamak; yakmak
singer ['siŋı] şarkıcı
single ['siŋgl] tek, bir; yalnız; tek kişilik; bekâr; ~ ***out*** *v/t* seçmek, ayırmak; **~handed** tek başına
singular ['singyulı] acayip; tek; eşsiz, *gr.* tekil
sinister ['sinistı] uğursuz
sink [siŋk] *n.* musluk taşı, lavabo, bulaşık oluğu; *v/i* batmak; düşmek, inmek; *v/t* batırmak
sinner ['sinı] günahkâr
sip [sip] *v/t* azar azar içmek
sir [sö] *hitap:* beyefendi; efendim; ♎ *Brt.* sör (*bir asalet*

düzey; *v/i* eğilmek; *v/t* eğmek
slap [släp] *n.* şamar, tokat; *v/t* tokat atmak *-e;* **~stick** *thea.* güldürü, kaba komedi; gürültülü
slash [släş] *n.* uzun yara; yarık; kamçı vuruşu; *v/t* yarmak; kamçılamak
slate [sleyt] arduvaz, kayağan taş
slattern ['slätın] pasaklı kadın
slaughter ['slôtı] *n.* kesim; kıyım, katliam; *v/t* kesmek, boğazlamak; **~house** mezbaha
slave [sleyv] *n.* köle, esir; *v/i* köle gibi çalışmak; **~ry** kölelik, esirlik
slay [sley] *v/t* öldürmek
sled(ge) [sled (slec)] *n.* kızak; *v/i* kızakla gitmek
sledgehammer balyoz
sleek [slîk] *adj.* düzgün; parlak; *v/t* düzlemek
sleep [slîp] *n.* uyku; *v/i* uyumak; ***go to ~*** uyumak; ***~ on*** *v/t* ertesi güne bırakmak; **~er** uyuyan kimse; yataklı vagon; travers; **~ing bag** uyku tulumu; **~ing car** yataklı vagon; **~less** uykusuz; **~walker** uyurgezer; **~y** uykusu gelmiş
sleet [slît] sulu sepken, sulu kar
sleeve [slîv] yen, elbise kolu; *tech.* manşon, kol, bilezik
sleigh [sley] *n.* kızak; *v/i* kızakla gitmek
slender ['slendı] ince, zayıf; az, kıt
slept [slept] *bak* ***sleep***
slew [sluu] *bak* ***slay***
slice [slays] *n.* dilim, parça; balık bıçağı; *v/t* dilimlemek
slick [slik] kaygan; kurnaz
slid [slid] *bak* ***slide***
slide [slayd] *v/i* kaymak; *v/t* kaydırmak; *n.* kayma; *tech.* sürme; diyapozitif, slayt; **~ rule** sürgülü hesap cetveli
slight [slayt] *adj.* zayıf, önemsiz; *v/t* önem vermemek *-e,* küçümsemek *-i*
slim [slim] *adj.* ince, zayıf; *v/i* incelmek
slime [slaym] sümük; balçık; **~y** sümüksü; pis
sling [slıŋ] *n.* sapan; *med.* askı; *v/t* sapanla atmak; askıyla kaldırmak
slip [slip] *n.* kayma; sürçme; söz kaçırma; hata; kâğıt, pusula; yastık yüzü; ***~ of the tongue*** dil sürçmesi; *v/i* kaymak; kaçmak; *v/t* kaydırmak; **~ on** *v/t* giyivermek; **~per** terlik; **~pery** kaygan; kaypak; **~ road** *Brt.* yan yol
slit [slit] *n.* kesik, yarık; *v/t* yarmak
slogan ['slıugın] parola, slogan
sloop [sluup] *naut.* şalopa
slop [slop] *n.* sulu çamur; *v/t* dökmek; ***~ over*** *v/i* taşmak
slope [slıup] *n.* bayır; meyilli düzey; *v/i* meyletmek
sloppy ['slopi] çamurlu; *fig.* şapşal
slot [slot] delik, kertik
sloth [slıuth] tembellik

slot machine oyun makinesi, satış makinesi
slough [slau] bataklık
slovenly ['slavnli] derbeder, pasaklı; özensiz
slow [slıu] *adj.* ağır, yavaş; geri kalmış; hantal, aptal; ~ **down** *v/t* yavaşlatmak; *v/i* ağırlaşmak; **~down** yavaşlama; ~ **motion** ağır çekim
sluggish ['slagiş] tembel, cansız
sluice [sluus] savak
slum [slam] teneke mahallesi, gecekondu bölgesi
slumber ['slambı] *n.* uyku, uyuklama; *v/i* uyumak, uyuklamak
slung [slaŋ] *bak* ***sling***
slush [slaş] yarı erimiş kar; çamurlu kar
slut [slat] pasaklı kadın
sly [slay] kurnaz, şeytan gibi; ***on the*** ~ *F* gizli gizli, el altından
smack[1] [smäk] *n.* şapırtı; şamar; *v/t* şaplatmak
smack[2] hafif çeşni; ~ **of** *-in* çeşnisi olm.
small [smôl] küçük, ufak; az; ~ **change** bozuk para; ~ **hours** *pl.* gece yarısından hemen sonraki saatler; **~pox** *med.* çiçek hastalığı; ~ **talk** gevezelik, çene çalma
smart [smât] şık, zarif; akıllı; kurnaz; çevik; şiddetli
smash [smäş] *v/t* ezmek, parçalamak; *v/i* ezilmek; **~ing** *fig.* çok güzel, müthiş
smattering ['smätıriŋ] çat pat bilgi
smear [smiı] *n.* leke; *v/t* bulandırmak, lekelemek; sürmek
smell [smel] koku; *v/t -in* kokusunu almak; *v/i* kokmak
smelt[1] [smelt] *bak* ***smell***
smelt[2] *v/t* eritmek
smile [smayl] *n.* gülümseme, tebessüm, *v/i* gülümsemek
smith [smith] demirci, nalbant
smitten ['smitn] çarpılmış; *fig.* vurgun (***with*** *-e*)
smock [smok] iş kıyafeti
smog [smog] dumanlı sis
smok|e [smıuk] *n.* duman; *v/i* tütmek; *v/t* tütsülemek; *sigara v.s.* içmek; **~er** sigara içen; sigara içenlere mahsus vagon; **~ing** sigara içme; ***no*** ~ sigara içilmez; ~ **compartment** *tren:* sigara içilen kompartıman; **~y** dumanlı, tüten
smooth [smuudh] düz, düzgün, pürüzsüz; akıcı; nazik; *v/t* düzlemek; yatıştırmak
smother ['smadhı] *v/t* boğmak; *v/i* boğulmak
smo(u)lder ['smıuldı] alevsiz yanmak
smudge [smac] *n.* pis leke; *v/t* kirletmek, lekelemek
smuggle ['smagl] *v/t gümrükten mal* kaçırmak; **~r** kaçakçı
smut [smat] is, kurum; pis laf
snack [snäk] çerez, hafif yemek
snail [sneyl] *zo.* salyangoz

snake [sneyk] *zo.* yılan
snap [snäp] *n.* ısırma; çatırtı; şıkırtı; gayret, enerji; *v/i* ısırmak, kapmak (**at** *-i*); çatırdayıp kırılmak; *v/t* kırmak; ***cold*** ~ soğuk dalgası; **~py** çevik, çabuk; **~shot** *phot.* enstantane fotoğraf
snare [snäı] tuzak, kapan
snarl [snâl] *v/i* hırlamak; *n.* hırlama
snatch [snäç] *v/t* kapmak, koparmak; *n.* kapma; parça
sneak [snîk] *v/i* sinsi sinsi dolaşmak; *Brt.* ispiyonlamak; **~ers** *pl. Am.* lâstik spor ayakkabı
sneer [sniı] *n.* alay, istihza; *v/i* küçümsemek (**at** *-i*), alay etm. (ile)
sneeze [snîz] *n.* aksırma; *v/i* aksırmak
sniff [snif] *v/i* burnuna hava çekmek; burnunu buruşturmak; *v/t* koklamak; **~le** ['~fl] burun çekme; ***the*** **~s** *pl. F* hafif nezle
snipe [snayp] *zo.* çulluk; **~r** pusuya yatan nişancı
snivel ['snivl] *v/i* burnu akmak; burnunu çekerek ağlamak
snob [snob] snop, züppe
snoop [snuup] burnunu sokan, meraklı
snooze [snuuz] *n.* kestirme, şekerleme; *v/i* kısaca uyumak, şekerleme yapmak
snore [snô] *n.* horlama; *v/i* horlamak
snort [snôt] at gibi horuldamak
snout [snaut] *zo.* burun, hortum
snow [snıu] *n.* kar; *v/i* kar yağmak; **~ball** kar topu; **~drift** kar yığıntısı; **~drop** *bot.* kardelen; **~y** karlı; kar gibi
snub [snab] *v/t* küçümsemek; *n.* hiçe sayma; **~nosed** ucu kalkık burunlu
snuff [snaf] enfiye
snug [snag] rahat, konforlu; **~gle** ['~gl] *v/i* yerleşmek, sokulmak
so [sıu] öyle, böyle; bu kadar; bundan dolayı; ~ ***far*** şimdiye kadar; ~ ***long!*** hoşça kalın!
soak [sıuk] *v/t* ıslatmak; *v/i* ıslanmak; ~ **up** (*bir sıvıyı*) emmek
so-and-so filanca
soap [sıup] *n.* sabun; *v/t* sabunlamak; ~ **opera** *radyo, TV:* hafif ve sürekli melodram dizi
soar [sô] hızla yükselmek
sob [sob] *n.* hıçkırık; *v/i* hıçkıra hıçkıra ağlamak
sober ['sıubı] *adj.* ayık; ağırbaşlı; *v/i* ayılmak
so-called diye anılan, sözde
soccer ['sokı] futbol
sociable ['sıuşıbl] girgin; sempatik
social ['sıuşıl] hoşsohbet; toplumsal, sosyal; ~ **insurance** sosyal sigorta; **~ism** sosyalizm; **~ist** sosyalist; **~ize** *v/t*

kamulaştırmak
society [sı'sayıti] toplum; kurum; ortaklık;sosyete
sociology [sıusi'olıci] sosyoloji
sock [sok] kısa çorap, şoset
socket ['sokit] *an.* eklem oyuğu; *tech.* yuva; duy, priz
soda ['sıudı] soda; çamaşır sodası; gazoz
sofa ['sıufı] kanepe, sedir
soft [soft] yumuşak; uysal; (*ses*) yavaş; ~ **drink** alkolsuz içki; **~en** ['sofn] *v/t* yumuşatmak; *v/i* yumuşamak; **~ware** *bilgisayar:* yazılım
soil [soyl] *n.* toprak; *v/t* kirletmek; *v/i* kirlenmek
solar ['sıulı] güneşe ait; ~ **energy** güneş enerjisi
sold [sıuld] *bak* **sell**
soldier ['sıulcı] asker, er
sole[1] [sıul] *n.* taban, pençe; *v/t* pençe vurmak *-e*
sole[2] *zo.* dil balığı
sole[3] yalnız, biricik
solemn ['solım] törenli; ağırbaşlı
solicit [sı'lisit] *v/t* istemek, rica etm.; **~or** avukat; **~ous** endişeli; istekli
solid ['solid] sağlam; katı; som; **~arity** [~'däriti] dayanışma; birlik; **~ity** katılık; sağlamlık
solit|ary ['solitıri] tek, yalnız; tenha; **~ude** ['~tyûd] yalnızlık
solo ['sıulıu] solo; **~ist** solist
solu|ble ['solyubl] eriyebilir, çözülebilir; **~tion** [sı'luuşın] erime; çözüm, çare
solve [solve] *v/t* halletmek, çözmek; **~nt** *ec.* ödeme gücü olan
somb|re, *Am.* **~er** ['sombı] loş, karanlık
some [sam] bazı, kimi; birkaç; biraz; **~body** ['~bıdi] biri(si); **~how** nasılsa; **~one** biri(si)
somersault ['samısôlt] takla
some|thing bir şey; **~times** bazen, arasıra; **~what** bir dereceye kadar; **~where** bir yer(d)e
son [san] oğul, erkek evlât
song [soŋ] şarkı; ötme; **~bird** ötücü kuş
sonic ['sonik] ses hızında; ses dalgaları ile ilgili
son-in-law damat
soon [suun] biraz sonra; hemen; erken; ***as ~ as*** -ince; -diğinde, hemen; ***no ~er ... than*** -ir -mez
soot [suut] *n.* is, kurum; *v/t* ise bulaştırmak
soothe [suudh] *v/t* yatıştırmak, sakinleştirmek
sophisticated [sı'fistikeytid] hayata alışmış; kültürlü, görmüş geçirmiş, deneyimli; yapmacık
soporific [sopı'rifik] uyutucu (ilâç)
sorcer|er ['sôsırı] büyücü, sihirbaz; **~y** büyü(cülük)
sordid ['sôdid] alçak, sefil; kirli

sore [sô] acı veren; kırgın; şiddetli; ~ **throat** boğaz ağrısı
sorrow ['sorıu] keder, acı; ~**ful** kederli, elemli
sorry ['sori] üzgün; pişman; **be** ~ acımak, üzülmek (**for** -e)
sort [sôt] *n.* çeşit, tür; *v/t* sınıflandırmak, ayıklamak
sought [sôt] *bak* **seek**
soul [sıul] ruh, can
sound[1] [saund] sağlam, sağlıklı; güvenilir, emin
sound[2] *geo.* boğaz
sound[3] *v/t* iskandil etm.
sound[4] *n.* ses; *v/i* ses vermek; gelmek, görünmek (**like** gibi); *v/t* çalmak; ~**proof** ses geçirmez; ~ **wave** *phys.* ses dalgası
soup [suup] çorba
sour ['sauı] ekşi(miş); somurtkan, asık
source [sôs] kaynak
south [sauth] güney; ~**east** güneydoğu
souther|ly ['sadhılı] güneye doğru; ~**n** güney bölgesi ile ilgili
south|ward(s) ['sauthwıd(z)] güneye doğru; ~**west** güneybatı
souvenir ['suuvınıı] hatıra, andaç
sovereign ['sovrin] hükümdar; ~**ty** ['~rınti] egemenlik
Soviet ['sıuviet] Sovyetler Birliği ile ilgili, Sovyet ...
sow[1] [sau] *zo.* dişi domuz
sow[2] [sıu] *v/t* ekmek; ~**n** *bak* **sow**[2]
soya, soyabean ['soyı] *bot.* soya (fasulyesi)
spa [spâ] ılıca, kaplıca
space [speys] alan, yer; uzay; ~**craft** uzay aracı; ~ **flight** uzay uçuşu; ~**man** uzay adamı, astronot; ~**ship** uzay gemisi
spacious ['speyşıs] geniş
spade [speyd] bel, bahçıvan küreği; *oyun kâğıdı:* maça
Spain [speyn] İspanya
span[1] [spän] *n.* karış; süre; *arch.* açıklık; *v/t* ölçmek; boydan boya uzatmak
span[2] *bak* **spin**
spangle ['spängl] *n.* pul; *v/t* pullarla süslemek
Spani|ard ['spänyıd] İspanyol; ~**sh** İspanyol(ca)
spank [späŋk] *v/t -in* kıçına şaplak vurmak; ~**ing** şaplak atma
spanner ['spänı] somun anahtarı
spare [späı] *adj.* yetersiz, dar; boş; yedek; *v/t* esirgemek; vazgeçmek *-den;* tutumlu kullanmak *-i;* ~ **part** *tech.* yedek parça; ~ **room** misafir odası; ~ **time** boş vakit
spark [spâk] *n.* kıvılcım; *v/i* kıvılcım saçmak; ~**ing plug** *tech.* buji; ~**le** *n.* kıvılcım; parlayış; *v/i* parıldamak; ~ **plug** *tech.* buji
sparrow ['spärıu] *zo.* serçe
sparse [spâs] seyrek

spasm ['späzım] *med.* spazm, kasınç; **~odic** [~'modik] spazm türünden
spat [spät] *bak* ***spit***
spatter ['spätı] *v/t* serpmek
spawn [spôn] balık yumurtası
speak [spîk] *v/i* konuşmak (***to*** ile); bahsetmek (***about, of*** *-den*); *v/t* söylemek; **~ *up*** *v/t* açıkça söylemek; **~er** sözcü
spear [spiı] *n.* mızrak; *v/t* mızrakla vurmak *-e*
special ['speşıl] özel; özel şey; özellik; **~ist** uzman, mütehassıs; **~ity** [~i'äliti] özellik; **~ize** uzmanlaşmak (***in*** *-de*); **~ty** *Am.* uzmanlık alanı; spesiyalite
species ['spişiz] tür, çeşit
speci|fic [spi'sifik] has, özgü; özel; belirli; **~fy** *v/t* belirtmek; **~men** ['spesimin] örnek, numune
specta|cle ['spektıkl] manzara; *pl.* gözlük *sg.*; **~cular** [~'täkyulı] görülmeğe değer; **~tor** [~'teytı] seyirci
speculat|e ['spekyuleyt] *v/i ec.* spekülasyon yapmak, borsada oynamak; düşünmek (**on** *-i*); **~ion** spekülasyon; kurgu
sped [sped] *bak* ***speed***
speech [spîç] dil, lisan; söz, söylev; **~less** dili tutulmuş
speed [spîd] *n.* hız, sür'at, çabukluk; *v/i* hızla gitmek; *v/t* hızlandırmak; **~ limit** hız sınırı; **~ometer** [spi'domitı] hızölçer; **~y** çabuk, hızlı
spell[1] [spel] nöbet, kriz; dönem, süre
spell[2] *v/t* hecelemek; belirtmek
spell[3] büyü; **~bound** büyülenmiş
spelling ['speliŋ] imlâ, yazım
spelt [spelt] *bak* ***spell***[2]
spend [spend] *v/t* harcamak, sarfetmek, israf etm.; *zaman* geçirmek
spent [spent] *bak* ***spend***
sperm [spöm] sperma, er suyu
sphere [sfiı] küre; *fig* alan, saha
spic|e [spays] *n.* bahar, baharat; *v/t* çeşni vermek *-e*; **~y** baharatlı; *fig.* açık saçık, heyecan uyandıran
spider ['spaydı] örümcek
spike [spayk] *bot.* başak; uçlu demir, çivi
spill [spil] *v/t* dökmek; *v/i* dökülmek
spilt [spilt] *bak* ***spill***
spin [spin] *v/t* eğirmek; döndürmek; *v/i* dönmek
spinach ['spinic] *bot.* ıspanak
spinal ['spaynl] *an.* bel kemiğine ait; **~ column** omurga, bel kemiği; **~ cord** omurilik
spindle ['spindl] iğ, eğirmen; mil
spine [spayn] *an.* omurga, bel kemiği; diken
spinning wheel çıkrık
spinster ['spinstı] kalık, yaşı geçmiş kız

spiny ['spayni] dikenli
spiral ['spayırıl] helis, helezon; helezonî
spire ['spayı] kule tepesi
spirit ['spirit] ruh, tin, can; cin, peri; canlılık; alkol; ispirto; ***high* ~s** *pl.* keyif, neşe; ***low* ~s** keder, gam; **~ed** cesur, canlı; **~ual** ['~tyuıl] ruhanî; manevî, tinsel; *mus.* Amerikan zencilerine özgü ilâhi
spit[1] [spit] kebap şişi
spit[2] *n.* tükürük; *v/i* tükürmek (**on** *-e*); *kedi:* tıslamak
spite ['spayt] kin, garaz; ***in ~ of*** *-e* rağmen; **~ful** kinci, kindar
spittle ['spitl] salya, tükürük
splash [spläş] *n.* zifos; *v/t* zifos atmak, su sıçratmak *-e; v/i* suya çarpmak; **~ down** suya inmek
spleen [splîn] *an.* dalak; *fig.* terslik; kin
splend|id ['splendid] parlak, gösterişli; mükemmel; **~o(u)r** parlaklık; görkem
splint [splint] *med.* cebire, süyek; **~er** *n.* kıymık; *v/i* parçalara bölünmek
split [split] *n.* yarık, çatlak; *v/t* yarmak, bölmek, ayırmak; *v/i* yarılmak, ayrılmak; **~ting** şiddetli, keskin
splutter ['splatı] *v/i* cızırdamak
spoil [spoyl] *n.* yağma, çapul; *v/t* bozmak; şımartmak; **~sport** oyunbozan; **~t** *bak* ***spoil***

spoke[1] [spıuk] tekerlek parmağı
spoke[2] *bak* ***speak***; **~sman** sözcü
sponge [spanc] *n.* sünger; **~ off** *v/t süngerle* silmek
sponsor ['sponşı] *n.* destekçi, kefil; üstlenici; *v/t* desteklemek, masraflarını karşılamak
spontaneous [spon'teynyıs] kendiliğinden olan
spook [spuuk] *F* hayalet
spool [spuul] *n.* makara; *v/t* makaraya sarmak
spoon [spuun] kaşık; **~ful** kaşık dolusu
sporadic [spı'rädik] ara sıra olan
sport [spôt] *n.* spor; eğlence; alay; *v/i* takılmak (**at, over** *-e*); *v/t* övünmek, caka satmak (ile); **~sman** sporcu, sportmen
spot [spot] *n.* nokta, benek; yer; *v/t* beneklemek; görmek, bulmak; ***on the ~*** yerinde; derhal; **~less** lekesiz; **~light** projektör ışığı
spouse [spauz] eş, koca, karı
spout [spaut] *n.* oluk ağzı; emzik; *v/t* fışkırtmak; *v/i* fışkırmak
sprain [spreyn] *n.* burkulma; *v/t* burkmak
sprang [spräŋ] *bak* ***spring***
sprawl [sprol] yerde uzanmak
spray [sprey] *n.* serpinti; püskürteç; sprey; *v/t* serpmek, püskürtmek

posta arabası
stagger [ˈstägı] *v/i* sendelemek, sersemlemek
stagna|nt [ˈstägnınt] durgun; **~te** *v/i* durgunlaşmak
stain [steyn] *n.* leke; boya; *v/t* lekelemek; **~ed glass** renkli cam; vitray cam **~less** lekesiz; paslanmaz
stair [stäi] basamak; **~case, ~way** merdiven
stake [steyk] *n.* kazık; kumarda ortaya konan para; *v/t* tehlikeye koymak; ***be at ~*** tehlikede olm.
stale [steyl] bayat
stalk [stôk] *n.* sap; *v/i* azametle yürümek
stall [stôl] *n.* kulübe; ahır bölmesi; *thea.* koltuk; *v/t* durdurmak; *v/i* durmak
stallion [ˈstälyın] aygır, damızlık at
stalwart [ˈstôlwıt] kuvvetli, sağlam yapılı; sağlam ve güvenilir yandaş
stammer [ˈstämı] *n.* kekemelik; *v/i* kekelemek
stamp [stämp] *n.* damga; posta pulu; *v/t* damgalamak; pul yapıştırmak *-e;* ayağını vurmak *-e*
stanch [stânç] *bak* ***staunch***
stand [ständ] *n.* duruş; ayaklık; stand, tezgâh; *v/i* durmak; ayakta durmak; *v/t* dayanmak *-e;* ***~ by*** hazır beklemek; ***~ for...*** anlamına gelmek; ***~ (up)on*** *-in* üzerinde ısrar etm.; *-in* tarafını tutmak; ***~ up*** ayağa kalkmak; taraftarı olm. ***(for*** *-in)*
standard [ˈständıd] **1.** bayrak; **2.** standart; ayar; mikyas, ölçü; seviye, düzey; **~ize** *v/t* belirli bir ölçüye uydurmak
standing ayakta duran, ayakta iken yapılan; saygınlık, şöhret; süreklilik; ***of long ~*** eski
stand|point görüş noktası, bakım; **~still** durma
stank [stäŋk] *bak* ***stink***
star [stâ] yıldız; *v/i fig.* başrolde oynamak
starboard [ˈstâbıd] *naut.* sancak (tarafı)
starch [stâç] *n.* nişasta; kola; *v/t* kolalamak
stare [stäı] *n.* sabit bakış; *v/t* dik bakmak **(at** *-e*)
starling [ˈstâliŋ] *zo.* sığırcık
start [stât] *n.* başlangıç; kalkış; sıçrama; *v/i* hareket etm., yola çıkmak; ürkmek; *v/t* başlamak *-e;* çalıştırmak *-i* **~er** *spor:* bir yarışa katılan kişi *veya* at; startör, çıkışçı; *tech.* marş
startl|e [ˈstâtl] *v/t* ürkütmek, korkutmak; **~ing** şaşırtıcı
starv|ation [stâˈveyşın] açlık(tan ölme); **~e** *v/i* açlıktan ölmek; *v/t* açlıktan öldürmek
state [steyt] *n.* durum, hal; *pol.* devlet; *v/t* beyan etm., belirtmek; **♀ Department** *Am.* Dış İşleri Bakanlığı; **~ly** görkemli, haşmetli, heybetli;

-ment ifade; demeç; rapor; **-room** *naut.* tek kişilik lüks kamara; **-sman** devlet adamı
static ['stätik] *phys.* statik
station ['steyşın] *n.* istasyon, durak, gar; yer; makam, rütbe; karakol; *v/t* yerleştirmek; **-ary** durağan; sabit; **-ery** kırtasiye; **-master** istasyon müdürü
statistics [stı'tistiks] *pl.* istatistik *sg.*
statue ['stäçuu] heykel
status ['steytıs] durum, hal
statute ['stätyût] yasa, kanun; kural
staunch [stônç] *adj.* sadık; kuvvetli; *v/t* durdurmak
stay [stey] *n.* kalış, ikamet; destek; *v/i* durmak, kalmak; *v/t* durdurmak; ~ **away** uzak durmak (*from -den*); ~ **up** yatmamak
stead [sted]: *in his* ~ onun yerine; **-fast** sabit, sarsılmaz; **-y** *adj.* devamlı, düzenli; sabit, sarsılmaz; *v/t* sağlamlaştırmak; *v/i* yatışmak
steak [steyk] biftek
steal [stîl] *v/t* çalmak, aşırmak; *v/i* gizlice hareket etm.
stealth [stelth]: *by* ~ gizlice; **-y** sinsi; gizli
steam [stîm] *n.* buhar, istim; *v/i* buhar salıvermek; *v/t* buharda pişirmek; **-er** buharlı gemi; ~ **iron** buharlı ütü; **-ship** buharlı gemi
steel [stîl] çelik; **-works** *pl.* çelik fabrikası *sg.*
steep [stîp] *n.* dik, sarp; *v/t* suya batırmak
steeple ['stîpl] çan kulesi; **-chase** engelli at yarışı
steer[1] [stiı] boğa; öküz
steer[2] *v/t* dümenle idare etm., yönetmek; **-ing gear** dümen donanımı; **-ing wheel** direksiyon
stem [stem] sap; gövde
stench [stenç] pis koku
stenography [ste'nogrıfi] stenografi
step[1] [step] *n.* adım; basamak; kademe, derece; *v/i* adım atmak; basmak (*on -e*)
step[2] üvey; **-father** üvey baba; **-mother** üvey ana
steppe [step] bozkır
stereo ['steriou] stereo pikap
steril|e ['sterayl] mikroptan arınmış; kısır; verimsiz; **-ize** ['~ilayz] *v/t* kısırlaştırmak; sterilize etm.
sterling ['stöliŋ] İngiliz lirası, sterlin; değerli, gerçek
stern [stön] sert, haşin; *naut.* kıç
stew [styû] *n.* güveç; *v/t* hafif ateşte kaynatmak
steward ['styuıd] *kolej, kulüp v.s.:* idare memuru; *av.* yolcu hizmeti gören erkek görevli; *naut.* kamarot; **-ess** hostes
stick [stik] *n.* değnek, sopa; baston; *v/t* saplamak; yapıştırmak; *v/i* yapışmak, takılmak (*to -e*); **-y** yapışkan
stiff [stif] katı, sert; bükül-

mez; alkolü çok; ağdalı, helmeli; **~en** *v/i* katılaşmak; *v/t* katılaştırmak
stifle ['stayfl] *v/t* boğmak; *v/i* boğulmak
still [stil] *adj.* sakin, durgun; *v/t* durdurmak; yatıştırmak; *adv.* hâlâ, henüz; yine de; **~born** ölü doğmuş
stimula|nt ['stimyulınt] uyarıcı (ilâç); **~te** ['~eyt] *v/t* uyarmak; **~tion** uyarım; dürtü, teşvik
sting [stiŋ] *n.* sokma; iğne; *v/t* sokmak, yakmak; *v/i* acımak
stingy ['stinci] cimri
stink [stiŋk] pis koku; **~ of** *-in* kokusunu çıkarmak
stipulat|e ['stipyuleyt] *v/i* şart koymak; *v/t* anlaşmak *-de;* **~ion** şart (koyma)
stir [stö] *v/i* harekete geçmek; *v/t* karıştırmak; harekete geçirmek; **~rup** ['stirıp] üzengi
stitch [stiç] *n.* dikiş; ilmik; *v/t* dikmek
stock [stok] *n.* soy; çiftlik hayvanları *pl.; ec.* stok; kapital, sermaye hisseleri *pl.; v/t* stok etm., yığmak; ***in* ~** mevcut; ***out of* ~** mevcudu tükenmiş; **~breeder** büyükbaş yetiştiren çiftçi, besici; **~broker** borsa simsarı; **~ exchange** borsa; **~holder** hissedar
stocking ['stokiŋ] (uzun) kadın çorabı
stock| market borsa; **~y** bodur
stole [stıul], **~n** *bak* ***steal***
stomach ['stamık] *n.* mide; karın; *v/t* hazmetmek
ston|e [stıun] *n.* taş; çekirdek; *v/t* taşlamak; *-in* çekirdeğini çıkarmak; **~y** taşlı; taş gibi
stood [stıud] *bak* ***stand***
stool [stuul] iskemle, tabure; *med.* büyük aptes, dışkı
stoop [stuup] *v/i* eğilmek; alçalmak
stop [stop] *n.* dur(dur)ma; durak; engel; nokta; *v/t* durdurmak, önlemek, kesmek, engellemek; tıkamak; *v/i* durmak, kesilmek; **~ by** uğramak *-e;* **~ off** kısa bir mola vermek; **~over** mola; **~page** durdurma; kes(il)me; *ec.* stopaj; **~per** tapa, tıkaç; **~ping** *med.* dolgu
storage ['stôric] depoya koyma; ardiye (ücreti)
store [stô] *n.* depo, ambar; *Am.* dükkân, mağaza; stok; *v/t* saklamak; ambara koymak; biriktirmek; **~house** ambar, depo
storey ['stôri] bina katı
stork [stâk] *zo.* leylek
storm [stôm] *n.* fırtına; *mil.* hücum; *v/t şiddetle saldırarak* zaptetmek; **~y** fırtınalı
story[1] ['stôri] *bak* ***storey***
story[2] öykü, hikâye, masal; dedikodu, yaygın söylenti
stout [staut] sağlam; şişman
stove [stıuv] soba; fırın
stow [stıu] *v/t* saklamak, istif

etm.; **~away** kaçak yolcu
straggle ['strägl] *v/i* yoldan sapmak; **~r** arkada kalan
straight [streyt] düz; doğru; dürüst; saf; **~ *ahead*, ~ *on*** doğru; **~ *away*, ~ *off*** hemen(cecik); **~en** *v/t* doğrultmak, düzeltmek; *v/i* doğrulmak; **~forward** doğru sözlü, dürüst
strain [streyn] *n.* ger(il)me, gerginlik; *med.* burkulup incinme; *v/t* germek, zorlamak; süzmek; *v/i* çabalamak; süzülmek; **~er** süzgeç
strait [streyt] *geo.* boğaz; darlık, sıkıntı; **~ened** ['streytnd]: ***live in ~ circumstances*** sıkıntı içinde yaşamak
strand [stränd] *n.* sahil; halat kolu; *v/i* karaya oturmak
strange [streync] yabancı; tuhaf; acayip; **~r** yabancı
strangle ['strängl] *v/t* boğmak, boğarak öldürmek
strap [sträp] *n.* kayış; atkı; *v/t* kayışla bağlamak
strateg|ic [strı'ticik] stratejik; **~y** ['strätici] strateji
straw [strô] saman; **~berry** *bot.* çilek
stray [strey] *adj.* başıboş; *v/i* yoldan sapmak
streak [strîk] *n.* çizgi; iz; *v/t* çizgilemek; **~y** çizgili
stream [strîm] *n.* çay, dere, ırmak; akıntı; *v/i* akmak; dalgalanmak
street [strît] sokak, cadde; **~car** *Am.* tramvay
strength ['strenth] kuvvet, güç; **~en** *v/t* kuvvetlendirmek; desteklemek
strenuous ['strenyuıs] faal, gayretli
stress [stres] *n.* baskı, basınç; gerilim; stres; *gr.* vurgu; *v/t* vurgulamak
stretch [streç] *n.* uzanma; ger(il)me; geniş yer; süre; *v/t* germek, uzatmak; *v/i* gerilmek, uzanmak; **~er** teskere, sedye
stricken ['strikın] tutulmuş, uğramış (***with*** *-e*); *bak* ***strike***
strict [strikt] sıkı; kesin
strid|den ['stridn] *bak* ***stride***; **~e** [strayd] *v/i* uzun adımlarla yürümek; *n.* uzun adım
strife [strayf] çekişme
strike [strayk] *n.* vurma; grev; *v/i* grev yapmak; çalmak; *v/t* vurmak, çarpmak *-e; bayrak:* indirmek *-i; kibrit:* çakmak *-i; madeni para:* kesmek *-i; petrol v.s.:* bulmak *-i;* **~ off, ~ out** *v/t* listeden çıkarmak; **~r** grevci
striking ['straykiŋ] göze çarpan; şaşılacak
string [striŋ] *n.* ip, sicim, kordon; dizi; tel; *v/t* dizmek; tel takmak *-e;* **~ bean** *Am.* çalı fasulyesi; **~y** ['~ŋi] lifli; kılçıklı
strip [strip] *n.* şerit; *v/t* soymak, sıyırmak; *v/i* soyunmak
stripe [strayp] *n.* çizgi, kumaş yolu; *v/t* çizgilemek

strive [strayv] uğraşmak, çalışmak (*for* -meğe); **~n** ['strivn] *bak* ***strive***
strode [strıud] *bak* ***stride***
stroke [strıuk] *n.* vuruş, çarpma; kulaç; *med.* inme; *v/t* okşamak; **~ of luck** beklenmedik şans
stroll [strıul] *v/i* gezinmek; *n.* gezme; **~er** gezinen kimse; *Am.* puset
strong [stroŋ] sağlam; kuvvetli; şiddetli; **~hold** kale; *fig.* merkez; **~ room** kasa dairesi
strove [strıuv] *bak* ***strive***
struck [strak] *bak* ***strike***
structure ['strakçı] yapı; yapılış
struggle ['stragl] *n.* savaş; çaba; *v/i* çabalamak; uğraşmak, mücadele etm. (***with*** ile); direnmek (***against*** -e karşı)
strung [straŋ] *bak* ***string***
strut [strat] *v/i* baba hindi gibi gezmek
stub [stab] kütük
stubble ['stabl] anız; *F* uzamış tıraş
stubborn ['stabın] inatçı; sert
stuck [stak] *bak* ***stick***
stud [stad] *n.* çivi; düğme; *v/t* çivilerle süslemek
stud|ent ['styûdınt] öğrenci; araştırıcı; **~io** ['~diıu] stüdyo; **~ious** ['~dyıs] çalışkan; dikkatli; **~y** ['stadi] *n.* tahsil, öğrenim; tetkik; çalışma; çalışma odası; *v/t* çalışmak; okumak; araştırmak

stuff [staf] *n.* madde; malzeme; kumaş; boş lâf; *v/t* doldurmak; **~ing** dolma (içi); **~y** havasız, küf kokulu
stumble ['stambl] *n.* sürçme; hata; *v/i* sürçmek; rastlamak (***across, upon*** -e)
stump [stamp] *n.* kütük; *v/i* tahta ayaklı gibi yürümek
stun [stan] *v/t* sersemletmek
stung [staŋ] *bak* ***sting***
stunk [staŋk] *bak* ***stink***
stunning ['staniŋ] hayret verici, enfes
stunt [stant] hüner gösterisi; **~ man** dublör
stupefy ['styûpifay] *v/t* sersemletmek
stupid ['styûpid] budala, akılsız; **~ity** aptallık
stupor ['styupı] uyuşukluk
sturdy ['stödi] kuvvetli
stutter ['statı] *n.* kekeleme; *v/i* kekelemek
sty[1] [stay] domuz ahırı
sty[2] *med.* arpacık
styl|e [stayl] tarz, üslûp; moda; **~ish** zarif, modaya uygun
suave [swâf] tatlı, nazik
sub|- [sab, sıb] ast, alt; **~conscious** ['sab-] bilinçaltı
subdivision ['sab-] parselleme; alt bölüm
subdue [sıb'dyû] *v/t* zaptetmek; hafifletmek
subject ['sabcikt] *n.* konu; *pol.* uyruk, tebaa; *gr.* özne; *adj.* tâbi, bağlı (***to*** -e); [sıb'cekt] *v/t* maruz bırakmak (***to*** -e); **~ion** (sıb'cekşın] boyun

eğme, bağımlılık
subjunctive (**mood**) [sıb'caŋktiv] *gr.* şart kipi
sublime [sı'blaym] yüce, ulu
submarine [sab-] *naut.* denizaltı
submerge [sıb'möc] *v/t* batırmak; *v/i* batmak
submissi|on [sıb'mişın] boyun eğme; **~ve** uysal, boyun eğen
submit [sıb'mit] *v/t* teslim etm. (**to** *-e*); sunmak *(-e)*; *v/i* boyun eğmek, itaat etm. (**to** *-e*)
subordinate [sı'bôdnit] ikincil; ast memur; **~ clause** *gr.* bağımlı cümlecik
subscribe [sıb'skrayb] *v/t* imzalamak; bağışlamak; *v/i* abone olm. (**to** *-e*); **~r** abone (olan)
subscription [sıb'skripşın] imza; abone; üye aidatı
subsequent ['sabsikwınt] sonra gelen; **~ly** sonradan
subsid|e [sıb'sayd] *v/i* inmek; yatışmak; **~iary** [sıb'sidyıri] yardımcı; bağlı; **~ize** ['sabsidayz] *v/t* para vermek *-e*; **~y** ['sabsidi] para yardımı
subsist [sıb'sist] *v/i* beslenmek (**on** ile); **~ence** geçinim; nafaka
substance ['sabstıns] madde, cevher; öz
substantial [sıb'stänşıl] gerçek; önemli; zengin
substantive ('sabstıntiv) *gr.* isim, ad.
substitut|e ['sabstityût] *n.* bedel; vekil; *spor:* yedek; *v/t* yerine koymak (**for** *-in*); *v/i* yerine geçmek; **~ion** değiştirim; başkasının yerine koyma
subterrane|an, ~ous [sabtı'reynyın, ~yıs] yer altı ..., toprak altı ...
subtle ['satl] ince; kurnaz
subtract [sıb'träkt] *v/t* *math.* çıkarmak
suburb ['saböb] varoş, banliyö; **~an** [sı'böbın] banliyö ile ilgili
subway ['sabwey] tünel; *Am.* metro
succeed [sık'sid] *v/i* başarmak (**in** *-i*); vâris olm. (**to** *-e*); *(-in)* yerine geçmek
success [sık'ses] başarı; **~ful** başarılı; **~ive** ardıl, birbirini izleyen; **~or** halef, ardıl
succumb [sı'kam] dayanamamak (**to** *-e*)
such [saç] böyle, öyle; bu gibi; **~ as** gibi; örneğin
suck [sak] *v/t* emmek, içine çekmek; **~le** *v/t* emzirmek; meme vermek
sudden ['sadn] anî, birden; ***all of a ~***, **~ly** birdenbire, ansızın
suds [sadz] *pl.* sabun köpüğü *sg.*
sue [syû] *v/i* istemek (**for** *-i*); *v/t* dava açmak (**s.o.** *-in* aleyhine)
suède [sweyd] (podü)süet
suet ['syuıt] içyağı

[~'oriti] üstünlük
superlative [syu'pölıtiv] *gr.* en üstünlük
super|man üstün insan; **~market** büyük mağaza; **~natural** doğaüstü; **~sonic** *phys.* sesten hızlı; **~stition** [~'stişın] boş inanç, hurafe; **~stitious** boş şeylere inanan; **~vise** ['~vayz] *v/t* nezaret etm. *-e*; idare etm. *-i*; **~visor** murakıp, denetçi
supper ('sapı] akşam yemeği; ***the Lord's*** ℒ *rel.* kudas
supple ['sapl] kolayca eğilir; uysal
supplement ['saplimınt] *n.* ek, ilâve; ['~ment] *v/t* eklemek; **~ary** eklenen; bütünleyici
supplication [sapli'keyşın] yalvarış
supply [sı'play] *n.* gereç, malzeme; *ec.* arz, sunu; *v/t* sağlamak (**s.th.** *-i*; **s.o. *with*** *-e -i*)
support [sıpôt] *n.* dayanak, destek; yardım; geçim; *v/t* desteklemek; yardım etm. *-e*; beslemek -i
suppos|e [sı'pıuz] *v/t* farzetmek, zannetmek; **~ition** [sapı'zişın] farz; varsayım, ipotez
suppress [sı'pres] *v/t* bastırmak; **~ion** bastırma; baskı
suppurate ['sapyuıreyt] *v/i* cerahat bağlamak
suprem|acy [syu'premısi] üstünlük; egemenlik; **~e** [~'prîm] en yüksek
surcharge ['söçâc] *n.* sürşarj, ek ücret; [~'çâc] *v/t* fazla yüklemek, fazla doldurmak; sürşarj basmak *-e*
sure [şuı] emin (***of*** *-den*); sağlam; muhakkak; ***make*** ~ kanaat getirmek (***of, that*** *-e*); **~ly** elbette; **~ty** ['~rıti] kefil; güvence parası
surf [söf] çatlayan dalgalar *pl.*; *v/i spor:* sörf yapmak
surface ['söfis] yüz, yüzey; görünüş
surge [söc] *n.* büyük dalga; *v/i* dalgalanmak
surg|eon ['söcın] cerrah, operatör; **~ery** cerrahlık; **~ical** cerrahî
surly ['söli] gülmez, ters
surmount [sö'maunt] *v/t* üstün gelmek *-e*
surname ['söneym] soyadı
surpass [sö'pâs] *v/t* geçmek; üstün olm. *-e*
surplus ['söplıs] fazla, artık
surprise [sı'prayz] *n.* sürpriz; hayret; *v/t* hayrete düşürmek, şaşırtmak
surrender [sı'rendı] *n.* teslim; vazgeçme; *v/t* teslim etm.; *v/i* teslim olm. (***to*** *-e*)
surround [sı'raund) v/t kuşatmak; **~ings** *pl.* çevre, muhit *sg.*
survey ['sövey] *n.* teftiş; gözden geçirme;: ölçme; [~'vey] *v/t* teftiş etm.; yoklamak; ölçmek; **~or** [~'v-] arazi ölçüm memuru
surviv|al [sı'vayvıl] kalım; ha-

yatta kalma; **~e** *v/i* hayatta kalmak; *v/t* fazla yaşamak *-den;* **~or** hayatta kalan, kurtulan
susceptible [sı'septıbl] hassas, alıngan
suspect ['saspekt] *adj., n.* şüpheli; (sıs'pekt] *v/t* şüphelenmek, kuşkulanmak *-den*
suspend [sıs'pend] v/t asmak; ertelemek; geçici olarak durdurmak; **~ed** asılmış, asılı duran; **~er** çorap askısı; *Am.* pantolon askısı
suspens|e [sıs'pens] askıda kalma; belirsizlik; merak; **~ion** asma; *(ödeme)* tatil, durdurma
suspici|on [sis'pişın] şüphe; **~ous** şüpheli; şüphe verici
sust|ain (sıs'teyn] *v/t* desteklemek; beslemek; katlanmak *-e;* kuvvet vermek *-e*
swagger ['swägı] caka satmak; horozlanmak
swallow[1] ['swolıu] *zo.* kırlangıç
swallow[2] *v/t* yutmak, emmek
swam [swäm] *bak* ***swim***
swamp [swämp] *n.* bataklık; *v/t* batırmak
swan [swon] *zo.* kuğu
swarm [swôm] *n.* sürü, küme; oğul; *v/i* toplanmak; kaynaşmak
swarthy ['swôdhi] esmer
sway [swey] *n.* sallanma; etki, nüfuz; *v/i* sallanmak; *v/t* sallamak; etkilemek
swear [swäi] *v/i* yemin etm.; küfretmek (**at** *-e); ~* **in** *v/t* yeminle işe başlatmak
sweat [swet] *n.* ter; *v/i* terlemek; *v/t* terletmek; **~er** kazak
Swed|e [swîd] İsveçli; **~en** İsveç; **~ish** İsveçli; İsveççe
sweep [swip] *n.* süpürme; etki alanı; baca temizleyicisi; *v/t* süpürmek, temizlemek; taramak; *v/i* geçip gitmek; **~er** sokak süpürücüsü, çöpçü; **~ing** genel, kapsamlı; **~ings** *pl.* süprüntü *sg.*
sweet [swît] tatlı, şekerli; hoş; *pl.* tatlılar, bonbonlar; **~en** *v/t* tatlılaştırmak; **~heart** sevgili; **~shop** *özl. Brt.* şekerci dükkânı, pastane
swell [swel] *v/i* şişmek, kabarmak; *v/t* şişirmek, kabartmak; *Am. adj.* güzel, âlâ; **~ing** *med.* kabarık, şişlik
swept [swept] *bak* ***sweep***
swerve [swöv] yoldan sapmak
swift [swift] çabuk, hızlı
swim [swim] *v/i* yüzmek; *baş:* dönmek; **~mer** yüzücü; **~ming pool** yüzme havuzu
swindle ['swindl] *n.* dolandırıcılık; *v/t* dolandırmak
swine [swayn] domuz
swing (swiŋ] *n.* sallanma; salıncak; *v/i* sallanmak, salınmak; dönmek; *v/t* sallamak; **~door** iki tarafa açılır kapanır kapı
swirl [swöl] girdap, anafor
Swiss [swis] İsviçreli

switch [swiç] *n. el.* düğme; şalter, anahtar; *demiryolu:* makas; ince değnek; *v/t* çevirmek; ~ **off** *el.* kapamak; ~ **on** *el.* açmak; ~**board** *el.* dağıtım tablosu
Switzerland ['switsılınd] İsviçre
swivel ['swivl] fırdöndü; ~ **chair** döner iskemle
swollen ['swıulın] *bak* **swell**
swoon [swuun] *n.* bayılma; *v/i* bayılmak
sword [sôd] kılıç
swor|e [swô], ~**n.** *bak* **swear**
swum [swam] *bak* **swim**
swung [swaŋ] *bak* **swing**
syllable ['silıbl] hece
symbol ['simbıl] sembol, simge; ~**ic(al)** [~'bolik(ıl)] sembolik, simgesel
symmetry ['simitri] simetri, bakışım
sympath|etic [simpı'thetik] sempatik, sevimli; ~**ize** yakınlık duymak (**with** *-e*); ~**y** sempati
symphony ['simfini] *mus.* senfoni
symptom ('simptım] alâmet, belirti, bulgu
synagogue ['sinıgog] *rel.* havra, sinagog
synchronize ['sinkrınayz] *v/t* aynı zamana uydurmak
synonym ['sinınim] *gr.* eş anlam, anlamdaş sözcük; ~**ous** [~'nonimıs] anlamdaş
syntax ['sintäks] *gr.* söz dizimi, sentaks
synthe|sis ['sinthisis] bireşim, sentez; ~**tic** [~'thetik] sentetik
Syria ['sirii] Suriye; ~**n** Suriyeli
syringe ['sirinc] şırınga
syrup ['sirıp] şekerli sos, şurup
system ['sistim] sistem; yöntem; ~**atic** [~'mätik] sistemli; belli bir yönteme göre

T

tab [täb] uç, etiket, flâpa
table ['teybl] masa; sofra; liste, cetvel; tarife; ~**land** *geo.* plâto, yayla; ~**spoon** servis kaşığı
tablet ['täblit] komprime, tablet; levha
table tennis *spor:* masa tenisi
tacit [täsit] söylenmeden anlaşılan; ~**urn** ['~ön] az konuşur
tack [täk] *n.* pünez; teyel dikişi; *v/t* teyellemek
tackle [täkl] *n.* takım, cihaz; *tech.* palanga; *v/t* uğraşmak (**s.th.** ile)
tact (täkt] incelik, nezaket; ~**ful** ince(likli); ~**ics** *pl.* taktik *sg.*; ~**less** nezaketsiz, kaba
tadpole ('tädpıul] *zo.* iribaş
tag [täg] *n.* etiket; *v/t* etiketle-

mek; *v/i* takılmak (***along*** *-e*)
tail (teyl) kuyruk; arka; uç, son; **~coat** frak
tailor ['teylı] terzi
tainted ['teyntıd] bozulmuş, kokmuş *(et)*
take [teyk] *v/t* almak; ele geçirmek; yararlanmak, kullanmak; *(fiyat v.s.)* tutmak; *(ilâç v.s.)* yemek, içmek; kabul etm.; götürmek; yapmak; sürmek; uğramak *-e;* ihtiyacı olm. *-e;* **~ *in*** *v/t* almak; daraltmak; *coll.* aldatmak; **~ *off*** *v/t* çıkarmak; *v/i. av.* havalanmak; **~ *out*** *diş* çekmek; *gezmeye* götürmek; **~ *to*** kendini vermek *-e;* hoşlanmak *-den;* **~n** *bak* ***take;*** **~off** *av.* havalanma, kalkış
tale [teyl] masal, hikâye
talent ['tälınt] kabiliyet, yetenek; **~ed** yetenekli, hünerli
talk [tôk] *n.* konuşma; görüşme; lâf; *v/i* konuşmak (***to*** ile); *v/t* söylemek, konuşmak; **~ *big*** yüksekten atmak, övünmek; **~ative** ['~ıtiv] konuşkan
tall [tôl] uzun (boylu); yüksek
tallow ['tälıu] don yağı
talon ['tälın] *zo.* pençe
tame [teym] *adj.* evcil, ehli; uysal; *v/t* alıştırmak
tamper ('tämpı] karışmak (***with*** *-e*), karıştırmak *-i*
tan [tän] *n.* güneş yanığı; *adj.* açık kahverengi; *v/t* tabaklamak; karartmak
tangent ['täncınt] *math.* teğet
tangerine (täncı'rîn] *bot.* mandalina
tangible ['täncıbl] dokunulabilir; somut, gerçek
tangle [täŋgl] *n.* karışıklık; *v/t* karıştırmak
tank [täŋk] *mil.* tank; depo, sarnıç
tankard ('täŋkıd] içki maşrapası
tanner ['tänı] tabak, sepici
tantalize ('täntılayz] *v/t* hayal kırıklığına uğratmak
tantrum ['täntrım] hiddet (nöbeti)
tap [täp] *n.* musluk; fıçı tapası; hafif vuruş; *v/t* hafifçe vurmak *-e;* akıtmak *-i*
tape [teyp] şerit, bant, kurdele; teyp bandı; **~ measure** şerit metre, mezura; **~ recorder** teyp; **~ recording** teype alma
tapestry ['täpistri] *n.* goblen
tapeworm şerit, tenya
tar [tâ] *n.* katran; *v/t* katranlamak
tare [täı] *ec.* dara
target ['tâgit] hedef, nişangâh; amaç
tariff ['tärif] gümrük tarifesi; fiyat listesi
tarnish ['tâniş] *v/i* donuklaşmak; *v/t* donuklaştırmak
tart [tât] ekşi; keskin; turta
task [tâsk] ödev; görev; ***take to*** **~** *v/t* azarlamak
tassel ['täsıl] püskül
taste [teyst] *n.* tat, lezzet, çeşni; zevk; *v/t* *-in* tadına bak-

mak; denemek *-i;* **~ful** lezzetli; zevkli; **~less** tatsız; zevksiz
tasty ['teysti] tatlı; zevkli
tattered ['tätıd] partal, yırtık pırtık
tattoo [tı'tuu] *n.* dövme; *mil.* yat borusu; *v/t* dövme yapmak *-e*
taught [tôt] *bak* **teach**
taunt [tônt] *n.* hakaret, alay; *v/t* alay etm.(ile)
tax [täks] *n.* vergi, resim; *v/t* vergi koymak *-e;* **~ation** vergilendirme
taxi|(-cab) ['täksi(-)] taksi; **~ driver** taksi şoförü; **~ rank,** *özl. Am.* **~ stand** taksi durağı
tax|payer vergi mükellefi; **~ return** vergi beyanı
tea [ti] çay; **~ break** çay molası
teach [tiç] *v/t* öğretmek, okutmak; ders vermek *-e;* **~er** öğretmen
team [tîm] takım, ekip; **~work** takım halinde çalışma
teapot çaydanlık
tear[1] [täı] gözyaşı
tear[2] *n.* yırtık; *v/t* yırtmak, koparmak; *v/i* yırtılmak
tease [tîz] *v/t* tedirgin etm.; takılmak *-e*
teaspoon çay kaşığı
teat [tît] meme, emcik
techni|cal ['teknikıl] teknik; resmî; kurallara uygun; **~cian** [~'nişın] teknisyen; tekniker; **~que** [~'nîk] teknik, yöntem
technology [tek'nolıcı] uygulayım bilimi, teknoloji
tedious ['tîdyıs] usandırıcı, can sıkıcı
teen|ager [tîneycı] on üç-on dokuz yaş arasındaki genç; **~s** [~z] *pl.* on üç ile on dokuz yaşlar arasındaki dönem, ergenlik çağı
teeny ['tîni] ufak, küçücük
teetotal(l)er [tî'tıutlı] içki içmeyen kimse
tele|cast ['telikaast] televizyon yayını; **~gram** ['~gräm] telgraf; **~graph** ['~grâf] *n.* telgraf; *v/i* telgraf çekmek
telephone ['telifıun] *n.* telefon; *v/t* telefon etm. *-e;* **~ call** telefon konuşması; **~ exchange** santral
tele|printer ('teliprintı] telem, uz yazar; **~scope** [~'skıup] teleskop; **~vision** ['~vijın] televizyon; **~x** teleks
tell [tel] *v/t* söylemek, anlatmak, bildirmek (**s.o.** *-e*); **~er** veznedar; **~tale** dedikoducu, gammaz; belli eden
temper ['tempı] n. tabiat, huy, mizaç; öfke; *v/t* ayarlamak; hafifletmek; *tech.* tavlamak; ***lose one's*** **~** hiddetlenmek; **~ament** ['~rımınt] mizaç, yaradılış; **~ance** ölçülülük; içkiden kaçınma; **~ate** ['~rit] ılımlı; içkiden kaçınan; **~ature** ['~priçı] sıcaklık; ısı derecesi

tempest [ˈtempist] fırtına, bora
temple¹ [ˈtempl] *rel.* mabet, tapınak
temple² *an.* şakak
tempor|al [ˈtempırıl] geçici; *rel.* dünyevî; **~ary** geçici
tempt [tempt] *v/t* baştan çıkarmak, ayartmak; **~ation** baştan çıkarma; **~ing** çekici
ten [ten] on
tenacious [tiˈneyşıs] inatçı, vazgeçmez
tenant [ˈtenınt] kiracı
tend [tend] *v/t* bakmak *-e; v/i* meyletmek, yönelmek (**to** *-e); ~***ency** meyil, eğilim
tender¹ [ˈtendı] bakıcı; *rail, naut.* tender
tender² *n.* fiyat önerisi; *v/t* sunmak
tender³ nazik, şefkatli; körpe, yumuşak; **~loin** fileto; **~ness** şefkat
tendon [ˈtendın] *an.* veter, kiriş
tendril [ˈtendril] *bot.* asma filizi
tenement [ˈtenimınt] apartman; kiralık daire
tennis [ˈtenis] tenis; **~ court** tenis kortu
tenor [ˈteni] gidiş, akış; yön; *mus.* tenor
tens|e [tens] gergin, gerili; *gr.* fiil zamanı; **~ion** gerginlik; *el.* gerilim
tent [tent] çadır
tentacle [ˈtentıkl] *zo.* kavrama organı
tentative [ˈtentıtiv] deneme, tercübe
tepid [ˈtepid] ılık
term [töm] *n.* terim; süre; şart; sömestr; dönem; *v/t* adlandırmak; ***on good ~s*** araları iyi
termin|al [ˈtöminl] son; terminal; *bilgisayar:* terminal; **~ate** [ˈ~eyt] *v/t* bitirmek; sınırlamak; **~ation** son, bitirme; **~us** [ˈ~nıs] terminal
terrace [ˈterıs] taraça, teras
terri|ble [ˈterıbl] korkunç, dehşetli; **~fic** [tiˈrifik] korkunç; *coll.* olağanüstü; **~fy** [ˈterifay] *v/t* korkutmak, dehşete düşürmek
territor|ial [teriˈtôriıl] karaya ait; belirli bir bölgeye ait; **~y** [ˈ~tıri] ülke; bölge; arazi
terror [ˈterı] korku, dehşet; **~ism** tedhişçilik, terörizm; **~ist** tedhişçi, terörist
test [test] *n.* deney, tecrübe; test; *v/t* denemek, prova etm.; sınava tabi tutmak
testament [ˈtestımınt] vasiyetname
testify [ˈtestifay) *v/i* tanıklık etm.; *v/t* kanıtlamak
testimon|ial [testiˈmıunyıl] bonservis; belge; **~y** [ˈ~mıni] tanıklık; ifade
test| tube deney tüpü; **~-tube baby** tüp bebek
testy [ˈtesti] ters, hırçın
text [tekst] metin; konu; **~book** ders kitabı
text|ile [ˈtekstayl] dokuma;

tekstil; *pl.* mensucat; **~ure** ['~çı] doku; örgü; yapı
than [dhän, dhın] *-den* daha
thank [thäŋk] *v/t* teşekkür etm. *-e;* **~ God** Allah'a şükür; **~s** *pl.* teşekkür; şükür; **~s to** sayesinde; **~ful** minnettar; **& sgiving Day** *Am.* Şükran Günü
that [dhät, dhıt] şu, o; ki; **~ is** yani
thatch [thäç] *n. dam örtüsü olarak kullanılan* saman *veya* saz; *v/t* sazla kaplamak
thaw [thô] *n.* erime; *v/t* eritmek; *v/i* erimek
the [dhı, dhi] *(belirtme edadı, belirleyici);* ~ ... ~ ne kadar ... o kadar
theat|re, *Am.* **~er** ['thiıtı] tiyatro
theft [theft] hırsızlık
their [dhäı] onların; **~s** [~z] onlarınki
them [dhem, dhım] onları, onlara
theme [thîm] konu
themselves [dhım'selvz] kendileri(ni, -ne, -nde)
then [dhen] ondan sonra; o zaman; şu halde; **by ~** o zamana kadar
theology [thi'olıci] ilâhiyat, dinbilim, teoloji
theor|etic(al) [thiı'retik(ıl)] kuramsal, nazarî; **~y** ['ri] teori, kuram
therapy ['therıpi] *med.* tedavi, iyileştirme
there [dhäı] ora(sı); orada; oraya; **~ is,** *pl* **~ are** vardır; **~about(s)** o civarda; **~after** ondan sonra; **~by** o suretle; **~fore** onun için, bundan dolayı; **~upon** onun üzerine
therm|al ['thömıl] sıcağa ait; termal; **~ometer** [thı'momitı] termometre; **~os** ['thömos] termos
these [dhîz] bunlar
thesis ['thîsis] tez; dava
they [dhey] onlar
thick [thik] kalın; sık; kesif; **~en** v/t kalınlaştırmak; *v/i* kalınlaşmak; **~et** ['~it] çalılık; **~ness** kalınlık; sıklık
thief [thif] hırsız
thigh [thay] *an.* uyluk, but
thimble ['thimbl] yüksük
thin [thin] *adj.* ince, zayıf; az; *v/t* inceltmek; *v/i* incelmek
thing [thiŋ] şey, nesne
think [thiŋk] *v/i* düşünmek **(about** *-i);* v/t düşünmek zannetmek; tasavvur etm.; **~ of** anımsamak, hatırlamak *-i;* saymak *-i;* **~ over** *v/t -in* üzerinde düşünmek
third (thöd] üçüncü; üçte bir; **~-rate** üçüncü sınıf, adî
thirst [thöst] *n.* susuzluk; *v/i* susamak **(after, for** *-e);* **~y** susuz, susamış
thirt|een ('thö'tîn] on üç; **~y** otuz
this [dhis] bu
thistle ['thisl] *bot.* deve dikeni
thorn [thôn] diken; **~y** dikenli
thorough ['tharı] tam; mükemmel; **~bred** saf kan, soy-

lu; **~fare** cadde; geçit
those [dhıuz] şunlar, onlar
though [dhıu] gerçi; her ne kadar; *-diği* halde; **as ~** *-miş* gibi, sanki
thought [thôt] düşünme; düşünce, fikir; *bak* ***think;*** **~ful** düşünceli; saygılı; **~less** düşüncesiz; dikkatsiz
thousand ['thauzınd] bin
thrash [thräş] *v/t* dövmek, dayak atmak *-e;* **~ing** dayak
thread [thred] *n.* iplik, tire; *tech.* yiv: *v/t* ipliğe dizmek; yol bulup geçmek; **~bare** eskimiş, yıpranmış
threat [thret] tehdit; tehlike; **~en** *v/t* tehdit etm.; **~ening** tehdit edici
three [thrî] üç; **~fold** üç misli; **~score** altmış
thresh [threş] *v/t harman* dövmek; **~ing machine** harman dövme makinesi
threshold ['threşhıuld] eşik
threw [thruu] *bak* ***throw***
thrifty [thrifti] tutumlu, idareli
thrill [thril] *n.* titreme; heyecan; *v/t* heyecanlandırmak; *v/i* heyecanla titremek; **~er** korku romanı, korku filmi
thrive [thrayv] iyi gitmek, gelişmek; **~n** ['thrivn] *bak* ***thrive***
throat (thrıut] boğaz, gırtlak
throb [throb] *v/i* çarpmak; titreşmek
throne [thrıun] taht
throng [throŋ] *n.* kalabalık; *v/i* toplanmak
throstle ['throsl] *zo.* ardıç kuşu
throttle ['throtl] *v/t* boğmak; kısmak
through [thruu] arasından, içinden; bir yandan öbür yana; baştan başa; bitirmiş; engelsiz, aktarmasız; **~ carriage** ekpres araba, aktarmasız taşıt; **~out** *-in* her tarafında; baştan başa
throve [thrıuv] *bak* ***thrive***
throw [thrıu] *n.* atış; *v/t* atmak, fırlatmak; **~ off** çıkarmak, üstünden atmak; **~ up** yukarı atmak; *F* kusmak
thrush [thraş] *zo.* ardıç kuşu
thrust [thrast] *n.* itiş; hamle; *v/t* itmek, dürtmek
thud [thad] *n.* gümbürtü; *v/i* güm diye ses çıkarmak
thumb [tham] başparmak; *v/t* aşındırmak **~ *a ride*** otostop yapmak; **~tack** *Am.* raptiye
thump [thamp] *n.* vuruş; ağır düşüş; *v/t* vurmak *-e*; *v/i* hızla çarpmak
thunder ['thandı] *n.* gök gürlemesi; *v/i* gürlemek; **~storm** gök gürültülü yağmur fırtınası; **~struck** *fig.* hayrete düşmüş
Thursday ['thözdi] perşembe
thus [dhas] böyle(ce), bu nedenle
thwart [thwôt] *v/t* bozmak, önlemek
thyme [taym] *bot.* kekik

tick[1] [tik] *zo.* kene
tick[2] *n.* tıkırtı; *v/i* tıkırdamak; ~ **off** *v/t* işaretleyerek saymak
tick[3] kılıf
ticket ['tikit] *n.* bilet; aday listesi; etiket; *v/t* etiketlemek; ~ **office** bilet gişesi
tickl|e ['tikl] *v/i* gıdıklanmak; *v/t* gıdıklamak; ~**ish** gıdıklanır; *fig.* tehlikeli, nazik
tid|al ['taydl] *geo.* gelgite bağlı; ~**e** [tayd] gelgit, met ve cezir; *fig.* akış
tidy ['taydi] temiz, düzenli; *coll.* epey; ~ **up** *v/t* düzeltmek
tie [tay] *n.* bağ; kravat; travers; *v/t* bağlamak
tier [tiı] sıra, dizi, kat
tiger ['taygı] *zo.* kaplan
tight [tayt] sıkı; su geçirmez; müşkül; *coll.* sarhoş; ~**en** *v/t* sıkıştırmak; *v/i* sıkışmak; ~**rope** sıkı gerilmiş ip; ~**s** *pl.* sıkı giysi *sg.*, tayt; külotlu çorap
Tigris ['taygris] Dicle
tile [tayl] *n.* kiremit; çini; *v/t* kiremit kaplamak *-e*
till[1] [til] *-e* kadar, *-e* değin
till[2] para çekmecesi
till[3] *v/t toprağı* işlemek
tilt[1] [tilt] tente
tilt[2] *v/i* devrilmek; *v/t* eğmek
timber ['timbı] kereste; kerestelik orman
time [taym] *n.* vakit,zaman; süre; defa; *mus.* tempo; *v/t* ayarlamak; uydurmak; ölçmek; ***for the ~ being*** şimdilik; ***in*** ~ vaktinde; ***in no*** ~ bir an evvel: ***on*** ~ tam zamanında; ~**less** sonsuz, ebedî; ~**ly** uygun, yerinde; ~**table** tarife
timid ['timid] sıkılgan, ürkek
tin [tin] *n.* teneke; kalay; teneke kutu; *v/t* kalaylamak; kutulara doldurmak
tinge [tinc] *n.* hafif renk; boya; iz; *v/t* hafifçe boyamak
tingle ['tiŋgl] sızlamak
tinkle ['tiŋkl] *v/i* çınlamak; *v/t* çıngırdatmak
tin/ned [tind] *Brt.* konserve...; ~ **opener** konserve açacağı
tint [tint] *n.* hafif renk; *v/t* hafif boyamak
tiny ['tayni] ufak, minicik
tip [tip] *n.* uç; ağızlık; bahşiş; tavsiye; *v/t* bahşiş vermek *-e;* eğmek *-i; v/i* devrilmek; ~ **off** *v/t* uyarmak, tüyo vermek *-e*
tipsy ['tipsi] çakırkeyf
tiptoe ['tiptıu] ayak parmağının ucu; ***on*** ~ ayak parmaklarının ucuna basarak
tire[1] ['tayı] *bak* ***tyre***
tire[2] *v/t* yormak; usandırmak; *v/i* yorulmak; ~**d** yorgun; bıkmış (***of*** *-den);* ~***some*** yorucu
tissue ('tişuu] doku; kâğıt mendil
tit[1] [tit] *zo.* baştankara
tit[2]: ~ ***for tat*** kısasa kısas
titbit ['titbit] lezzetli lokma
title ['taytl] san, unvan; başlık, ad; hak
titmouse ['titmaus] *zo.* baştankara

to [tuu, tu, tı] **1.** *(mastar edatı);* **2.** -e (-a, -ye, ya); *-mek* için; ~ ***and fro*** öteye beriye
toad [tıud] *zo.* kara kurbağası
toast[1] [tıust] *n.* kızartılmış ekmek; *v/t ekmek* kızartmak
toast[2] *n.* sıhhatine içme; *v/t -in* şerefine içmek
tobacco [tı'bäkıu] tütün; **~nist** [~kınist] tütüncü
toboggan [tı'bägın] kızak
today [tı'dey] bugün
toe (tıu] ayak parmağı; uç
together (tı'gedhı] birlikte; aralıksız; bir araya
toil [toyl] *n.* zahmet; *v/i* zahmet çekmek
toilet ('toylit] tuvalet, aptes-hane; ~ **paper** tuvalet kâğıdı
token ['tıukın] belirti; hatıra, andaç; fiş, marka, jeton
told [tıuld] *bak* ***tell***
tolera|ble ['tolırıbl] dayanılabilir; **~nce** hoşgörü; **~nt** hoşgörülü; **~te** [~eyt] *v/t* hoş görmek *-i;* katlanmak *-e*
toll[1] [tıul] *v/i, v/t çan* çalmak
toll[2] yol *veya* köprü parası, geçiş ücreti; **~bar, ~gate** paralı köprü *veya* yol girişi; **~free** *Am. tel.* ödemeli; ~ **road** ücretli geçiş yolu
tomato [tı'mâtıu] domates
tomb [tuum] kabir, türbe; **~stone** mezar taşı
tomcat ['tom'kät] erkek kedi
tomorrow [tı'morıu] yarın
ton [tan] ton *(1016 kilo, Am. 907 kilo)*
tone [tıun] ses; *mus.* ton
tongs [toŋz] *pl.* maşa *sg.*
tongue [taŋ] *an.* dil; lisan, dil
tonic ['tonik] ilâç, tonik
tonight [tı'nayt] bu gece
tonsil ['tonsl] *an.* bademcik; **~litis** [~si'laytis] *med.* bademcik iltihabı
too [tuu] dahi, keza; (haddinden) fazla
took [tuk] *bak* ***take***
tool [tuul] alet, aygıt, araç
tooth [tuuth] diş; **~ache** diş ağrısı; **~brush** diş fırçası; **~paste** diş macunu; **~pick** kürdan
top [top] *n.* üst, zirve, tepe; en yüksek nokta; *v/t* kapamak; üstün gelmek *-den, -in* birincisi olm.; ***on (the)*** ~ ***of -in*** üstünde; ~ ***secret*** çok gizli
topic ['topik] konu
topple ['topl] *v/i* devrilmek; *v/t* devirmek
topsy-turvy ['topsi'tövi] altüst, karmakarışık
torch [tôç] meşale; cep feneri
tore [tô] *bak* ***tear***[2]
torment [tôment] *n.* cefa, eziyet; *v/t* eziyet etm. *-e*
torn [tôn] *bak* ***tear***[2]
tornado [tô'neydıu] kasırga
torpedo [tô'pîdıu] *n.* torpil; *v/t* torpillemek
torrent ['torınt] sel
tortoise ['tôtıs] *zo.* kaplumbağa
torture ['tôçı] *n.* işkence; *v/t* işkence etm. *-e*
toss [tos] *n.* atma, fırlatma;

v/t atmak, fırlatmak; ~ **about** *v/i* çalkanmak
total [ˈtıutl] *n.* tutar, yekûn; *adj.* tam, bütün; *v/t* toplamak; tutmak; ~**itarian** [~täliˈtäriın] *pol.* totaliter
totter [ˈtotı] sendelemek
touch [taç] *n.* dokunma; temas; iz; *v/t* dokunmak *-e,* ellemek *-i;* ~ **down** *v/i av.* inmek; ~**ing** dokunaklı; ~**y** alıngan; titiz
tough [taf] sert; çetin; dayanıklı
tour [tuı] *n.* gezi, tur; *v/i, v/t* gezmek; ~**ism** [ˈ~rizım] turizm; ~**ist** turist; ~**nament** [ˈ~nımınt] turnuva, yarışma
tousled [ˈtauzld] darmadağın *(saç)*
tow [tıu] *n.* yedekte çek(il)me; *v/t* çekmek; ***take in*** ~ *v/t* yedekte çekmek
toward(s) [tıˈwôd(z)] *-e* doğru; *-e* karşı
towel [ˈtauıl] havlu
tower [ˈtauı] *n.* kule, burç; *v/i* yükselmek
town [taun] kent, kasaba; ~ **hall** belediye binası
towrope çeki halatı
toy [toy] *n.* oyuncak; *v/i* oynamak
trace [treys] *n.* iz; *v/t* izlemek; kopya etm.
track [träk] *n.* iz; pist; yol; ray; *v/t* izlemek; ~ ***down*** izleyerek bulmak; ~ **and field sports** atletizm yarışmaları; ~ **events** *spor:* pist yarışları
tract [träkt] risale, broşür; bölge, alan
tract|ion [ˈträkşın] çekme; ~**or** traktör
trade [treyd] *n.* ticaret; meslek, iş; *v/i* ticaret yapmak (**in** ile); ~**mark** ticari marka; ~**r** tüccar; ~**(s) union** sendika; ~ **unionist** sendikacı
tradition [trıˈdişın] gelenek, anˈane; ~**al** geleneksel
traffic [ˈträfik] *n.* gidiş geliş, trafik; *özl. yasa dışı* alım satım, ticaret, trampa; *v/i* ticaret yapmak; ~ **jam** trafik tıkanıklığı; ~ **sign** trafik işareti
trag|edy [ˈträcidi] trajedi; facia; ~**ic(al)** feci, acıklı
trail [treyl] *n.* arkada sürüklenen şey, kuyruk; iz; yol; *v/t* peşinden sürüklenmek; izlemek; *v/i* sürüklenmek; ~**er** römork; treyler
train [treyn] *n.* tren; maiyet; sıra; yerde sürünen uzun etek; *v/t* öğretmek, eğitmek, alıştırmak; *v/i* talim etm.; ~**er** antrenör; ~**ing** talim; antrenman
trait [trey] özellik
traitor [ˈtreytı] hain
tram(car) [träm(-)] tramvay (vagonu)
tramp [trämp] *n.* serseri; *naut.* tarifesiz işleyen yük gemisi; avare gezme; ağır adım ve sesi; *v/i* avare dolaşmak; *v/t* ayak altında çiğnemek; ~**le** *v/t* çiğnemek,

ezmek
tranquil [ˈtraŋkwil] sakin, asude; **~(l)ity** sükûn; **~(l)izer** yatıştırıcı (ilâç)
transact [tränˈzäkt] *v/t* bitirmek, *iş* görmek; **~ion** iş, muamele
trans|alpine [tränzˈälpayn] *geo.* Alpler'in ötesinde bulunan; **~atlantic** Atlantik aşırı
transcribe (tränsˈkrayb] *v/t* kopya etm.; yazıya geçirmek
transcript [ˈtränskript] ikinci nüsha, kopya; **~ion** transkripsion, çevriyazı
transfer [ˈtränsˈfö] *n.* nakil; transfer; aktarma bileti; [~ˈfö] *v/t* nakletmek; devretmek, havale etm.; *v/i* aktarma yapmak; **~able** [~ˈföribl] devredilebilir
transform [tränsˈfôm] *v/t* başka kalıba sokmak; *-in* şeklini değiştirmek; dönüştürmek *-i;* **~ation** dönüş(tür)üm; şekil değişmesi
transfusion [tränsˈfyûjın] *med.* kan nakli
transgress [tränsˈgres] *v/t* bozmak; çiğnemek, karşı gelmek; **~ion** haddi aşma; günah, suç; **~or** tecavüz eden
transient (ˈtränziınt] geçici; kısa zaman kalan misafir
transistor (tränˈsistı] *el.* transistor
transit [ˈtränsit] geçme; *ec.* transit; **~ion** [~ˈsijın] geçiş; **~ive** *gr.* geçişli
translat|e (tränsˈleyt] *v/t* çevirmek, tercüme etm.; **~ion** çeviri, tercüme; **~or** çevir(m)en
translucent [tränzˈluusnt] yarı şeffaf
transmission [tränzˈmişın] gönderme; kalıtım; yayın
transmit [tränzˈmit] *v/t* geçirmek; göndermek; yayımlamak; **~ter** gönderici; *radyo:* verici istasyonu
transparent [tränsˈpäırınt] şeffaf, saydam
transpire [tränsˈpayı] *v/i* terlemek; *fig.* duyulmak; sızmak
transplant [tränsˈplânt] *v/t* başka yere dikmek *veya* yerleştirmek; **~(ation)** nakil; *med.* organ nakli
transport [tränsˈpôt] *v/t* götürmek, nakletmek, taşımak; [ˈ~] *n.* nakil; taşınma; taşıt; ulaştırma; **~ation** nakil; *özl. Am.* taşıt
trap [träp] *n.* tuzak, kapan; *v/t* tuzağa düşürmek, yakalamak; **~door** kapak şeklinde kapı; **~per** tuzakçı
trash [träş] değersiz şey, süprüntü; değersiz adam, ayak takımı
travel [ˈträvl] *n.* yolculuk, seyahat; *v/i* seyahat etm.; *v/t* dolaşmak; **~(l)er** yolcu; **~(l)er's cheque** (*Am.* **check**) seyahat çeki
trawl (trôl] *n.* tarak ağı, trol; *v/i* tarak ağı ile balık tutmak
tray [trey] tepsi; tabla
treacher|ous [ˈtreçırıs] hain,

tripe [trayp] işkembe
triple ['tripl] üç misli; üçlü; **-ts** ['-its] *pl.* üçüzler
tripod ['traypod] sepha
triumph ['trayımf] *n.* zafer, galebe; zafer alayı; *v/i* yenmek (*over -i*); **-ant** galip, muzaffer
trivial ('trivıl] ufak tefek, önemsiz
trod [trod], **-den** *bak* ***tread***
troll(e)y ['troli] yük arabası; tekerlekli servis masası; **-bus** troleybüs
troop [truup] *n.* takım, sürü; *pl.* askerler, askerî kuvvetler; *v/i* bir araya toplanmak
trophy ['trıufi] ganimet; andaç, hatıra; ödül, kupa
tropic ['tropik] *geo.* tropika, dönence; *pl.* sıcak ülkeler; **-al** tropikal
trot [trot] *n.* tırıs; *v/i* tırıs gitmek; koşmak
trouble ['trabl] *n.* sıkıntı, zahmet; dert, keder; rahatsızlık; *v/t* rahatsız etm., sıkmak; *v/i* zahmet çekmek; ***ask for* -** belâ aramak; **-maker** sorun çıkaran; **-some** zahmetli, sıkıntılı
trough ['trof] tekne, yalak
trousers ['trauzız] *pl.* pantolon *sg.*
trousseau ['truusıu] çeyiz
trout [traut] *zo.* alabalık
truant ['truınt] okul kaçağı
truce [truus] ateşkes, mütareke
truck[1] [trak] el arabası; üstü açık yük vagonu; kamyon
truck[2] *Am.* sebze *veya* meyve
trudge [trac] zahmetle yürümek
true [truu] doğru, gerçek; halis; sadık; ***come* -** gerçekleşmek
truly ['truuli] *adv.* gerçekten; samimi olarak
trump [tramp] *n. oyun kâğıdı:* koz; *v/i* koz çıkarmak
trumpet ['trampit] *mus.* boru; boru sesi
truncheon ['trançın] polis sopası, cop
trunk [traŋk] bavul; gövde; *zo.* hortum; *tel.* ana hat; *pl. Am.* kısa don; erkek mayosu; **- road** *Brt. uzak yolculuk için* ana yol
trust [trast] *n.* güven; emanet; *ec.* tröst; *v/t* güvenmek *-e; emanet etm. -e (**with** -i)*, **-ee** ['-tî] mutemet, vekil; **-ful, -ing** güvenen; **-worthy** güvenilir
truth (truuth] doğruluk, hakikat; **-ful** doğru; gerçek; doğrucu
try [tray] *v/t* denemek, tecrübe etm.; *jur.* yargılamak, muhakeme etm.; *v/i* uğraşmak; *n.* deneme, tecrübe; **-ing** yorucu, zahmetli
T-shirt ['tîşört] tişört
tub [tab] tekne; fıçı; küvet
tube [tyûb] boru, tüp; iç lastik; yer altı metro; **-less** iç lâstiksiz, şambriyelsiz
tuberculosis [tyubökyû'lı-

usis] tüberküloz, verem
tuck [tak] *v/t* sokmak, sıkıştırmak; ~ **up in bed** *çocuğu* yatakta sarıp sarmalamak
Tuesday ['tyuzdi] salı
tuft [taft] küme; sorguç; püskül
tug [tag] *n.* kuvvetli çekiş; *naut.* römorkör, *v/t* şiddetle çekmek
tuition [tyû'işın] öğretim; *özl. Am.* okul ücreti, okul taksidi
tulip ['tyûlip] *bot.* lâle
tumble ['tambl] *v/i* düşmek, devrilmek; *v/t* düşürmek; **~r** bardak
tummy ['tami] *coll.* karın, mide
tumo(u)r ['tyûmı] *med.* tümör, ur
tumult ['tyûmalt] kargaşalık, gürültü; **~uous** [~'maltyuıs] gürültülü
tuna ['tuunı] *zo.* ton balığı, orkinos
tune [tyûn] *n.* nağme, melodi; akort; *v/t* akort etm.
tunnel ['tanl] tünel
turban ['töbın] sarık
turbine ['töbin] türbin
turbulent ['töbyulınt] serkeş; çalkantılı, fırtınalı
turf [töf] *n.* çimen(lik); hipodrom, çim pist; *v/t* çimen döşemek *-e*
Turk [tök] Türk
Turkey[1] ['töki] Türkiye
turkey[2] *zo.* hindi
Turkish ['tökiş] Türk; Türkçe; ~ **delight** lokum
turmoil ['tömoyl] kargaşa, gürültü
turn [tön] *n.* dönme; devir; nöbet; viraj; tarz; sıra; yön; *v/i* olmak; dönmek; sapmak; yönelmek (**to** *-e*); v/t döndürmek, çevirmek; **take ~s** sırayla yapmak (**at** *-i*); ~ **back** *v/i* geri dönmek; *v/t* geri çevirmek; ~ **down** *v/t* indirmek; reddetmek; ~ **off** *v/t* kapatmak, kesmek; ~ **on** *v/t* açmak; çevirmek; ~ **out** *v/t* kovmak; *v/i* meydana çıkmak (**to** *inf. -diği*); ~ **up** *v/i* çıkmak; görünmek; *v/t* yukarı çevirmek; açmak; **~coat** *pol.* dönek kimse; **~er** tornacı; **~ing** dönen; dönüş; yol ayrımı, sapak
turnip ['tönip] *bot.* şalgam
turn|out *ec.* ürün, verim; **~over** devrilme; *ec.* satış; **~pike** *Am.* geçiş parası alınan yol, paralı yol; **~stile** turnike
turquoise ['tökwäz] firuze
turret ['tarit] küçük kule; *mil.* taret
turtle ['tötl] *zo.* kaplumbağa; **~dove** kumru
tusk [task] *zo.* fil dişi; azı dişi
tutor ['tyûtı] *Am.* özel öğretmen; *Brt. üniv.* danışman öğretmen
tuxedo [tak'sidıu] *Am.* smokin
TV [ti'vi] televizyon
twang [twäŋ] *n.* tıngırtı; genizden çıkan ses; *v/i* tıngırda-

mak; genizden konuşmak
tweezers ['twîzız] *pl.* (*a.* **a pair of ~**) cımbız *sg.*
twelve [twelv] on iki
twenty ['twenti] yirmi
twice [tways] iki kere, iki kez
twiddle ['twidl] *v/t* döndürmek
twig [twig] ince dal
twilight ['twaylayt] alaca karanlık
twin [twin] ikiz; çift, çifte; **~bedded room** çift yataklı oda
twine [twayn] *n.* sicim; *v/t* bükmek, sarmak; *v/i* sarılmak
twinkle ['twiŋkl] *n.* pırıltı; *v/i* pırıldamak; göz kırpıştırmak
twirl [twöl] *n.* dönüş; kıvrım; *v/i* fırıldanmak
twist [twist] *n.* bük(ül)me, burma; dönüş; ibrişim; *v/t* bükmek, burmak; *v/i* bükülmek, burulmak
twitch [twiç] *v/i* seğirmek; *v/t* seğirtmek
twitter [twitı] cıvıldamak
two [tuu] iki; **cut in ~** ikiye bölmek; **~fold** iki kat; **~pence** ['tapıns] iki peni; **~way** iki taraflı; iki yollu
tycoon [tay'kûn] çok zengin iş adamı, kodaman
type [tayp] *n.* çeşit, tip; model; basma harf; *v/t* daktilo ile yazmak; **~writer** yazı makinesi, daktilo
typhoid (fever) ['tayfoyd] *med.* tifo
typhoon [tay'fuun] tayfun
typhus ['tayfis] *med.* tifüs
typical ['tipikıl] tipik
typist ['taypist] daktilo(da yazan)
tyrann|ic(al) ['ti'ränikıl] zalim, gaddar; **~y** ['~rını] zorbalık, zulüm
tyrant ['tayırınt] zalim, zorba
tyre ['tayı] dış lâstik

U

udder ['adı] *zo.* inek memesi
UFO ['yûfıu] (=***Unidentified flying object***) uçan daire
ugly ['agli] çirkin; korkunç
ulcer ['alsı] *med.* ülser
ultimate ['altimit] son; esas, temel; **~ly** eninde sonunda
ultimatum ['altimitım] *pol.* ültimatom
ultra- ['altrı] aşırı, son derece; **~sonic** ses ötesi, ultrasonik; **~violet** mor ötesi, ultraviyole
umbrella [am'brelı] şemsiye
umpire ['ampayı] hakem
un- [an] -siz, gayri
un|abashed küstah, arsız; **~able** gücü yetmez; beceriksiz; **~acceptable** kabul edilemez; **~accountable** anlatılmaz; olağanüstü; **~affected** etkilenmemiş; samimi; **~alterable** değişmez

~wear *bak.* **~clothes; ~world** ölüler diyarı; yer altı dünyası

un|deserved lâyık olmayan; **~developed** gelişmemiş; **~disputed** karşı gelinmemiş; **~disturbed** karıştırılmamış, rahatsız edilmemiş; **~do** *v/t* açmak; çözmek; telâfi etm.; bozmak; **~dreamt-of** akla gelmeyen; **~dress** *v/i* elbiselerini çıkarmak, soyunmak; **~due** aşırı; kanunsuz; uygunsuz; **~dying** ölmez; **~earth** *v/t* topraktan çıkarmak; **~easy** huzursuz; **~educated** okumamış

unemploy|ed işsiz; **~ment** işsizlik

unending sonsuz, bitmez, tükenmez

unequal eşit olmayan; **~(l)ed** eşsiz; üstün

un|erring yanılmaz; **~even** düz olmayan; *math.* tek; **~eventful** olaysız; **~expected** beklenilmedik; **~failing** tükenmez; şaşmaz; **~fair** haksız; hileli; **~familiar** iyi bilmeyen (*with -i); alışılmamış (-e);* **~fasten** *v/t* çözmek, açmak; **~favo(u)rable** müsait olmayan; elverişsiz; **~feeling** hissiz; merhametsiz; **~finished** bitmemiş; tamamlanmamış; **~fit** uymaz (*for -e*); ehliyetsiz; **~fold** *v/t* açmak, yaymak; *v/i* açılmak; **~foreseen** beklenmedik; **~forgettable** unutulmaz

unfortunate talihsiz, bahtsız; **~ly** *adv.* maalesef, yazık ki

un|founded temelsiz, asılsız; **~friendly** dostça olmayan; **~furl** *v/t* açmak; **~furnished** mobilyasız; **~gainly** hantal, biçimsiz; **~gracious** nezaketsiz; **~grateful** nankör; **~happy** mutsuz, kederli; şanssız; **~harmed** zararsız; **~healthy** sıhhate zararlı; **~heard-of** işitilmemiş; **~hurt** zarar görmemiş

uni|fication [yûnifi'keyşın] birleş(tir)me; **~form** ['yûnifôm] üniforma, resmî elbise; tekdüze, yeknesak; **~fy** ['yûnifay] *v/i* birleştirmek; **~lateral** ['yûni'lätırıl] tek yanlı

un|imaginative yaratma gücü olmayan; **~important** önemsiz; **~inhabited** oturulmamış; ıssız; **~intelligible** anlaşılmaz; **~intentional** istemeyerek yapılan; **~interested** ilgilenmeyen; ilgisiz (*in -e*); **~interrupted** aralıksız

union ['yûnyın] birleşme; birlik; anlaşma; sendika; **~ Jack** İngiliz bayrağı; **~ist** sendikacı

unique [yûnik] tek, biricik

unison ['yûnizn] birlik, ahenk; **in ~** birlikte

unit ['yûnit] birlik; ünite; **~e** [~'nayt] *v/i* birleşmek; *v/t* birleştirmek; **℞ed Kingdom** Britanya Krallığı; **℞ed Nations** *pl.* Birleşmiş Milletler;

℮ed States *pl.* **of America** Amerika Birleşik Devletleri; **~y** birlik; birleşme
univers|al [yûni'vösıl] genel; evrensel; **~e** ['~ös] evren, kâinat; **~ity** [~'vositi] üniversite
un|just haksız; **~kempt** taranmamış; **~kind** dostça olmayan, sert; **~known** bilinmez; yabancı; **~lawful** kanuna aykırı; **~leaded** ['an'ledıd] kurşunsuz *(benzin)*; **~learn** *v/t öğrendiğini* unutmak
unless [ın'les] -medikçe, meğerki
unlike *-e* benzemeyen, *-den* farklı; **~ly** umulmaz, olasısız
un|limited sınırsız, sayısız; **~load** *v/t* boşaltmak; **~lock** *v/t -in* kilidini açmak; **~loose(n)** *v/t* çözmek; **~lucky** talihsiz, bahtsız; **~manned** içinde insan bulunmayan; **~married** evlenmemiş; **~mistakable** açık, belli; **~moved** sarsılmaz; **~natural** doğal olmayan, anormal; **~necessary** lüzumsuz; **~noticed** gözden kaçmış; **~obtrusive** göze çarpmaz; alçakgönüllü; **~occupied** boş, serbest; **~official** resmî olmayan; **~pack** *v/t* boşaltmak, açmak; **~paid** ödenmemiş; ücretsiz; **~paralleled** eşsiz, emsalsiz; **~pardonable** affedilmez; **~perturbed** ['~pö'töbd] sakin, soğukkanlı; **~pleasant** tatsız, nahoş; **~polished** parlatılmamış; *fig.* kaba; **~popular** popüler olmayan; gözden düşmüş; **~practical** elverişli olmayan, kullanışsız; **~precedented** eşi görülmemiş; **~prejudiced** ön yargısız, tarafsız; **~prepared** hazırlıksız; **~principled** ilkesiz, karaktersiz, ahlâksız; **~productive** verimsiz
un|qualified ehliyetsiz; şartsız; **~questionable** şüphe götürmez
unreal gerçek olmayan, hayali; **~istic** gerçekçi olmayan
un|reasonable makul olmayan; aşırı; **~recognizable** tanınmaz; **~reliable** güvenilmez; **~reserved** sınırlanmamış; samimi; **~rest** kargaşa; rahatsızlık; **~restrained** frenlenmemiş; **~restricted** sınırsız; **~ripe** ham, olmamış; **~rival(l)ed** eşsiz; rakipsiz; **~roll** *v/t* açmak; *v/i* açılmak; **~ruly** azılı; itaatsiz; **~safe** emniyetsiz; tehlikeli; **~satisfactory** memnuniyet vermeyen; tatmin etmeyen; **~screw** *v/t -in* vidalarını sökmek; çevirerek açmak *-i;* **~scrupulous** vicdansız, prensipsiz; **~seemly** yakışıksız; **~selfish** kendini düşünmeyen, özverili; **~settled** kararlaştırılmamış; belirsiz; boş; ödenmemiş
unshaven tıraşı uzamış
unshrinkable çekmez, büzülmez

usage [ˈyûsic] kullanım; usul, âdet
use [yûs] *n.* fayda; kullanma; âdet; [yûz] *v/t* kullanmak; yararlanmak *-den; **he ~d*** [yûst] ***to** inf.* eskiden -erdi; **~ up** *v/t* tüketmek; **~d** [yûzd] kullanılmış, eski; alışık (***to** -e*); **~ful** faydalı, yararlı; **~less** faydasız
usher [ˈaşı] *n.* mübaşir; kapıcı; *thea.* yer gösterici; *v/t* yol göstermek *-e*
usual [ˈyûjuıl] her zamanki, olağan; **~ly** *adv.* çoğunlukla, çoğu kez
usurer [ˈyûjırı] tefeci
usury [ˈyûjuri] tefecilik
utensil [yuˈtensl] kap, aygıt, araç
utili|ty [yuˈtiliti] yarar(lık); kamu hizmeti; **~ze** *v/t* kullanmak; faydalanmak *-den*
utmost [ˈatmıust] en uzak; son derece
utter [ˈatı] *adj.* tam; sapına kadar; *v/t* dile getirmek, söylemek; **~ance** ifade; söz
U-turn [ˈyûtön] U dönüşü
uvula [ˈyûvyulı] *an.* küçük dil

V

vacan|cy [ˈveykınsi] boşluk; boş yer; **~t** boş; açık; dalgın
vacat|e [vıˈkeyt] *v/t* boş bırakmak; boşaltmak; **~ion** tatil
vaccinat|e [ˈväksineyt] *v/t* aşılamak; **~ion** aşı(lama)
vacuum [ˈväkyuım] boşluk, vakum; **~ bottle** termos; **~ cleaner** elektrik süpürgesi
vagabond [ˈvägıbond] serseri, avare
vagary [ˈveygıri] kapris
vagina [vıˈcaynı] *an.* döl yolu, vajina
vague [veyg] belirsiz, şüpheli
vain [veyn] boş, nafile; kendini beğenmiş; ***in ~** adv.* boşuna, beyhude (yere)
valerian [vıˈliıriın] *bot.* kedi otu
valiant [ˈvälyınt] yiğit, cesur
valid [ˈvälid] yürürlükte olan, geçerli
valise [vıˈlîz] valiz, bavul
valley [ˈväli] vadi, dere
valu|able [ˈvälyuıbl] değerli; değerli şey; **~ation** değer biçme; **~e** [ˈ~û] *n.* değer; *v/t* değer biçmek; değer vermek *-e;* **~e-added tax** (*kıs.* ***VAT***) katma değer vergisi, KDV
valve [välv] *tech.* subap, valf; radyo lâmbası
vampire [ˈvämpayı] vampir, hortlak
van [vän] üstü kapalı yük arabası; *özl. Brt.* furgon
vane [veyn] yelkovan, fırıldak; pervane kanadı
vanilla [vıˈnilı] vanilya
vanish [ˈväniş] gözden kay-

bolmak
vanity ['väniti] nafilelik; kendini beğenme; ~ **bag,** ~ **case** makyaj çantası
vantagepoint ['vänticpoynt] stratejik nokta
vap|orize ['veypırayz] *v/t* buharlaştırmak; *v/i* buharlaşmak; **~o(u)r** buhar
variable ['väiriıbl] değişken; kararsız
variance ['väiriıns] değişiklik; tutarsızlık; ***at*** ~ aykırı ***(with*** *-e)*
varia|nt ['väiriınt] farklı; varyant; **~tion** değişme; değişiklik
varicose ['värikıus] **(vein)** *med.* varisli (damar)
varie|d [väirid] çeşitli, türlü; **~ty** [vı'rayıti] değişiklik; varyete
various ['väiriıs] çeşitli; birkaç
varnish ['vaniş] *n.* cilâ, vernik; *v/t* verniklemek
vary ['väiri] *v/t* değiştirmek; *v/i* değişmek; farklı olm. ***(from*** *-den)*
vase [vâz] vazo
vast [vâst] engin, geniş; pek çok
vat [vât] tekne, fıçı
vault [vôlt] *n.* tonos, kemer; kasa; atlayış; *v/t* atlamak
veal [vîl] dana eti
vegeta|ble ['vecitıbl] bitkisel; bitki; sebze; **~rian** [~'täiriın] et yemez kimse, vejetaryen; **~tion** bitkiler *pl.*
vehemen|ce ['vîimıns] şiddet; **~t** şiddetli
vehicle ['vîıkl] taşıt, vasıta
veil [veyl] *n.* peçe, yaşmak; örtü; *v/t* örtmek; *fig.* maskelemek
vein [veyn] damar
velocity [vi'lositi] hız, sür'at
velvet ['velvit] kadife
venal ['vînl] satın alınır
vend|ing machine ['vendıŋ] satış makinesi; **~or** seyyar satıcı, işportacı
venera|ble ['venırıbl] muhterem, saygıdeğer; **~te** ['~eyt] *v/t* saygı göstermek *-e;* tapmak *-e*
venereal [vi'niıriıl] *med.* zührevî, cinsel ilişki ile bulaşan
Venetian (vi'nîşın] Venedikli; **♀ blind** jaluzi
vengeance ['vencıns] öç, intikam; ***with a*** ~ son derecede
venison ['venzn] geyik *veya* karaca eti
venom ['venım] zehir; *fig.* düşmanlık; **~ous** zehirli
vent [vent] delik, ağız; yırtmaç; *zo.* kıç; ***give*** ~ ***to*** *-i* açığa vurmak
ventilat|e ['ventileyt] *v/t* havalandırmak; **~ion** havalandırma; **~or** vantilâtör
ventriloquist (ven'trilıkwist] vantrlok, karnından konuşabilen kimse
venture ['vençı] *n.* tehlikeli iş, şans işi; *v/t, v/i* ***(to*** *inf.)* tehlikeye atmak *-i*
verb [vöb] *gr.* fiil, eylem; **~al**

gr. fiile ait; sözlü; harfi harfine, aynen
verdict ['vödikt] *jur.* jüri kararı; *fig.* kanı
verge [vôc] *n.* kenar, sınır; *v/i* yaklaşmak (**on** *-e); **on the ~ of** -in* eşiğinde, üzere
verify ['verifay] *v/t* doğrulamak; araştırmak
vermicelli [vömi'seli] *pl.* tel şehriye *sg.*
vermiform ['vömifôm] **appendix** *an.* apandis
vermin ['vömin] zararlı hayvanlar, haşarat
vernacular [vı'näkyulı] bölgesel; günlük dil
vers|atile ['vösıtayl] çok iş bilen; **~e** [vös] mısra; beyit; **~ed** iyi bilen (**in** *-i); **~ion*** tercüme, çeviri; yorum; **~us** *-e* karşı
vertebra ['vötibrı] *an.* omur(ga kemiği)
vertical ['vötikıl] dikey, düşey
very ['veri] çok, pek; tam; aynı; bile; ***the ~ best*** en iyisi; ***the ~ opposite*** tam karşıtı; ***this ~ day*** bugünkü gün
vessel ['vesl] kap; gemi; *an.* damar
vest [vest] iç gömleği; *Am.* yelek
vestige ['vestic] iz, eser
vestry ['vestri] *rel.* giyinme odası; yönetim kurulu
vet [vet] *coll.* veteriner
veteran['vetırın] kıdemli; emekli; emekli asker
veterinary (surgeon) ['vetırinıri] veteriner, baytar
veto ['vîtıu] *n.* veto; *v/t* reddetmek, veto etm.
vex [veks] *v/t* incitmek, kızdırmak; **~ation** kızma; sıkıntı; **~atious** gücendirici; aksi
via ['vayı] yolu ile
viaduct ['vayıdakt] *arch.* köprü, viyadük
vibrat|e [vay'breyt] *v/i* titremek, sallanmak; **~ion** titreşim
vicar ['vikı] *rel.* papaz; vekil; **~age** papazın evi
vice[1] [vays] kötü huy; ayıp
vice[2] mengene, sıkmaç
vice- *ön ek* yardımcı, muavin, ikinci; **~-president** başkan yardımcısı, ikinci başkan
vice versa ['vaysi'vösı] tersine, aksine
vicinity ['vi'siniti] civar, çevre
vicious ['vişıs] kötü; ahlâkı bozuk
victim ['viktim] kurban; mağdur kimse
victor|ious [vik'tôriıs] galip; **~y** zafer
video ['vidiou] video (bant kaydı), video makinesi; video filmi; **~ cassette** video kaseti; **~teyp** video kaseti, videoteyp
Vienna [vi'enı] Viyana
view [vyû] *n.* bakış; manzara; görüş; *v/t* bakmak *-e;* incelemek *-i;* düşünmek *-i;* **in ~ of** *-in* karşısında; **on ~** sergilenmekte; **~er** seyirci, izleyici;

~finder *phot.* vizör; **~point** bakım, görüş noktası
vigil ['vicil] gece nöbet tutma; **~ance** uyanıklık; **~ant** tetikte, uyanık
vigo|rous ['vigırıs] dinç, kuvvetli; **~(u)r** kuvvet, dinçlik
vile [vayl] kötü, iğrenç; pis
village ['vilic] köy; **~r** köylü
villain ['vilın] alçak *veya* çapkın adam
vindicate ['vindikeyt] *v/t -in* doğruluğunu ispat etm.; korumak *-i*
vindictive [vin'diktiv) kinci
vine [vayn] asma (çubuğu); **~gar** ['vinigı] sirke; **~yard** bağ
vintage ['vintic] bağ bozumu; kaliteli şarap
violat|e ['vayıleyt] *v/t* bozmak; tecavüz etm. *-e;* **~ion** bozma, ihlâl; tecavüz
violen|ce ['vayılıns] zor, şiddet; **~t** şiddetli, sert
violet ['vayılit] *bot.* menekşe; mor
violin [vayı'lin] *mus.* keman
viper ['vaypı] *zo.* engerek
virgin ['vöcin] kız, bakire; el değmemiş, bakir; **~ity** kızlık, bakirelik
viril|e ['virayl] erkekçe; **~ity** [~'riliti] erkeklik
virtual ['vötyuıl] gerçek, asıl; **~ly** *adv.* gerçekte
virtue ['vötyu] fazilet, erdem; ***by ~ of*** *-e* dayanarak
virtuous ['vityuıs] iffetli
virus ['vayırıs] virüs
visa ['vîzı] vize
vise [vays] *bak* ***vice***[2]
visib|ility [vizi'biliti] görüş; görünürlük; **~le** görünebilir; belli
vision ['vijın] görme; görüş; hayal, kuruntu
visit ['vizit] *n.* ziyaret; vizite; *v/t* ziyaret etm.; görmeğe gitmek; ***pay a ~ to*** *-i* ziyaret etm.; **~ing card** *Brt.* kartvizit; **~or** ziyaretçi, misafir
visual ['vizyuıl] görmekle ilgili; görülebilir; **~ize** *v/t* gözünde canlandırmak
vital ['vaytl] hayatî, yaşamsal; esaslı, önemli; **~ity** [~'täliti] dirilik, canlılık
vitamin ['vitımin] vitamin
viv|acious [vi'veyşıs] canlı; neşeli; **~id** ['~vid] canlı, parlak
vocabulary [vıu'käbyulıri] sözcük dağarcığı; sözcük listesi
vocal ['vıukıl] sesle ilgili; sesli; **~ist** şarkıcı, vokalist
vocation [vıu'keyşın] iş, meslek; **~al** meslekle ilgili
vogue [vıug] moda; rağbet
voice [voys] ses; *gr.* etken *veya* edilgen şekil, çatı; **~d** sesli
void [voyd] boş; hükümsüz; yoksun (**of** *-den)*
volcano [vol'keynıu] volkan, yanardağ
volley ['voli] yaylım ateş; *taş, ok, yumruk v.s.* yağmuru; *tenis:* topa yere değmeden geri vurma; vole

volt [vıult] *el.* volt; **~age** gerilim, voltaj
voluble ['volyubl] konuşkan, çenebaz
volum|e ['volyum] hacim, oylum; cilt; **~inous** [vı'lyûminıs] büyük, hacimli
volunt|ary ['volıntıri] istemli, ihtiyarî, gönüllü; **~eer** [~'tiı] *n.* gönüllü; *v/t* kendi isteği ile teklif etm.; *v/i* gönüllü yazılmak (*for -e*)
voluptuous [vı'lapçuıs] şehvetli
vomit ['vomit] *v/i* kusmak; *v/t* kusturmak
voracious [vı'reyşıs] doymak bilmez, obur
vote [vıut] *n.* oy (hakkı); *v/i* oy vermek (*for* lehine); *v/t* seçmek; **~r** seçmen
vouch [vauç] temin etm. (*for -i*); kefil olm. (için); **~er** belgit, senet; belge
vow [vau] *n.* adak, yemin; *v/t* yemin etm. *-e;* adamak, vakfetmek
vowel ['vauıl] *gr.* sesli harf, ünlü
voyage ['voyic] yolculuk, seyahat
vulgar ['valgı] kaba; bayağı
vulnerable ['valnırıbl] kolayca yaralanır, savunmasız
vulture ['valçı] *zo.* akbaba

W

wad [wod] *n.* tıkaç; tampon; *v/t* pamukla beslemek; **~ding** pamuk *v.s.* kaplaması, vatka
waddle ['wodl] badi badi yürümek
wade [weyd] su içinde yürümek
wafer ['weyfı] bisküvi, gofret, kâğıt helvası; *rel.* mayasız ince ekmek
wag (wäg] *v/t* sallamak; *v/i* sallanmak
wage[1] [weyc]: ~ ***war*** savaşmak (*on* ile)
wage[2], *pl.* **~s** ['weyciz] ücret; ~ **earner** ['~öni] ücretli kimse
wager ['weycı] *n.* bahis; *v/i* bahis tutuşmak
wag(g)on ['wägın] yük arabası
wail [weyl] *n.* çığlık; *v/i* hayıflanmak (*over -e*)
wainscot ['weynskıt] tahta kaplama, lâmbri
waist [weyst] *an.* bel; **~coat** ['weyskıut] yelek; **~line** bel çizgisi, bel çevresi
wait [weyt] *v/i* beklemek (*for -i*); hizmetçilik yapmak (*on -e*); ***keep ~ing*** *v/t* bekletmek; **~er** garson; **~ing room** bekleme salonu; **~ress** kadın garson
wake[1] [weyk] dümen suyu; ***in the ~ of*** *fig. -in* peşinde
wake[2]: ~ **(up)** *v/i* uyanmak; *v/t* uyandırmak; **~n** *bak*

wake[2]
walk[wok] *n.* yürüyüş; gezinti; *v/i* yürümek; *a.* *v/t* gezmek; ~ **out** *coll.* grev yapmak; terk etm. (**on** *-i*); ~**er** gezen; yürüyücü; ~**ie-talkie** [ˈwôkiˈtôki] portatif telsiz telefon; ~**ing stick** baston; ~**out** grev
wall [wôl] *n.* duvar; sur; *v/t* duvarla çevirmek; ~ **up** duvarla kapamak
wallet [ˈwolit] cüzdan
wallpaper duvar kâğıdı
walnut [ˈwôlnat] *bot.* ceviz (ağacı)
walrus [ˈwôlrıs] *zo.* mors
waltz [wôls] *n.* vals; *v/i* vals yapmak
wand [wond] değnek, çubuk
wander [ˈwondı] *v/i* dolaşmak, gezmek; sayıklamak; ~**er** [ˈ~rı] gayesizce dolaşan
wane [weyn] *v/i* *ay:* küçülmek; azalmak
want [wont] *n.* yokluk; ihtiyaç, gereksinme; *v/t* istemek; gereksemek; gerektirmek; ~**ed** aranan; ~**ing** eksik; yoksun (**in** *-den*)
war [wô] savaş (*a. fig.*)
warble [ˈwôbl] *v/i* ötmek, şakımak
ward [wôd] vesayet; vesayet altında bulunan kimse; koğuş; bölge; ~ **off** *v/t* savuşturmak; ~**en**, ~**er** bekçi; müdür
wardrobe [ˈwôdrıub] giysi dolabı, gardrop; elbiseler *pl.*
ware [wäı] mal, eşya; ~**house** ambar
war|fare [ˈwôfäı] savaş; ~**like** savaşçı; savaşa hazır
warm [wôm] *adj.* sıcak; hararetli; *v/t* ısıtmak; *v/i* ısınmak; ~**th** [~th] sıcaklık; ~**up** *spor:* ısınma
warn [wôn] *v/t* ihtar etm. *-e* (**of** *-i*); ~**ing** uyarı; ihbar
warp [wôp] *v/t* eğriltmek; *v/i* eğrilmek
warrant [ˈworınt] *n.* yetki; ruhsat; arama emri; garanti; *v/t* garanti etm.; izin vermek *-e*; kefil olm. *-e*; ~**y** kefalet, garanti, güvence belgesi
warrior [ˈworiı] savaşçı
wart [wôt] siğil
wary [wäıri] uyanık, ihtiyatlı
was [woz, wız] *bak* **be**
wash [woş] *v/t* yıkamak; *dalga:* yalamak; *v/i* yıkanmak; *n.* yıkama; çamaşır; ~ **up** *v/t* bulaşık yıkamak; ~**able** yıkanabilir; ~**-and-wear** ütü istemez; ~**basin**, *Am.* ~**bowl** lâvabo; ~**er** yıkama makinesi; ~**ing** yıkama; çamaşır; ~**ing machine** çamaşır makinesi
wasp [wosp] *zo.* yaban arısı
waste [weyst] *n.* savurma, israf, çarçur; boş arazi; çöp; *adj.* boş, ıssız; *v/t* boşuna sarfetmek; harap etm.; ~ **away** *v/i* eriyip gitmek; ~**paper basket** kâğıt sepeti; ~ **pipe** künk
watch [woç] *n.* gözetleme; nöbet; nöbetçi; cep *veya* kol saati; *v/t* gözetlemek; bakmak *-e*; *v/i* beklemek (**for** *-i*);

~ **out** *v/i* dikkat etm.; ~**dog** bekçi köpeği; ~**ful** dikkatli, uyanık; ~**maker** saatçi; ~**man** bekçi
water ['wôtı] *n.* su; *v/t* sulamak; sulandırmak; ~ **closet** tuvalet, helâ; ~**colour** sulu boya (resim); ~**fall** çağlayan; ~**ing can** süzgeçli kova, sulama ibriği; ~ **level** su düzeyi; ~**melon** karpuz; ~**proof** sugeçirmez; yağmurluk; ~ **skiing** *spor:* su kayağı; ~**works** *pl.* su dağıtım tesisatı, su şebekesi; ~**y** sulu
watt [wot] *el.* vat
wave [weyv] *n.* dalga; sallama; *v/i* dalgalanmak; sallanmak; *v/t* sallamak
waver ['weyvı] *v/i* kararsızlık göstermek; sallanmak
wavy ['weyvi] dalgalı
wax[1] [wäks] *n.* bal mumu; *v/t* mum sürmek *-e*
wax[2] *v/i* büyümek, artmak
way [wey] yol; yön, cihet; mesafe; tarz, usul; çare; vasıta; ***by the*** ~ sırası gelmişken; ***by*** ~ ***of*** yoluyla; ***give*** ~ geri çekilmek; öncelik vermek (***to*** *-e*); ***on the*** ~ yolunda; ***out of the*** ~ sapa; yerinde olmayan; ~ ***of life*** yaşam biçimi; ~**lay** *v/t -in* yolunu kesmek; ~**ward** ['~wıd] ters, inatçı
we [wî, wi] biz
weak [wîk] zayıf; dayanıksız; ~**en** *v/i* zayıflamak; *v/t* zayıflatmak; ~**ness** kuvvetsizlik, zayıflık
wealth [welth] bolluk, servet; ~**y** zengin
wean [wîn] *v/t* sütten kesmek
weapon ['wepın] silâh
wear [wäı] *v/t* giymek, takınmak; taşımak; takmak; dayanmak *-e; n.* giysi, elbise; aşınma; ~ ***(away, down, off, up)*** *v/t* aşındırmak; *v/i* aşınmak; ~ ***out*** *v/t* tüketmek, çok yormak
wear|isome ['wîırisım] usandırıcı; yorucu; ~**y** *adj.* yorgun; yorucu; *v/t* yormak
weasel ['wîzl] *zo.* gelincik
weather ['wedhı] *n.* hava; *v/t* aşındırmak; *v/i* aşınmak; solmak; ~ ***out*** *v/t* geçiştirmek; ~**beaten** fırtına yemiş; yanık; ~ **forecast** hava tahmini; ~**man** hava raporu okuyan spiker
weave [wîv] *v/t* dokumak; *sepet* örmek; ~**r** dokumacı; çulha
web [web] ağ; doku; örgü
wed [wed] evlenmek (**s.o.** *b-le*) ~**ding** evlenme, düğün, nikâh; ~**ding ring** nikâh yüzüğü
wedge [wec] *n.* kama, takoz; *v/t* sıkmak, sıkıştırmak
Wednesday ['wenzdi] çarşamba
weed [wîd] *n.* yabanî ot; *v/t* ayıklamak; temizlemek
week [wîk] hafta; ~**day** iş günü; ~**end** hafta sonu; ~**ly** haftalık, haftada bir

weep [wîp] ağlamak; **~ing willow** *bot.* salkım söğüt
weigh [wey] *v/t* tartmak; *v/i* ölçünmek; ağırlığı olm.; **~t** ağırlık, sıklet; **~t lifting** halter sporu; **~ty** ağır; önemli
welcome [ˈwelkım] *n.* karşılama; *v/t* hoş karşılamak; hoş geldiniz demek *-e;* **(you are) ~**! Bir şey değil!
weld [weld] *v/t* kaynak yaparak birleştirmek
welfare [ˈwelfäı] refah; (yoksullara) yardım; **~ state** refah devleti
well[1] [wel] kuyu
well[2] iyi, iyice; sağlıklı; tamamiyle; işte; neyse; ***as ~*** dahi, bile; ***as ~ as*** hem ... hem de ...; ***I am not ~*** rahatsızım; **~being** saadet, refah; **~-known** tanınmış, meşhur; **~-mannered** terbiyeli; **~-timed** zamanlı; **~-to-do** *F* hali vakti yerinde; **~-worn** eskimiş; bayatlamış
Welsh [welş] Gal dili; **~man** Galli; **~ rabbit, ~ rarebit** [~ˈräıbit] kızarmış ekmeğe sürülen peynir
went [went] *bak* ***go***
wept [wept] *bak* ***weep***
were [wö] *bak* ***be***
west [west] batı; batıya doğru; **~erly, ~ern** batıya ait; **~ward(s)** [ˈ~wıd(z)] batıda; batıya doğru
wet [wet] adj. ıslak, rutubetli; *v/t* ıslatmak; ***~ through*** sırılsıklam; **~ nurse** süt nine
whack [wäk] *n.* şaklama; *v/t* dövmek
whale [weyl] *zo.* balina
wharf [wôf] iskele, rıhtım
what [wot] ne; nasıl; hangi; ***~ for?*** ne için?; ***~(so)ever*** her ne, herhangi
wheat [wît] buğday
wheel [wîl] *n.* tekerlek; çark; *v/i* dönmek; *v/t* döndürmek; tekerlekli bir taşıtla götürmek; **~barrow** tekerlekli el arabası; **~chair** tekerlekli sandalye
whelp [welp] *zo.* enik
when [wen] ne zaman?; -diği zaman; iken; **~ever** her ne zaman
where [wäı] nerede?; nereye?; -diği yerde; **~about(s)** nerelerde; **~as** halbuki; **~by** vasıtasıyla; mademki; **~upon** bunun üzerine; **~ver** her nereye; her nerede
whet [wet] *v/t* bilemek; *fig. iştahını* açmak
whether [ˈwedhı] -ip -mediğini
which [wiç] hangi(si); ki; **~ever** her hangi(si)
whiff [wif] esinti, püf
while [wayl] müddet, zaman, süre; *conj.* iken, -diği halde
whim [wim] geçici istek, heves
whimper [ˈwimpı] *v/i* ağlamak, inlemek
whimsical [ˈwimzikıl] tuhaf; kaprisli
whine [wayn] *v/i* sızlanmak

wince [wins] *v/i* birdenbire ürkmek
wind[1] [wind] *n.* rüzgâr, yel; hava; osuruk; nefes; *v/t -in* kokusunu almak
wind[2] [waynd] *v/t* çevirmek, dolamak; *v/i* bükülmek; dolaşmak; ~ ***up*** *v/t saat* kurmak; **~ing** dolambaç(lı)
windlass ['windlıs] *tech.* ırgat, çıkrık
windmill ['winmil] yel değirmeni
window ['windıu] pencere; vitrin; **~pane** pencere camı; **~shop** *v/i* vitrin gezmek
wind|pipe *an.* nefes borusu; **~screen,** *Am.* **~shield** ön cam; ~ ***wiper*** silecek; **~y** rüzgârlı
wine [wayn] şarap
wing [wiŋ] kanat; kol
wink [wiŋk] *n.* göz kırpma; *v/i* göz kırpmak; gözle işaret vermek (***at*** *-e*)
winn|er [winı] kazanan **~ing** kazanma; kazanan
wint|er ['wintı] *n.* kış; *v/i* kışlamak; **~ry** ['~tri] kış gibi, pek soğuk
wipe [wayp] *v/t* silmek, silip kurutmak; ~ **off** silip gidermek; ~ **out** silip yok etm.
wire ['wayı] *n.* tel; *coll.* telgraf; *v/t* telle bağlamak; *v/i* telgraf çekmek; **~less** telsiz; radyo
wiry ['wayıri] tel gibi
wisdom ['wizdım] akıl(lılık); bilgelik; ~ **tooth** akıl dişi
wise [wayz] akıllı; tedbirli; tecrübeli; **~crack** *F* nükte, şaka; ~ **guy** *F* ukalâ dümbeleği
wish [wiş] *n.* istek, arzu; *v/t* istemek, arzu etm.
wistful ['wistful] özlemli; dalgın
wit [wit] akıl; anlayış; nükte; nükteci; ***be at one's ~'s end*** tamamen şaşırmak
witch [wiç] büyücü kadın; **~craft** büyücülük
with [widh] ile; *-e* karşı; *-den* dolayı; *-in* yanında
withdraw [widh'drô] *v/t* geri almak; *v/i* çekilmek ***(from*** *-den)*; **~al** geri çek(il)me
wither ['widhı] *v/i* kurumak, solmak; *v/t* kurutmak
with|hold [widh'hıuld] *v/t* tutmak, vermemek; **~in** [~'dhin] *-in* içinde; içeride; **~out** [~'dhaut] -siz, *-in* dışında, -meksizin; **~stand** *v/t* dayanmak *-e*
witness ['witnis] n. tanık, şahit; delil; tanıklık; *v/t* tanık olm. *-e;* sahne olmak *-e;* ~ **box,** *Am.* ~ **stand** *jur.* tanık kürsüsü
witty ['witi] nükteci; nükteli
wizard ['wizıd] büyücü, sihirbaz
wobble ['wobl] *v/i* sallanmak; titremek
woe [wıu] keder, dert; **~ful** kederli
woke [wıuk], **~n** *bak* ***wake***
wolf [wulf] kurt

woman ['wumın] kadın; ~ **doctor** kadın doktor; ~**kind** kadınlar *pl.*; ~**ly** kadına yakışır
womb [wuum] *an.* rahim, döl yatağı
won [wan] *bak* ***win***
wonder ['wondı] *n.* harika, şaşılacak şey; hayret; *v/i* hayrette kalmak, hayran olm.; merak etm. (***if, whether*** -ip -mediğini), ~**ful** harika; şaşılacak
won't [wıunt] = ***will not***
wont ['wıunt] âdet; alışmış (***to*** *inf. -meğe)*
woo [wuu] *v/t* kur yapmak *-e*
wood [wud] orman; odun, tahta; ~**cutter** baltacı; ~**ed** ağaçlı; ~**en** tahtadan yapılmış, ahşap; ~**pecker** *zo.* ağaçkakan; ~**work** doğrama(cılık), dülgerlik; ~**y** ormanlık; ağaç cinsinden
wool [wul] yün; ~**(l)en** yünden, yünlü; ~**(l)y** yünlü; yumuşak
word [wöd] *n.* kelime, sözcük; söz; lâf; haber; *v/t* ifade etm.; ~**ing** yazılış biçimi; ~ **processing** *bilgisayar:* sözcük işlemleme
wore [wô] *bak* ***wear***
work [wôk] *n.* iş, çalışma; emek; eser; *pl.* fabrika *sg.;* mekanizma; *v/i* çalışmak, uğraşmak; işlemek; *v/t* çalıştırmak; işletmek; zorlamak (***into*** *-e*); ***at*** ~ iş başında; ***out of*** ~ işsiz, boşta; ***public*** ~**s** *pl.* bayındırlık *sg;* ~**able** işlenebilir; pratik; ~**day** iş günü; ~**er** işçi, amele
working iş gören, çalışan; işleyen; ~ **class** işçi sınıfı; ~ **hours** *pl.* iş saatleri
workman işçi; ~**ship** ustalık; işçilik
workshop atelye
world ['wöld] dünya; evren; yer(yüzü); ~**ly** dünyevî; ~ **war** dünya savaşı; ~**wide** evrensel, dünya çapında
worm [wöm] kurt, solucan; ~**-eaten** kurt yemiş
worn [wôn] *bak.* ***wear;*** ~**-out** bitkin; eskimiş
worr|ied ['warid] endişeli; ~**y** *n.* üzüntü, endişe, merak; *v/i* üzülmek, tasalanmak (***about*** *-e*)
worse [wäs] daha fena, daha kötü; ~**n** *v/i* fenalaşmak; *v/t* fenalaştırmak
worship ['wöşip] *n.* tapınma, ibadet; *v/t* tapmak, tapınmak *-e;* ~**(p)er** tapan, ibadet eden
worst [wöst] en fena, en kötü; ***at (the)*** ~ en kötü olasılıkla
worsted ['wustid] yün ipliği
worth [wöth] *n.* değer, kıymet; *adj.* değer, lâyık (*-ing -e); ~* ***seeing*** görmeğe değer; ~**less** değersiz; ~**while** (zahmetine) değer; faydalı; ~**y** ['~dhi] değerli; lâyık (***of*** -e)
would [wud] -ecek(ti); -ardım, -erdik; ***I*** ~ ***rather*** *inf. -meyi* tercih ederim

wound[1] [wuund] *n.* yara; *v/t* yaralamak; *-in* gönlünü kırmak
wound[2] [waund] *bak* ***wind***[2]
wove [wıuv], **~n** *bak* ***weave***
wrangle ['räŋgl] *n.* kavga, ağız dalaşı; *v/t* kavga etm., çekişmek
wrap [räp] *n.* örtü; atkı; *v/t* sarmak, örtmek; ~ ***up*** *v/t* sarmak (***in*** *-e)*; **~ped up** sarılmış (***in*** *-e)*; **~per** sargı; **~ping** ambalaj
wrath [roth] öfke, hiddet
wreath [rîth] çelenk
wreck [rek] *n.* gemi enkazı *pl.;* kazaya uğrama; harap olmuş kimse; *v/t* kazaya uğratmak; yıkmak; **~age** enkaz *pl.;* **~ing service** *Am.* yedeğe alma servisi
wren [ren] *zo.* çalı kuşu
wrench [renç] *n.* burk(ul)ma; *tech.* İngiliz anahtarı; *v/t* burkmak
wrest [rest]: ~ ***s.th. from*** *veya* ***out of s.o.s hands*** *bşi b-nin* elinden zorla almak
wrestl|**e** ['resl] *v/i* güreşmek; uğraşmak; **~er** güreşçi, pehlivan; **~ing** güreş
wretch [reç] herif; **~ed** ['~id] alçak, sefil; bitkin
wriggle ['rigl] *v/i* kıvranmak, sallanmak
wring [riŋ] *v/t* burup sıkmak
wrinkle ['riŋkl] *n.* kırışık; *v/t* kırıştırmak; *v/i* kırışmak
wrist [rist] *an.* bilek; **~watch** kol saati
writ [rit] ilâm, mahkeme emri
write [rayt] *v/t* yazmak; ~ **out** yazıya dökmek; *çek* yazmak; **~r** yazar
writhe [raydh] *v/i* kıvranmak
writing ['raytiŋ] yazı; el yazısı; **~ paper** yazı kâğıdı
written ['rıtn] *bak* ***write***
wrong [roŋ] *adj.* yanlış; ters; *n.* haksızlık; *v/t* haksız muamele etm. *-e; -in* hakkını yemek; ***be*** ~ yanılmak; yanlış olm.
wrote [rıut] *bak* **write**
wrought iron [rôt] işlenmiş demir, dövme demir
wrung [raŋ] *bak* ***wring***
wry [ray] çarpık, eğri

X

Xmas ['krismıs] = **Christmas**
X-ray ['eks'rey] *n.* röntgen ışını; *v/t* röntgen ışınlarıyla muayene etm.

Y

yacht [yot] *naut.* yat; **~ing** yatçılık
Yank(ee) ['yänki] Amerikalı; A.B.D.'nin kuzey eyaletlerinde yaşayan kimse
yap [yäp] havlamak
yard[1] [yâd] yarda *(0, 914 m)*
yard[2] avlu
yarn [yân] iplik; *coll.* hikâye, masal
yawn [yôn] *n.* esneme; *v/i* esnemek
yeah [yey] *F* evet
year [yö] yıl, sene; ***all the ~ round*** bütün yıl boyunca; **~ly** yıllık, yılda bir
yearn [yön] *v/i* çok istemek (***for*** -i)
yeast [yîst] maya
yell [yel] *n.* çığlık, bağırma; *v/i* çığlık koparmak
yellow ['yelıu] sarı
yelp [yelp] kesik kesik havlamak
yes [yes] evet
yesterday ['yestıdi] dün; ***the day before ~*** önceki gün
yet [yet] henüz, daha, hâlâ; bile; ***as ~*** şimdiye kadar
yew [yû] *bot.* porsuk ağacı
yield [yîld] *n.* mahsul, ürün; *v/t* vermek, meydana çıkarmak; *v/i* razı olm., teslim olm. (***to*** *-e*)
yoke [yıuk] *n.* boyunduruk; çift; *v/t* boyunduruğa koşmak
yolk [yıuk] yumurta sarısı
you [yû, yu] sen; siz; sana, seni; size, sizi
young [yaŋ] genç; yavru; **~ster** ['~stı] çocuk; delikanlı
your [yö] senin; sizin; **~s** [~z] seninki; sizinki; **~self** [~self] kendin(iz); **~selves** kendiniz
youth [yûth] genç, delikanlı; gençlik; **~ful** genç, dinç; **~ hostel** gençlik yurdu, hostel
Yugoslav ['yûgıu'slâv] Yugoslav(yalı); **~ia** ['~'slâvyı] Yugoslavya

Z

zeal [zîl] gayret; **~ous** ['zelıs] gayretli
zebra ['zîbrı] *zo.* zebra; **~ crossing** çizgili yaya geçidi
zenith ['zenith] *astr.* başucu; *fig.* zirve, doruk
zero ['ziırıu] sıfır
zest [zest] tat, lezzet; zevk
zigzag ['zigzäg] zikzak
zinc [ziŋk] çinko, tutya
zip [zip] vızıltı; fermuar; *v/t* vızıldatmak; *fermuarı* kapatmak; **~ code** *Am.* posta kodu; **~fastener, ~per** fermuar
zodiac ['zıudiäk] *astr.* zodyak
zone [zıun] bölge
zoo [zuu], **~logical garden** [zıu'locikıl -) hayvanat bah-

çesi; ~**logy** [zıu'olıci] zooloji, hayvan bilim

zoom [zûm] *av.* dikine yükselmek; *(fiyat)* fırlamak; *phot., film:* zum yapmak, uzaklığı ayarlamak

creep *(sürünmek)* – crept – crept
crow *(ölmek)* – crew* – crowed
cut *(kesmek)* – cut – cut
deal *(uğraşmak)* – dealt – dealt
dig *(kazmak)* – dug – dug
do *(yapmak)* – did – done
draw *(çekmek)* – drew – drawn
dream *(rüya görmek)* – dreamt* – dreamt*
drink *(içmek)* – drank – drunk
drive *(sürmek)* – drove – driven
dwell *(oturmak)* – dwelt – dwelt
eat *(yemek)* – ate – eaten
fall *(düşmek)* – fell – fallen
feed *(yedirmek)* – fed – fed
feel *(duymak)* – felt – felt
fight *(sataşmak)* – fought – fought
find *(bulmak)* – found – found
flee *(kaçmak)* – fled – fled
fling *(fırlatmak)* – flung – flung
fly *(uçmak)* – flew – flown
forbid *(yasak etm.)* – forbade – forbidden
forget *(unutmak)* – forgot – forgotten
forsake *(vazgeçmek)* – forsook – forsaken
freeze *(don[dur]mak)* – froze – frozen
get *(elde etm.)* – got – got, *Am.* gotten
gild *(yaldızlamak)* gilt* – gilt*
gird *(kuşatmak)* – girt* – girt*
give *(vermek)* – gave – given
go *(gitmek)* – went – gone
grind *(öğütmek)* – ground – groud
grow *(büyümek; yetiştirmek)* – grew – grown
hang *(asmak; asılı olm.)* – hung – hung
have *(sahip olm.)* – had – had
hear *(işitmek)* – heard – heard
heave *(kaldırmak)* – hove* – hove*
hew *(yontmak)* – hewed – hewn*
hide *(sakla[n]mak)* – hid – hid(den)
hit *(vurmak)* – hit – hit
hold *(tutmak)* – held – held
hurt *(yaralamak)* – hurt – hurt
keep *(tutmak)* – kept – kept
kneel *(diz çökmek)* – knelt* – knelt*
knit *(örmek)* – knit* – knit*
know *(bilmek)* – knew – known
lay *(yatırmak)* – laid – laid
lead *(yol göstermek)* – led – led
lean *(daya[n]mak)* – leant* – leant*

leap *(atlamak)* – leapt* – leapt*
learn *(öğrenmek)* – learnt* – learnt*
leave *(ayrılmak)* – left – left
lend *(ödünç vermek)* – lent – lent
let *(bırakmak)* – let – let
lie *(yatmak)* – lay – lain
light *(yakmak)* – lit* – lit*
lose *(kaybetmek)* – lost – lost
make *(yapmak)* – made – made
mean *(kastetmek)* – meant – meant
meet *(rastlamak)* – met – met
mow *(biçmek)* – mowed – mown
pay *(ödemek)* – paid – paid
put *(yerleştirmek)* – put – put
read *(okumak)* – read – read
rend *(yırt[ıl]mak)* – rent – rent
rid *(kurtarmak)* – rid* – rid
ride *(binmek)* – rode – ridden
ring *(çalmak)* – rang – rung
rise *(kalkmak)* – rose – risen
run *(koşmak)* – ran – run
saw *(testere ile kesmek)* – sawed – sawn*
say *(demek, söylemek)* – said – said
see *(görmek)* – saw – seen
seek *(aramak)* – sought – sought
sell *(satmak)* – sold – sold
send *(göndermek)* – sent – sent
set *(koymak)* – set – set
sew *(dikmek)* – sewed – sewn*
shake *(sallamak)* – shook – shaken
shave *(tıraş etm. veya olm.)* – shaved – shaven*
shear *(kırkmak)* – sheared – shorn
shed *(dökmek)* – shed – shed
shine *(parla[t]mak)* – shone – shone
shoot *(ateş etm.)* – shot – shot
show *(göstermek)* – showed – shown
shred *(parçalamak)* – shred* – shred*
shrink *(daral[t]mak)* – shrank – shrunk
shut *(kapa[t]mak)* – shut – shut
sing *(şarkı söylemek)* – sang – sung
sink *(bat[ır]mak)* – sank – sunk
sit *(oturmak)* – sat – sat
slay *(öldürmek)* – slew – slain
sleep *(uyumak)* – slept – slept
slide *(kaymak)* – slid – slid
sling *(sapanla atmak)* – slung – slung

slit *(yarmak)* – slit – slit
smell *(kokmak; kokusunu almak)* – smelt* – smelt*
sow *(ekmek)* – sowed – sown*
speak *(konuşmak)* – spoke – spoken
speed *(hızlan[dır]mak)* – sped* – sped
spell *(hecelemek)* – spelt* – spelt*
spend *(harcamak)* – spent – spent
spill *(dök[ül]mek)* – spilt* – spilt*
spin *(eğirmek)* – spun, span – spun
spit *(tükürmek)* – spat – spat
split *(yar[ıl]mak)* – split – split
spoil *(bozmak)* – spoilt* – spoilt*
spread *(yay[ıl]mak)* – spread – spread
spring *(sıçramak)* – sprang – sprung
stand *(durmak)* – stood – stood
steal *(çalmak)* – stole – stolen
stick *(yapış[tır]mak)* – stuck – stuck
sting *(sokmak)* – stung – stung
stink *(koku çıkarmak)* – stank, stunk – stunk
strew *(serpmek)* – strewed – strewn*
stride *(yürümek)* – strode – stridden
strike *(vurmak)* – struck – struck, stricken
string *(dizmek; germek)* – strung – strung
strive *(uğraşmak)* – strove – striven
swear *(yemin etm.)* – swore – sworn
sweat *(terlemek)* – sweat* – sweat*
sweep *(süpürmek)* – swept – swept
swell *(şiş[ir]mek)* – swelled – swollen
swim *(yüzmek)* – swam – swum
swing *(salla[n]mak)* – swung – swung
take *(almak)* – took – taken
teach *(öğretmek)* – taught – taught
tear *(yırtmak)* – tore – torn
tell *(söylemek)* – told – told
think *(düşünmek)* – thought – thought
thrive *(gelişmek)* – throve* – thriven*
throw *(atmak)* – threw – thrown
thrust *(dürtmek)* – thrust – thrust
tread *(basmak, çiğnemek)* – trod – trodden
wake *(uyan[dır]mak)* – woke* – woke(n)*
wear *(giymek)* – wore – worn

weave *(dokumak)* – wove – woven
weep *(ağlamak)* – wept – wept
wet *(ıslatmak)* – wet* – wet*
win *(kazanmak)* – won – won
wind *(dola[ş]mak)* – wound – wound
wring *(burup sıkmak)* – wrung – wrung
write *(yazmak)* – wrote – written

The Langenscheidt "Language Workshop"

The world-famous dictionary makers – Langenscheidt – carry a long list of reference works in 28 languages.

For over 130 years the Langenscheidt name has stood for accuracy and up--to-date completeness in the field of bilingual dictionaries.

Having, in one location, their own permanent staff of lexicographers and their own printing plant, they have been able to set the highest standards in bilingual dictionary making, both editorially and technically.

They are specialists

ALTIN KİTAPLAR YAYINEVİ

BASKI: AKDENİZ YAYINCILIK ve TİC. A.Ş.
Matbaacılar Sitesi No: 83 Bağcılar-İSTANBUL 2000